JN329435

量刑実務大系

A Treatise on Sentencing Law and Practice in Japanese Criminal Cases

一般情状等に関する諸問題

3

大阪刑事実務研究会 編著

判例タイムズ社

はしがき

　本書は，大阪刑事実務研究会の共同研究「量刑に関する諸問題」の成果として判例タイムズ誌（1183号〔平成17年9月15日号〕～1325号〔平成22年8月15日号〕）に連載した論文を，とりまとめたものである。
　なお，これらの論文を本書に収録するに当たっては，各執筆者において，判例タイムズ誌上に発表後に接した判例・文献や各方面から寄せられた批判・意見などを参考に，論旨や表現を一部手直しした個所もある。

　　　　　　　　　＊＊＊＊＊＊＊＊＊＊＊

　大阪刑事実務研究会は，昭和40年に大阪地裁刑事部の部総括クラスの裁判官を会員として組織された自主的勉強会であり，メンバーは順次入れ替わりながら，刑事裁判に関する基本的問題やそのときどきの喫緊の課題などについて共同研究を行い，これまでに，その研究成果を，『刑事公判の諸問題』，『刑事実務上の諸問題』，『刑事証拠法の諸問題(上)(下)』として公刊しているほか，「事実認定の実証的研究」，「刑事控訴審の研究」，「薬物犯罪に関する実務的研究」，「準抗告，抗告をめぐる実務上の諸問題」，「刑事裁判手続における被害者保護の諸問題」等を判例タイムズ誌上に発表し，今回の量刑研究の後も，「証人尋問，被告人質問に関する諸問題」，「公判前整理手続に関する諸問題」の研究成果を同誌に掲載している。

　　　　　　　　　＊＊＊＊＊＊＊＊＊＊＊

　今回，大阪刑事実務研究会では，量刑に関する諸問題についての共同研究を行ったが，その趣旨は，判例タイムズ誌連載の初回に同誌上（1183号4頁）に掲げたとおりである。いささか長文にわたるが，これをそのままここに引用することとしたい。

　　　　　　　「量刑に関する諸問題」の連載開始に当たって
　量刑は，刑事裁判官が日々悩んでいる問題であり，刑事裁判官である限りその悩みに終わりはない。他方，われわれ刑事裁判官は，日々おこなっている量刑が，事案の実態に即し，社会一般の理解も得られるはずのものであるとの自負もなにがしか持っている。長年にわたって先輩裁判官が築いてこられた適正な量刑実務があり，われわれもまた，日々の実務遂行と研鑽錬磨の中で，それを身につけ，

i

はしがき

微力ながら量刑実務の改善発展に努めてきたとの誇りを有してもいる。

　しかし，近時，量刑実務について，われわれ職業裁判官に反省を迫る動きがあることもまた事実である。その中でも最も重視すべきは，裁判員制度の導入を契機として，裁判官が長年の実務経験と研鑽によって身につけてきた量刑理論や量刑判断を，素人である裁判員の理解と納得を得られるように説明しなければならないとする考え，すなわち，原田國男判事の表現を借りれば，「量刑判断の透明化と合理化」（同判事著『量刑判断の実際（増補版）』347頁）という考えの台頭である。

　もとより，これは，現在の量刑実務が誤っているとするものではない。また，われわれ刑事裁判官は，このような外在的要因がなかったころから，量刑判断の理論的解明や判断過程の説明をおろそかにしていたわけではなく，現に，刑事裁判実務家によるいくつかの優れた先駆的業績もあるし，いずれの裁判官も，それぞれの事件の量刑判断のよってきたる所以を，判決書の「量刑理由」等の形で明らかにすることに努めてきた。

　しかし，量刑実務の背景にあるはずの量刑理論の内実をつきつめて研究し，これらを明晰な言葉で表現し一般の理解を得る点において，なお不十分な面のあったことは率直に認めなければならないと思われる。そして，裁判員制度導入は，先人の業績をさらに発展させて実務的量刑理論を考究し，より良い量刑実務を構築するひとつの好機となると思われるのである。

　そこで，このような観点から，大阪刑事実務研究会においては，このたび，「量刑に関する諸問題」について共同研究をおこなうこととした。

　その切り口としては様々なものが考えられるが，下記の研究テーマ一覧（注：この「はしがき」では省略）のとおり，まず量刑に関する総論的検討をおこない，これに続いて，量刑諸要素を個別に取り上げ，その実務上の意義等について研究することとした。もとより，量刑に関する実務上の問題はこれにとどまるものではなく，むしろ，ここに取り上げた問題は，実務上重要な問題のごく一部であるに過ぎないと思われる。今後，共同研究が進む中で，追加変更も考慮したい。

　あわせて，これまで大阪刑事実務研究会は裁判官のみによって研究をおこなってきたが，今回の共同研究においては，関西地区の大学に籍を置いて活躍しておられる若手研究者の方々をゲストとしてお招きすることとした。学界においては量刑理論に関する研究成果が相当程度蓄積しているところであり，当研究会においても，研究者と実務家との対話・相互刺激の中から，より良い量刑理論を生み出すことを目指したい。

　この共同研究の結果は，研究会での発表を担当した会員が論文にまとめ，研究会に参加していただいた研究者によるコメントとともに，判例タイムズに連載することとした。これは，大阪刑事実務研究会発足の初心にかえり，いくらかでも

裁判実務に対する貢献をしたいと考えたからであり，そして，研究者の方々にお忙しい中をせっかくお越しいただいて議論するのであるから，その成果を当研究会内部にのみとどめることなく，法律家の共有財産とすることが，われわれの責務であると考えるからでもある。　　　　　　　　　　　　　　　（以下省略）

＊＊＊＊＊＊＊＊＊＊＊

　共同研究のスタートとほぼ時を同じくして，全国各地の裁判所では，一般国民に裁判員役として参加していただいての模擬裁判員裁判が始まった。これら模擬裁判で示された一般国民の方々の清新な感覚は，量刑の分野においても，法曹に厳しい反省を迫るものが少なくなかった。もとより，模擬裁判の中で示された意見は，個々の事件（同じ模擬記録を用いても，主張立証のありようはすべて異なっている。）を前提とした個々の裁判員役の意見であり，模擬という制約もあるから，過度に一般化して論ずるのは，かえって国民一般の意見を見誤る危険もあるが，それでも，そこには，法曹がこれまで当然視してきたことについて再考を迫るものが少なくなかった。例えば，個々の量刑因子が刑を軽くする方向にはたらくか，それとも重くする方向にはたらくかについて，法曹の「常識」とは全く異なる意見が述べられた例が少なくなかった。「犯行に計画性がない」ということは，法曹には，当該犯罪の悪質性を幾分なりと減ずるもの，あるいは，犯人の悪性（なかんずく再犯のおそれ）が少ないことを示すものと意識されていることが多いと思われるが，裁判員役からは「計画性もなしにこのような凶悪な罪を犯す人間は，また同じようなことをしでかしてしまうかもしれないから，厳しく処罰すべきである」という意見が述べられたことがあり，また，法曹が通常刑を軽くする方向で考えている「前科前歴がない」という事情に関しては，「前科前歴がないのは当然のことであり，有利な情状と考えるべきではない」という意見が述べられることが多く，「初めての処罰のときこそ厳しい刑を科して，二度と罪を犯さないようにすべきだ」という意見が述べられたこともある。「反省するのは当然のことであり，反省したからといって刑を軽くするのは納得がいかない」という意見もしばしばみられた。もとより，われわれの共同研究は，裁判員役から示されたこのような考えと法曹の旧来の考えのいずれが正しいかを明らかにしようとするものではない。ただ，模擬裁判の経験は，旧来の考えが正しいと信ずる裁判官が，「計画性のないことはこれまで有利な事情として考えてきた」などと主張したところで，それは，法曹の意見の押し付けに過ぎず，裁判員の共感は得られないであろうということ，それが正しいと

信ずるのであれば，それを説明する明晰な言葉を持たなければならない（言語化の過程で理論的な深化もなされよう。）ということを痛感させるものであり，量刑理論の深化，すなわち，前掲「連載開始に当たって」で引用した「量刑判断の透明化と合理化」の必要性を一層強くわれわれに認識させるものであった。

さらに，強盗殺人（強盗致死）罪が成立するとされた事件で，裁判員役から，法定刑が死刑又は無期懲役である以上そのいずれかを科すべきである，どのような事件で酌量減軽が相当なのか分からない，という意見が述べられたことがあったのも印象的であった。これも，「こういう場合には酌量減軽するのが通例であった」というだけでは，法曹の「常識」の押し付けに過ぎないであろう。このような事情も踏まえ，当研究会では，裁判員裁判該当罪種のうち代表的なものについて，当該罪種において特に重視すべき量刑因子についての類型別研究を追加して実施した。この類型別研究は，判例タイムズ誌には掲載しなかったが，本書には収録することとした。

****

今回の共同研究に当たっては，研究会の会員を，従前の部総括裁判官クラスから右陪席判事クラスにまで広げた。これは，若手判事の新鮮な感覚を取り入れることによって共同研究に厚みが増すことを期待したからであり，また，今後裁判員裁判を担う主力となる若手判事こそが「量刑判断の透明化と合理化」を実現する原動力とならなければならないと考えたからでもある。さらに，関西地区の刑事法研究者の方々にも共同研究に参加していただいた。その趣旨は，前掲「連載開始に当たって」に記載のとおりである。

共同研究に当たっては，杉田宗久大阪地裁部総括判事を中心とする研究会幹事グループが設定した研究テーマを実務家会員に割り振り，担当会員の研究結果を書面化して全会員に配布し，これを素材として研究会を開いて討議し，その討議の成果を担当会員が論文にとりまとめ，それを研究者会員のコメントとともに判例タイムズ誌に発表するという方法をとった。したがって，各論文は担当会員の個人名をもって発表しているが，それは大阪刑事実務研究会会員の共同研究の成果というべきものであり，これが本書を大阪刑事実務研究会編著と銘打った所以である。本共同研究当時の大阪刑事実務研究会の会員名簿は後掲のとおりである。

研究会は，平成16年10月から同19年9月まで，夏季等を除きほぼ毎月1回の割合で合計29回開催された。なお，この間には，上記のような研究

報告・討議の他に，大阪地裁刑事部左陪席裁判官がとりまとめた殺人罪及び強姦罪の量刑傾向研究をもとにした座談会や，原田國男判事（当時）の講演会なども行われた。

本共同研究開始当初のわれわれの意気込みは，前掲「連載開始に当たって」のとおりである。それが十全に達成されたかどうかについては，読者諸賢の判断をまつほかはないが，量刑判断の透明化と合理化，そして，学説と実務の架橋を図るという目標に，いささかではあるが近づくことができたのではないかと自負している次第である。

＊＊＊＊＊＊＊＊＊＊

本書の刊行に先立つこと2年，平成21年5月に，裁判員裁判がスタートした。これまでに優に2000件を超える判決が言い渡されている。模擬裁判とは異なり，その評議の中でどのような意見がたたかわされたのかを知ることはできないが，報道・公表された判決理由の記載や裁判員経験者の記者会見での発言によれば，いずれの事件においても，裁判員と裁判官とが自由闊達で真剣な議論をしている様子を窺うことができる。そして，本共同研究に参加した裁判官の多くが，裁判員裁判に，裁判長又は右陪席裁判官としてかかわり，思索をさらに深めている。

本書は，いまだ裁判員裁判が実施されていない段階におけるわれわれ職業裁判官の思索の成果をまとめたものに過ぎないが，裁判員裁判における量刑評議のより一層の充実と実務的量刑理論のさらなる深化に，いささかなりと寄与することができれば，まことに幸いである。

＊＊＊＊＊＊＊＊＊＊

本書を上梓するまでには，共同研究に参加していただいた研究者の方々をはじめ，多くの方々にお世話になった。

原田國男元東京高裁部総括判事には，その御著書，論文から多大のものを学ばせていただいたほか，研究会の席上で，「量刑のデュープロセス」というテーマで講演していただき，研究に大きな示唆を与えていただいた。

遠藤智良編集長をはじめとする判例タイムズ社の方々には，判例タイムズ誌連載当時から今回の単行本化に至るまで，終始献身的な御支援をいただいた。

ほかにも実に多くの方々の御支援御助力により，本書をこのような形で刊行することができた。紙幅の関係上，そのお名前をここにすべて記すことは

はしがき

できないが，お世話になったすべての方々に，改めて深く御礼申し上げる次第である。

平成23年7月

大阪刑事実務研究会
「量刑に関する諸問題」共同研究　幹事
川　合　昌　幸
〔当時　大阪地方裁判所判事〕
〔現　　神戸地方裁判所長〕

　本書に収録する論文は大部に及んだので，本書は5巻構成をとることとした。
　第3巻（本巻）には，量刑諸要素のうち犯罪事実との関係が比較的薄いいわゆる一般情状等に関する論文9編並びにこれらに対する研究者のコメントを収めた。
　本巻以外の各巻所収論文は別掲のとおりである。
　なお，第5巻には，全巻所収論文の総索引（小畑和彦高知地裁判事補に御尽力いただいた。）を付する予定である。

大阪刑事実務研究会会員名簿

　今回の共同研究に参加した大阪刑事実務研究会会員は次のとおりである（なお，研究期間が長期にわたったため，転勤等による中途退会者や中途入会者もいる。）。
　かっこ内は平成 23 年 7 月現在の所属庁・所属大学である（付記していない者は大阪地裁所属である。）。

実務家会員（五十音順）

　秋山敬（横浜地裁），浅見健次郎（神戸地裁尼崎支部），朝山芳史（横浜地裁），石川恭司（大阪地裁堺支部），伊藤寿（司法研修所），上垣猛（大阪高裁），植野聡，遠藤邦彦，小川育央（岡山家裁），小倉哲浩（京都地裁），川合昌幸（神戸地裁），北村和（東京地裁），木山暢郎，齋藤正人，佐藤洋幸（大阪高裁），柴山智（和歌山地裁），白神文弘（大阪家裁），杉田宗久，鈴嶋晋一（福岡地裁），住山真一郎（大阪家裁），角田正紀（新潟地裁），坪井祐子，長井秀典，中川綾子（司法研修所），中川博之，長瀬敬昭（司法研修所），並木正男（金沢地裁），難波宏，西﨑健児（大分地裁），西田眞基，畑山靖，樋口裕晃，細井正弘（神戸地裁），増田啓祐，松本芳希（京都地裁），的場純男（大阪高裁），丸田顯（神戸地裁），丸山徹（大津地裁），三上孝浩（新潟地裁），水島和男，宮崎英一（京都地裁），村越一浩（大阪高裁），森岡孝介（岡山地裁），森岡安廣（大阪高裁），柳本つとむ（京都地裁），横田信之，米山正明（長崎地裁），和田真

研究者会員（五十音順）

　宇藤崇（神戸大学），小池信太郎（慶應義塾大学），酒巻匡（京都大学），塩見淳（京都大学），嶋矢貴之（神戸大学），髙山佳奈子（京都大学），永田憲史（関西大学），堀江慎司（京都大学），松田岳士（大阪大学），安田拓人（京都大学）

目　次

はしがき／i
大阪刑事実務研究会会員名簿／vii
目　次／viii
『量刑実務大系』主要目次／xvi
初出・執筆者一覧／xvii
参考文献及び凡例／xix

前科，前歴等と量刑　〔難波　宏〕

第1　はじめに ………………………………………………………………… 1
第2　前科，前歴等の意義 …………………………………………………… 4
　1　前科の意義／4
　　⑴　検察庁での取扱事務（前科調書）上の前科と量刑上考慮すべき前科の違い／
　　⑵　刑法56条以下の累犯前科及び常習累犯窃盗の前提前科の性格
　2　前科は独立の量刑要素か／7
　3　前科として考慮される事実の範囲／8
　4　前科を確定裁判とする意味／8
　5　併合罪と累犯の関係／10
　6　前歴の意義／11
第3　加重の根拠 ……………………………………………………………… 16
　1　累犯加重の根拠／16
　　⑴　沿　革／⑵　学　説／⑶　検　討／⑷　責任非難の判断基準
　2　前科による加重の根拠──累犯加重根拠と前科加重根拠との関係／24
第4　加重の程度 ……………………………………………………………… 28
　1　累犯加重（刑法56条）の場合／28
　　⑴　明治42年ころの累犯加重／⑵　現在の累犯加重
　2　常習累犯窃盗の場合／31
　　⑴　常習累犯窃盗罪の処断刑の範囲／⑵　現在の量刑実務
　3　罪種による違い／33
　　⑴　同種の再犯／⑵　異種再犯
　4　再犯の時期による違い／47
　　⑴　前科と再犯の時間的関連性の問題／⑵　執行猶予期間中の再犯／⑶　仮釈放中の再犯／⑷　一審判決言渡後確定前の再犯／⑸　保釈中再犯あるいは裁判中の再犯等

  5 前歴の影響／59
   (1) 前科との違い／(2) 保護処分歴について
第5 前科，前歴の認定 ……………………………………………… 69
第6 おわりに――行刑の実情 ……………………………………… 70
コメント〔髙山佳奈子〕………………………………………………… 72

被告人の属性と量刑 〔米山正明〕

第1 被告人の属性は量刑上どのような意味を持つか――総論1 …… 79
 1 被告人の属性の位置付け／79
  (1) 量刑因子の分類と被告人の属性／(2) 属性に関する規定
 2 属性の意義と性質／80
  (1) 属性の獲得時期及び有責性／(2) 属性の変化／(3) 外面的属性と内面的属性
 3 属性と量刑因子との関係／82
 4 属性に関する量刑理論上の問題／83
  (1) 属性の考慮と量刑の個別化／(2) 量刑の個別化による特別予防と行為責任の関係／(3) 特別予防の考慮方向／(4) 個別化と平等原則／(5) 刑（量刑・行刑）の個別化と科学的合理主義／(6) 刑事政策的知見及び行刑理論
第2 被告人の属性についての審理――総論2 …………………… 91
 1 個別情状事実の審理の在り方／92
 2 具体的な立証方法／94
第3 被告人の年齢 ………………………………………………… 96
 1 少年，若年／96
  (1) 被告人が少年又は若年成人であることの量刑への影響／(2) 裁判例／(3) 少年又は若年の被告人に関する量刑資料の収集
 2 高齢／101
  (1) 被告人が高齢であることの量刑への影響／(2) 裁判例
第4 被告人の性別 ………………………………………………… 106
 1 被告人が女性であることの量刑への影響／106
 2 女性犯罪の特色／107
 3 女性の量刑差の原因／108
 4 女性犯罪の変化など／108
 5 結論／110
第5 被告人の職業，社会的地位 ………………………………… 111
 1 学説／111
 2 検討／113

目　　次

　　3　裁判例——量刑事情のうち被告人の地位，職業に関する判示部分／115
第6　被告人の暴力団所属 ………………………………………………………… 118
　　1　被告人が暴力団員であることの量刑への影響／118
　　2　立証上の問題点／120
第7　被告人の国籍 ………………………………………………………………… 121
　　1　被告人の人種・国籍と量刑上の問題／121
　　2　幾つかの具体的な問題／122
　　　⑴　不法残留中の就労や生活状況と量刑／⑵　差別的量刑か／⑶　外国人処遇上の問題点を量刑に当たって考慮するか／⑷　外国人の一般情状の審理
　　3　今後の強制退去や過去の強制退去歴が量刑に及ぼす影響／124
第8　被告人の労働の習慣・意欲 ………………………………………………… 127
第9　被告人の家庭環境 …………………………………………………………… 128
第10　被告人の経済状態等 ………………………………………………………… 130
第11　被告人の健康状態・嗜癖 …………………………………………………… 131
　　1　健康状態／131
　　2　薬物嗜癖／132
第12　被告人の生育環境 …………………………………………………………… 135
　　1　被告人の生育歴等の量刑への影響／135
　　2　最高裁判決の考察／136
　　3　立証上の問題／137
第13　被告人の負因——身体的知的障害等 ……………………………………… 138
　　1　被告人の負因の量刑への影響／138
　　2　処遇方法の選択と立証の問題／139
　　3　裁判例／140
第14　被告人の性格 ………………………………………………………………… 141
　　1　性格の量刑における位置付け／141
　　2　実務の現状／142
　　3　問題となる性格の具体例／143
　　4　評価の方向に関する問題／145
　　5　裁判例／145
第15　情状鑑定 ……………………………………………………………………… 148
　　1　判決前調査制度（presentence investigation）の導入論／148
　　　⑴　制度の構想／⑵　賛成論と消極論
　　2　情状鑑定／151
　　　⑴　実施の経緯／⑵　その意義／⑶　その内容／⑷　積極論／⑸　消極論／⑹　検

討／(7)　結　論／(8)　情状鑑定に関する主な裁判例／(9)　研究会の議論
　第16　終わりに ………………………………………………………… 163
コメント〔安田拓人〕 ………………………………………………… 165

被告人の反省態度等と量刑　〔川合昌幸〕

第1　はじめに ………………………………………………………… 172
第2　量刑における犯行後の態度 …………………………………… 175
　1　犯行後の態度に関係する法令／175
　2　裁判実務における犯行後の態度の取扱い／177
第3　量刑理論における犯行後の態度の位置づけ ………………… 180
　1　学説の概観／180
　2　私　見／181
第4　犯行後の態度各論 ……………………………………………… 188
　1　被害弁償・示談／188
　2　自白・否認・黙秘・法廷での態度／192
　　(1)　自白・否認・黙秘／(2)　法廷での態度
　3　自　首／195
　　(1)　法律上の減軽事由としての自首の位置づけ／(2)　裁判例／(3)　私　見
　4　罪証隠滅工作／200
　5　犯行後の善行／201
　　(1)　犯行後の善行一般について／(2)　被告人が審理中に社会奉仕活動を行ったことと量刑
第5　最後に …………………………………………………………… 208
コメント〔松田岳士〕 ………………………………………………… 209

被告人が自己の犯罪により自ら多大の不利益を被ったことと量刑
〔畑山　靖〕

第1　はじめに ………………………………………………………… 216
第2　具体例とその分類・整理 ……………………………………… 217
第3　ドイツ刑法60条について ……………………………………… 219
第4　被告人の不利益が有利な事情として考慮される根拠 ……… 221
　1　問題の所在／221
　2　学説等の状況／221

xi

目　　次

　　(1)　「責任」に属するという見解／(2)　「予防」に属するという見解／(3)　「責任」にも「予防」にも属さないという見解
　3　検　　討／224
　　(1)　各見解についての検討／(2)　私　　見
第5　被告人の不利益が量刑に及ぼす影響の程度ないしその限界 … 227
第6　被告人の不利益について量刑理由中で言及する意味 ………… 230
第7　具体的事例と当てはめ ……………………………………………… 231
　1　事例紹介／231
　2　分析と当てはめ／233
第8　まとめ …………………………………………………………………… 234
コメント〔堀江慎司〕……………………………………………………………… 240

社会的制裁・行政処分と量刑　〔西﨑健児〕

第1　はじめに ………………………………………………………………… 248
第2　総論──社会的制裁の位置付け …………………………………… 248
　1　学　　説／248
　　(1)　原田説／(2)　平野説，所説／(3)　城下説／(4)　岡上説／(5)　井田説／(6)　ドイツの学説
　2　被告人に有利な事情の1つとされる理論的根拠の検討／251
　3　量刑への影響を考える上での基本的な視点と留意事項の試論／252
　　(1)　基本的な視点／(2)　留意事項
第3　行政処分が量刑に及ぼす影響 ……………………………………… 254
　1　総　　論／254
　2　租税事件について／255
　3　交通事件について／256
第4　懲戒解雇が量刑に及ぼす影響 ……………………………………… 258
　1　懲戒解雇による不利益／258
　2　懲戒解雇の趣旨／258
　3　影響の程度／259
　4　社会的制裁以外の観点からの考慮／259
第5　報道が社会的制裁として量刑に及ぼす影響 ……………………… 260
　1　報道による不利益／260
　2　報道による抑止効果について／260
　3　報道の趣旨／260

4　影響の程度／260
第6　公務員の失職を回避するために量刑を配慮することについて … 261
　　1　公務員の失職による不利益と量刑上の問題点／261
　　2　裁判例，学説／262
　　3　失職の趣旨／263
　　4　公務員の失職による不利益を特別視することについて／263
　　5　影響の程度／264
第7　免許取消等の行政処分を回避するために量刑を配慮することに
　　　ついて …………………………………………………………………… 267
　　1　刑事裁判の宣告刑を基準とする免許取消等の行政処分による不利益と
　　　量刑上の問題点／267
　　2　裁判例／267
　　3　刑事裁判の宣告刑を基準とする免許取消等の行政処分の趣旨／268
　　4　影響の程度／269
第8　結びに代えて ………………………………………………………… 270
コメント〔宇藤　崇〕……………………………………………………… 271

違法捜査等と量刑　〔小倉哲浩〕

第1　はじめに ……………………………………………………………… 275
第2　裁判例 ………………………………………………………………… 276
　　1　裁判例の紹介／276
　　2　各裁判例の分析／284
　　　(1)　手続の違法を考慮する根拠／(2)　量刑への具体的な影響の有無と程度
第3　手続の違法が量刑に与える影響に関する諸見解 ……………… 290
　　1　各見解の内容／290
　　2　各見解に対する批判／295
第4　検討及び私見 ………………………………………………………… 298
第5　派生する種々の問題について …………………………………… 308
第6　裁判員制度における留意事項 …………………………………… 311
コメント〔宇藤　崇〕……………………………………………………… 316

目　次

刑事訴追に必然的に伴う負担と量刑

〔和田　真〕

第1　はじめに …………………………………………………………… 321
第2　問題の所在 ………………………………………………………… 322
　1　身柄拘束に伴う不利益について／322
　2　被告人の立場に置かれること自体に伴う不利益について／323
第3　刑事訴追に伴う不利益の実務上の扱いと学説上の位置づけについて …………………………………………………………………… 325
　1　実務上の扱い／325
　2　学説について／326
第4　各問題点の検討 …………………………………………………… 331
　1　身柄拘束に伴う不利益について／331
　　(1)　未決の算入の趣旨／(2)　未決勾留を量刑（狭義）上考慮すべき場合
　2　その余の訴追に伴う負担／337
　　(1)　被告人の立場に置かれたことを量刑上有利にとらえ得る場合はあるか／(2)　具体的な検討
第5　まとめ ……………………………………………………………… 344
　1　身柄拘束に伴う不利益の問題について／344
　2　被告人の地位に置かれることに伴う不利益の問題について／345
コメント〔松田岳士〕 …………………………………………………… 347

被告人の真実解明への積極的協力と量刑

〔長瀬敬昭〕

第1　はじめに …………………………………………………………… 356
第2　外国法制について ………………………………………………… 357
　1　量刑事情としての「犯罪後の態度」に関する外国立法例について／357
　2　アメリカ合衆国連邦量刑ガイドラインにおける被告人の真実解明への積極的協力の取扱いについて／358
　　(1)　はじめに／(2)　連邦量刑ガイドラインについて／(3)　手続要件／(4)　刑の軽減の実質的根拠
　3　ヨーロッパ諸国における王冠証人制度について／360
　　(1)　はじめに／(2)　ドイツにおける王冠証人制度／(3)　ドイツ以外の主要ヨーロッパ諸国における王冠証人制度について

第3　真実解明への積極的協力と量刑 ……………………………… 363
　1　基本的視点／363
　2　裁判例／366
第4　司法取引的な要素を量刑に反映させることの可否について … 371
　1　司法取引／371
　2　取引的捜査手法に対する批判及びそれに対する反論／373
　3　裁判例／374
　4　司法取引的な要素を量刑に反映させることの可否について／375
第5　最後に ………………………………………………………… 377
コメント〔堀江慎司〕 …………………………………………………… 378

犯罪後の時の経過と量刑　〔丸田　顕〕

第1　はじめに ……………………………………………………… 389
　1　本稿のテーマ／389
　2　検討の視点／390
第2　時の経過それ自体と量刑——公訴時効との関係 ……………… 391
　1　裁判例／391
　2　学　説／392
　3　検　討／393
　　(1)　公訴時効制度の存在理由／(2)　公訴時効制度と量刑の関係／(3)　時の経過それ自体が量刑に及ぼす影響
第3　時の経過がもたらす量刑事情 ………………………………… 396
　1　序　論／396
　2　犯罪の社会的影響の微弱化／396
　　(1)　その意味と量刑理論上の位置づけ／(2)　裁判例／(3)　社会的影響の微弱化の判断と量刑への影響
　3　時の経過が被告人自身にもたらす諸事情／399
　　(1)　刑事手続の長期化に伴う不利益／(2)　被告人が再犯を犯さなかったことの評価／(3)　被告人が送った歳月の重み
第4　結　語 ………………………………………………………… 406
コメント〔安田拓人〕 …………………………………………………… 407

『量刑実務大系』主要目次

第1巻　量刑総論
1　量刑判断過程の総論的検討　　　　　　　　　　　　（遠藤邦彦／松田岳士）
2　法定刑・法改正と量刑　　　　　　　　　　　　　　（村越一浩／安田拓人）
3　数罪と量刑　　　　　　　　　　　　　　　　　　　（長井秀典／宇藤崇）
4　共犯事件と量刑　　　　　　　　　　　　　　　　　（木山暢郎／塩見淳）

第2巻　犯情等に関する諸問題
1　被害者と量刑　　　　　　　　　　　　　　　　　　（横田信之／小池信太郎）
2　常習性と量刑　　　　　　　　　　　　　　　　　　（増田啓祐／安田拓人）
3　余罪と量刑　　　　　　　　　　　　　　　　　　　（増田啓祐／宇藤崇）
4　飲酒酩酊・薬物中毒状態下における犯罪と量刑　　　（浅見健次郎／髙山佳奈子）
5　構成要件的結果以外の実質的被害の発生と量刑　　　（伊藤寿／髙山佳奈子）
6　犯罪の社会的影響と量刑　　　　　　　　　　　　　（水島和男／安田拓人）
7　被害者・関係者・第三者の落ち度と量刑　　　　　　（坪井祐子／松田岳士）

第4巻　刑の選択・量刑手続
1　刑種の選択と執行猶予に関する諸問題　　　　　　　（植野聡／永田憲史）
2　没収，公民権停止　　　　　　　　　　　　　　　　（秋山敬／永田憲史）
3　量刑事実の証明と量刑審理　　　　　　　　　　　　（杉田宗久／堀江慎司）
4　量刑に関する評議・評決　　　　　　　　　　　　　（中川博之／髙山佳奈子）

第5巻　主要犯罪類型の量刑
1　殺人罪　　　　　　　　　　　　　　　　　　　　　（西田眞基／小倉哲浩／中川綾子）
2　現住建造物等放火罪　　　　　　　　　　　　　　　（宮崎英一／伊藤寿／鈴嶋晋一）
3　強姦致傷罪　　　　　　　　　　　　　　　　　　　（並木正男／石川恭司／丸田顕）
4　強盗致傷罪　　　　　　　　　　　　　　　　　　　（樋口裕晃／植野聡／三上孝浩）

初出・執筆者一覧

＊（　）の肩書きは，研究会発表当時のものを指す。

1　前科，前歴等と量刑 ……………………………… 判例タイムズ 1238 号 28 頁
　　難波　宏　　大阪地方裁判所判事（大阪高等裁判所判事）
　　髙山佳奈子　京都大学大学院法学研究科教授

2　被告人の属性と量刑 ……………………………… 判例タイムズ 1225 号 4 頁
　　米山正明　　長崎地方裁判所長（大阪地方裁判所判事）
　　安田拓人　　京都大学大学院法学研究科教授（大阪大学大学院法学研究科准教授）

3　被告人の反省態度等と量刑 ……………………… 判例タイムズ 1268 号 43 頁
　　川合昌幸　　神戸地方裁判所長（大阪地方裁判所判事）
　　松田岳士　　大阪大学大学院高等司法研究科准教授

4　被告人が自己の犯罪により自ら多大の不利益を被ったことと量刑
　　………………………………………………………… 判例タイムズ 1252 号 5 頁
　　畑山　靖　　大阪地方裁判所判事職務代行（大阪高等裁判所判事）
　　堀江慎司　　京都大学大学院法学研究科教授（京都大学大学院法学研究科准教授）

5　社会的制裁・行政処分と量刑 …………………… 判例タイムズ 1308 号 67 頁
　　西﨑健児　　大分地方裁判所判事（大阪高等裁判所判事）
　　宇藤　崇　　神戸大学大学院法学研究科教授

6　違法捜査等と量刑 ………………………………… 判例タイムズ 1307 号 70 頁
　　小倉哲浩　　京都地方裁判所判事（神戸地方裁判所判事）
　　宇藤　崇　　神戸大学大学院法学研究科教授

7　刑事訴追に必然的に伴う負担と量刑 …………… 判例タイムズ 1269 号 84 頁
　　和田　真　　大阪地方裁判所判事
　　松田岳士　　大阪大学大学院高等司法研究科准教授

8 被告人の真実解明への積極的協力と量刑 ………… 判例タイムズ 1286 号 72 頁
　　長瀬敬昭　　司法研修所教官（大阪地方裁判所判事）
　　堀江慎司　　京都大学大学院法学研究科教授

9 犯罪後の時の経過と量刑 ……………………………… 判例タイムズ 1296 号 33 頁
　　丸田　顕　　神戸地方裁判所判事（大阪地方裁判所判事）
　　安田拓人　　京都大学大学院法学研究科教授

参考文献及び凡例

(1) 論文集等
○原田國男『量刑判断の実際〔第3版〕』(立花書房, 平成20年)
○城下裕二『量刑基準の研究』(成文堂, 平成7年)
○城下裕二『量刑理論の現代的課題〔増補版〕』(成文堂, 平成21年)
○松岡正章『量刑手続法序説』(成文堂, 昭和50年)
○松岡正章『量刑法の生成と展開』(成文堂, 平成12年)
○川崎一夫『体系的量刑論』(成文堂, 平成3年)
○岩野壽雄『罪と罰――量刑に悩む元裁判官の手記』(新日本法規出版, 平成4年)
○川端ほか (川端博=前田雅英=伊東研祐=山口厚)『徹底討論――刑法理論の展望』(成文堂, 平成12年)
○前田雅英『刑法入門講義――新しい刑法の世界』(成文堂, 平成12年)
○前田ほか (前田雅英=合田悦三=井上豊=野原俊郎)『平成15年度司法研究 量刑に関する国民と裁判官の意識についての研究――殺人罪の事案を素材として』(法曹会, 平成19年)
○前野ほか (前野育三=斉藤豊治=浅田和茂=前田忠弘) 編『量刑法の総合的検討 (松岡正章先生古稀祝賀)』(成文堂, 平成17年)
○最高裁判所事務総局刑事局監修『陪審・参審制度――ドイツ編』(司法協会, 平成12年)
○最高裁判所事務総局刑事局監修『陪審・参審制度――フランス編』(司法協会, 平成12年)
○最高裁判所事務総局刑事局監修『陪審・参審制度――スウェーデン編』(司法協会, 平成13年)
○最高裁判所事務総局刑事局監修『陪審・参審制度――デンマーク編』(司法協会, 平成15年)
○最高裁判所事務総局刑事局監修『陪審・参審制度――イタリア編』(司法協会, 平成16年)
○法務省法務総合研究所編『平成15年版犯罪白書』(財務省印刷局, 平成15年)
○宮下明義『新刑事訴訟法逐条解説Ⅱ』(司法警察研究会公安発行所, 昭和24年)

(2) 論文等
○浅田和茂「量刑基準」松岡正章先生古稀祝賀『量刑法の総合的検討』(成文堂, 平成17年) 25頁
○阿部純二「量刑論の現状と展望」現刑3巻1号 (平成13年) 4頁
○阿部純二「刑の量定の基準について(上)(中)(下)」法学40巻3号 (昭和51年) 1頁, 41巻1号 (昭和52年) 1頁, 41巻4号 (昭和53年) 41頁
○阿部純二「刑事責任と量刑の基準」福田平=大塚仁編『刑法総論Ⅱ』(有斐閣, 昭和57年) 88頁
○阿部純二「累犯加重の根拠」岩田誠先生傘壽祝賀『刑事裁判の諸問題』(判例タイムズ社, 昭和57年) 77頁
○ハンス―ハインリッヒ・イェシェック=トーマス・ヴァイゲント (西原春夫監訳)『ドイツ刑法総論〔第5版〕』(成文堂, 平成11年)

参考文献及び凡例

○池田順一「**連邦量刑ガイドラインと連邦裁判所における量刑実務**」判タ1067号（平成13年）99頁
○石川正興「刑の**執行猶予制度**」阿部純二ほか編『刑法基本講座第1巻基礎理論／刑罰論』（法学書院，平成4年）265頁
○井田良「量刑事情の範囲とその帰責原理に関する基礎的**考察**㈠～（五・完）──西ドイツにおける諸学説の批判的検討を中心として」法研55巻10号67頁，11号34頁，12号（昭和57年）81頁，56巻1号62頁，2号（昭和58年）60頁
○井田良「**相対的応報刑論とは何か**」法教93号（昭和63年）116頁
○井田良「**現代刑事法学の視点**・岡上雅美『ドイツにおける〔法秩序の防衛〕概念の展開について』」法時64巻9号（平成4年）84頁
○井田良「量刑理論の体系化のための**覚書**」法研69巻2号（平成8年）293頁
○井田良「**責任論の基礎**」現刑2巻8号（平成12年）83頁
○井田良「量刑理論と量刑事情」現刑3巻1号（平成13年）35頁
○井田良「**最近における刑事立法の活性化とその評価**」刑法43巻2号（平成16年）268頁
○井田良「量刑をめぐる**理論と実務**」司研論集113号（平成17年）203頁
○井田良「量刑をめぐる最近の**諸問題**」『変革の時代における理論刑法学』（慶應義塾大学出版会，平成19年）209頁
○井田良「量刑判断の**構造**について」原田國男判事退官記念『新しい時代の刑事裁判』（判例タイムズ社，平成22年）453頁
○井戸俊一「**イギリスの量刑ガイドラインについて**」判タ1238号（平成19年）67頁
○伊東研祐「責任非難と**積極的一般予防・特別予防**」福田平＝大塚仁博士古稀祝賀『刑事法学の総合的検討上巻』（有斐閣，平成5年）299頁
○伊東研祐「**積極的特別予防と責任非難**──中止犯の法的性格を巡る議論を出発点に」香川達夫博士古稀祝賀『刑事法学の課題と展望』（成文堂，平成8年）265頁
○伊藤雅人＝前田巌「裁判員との**量刑評議の在り方**」原田國男判事退官記念『新しい時代の刑事裁判』（判例タイムズ社，平成22年）371頁
○植松正「**求刑の影響力**──量刑心理の分析」ジュリ330号（昭和40年）32頁
○植村立郎「裁判員制度と**量刑**」ジュリ1370号（平成21年）157頁
○臼井滋夫「**論告・求刑**」熊谷弘ほか編『公判法大系Ⅲ』（日本評論社，昭和50年）71頁
○小川佳樹「アメリカ合衆国における量刑事情としての**捜査・訴追協力**⑴⑵」早法78巻2号（平成15年）113頁，79巻1号（平成15年）85頁
○尾崎道明「**量刑の科学**」罪と罰27巻1号（平成元年）87頁
○小田健司「裁判所からみた**情状と量刑**」自正29巻6号（昭和53年）35頁
○大久保哲「**量刑と刑事裁判**」梶田英雄判事＝守屋克彦判事退官記念『刑事・少年司法の再生』（現代人文社，平成12年）391頁
○大谷實「**行為責任と人格責任**」中山研一ほか編『現代刑法講座第2巻』（成文堂，昭和54年）197頁
○岡上雅美「ドイツにおける『**法秩序の防衛**』概念の展開について⑴～⑸」警研62巻11号17頁，12号（平成3年）41頁，63巻1号16頁，2号44頁，3号（平成4年）35頁
○岡上雅美「責任刑の意義と量刑事実をめぐる**問題点**⑴（2・完）」早法68巻3＝4号（平成4年）77頁，69巻1号（平成5年）11頁

○岡上雅美「量刑体系における**量刑事実の選別**について」刑法 45 巻 2 号（平成 18 年）31 頁
○岡上雅美「刑罰正当化論から見た**責任概念**および意思の自由」刑法 46 巻 2 号（平成 19 年）82 頁
○岡上雅美「刑量の数値化に関する**一考察**——裁判員制度の下での新たな量刑？」研修 732 号（平成 21 年）3 頁
○岡田雄一「量刑——裁判の立場から」三井誠ほか編『新刑事手続Ⅱ』（悠々社，平成 14 年）481 頁
○岡部泰昌「合衆国（連邦）**量刑指針**」阪法 46 巻 6 号（平成 9 年）279 頁
○奥林潔「**量刑の実情**」判タ 1077 号（平成 14 年）40 頁
○勝丸充啓「**量刑**——検察の立場から」三井誠ほか編『新刑事手続Ⅱ』（悠々社，平成 14 年）492 頁
○金澤真理「**中止未遂**とその法的性格」刑法 41 巻 3 号（平成 14 年）29 頁
○神山啓史「**量刑**——弁護の立場から」三井誠ほか編『新刑事手続Ⅱ』（悠々社，平成 14 年）495 頁
○神山啓史＝岡慎一「裁判員裁判における**量刑判断**」日本弁護士連合会編『裁判員裁判における弁護活動——その思想と戦略』（日本評論社，平成 21 年）
○神山啓史＝岡慎一「**情状弁護**」日本弁護士連合会編『裁判員裁判における弁護活動——その思想と戦略』（日本評論社，平成 21 年）
○亀山継夫「**検察の機能**」石原一彦ほか編『現代刑罰法大系第 5 巻刑事手続Ⅰ』（日本評論社，昭和 58 年）23 頁
○神田宏「量刑と予防」現刑 3 巻 1 号（平成 13 年）17 頁
○小池信太郎「量刑における**消極的責任主義**の再構成」慶應法学 1 号（平成 16 年）213 頁
○小池信太郎「量刑における**構成要件外結果**の客観的範囲について」慶應法学 7 号（平成 19 年）19 頁
○小池信太郎「量刑における**犯行均衡原理**と予防的考慮(1)～(3・完)」慶應法学 6 号（平成 18 年）1 頁，9 号 1 頁，10 号（平成 20 年）21 頁
○小池信太郎「裁判員裁判における**量刑評議**について——法律専門家としての裁判官の役割」法研 82 巻 1 号（平成 21 年）599 頁
○小林ほか（小林充＝原田國男＝岡上雅美＝井田良）「**座談会『量刑判断の実際』と量刑理論**」法時 76 巻 4 号（平成 16 年）67 頁
○小林充「控訴審における**量刑判断**」司研論集 94 号（平成 8 年）64 頁
○佐藤文哉「**累犯と量刑**について」罪と罰 15 巻 4 号（昭和 53 年）5 頁
○佐伯千仭「**刑の量定の基準**」日本刑法学会編集『刑法講座第 1 巻』（有斐閣，昭和 38 年）114 頁
○澤登俊雄「現代における**刑罰の本質と機能**」石原一彦ほか編『現代刑罰法大系第 1 巻』（日本評論社，昭和 59 年）35 頁
○鹿野伸二「**刑法 50 条**（確定裁判の余罪の処断）における量刑について」原田國男判事退官記念『新しい時代の刑事裁判』（判例タイムズ社，平成 22 年）559 頁
○篠塚一彦「合衆国連邦**量刑ガイドライン**」上法 31 巻 3 号（平成 10 年）131 頁
○城下裕二「量刑事情の**意義と限界**」現刑 3 巻 1 号（平成 13 年）28 頁
○城下裕二「**量刑**」菊田幸一ほか編『社会のなかの刑事司法と犯罪者』（日本評論社，平

成 19 年) 369 頁
- 城下裕二「裁判員制度における量刑」法時 81 巻 1 号 (平成 21 年) 20 頁
- 鈴木義男=岡上雅美「アメリカ合衆国量刑委員会制度とその合憲性」ジュリ 986 号 (平成 3 年) 64 頁
- 髙橋則夫「刑法における損害回復論」刑法 32 巻 3 号 (平成 4 年) 15 頁
- 髙橋正己「殺人罪に対する量刑の実証的研究」司法研究報告書 17 巻 5 号 (昭和 42 年)
- 髙山佳奈子「実体法の見地から」刑法 43 巻 1 号 (平成 15 年) 11 頁
- 髙山佳奈子「量刑論の現代的課題」刑事法ジャーナル 21 号 (平成 22 年) 2 頁
- 武士俣敦「量刑の経験的研究の理論的意義」福岡 38 巻 2・3・4 号 (平成 6 年) 243 頁
- 土井政和「犯罪論・刑罰論と量刑のあり方」刑弁 30 号 (平成 14 年) 25 頁
- 所一彦「刑の量定」阿部純二ほか編『刑法基本講座第 1 巻基礎理論/刑罰論』(法学書院, 平成 4 年) 251 頁
- 中川博之「裁判員裁判と量刑」刑事法ジャーナル 21 号 (平成 22 年) 8 頁
- 中野次雄「併合罪」日本刑法学会編『刑事法講座第 7 巻』(有斐閣, 昭和 28 年)
- 中村秀次「刑の量定——合衆国量刑委員会の連邦量刑指針」熊法 72 号 (平成 4 年) 55 頁
- 永井登志彦「自動車による業務上過失致死傷事件の量刑の研究」司法研究報告書 21 巻 1 号 (昭和 44 年)
- カールペータース=田宮祐=能勢弘之「欧米における上訴制度の現状(3)西独」熊谷弘ほか編『公判法大系Ⅳ』(日本評論社, 昭和 50 年) 45 頁
- 原田國男「量刑理論と量刑実務」『小林充先生=佐藤文哉先生古稀祝賀刑事裁判論集上巻』(判例タイムズ社, 平成 18 年) 279 頁
- 原田國男「量刑をめぐる諸問題——裁判員裁判の実施を迎えて」判タ 1242 号 (平成 19 年) 72 頁
- 原田國男「量刑事実の立証」木谷明編著『刑事事実認定の基本問題〔第 2 版〕』(成文堂, 平成 22 年) 403 頁
- 原田國男「裁判員裁判と量刑評議——模擬裁判を傍聴して」刑事法ジャーナル 16 号 (平成 21 年) 55 頁
- 原田國男「量刑における回復・治療プログラム参加の意義」刑弁 64 号 (平成 22 年) 20 頁
- 林正彦「構成要件外の結果と量刑」原田國男判事退官記念『新しい時代の刑事裁判』(判例タイムズ社, 平成 22 年) 521 頁
- 福井厚「求刑」菊田幸一ほか編『社会のなかの刑事司法と犯罪者』(日本評論社, 平成 19 年) 292 頁
- 堀内捷三「責任主義の現代的意義」警研 61 巻 10 号 (平成 2 年) 3 頁
- 本庄武「量刑責任の刑罰限定機能について(1)(2・完)」一橋研究 24 巻 1 号 79 頁, 24 巻 2 号 (平成 10 年) 113 頁
- 本庄武「刑罰論からみた量刑基準(1)~(3・完)」一橋法学 1 巻 1 号 173 頁, 2 号 111 頁, 3 号 (平成 12 年) 159 頁
- 本庄武「裁判員の量刑参加」一橋論叢 129 巻 1 号 (平成 15 年) 22 頁
- 本庄武「裁判員制度開始を目前に控えた量刑研究の動向」犯罪社会学研究 33 号 (平成 20 年) 198 頁
- 前田雅英「戦後実務の量刑の変化と量刑論」曹時 59 巻 10 号 (平成 19 年) 1 頁

○松浦秀寿「量刑不当」判タ353号（昭和53年）86頁
○松尾浩也「刑の量定」宮沢浩一ほか編『刑事政策講座第1巻』（成文堂，昭和46年）337頁
○松原英世「連邦量刑ガイドラインと量刑思想の変化」松岡正章先生古稀祝賀『量刑法の総合的検討』（成文堂，平成17年）71頁
○松本時夫「量刑の手続」熊谷弘ほか編『公判法大系Ⅲ』（日本評論社，昭和50年）56頁
○松本時夫「刑の量定・求刑・情状立証」石原一彦ほか編『現代刑罰法大系第6巻』（日本評論社，昭和57年）145頁
○松本時夫「量刑の実務と今後の課題」現刑3巻1号（平成13年）10頁
○松本時夫「量刑の相場について」法の支配126号（平成14年）29頁
○松本時夫「刑の量定」『刑事訴訟法の争点〔第3版〕』（有斐閣，平成14年）202頁
○松本時夫「刑事裁判官らの量刑感覚と量刑基準の形成」刑法46巻1号（平成18年）1頁
○三村三緒「犯罪被害者と量刑」刑事法ジャーナル21号（平成22年）14頁
○宗像紀夫「検察官からみた情状と量刑——検察官は，求刑をするに際してどのように情状を考慮するのか」自正29巻6号（昭和53年）41頁
○百瀬武雄「殺人罪における量刑」石川弘＝松本時夫編『刑事裁判実務大系第9巻身体的刑法犯』（青林書院，平成4年）224頁
○守屋克彦「罰金刑と自由刑」菊田幸一ほか編『社会のなかの刑事司法と犯罪者』（日本評論社，平成19年）396頁
○矢崎憲正「イークオリゼーション・オブ・ジャスティス」罪と罰2巻1号（昭和39年）18頁
○安原浩「量刑の実務は実際どのように運用されているか」梶田英雄判事＝守屋克彦判事退官記念『刑事・少年司法の再生』（現代人文社，平成12年）407頁
○安原浩「量刑事実の選別化の必要性について——量刑判断の在り方についての一考察」『鈴木茂嗣先生古稀祝賀論文集下巻』（成文堂，平成19年）615頁
○山田道郎「新量刑手続論序説」法論82巻4・5号（平成22年）513頁
○吉岡一男「量刑と積極的一般予防論」現刑3巻1号（平成13年）44頁
○吉岡一男「犯罪現象と刑事法」長尾龍一＝田中成明編『現代法哲学(3)実定法の基礎理論』（東京大学出版会，昭和58年）159頁
○渡辺咲子「検察官の訴追裁量——検察の立場から」三井誠ほか編『新刑事手続Ⅱ』（悠々社，平成14年）95頁

(3) 注釈書
○豊田健『大コンメンタール刑法第1巻〔第2版〕』（青林書院，平成16年）483頁〔大塚仁ほか編〕
○増井清彦『大コンメンタール刑法第3巻〔第2版〕』（青林書院，平成11年）443頁〔大塚仁ほか編〕
○野村稔『大コンメンタール刑法第4巻〔第2版〕』（青林書院，平成11年）64頁〔大塚仁ほか編〕
○佐藤文哉『大コンメンタール刑法第4巻〔第2版〕』（青林書院，平成11年）372頁〔大塚仁ほか編〕

○藤木英雄『注釈刑法総則第1巻』（有斐閣，昭和39年）200頁〔団藤重光編〕
○吉田博視『大コンメンタール刑事訴訟法第4巻』（青林書院，平成7年）54頁〔藤永幸治ほか編〕
○臼井滋夫『注釈刑事訴訟法第3巻〔新版〕』（立花書房，平成8年）363頁〔伊藤栄樹ほか〕
○前田雅英ほか編『条解刑法〔第2版〕』（弘文堂，平成19年）
○西田ほか（西田典之＝山口厚＝佐伯仁志）『注釈刑法第1巻』（有斐閣，平成22年）
○川端ほか（川端博＝西田典之＝原田國男＝三浦守）『裁判例コンメンタール刑法第1巻～第3巻』（立花書房，平成18年）

(4) 教科書

○浅田和茂『刑法総論〔補正版〕』（成文堂，平成19年）
○井田良『講義刑法学・総論』（有斐閣，平成20年）
○大塚仁『刑法概説（総論）〔第4版〕』（有斐閣，平成20年）
○大谷實『刑法講義総論〔新版第2版〕』（成文堂，平成19年）
○川端博『刑法総論講義〔第2版〕』（成文堂，平成18年）
○佐伯千仭『刑法講義（総論）〔4訂版〕』（有斐閣，昭和59年）
○佐久間修『刑法総論』（成文堂，平成21年）
○荘子邦雄『刑法総論〔第3版〕』（青林書院，平成8年）
○団藤重光『刑法綱要総論〔第3版〕』（創文社，平成2年）
○内藤謙『刑法講義総論(上)(中)(下Ⅰ)(下Ⅱ)』（有斐閣，昭和58年，昭和61年，平成3年，平成14年）
○中野次雄『刑法総論概要〔第3版〕』（成文堂，平成4年）
○中山研一『刑法総論』（成文堂，昭和57年）
○西田典之『刑法総論〔第2版〕』（弘文堂，平成22年）
○西原春夫『刑法総論〔改訂版〕（上巻）』（成文堂，平成10年）
○西原春夫『刑法総論〔改訂準備版〕（下巻）』（成文堂，平成5年）
○林幹人『刑法総論〔第2版〕』（東京大学出版会，平成20年）
○平野龍一『刑法総論Ⅰ Ⅱ』（有斐閣，昭和47年，昭和50年）
○平野龍一『矯正保護法』（有斐閣，昭和38年）
○藤木英雄『刑事政策』（日本評論社，昭和43年）
○前田雅英『刑法総論講義〔第4版〕』（東京大学出版会，平成18年）
○松尾浩也『刑事訴訟法(上)〔新版〕』（弘文堂，平成11年）
○松宮孝明『刑法総論講義〔第4版〕』（成文堂，平成21年）
○三井誠『刑事手続法Ⅱ』（有斐閣，平成15年）
○山口厚『刑法総論〔第2版〕』（有斐閣，平成19年）
○山中敬一『刑法総論〔第2版〕』（成文堂，平成20年）
○最高裁判所裁判所職員総合研修所監『刑法総論講義案〔3訂補訂版〕』（司法協会，平成19年）

前科，前歴等と量刑

難波　宏

第1　はじめに／1
第2　前科，前歴等の意義／4
　1　前科の意義
　　(1)　検察庁での取扱事務（前科調書）上の前科と量刑上考慮すべき前科の違い／(2)　刑法56条以下の累犯前科及び常習累犯窃盗の前提前科の性格
　2　前科は独立の量刑要素か
　3　前科として考慮される事実の範囲
　4　前科を確定裁判とする意味
　5　併合罪と累犯の関係
　6　前歴の意義
第3　加重の根拠／16
　1　累犯加重の根拠
　　(1)　沿　革／(2)　学　説／(3)　検　討／(4)　責任非難の判断基準
　2　前科による加重の根拠——累犯加重根拠と前科加重根拠との関係
第4　加重の程度／28

　1　累犯加重（刑法56条）の場合
　　(1)　明治42年ころの累犯加重／
　　(2)　現在の累犯加重
　2　常習累犯窃盗の場合
　　(1)　常習累犯窃盗罪の処断刑の範囲／
　　(2)　現在の量刑実務
　3　罪種による違い
　　(1)　同種の再犯／(2)　異種再犯
　4　再犯の時期による違い
　　(1)　前科と再犯の時間的関連性の問題／(2)　執行猶予期間中の再犯／(3)　仮釈放中の再犯／(4)　一審判決言渡後確定前の再犯／(5)　保釈中再犯あるいは裁判中の再犯等
　5　前歴の影響
　　(1)　前科との違い／(2)　保護処分歴について
第5　前科，前歴の認定／69
第6　おわりに——行刑の実情／70

第1　はじめに

　犯罪を繰り返す者に対し軽い刑を科すべきであるとする考えに賛同する人は少ないと思われる。刑法56条以下は，刑の執行を受け終えた後5年以内に懲役にあたる罪を犯した場合は，法定刑の2倍まで加重できるという重い加重を肯定している。常習累犯窃盗罪では，前科の存在が法定の要件とされ

1

ている。起訴猶予処分に関する刑訴法248条も前科を考慮することが前提になっている。そして、現実の裁判実務上も、前科や前歴等は量刑資料とされ、とりわけ同種前科は、量刑の加重要素や常習性の認定資料とされている。また、執行猶予選択の際には、前科がないことが重要な要素の一つとして指摘されることが多い。前科は誰に対しても説得力のある量刑要素の一つといえる[1]。

前科等は、どうして量刑上加重要素とされるのか、どのような罪でどの程度の加重がなされているのか、執行猶予期間中の再犯や、刑法28条の仮釈放（以下、本稿で「仮釈放」という場合は、刑法28条の仮釈放のことを指すこととする。）[2] 期間中の再犯など前科やその刑の執行状況などによって量刑は変化するのか、判決言渡後の再犯や保釈中の再犯は、前科による加重と同じように加重できるかなどを検討するのが本稿のテーマである。ただ、これらの問題は、刑法の基本理論や刑事訴訟法にとどまらず、刑事学、刑事政策、前科登録事務や裁判実務、矯正実務の現状などを横断する極めて広い論点であるとともに、刑法の刑罰論や責任論の十字路のような位置づけの重要かつ困難な論点で、担当者の能力を大きく超えている。本稿では、上記の問題について、一応の論点と素材の整理を試みる[3]。

1) なお、前科がないことが被告人に有利な事情になるかという問題がある。前科が責任加重要素であるとすれば、これがないことは、加重がない状態になるだけであるから、責任の観点からは減軽要素ではないとし、有利な事情とするには、被告人側において一定期間犯罪と無縁の生活を送っていたことなど、「非難されない行状」を積極的に立証する必要があるということになろう（川崎・体系的量刑論227頁以下。後掲注121）参照）。しかし、前科がないことは、しばしば、執行猶予が言い渡される場合などに判決の量刑の理由で指摘されている。そして、①本稿でも検討するように、関連性のない前科と量刑の加重関係は明確ではないことから、何の前科もない状態は、関連性がある前科がないことから加重されないという状態よりも被告人にとって有利な状態であるということも可能であるし、②また、犯罪と無縁の生活を送っていたとしても、これを被告人側に積極的に立証させるのは無理がある場合もある一方で、前科がないことは犯罪と無縁の生活を送っていた一つの徴表ともいえ（これに反する徴表がある場合には、効果が生じない）、特別予防の必要性が高い場合を示す定型的要素とみることも可能である。このようなことからすると、前科がないことは、特に執行猶予選択の場面において、独立の量刑要素であると考えることも可能であろう。
2) なお、監獄法改正、刑事施設及び受刑者の処遇等に関する法律（平成17年5月25日法律第50号、平成18年5月施行）の施行に伴い、刑法28条、少年法58条または国際受刑者移送法22条の規定の用語は、いずれも「仮釈放」に統一され、刑法第5

第1　はじめに

　　章の仮出獄の用語も仮釈放とされた（改正法は，平成18年5月施行）。本稿では，刑法28条の仮釈放（平成17年改正前の旧刑法の仮出獄）を問題にするものであるので，以下「仮釈放」という場合は，刑法28条の仮釈放のことを指す。

3）　なお，本稿では，累犯あるいは再犯という言葉が多用される。必ずしもこれらの言葉の定義が論者によって，統一的に使用されているとは限らないし，その定義の仕方も多様である。例えば，西原博士は，「累犯とは，確定裁判を経た数罪である。」とされるし（西原春夫『刑法総論』〔成文堂，昭和52年〕447頁），大谷教授は，「累犯とは，一般的には，ある犯罪（前犯）について刑に処せられた者によって犯された犯罪（後犯）をいう。」（大谷実『刑法講義総論』〔成文堂，昭和61年〕501頁，なお，牧野英一『刑法總論(下)〔第16版〕』〔有斐閣，昭和41年〕767頁も参照）とされる。累犯前科に相当するものを累犯と定義するものと，再犯，3犯，4犯を併せたものを累犯と定義しているものとがあることになる。『刑事法辞典』によれば，「広義ではすでに処罰されたことのある者が2回以上犯罪を行うこと」とされ，「狭義では，そのうちさらに一定の要件を備えて刑が加重されるものをさし，再犯，3犯，4犯を含む」とされている（793頁）。字義的には，累犯は，犯罪を累行すること，あるいは，累行された犯罪を指し，再犯は，再び犯罪を犯すこと，あるいは再び犯された犯罪を指す。したがって，まず，再犯は，ある罪を犯したことを前提にした，後犯を指している言葉である。累犯前科，累犯加重，再犯加重とは言っても，再犯前科とはいわないのはそのためである。3犯，4犯といわれる場合も，一定期間内に一定の要件を備えた3つ目の犯罪，4つ目の犯罪を犯したこと等を指す言葉であり，3つの犯罪，4つの犯罪を指す言葉ではない（最高裁が3犯等の定義について，5年以内に3犯以上を犯すことが必要としているのも，この意味で当然と思われる。）。これに対し，累犯は，3つの犯罪，4つの犯罪といった，数罪の全体を表す言葉としても用いられる。

　　本稿では，累犯とは，累行された数罪全体を表すものとし，これを前科との関係で用いる場合は，このうち，確定裁判を経た数罪と確定裁判に至る罪（再犯，後犯）を合わせたものとして用いることとする。さらにこのうち，刑法56条以下の要件を備えた累犯については，「刑法56条以下の累犯」，「累犯加重」，「累犯前科」という特定した用語を用いることとする。ただ，「累犯前科」の「累犯」は，一般に刑法56条以下の要件を備えた確定裁判を経た数罪だけを指していることは明らかであるから，この意味で用いている。また，再犯は，一度犯罪を行ったものが再び犯罪を犯すこと（三井誠ほか編『刑事法辞典』〔信山社出版，平成15年〕309頁）をいうこととし，前科との関係で用いる場合は，このうち，前犯は確定裁判にかかる犯罪を意味し，再犯（後犯）は，その確定裁判後に罪を犯すことを指すものとして用いる。また，刑法56条以下の再犯にあたる場合には，「刑法56条以下の再犯」とか「再犯加重」と記載する。なお，「常習累犯窃盗」の「累犯」は，盗犯等の防止及び処分等に関する法律違反第3条の累犯要件を備えたものを指している。

第2　前科，前歴等の意義

1　前科の意義

「前科」とは，一般には，前に刑罰に処せられた事実をいう[4]。量刑資料となる「前科」もこのような「事実」を問題にするものである。

量刑資料となる「前科」には，①有罪判決ではあるが刑の言渡しをしない刑の免除の場合も含まれる。②また，刑法5条ただし書の外国判決があることを考慮し，判決言渡し時点で刑の執行を免除する場合も，刑の言渡しは受けるから「刑罰に処せられた」といえる。③刑罰を科する裁判には，判決と同一の効力を有する略式命令（刑訴法470条）や交通事件の即決裁判による場合もあるから[5]，確定した有罪の裁判とすることでよいと思われる。④少年事件の保護処分は，「刑罰」を科すものではないから「前科」に含まれない。⑤没収追徴等の付加刑や過料等の行政罰は「前科」ではない。⑥後にも検討するが，量刑資料としての前科は，事実を問題にするものであるから，刑の言渡の効力の有無にかかわらない。⑦さらに後に検討するように，現在の実務上の用語としては，「前に」とは，再犯よりも前に有罪の裁判が確定していることを意味する。

このような点を考慮すると，量刑資料となる「前科」とは，再犯（後犯）よりも前に確定した有罪の裁判と定義できる。

このうち，刑の執行終了までを要求した特別の前科が刑法56条以下の累犯前科である。累犯前科について一般前科との本質的な違いを見ない見方に立てば，以上のような整理が可能であると思われる。

(1)　検察庁での取扱事務（前科調書）上の前科と量刑上考慮すべき前科の違い

「前科」という言葉は法律用語とはいえないが[6]一定の「前科」が刑法56条以下の累犯加重や資格制限などの法律効果に結びつけられており，また，裁判の量刑資料や検察庁での起訴猶予の資料（刑訴法248条）にもなる。そして，その目的や効果等との関係で，前科の意義は多義的である。『刑事法辞典』によれば，「前に有罪判決とりわけ自由刑執行による刑務所収容といった科刑を受けたこと」[7]と定義されている。検察庁での犯歴票や市町村での犯罪人名簿への前科の登録は，このような様々な要求に対応するように行わ

れているようである[8]。

　ただ，検察庁での前科登録事務等としての「前科」は，一応，刑の言渡しの効力がある前科に限定しているようである。大霜憲司＝富永康雄『前科登録と犯歴事務〔3訂版〕』の「前科の意義」の項によれば，「『前に刑に処せられた』とは，すべての有罪の確定判決をいい，その刑が死刑，懲役，禁錮，罰金，拘留，科料である場合はもちろん，刑の免除（必要的なものとして刑法43条，80条，93条等及び任意的なものとして同法36条，37条，170条等），刑の執行免除（刑法5条ただし書を指し，同法31条及び恩赦法8条を除く）が言い渡された場合を含むものである。なお，裁判所で言い渡されたものであっても，過料等の行政罰及び没収（刑法19条，197条の5），追徴（刑法19条の2，197条の5）等のいわゆる付加刑は，前科ではない。」「前科は，言渡しの効力が失われていないものであることを要する。」「刑法34条の2若しくは27条の規定により又は恩赦により，刑の言渡しの効力が失われたものは法律上何らの効果もなく，一般には前科と呼ばれていない。」という。

　これは，検察庁での前科登録事務が裁判の量刑資料となる側面だけではなく，市町村の犯罪人名簿の登録事務の基礎資料となり，様々な資格制限の効果に通じており，資格制限のためには，刑の言渡しの効力が失われていないことが通常必要であるからである。この効果との関係で，刑の言渡しの効果が消滅したものを「前科」に含めないというものであると考えられる。

　しかし，刑の言渡しの効力が消滅した後でも「前科」を裁判所の量刑資料とすることが許されるというのは，確定した最高裁判例である。

　すなわち，最三小判昭25.5.30刑集4巻5号889頁は，「被告人の前科が刑の言渡の効力を失つたということは法律上の効果の問題であつて，被告人が以前に犯罪により処罰されたという事実は消滅するものでないから，原審がその事実を審問したからといつて違法と言うことはできない。」とし，懲役刑の執行を終つてから14年を経過し刑法第34条ノ2によりその刑の言渡の効力を失つた前科であつても，公判廷においてその前科の事実を審問することは差し支えないとした[9]。最二小決昭32.6.19刑集11巻6号1695頁は，「被告人の前科が大赦令により赦免されたことに因り，刑の言渡がその効力を失つたということは，法律上の効果の問題であつて，被告人が以前に犯罪により処罰されたという事実そのものは消滅するものではないから，所論前科調書を取り調べ，右受刑の事実を審問し又はこれを量刑当否の判断の資料に供したからといつて違法ということはできない」とした。また同じく最一小決昭33.5.1刑集12巻7号1293頁は，「執行猶予の言渡を取り消されるこ

となく猶予の期間を経過し刑の言渡がその効力を失つても，その言渡を受けたという既往の事実そのものを量刑の資料に参酌しても違法でない」とした。

この意味で，大霜＝富永『前科登録と犯歴事務〔3訂版〕』においても，「しかしこのような刑でも，以前に刑罰に処せられたという事実そのものは消えることはなく，将来における捜査，公判の情状資料として必要性が認められることから，検察庁では，これらの刑も併せて犯歴又は前歴として把握する体制が整えられている。」とされている。検察事務官が作成する前科調書には，刑の執行猶予期間経過後の確定裁判なども記載されており，裁判所の量刑資料等として用いられることを前提とした運用がなされている[10)][11)][12)]。

以上によれば，量刑資料としての「前科」とは，刑の言渡の効力にかかわらず，前に有罪の裁判を受けた「事実」やその内容を指すといえる[13)]。

(2) 刑法56条以下の累犯前科及び常習累犯窃盗の前提前科の性格

一般の前科に対し，刑法56条以下の累犯前科及び常習累犯窃盗罪の前提前科は，刑の言渡の効力が消滅していないものであることを要するであろうか。この点は，具体的には，刑執行開始後，大赦により放免された前科について，どのように取り扱うべきかという問題として現れる。

この問題について，最二小判昭28.10.16刑集7巻10号1940頁は，「大赦令により赦免された罪に科せられた懲役刑を前科と認定して累犯加重をした法令違反は，刑訴第411条第1号の場合にあたる。」としている。受刑中に大赦によって放免された場合は，「刑の執行を受け終わ」った場合に含まれないことは明らかである。また，大赦は，将来に向かって刑の執行権が消滅する場合という意味で，刑の「執行の免除」と同じであるが，将来に向かって判決の言渡しの効力が失われる点で，刑法56条1項のいう「懲役に処せられた」とはいえなくなり[14)]，刑の執行の免除とは異なるから，刑法56条1項の刑の「執行の免除」にも含まれないと解されている[15)]。

したがって，刑法56条以下の累犯前科は，刑の言渡しの効力が失われていないものであることが必要であると解される[16)][17)]。

他方，盗犯等の防止及び処分に関する法律3条は，10年以内に3回以上，6月以上の懲役[18)] 刑の執行を受け，又はその執行の免除を得た者が，常習として窃盗等を犯した場合には，短期3年以上の刑に処することとしているところ，この「刑の執行を受け」とは，刑法56条以下の累犯前科と異なり，刑の執行が開始されれば足り，終了することを要しない。また，刑執行開始後，大赦により放免された場合でも，大赦の効果は将来に向かってのみ生

じ，既に受け始めた刑の執行開始の事実が消滅するものではない。加えて，「10 年内に 3 回」の要件は常習性認定の前提となる条件を規定したものと解され[19]，処罰を受けた「事実」を条件にしたものと解する余地がある。そうすると，刑執行開始後，大赦により放免された場合であっても，同条の「懲役刑の執行を受け」に含まれ，同条項の前提前科は刑の言渡しの効力にはかかわらないと解することも可能となる。

しかしながら，やはり，常習累犯窃盗の場合も，大赦によって，将来に向かって判決の言渡しの効力が失われた前科を要件として，法定刑の加重という法律上の効力を発生させることには問題があるように思われる。刑法 56 条以下の累犯前科と同様に，刑の言渡しの効力が失われていないものであることが必要であると解するのが妥当であると思われる。

以上によれば，刑の言渡しの効力が失われた前科は，一般の前科として量刑上考慮することは許されるが，刑法 56 条以下の累犯前科や常習累犯窃盗の前提前科とすることはできないということになる。

この点について，川崎教授は，『体系的量刑論』227 頁において，「前科の抹消と量刑の関係については，責任領域と予防領域に区別して考察されることが必要である。責任領域においては，抹消された前科は加重的に作用しないことが認められなければならないであろう。これに対して，予防領域においては，行為者の犯罪歴の全体が予防判断において，顧慮されるべきであるから，抹消された前科は予防要因の範囲からは当然には排除されえないものであると解されるべきである。」とされ，刑の言渡しの効力が失われた一般前科を量刑上考慮する一つの方向性を示されている。

ただ，執行猶予期間中の再犯や期間経過直後の再犯のように，実刑判決の可能性が高いケースでは，執行猶予期間中の心理的効果（ただし，藤本哲也『刑事政策概論〔全訂第 6 版〕』〔青林書院，平成 20 年〕182 頁は，刑執行の威嚇・心理的強制そのものは特別予防目的によるものであるとされている。）や執行猶予期間経過の態様（例えば，事実を争い有罪となされた裁判中に期間経過となる場合もある。）等とあいまって，判決時点で言渡しの効力が失われた前科であっても再犯の責任領域に作用する場合もあると考えられ，刑の言渡しの効力が失われた前科全てについて特別予防の観点だけから考慮すべきであるかは，なお検討の余地があると思われる。

2 前科は独立の量刑要素か

前科は，独立の量刑要素と考えられるが，その量刑要素としての性格を的

確に捉えることはそれほど容易ではない。そもそも，犯罪事実の積み重ねは行為者の常習性や危険性，再犯可能性などの資料になるが，前科はこれらの徴表のようなものであって，裁判所で判決を受けたこと自体は直接の量刑要素ではないという考え方もありうる。他方，犯罪の積み重ねというだけでなく，裁判所で審理判決を受けたことに何らかの加重の契機をみることができるとすれば，前科は独立の量刑要素とみてよいと考えられる。ただ，単に前科があるというだけでは有意的な量刑要素とはならず，同種再犯であることや前科と再犯との間に関連性を要求すれば，通常の場合，これらの考え方の違いによる効果はそれほどないともいえる。本稿では，犯罪事実の積み重ね等が行為者の常習性や危険性，更生可能性などの資料になることは肯定しつつ，裁判所で処罰を受けた事実に何らかの加重の契機をみることができるとして，前科を独立の量刑要素として観念できるという立場に立っている。ただ，具体的な量刑にあっては，前科があるから当然のように加重されているようにみえる場合と犯罪事実の積み重ね等が行為者の常習性や危険性，更生可能性などの資料となることを通じて加重されているという側面が強い場合とがあると考えられる。

3　前科として考慮される事実の範囲

　前科が刑事処分を受けた「事実」として量刑上考慮されるとすると，その考慮できる事実の範囲は，どこまでであろうか。現実の裁判では，上記の前科調書にとどまらず，確定判決の判決謄本も証拠として請求され採用されている。前科が，再犯との関係で量刑資料とされる以上，前科の犯罪事実と再犯の犯罪事実との関連性があることが量刑上重要である。関連性がない犯罪は，被告人の前の刑や判決が示す犯罪を犯すことなかれという一般的な警告を無視したという形の非難しかできないと考えられる。このような関連性を認定するためには，判決謄本が重要である。判決謄本の犯罪事実に記載された事実は上記の関連性の認定に使ってよいと考えられる。

4　前科を確定裁判とする意味

　前科による加重をする場合，前科の判決は確定したものでなければならない。刑罰の効力が生じていない状態では，刑罰に処せられたとはいえないと考えるものと思われる。では，例えば，判決言渡後確定前の再犯について，判決確定後であれば，前刑を「前科」として取り扱ってよいであろうか。
　判決言渡を刑加重の根拠とする立場からは，言渡された罪は，その時点で

「前科」となり、その後は、裁判確定前の再犯も含め「再犯」として加重処罰するという取扱いをすることが相当なようにも思われる。現に、裁判所では、前科の点を量刑理由に記載する際、裁判の言渡時を記載するのが通常である。また、常習累犯窃盗罪の10年以内3回の前提前科についても、裁判確定時ではなく、判決言渡時を記載するのが通常である。裁判言渡時が「刑の感銘力」、「判決の感銘力」が生じる時点としてとらえているものと思われる[20)][21)]。

これに対し、現在の検察実務は、常習累犯窃盗罪の公訴事実中、前提前科について裁判確定時を記載している。また、裁判所における量刑資料として用いられる場合の「前科」という用語についてみても、確定時を基準にし、判決言渡後確定前の再犯の場合に、言い渡された判決を「前科」と呼んではいない。すなわち、一応判決確定時で前科と再犯を区別していることになる。なぜ、裁判の確定時を基準にしているのであろうか。

この問題については、端的に裁判確定そのものに意義を見出す見解がある。牧野博士は、「確定裁判後の行為は、有罪の判決を受けたにもかかわらず更にまた犯意の発動があったことになるものであり、その犯意は前の行為における犯意の継続であるにしても、その発動が確定裁判を無視したものである点で、犯罪性の執拗であることを明らかにするものであるとせねばならぬ。」とされ[22)]、団藤博士も「国家からいったん刑罰的評価を（有罪判決の確定）を受けたときは、それ以後はあらたな人格態度が期待されるのであり、したがって、評価の対象としての人格形成の一連性は、それによって遮断される。」[23)]とされ、同様に確定時に意義を見出されている。

しかし、中野次雄元判事は、余罪の範囲に関する最大判昭32.2.6刑集11巻2号503頁[24)]に関して、確定時説を支持され、これは、「刑法がいわば技術的理由から、確定時標準の制度を採用したものであろうと考える。」とされる[25)]。そして、上記の社会的責任や人格責任など責任の観点からこの確定時説を支持する見解に対しては、「被告人のあずかり知らない裁判確定時に被告人の責任加重の根拠を見出すよりも、裁判言渡時を標準とする方が一層合理的ではないか、あるいは検挙時もしくは起訴時を標準とするのが徹底している。現に保釈中の犯罪が強く非難されるのはこの考えに基づいている。」（要旨）とされる。ただ、判決言渡（もちろん確定した言渡だけを意味する）時を基準とすると、控訴審で破棄判決があった場合などに併合罪（余罪）の範囲が浮動的とならざるを得ない[26)]ことから、明確性の観点から余罪の範囲を決める基準時について確定時説を支持されている。

裁判確定そのものに加重の根拠を見出すというのは，行為責任の観点から説明しがたいというのは中野元判事が述べられるとおりであると考えられる。被告人のあずかり知らない裁判確定時ではなく，裁判言渡時等に加重の契機を見出すのが妥当である。ただ，前科は基準の変更はできるだけ避けなければならず，明確性が要求される。併合罪や余罪と再犯を明確に区別し，累犯前科も含む前科を混乱のないように説明する必要もある。このような観点から，本稿も，「前科」の定義としては，従来の考え方，すなわち確定時説に従うこととする。ただ，加重の契機，あるいは量刑の根拠という側面では，確定そのものよりも，起訴から，審理，判決，刑の執行といった司法作用や行刑執行という側面から説明するのが妥当である。

5　併合罪と累犯の関係

　併合罪と累犯との関係は，「前者は横の関係において犯罪が重ねられることを意味し，後者は縦の関係において犯罪が重ねられることを意味する。」[27]。牧野博士は，「数罪の関係が成立する場合に二種のものがある。その一は，数罪が併立の関係に立つ場合で，その二は，数罪が累次の関係に立つ場合である。」として広義の併合罪と累犯を区別されている[28]。現行刑法下でも累犯前科の刑の執行を受け終わった後に更に犯罪が累行された場合を考えれば明らかなように，累行した各罪が累犯前科との関係でそれぞれ加重されるとともに，いずれも併合罪の関係に立つ。確定裁判をまたいで犯罪の累行について加重する視点と，確定裁判（現実には判決言渡）までの数罪を一回的に処理するための視点は全く異なる。上記のような縦と横の関係というのが正しい。

　現行法の加減順序（刑法72条）を前提とすれば[29]，刑法56条以下の累犯は，前科との関係で個々の再犯の刑がそれぞれ2倍に加重され，その後，個々の数罪のうち重い罪が併合罪として1.5倍に加重されるのであって，いわば面積計算のように掛け合わされ，合計で3倍になるのである。このことは，平成16年改正前には，現行の裁判において大半を占める窃盗罪と覚せい剤使用，所持罪の長期が懲役10年以下の刑であることから，ほとんど観念的な議論であったが，刑法14条の制限が30年に伸張された結果，これらの罪も懲役30年になりうることになり，この掛け合わせが現実的な意味を持つことになった。

　ところで，併合罪加重と累犯加重を比較する場合，累犯加重の方が併合罪加重よりも重いといわれることがある[30]。たしかに，上記の加重の倍率で

みればそのとおりである。また，①累犯の場合の刑の合算（前刑と再犯の刑の合算），②併合審理されない場合の刑の合算，③併合審理された場合の刑のそれぞれの総量を比較すると，①＞②＞③という量刑になることが多いと思われる。

しかし，現実の量刑についていうと，通常累犯加重の効果は顕著ではないから，①と②の差が大きいとはいえないし，同種再犯の加重に事実上上限に近いものが存在するとすれば，①と②の差は拡大しなくなるともいえる。②と③の関係も，併合審理されることによる併合の利益よりも複数の犯罪による相乗効果の方が大きい場合もあるから，常に②＞③とはいえない。最近では，この複数の犯罪による相乗効果によって，常習性や危険性，組織性などが認定され，重い刑が言い渡される場合が増えている。

そして併合罪が軽く累犯が重いとされる点も，累犯かどうかという点よりも，併合の利益を考慮するかどうかという点の方が大きいと思われる。例えば，判決確定後に 45 条後段の併合罪が発見され起訴された場合，観念的には同時審判の可能性があったとして，調整された刑が言い渡されることがあるが，判決言渡後の再犯は，併合罪であるが，同時審判の可能性もなく，行為者の反規範性が再び示されたという意味で，併合の利益を与えるべきでもないともいえるから，単純数罪に近い量刑が言い渡されることが多いと思われる（ただ，併合罪とされる以上は，刑法 51 条 2 項の精神によって，量刑上若干の考慮をすることがありえないとはいえない。）。この場合は，行為者の人格的な要素がさらに評価されるのもやむを得ない状態になった場合ともいえる[31]。

累犯も，再犯加重で宣告刑が 2 倍にされるケースはそれほど多くはないのであり，単純数罪にそれぞれ別の裁判，2 度の評価を受けることで刑の量が増えることの効果の方が通常大きいと考えられる。

したがって，量刑の分野では，累犯が重く，併合罪が軽いとは一概にいえないことになり，むしろ累犯と併合罪の比較の視点は，再度評価されることが当然な場合か，一度に評価すべき場合か，すなわち，併合の利益を与えるべき場合なのか，それとも別に処罰すべき場合なのかについての考え方を提供することの方が意味があるように思われる。

6　前歴の意義

前歴とは，広く犯罪歴を指す。この場合は，前科の犯罪も含まれる。しかし，狭義の前歴は，前記前科犯罪以外の犯罪歴をいう。ただ，①前科が，刑罰に処せられたことを契機に責任加重ができるという説明をすることとの関

係で，前歴という場合，犯罪事実そのものの積み重ねをいうのか，保護処分歴のような一定の処分歴をいうのかという区別を念頭に置いておく必要がある。少年の保護処分歴という場合と，非行歴という場合は，この違いがある。保護処分歴を問題にする場合は，処分を受けたことを契機に責任が加重されるという説明が可能になる。②また，犯罪歴が量刑資料となる前歴であるという場合は，余罪とは区別される必要がある。余罪は，未だ処罰可能性が残っているのに起訴されていない，その意味で未定の犯罪事実であり，前歴はあくまで過去の確定した事実として評価されるものだからである。この意味で，法律上あるいは事実上，処罰可能性がなくなっているものを前歴として考慮し，量刑資料とできると考えるのが妥当であろう。

　前歴の中で，重要なものが，少年時代の保護処分歴である。少年審判は，刑事訴訟とは手続の性格が本質的に異なり，対審公開原則や厳格な証拠法則が採用されていないものの，証拠に基づき家庭裁判所によって非行事実が認定されて保護処分が決定され，事実誤認等による抗告も可能であるうえ，昨今の少年法改正により検察官立会や付添人制度などの拡充によって事実認定の適正化のための手続等が整備されたことにより，このような側面が高まっている。また，少年法46条1項は，同法24条1項の保護処分（少年院送致，児童自立支援施設等送致，保護観察）がなされたときは[32)][33)]，審判を経た事件について，刑事訴追をし，又は家庭裁判所の審判に付することができないと規定し，一事不再理効があることを認めている[34)]。これらによれば，保護処分は確定判決に似た側面がある。

　また，起訴猶予（刑訴法248条）された事実[35)]も，その後の同種犯行が起訴されていて，もはや猶予された罪が起訴される見込みがなく（いわゆる微罪処分型，起訴放棄型の起訴猶予），また，起訴猶予にかかる犯歴事実を被告人が争わない場合は，量刑資料として考慮しうる。

　警察段階での微罪処分（刑訴法246条ただし書，犯罪捜査規範198条）についても基本的には同様であろう。

　他方で，責任加重の契機が定かでない犯罪歴そのものを，量刑資料とするのは，行為者の常習性や危険性，再犯可能性などに限るべきであろうし，通常は，この効果に大きな期待はできない。一般的な悪い性格の認定などに用いるのも相当でない。ただ，単純な万引き事犯等は，犯罪が明らかであっても，何度か起訴猶予処分をした後に正式起訴となることが多かったため，判決宣告の際，前歴の認定は避けられなかった（万引きについては刑法改正〔平成18年5月8日法律第36号，同年5月28日施行〕により窃盗罪に罰金刑が設けられたこと

から，今後は，起訴猶予が減り，罰金刑を受けるケースが増えることになろう。なお，検察統計年報第132,133によれば，平成18年中2843件，平成19年中6388件の略式命令請求がなされており，同統計年報第131による平成17年の不起訴処分中の起訴猶予の割合と上記平成19年の同割合を比較すると，10ポイント以上起訴猶予の割合が下落している。無銭飲食については，詐欺罪には罰金刑が設けられなかったことから，従前と同様になる。）。

　通常，前歴は，被告人の身上調書に記載された前歴に関する供述内容と警察署のデータを照会した「個人照会結果復命書」に記載された犯歴情報とを照らし合わせ，これらを考慮している。若年成人の場合は，少年時代の少年調査記録を取り調べる場合もある。

4) 大霜憲司＝富永康雄『前科登録と犯歴事務〔3訂版〕』（日本加除出版，平成16年）2頁，広辞苑では「以前に法を犯して刑罰を受けていること」とされている。
5) 大霜＝富永・前掲注4) 2頁は，「前に刑に処せられた」とは，全ての有罪の確定判決をいうとされる。略式命令は，判決と同一の効力を有するとはいえ（刑訴法470条），判決とは言い難い。また，昭和29年に制定された交通事件即決裁判手続も，同様に規定があるうえ，交通事件即決裁判手続法12条は，裁判の宣告とか即決裁判としている。これに対し，刑事事件即決裁判手続は，判決であることを明確にしている。
6) 三井ほか編・前掲注3) 490頁〔吉岡一男〕，柏木千秋『刑法総論』（有斐閣，昭和57年）378頁。
7) 三井ほか編・前掲注3) 490頁〔吉岡一男〕。
8) このほか，前科の登録制度とはいえないが，警察での，犯罪手口票や指紋原票などがある。
9) 最一小判昭29.3.11刑集8巻3号270頁も同様の判旨である。
10) したがって，量刑資料との関係では，刑の消滅を「前科の抹消」というのは正しくない。柏木・前掲注6) 378頁は「刑の消滅はまた，俗に前科の抹消ともいわれるが，前科というのは法律上の概念ではなく，正当な呼称ではない」とされる。
11) 大霜＝富永・前掲注4) 16頁によれば，交通事件の犯歴については，その数が膨大なため，交通切符原票をそのまま交通犯歴の犯歴票として用い，交通切符が使用されない事件については，罰金以下の刑に処する確定裁判があったときに既決犯罪通知書（丙）を作成し，これを犯歴票として用いているという。
12) 大霜＝富永・前掲注4) 17頁によれば，交通犯歴については，犯歴票の保管期間を10年と定め（昭52.12.23刑総794号刑事局長通達），交通犯歴の照会に対しても，裁判が確定した年の翌年1月1日から起算して5年を経過した道交犯歴については，原則としてその調査を行わず，回答もしない取扱いとされている（昭53.1.18刑総25号刑事局総務課長通知）市町村への既決犯罪通知も行われない。ただし，道路交通法違反の罪の有罪判決があっても，禁錮以上の刑に処するものや，例えば，電算処理対象裁判である業務上過失傷害罪と併合審理された場合のように他の罪について同時に裁判の言渡があった場合には，道交犯歴として取り扱われず，一般犯歴として処理され

る。また，最近は，5年を経過した罰金の道交犯歴についても，照会して量刑資料として裁判所に提出される場合が増えている。
13) 大赦は，特赦と異なり，刑の言渡を受けていない者については，公訴権を消滅させる効力を有することから（恩赦法2条，3条），同種犯罪を犯した場合でも，刑の言渡があった場合は，前科として後の量刑資料とされ，言渡がなかった場合には不問とされることになる。しかし，これは，大赦という特別の制度の問題であるうえ，大赦がなされた後も前科や前歴として考慮する必要があるのであれば，逮捕されたり，起訴された事実も前歴として考慮されるということになろう。
14) 団藤重光編『注釈刑法(2)Ⅱ総則(3)』（有斐閣，昭和44年）672頁〔田宮裕〕。
15) 伊藤栄樹ほか編『注釈特別刑法(2)準刑法編』（立花書房，昭和57年）302頁。
16) ただし，大赦には，遡及効はないから，当然ながら，刑に処せられた「事実」は残ることになる。
17) なお，最一小決昭29.9.30刑集8巻9号1561頁は，前刑の判決に少年に対し定期刑を言い渡した違法があってもその判決は確定し刑の執行を終ったことは，記録上明らかであるとして，その刑の執行を終つた日から5年内に更に罪を犯し有期懲役に処すべきときは，刑法56条1項の再犯として取扱うべきは当然であるとした。違法な判決であっても，効力が失われない限り，刑法56条以下の累犯加重の前提前科となるとしたものである。
18) 1年を超える禁錮も含む。刑法10条1項ただし書，柏木・前掲注6) 362頁注(16)。
19) 伊藤ほか編・前掲注15) 301頁
20) 余罪の範囲を画する時期につき，昭和32年当時のドイツの判例通説も言渡時説をとっているということである。『刑事判例評釈集(19)（昭和32年度）』47頁の中野次雄元判事の評釈参照。
21) 実務では，常習累犯窃盗の場合に，判決言渡後確定前に再犯に及んで，単純窃盗罪で起訴されることがある。これを二重起訴として排斥したという話は聞かない。また，常習累犯窃盗罪の起訴後あるいは判決後の再犯の問題について，いずれの再犯も別罪を構成するという見解も有力に主張されている（起訴時説あるいは起訴，判決言渡，確定各時説。栗原宏武「常習犯の罪数と公訴の効力および既判力の及ぶ範囲」大阪刑事実務研究会編『刑事公判の諸問題』〔判例タイムズ社，平成元年〕502頁以下）。裁判の対象は，国家の行為として行われた起訴の段階で確定していなければならず，先の起訴の行為と起訴後の行為は，別個の評価の対象とするべきであり，確定時説や判決時説は，常習性の発露という観点からの一罪性の問題や，同時審判の可能性の問題にとらわれすぎたことから，「既に起訴された行為と同じように常習累犯窃盗を構成すべき行為とはされても，これとは別個の関係に立つ常習累犯窃盗であることを看過し，それを先訴にかかる行為と同じ一個の常習累犯窃盗の一部であると早合点してしまっていると評しうるのではないか。」とされる（同526頁）。国家あるいは司法機関の審判対象の特定という方向での考え方は，最近の最高裁判決の流れに沿うものと思われる。
22) 連続犯についての項（牧野・前掲注3) 792頁）において「それが，確定裁判に依

って二分せられるということを考えておきたい。」「確定裁判後の行為は，有罪の判決を受けたにもかかわらず更にまた犯意の発動があったことになるものであり，その犯意は前の行為における犯意の継続ではあるにしても，その発動が確定裁判を無視したものである点で，犯罪性の執拗であることを明らかにするものであるとせねばならぬ。」とし，その場合には累犯例の適用があるとすべきであるとされる。

23) 団藤重光『刑法綱要総論〔改訂版〕』（創文社，昭和54年）423頁注(6)。

24) 最大判昭32.2.6は，判決言渡後確定前の犯罪も余罪にあたるとして，確定時説によることを明確にしている。すなわち「刑法第25条第1項によつて刑の執行を猶予された罪のいわゆる余罪について，さらに，同条項によつて執行猶予を言い渡すためには，両罪が法律上併合罪の関係にあれば足り，訴訟手続上または犯行時等の関係から，実際上同時に審判することが著しく困難若くは不可能であるかどうか，または同時に審判されたならば執行猶予を言い渡すことのできる情状があるかどうかということは，問題とならない。」とした。この事案は，前に横領罪で執行猶予判決を受けたが，その後，判決確定の前後（判決言渡後確定前も含む）にわたって，横領や業務上横領をしたことが発覚し起訴された被告人に付き，一審が判決確定前の罪に付き刑法25条1項の執行猶予，判決確定後の罪に付き刑法25条2項の保護観察付き執行猶予とし，控訴審がこれを維持した。これに対し，検察官が余罪のうちでも特に判決言渡後確定までの間に犯された罪は，前の罪と併合審理することは不可能だった，また，判決言渡前の罪についても確定裁判の事件と同時審判されていたならば，執行を猶予される状況になかったのであるから，これに刑法25条1項により刑の執行猶予を言い渡したのは法令の解釈適用を誤ったものであるとして上告をしたものである。中野元判事は，この「というようなことは問題にならない」という部分については，筆の走りすぎであると批判される。

25) 『刑事判例評釈集⑲（昭和32年度）』48頁。

26) 『刑事判例評釈集⑲（昭和32年度）』では，A罪で有罪の判決を受けたが，上訴中に，B罪を犯し，これについても起訴された場合，A罪について上訴審で上訴棄却か破棄かによって，AB罪の併合罪関係が決定されることになれば，B罪を審理する裁判官は，AB両罪を併合罪と扱ってよいか決めることができない。この不合理は，A罪言渡前の犯罪C罪とB罪が同時に起訴されたとき，主文を二つにしなければならないかどうかを決定できなくなりより鮮明な問題となるとされる。確定時説によれば，確定前はすべて併合罪と扱えばよいから，上記のような例でBC罪を審理する裁判官は，A罪が確定しているかどうかを確認することもなく，常に併合罪として扱えばよいこととなり明確である。

27) 団藤編・前掲注14) 662頁〔田宮裕〕。

28) 牧野・前掲注3) 765頁。

29) この順序が併合罪加重が先であれば，刑法56条の累犯関係に立たない罪が存在し，これが選択されて加重される場合，累犯加重が先の場合よりも軽くなることがあり，掛け合わせ関係に立たなくなる。

30) 中島広樹『累犯加重の研究』（信山社出版，平成17年）351頁。

31) この点は，研究会で発表後，平成18年3月に行われた大阪実務研究会での東京高裁の原田元判事のご講演等の内容から示唆を受けた（現時点では公刊物未登載）。
32) ただし，審判不開始決定や不処分決定には，一事不再理効がないとするのが，最高裁の立場である。すなわち，最大判昭40.4.28刑集19巻3号240頁は，少年法19条1項に基づく審判不開始の決定が，事案の罪とならないことを理由とするものであっても，これにいわゆる一事不再理の効力を認めることはできないとし，最三小決平3.3.29刑集45巻3号158頁は，非行事実が認められないことを理由とする不処分決定と刑事補償について，刑事補償法1条1項にいう「無罪の裁判」にあたらないとした。
33) 前掲最三小決平3.3.29後の平成4年に制定された少年の保護事件に係る補償に関する法律では，審判事由の存在が認められないことにより，審判不開始決定や不処分決定を受け，あるいは，保護処分が取り消された場合は，一定の身体の自由の拘束を受けていた少年に対し，この点の補償を行うこととしており，このような場合に，再度処分の対象とされることは考え難い。また，非行事実が認められながらも処分に付されなかった不処分決定等の場合についても，再度処分の対象とされることはほとんどないといえる。非行事実を認定した上での不処分決定等は，事実の上での非行歴としては考慮しうると考えられる。しかし，法律上一事不再理効がある保護処分歴のカテゴリーには入らないことから，この場合の不処分決定等を重視はできない。
34) また，少年法46条3項ただし書の場合も，一事不再理効があると解される。
35) 起訴猶予処分には一事不再理効が働かないから，同処分を量刑資料とできるかという問題がある。特別の事情がない限り，微罪処分型，起訴放棄型であって，再起訴するという方向での検察官の裁量の幅は狭く，事実上再起訴の余地がないものと考え，これを前歴として量刑資料としうると考える。

第3　加重の根拠

1　累犯加重の根拠

まず，現行刑法の累犯加重規定の根拠を考える[36)][37)]。

(1)　沿　革

現行刑法において，累犯加重規定が設けられたのは，明治40年の改正時である。これ以前の旧刑法（以下，この項で旧刑法とは，明治40年の改正前のものをいう。）時代の累犯加重規定は，この旧刑法がボアソナードのフランス刑法の影響を受けて成立したとされる関係で，フランス刑法の影響を強く受けているとされる[38)]。

旧刑法の累犯加重の条文で現行刑法と異なる主要なものを以下に掲げる

（筆者においてカタカナをひらがなに直した。）。

・91条　先に重罪の刑に処せられたる者再犯重罪に該る時は本刑に一等を加ふ。
・92条　先に重罪軽罪の刑に処せられたる者再犯軽罪に該る時は本刑に一等を加ふ。
・94条　再犯加重は初犯の裁判確定後に非されは之を論することを得す。

　このような旧刑法の累犯加重規定は，現行刑法と比較すると，①刑の執行終了を要件とせず確定裁判だけでよかったこと，②累犯前科と再犯との間の期間制限がなかったこと，③前科も懲役に準じる刑である必要はなく，再犯も有期懲役に限られなかったこと，④加重の程度が一等を加えるという軽い（だだし，加重により無期懲役刑とされることがあった）ものであったことの4点が異なる。

　ところが，このような近代的な旧刑法典制定とは裏腹に，同法典施行（明治15年，1882年）直後の明治18年ころから，資本主義経済の発展に伴い犯罪が急増し，受刑者の多くが再犯者という状態にまで至り[39]，再犯を抑止する政策の必要性が叫ばれ，旧刑法のような軽い[40]狭隘な加重規定しかないことが問題視され，結局，現行法のような長期を2倍とする改正案が議会に提出された[41]。初めて2倍とする案が提出されたのは明治34年改正案である[42]。

　そして，翌明治35年案の改正論議の過程で，上記②の期間制限について，当初政府案では10年とされていたものが，10年では酷に過ぎるとして5年に短縮され，この案が明治40年改正案にも引き継がれ[43]，現行刑法の累犯加重規定となった。

　当時，我が国でも新派刑法理論が台頭し，富井政章博士は，旧刑法典や新古典主義の考え方は「寛弱」にすぎ犯罪対策として無力であるとし，新派の社会防衛論の国家主義的・権威主義的側面に重点を置き，刑罰の厳格化を主張し，執行猶予制度の新設により，短期自由刑の弊害を排除し，再犯者の減少を望めるとし，他方で，それでも再犯に及ぶ者に対しては厳罰に処するとする新刑法への改正に強い影響を与えたといわれる[44]。

　2倍とされた立法理由の詳細ははっきりしないが，当時フランス刑法に累犯について刑を倍加するとの規定があったということである（阿部・前掲注38）85頁．本邦での改正後ドイツ刑法でも2倍とする案が提出されている。）。これに加え，新派の影響による「保安刑的な性格を濃厚に与えた」ものという[45]。

　また，刑の執行終了が要件とされたのは，「改正案は裁判の確定のみにて未だ犯人の再犯を防ぐに足る可き実効なきものとし其裁判の執行を終るか若

しくは其裁判の執行の免除を受け十分に裁判の実効を生じ得べしと認む可き時期より起算することとし」[46]というものであり，刑の執行が終わった時点を再犯防止のための裁判の実効が生じたときとしたものである。

この結果，明治40年改正法（現行法と同旨）の累犯加重規定は，
・56条1項　懲役に処せられたものがその執行を終わった日又はその執行の免除を得た日から5年以内に更に罪を犯した場合において，その者を有期懲役刑に処するときは，再犯とする。
・57条　　　再犯の刑は，その罪について定めた長期の2倍以下とする。
・59条　　　3犯以上の者についても，再犯の例による。

とされ，旧刑法に比べ，累犯加重ができる範囲を限定したものの，その効果については，長期を2倍とするという大幅な加重を規定した[47]。

(2) 学　説

このような，累犯加重の根拠に関する現在までの学説の状況を概観する[48]。

ア　社会的責任論

牧野博士は，犯罪者の更生可能性を前提としつつ，社会防衛論を基礎として，「確定裁判後の行為は，有罪の判決を受けたにもかかわらず更にまた犯意の発動があったことになるものであり，」「その発動が確定裁判を無視したものである点で，犯罪性の執拗であることを明らかにするものであるとせねばならぬ」[49]として，犯罪者の危険性を考慮し，特別予防の見地から，効果のなかった前の刑よりも特別の刑を科すことにより犯罪者の矯正改善を図ることとしたものとする。

近代派のこのような考え方は，明治40年の刑法の改正の根拠とされた考え方といってもよい。そして，現在では，この社会的責任論自体は刑法学の主流を形成していないが，その実証的見地からの提言は刑事政策や行刑の分野に多大な影響を与え，現在でもその基本思想となっているともいわれる。また，規範的責任論に立つ立場の論者でも，特別予防目的の必要性の肯定，意思の自由に関する決定論的な要素の肯定，期待可能性や責任の判断基準に関する平均人標準説，目的刑論の採用などの折衷的な要素を肯定している。

イ　人格責任論

責任非難の対象を行為者により主体的に形成された人格に求める人格責任論によれば，常習的な犯行や累犯加重の加重根拠は，主体的に形成された人格によるものとして容易に説明可能である。しかし，団藤博士は，常習犯に

ついては,「行為者の常習性は,そのような人格形成について行為者に非難を帰することができる限度で,量刑上,刑を重くする要素として考慮されるべきである。」[50]とされるが,累犯加重については,「累犯及び常習犯に関する規定は,いずれも広い意味では行為者の人格ないし性格に着眼したもので,ひとしく行為者責任の性質を持つということができる」とされながら,「常習犯はまさに行為者の常習性そのものに着眼したものであるが,累犯の場合は,一度刑を科したのにもかかわらず,性懲りもなく,また罪を犯したという点で——したがって多分に行為責任的な見地から——初犯者よりも強い非難が加えられるものである。」とされ,行為責任的な説明をされている[51]。

ウ 行為責任論

現在では,行為責任論を基礎としつつ,累犯加重の根拠を説明しようとする説が主流である。

① 行為責任増加説

上記の団藤博士の説明と同様に一度刑を科したのにもかかわらず,性懲りもなく罪を繰り返したという点で初犯者よりも強い非難が加えられ責任が重い[52]とか,刑の言渡による警告を無視して犯罪を行ったところに行為責任の増大を認めるというものである。

1969年に制定され1986年まで累犯について一般的加重規定を置いていた西ドイツ刑法（制定当時）48条は,「その犯罪行為の種類と事情からみて,以前の有罪判決を警告として役立てなかったことに関し,その者を非難するべきとき」との要件を設け,この要件が充たされた場合に加重することとされていたという[53]。

この説は,「累犯者は,前判決の経験によって違法性の認識が強化されており,それが初犯者よりも強い抑制動機としてはたらくはずであるから,こうした強い抑制動機を押し切って行為に出る点で責任が重い」と説明するという[54]。

このような責任増加説に対しては,ドイツにおいて,警告を無視したことに重い責任を問いうるのは,職業的犯人のような場合であり,受動的,意志薄弱や生活無能力から累犯に陥る大半の累犯者は,警告に感銘を受けることができない,そうした能力に欠ける以上重い責任を問うことはできないという批判がなされている[55]。

② 特別予防説

行為責任主義に立ちつつ,前刑が再犯予防に効果がなかったことから,再犯の刑を定めるにあたっては,特別予防の見地から重い刑を科すこととした

とする立場56)。

③　責任及び特別予防説

「累犯が重く處分されるのは，一つには其の道義的非難が重い故であり，また一つには保安的見地において累犯者が特別の危険性を有するからである。」57)とか，「前に処せられた刑罰を無視したという意味で，道義的非難が重いからであり，他方では，社会防衛の見地から，このような犯罪者は特に危険性が大だからである」58)とか，「既に刑罰をもってその前犯の非を改悛すべきことは求められたのに，十分に反省にいたらず，罪を繰り返したことによって，その行為に対する道義的非難が高められること，および，犯罪を反復累行したところに，その人格的な特別の危険性が顕現することによる」59)とか「刑の効果が十分でなく，前回と同じ扱いではさらに罪を行う危険性が認められ，改善・更生のためにはその処遇に日時を要すると考えられることからも，また，刑に処せられたのに何ら改悛せず再び犯行を重ねた」60)とか説明される。現在の通説であるという。この説は，前刑の執行終了あるいは執行の免除が累犯加重の要件とされていることを責任刑としての性格を求めると共に，刑が倍加されているところに保安刑としての性格を見ていると解されるという61)。

④　違法増加説

行為無価値論に立脚しつつ，累犯者の行為は，規範違反の程度が著しく，その規範意識の鈍麻の程度を帳消しにするほど違法性の程度が重いとする見解62)。

(3) 検 討

この点に関して，佐藤文哉元判事は，「累犯と量刑について」罪と罰15巻4号（昭和53年）7頁において以下のように述べられている。

「累犯加重の理由を犯人の責任に結びつけてみると，一度懲役刑を執行されたのに，こりずにまた罪を犯したという点に求められる。われわれが自分の子供を叱るときに，前に同じことで注意をしたことがある場合には初めて叱る場合よりきつく，注意の回数が多ければ多いほどさらにきつく叱ることに不自然さを感じないことと同じであろう。こういってしまえばしごく自明のことのようであるが，一度懲役刑を執行されたのにまた罪を犯したという非難の内容を分析してみると，刑の感銘力と行刑による教化改善の結果の二つを受けつけないであえて罪を犯したという要素に分解できると考えられる。ここで，刑の感銘力というのは，刑務所で服役したという事実だけではな

く，検挙され，起訴され，公判で審理判決を受けたという事実を含めて，これら一連の事実が被告人に対してもつであろうところの，事柄の重大性と自己の非を悟らせる力をいうと思われる。刑法上の累犯は原則として前刑の執行が完了していることを要件としていて，刑の執行を受けたという事実を重視しているが，それ以外の右にみたような事実からくる感銘力も軽視する趣旨ではないであろう。被告人とすれば，初犯の犯人が有するであろうところの，罪を犯してはならないという普通の反対動機のほかに，前刑の感銘力と行刑による教化改善の結果を受けいれることにより，およそ二度と罪を犯してはならないという反対動機にも直面していたのであって，この後者の反対動機をも押し切って再び罪を犯したところに，累犯前科のない者より重い刑を科してよい非難可能性があると言ってよいと思われる。右のような考え方は，刑法の責任論にあてはめてみると，いわゆる行為責任を行おうとするものである。行為責任は，犯人の意思活動とこれに基づく行為に対して責任を問うものであるといわれているが，累犯者には累犯前科がない者に比べると，さきにみたように，より強い反対動機が働いたはずであるから，これにあえて逆らって罪を行う決意をしたところに，より強い非難可能性をみるのである。」，「このように累犯の刑は加重するという刑事政策の根拠は一応理屈のうえでの説明は可能であるとしても，日々われわれの面前に表れる累犯者の顔を見ていると，右のような説明がはたして現実の累犯者にあてはまるのであろうかという疑問におそわれる。とくに，前刑の感銘力と行刑による教化改善というのは単なる仮説ではないかという疑問である。しかし，現在の刑事政策にかわる次善の策が見出されるまでは，われわれは，右の仮説を一応肯定し，それが実際にも仮説でなくなるように努力を積み重ねる以外に方法はあるまい。ここで重要なことは，右の仮説を実証ずみのものと扱ったり，これに過度のウエイトを置いたりしないことであろう。ここに累犯者に対する量刑のむつかしさがあり，もしそれが適切に行われれば，裁判所が累犯者のための刑事政策に寄与できる場面は決して小さくないということが許されるであろう。」

　この説明は，累犯者だけにとどまらず，前科に関する量刑のあり方も含め，現在の裁判所の一つの基本的な立場やこれからの方向性を示している点で，非常に明確な説明であると考える。

　屋上屋を重ねるだけであるが，この点を説明させて頂くと，行為責任増加説に対する批判は，たしかに当を得ているところがある。職業的犯行を繰り返す者や確信犯など自ら規範意識を崩壊させ刑罰に処せられてもこれを再規

範化しない者については、より高く設定された規範を乗り越えたところに責任の重さがあるという説明方法では、低い規範しか持たないから責任が軽いというおかしな結論を導くことになる。その意味で、行為責任増加説は、ある種の擬制あるいは行為者を離れた一般人から見た規範的な責任を追及するという立場のように思われる。しかし、この考え方を強調しすぎると、同種犯行を繰り返す限り、どこまでも（法定刑の上限まで）加重し続けなければならないことになる[63]。法益侵害性はそれほど前と変わらないのに、責任だけはどこまでも大きくなり続け、刑が重くなり続けるということが、責任主義の考え方に適うのかという疑問も感じる。後に検討するように、覚せい剤自己使用者の多数回累犯者については、被害者のない犯罪といわれ[64]、他方で、多数回累犯者の増加や他の犯罪と結びつく危険等が指摘されながら、宣告刑が長期化していることが窺われ、これが、どこまでも刑期を加重していくという発想の現れなのか、それとも、一時的な現象なのか、量刑の基本的なベースの変化なのか、今後その効果は現れているのかなども含めながら十分検証していく必要があると思われる。刑法56条以下の累犯が刑の長期を2倍にしていること、しかも前科と関連性のない再犯にまで加重を認めていることについて、特別予防ないし「保安刑的な性格を濃厚に与えた」ものということも否定しがたい。

ただ、現実の裁判実務を前提とする限り、行為者の危険性の分析、再犯予測が困難で恣意的になる可能性があり公平を失する量刑になるおそれがあることを考えると、裁判あるいは刑の執行を受けた後の再犯について行為者への非難が増すという説明を捨て去ることは難しい。また、前科の加重根拠について、前の刑で改善の効果がなかったから、より長い刑にするという特別予防の側面は肯定できるものの、どの程度刑を長くするのが妥当かという問題を見た場合は、現状では、具体的な基準を導き出す説明が難しいのではないかと考えられる。これは、行為者の人格や資質的側面を十分に把握し、行刑による教育改善の効果とのかねあいを考えないと結論がでないはずであり、現在の量刑資料でそれを適切にはかることは困難である。刑法56条以下の累犯「保安刑的な性格を濃厚に与えた」ものとしても、累犯前科があることで、現実の宣告刑がいきなり2倍になるものではなく、何度も罪を犯す者などについては、前刑の警告等による責任加重部分でいずれは埋められていくものという裁量の幅であるという説明も不可能ではないと思われる。

量刑に関し、綿密な調査（判決前調査制度や情状鑑定）をする制度を創設するか、あるいは矯正関係者や更生保護関係者等との綿密な刑の効果の検討や立

法化により，ある程度の行為者や犯罪のカテゴリー化をしたり，累犯者に陥らせない刑のあり方を考えたり（仮釈放期間とその後の保護観察の運用も含めた適正な刑の長さの設定に関する議論），累犯者になってしまった後の刑のあり方やこれらと責任主義との対応関係などを考え，刑のバリエーションを設定しておくなどの様々な制度設計を考えなければならないことになろう。しかも，アメリカにおいて教育刑的な思想が急速に衰えた原因について語られているように，この問題は，「費用対効果」のバランスがとれないと成功しないという一種の経済的な側面も強く，統計を十分に活用して費用対効果をはかりつつ，慎重に「次善の策」を探らなければならないという問題でもある。

　このような制度がない前提で考えれば，行為者の責任の重さとこれを自覚して更生に努力すべきことを強調するという従来の方式（しかしながら，通常の犯罪では，前科を理由に過大な加重はしないということ），いわば責任刑は主として裁判所が確定し，その範囲内で矯正や更生は行刑機関が行うという方式を踏襲する中で，裁判所としては，一方で行為責任の上限という感覚をもち，他方で，行為者の資質的側面や性格的側面を考慮したり矯正改善のために必要な刑を考えて，責任加重という名の下に再社会化の芽を摘むような形式的な加重主義に陥らないように十分に注意しつつ量刑を行うことが，現状での最良の策ということになろう。

(4) 責任非難の判断基準

　規範的責任論において責任判断の判断基準が問題となる。この問題は従来期待可能性の判断基準として論じられるのが通常であった。違法性の意識に責任非難の直接的契機を求める厳格故意説によれば，行為者が認識した具体的事実の下で行為者に反対動機の形成が可能であったかが基準となる（行為者基準説）。「しかし責任非難の判断対象の主観性は判断基準の主観性を意味しない」。行為者を基準として判断することは，まさに全てを知ることは全てを許すことになりかねない。「非難という価値判断においては，行為者の認識した事実，行為者の置かれた状況の中において，われわれの経験則上，人は反対動機の形成が可能であったか否かによって決せられることになる。そのことによってはじめて行為者に対する非難が可能になる。平均人基準説が通説であるのもこのような理由による」[65]。前科の責任加重といわれる場合も，平均人基準あるいは社会的標準を前提にしているといえると思われる。

2 前科による加重の根拠——累犯加重根拠と前科加重根拠との関係

　刑法56条以下の累犯加重の根拠と一般の前科による加重処罰の根拠は，その根底にあるものは，同じであると考えられる。ただ，この点，両者は明確に区別されるべきであり，その加重根拠も同一には論じられないとする考え方もありうる。

　たしかに，刑法56条以下の累犯加重は，①刑の執行終了等を要件としていること，②懲役刑に処せられた者に限定されていること，③犯罪の同質性は問題にされていないことについて，前科，特に同種前科が加重されるという点と異なる側面がある。

　しかし，上記の佐藤元判事が指摘されているように，「刑の感銘力というのは，刑務所で服役したという事実だけではなく，検挙され，起訴され，公判で審理判決を受けたという事実を含めて，これら一連の事実が被告人に対してもつであろうところの，事柄の重大性と自己の非を悟らせる力をいうと思われる。」という点を考えると，累犯加重あるいは前科の加重要素とするのは，犯人が，検挙され，起訴され，公判で審理を受け，判決を受けたこと，その後の服役し，更生教育を受けたという刑事システム全体に関わる問題であり，刑の感銘力は，検挙から刑の執行終了までの各段階で，段階的な効果が発生していると考えることもできる[66]。裁判実務が法定刑を超える刑の宣告をするための量刑上の根拠規定として，累犯加重規定（ただし，法令の適用では先に加重処理される。）を利用することが多いとは言い難い現実も考えると，累犯加重と前科加重との間に本質的な違いをみる必要性は感じられない（なお，非常に長期の刑の場合，有罪の確定裁判〔一般の前科〕と累犯前科との間にかなりの時間の隔たりが生じる。このような場合に再犯に及んだ者に対しては，「判決による警告」ではなく，上記のような「刑の感銘力」「行刑による教化改善の結果」が強調されることになろう。）。また，逮捕や起訴，保釈，判決等の各段階以後の再犯について責任加重根拠を統一的に説明できる原理の方が，実務上の量刑の指針として有用であると思われる。

　吉岡一男教授は，「再犯加重も含めて，この種の規定（刑の加減を根拠づける条項：括弧内筆者）の意味は，」「法定刑から宣告刑を導く際の枠付けとして現実の量刑を指導するというよりも，具体的事案の処理のために，法定刑の上限を上回る重い刑罰ないし下限を下回る軽い刑罰を適用する可能性を確保しておくこと，並びに」「処断刑の形成にあたって考慮されるべき事項として

特定のものを掲げておくことによって当該事項への注目を促し，それが刑罰の決定において重要な係わりを持つものであることを知らしめる，あるいは，当該事情を刑罰量の決定において考慮したことを示して納得せしめる点にあると思われる。」とされる[67]。

　この点は，まず，犯罪の累行は刑を重くするという原則を確認する必要があるかもしれない[68]。裁判官が併合罪処理をするにあたり，各罪の法定刑が同じであれば，犯情によって加重すべき重い罪を定めるが，この場合，違法性の要素と故意過失などの通常の責任要素が全く同じであるとき（同様の犯行を累行している，例えば覚せい剤やシンナーの複数回使用のケースなど），累行している犯罪のうち，後になされた犯罪を犯情の重い罪として選択することが多いと思われる。これは，同じ犯罪を繰り返した場合，後の犯罪の方が犯情が重いという準則に従っているということである。自由意思を前提とする立場からは，逆の結論となることから，この場合，最初の犯罪を選択する裁判官もいるとは思われるし，軽重がないとして，そのうちのどれを特定しないで一つを選択するという裁判官もいるとは思われるが，累行することは責任が重いとする方が一般的な感覚にも合うように思われる。

　続いて，刑の感銘力や行刑の教化改善の効果の点からいえば，行為者は，起訴，判決，刑の執行の各段階で規範意識を高めているはずであり，このような司法行刑システムを経ながら，犯罪を累行する者の責任は明らかに重いということになり，このうち，全ての司法行刑システムを経た刑法56条の累犯者の責任が最も高められているという関係になると思われる。

　ただ，刑法56条の累犯者の責任が最も高められていると一応はいえても，刑の警告とか，判決による再規範化とか，刑の感銘力とかいう累犯加重の根拠も，前科と再犯の内的な関連性を問題にして初めて実質的，効果的な意義を有すると考えられ，累犯加重は，前科と再犯との犯罪の内的な関連性を問題にしていないという問題や，仮釈放者と満期出所者の再犯のどちらが責任が重いかなどの問題もある。

36) 前科を量刑上刑の加重要素として考慮することは，二重処罰禁止に触れないかが問題となるが，この点は，最大判昭24.12.21刑集3巻12号2062頁が，再犯加重の合憲性に関して，「刑法第56条第57条の再犯加重の規定は第56条の所定の再犯者であるという事に基いて，新に犯した罪に対する法定刑を加重し，重い刑罰を科し得べきことを是認したに過ぎないもので，前科に対する確定判決を動かしたり，或は前犯に対し，重ねて刑罰を科する趣旨のものではないから所論憲法第39条の規定に反するものではない。」とし，前科を重ねて処罰する趣旨ではないから，二重処罰禁止規定に

37) ただ，最三小判昭26.12.18刑集5巻13号2527頁は，「一般の犯罪事実を起訴状に記載するに当り，犯罪事実と何ら関係がないのに拘らず，被告人の悪性を強調する趣旨で被告人に前科数犯あることを掲げるごときは，刑訴二五六条六項の規定の趣旨から避くべきであることも論がないところである。しかし，本件で起訴された恐喝罪の公訴事実のように，一般人を恐れさせるような被告人の経歴，素行，性格等に関する事実を相手方が知つているのに乗じて恐喝の罪を犯した場合には，本件起訴状に所論のような被告人の経歴，素行，性格等に関し近隣に知られていた事実の記載があるからとて違法であるということはできない。」として，一般的な悪性立証には使えないとした。

38) 阿部純二「累犯加重の根拠」岩田誠先生傘寿祝賀『刑事裁判の諸問題』（判例タイムズ社，昭和57年）84頁以下，内藤謙「刑法理論の歴史的概観」吉川経夫ほか編『刑法理論史の総合的研究』（日本評論社，平成6年）684頁以下，ただし，同論文によれば，1810年フランス刑法典は，古典主義の考え方に基づいて，法定刑が社会的害悪の程度だけで決定されたために幅がなく，かつ犯罪の鎮圧という一般予防的な目的に重点が置かれたため，刑罰が著しく強化されていたが，自由主義的思想の発展にともない，刑罰の目的性（社会的効用）と応報性（正義）とを結合し折衷しようとする折衷主義刑法理論が支配的学説となり，その主張に沿って，19世紀後半ころ，各種犯罪の法定刑の引き下げ，政治犯の特別処遇（特に死刑廃止）などが実現した，旧刑法典はこのような折衷主義（新古典主義）刑法理論の支持者であったフランスの法学者ボアソナードが，1810年フランス刑法典を基礎として，ベルギー，ドイツ刑法典，イタリア刑法草案などを参考に折衷主義（新古典主義）刑法理論の立場から修正を加えたものであり，①未遂犯・従犯の刑の必要的減軽規定，②刑の酌量減軽規定，③故意・法の不知に関する規定などにおいて，フランス1810年刑法典にない規定が置かれたという。

39) 松尾浩也増補解題『増補刑法沿革綜覧』（信山社出版，平成2年）257頁（以下，単に「刑法沿革総覧」という。）。ただし，正確な統計ではない。ちなみに平成15年の一般刑法犯の検挙人員中に占める再犯者率は35.6％で（ただし，平成9年以降増加傾向にある），平成18年のそれは，38.8％である（平成19年『犯罪白書』211頁）。起訴された人員中の前科者率は45.6％で（平成16年度『犯罪白書』），平成19年中の起訴人員（自動車による過失致死傷及び道路交通法等違反被疑事件を除く）中の前科者の割合は，約46.1％である（第133検察統計年報平成19年322頁参照）。

40) しかし，無期懲役に加重される場合もあった。
41) 刑法沿革総覧234頁。
42) 刑法沿革総覧172頁。
43) 刑法沿革総覧1565頁。
44) 内藤・前掲注38) 688頁以下，吉川ほか編・前掲38) 100頁以下，刑法沿革総覧510頁。
45) 内藤・前掲注38) 690頁。

46) 明治40年改正法の提案理由書の累犯に関する部分は，刑法沿革総覧2152頁以下。
47) 盗犯等の防止及処分に関する法律は，1930年に制定された。治安維持法の制定が1925年，その拡大強化が1928年と1941年であることと時期を同じくしている。この法律に付き，牧野博士は，盗犯等の防止及処分に関する法律が窃盗等の既遂未遂を区別していない点に関して，「かような特例の基礎が主観主義の考え方に在るので，これは固より当然」(牧野・前掲注3) 809頁) と述べておられる。
48) 学説の概観については，中島・前掲注30) 79頁以下に詳しい。本稿もほぼその内容や分類に従った。
49) 牧野・前掲注3) 792頁。
50) 団藤・前掲注23) 508頁。
51) 団藤・前掲注23) 498頁。
52) 大谷・前掲注3) 501頁。
53) 阿部・前掲注38) 90頁。
54) 阿部・前掲注38) 91頁，92頁。
55) 阿部・前掲注38) 90頁。
56) 中野次雄『刑法総論概要〔第3版補訂版〕』(成文堂，平成9年) 234頁，井田・考察㈠93頁注(97)では「わが刑法五六条以下の累犯加重規定は，刑事政策的考慮からする責任主義の例外規定と解する他はない。」とされる。井田・理論と実務222頁も同旨。そこでは，実務家の間では責任加重との考え方が多いのではないかとされている。ただ，当研究会では，特別予防説も少数ながら有力であった。
57) 小野清一郎『新訂刑法講義総論』(有斐閣，昭和37年) 287頁。
58) 福田平『全訂刑法総論〔全訂第4版〕』(有斐閣，平成16年) 341頁。
59) 大塚仁『刑法概説総論〔第3版増補版〕』(有斐閣，平成17年) 518頁。
60) 藤木英雄『刑法講義総論』(弘文堂，昭和50年) 352頁。
61) 中島・前掲注30) 94頁。しかし，ここで本文のように，この説が刑罰の執行に注目するだけで，裁判の過程を含めた根拠付けを放棄しているという趣旨であれば，現実の量刑の多くが刑法56条以下の著しい加重にもかかわらず法定刑の範囲内で量刑がなされていること，また刑法56条が前科の種類を問題にしていないのに，同種前科やその数を重視していることと整合するのかという疑問は生じる。前科による再犯の加重を統一的に考えるためには，刑罰の執行は特別な加重の根拠であるが本質的なものとはいえないのではなかろうか。
62) 西原・前掲注3) 397頁，447頁。「累犯は，有罪の言渡のみならず刑の執行という国家の司法作用を受けているにもかかわらず再び規範に対する侵害を行っているという意味で，併合罪の場合よりもさらに規範的な非難の度合いが高い。」とされる。
63) 研究会の席上において，宇藤崇助教授から，前科による責任加重という説明では，再犯を重ねる限り，法定刑の範囲内でどこまでも責任が加重されるという結論になるのではないかとの指摘があった。研究会の席上でも，この点について，上限があるとする意見や，漸次的に加重の程度が小さくなる結果，上限があるように量刑相場が形成されるという意見があり，刑が加重され続けるとの意見は少数であった。

64) 被害者のない犯罪というとらえ方は，自己使用ないし同目的の所持という形態に限ったものであるが，これに対し，覚せい剤購入目的で他の犯罪を犯すとか，覚せい剤を使用してその精神錯乱状態で他の犯罪を犯すという危険性も指摘されていること，社会全体としてみれば，覚せい剤使用者は加害者であるとともに被害者であり（藤本哲也『刑事政策概論〔全訂第6版〕』〔青林書院，平成20年〕407頁），供給者側の検挙が難しいこと，社会全体に覚せい剤を蔓延させないため需要者である末端使用者を厳しく処罰することで，需要も供給も減るという考え方もあり，被害者のない犯罪というとらえ方は事実に沿っていないという批判もありうる。しかし，これは立法事実の問題であり，その観点からは，使用者の厳罰が有効であるかどうか，真実の加害者である者に対する法定刑や処罰のあり方を含め十分な統計とその分析が必要であろう（ただし，藤本・前掲399頁は，現行の執行猶予が50％前後になっている運用のあり方や比較的短期の刑に集中する量刑のあり方も検討の必要があるとする。）。
65) 堀内捷三「責任論の課題」芝原邦爾ほか編『刑法理論の現代的展開総論I』（日本評論社，昭和63年）178頁。
66) ここでは，被告人が有罪宣告される際，いかなる点を量刑資料とできるかを問題にしているのであるから，その段階で被告人の審理過程での行状等を問題にしても，被告人の無罪の推定に反するものではない。
67) 吉岡一男「累犯と常習犯」中山研一ほか編『現代刑法講座(3)』（成文堂，昭和54年）311頁。
68) 阿部・前掲注38）によれば，カロリナ刑事法典では累犯と競合犯は必ずしも明確に区別されていなかったというが，その後両者が区別され，反復は刑を重くするという基本原則ができあがったという。

第4　加重の程度

1　累犯加重（刑法56条）の場合

(1)　明治42年ころの累犯加重

再犯について刑の長期を2倍にするという刑法56条，57条の規定が創設された明治40年代においては，累犯者に対する量刑が著しく加重されたようである。西村克彦『続・罪責の構造』234頁に掲げられた明治42年の司法統計書のデータによれば，窃盗罪について総人員中の男性26195人中，10年以上（ママ）の懲役に処せられた者が1170人（1万人中466人），15年以上の懲役に処せられた者が346人（1万人中132人），詐欺罪について男7754人中，10年以上の懲役に処せられた者が86人，15年以上の懲役に処せられた者が22人という。1年間のうちに，男性の窃盗犯について，法定刑である

10 年以上の刑を受けた者が 1516 人に達した（割合としては，約 5％）というのである。現在，刑事裁判を担当する者としての率直な感想としては，驚くべき量刑といってよい。

(2) 現在の累犯加重

現在では，もちろん上記のような法定刑を超える量刑は統計上は非常に少ない。平成 10 年の司法統計によると，窃盗罪で法定刑の上限である 10 年を超える刑の宣告がなされた者は 1 人もなかったうえ[69]，窃盗罪について 7 年超 10 年以下の刑が宣告された者さえ 1 人もいなかった。同年の法定刑を超えるの刑の宣告がなされたことが確認できるのは詐欺についての 1 人のみであった。

以下は，常習累犯窃盗等を含む数値ではあるが，平成 15 年は 0 人，平成 14 年は 1 人，平成 13 年は 1 人である。

平成 16 年の司法統計年報によっても，窃盗（常習累犯窃盗等も含む）の裁判所の処理総数は，平成 10 年の約 2 倍となっているが，10 年超 15 年以下の宣告は 4 人しかない（ただし，この 4 人という数は突出しているし，窃盗罪の併合罪加重を利用した法定刑を超える宣告の傾向は，平成 16 年の刑法改正の影響や組織的窃盗の増加もあって，この傾向は継続していくものと思われる。）。7 年超 10 年以下は 28 人である。なお，平成 19 年司法統計年表第 34 表によると，15 年超 20 年以下が 1 人，10 年超 15 年以下の宣告は 4 人，7 年超 10 年以下が 28 人となっている。

また，殺人等の重大事件の同種再犯のような場合を除き，刑法 56 条の累犯であることを理由に直前の刑の 2 倍とするという量刑を行うこともほとんどないと思われる。累犯者に対する刑は確実に加重されているといってよいが[70]，基本的に，現在の累犯加重部分は，一等を加えるとしていた基本姿勢とさほど変わらないというのが正直なところと思われる。

累犯者に対する量刑をする際に最も明確な加重は，ほとんどの場合，刑の執行猶予ができないことである（昭和 28 年の改正前は，刑法 25 条 1 項 2 号が 7 年の期間をみていたが，同改正によって 5 年に短縮された。同号が「5 年以内に禁錮以上の刑に処せられた」ことを要求していることから，刑法 56 条以下の累犯にあたる場合でも，刑の執行猶予が可能な場合が十分にあり得ることになった。）[72]。

しかし，この場合，刑の執行猶予ができないのは，刑法 25 条以下の執行猶予制度の要請であり，刑法 56 条の累犯加重の要請とはいえない。

累犯加重の規定で刑が倍加されたにもかかわらず，近年の量刑において，

刑法56条以下の累犯にあたることが有意的な因子になっていないことは，昭和40年ころに発表されたいくつかの研究報告からも明らかになっている[71]。中＝香城判事補（当時）の司法研究報告書『量刑の実証的研究』等の報告によると，現在の累犯加重は法律の規定にかかわらずほとんど有意的な機能を果たしていないといわれている[73]。それよりも犯罪の数，同種犯罪の数の方に有意性が認められるとされている。この結果は，例えば，累犯者が最も多いとされる窃盗罪についてみても，個々の量刑でかなり重要なのは被害額を中心とする被害の結果であり[74]，併合罪が存在する場合は，合算されて考えられる。これらの結果の大小や併合罪の数の影響を捨象した統計資料によらなければ，前科の量刑への影響を推し量ることはできないが，このような統計資料を作成することは詳細な判決データの収集が必要であるばかりか，量刑の際にどの要素をどの程度考慮したかをデータ化し，数値化しないとわからない。

このような要素を比較的捨象しやすいのが，覚せい剤の自己使用の累犯者，無銭飲食を繰り返す詐欺犯，食料品の万引きを繰り返す窃盗犯[75]などについてである。本稿では，平成15年以降平成19年までの各年における刑事事件の概況として発表[76]された覚せい剤事犯に関する量刑の統計等をもとに3，(1)，イで量刑の状況やあり方を検討した[77]。

刑法56条以下の累犯加重は，前科との関連性を全く問題にしていないことから，一般的な犯罪性や規範意識の低さを示しているとはいえ，判決の感銘力や行刑の教化改善といっても，責任強化に結びつく部分は少ないと考えられる。そのうえ，執行猶予中再犯や仮釈放中再犯など，刑法56条の累犯前科とならないものであっても，判決あるいは刑執行から短時間で再犯に及ぶ者もおり，刑の執行を終了するなどした後の刑法56条以下の累犯の場合だけに限定して，量刑を考えることに大きな実益があるかという問題もある。裁判実務を担当する立場からすると，「累犯前科」は，刑執行終了から5年以内に判決をする場合は必ず実刑になるという明確な加重原因であるが，これは，前にも述べたように刑法25条以下の執行猶予制度の要請によるものであり，実刑判決を選択する場合の量刑の原理としては，基本的に判決あるいは刑執行にもかかわらず再犯に及んだ場合の一つとしてとらえており，前科と量刑を考える時間的ものさしの一つとしてはともかく，刑法56条の要請によっていかなる罪でも直ちに加重しているという感覚はあまりない。これは，法定刑の幅が広いこと，現在の量刑がその下限に近いところで運用されているケースが多いことにも関係していると思われる。

2 常習累犯窃盗の場合

(1) 常習累犯窃盗罪の処断刑の範囲

　常習累犯窃盗の場合に刑法 56 条以下の累犯加重が許されるかという問題がある。この点，最一小決昭 44.6.5 刑集 23 巻 7 号 935 頁は，盗犯等の防止及び処分に関する法律 3 条は，窃盗その他同法 2 条所定の罪を行う習癖を有する者を，その習癖のない者より重く処罰するため，通常の窃盗その他の罪とは異なる新たな犯罪類型を定めたものであるとし，いわゆる常習累犯窃盗の罪についても，刑法の累犯加重の規定の適用があるとした。常習性の存在と累犯前科の存在は，基本的な視点が異なるとされる点は一般に承認されており[78]，常習累犯窃盗を常習犯規定とみること，平成 16 年改正前には刑の均衡という問題があったこと，現在でも全く関係ない累犯前科が存在する場合との均衡という問題が残っていること，刑法 56 条にあたる場合とあたらない場合を形式的に明確にする必要があることなどからは，現在でも，累犯加重の適用を解除するのは妥当ではない。

　ただ，本来，盗犯等防止に関する法律第 3 条によって処罰される被告人は，平成 16 年改正後は 3 年以上 20 年以下（平成 16 年改正前は 3 年以上 15 年以下）の懲役刑の法定刑で処断されるが，通常の常習累犯窃盗犯は，刑法 56 条の再犯であるケースがほとんどである[79]。したがって，初めて常習累犯窃盗として起訴される者であっても，その処断刑の範囲は，いきなり，3 年以上 30 年以下（平成 16 年改正前は 3 年以上 20 年以下）の懲役となる。しかし，既に明らかなように，上記常習累犯窃盗罪で累犯加重が必要な理由の一つといわれてきた刑の不均衡の点（常習累犯窃盗が上限 15 年に対し，窃盗の累犯加重は上限 20 年となること）は，平成 16 年の改正法において，法定刑の上限が一般的に加重され（15 年→20 年）たうえ，併合罪加重など上限も加重され（20 年→30 年），かつ窃盗罪の法定刑の上限（10 年以下）は維持されたことから，窃盗罪の累犯加重後の上限は 20 年，累犯加重のない常習累犯窃盗の上限も 20 年となり，上記の逆転現象は解消された。常習累犯窃盗罪で起訴されている犯人の実態や今後の運用の可能性を考えると，30 年以下という懲役刑の上限は現実的ではない。

(2) 現在の量刑実務

　常習累犯窃盗の量刑が法定刑の最下限である懲役 3 年以下の刑を中心に行われていることは，統計からも明らかであり，かなりの割合で酌量減軽がなさ

れており，場合によっては，2年以下の懲役刑が言い渡されることもある[80]。

　常習累犯窃盗罪で起訴される者の多くは，個々の事件の違法性は比較的軽いものが多かったり，社会的危険性がそれほど高いとまでいえず，生活力に欠けるために窃盗を繰り返すという場合が多いこと，他方で，刑罰を重くすればするほど，生活力を失わせ再犯を犯すという矛盾をはらんでおり，重罰化が再犯予防につながらないことなどから，このような量刑になっているものと思われる。

　また，最近顕著に見られる組織的窃盗犯[81]は，常習累犯窃盗罪等で起訴されることが少ない。これは，常習累犯窃盗罪の要件が常習性という行為者の個別的な属性を問題にしていることが，必ずしも組織犯罪にかみ合うとはいえない場合があることも影響しているものと思われる。そして，このような傾向は，最三小判平15.10.7刑集57巻9号1002頁からすると今後広がってくると考えられる。

　すなわち，最三小判平15.10.7は，常習特殊窃盗についてではあるが，「前訴及び後訴の各訴因が共に単純窃盗罪であるが実体的には一つの常習特殊窃盗罪を構成する場合，前訴の確定判決の一事不再理効は後訴に及ばない」とした。これは，1360万円の単純窃盗で起訴され確定判決があったことにより，後に起訴された30件余り，被害総額4億円余という窃盗を全て免訴にした高松高判昭59.1.24判時1136号158頁を変更したものである。

　他方，常習累犯窃盗の一罪として起訴された数個の窃盗犯行の中間に同種態様の犯行による窃盗罪の確定判決が存在し，起訴事実中右確定判決前の窃盗犯行が確定判決にかかる犯行と共に常習累犯窃盗の一罪を構成すべき場合は，確定判決前の犯行については，既に確定判決を経たものとして，免訴とすべきであるとした最二小判昭43.3.29刑集22巻3号153頁の趣旨からすると，常習累犯窃盗で起訴されて判決が確定した後に，確定前の事件について[82]，さらに窃盗や常習累犯窃盗で起訴することはできないことになると思われる。

　そうすると，常習特殊窃盗罪で起訴でき，事案の全容が解明されて適正な量刑が得られる場合はともかくとして，複数の窃盗を行っている組織的犯行であることが窺われるような場合に，常習累犯窃盗等の訴因とすると，検察官としては後に事案の全容が解明されて新たに訴追しても免訴のリスクを負うことになる。今後は，窃盗で起訴すればこれを回避できるうえ，組織犯罪の窃盗を併合罪として起訴することで法定刑を超える刑の宣告も期待できるとなれば，組織的窃盗の場合は，常習累犯窃盗等で起訴されないことになる

と予想される[83]。

逆に常習累犯窃盗罪で起訴される被告人は、これまでどおりの構成となると考えられるから、3年前後を中心とした量刑傾向は維持されるということになろう。

3 罪種による違い

(1) 同種の再犯

阿部・前掲注38)「累犯加重の根拠」92頁によれば、一般的累犯規定が存在したころのドイツの学説の同規定の解釈として、「以前の有罪判決を警告として役立てなかったことが非難されるのは、新たな『犯罪行為との種類と事情』との関連においてである。これは、一般に、前犯行為と新たな行為との間に『内的関連』、『犯罪的連続性』のあることが必要だという意味に解されている。こうした『内的関連』は、同種類の累犯（例えば窃盗、性犯罪の反復）の場合は比較的容易に肯定される。問題は、異種類の累犯の場合である。判例・学説は、新しい行為をする際に前の判決を想起せざるを得ないといえるほど、行為間に法益、実行行為の種類・方法、動機などの点で類似性のあることを要する」とされている。

我が国においても、前科を再犯の量刑の加重的な資料とする場合、このような内的関連の認められる同種前科があることは重要である。

再犯を犯した被告人において、同種前科の存在は、犯罪の累行性そのものにとどまらず、常習性、犯罪性向、再犯可能性、行為者の反社会性、危険性、更生可能性などの行為者属性の重要な資料となり、量刑資料としては重要である。特に我が国において殺人を累行する犯罪者はそれほど多くはないが、これを累行する犯人の危険性や厳罰化の要請は高いものがあると考えられる。また、再犯者の増加が見られる犯罪でも、この種の犯罪の犯人が全て常習者になる訳ではなく、むしろ更生や再社会化のため執行猶予制度を活用する方が再犯者の減少に資すると考えられることから、一種の「段階的量刑」がなされるという形の量刑が行われている場合もある。さらに、法定刑が低すぎることによるいわゆる「張り付き型」[84]の量刑が行われるケースや、「突っつき型」のように法定刑が予定した限界に近い事例が累行されるような場合には、併合罪加重とともに場合によっては累犯加重も含め、これらの加重により法定刑を超える刑の宣告をせざるを得ない場合もあると思われる。そこで、これらの量刑の現状やあり方について検討する。

ア　死刑，無期懲役にあたる殺人罪等の場合

　殺人罪や強盗殺人罪の重罪は，死刑，無期懲役につながる犯行である。このような重大かつ危険な同種犯行を再び犯したという問題は，一つの同種前科の存在が再犯の量刑に大きい影響を及ぼす場合といってよいと思われる。過去に同種犯罪を犯したこと，これによって刑罰を受けたことは，行為責任が高められていたというにとどまらず，行為者の危険性の高さや，矯正可能性そのもののあるなし，あるいは著しい減少という判断につながることから，一つの前科の存在が再犯の量刑に及ぼす影響の度合いは大きい場合といってよいと思われる。その意味で，窃盗や覚せい剤事犯のように常習的に犯罪が繰り返される場合の量刑の問題とは，質的，量的に異なると考えられる。むしろ，このケースの場合は，前科が直接の量刑要素として作用するという側面だけではなく，行為者属性的な側面につながることによって加重されるという部分が大きいともいえる[85]。

　最二小判昭58.7.8刑集37巻6号609頁において，「死刑制度を存置する現行法制の下では，犯行の罪質，動機，態様ことに殺害の手段方法の執拗性・残虐性，結果の重大性ことに殺害された被害者の数，遺族の被害感情，社会的影響，犯人の年齢，前科，犯行後の情状等各般の情状を併せ考察したとき，その罪責が誠に重大であつて，罪刑の均衡の見地からも一般予防の見地からも極刑がやむをえないと認められる場合には，死刑の選択も許される」とし，前科を死刑という最も重い刑への加重要素としている。

　そして，最二小判平11.12.10刑集53巻9号1160頁は，過去に強盗殺人罪により無期懲役に処せられて服役しながら，その仮釈放中に再び強盗殺人罪（被殺害者1人）を犯した犯人に対し，無期懲役刑を宣告した原判決を破棄し原審に差戻した。

　平成8年度の『犯罪白書』286頁の，昭和27年から平成6年までの各年代ごとの殺人，強盗致死罪の量刑調査票によれば，被殺害者の数が1人か2人かによって，死刑と無期懲役の内訳割合が全く異なる。昭和40年代以降，被殺害者が1人の場合に死刑が選択された割合は5％に満たない。

　もとより，被殺害者1人の場合でも死刑が選択された事例は少なからずあり[86]，被殺害者の数が死刑選択の要件であるとはいえない。しかし，被殺害者が1人の場合に死刑が選択される割合が低いことは事実であり，被殺害者が1人の場合には無期懲役刑が標準的ということはできる（ただし，平成16年改正法で重罰化が図られたことに前後して，被殺害者が1人の場合でも，殺害に至る動機経緯や方法等が非常に残忍な場合等において死刑が選択されるケースが増えている。）。

そうすると，厳格な行為責任主義に立つ限り，被殺害者が1人の強盗殺人を何度犯しても，死刑を選択するのは例外でなければならないことになると思われるが，上記平成11年の判決において「無期懲役に処せられ仮釈放中に強盗殺人を犯した者につき死刑が選択された従前の事例と対比して，被告人の情状は悪質さの程度が低いという点については，右のような事案で，前記最高裁の昭和58年7月8日判決以後に裁判が確定した事例においては，いずれも死刑が選択されているされているところ，これらの事例，殊に殺害された被害者が一名である事例と対比しても，前記のとおりの被告人の情状は，全体として，死刑の選択を避け得るほどに悪質さの程度が低いと評価することは到底できない。」と指摘されている。同判決の飯田調査官の解説（平11最判解説(刑)208頁）によれば，無期懲役刑の宣告を受け，「仮出獄までの服役期間に矯正のための処遇を受けながら，再度凶悪事犯に及んだのでは，もはや改善可能性の余地がないといわざるを得ないという判断が強く働くことを挙げることができよう。」とされている。

次に，単純殺人既遂罪の同種再犯のケースはどうであろうか。平成19年の『犯罪白書』（250頁，7-4-1-1図）によれば，同年5月1日現在，全国の刑事施設に処遇指標LB（執行すべき刑期が8年以上で，犯罪傾向が進んでいる者）又はB（犯罪傾向が進んでいる者）の指定を受けて収容中の128人（男子のみ）の殺人再犯者（少なくとも一回は殺人既遂に及んだもので強盗殺人を含む）のうち，69人の殺人既遂前科のある殺人既遂再犯者がいるということである。このようなケースは，両事件についての他の要素を抜きにすれば，基本的に通常の刑の倍を科すという考え方も十分ありうる（同『犯罪白書』252頁，7-4-2-1図参照）。無期懲役の仮釈放期間は現状では20年を超えるというのが実態であるが[87]，平成16年改正前（平成17年1月施行）は，このような再犯は，無期懲役から低くとも15年程度までの求刑で，併合罪がない事件の場合，検察官は無期懲役を求刑しない限り，15年の求刑をするほかなかった。この点で，改正法では，刑法14条により，無期懲役を減刑する場合が30年刑，有期懲役刑の上限が20年，加重の上限が30年となったことから，上限の再犯にあたる刑の求刑が15年の枠にとどまらなければならないケースは少なくなり，殺人再犯のようなケースの求刑や量刑が上昇することは容易に想定できる[88][89]。

イ 再犯率の高い罪種
① 覚せい剤取締法違反
覚せい剤取締法違反，中でも自己使用事案の量刑では，段階的な量刑が行

われているといってよいと思われる。

　しかし，覚せい剤事犯による多数回受刑者が増加しており，裁判所の量刑も，昭和56年以降，一方的な上昇傾向にあった。特に，平成13年から15年の統計を見る限り，営利目的のない覚せい剤使用事件で3年を超える（3年ではない）刑の上昇が顕著である[90]。平成17年概況89頁及び平成19年概況101頁を見ても，平成17年まで同種の刑の上昇が続き，その後は減少に転じているがなお高率である。他方で，仮釈放期間は長期化しており[91]，矯正あるいは更生保護の分野では覚せい剤使用者に対する教育，治療，再社会化の取組みが進んでいる。単純な自己使用事案について，再犯による加重を理由に量刑はどこまでも刑が上昇するということになるのであろうか。

　(ｱ)　段階的量刑

　裁判実務の経験からいえば，覚せい剤の単純な使用，使用目的相当量の所持の事案では，多くの場合は，初犯者は，懲役1年6月，3年間執行猶予，再犯者には，猶予期間中再犯であれば，懲役1年6月以下の実刑，その後は，2か月から4か月程度の刑期の上乗せをしていくという，段階的な量刑をしているといえる。覚せい剤累犯者は，窃盗などの他の犯罪と共に犯す場合や覚せい剤所持量が多い事案を犯すこともあり，単純に上記モデルが適用できない場合もある。しかし，そのような犯罪の競合で例えば3年以上の刑に処せられたとしても，その後の覚せい剤使用罪については，基本的に上記のような量刑のステップに戻るのが通常であると思われる。

　検察庁の統計によれば，平成16年に覚せい剤事犯で執行猶予となった者は4483人であり，平成19年に同罪で執行猶予となった者は4407人である（司法統計年報との数字の違いは，統計年度や上訴審での判決結果も考慮しているためによるものと思われる。）。平成16年に検察庁で扱った覚せい剤事犯20396人中，起訴されたのは17071人，うち初犯者は5446人であり，平成19年に検察庁で扱った覚せい剤事犯21109人中，起訴されたのは16473人，うち初犯者は5090人である。そして，平成16年においては，上記執行猶予の言い渡しを受けた者4483人中いわゆる再度の執行猶予を受けた者は10人しかいないし，平成19年には再度の執行猶予を受けた者はいない[92]。そうすると，執行猶予を受けた者のほとんどは初犯者あるいは初犯者に準じる者と考えられる。

　そして，平成16年司法統計年報（45頁）によれば，地裁において覚せい剤事犯で執行猶予を受けた者は4633人であり，そのうち，約71％にあたる3307人が1年以上2年未満の懲役刑を宣告され，執行猶予に付されている。平成19年司法統計年報（47頁）によれば，地裁において覚せい剤事犯で執

行猶予を受けた者は4530人であり，そのうち，約74％にあたる3343人が1年以上2年未満の懲役刑を宣告され，執行猶予に付されている。また，平成15年の概況（130頁）によれば，平成15年では5623人の執行猶予を受けた者のうちその約70％にあたる3968人が1年以上2年未満の懲役刑である。平成15年概況第189表（134頁）及び平成19年概況第199表（100頁）によれば，その猶予者のほとんどが覚せい剤使用及び営利目的のない覚せい剤所持等である。

ちなみに，検察庁の統計によれば，覚せい剤事犯については，平成16年において，862人が起訴猶予されており，被疑事件受理総数に対する起訴猶予率は約4％である（初犯者中5446人が起訴され，365人が起訴猶予となっている。）。平成19年においては，1176人が起訴猶予されており，被疑事件受理総数に対する起訴猶予率は約5.8％である（初犯者中5090人が起訴され，560人が起訴猶予となっている。)[93]。平成16年の刑法犯全体の起訴猶予率が約19.6％であり，同じく平成19年が18.6％であることに比較すると，覚せい剤事犯について起訴猶予がかなり少ないといってよい[94]。

以上によれば，覚せい剤使用者や営利目的のない所持等の初犯者には1年以上2年未満の懲役刑が宣告され，執行猶予に付されていることが，大まかに裏付けられているといえる。猶予期間は3年が最も多い。そして，起訴猶予が少ないことから，その分執行猶予が実質的に最初の処分として機能していることになる。

第2段階は，2度目の覚せい剤使用等すなわち再犯の場合であるが，現状では，再度の執行猶予がなされることは非常に少ない[95]。執行猶予期間内に再犯に及んだ場合に同期間内に確定判決がなされたときは，実刑判決が下されている。この場合，再犯の判決確定時に猶予期間が経過していたとしても，後犯が実刑判決となることは基本的に変わらないと考えられる。

また，執行猶予期間経過後の再犯の場合でも，特別な事情がない限り実刑判決が選択されることが多いと考えられる。平成15年ないし同19年概況等によれば，ここ数年間，覚せい剤使用者に対する執行猶予率の減少に加え，その中でも特に裁量的保護観察（執行猶予期間経過後の2度目の使用で執行猶予を付けるのであれば裁量的保護観察に付することが多いと考えられる。）の減少傾向が窺われることなどからすると，2度目の覚せい剤使用等については実刑判決が増加していることが十分推測できる。

覚せい剤事犯の執行猶予取消率は，全体の執行猶予取消率に比べ毎年かなり高く，平成15年では2.1倍に達し，平成19年でも約1.8倍に達している

という96)のであり，覚せい剤再犯の場合は，原則として実刑判決であるといえよう。この場合，どの程度の刑が言い渡されるかであるが，前の執行猶予が取り消されることが確実な場合には，このことを考慮して，前刑の懲役1年6月以下の刑が言い渡されるのが通常である97)。

　第3段階，すなわち三犯の量刑は，1年8か月から1年10か月，場合によっては2年という懲役刑が選択されているようである。その後の再犯は，数か月単位の加重がなされていく場合が多かったが，この三犯以降の刑には長期化の傾向が見られる。

　(イ)　長期刑の増加傾向

　『犯罪白書』等を見る限り，昭和56年以降現在まで覚せい剤事犯の刑は上昇傾向にあるが，近年，特に覚せい剤使用で3年を超える刑を宣告する判決が増加している。

　昭和56年以降，急激に増加した懲役1年以上2年未満の刑の宣告は，平成に入った以降高止まりからやや減少傾向にあるのに対し，懲役2年以上3年未満の懲役刑の宣告は，右肩上がりに増加し続け，平成12年が29.8％となった。その後，平成13年が32.6％，平成14年が34.1％，平成15年が33.3％，平成16年が33.4％，平成17年が34.2％となり，その後はやや減少している98)。また，懲役3年の宣告刑について見ると，平成11年が3.2％，平成12年が3.8％，平成13年が4.2％，平成14年が4.6％，平成15年が4.8％，平成16年が5.2％，平成17年が5.3％と上昇を続け，その後，平成18年が5.2％，平成19年が4.8％とやや減少している99)。同様に，懲役3年を超え5年以下の宣告刑について見ると，平成11年が2.7％，平成12年が3.2％，平成13年が3.6％，平成14年が3.8％，平成15年が4.0％，平成16年が4.5％，平成17年が4.7％と上昇を続け，その後，平成18年が4.5％，平成19年が4.4％とややその比率が減少している。

　平成15年概況第50図(135頁)，平成17年概況第50図及び平成19年概況第50図は，営利目的のない覚せい剤所持等や使用事犯の科刑状況であるが，使用のグラフでは，平成17年まで明らかに2年以上の刑の割合が増加している。特に懲役3年を超える刑は，営利目的のない覚せい剤所持等について3年を超える刑が増加傾向を示していないのに対し，使用では平成13年が1.4％，平成14年が1.8％，平成15年が2.1％，平成16年が2.7％，平成17年が3.2％，平成18年が3.0％，平成19年が2.9％となっており，15年概況第189表等と比較すると，営利目的覚せい剤譲渡等で宣告される刑の中心である3年以上5年未満の刑のゾーンに入り込んでいることがわかる。

「営利目的のない覚せい剤取締法違反事件の主要違反態様別科刑分布状況の推移（懲役）（地裁）」について，平成12年から平成21年までの10年間の推移を表及びグラフにしてみると，以下のようになる（後掲40頁参照）。覚せい剤所持，譲渡，譲受けがその量に比例して刑が決定される傾向が強いことを考えれば，この10年間それほど有意な変化はみられないともいえるのに対し，覚せい剤使用事犯については，全体としてみれば，明らかに，3年を超える刑の増加傾向が見られる。ただ，平成17年以降20年までは，おおよそ3％内外で上下しているようにもみられる。他方で，平成21年の割合がこの10年間で最も高いことから今後増加傾向を示す可能性も窺われる。統計の推移に注意するとともに，仮釈放の実施状況，保護観察の内容なども考慮しながら，責任の上限を意識しつつ覚せい剤からの脱却，更生をはかるとの観点から適正な量刑を模索する必要があろう。

　大阪高等裁判所での経験からしても，単純使用の累行で3年以上の量刑が増加していることが十分窺われた[100]。

　覚せい剤事犯は平成7年から増加して，懲役刑が宣告された人員は，平成12年の14933人をピークに減少に転じており[101][102]，第3次事件ブームといわれた時期は経過しようとしているように見えるにもかかわらず，このような3年を超える刑の宣告が増加している背景は，覚せい剤事犯での多数回受刑者の増加にあると思われる。営利目的のない覚せい剤自己使用者に対するこのような刑の長期化の傾向は，責任主義あるいは特別予防目的の観点からどのように説明すべきであろうか。

　㈦　検　討
　覚せい剤事犯のうち末端使用者を処罰する趣旨は，覚せい剤購入，使用により，①個人の健康を害し，社会の風紀，衛生を害すること，②暴力団の資金源となり健全な経済活動が阻害されること，③他の凶悪犯罪等にも結びつきやすいこと等が指摘されており[103]，そのような害悪も社会全体から見れば，看過できないものである。しかし，②の点は，資金源とする者らそのものを抑えて厳罰に処すべき問題であり，基本的な責任において，直ちに末端の使用者が営利目的所持や譲渡者よりも重くてもよいとはいえないと思われる。

　③の点は若干の検討を要する。すなわち，覚せい剤事犯は，無銭飲食を繰り返す人などとは異なり，覚せい剤事犯ばかりを繰り返す人もいるが，他の犯罪に展開していること，覚せい剤に起因して危険な犯罪を犯す者がいることが指摘されている[104]。平成8年から平成15年の覚せい剤受刑者の覚せい剤取締法違反による再入状況を見ると（平成16年『犯罪白書』310頁，311

前科，前歴等と量刑

第49図　覚せい剤取締法違反事件の主要違反態様別科刑分布状況（懲役）（地裁）（平成19年）

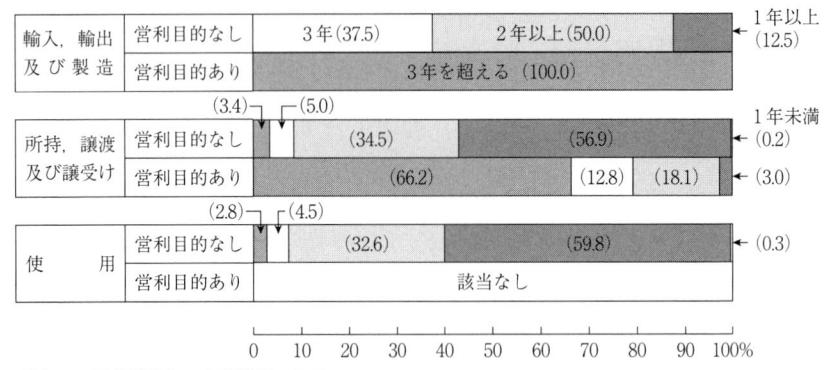

違反態様	営利目的	3年を超える	3年	2年以上	1年以上	1年未満
輸入，輸出及び製造	営利目的なし	—	(37.5)	(50.0)	(12.5)	—
輸入，輸出及び製造	営利目的あり	(100.0)	—	—	—	—
所持，譲渡及び譲受け	営利目的なし	(3.4)	(5.0)	(34.5)	(56.9)	(0.2)
所持，譲渡及び譲受け	営利目的あり	(66.2)	—	(12.8)	(18.1)	(3.0)
使用	営利目的なし	(2.8)	(4.5)	(32.6)	(59.8)	(0.3)
使用	営利目的あり	該当なし				

（注）1　刑事通常第一審事件票による。
　　　2　輸入，輸出及び製造は41条，所持，譲渡及び譲受けは41条の2，使用は19条，41条の3による。
　　　3　（　）内は％である。

第50図　営利目的のない覚せい剤取締法違反事件の主要違反態様別科刑分布状況の推移（懲役）（地裁）

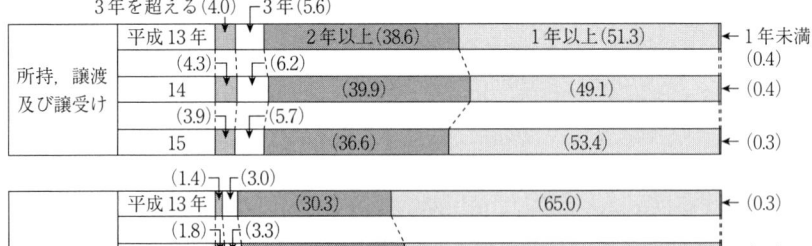

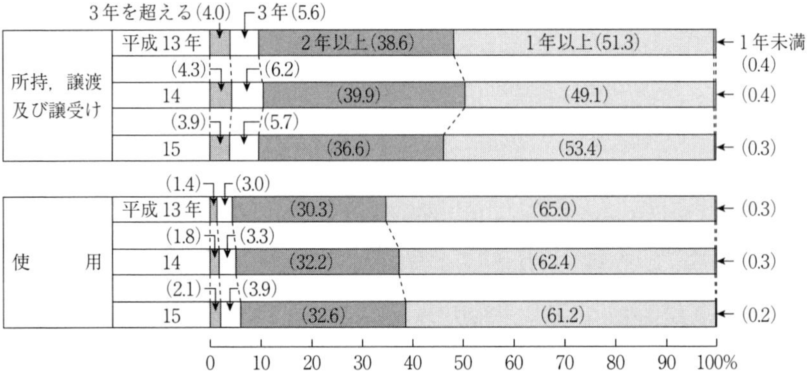

所持，譲渡及び譲受け

年	3年を超える	3年	2年以上	1年以上	1年未満
平成13年	(4.0)	(5.6)	(38.6)	(51.3)	(0.4)
14	(4.3)	(6.2)	(39.9)	(49.1)	(0.4)
15	(3.9)	(5.7)	(36.6)	(53.4)	(0.3)

使用

年	3年を超える	3年	2年以上	1年以上	1年未満
平成13年	(1.4)	(3.0)	(30.3)	(65.0)	(0.3)
14	(1.8)	(3.3)	(32.2)	(62.4)	(0.3)
15	(2.1)	(3.9)	(32.6)	(61.2)	(0.2)

（注）1　刑事通常第一審事件票による。
　　　2　所持，譲渡及び譲受けは41条の2，使用は19条，41条の3による。
　　　3　（　）内は各懲役総数に対する％である。

（「平成15年における刑事事件の概況（下）」曹時57巻3号135頁から［第50図］を引用）

第4 加重の程度

第199表　覚せい剤取締法違反事件の主要違反態様別科刑分布状況（懲役）（地裁）（平成19年）

違反態様	区分	懲役総数	うち執行猶予	うち保護観察裁量	うち保護観察必要	無期	10年を超える	10年以下	7年以下	5年以下	3年	2年以上	うち執行猶予	1年以上	うち執行猶予	6月以上	うち執行猶予	6月未満	うち執行猶予
輸入, 輸出及び製造	営利目的なし	8	6	―	―	―	―	―	―	―	3	2	―	4	3	1	1	―	―
	営利目的あり	98	―	―	―	―	1	16	53	21	7	―	―	―	―	―	―	―	―
所持, 譲渡及び譲受け	営利目的なし	2,770	1,426	109	1	―	―	―	―	1	92	139	37	957	440	1,575	948	6	―
	営利目的あり	337	13	3	―	―	6	20	31	166	43	5	61	6	10	2	―	―	―
使用	営利目的なし	7,450	3,077	276	2	―	―	1	1	3	204	333	62	2,431	629	4,458	2,386	17	―	2
	営利目的あり	―	―	―	―	―	―	―	―	―	―	―	―	―	―	―	―	―	―

（注）1　刑事通常第一審事件票による実人員である。
　　　2　輸入，輸出及び製造は41条，所持，譲渡及び譲受けは41条の2，使用は19条，41条の3による。
　　　3　主文複数の場合及び併科刑がある場合には，刑法10条の規定による重い方の刑のみを計上した。

第50図　営利目的のない覚せい剤取締法違反事件の主要違反態様別科刑分布状況の推移（懲役）（地裁）

所持，譲渡及び譲受け
- 平成17年：3年を超える(4.8)　3年(6.0)　2年以上(37.3)　1年以上(51.8)　1年未満(0.1)
- 18：(3.9)　(5.1)　(36.2)　(54.5)　(0.3)
- 19：(3.4)　(5.0)　(34.5)　(56.9)　(0.2)

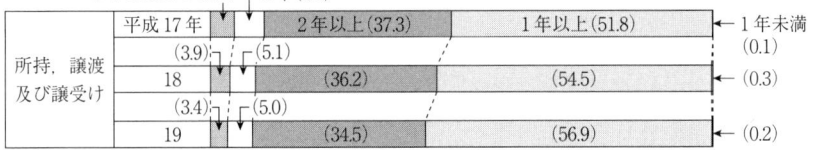

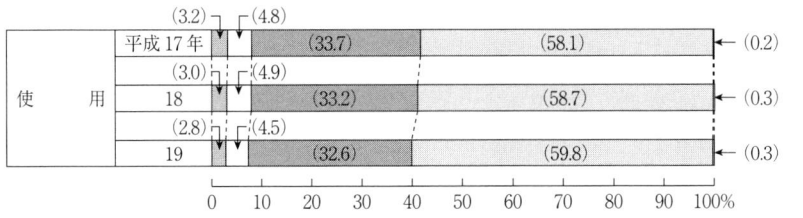

使用
- 平成17年：(3.2)　(4.8)　(33.7)　(58.1)　(0.2)
- 18：(3.0)　(4.9)　(33.2)　(58.7)　(0.3)
- 19：(2.8)　(4.5)　(32.6)　(59.8)　(0.3)

（注）1　刑事通常第一審事件票による。
　　　2　所持，譲渡及び譲受けは41条の2，使用は19条，41条の3による。
　　　3　（　）内は各懲役総数に対する％である。

（「平成19年における刑事事件の概況（下）」曹時61巻3号99頁から［第49図］，100頁から［第199表］，101頁から［第50図］を引用）

前科，前歴等と量刑

覚せい剤単純使用及び所持，譲渡等の量刑割合表（懲役3年を超えるもの）

	平成12年	平成13年	平成14年	平成15年	平成16年	平成17年	平成18年	平成19年	平成20年	平成21年
所持等	3.50%	4%	4.30%	3.90%	4.20%	4.80%	3.90%	3.40%	4.60%	3.80%
使用	1%	1.40%	1.60%	2.10%	2.70%	3.20%	3%	2.80%	3%	3.60%

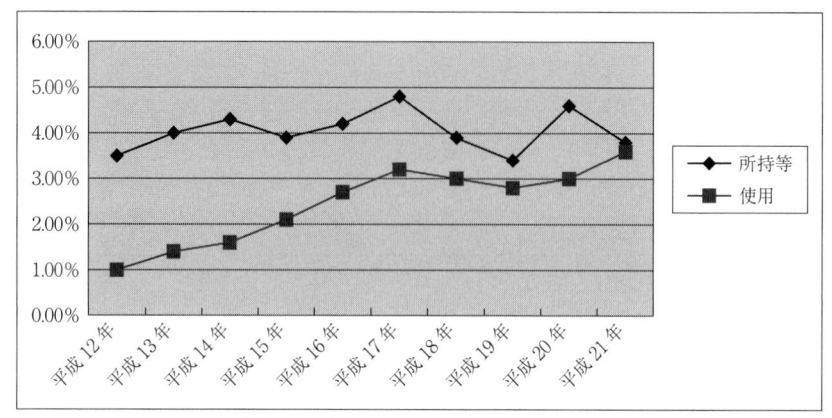

（上記表及びグラフは，法曹時報56巻3号から63巻3号までの各巻3号の「営利目的のない覚せい剤取締法違反事件の主要違反態様別科刑分布状況の推移（懲役）（地裁）」に基づき作成したものである。）

頁），覚せい剤事犯で受刑し，5年以内に覚せい剤事犯で服役した者は仮釈放者・満期出所者を含め約38％であるが，これに対し，同期間の覚せい剤受刑者の再入状況（覚せい剤事犯に限定しないもの）をみると約51％に上っている。覚せい剤受刑後の再入者のうち約26％が他の犯罪で入所していることになり，覚せい剤使用者が他の犯罪にも及ぶことが結構あるとはいえる。

ただ，この観点から，覚せい剤使用罪の量刑が上がっているとすれば，むしろ，覚せい剤自己使用の罪に対する全体の量刑の基本的な基盤の上昇ということ，あるいは危険な累犯者に対し，加重の程度を漸次上げていくということにつながっていくように思われる。

しかし，これまでの覚せい剤使用罪についての量刑の実際は，階段はどこまでも続いていて，どこまでも上っていくことができるというものとして考えられていたというよりは，責任非難の限界も意識されてきたと思われる。3年を超える宣告が増えているとはいえ，現在でも，上限的な発想を持ちつつ量刑されている場合の方が多いと思われる[105]。

そして，覚せい剤使用罪の法定刑は現在懲役10年以下であるが，①それ自体としては直接の被害者のいない犯罪として，違法評価の限度があ

る[106]）。すなわち，他人に使用する方が自己使用よりも重いし，これに営利目的などの目的や無理矢理に使用させるなどという態様が加わることもある。多人数に一度に使用させるなどという類型もあり得る。他方，自己使用で一度に使用できる覚せい剤の量にも限度があり，常習性の問題を考慮しないで考えると，覚せい剤の1回の自己使用における罪の違法の量というのは，ほぼ一定範囲内にあるから，上記の法定刑のスケールの中での位置づけは，下部になると考えられる。②この場合の段階的量刑については，責任によって加重していくという説明になるが，上記の一定範囲内の違法性ということを前提とすると，1回[107]の自己使用の罪の責任がどこまでも加重されてよいという結論にはならないと思われる（もちろん，法定刑そのものが変更される場合は別）。③常習累犯窃盗罪でも，働き口もなく，金がないために食料品の万引きを繰り返すような犯人に対しては，同じ刑が何度も繰り返されることはままある。無銭飲食を繰り返す常習犯でも同様であろう。被害金額との関係で上限が観念しやすいという側面があるが，これ以上刑罰を重くしてもあまり効果がないという面もある。④長期の刑になればなるほど，再社会化よりも施設内矯正，あるいは隔離に重点を置いた量刑となってしまわないかという考慮も必要であろう。

　このようにみると，これまでの量刑相場において，覚せい剤使用の累犯者に対し，行為責任の責任加重という説明をし，段階的量刑をしつつ，他方で，覚せい剤自己使用のカテゴリーでの刑の上限という発想を持ち，刑の謙抑的適用すなわち責任主義的な発想を取り入れてきたことには，重要な意味があると思われる。

　覚せい剤使用の違法性の絶対量については，時代とともに変化することは，これまでの統計からも明らかであり，今後もこのような変化が起こり，あるいは現在これが起こりつつあるのかもしれない。ただその場合でも，違法量が一定範囲内にあること，責任にも上限があるのではないかということ，矯正の効果や再社会化の必要の観点は変わらないと思われる。どの観点で量刑するのかは，意識する必要があると思われる。

　また，行刑のあり方の変化によっても，この問題の量刑のあり方は変わってくると考えられる。この点，最近の行刑分野の動きとしては，矯正施設では，薬物依存者について治療・教育を重視した処遇を実施している[108]。また，更生保護の段階では，大臣告示により，性犯罪者処遇プログラムや暴力防止プログラムと共に，覚せい剤事犯者処遇プログラムが定められ，平成16年4月から，仮釈放の保護観察期間を利用して，仮釈放者の自主的な断

薬努力を支援するため，自発的意思に基づく簡易尿検査[109]を活用した処遇が導入され，その後，平成20年4月からは，だ液を検体とした検査が導入されて名称も簡易薬物検出検査と変更され，上記プログラムに組み込まれた。平成20年6月には更生保護法が施行され，同法51条2項4号にはこのような措置を行うことが定めらた。このプログラムを受けることを特別遵守事項として定められた者は必ず簡易薬物検出検査を受けなければならないということである（「更生保護の現状」曹時61巻6号125頁）。

このような，特別予防プログラムを実施するためには，それなりの刑期があった方がよいとなるのか，それとも，刑そのものとは別の形を模索するのかという問題になると考えられる（なお現在，裁判所が保護観察付き執行猶予を宣告する場合の特別遵守事項に同プログラムを受けることを選択できるようになっているが，現状では，一部の保護観察所では，裁判所に対し，初犯者に保護観察付き執行猶予を宣告した際には，覚せい剤事犯者処遇プログラムを受けることを特別遵守事項に指定しないよう求めている。しかし，これでは，再犯防止が必要かつ有効と考えられる初犯者について，上記プログラムは利用できないということになるし，覚せい剤再犯者の再犯率が高いこと，再犯では実刑判決となる可能性が高いことを考えると，保護観察付き執行猶予での利用は事実上ほとんどできないことになる。経済的な問題もあろうが，このような運用は改善されるべきであろう。）。

(エ) 現在の段階的量刑の問題点

上記のような段階的量刑をした場合，現行制度のもとでは，執行猶予が取り消されると最初の服役が，前刑と併せてかなり長い刑になることがあるという問題がある。執行猶予という犯人の立場からすると事実上，何もない状態から，いきなり長い刑を受けることになるので，その意味で「段階的」ではなく，最初の服役は「飛躍的」になる。そして，三犯目の刑は，現在では，通常であれば，1年8月から2年程度になると思われるところ，最初の服役と比べると軽いという現象が生じる。

この問題は，我が国の刑法が執行猶予制度を採用し，宣告猶予制度は採用しておらず，確定裁判後の単純数罪は前科と併科するし，量刑の面でも全く別々の刑という原則を貫いているといえること，執行猶予の言渡の際の宣告刑が，実刑に処する場合に比べて重い刑が宣告される場合が多いともいえること（なお，注125）参照)，などからくる問題である。

このあたりの飛躍的な側面によって，社会復帰の機会を失わせることがないようにするためには，最初の執行猶予宣告時の刑そのものを下げておくとか，2度目の刑を謙抑的にするということになろう。あるいは，行刑の実務

では，猶予が取り消された刑について，仮釈放が認められているケースは多く，また，統計を見る限り，平成15年まで覚せい剤事犯の刑執行率は下がりつつあり（仮釈放率は変わらない。），仮釈放期間も長くなってきていたことが窺われる[110]。覚せい剤多数回使用再犯者を減らすため，刑執行のあり方とも関連して，今後，十分な議論が必要な問題であろう（なお，現在「刑の一部執行猶予制度」の採用も検討されているところである。）。

② 窃盗罪

常習累犯窃盗の場合は既に前述した。窃盗罪については，統計からも明らかなように[111]，九十数％以上が3年以下の懲役である。最近1年未満の刑がやや減少しているが，その分執行猶予も増えており，全体をみれば，窃盗については，刑の長期化傾向があるとはいえないとされる[112]。しかし，平成13年から19年の司法統計年報をみると，窃盗罪（常習累犯窃盗を含む）については，懲役5年を超える刑が42人（0.48％），72人（0.74％），88人（0.78％），146人（1.1％）と平成16年まで増加し，その後平成17年から117人（0.95％），127人（1.05％），125人（1.02％）と高い値が続けている。7年を超える刑を受けた人員でみると，6人，7人，11人，32人，24人，19人，33人であり，特に平成16年の司法統計年報では，10年を超え15年以下の懲役刑を言い渡された人員が4人，7年を超え10年以下の刑を言い渡された人員が28人と増加している。また，この点，平成19年の同年報でも同様の状況であることは既に述べた。

平成10年の司法統計年報によると，窃盗で5年を超える刑が21人，7年を超える刑の人員は0人，常習累犯窃盗で5年を超える刑が2人，7年を超え10年以下が1人であることと比較しても，重い量刑の事例の増加は顕著といってよいと思われる。

大阪高裁においても，平成17年5月（一審は平成16年11月判決の事件），窃盗等の事案で懲役13年の一審判決を維持したが，これは窃盗の組織的犯行の累行で被害額1億円以上，態様も店舗に盗難車を突っ込ませて，ガラス等を割り建造物を損壊し，中の商品を根こそぎ持ち去るというもので，薬物事犯も併合されていたものであった。累犯前科もあったが，量刑の基本部分は，被害額と態様等の違法性部分であった。これまで，詐欺罪で法定刑を超える宣告がなされるケースは何度かあったが，窃盗罪で法定刑を超える宣告がなされるケースはまれであったのは，被害総額の違いがかなり影響していたと思われるものの，窃盗でもまかり間違えば強盗罪となる自動車を使った窃盗（この場合は，通常2人以上で行われる。）などの増加や高級自動車等を根こ

そぎ盗み，海外へ輸出してしまうといった組織的犯行として行われるものが増えてきていることが窺われる[113]。

このように窃盗罪においては，従来の単純な窃盗と組織的な窃盗との量刑の2分化が窺われ始めている[114]。

このような前提の上で，検討すると，従来の窃盗の累犯に関する量刑については，上記のとおりその大半が3年以下の懲役であること，常習累犯窃盗罪が従来の裁判所の量刑が軽すぎるとして最低刑を引き上げた法律が作られたという立法趣旨や経緯にもかかわらず，常習累犯窃盗も含めた窃盗犯全体の量刑は3年以下がほとんどという状態であって，むしろ，軽い窃盗犯は，常習累犯窃盗になるまでは，3年までの刑という3年上限説の信憑性が十分に裏付けられる統計となっている。これは，「常習累犯窃盗」の項でも述べたとおり，行為責任主義に立つ限り，累犯による厳重処罰の根拠を十分に見出せるほどの犯人が割合的に多くはないこと，長期刑は生活力を奪ってしまうことなどに加え，これらの者は再犯可能性が高いことから，3年を大きく超える刑を宣告すると，それにより，次の窃盗で逮捕された際には，常習累犯窃盗の形式的要件がなくなってしまうケースが多々発生し，場合によっては，1からやり直しになる可能性もあることが影響していると思われる。

最近，この10年以内に3回の要件が切れていて，前と同程度の窃盗を犯したが窃盗罪で起訴された場合に，前刑の常習累犯窃盗の刑を基準にして，刑法56条の累犯であることを根拠に，前刑以上の刑を言い渡すというケースも見受けられる。再犯で起訴された窃盗罪の違法性の高さを前提にしない限り，このような量刑には疑問を感じる[115]。

③　法定刑の上限が低い犯罪（酒気帯び運転，無免許運転）等

法定刑の低い犯罪でかつ常習者の多い類型の犯罪では，累犯加重規定が使われることがある。

交通犯罪のうち，酒気帯び運転，無免許運転は常習性の高い犯罪である。酒気帯び運転，無免許運転は平成14年の改正法施行により法定刑懲役6月から1年に引き上げられたが，複数回服役している者は，法定刑の上限に達し，わざわざ2件目の違反を待つか，掘り起こして起訴し，併合罪として法定刑を超える刑の求刑，宣告をすることもあったが，累犯加重の規定が現実化していた。村越判事の報告による法定刑の上限に「張り付く」現象[116]の一つであった。研究会の席上では，シンナー吸入の常習者の場合に，累犯加重されて法定刑を超える刑が宣告されるケースがまま見られることが紹介された[117]。懲役1年以下の法定刑の場合，累犯加重により法定刑以上の宣告

をせざるを得ないケースは今後も起こりうるし，刑の倍加もその絶対量が少ないことから，累犯加重規定を利用するケースは十分考えられる。この程度の加重に違和感はあまり感じられない。

(2) 異種再犯

異種再犯は，前科との関連性が認められない場合である。罪種の異なる前科が量刑上どのように考えられるかは，これまで各所で触れてきたが，基本的に，一般的な規範意識の低下，順法精神の欠如や鈍麻としてとらえられる。これを回復する手段として相応の刑期が選択される。この点で刑の感銘力，刑の警告機能などというのも内容が一般化，希薄化するから，自ずと再犯の量刑に与える影響も小さくなると思われる。

ただ，直前の前科と再犯だけを比較対象すべきであるとはいえないから，直前の前科が異種であっても，その前の前科が同種という場合もあり，その場合には，上記の一般的な規範意識の点と同時に同種前科との関係を問題にして，責任が重いと判断することになろう。その意味で同種再犯といえない罪の繰り返しという珍しいパターンを想定しないと，この種の累行性の責任は論じがたいのかもしれない。

犯罪の陳列棚のように多くの各種犯罪を行っている者，すなわち暴力団組員による常習的犯罪者などは，一般的な規範意識の低下は著しく，この回復に要する刑期もかなり長いということが言えようし，複合的な同種再犯者ともいえ，加重関係に立つ前科も複数になる。再犯が競合しているような場合，規範意識の回復あるいは特別予防の必要は犯罪ごとに生じ重なり合わないことから，その分刑期が長くなることは否定できないと思われる。

4 再犯の時期による違い

再犯一般の問題としては，判決後あるいは刑執行終了後からどの程度時間が離れれば，量刑を加重しない状態になるのか。執行猶予が可能となるのは，いつから，何年ぐらい後か。再犯の時期によって直接的に量刑の差異が認められるのか。あるとすればそれがどのような理由によるのかという，前科と再犯の時間的関係の問題がある。

また，前科の刑の執行との関係でいえば，執行猶予期間中の再犯，仮釈放期間中の再犯について，通常の刑執行終了後の再犯と比べ重いのか軽いのか。前科の審理あるいは判決との関係では，判決言渡後確定前の再犯，保釈中再犯の問題があり，これは，通常の併合罪と比べてどのように考えるべき

か，刑は加重されるのかという問題がある。

以下，これらの点を考えてみたい。

(1) 前科と再犯の時間的関連性の問題

前科と再犯の間の時間的間隔が短いか長いかによって，量刑が変わるかという問題については[118]，刑の感銘力や警告というとき，行為者に対する効果は，警告直後が最も強く，時間と共に薄れると仮定することもできるから時間的な間隔のなさは加重方向に働きやすいと一応はいえるであろう[119]。逆に，時間の間隔がある場合は，その間は大過なく過ごしたと推認すべき場合も考えられるし，時間的間隔があると同種の前刑との関連性（人格的な意味が最も大きいか）が薄くなることもありうるから，加重する要素にならないともいえる。

ただ，常習性が推認される形態の犯行については，ある程度の時間的な間隔があるからといって，すぐに減軽要素になるともいえない。この場合，犯罪と無縁の生活をしていたことがある程度明らかにされることが要求される場合もあると思われる[120]。例えば，常習的スリ犯などについて，前刑からしばらく時間が経って発覚したとしても，その間，どのような生活をしていたのかわからず，仲間との関係も絶っていないなどという状況下では，減軽することは難しくなると思われる。

法律上執行猶予が付けられない期間を超えてどの程度経つと執行猶予ができるかという問題も，一概にはいえないが，前述のように昭和28年の改正法で刑法25条1項2号の期間が7年の期間が5年に短縮された趣旨について，「受刑後一定期間を経過した後の犯罪は，前の犯罪より示されたと同一の犯罪性の発現とはかぎらず，機会犯的性質の犯罪であって執行猶予を許すのを相当とする事例があり得ることを考慮したものであろう」(注72）参照)とされていること，累犯加重期間の5年間という期間や執行猶予が付けられない期間が，犯罪の内容や関連性等にかかわりのない一律の期間であることや，既に刑の執行を終えて相当期間を経ている点で，累犯加重期間満了直後に犯行を犯したということが加重的原因としてそれほど強調されているとは思われないことを考えると，同一の犯罪性の発現とはいえない事案については，25条1項2号の期間経過直後でも執行猶予は可能であると考えられる。逆に，前科との関連性が一応認められる場合については，上記の期間が経過したからといって，直ちに，執行猶予が相当とは言えず，少なくとも，ある程度の時間を経ていないと，もう一度執行猶予を得ることは難しいというこ

とはいえるであろう。この点の時間的間隔の一つのメルクマールとしては，刑法34条の2の規定があることも考慮すれば，通常の事件については，10年を超えたものかどうかを一つの基準とすることも十分ありうると考える（近年，東京高裁において10年を超えた同種前科について加重要因としないことを示唆する判決が出されている。）。

他方，非常に長期の刑や無期懲役刑者が同種再犯に及んだ場合は，有罪判決と再犯との間にかなりの時間的間隔があるが，再犯等の規定からすると，刑の執行中の時間は問題にされない。

(2) 執行猶予期間中の再犯

執行猶予期間中の再犯は，判決言渡（上訴審で破棄されて新たな刑が言い渡される場合も含む）までにその猶予期間が経過しない限り，法律上，刑法25条1項の執行猶予を付すことはできず，刑法25条2項の必要的保護観察付き執行猶予か実刑判決しか選択の余地がない。執行猶予が軽い刑[121]を言い渡すものであり，かつ保護観察付き執行猶予が実刑に近い刑であるとか，少なくとも単純執行猶予よりも重い刑という前提に立つ限り，この場合の再犯は，法律上，一般的に刑が加重されているといえる。

判決言渡までに猶予期間が経過した事案は，現行法上は，再犯事件の審理中であっても，猶予期間経過により刑の言渡が効力を失う（刑法27条）こととされている。そして，この場合，法律上は上記のような刑法25条2項の必要的保護観察付き執行猶予か実刑判決しか選択の余地がない状態ではなく，刑法25条1項の単純執行猶予が許される状態になることから，猶予期間中の言渡の場合のような法律上の加重の趣旨は読み取れなくなる。しかし，執行猶予中に同種再犯に及んだという情状が，その後に猶予期間が経過するかどうかで直ちに変わるとは考えられない。それにもかかわらず，前刑の執行猶予期間経過や満了，刑の効力消滅が認められているのは[122]，再犯について無罪の推定の原則に立ち，確定裁判までは期間の進行を認めるという執行猶予制度のあり方の問題である。かえって，その刑の言渡の効力の消滅により，猶予取消を考慮する必要がなくなる点で，事実上猶予期間中に言い渡される場合よりも重い刑となる可能性がある。

平成19年における刑法犯全体で懲役刑の執行猶予に必要的保護観察が付された事件（いわゆる再度の執行猶予）は，全体の約0.3％にあたる127件である。そのうち，窃盗罪の類型が57件（同罪類型中の約0.4％），傷害罪の類型が26件（同罪類型中の約0.4％）である。特別法犯では46件であり，その大半が

道路交通法違反の25件（同罪類型中の約0.3%）であり，覚せい剤取締法違反は約1万件中3件しかない（以上，平成19年司法統計年報による。）。

この統計からも明らかなように法律上の加重状態にある執行猶予中の再犯はほぼ実刑に処せられているといってよい。また，執行猶予期間が経過していても，猶予期間内に犯したものであれば，多くは実刑判決が選択されると考えてよいと思われる。そのうえ，執行猶予中の再犯は，猶予に付された刑まで取り消される可能性がある。犯罪者の立場からすれば，この取消の点を考慮に入れると，再犯による加重としては最も飛躍的な加重場面といえる。この点から，被告人にとっては，実刑は必至であっても，裁判中に猶予期間を経過することができるかどうかが関心事となる。

ところで，執行猶予期間中の再犯の場合は，まだ刑の執行を受けていないことから，行刑の教化による規範意識の改善を理由とする責任非難の加重はない。端的に判決の言渡を受けたことから，刑の感銘力あるいは警告によって規範意識を強化すべきであったのに，再犯を犯した点に責任加重の根拠を見出すか，執行猶予に（文字通り一定期間は刑が執行されずに猶予されているという意味で）威嚇効果が働いていることに加重の根拠を見いだすことになろう。その意味で，刑の執行を受けた者よりも，規範意識の強化の機会という点では期待できないとも見ることができるが，他方で，執行猶予を選択する場合は，行為者に刑の感銘力が十分に期待でき，社会内での自力や周囲の者の協力によって更生することが十分期待できるとして，執行を猶予されたのであるから，執行猶予を受けた行為者の規範意識は，刑の執行を受けたと同等あるいはそれ以上であるとみることも不可能ではない。しかし，同一の行為者について同一の機会に，実刑判決をして刑の執行を受けるよりも，猶予する方が規範意識が高まるというのは，背理であろう。ただ，威嚇効果が継続していたことを責任あるいは特別予防の観点から加重の根拠とするという側面があることは否定はできないと思われる。

また，執行猶予という恩典[123]を受けたのに再犯に及んだものとして責任加重あるいは予防の必要性を高める要素と考えることもできる。ただ，再犯により執行猶予が取り消される場合を考えると[124]，猶予の恩典は再犯の刑の確定によってなくなるから，再犯の量刑事情に加えると二重の非難をすることにもつながりかねないが，猶予の恩典を受け，規範意識をより高めるべきであったのに，再犯に及んだことを責任非難の根拠とすることも不可能とまではいえない（なお，執行猶予の問題は前科の判決確定時点からは7，8年という年月を経ているが猶予期間満了時からは，2，3年しか経ていないという時期に再犯に及ん

だ場合に後者の時間的短かさを加重要素とできるかという問題も含んでいる。執行猶予やその期間に恩典とか規範意識の強化とみる考えによれば，あるいは特別予防という考え方からも実刑判決を選択するということにつながる余地があることになる。）。

　この場合の刑期を決める考え方としては，同種再犯の場合と異種再犯の場合で異なると思われる。
　　ア　同種再犯の場合
　先に検討したように，覚せい剤の自己使用の罪で懲役1年6月，3年間執行猶予となった場合，再犯の刑は，懲役1年6月以下に減軽されることが多い。実刑を選択する以上，前科によって重くなるという原理の一場面であることに異論はないと思われる。しかし，前刑の宣告刑よりも軽くする理由はどのように考えるべきであろうか。
　これは，①実刑判決をする際，前の執行猶予を付された刑も取り消されてそのまま執行されることになるので，実刑判決の際，前刑で実刑を受けていたならば，もう少し減軽されていたはずだが[125]，既に宣告された刑期を変えることはできないから再犯の刑を下げて調整するという考え方，②懲役1年6月の刑期には特別予防のうちの犯人に対する威嚇のための刑が含まれているから，再犯で実刑を選択する際には，これは不要になり，実質的に再犯の刑と併せて刑期を考えればよいとする考え方，③前の1年6月の刑のうち，威嚇のための刑は，再犯の実刑判決により，再教育のための刑に事実上転化するが，再犯の刑期も同じかそれ以上のものとするならば，刑のうち再教育のための特別予防目的の刑の部分が重なり合うから，その分再犯の刑を減軽するという考え方などが，ありうる[126]。
　ただ，宣告された刑は変えられないのに，再犯の刑で後から刑期を少なくしてよいという説明をどのようにするのかという問題があり，再犯の刑の内部で説明できる理由を考える必要もあるように思われる。再犯とはいえ，初めての服役となることから[127][128]，特別予防の必要性の点で前の刑と今回の刑が重なっており，その分この観点からの加重の必要性が低くなるものともいえよう。いずれにせよ，長期間の服役によって更生が困難になることが予想され，この点から減軽を考慮する必要があるといえる。
　　イ　異種再犯の場合
　前刑の威嚇刑的要素を削る必要があるとする立場に立てば，軽減の必要は，同種再犯と同じになるが，再犯の刑が短期刑の場合，威嚇刑と釣り合うだけの刑期を削除できない場合もありうる。他方，再犯の罪が前科と関連性がない犯行の場合は，上記のような特別予防の必要性は必ずしも重なり合わ

ない。わいせつ事犯と業務上過失傷害などは関連性が乏しく、再教育の必要はそれぞれの犯罪について固有に働くといえるから、同種再犯の場合に比べて、「重なり合い」という刑期を減軽する理由に乏しい。この観点から、異種再犯の場合は、合計の刑期が重くなることもある。長期間の服役による更生が困難になることが考慮事情として働く点は、同種再犯の場合と同じであり、この観点からの減軽は可能であろう。

(3) 仮釈放中の再犯
ア 基本的な考え方

刑法28条の仮釈放中に再犯に及んだ場合は、刑の執行が終了していない段階での再犯であることから、100％の刑の執行を受けた場合と比べ、受けた刑期が短い。その点で、刑の感銘力が弱かったとも想定でき、満期出所した場合よりも責任が軽いともいえる。反対に、刑の執行は受け、教化、改善の効果が十分期待できるということで、仮釈放を許されたのであるから、規範意識が高められていたとか、あるいは、恩恵的に仮釈放が許されたのだから規範意識を高めるべきであったとして、それにもかかわらず再犯に及んだ以上、満期出所した場合よりも責任が重いか、これと同等とも説明できる。仮釈放中の再犯を重くすべきとする見解は、裁判実務家に多いと思われる。

この点、仮釈放の機能目的としては、(1)仮釈放は恩恵のための制度であるとする見解（仮釈放は、刑事施設内で良好な行状を保持した受刑者に対し、褒賞として与えられるものという恩恵のための制度とみる。）、(2)刑罰の個別化のための制度であるとする見解（仮釈放を個々の受刑者に応じその環境等の諸条件に応じて刑罰を個別処遇するための制度ととらえる。）、(3)社会防衛のための制度とする見解（受刑者を一挙に拘束のない状態に置くより、仮釈放及び保護観察により一定期間指導し規制を加えることで再犯を防止し、ひいては社会を防衛するという制度ととらえる。ただ、現行法では、仮釈放の困難な者ほど、社会防衛の必要が高く、許される者ほど、その必要性が低いという関係があるが、刑執行終了後の保護観察の制度がないことから、この機能目的を期待できるかは、問題がある。)[129]がある。

また、仮釈放の性質については、(ア)条件付き釈放であるとする見解（条件付きであるが釈放をしたものと考えるもので、その後の取消の可能性は残るが、保護観察等の仮釈放後の処遇とは結びつかない。恩恵的な制度とする考え方と結びつきやすい。）、(イ)刑の執行の一態様であるとする考え方（現実の拘禁は解かれるものの、なお刑の執行に服しているものとする考え。受刑者にとっては、刑執行の形態を変更するに過ぎないとする。刑執行としての処遇〔保護観察〕が当然に予定され、その目的は、社会復帰

と更生改善にあること，我が国の仮釈放は一応刑期が進行することから，これらの点では，このような発想になじむことになるが，原則として仮釈放がなされるべきであるとしている点で，現行の仮釈放の状況が 50 数％と低下していることや，仮釈放者の刑執行率について 90％以上から 80％未満が増加し，大半を占めている〔平成 20 年『犯罪白書』76 頁〕ことと必ずしも整合しない。)，(ウ)刑の一形態であるとする考え方（仮釈放は，刑の一部執行後に，残刑部分の執行を猶予するもので，刑の執行猶予と対をなすとする考え。仮釈放の取消がなければ，刑が消滅するが，期間内に取消があると，残刑が全て執行されること〔刑法 29 条 2 項〕を刑法 25 条以下の刑の執行猶予と同じと考えるのであろう。司法判断と行政上の判断を少なくとも同一にする点で問題がある。）があるといわれる[130]。

イ 仮釈放取消を考慮すべきか

仮釈放取消の場合は執行猶予の取消の場合と比べ，①刑の執行を受け，その途中であるという点で，未だ判決を受けただけである執行猶予の取消の場合とは（威嚇刑的な側面はあるとしても）本質的に異なる。②執行猶予取消の場合は，執行猶予を言い渡した際，求刑通りの刑が言い渡されている場合が多いことから，これを調整する必要が感じられるが，仮釈放の場合にはこのような問題はない。③現に刑の執行を受けてきており，また，通常の刑の場合，仮釈放時点での残刑は数か月程度であるから，通常の執行猶予取消の場合のように初度の服役であることを考慮して，特別予防的な見地から全体の刑期を考える必要性に乏しい。④仮釈放取消の場合は，理論的には翌日から再度の仮釈放が可能であるが，執行猶予取消の場合は，このような可能性はない。④仮釈放取消の場合は，これを判断するのは本人の保護観察をつかさどる保護観察所の所在地を管轄する地方委員会であり（更生保護法 75 条 1 項）行政的な措置といえるが，執行猶予取消は，裁判所であり（刑訴法 349 条，349 条の 2），司法判断である。⑤仮釈放取消の場合は，保護観察停止の制度があり，期間の進行を止めることができる。このほか，刑の執行猶予は，軽い刑の言渡といってよいが，仮釈放の場合は，刑を軽く変更するものではない点が異なる（刑の一形態とする説ではこれらの点を本質的な違いと見ないことになろうか。)。

そして，仮釈放中の再犯は，刑法 56 条以下の累犯（ただし，5 年以内の判決による場合。以下，この項について同じ）と同様，実刑判決しか選択できない場合であり，かつ，服役を受けながら同種再犯を繰り返した場合として刑法 56 条以下の累犯の場合と大差はなく，少なくともこの場合より軽くてよいという結論は取り得ないと思われる。仮釈放の取消の事実あるいは可能性を考慮して，再犯の刑を低くする根拠は見出しがたい。

むしろ、仮釈放中の再犯は、基本的に、累犯加重に近い量刑あるいは場合によってはこれよりも重いものとして量刑がなされるという方が実情に近いように思われ、仮釈放が取り消されることは量刑上考慮されていないと思われる[131]。

　最近、仮釈放中であることについて、独立の加重要素とすべきかどうか争いがある。一方の立場は、そのような量刑事情の存在それだけで法秩序に対する敵対的態度を導き出すことには疑問があるとし、それに対する通常の反作用としては、仮釈放の取消しが予定されているのだから特別の取扱いを認めるためには、それ以上の特別の加重的要因が必要となる（岡上雅美准教授、刑法45巻2号37頁）とされる。他方の立場は、前記3、(1)、アの平成11年最高裁判所判決が指摘するように、強盗殺人罪で無期懲役の仮釈放中強盗殺人を犯したという事案で死刑に処せられなかったケースはなく、最高裁判所が同様の判断繰り返していることなどから、仮釈放中の再犯は重く処罰されているとされる（松本時夫教授〔元判事〕、刑法46巻1号7頁以下）。

　ただ、無期懲役刑の受刑者が社会内で再犯に及ぶには仮釈放を得る外はないというのが実際であるからこのような場合と仮釈放中ではない場合とを統計的に比較することはできない。上記判例については、前掲判例解説(刑)208頁で指摘されているように、このような死刑事案では、仮釈放中であることだけが独立した量刑要素になっているのではなく、凶悪な前科、処遇、とりわけ無期懲役刑執行中に同種再犯に及んだことを一体として被告人に改善可能性がない一つの要素とされているものと解される。

　他方、一定の遵守事項についての誓約のもと、保護観察下に置かれている状態で、社会内に出ることを許された者が再犯に及ぶことに問題があることは否定できないと思われる。

　行政判断としての取消が仮釈放の「反作用」であるとしても、残刑の執行は新たな刑の執行や処分を受けるものではなく（藤本・前掲324頁）、前の刑を本来の形で執行されるものに過ぎず、問題性を考慮して刑を加重するものでない。その間の再犯（新たな刑）についての司法の評価、判断は上記行政判断とは別ものといえる。これを評価するにあたり、再犯の時期、状況を考慮するのは当然とも思われ、この場合の再犯に非難の要素が全くないというのは違和感を感じざるをえない。裁判実務上この問題性を非難する場合も多い。特別な考慮を要する死刑判決の場合はともかく、一般的には、上記の非難の要素と改善更生が十分でなかったことを相殺し、少なくとも刑法56条以下の再犯と同等の量刑（2倍という趣旨ではない。）というのが相当であろう。

むしろ、本来の前の刑の執行に戻ったことで、再犯者に余計な不利益があるとすれば、仮釈放中という形で保護観察を受けていたという事実がなくなることであろう。問題は再犯後に仮釈放が取り消されないまま保護観察が継続される場合である。例えば、再犯に及んだのに在宅処理され、数か月経って再犯の起訴がなされた段階で仮釈放の取消がなされるというケースだと、その間、意味の曖昧な社会内処遇が続けられることになる。刑の感銘力や更生改善の観点からこのような事態には問題がある（起訴の有無にかからしめるならば、起訴猶予になった時点で再度の仮釈放をすればよい。）。上記のようなケースは、その期間真面目に保護観察を受けていた再犯者について再犯の刑を減軽することもありうる。

(4) 一審判決言渡後確定前の再犯

「前科を確定裁判とする意味」の項で記載したように、中野元判事が、「責任論を基準に考える立場によれば、裁判言渡時を標準とする方が合理的で、あるいは検挙時もしくは起訴時を標準とするのが徹底している。現に保釈中の犯罪が強く非難されるのはこの考えに基づいている。」（要旨）と述べられていること、「累犯加重根拠と前科加重根拠との関係」の項で記載したように佐藤元判事も刑の感銘力を「刑務所で服役したという事実だけではなく、検挙され、起訴され、公判で審理判決を受けたという事実を含めて、これら一連の事実が被告人に対してもつであろうところの、事柄の重大性と自己の非を悟らせる力」とされていることとは、責任論の立場から再犯者に対する非難の内容を分析したものとしては一致しているといえる。判決言渡時説を採用しないがこれに実質的な意義を見出す立場からは、前科と再犯の定義にはあてはまらないものの、判決後確定前の再犯の問題の内実は前科と再犯の問題と同じであるということになろう。

この点、最大判昭28.6.10刑集7巻6号1404頁は、執行猶予を言い渡された犯罪のいわゆる余罪についてさらに執行猶予を言い渡すことができるかについて、「併合罪の関係に立つ数罪が前後して起訴され、後に犯した罪につき刑の執行猶予が言い渡されていた場合に、前に犯した罪が同時に審判されていたならば一括して執行猶予が言い渡されたであろうときは、前に犯した罪につきさらに執行猶予を言い渡すことができる。」（要旨）とした[132]。そこで同時審判の可能性がない[133]判決言渡後確定前の再犯の場合にもその射程範囲が及ぶのかが問題となる。

この点、最大判昭31.5.30の判例解説において、高橋調査官は、最大判昭

28.6.10は犯行時説を問題にしているかの如くであるが，最大判昭31.5.30はこれを斥けたかのようであるとされ，さらに，昭和28年のいう「前に犯した罪が同時に審判されていたならば一括して執行猶予が言い渡されたであろうとき」という要件は，刑法25条1項にはどこにも規定されていないとし，「いわゆる余罪以外に特に同時審判の可能性を再度の執行猶予の要件として取り上げたものと解すべきではあるまい。」とされ，最大判昭31.5.30が余罪について刑の執行を猶予することができるかどうかは，刑法の所論改正後においても「刑法25条1項の定める条件を満たすかどうかによつて定まるものと解するのを相当とする。」としている点を説明されている。そして，例えば一審判決言渡後確定前の犯罪のごときものは，犯情の判断にゆだねられて差し支えないことであろうとされ，このことまでが最大判昭31.5.30で「解決されたものとはいささか解しがたい」とされた[134]。

その後，最大判昭32.2.6刑集11巻2号503頁は，判決言渡後確定前の事件について，刑法25条1項を適用して執行猶予判決をした一審を維持した原審に対し，検察官が同時審判の可能性がなかったなどと主張したのに対し，前記のとおり，「刑法第25条第1項によつて刑の執行を猶予された罪のいわゆる余罪について，さらに，同条項によつて執行猶予を言い渡すためには，両罪が法律上併合罪の関係にあれば足り，訴訟手続上または犯行時等の関係から，実際上同時に審判することが著しく困難若しくは不可能であるかどうか，または同時に審判されたならば執行猶予を言い渡すことのできる情状があるかどうかということは，問題とならない。」とした。同時審判の可能性や同時審判されたならば執行猶予を言い渡すことができたかどうかを考慮することなく，執行猶予可能であるとするものであることから，この「問題とならない。」との説示は，確定前の余罪については量刑上の基準としても同時審判の可能性等は無関係であるかのような印象を与える表現であるが，この判決は，判決言渡後確定前の余罪について，刑法25条1項により執行猶予を言い渡したとしても違法ではないとしたところに意義があり，量刑の基準を示唆したものとは言い難いというべきであろう[135]。

他方，最大判昭28.6.10は，量刑上の基準を示したものといえる。この基準によっても，一審判決言渡後確定前の再犯は，同時審判の可能性はないのであるから，そのような犯罪に同時審判の可能性を仮想すべきではない。

さらにいうと，一審判決言渡後確定前の再犯は，明確性の観点から判決確定時を基準として一定範囲を併合罪とするとした法の趣旨と公平性の観点を考慮すると，幾分併合の利益の要素を考慮する余地も残されているようにも

思われるものの，基本的には，判決言渡直後に再犯に及んだものであることから，行為責任の観点から強い非難があり得るのであり，情状の上では，通常の前科と再犯の関係と同等というべきであろう[136]。

(5) 保釈中再犯あるいは裁判中の再犯等

保釈中あるいは在宅事件での裁判中に再犯に及ぶケースは，純粋な併合罪である。しばしば量刑理由に反省の姿勢が欠ける事情の一つなどと記載されるように，犯罪に対する認識を深め，反省の態度を示したり，謝罪や被害弁償をしたり，再犯に及ばないことを誓約したりすることが必要な時期に，再犯に及ぶことは端的にこれらの姿勢に欠けることが明白になる。しかし，反省の姿勢がないという言葉による評価の対象は，通常は犯行後の事情といわれているように，起訴され保釈された罪に対しての事情ともいえ，保釈中再犯や裁判中再犯を直接非難する要素ではなく，これらの再犯を非難できるのは，やはり裁判という規範を高めるべき立場にいながらこれを持たなかった（これも広い意味では反省の姿勢がないと評価の対象であるが）ということになると思われる。刑の感銘力という点を単に判決だけではなく，これに向けた手続をも含めるならば，保釈中再犯や裁判中再犯は，起訴，審理等によって示された規範を超える行動を取ったものと評価でき，その点に非難の要素を見るものと思われる。そうすると，判決後や確定後の再犯と同一線上の問題ともいえる[137]。

このようなことから，保釈中や裁判中再犯そのものには，高い非難の要素がある（特別予防を強調する説からは，より刑期による予防の必要が高まる）ということになると思われる。イギリスの量刑ガイドライン等がこの点を明示しているのは注目される[138]。

保釈中再犯や裁判中再犯の論点としては，①上記の責任加重があるとすればその根拠はなにかという点に加え，②常に併合審理しなければならないのか，③併合審理した場合の量刑への影響，④併合審理しないことが許されるとして，後訴の量刑のあり方，⑤むしろ併合すべきでない場合があるとして，後訴の量刑のあり方などが上げられる[139]。

この点の私なりの結論を掲げると，②の点は，併合の利益は同時審判の可能性がある時までは与えられるという立場からいえば，原則として併合審理すべきであるということになるであろう。しかし，審理の状況（結審後判決直前であるなど），再犯の内容や程度，大きさ（前犯が道路交通法違反の事件で，後犯が殺人など）等によっては，併合しなくても良い場合やむしろ併合すべきで

はない場合もあると思われる[140]。③の点は，通常の併合罪と比べ，1ランクから2ランクは刑が加重される[141]。④の点は，併合罪であることを考慮してある程度後訴で調整するということになるかと思われる。⑤の場合は，併合審理すべきではないという背景には，事実上併合の利益を享受できない立場にあるとされたことを意味するから，「2度の評価」を受けることはやむを得ない場合として判決後再犯と同様の量刑をすることになると思われる[142]。複数回同種再犯に及ぶなど裁判無視の態度のひどい場合などは，併合審理すべきではない場合にあたり，独立の量刑に近い量刑をするとの考えも十分に成り立ちうると思われる。

さらに，裁判中の再犯が裁判中に発覚しなかった場合についても検討すると，この場合併合審理の問題は起きず，量刑の問題だけになるが，後訴の量刑にあたっては，まず同時審判をしていればどのような刑になったかという視点からではなく，被告人に併合の利益を考慮すべき場合であるかどうかを十分に吟味しなければならないものと思われる。裁判中に再犯を犯しながら再犯を申告するなどの行為をしなかったことは，併合の利益を自ら放棄したともいえるうえ，裁判軽視の態度が明らかな者に対し，同時審判したことを仮想し，その場合に言い渡したであろう刑から，確定裁判の刑を差し引くという発想だけで刑を決めるとすれば，そのような者を助長することになりかねない。イギリスの量刑ガイドラインにもあるように，この点は，裁判重視の考え方によって一貫する必要があるように思われる。裁判中再犯の非難の点も合わせて独立の量刑に近い量刑をするという考えもありうるというべきである。

ただ，この場合，さらに確定裁判後の再犯が加わると，問題は少し複雑になる。すなわち，A→B→Cの順で犯行が行われ，Bについて確定裁判があり，A・Cについて後に裁判が行われた場合，A・Cの刑について主文は二つになり，Aの刑については併合罪としての量刑，Cの刑については再犯の量刑ということになるが，実際には，このような場合，二つの刑を併せた総量について調整が行われることがある。裁判1回について人格的評価が1回という併合の利益でいわれているものと同様の発想，あるいは，特別予防的な考慮に基づくものかもしれない。しかし，この場合，調整を当然の前提としてしまうと，併合罪との区別がつかなくなるうえ，上記のような，裁判軽視の態度が明らかな者に対しても軽い刑を言い渡さざるを得なくなることとなり，本末転倒になってしまう。やはり，裁判重視の考え方に基づいて，まず，個別の量刑を行い，最終的な調整が必要かどうかを判断するべきでは

ないかと思われる。

5 前歴の影響

(1) 前科との違い

　前歴は，犯罪歴ないし処分歴であるが，判決手続を経ていないことから，犯罪の認定という点で，前科の犯罪事実とは質・量共に異なる。行為者の属性の認定資料とするとしても，自ずと限界がある。微罪処分を受けた事実あるいは起訴猶予処分を受けた事実という程度のことは証明できても，その内容までは明らかにならない場合も多い。また，前科について，起訴，判決，刑の執行の各段階で刑の感銘力が生じると考えるとすれば，検挙や起訴までの段階で止まるなどした場合もそれなりの行為者に反省を促す契機となっていると考えられるが，微罪処分，起訴猶予処分，家庭裁判所の保護処分は，それぞれ質・量共に判決手続とは性質が異なり，どの程度の加重要素とすることができるのかは，個別的に吟味する必要がある。

(2) 保護処分歴について

　現実の実務でも，保護処分歴を成人後の事件の量刑資料とすることは許されるというのが大勢であると思われる。非行歴が常習性や人格的な側面等を考慮する要素にはなりうることにも異論は少ないと思われる[143) 144) 145)]。

　家庭裁判所の保護処分歴は，微罪処分，起訴猶予と比較して，当事者を参加させる形式の事実認定手続を持っており[146)]，非行事実の認定とこれを基にした処分の感銘力という意味でかなりの確度があること，特に少年院送致等については身体的自由を剥奪する強制処分を通じて教育するという手段を執っており，罪に対する制裁という側面を全く否定することはできないことなどを考えると，システムや効果の点で刑事処分に近い側面がある。このような観点から，保護処分歴は，前科に近い量刑資料ともいえる。

　とくに，平成12年の少年法改正によって，重大事犯については逆送による刑事処分（不定期刑等）が原則とされたことなどを考えると，こと成人後の量刑を考える際に，従来のように，少年事件と成人事件では，20歳を基準に全く世界が異なるかのように考えるのは不自然となっている[147)]。年齢的な要素や罪質等によるが，刑事処分との質的な垣根は低くなっていると考えられる[148)]。成人に近い少年には処分の感銘力によるそれなりの規範化と責任強化という要素を見ることも許されると思われる[149)]。また，事実の上でも，最近の少年あるいは若年成人のひったくり窃盗や強盗等の増加は，成人

犯罪と少年犯罪の境界線を引くことを困難にしている。これらの犯罪がもともと累行性や集団犯罪性が強いこと，少年院送致など自由拘束の保護処分を受けながら，このような犯罪を繰り返した点を非難されることは，致し方ない面はある。

　他方，保護処分は少年に対する保護教育的なものであり，刑罰と同等にとらえるべきではないから，量刑資料としての性格は質的に異なる側面があるといえる[150)]。刑事処分を選択されなかったという点で，責任よりも教育という姿勢の処分が行われたことは，責任強化がなされたとみてよい程度は低いとみなさなければならないように思われる。その意味で，保護処分に加重の契機を認めることができるとしても，成人の刑事事件の際に量刑に当たって考慮できる程度は前科よりも低いと考えられる。

　また，前件が少年事件として処理されたことは，可塑性を持っていることを示しているともいえるから，パターン化された刑の加重を考えるのではなく，社会記録を取り寄せるなどして，再犯の刑を十分吟味する必要があるのではなかろうか。

69)　平成10年司法統計年報2刑事編219頁〔通常第1審事件の有罪（懲役・禁錮）人員—罪名別刑期区分別—全地方裁判所〕。
70)　佐藤・累犯と量刑9頁参照。
71)　中利太郎＝香城敏麿『量刑の実証的研究』司法研究報告書15輯1号（昭和41年）142頁など，高橋正己『殺人罪に対する量刑の実証的研究』司法研究報告書17輯5号（昭和42年）。
72)　団藤重光編『注釈刑法(1)総則(1)』（有斐閣，昭和39年）194頁〔藤木英雄〕では，5年に短縮されたのは「受刑後一定期間を経過した後の犯罪は，前の犯罪より示されたと同一の犯罪性の発現とはかぎらず，機会犯的性質の犯罪であって執行猶予を許すのを相当とする事例があり得ることを考慮したものであろう。」とされる。
73)　中＝香城・前掲注71) 143頁以下等。
74)　中＝香城・前掲注71) 18頁，141頁。なお，中＝香城・前掲注71) 146頁等では，前科との時間的短さは犯罪の量刑の加重に影響を及ぼすという有意的関係は認められないとされている。
75)　ただし，万引き犯の検挙件数は増えているとともに，高額化，組織化しているものが増えており，万引きというカテゴリーでの統計が，このような累犯者の量刑資料として利用できなくなる可能性がある。
76)　「平成15年における刑事事件の概況(下)」曹時57巻3号（平成17年）87頁以下，「平成16年における刑事事件の概況(下)」曹時58巻3号（平成18年）25頁以下，「平成17年における刑事事件の概況(下)」曹時59巻3号（平成19年）39頁以下，「平成18年における刑事事件の概況(下)」曹時60巻3号（平成20年）127頁以下，「平成19

年における刑事事件の概況(下)」曹時61巻3号（平成21年）51頁以下（以下，単に「平成15年概況」，「平成19年概況」などという。）。

77) ただ，平成16年『犯罪白書』311頁によれば，この場合でも，覚せい剤受刑者の5年以内（平成11年の釈放者の同年から平成15年まで）の覚せい剤事犯での再入者率が約38％であることから，累犯の加重状況もある程度推測可能とはいえ，累犯者と初犯者の量刑の対比に絞った統計があるものではない。

78) 大谷・前掲注3) 503頁注(8)参照。

79) 累犯にならないケースは，10年以内に3回以上の要件がある者のうち，最初の5年に3回懲役6か月以上の刑の執行を受けるなどし，しかも，その後は，何の犯行もなく，5年経過後に常習として窃盗を犯すというケースであるが，このようなケースが常習累犯窃盗として起訴されることはまれであるうえ，常習累犯窃盗罪の常習性の認定も困難であろうことが十分に予想される。

80) 平成10年の司法統計年報によると，常習累犯窃盗罪の科刑状況は，1年未満は0人，1年以上2年未満が84人，2年以上3年未満が549人，3年が378人，3年超5年以下が439人，5年超7年以下が2人，7年超10年以下が1人，それ以上は0人であり，いずれも実刑判決である（これ以降は，常習累犯窃盗に絞った司法統計は発表されていない。）。

81) 組織的窃盗犯は組織的犯罪処罰法では処罰対象とされていない。

82) ただし，前掲注21) 参照。

83) 従来，検察官が重い罰条で起訴しないで軽い罰条で起訴した場合，軽い罰条の量刑相場を中心に刑を量定するのが多かったと思われるが，これは重い罰条と軽い罰条にあたる犯罪が一応区別されていることが前提であったと思われる。しかし，この窃盗罪等のように一つの犯罪が二つの類型で処罰可能で，そのどちらでかなりの量刑が得られるという状態となると，このような罰条を中心とした量刑相場というのは機能しなくなるおそれがあるし，このような状態が正当なのかという疑問を感じる。

84) 村越一浩「法定刑・法改正と量刑」本書第1巻参照。

85) 本稿は，前科が常習性等の行為者属性を通じてどのように，どの程度影響を及ぼすかという側面は数値化しがたいことから，この点にはできるだけ立ち入らず，前科の直接的な量刑要素としての側面を中心に構成しているが，研究会の席上では，重罪への前科の影響という部分は，行為者属性の影響の側面が強いのであり，このような考慮の結果として前科の直接的な影響が大きいように見えるだけであるという意見が多かった。実際は，そのとおりであると思われる。ただ，重罪であればあるほど，事案によるばらつきはできるだけ回避しなければならないから，従来から数値的な表現も用いられていたことを考えると，今後は，謙抑的な方向での客観化は必要になるように思われる。

86) 上記平成11年の最高裁判決の検察官の上告趣意書に添付された別表2（刑集53巻9号1280頁から1285頁）にはこれらの最高裁判決が引用されている。

87) 平成16年度の『犯罪白書』342頁によれば，無期懲役刑の仮釈放期間は次第に長期化しており，5年間（平成11年から15年）を見る限り，20年以下の服役で仮釈放

が許されたのはほとんどない。無期刑受刑者の仮釈放許可人員は長期的に減少しており，また，仮釈放を許可された者の在所期間も長くなっている。昭和50年代までは，毎年おおむね500人以上が仮釈放許可を受け，また，昭和期には半数以上が在所16年以内であったのに対し，平成11年から平成15年までの許可人員は，年平均9.2人であり，また，そのうち9割近くが在所20年を超えている。そして，平成20年度の『犯罪白書』72頁［2-5-1-3表］によれば，平成16年から同18年までの無期懲役刑の仮釈放許可を受けた者はいずれも在所期間20年を超えたものであり，平均在所期間は25年前後にまで達しており（仮釈放がされたものの在所期間であることに注意），平成17年には3人，平成18年には4人が仮釈放が許されたに止まり，平成19年には1人も仮釈放の許可がなされていないようである（ただし，仮釈放中に再犯に及び再度仮釈放を許可された者を除く。なお，法務省ホームページ中の「無期刑受刑者の仮釈放の運用状況等について」〔http://www.moj.go.jp/HOGO/hogo21.html〕の「無期刑の執行状況及び無期刑受刑者に係る仮釈放の運用状況について（平22年1月）」では，平成19年には無期刑新仮釈放者数が1名〔収容期間31年10月〕などと記載されているが，『犯罪白書』との違いがある理由は明らかでない。『平成21年犯罪白書』［2-5-1-3表］では，平成19年は許可人員はゼロとされている。平成20年は4名，平成21年は6名が許可されているが25年以内の者はいない。）。これは，平成17年1月に施行された刑法14条が無期刑を減刑する場合を長期30年とするとし，有期懲役刑の上限が30年とされたことが影響しているとも考えられるが，上記平成22年11月の報告で無期刑新仮釈放者の仮釈放時点における平均在所期間は平成12年に21年2月であったが，平成16年には25年10月，平成17年には27年2月と長期化しており，平成21年には30年2月となっているということである（再度の仮釈放者は除く）。平成21年現在で無期懲役刑で服役している者が1772名いるということも考えると，ほとんどの無期懲役刑者が仮釈放されないというのが現状の運用であり，その意味で実質的に絶対的終身刑に近づいている。法務省では，通達（法務平成21年4月1日）より，30年以上の無期懲役刑受刑者には，一定期間内に自動的に地方更生保護委員会が仮釈放の審理を開始する制度等を導入している。

88）研究会の席上でも，殺人等を複数回犯した者に対し，量刑が顕著に加重されることになる場合が多く，同種前科の存在の影響が大きいことそのものには異論が少なかった。ただ，加重の根拠は，行為者の危険性，事案の類似性などの人格的形成過程的な意味が強く，同種前科による加重の大きさもそのような側面から考えるべきであろうということであった。前刑と時間的な長さがストレートに加重しないという方向になるともいいきれないということであった。

89）また，最近取り扱った事案として，幼児殺の再犯という珍しいケースがあった。母親が1歳の自分の子を殺害して，5年の服役を終えた後，さらに出産した自分の子（2歳）を殺害したという事案であり，一審が懲役12年であり，控訴審では責任能力のみが争われ原審を維持し確定した。嬰児殺やこれに近似する子供の殺害（母親による）が従来軽い刑とされていたのは，自分の産んだ子を母親が殺すことはよほどの事情があることが推認され，動機に酌量の余地があったということ，貧困な時代にお

いては，違法性そのものも低いと考えられたこともあったことなどの理由が考えられる。しかし，児童虐待に対する違法性の高さを再認識させられる事件が多発しており，少子化社会を背景に子供を保護するという社会福祉制度の充実も図られつつある昨今において，嬰児殺や幼児殺に軽い刑を言い渡す土壌は失われつつある。このような事案の再犯は極めてまれで，背景に責任能力にまでは影響しない心理的な問題が存在することは明らかであるが，行為者の危険性は非常に高く，処罰の要請は強いと思われ，12年という量刑は相当であると思われる。

90) 平成13年版『犯罪白書』276頁［Ⅳ-52図　覚せい剤取締法違反等薬物事犯の刑期別有罪人員構成比の推移①覚せい剤取締法違反］及び平成15年概況132頁［第188表］参照。

91)「更生保護の現状」曹時55巻6号（平成13年）53頁［第6表　有期刑仮出獄者の仮出獄期間別人員（平成9～13年）］及び同51頁［第4表　罪名別仮出獄許可決定状況（平成13年）］，曹時57巻6号（平成17年）92頁［第6表　有期刑仮出獄者の仮出獄期間別人員（平成11～15年）］及び同90頁［第4表　罪名別仮出獄許可決定状況（平成15年）］，曹時60巻6号（平成20年）123頁［第6表　有期懲役仮釈放者の仮釈放期間別人員（平成14年～18年）］及び同121頁［第4表　罪名別仮釈放許可決定状況（平成18年）］参照。平成9年には6月を超え1年以内の仮釈放者は，20％を下回っていたが，平成10年から同13年の期間は，20％台前半と上昇し，平成14年から同18年の期間は，25％を超えている。平成15年及び平成18年の覚せい剤事犯の仮釈放人員は，窃盗についで2位であり，割合も大きいことから，仮出獄期間の長期化が推定できる。ただし，仮釈放率自体は減少傾向にある。なお，平成19年は，6月を超え1年以内の仮釈放者は23％に下落している（「更生保護の現状」曹時61巻6号〔平成21年〕121頁［第6表　有期刑仮釈放者の仮釈放期間別人員（平成15～19年）］）。3年を超える刑の減少と同様の動きをしているとも見ることもできる。

92) 第130検察統計年報（平成16年）373頁。第133検察統計年報（平成19年）373頁，86頁，472頁。

93) 第130検察統計年報（平成16年）376頁。

94) 第130検察統計年報（平成16年）302頁，298頁。第133検察統計年報（平成19年）374頁，302頁，70頁。

95) 平成16年度司法統計年報［33表］（45頁）では覚せい剤事犯での必要的保護観察は4件，平成19年度司法統計年報［34表］（47頁）では3件である。なお，15年概況136頁，19年概況102頁によれば，平成11年から15年にかけての必要的保護観察付執行猶予率は0.1％から0.2％の間を推移し，平成16年以降は0.0％から0.1％の間を推移している。

96) 平成15年概況137頁以下。平成19年概況103頁以下。

97) 平成15年概況［第189表］，平成19年概況［第199表］によれば，覚せい剤事犯の主要違反態様について，懲役1年以上2年未満のゾーンには40％から45％ほどの実刑判決がある。

98) 平成13年版『犯罪白書』276頁［Ⅳ-52図］，平成15年概況132頁［第188表］，

平成 16 年司法統計年報（45 頁）。平成 19 年概況 98 頁。

99) 以上の 3 年以下の懲役の宣告刑の割合には，執行猶予も含まれている。平成 15 年概況（132 頁）及び平成 19 年概況（98 頁）によれば，3 年の執行猶予率は，平成 13 年以降平成 19 年まで 1.1％から 1.5％の間を上下しているが，1 年以上 2 年未満の執行猶予率は平成 13 年以降減少傾向にある（平成 11 年 38.2％，平成 12 年 37.8％，平成 13 年 33.9％，平成 14 年 32.9％，平成 15 年 32.6％，平成 16 年 31.1％，平成 17 年 30.4％，平成 18 年 31.4％，平成 19 年 31.3％）。

100) 研究会の席上でも，3 年以上の刑を言い渡した例が複数紹介された。特に否認事件ではこれを超える刑が増えているということであった。

101) 平成 13 年版『犯罪白書』264 頁，平成 19 年概況 86 頁［第 45 図］。ただ，平成 17 年には終局人員が一時的に増加している。

102) 平成 15 年概況 132 頁［第 188 表］。

103) 藤本・前掲注 64) 396 頁。

104) 平成 16 年版『犯罪白書』39 頁には，覚せい剤に起因する犯罪の罪名別検挙人員が掲げられている。現在は減少傾向という。覚せい剤に起因する犯罪として窃盗や売春防止法違反まで掲げられている。

105) 研究会の席上では，段階的量刑は基本的に続いていくという見解，これまで上限が意識され，現在でも意識されているという見解，加重の程度が漸次減少していき上限があるように見えるという見解などが述べられた。

106) 前掲注 64) 参照。他の犯罪に及ぶ危険性や社会全体が被害者とする考え方，あるいは犯罪抑止の効果的方策としてなどの観点から，違法性は高いとか厳罰化が要請されているとする見解も納得できるものがあるとはいえ，覚せい剤使用者等が厳罰化によって減少するのかどうかという点は，十分に統計的に検証される必要がある。

107) ただし，覚せい剤使用に心理的依存性があり，常習者も多いことは明らかであり，また，刑務所から出所した日に覚せい剤使用に及びすぐに捕まったというケースは逆に依存性，常習性が顕著ともいえることなどを考えると，単なる 1 回使用に過ぎないといってよいかという問題はある。

108) 従来より，覚せい剤受刑者に対する特別の処遇が一部の施設で行われてきたが，平成 15 年 7 月に策定された薬物乱用対策推進本部の「薬物乱用防止新五か年戦略」や行刑改革会議の提言に基づいて，処罰から治療へ変更しようとし，平成 18 年 5 月には刑事施設及び受刑者の処遇等に関する法律が施行され，平成 19 年 6 月から「刑事収容施設及び被収容者等の処遇に関する法律」などと改正され，同法 103 条 2 項 1 号には薬物依存者について特に改善指導を行うこととなった。

109) 簡易検査で陽性反応を示した場合には，一応警察に通報はするようであるが，尿の提出はしない扱いをしているようである。平成 20 年にこのような任意検査を受けた者は 3643 名（延べ人数は 9266 回，一人あたり 2.5 回）ということである（曹時 61 巻 6 号〔平成 21 年〕125 頁）。

110) 平成 16 年版『犯罪白書』340 頁［5-4-2-5 図主要罪名別平均執行率の推移］，339 頁［5-4-2-4 図主要罪名別仮出獄率の推移］，365 頁［覚せい剤対象者新規受理

第 4　加重の程度

人員の保護観察期間の推移〕参照。前注91）参照。
111) 平成16年版『犯罪白書』278頁〔5-3-1-13図〕参照，平成19年司法統計年報46頁でも90％が3年以下である。
112) 平成16年版『犯罪白書』277頁。
113) 組織的詐欺罪は，組織的犯罪処罰法による起訴が行われるようになっており，今後，そちらの科刑によることになると思われるが，窃盗罪は，組織的犯罪処罰法には規定がない。盗犯等の防止及び処分に関する法律の常習特殊窃盗罪があることが考慮されたと考えられる。
114) 盗犯等の防止及び処分に関する法律と窃盗罪との関係で，このような傾向が進む可能性については前述した。
115) 研究会では，同趣旨の見解とこれに反対する見解とが相半ばした。窃盗罪で起訴せざるを得なくなった場合でも，実態に応じて前の常習累犯窃盗罪で言い渡された刑と同等の量刑をすべきであり，あえて下げる必要はないのではないかとの意見も有力であった。また，常習累犯窃盗罪によって刑を受けた結果，窃盗罪としては重く評価されていると感じる場合があり，そのような者が同種の軽い窃盗罪の再犯で起訴された場合には，本来の行為の違法評価に近い量刑をするが，常習累犯窃盗が行為に見合った評価を受けるような犯行であり，量刑がなされている場合に，再犯に及んで起訴されたのが窃盗罪だったからといって刑を下げる必要はないとの見解もあった。
116) 村越一浩「法定刑・法改正と量刑」本書第1巻参照。
117) 前記平成18年3月の原田元判事の講演では，自分の車を放火するという自己所有建造物以外放火罪の累犯者に対し，累犯加重で法定刑の倍の懲役2年を言い渡した原判決が維持された例が紹介された。
118) 累犯加重では，刑の執行終了と累犯との時間的関係が要件とされているが，これは，もともと明治40年の改正前の旧法では期間制限がなく，新法の立法過程であまりに長い期間累犯加重をすることは，犯罪者にとって酷であるということから，結局，10年とされ，さらに5年に短縮された。このような経緯からすると，5年という期間に積極的な意義を見ているとまではいえない。ただ，この規定等から，短期間（約5年）の再犯は軽い量刑はできないという一般的な基準のようなものは読み取れる。
119) 中＝香城・前掲注71）146頁は，窃盗罪に付き，再犯期間と量刑との間に有意的な関連性はないとしている。傷害罪の点は184頁でこの点も有意性がないとしている。他方，142頁では窃盗罪について前科の数が重視されているとする。
120) 川崎教授は，『体系的量刑論』227頁以下において，「行為者に犯罪歴がないという事実が認められるとしてもそのことによって直ちに刑罰減少が認められるわけではない。ここでは，犯罪歴の意味内容がむしろ問題である。犯された犯罪行為が発覚しないまま暗数のなかに入ってしまうこともある。」「刑罰減少のためには，前科がないということでは足りず，非難されないような行為前の行状がなければならない。」とされる。前科がないとか，一定期間犯罪歴がないということ自体が当然に減軽要素となるとするのは，相当ではなく，スリ犯のようにこれを生業としている職業的犯行である場合には，「非難されない行為前の行状」の存在が明らかにされる必要があると

65

思われ，その意味で，前科からの時間的間隔も一般の場合よりは，重視されにくくなると思われる。
121) 最大判昭26.8.1刑集5巻7号1715頁は，懲役6月執行猶予3年の刑を禁錮3月の実刑に処するこのは不利益変更にあたるとした（この場合では，4分の1の実刑よりもまだ軽いということになる。)。
122) 仮釈放期間中の場合は，保護観察停止によって残刑期間の進行が停止される制度がある（更生保護法77条1項，5項）。ただし，これは，再犯の逮捕や起訴を理由にするものではなく，所在不明を理由にするもので，停止期間中の遵守事項違反によって仮釈放の取消ができないし（同条6項），保護観察停止は仮釈放中の者の所在が判明したときは停止を解かなければならず（同条2項），そのときから刑期が進行するため，執行猶予と同様の問題が起こる。
123) 藤本・前掲注64) 183頁では，我が国の執行猶予制度は，刑罰の弊害回避や刑の執行威嚇による特別予防的考慮だけでは，その刑事政策的意義を説明しきれないとし，他方で，最高裁判所判決が執行猶予が利益処分であることを認めていることなどから，「執行猶予制度の恩恵的性格を認める余地を残しているとする考え方が出てくることになる」とされる。
124) 窃盗や覚せい剤事犯では，2年以内再犯率が他の犯罪に比べ高く（例えば，平成19年『犯罪白書』230頁〔7-3-4-2図〕)，取消率も高い。
125) 藤本・前掲注64) 183頁では，「裁判上の実務において，執行猶予を付ける場合宣告刑を重くする傾向があるといわれるが，執行猶予が取り消された場合はもとの宣告刑が執行されることを考えると，罪刑均衡の上からも問題があるといわざるを得ない。再考の余地のあるところである。」とする。
126) 研究会の席上では，「懲役1年6月，執行猶予3年という刑と懲役1年2月の実刑とでは，後者の方が重く，2回目の刑に相応の刑を言い渡しているだけであり，執行猶予が取り消されて懲役1年6月の刑の執行を受けることは考慮しない」という考え方も紹介された。
127) 刑訴法474条によれば重い刑を先に執行するのが原則であるが，実際は，仮釈放期間を確保するなどのため，短期間の再犯の刑を先に執行し，前科の刑を後に執行することが多い。
128) 場合によっては，刑執行順序を変更して，二つの刑につき同時に仮釈放を認めるという運用もある。大塚仁ほか編『大コンメンタール刑法(1)〔第2版〕』（青林書院，平成16年）666頁。この場合，仮釈放時に執行していた刑の残刑期間が先に進行し，その刑期満了の翌日から他の刑の残刑期が進行する（札幌高判昭29.4.27高刑7巻3号466頁等，藤永幸治ほか編『大コンメンタール刑事訴訟法(7)』〔青林書院，平成12年〕323頁）。
129) 大塚ほか編・前掲注128) 653頁，藤本・前掲注64) 184頁以下。
130) 大塚ほか編・前掲注128) 655頁，藤本・前掲注64) 184頁以下。
131) 研究会では，この点を考慮しないという見解が大半であったが，考慮すべき事情として掲げたことはあるということも紹介された。

132) 最大判昭31.5.30刑集10巻5号760頁は，刑法25条に関する昭和28年及び29年改正法後も，余罪については「刑法二五条一項の定める条件を満たすかどうかによって定まるものと解するのを相当とする。」とし，28年判決を維持している。また，前記の最大判昭32.2.6も同旨である。
133) たまたま上訴審で同時に審理され，原審で併合審理すべきものとして破棄差戻された場合は，同時審判が可能となるが，このような破棄は上訴審の性質上許されないと考えられる。
134) 高橋幹男・昭31最判解説(刑)152頁。
135) 『刑事判例評釈集(19)』50頁〔中野次雄〕は，この表現につき，「いかにも同時審判の可能性などはこの問題と無関係のように聞こえるが，決してそうではなく，あくまでそれが基本であることに変わりはないのであって，本件のような場合は，明確性という別な原理によってその原則が若干修正された例外的な場合であるにすぎない」とされる。
136) 無銭飲食で懲役10月の判決を受け，控訴中にさらに無銭飲食をしたという事件で，懲役1年6月の求刑に対し，昭和28年の最高裁判決等の趣旨から前の刑と併せて刑期を考慮すべきであるとして，懲役4月とした一審判決につき，検察官が控訴し，大阪高裁において，同判決を破棄し，懲役10月を言い渡したというケースがあった。
137) この点，無罪の推定との関係も問題となる。無罪の推定は，判決するまでの裁判所に課されたものであり，規範は，被告人の内心に与えられたものであって，矛盾する関係にはないともいえよう。
138) イギリスの量刑ガイドライン委員会のサイト（www.sentencing-guidelines.gov.uk）の「Overarching Principles Seriousness Guideline」及びこれについての井戸俊一判事補の翻訳及び概要（「イギリスの量刑ガイドラインについて」判タ1238号〔平成19年〕67頁）参照。これは，イギリスでCriminal Justice Act 2003の量刑に関する規定が2005年4月から施行されるのに伴い，2004年12月に発表された。このガイドラインは犯罪の重大性判断に関する概括的なものであるが，これによると，保釈中再犯の問題は，Criminal Justice Act 2003の量刑に関する規定成立前から既に加重要素とすべきものとして立法化されており，逆に前科の問題が今回のCriminal Justice Act 2003の量刑に関する規定で明示されたというのである。この点日本と異なる量刑事情が窺われるが，裁判時をより重視する感覚には，傾聴に値するものがあるように思われる。
139) ⑤の点は，長岡哲次元判事から示唆を受けて付加した。
140) 研究会の席上では，以前の運用では，併合審理しないのが原則であったというが，最近は，併合審理することが多いということであった。併合審理しない場合，前の裁判と後の裁判の量刑のあり方が一致しないということがあり，併合すべき理由になるという事例が紹介された。
141) 研究会の席上では，元々数罪を併合して起訴されていた場合よりも，当然刑が重くなり，場合によっては執行猶予が実刑判決に変わることもありうるという意見が大勢であった。

142) 研究会の席上では，前訴が保釈中再犯で後訴が実刑になることを考慮して，実刑判決を言い渡したが，後訴が執行猶予判決をしたという事例も紹介された。当然のことながら，後訴の執行猶予は取り消されることになる。このような食い違いを避けるために併合をする必要があると考えられるが，その場合でも，純粋な意味での併合の利益（責任の2度評価部分を考慮して刑を下げる。）は受けられないものと思われる。
143) 研究会でも，この点の結論には異論はなかった。
144) 研究会の席上では，前科より低いという量的な問題というより，前科とは質的に違い，ある種少年時代の保護処分歴は成人後の刑事事件の量刑資料としてはあまり考慮してはならないという考え方，質的には違うが連続性があるとする見解が出された。
145) 研究会の席上では，保護処分歴を再規範化の契機とみることはできず，非行歴が行為者の更生可能性，常習性，危険性などと人格的側面の資料になるというに過ぎないのではないかという見解や保護処分歴を再規範化の契機とみてもよいのではないかとの見解もあった。保護処分歴と非行歴のどちらを重視するかという視点からの質問もあった。保護処分の処遇内容の点はともかく，審判や決定の告知に規範意識の再起の契機をみることができないというのは，やや違和感を感じる。ただ，それを成人事件の量刑の際，考慮してよいかはまた別の問題で，成人になる段階で，これまでのことを大きく問わないでもう一度機会を与えるという少年法の精神は生かされるべきであろう。そして，生の「非行事実」と「処分を受けた事実」とは一応区別すべきであり，「処分を受けた事実」を問う場合には，それ自体が責任を加重する要素になることを肯定することが可能となるが，この点も前科に比べ質的量的に劣るとみるべきであろう。「非行事実」ないし「非行歴」という側面から問題にするとしても，それは，行為者の更生可能性，常習性，危険性などと人格的側面の資料になることによって責任加重が可能となるということであるが（なお，この区別の問題は，前歴一般の問題でもあり，少なくとも，処分あるいは規範化の契機のない犯歴，非行歴は，それ自体がストレートに責任を加重する要素にはならないということになる。），この側面からも前科の犯罪事実と同程度の影響があるとはいえないと考えられる。
146) 平成17年版『犯罪白書』によれば，平成13年4月以降平成16年までの一般保護事件の終局処理人員のうち，119人について裁定合議決定がなされ，84人について検察官関与決定がなされ，このうち21人について国選付添人が選任され，検察官から抗告受理の申立がなされたのは5人についてであり，このうち3人について抗告審で原決定が取り消されたということである。
147) 平成17年版『犯罪白書』によれば，平成16年の少年新受刑者は，84人（前年比23.5％増）であったということである。平成19年には42人に減少している（平成20年版『犯罪白書』168頁）。
148) 平成17年版『犯罪白書』によれば，犯行時（平成13年4月以降）16歳以上の少年が故意の犯罪行為により被害者を死亡させた罪の事件について，平成16年までに家庭裁判所において終局処理（年齢超過による検察官送致決定を除く。）がされた少年は，合計294人（検察官送致後，地方裁判所から移送されて再係属した時の少年10人を除く。）であり，このうち178人（60.55％）が検察官送致とされており，検察

官送致の比率は，殺人（既遂）が57.1％，傷害致死が55.4％，強盗致死が69.8％，危険運転致死が92.3％であったということである。また，平成13年4月以降に犯した重大事犯により，少年鑑別所に観護措置により入所し，同16年3月までに家庭裁判所の終局処理決定により退所した人員が278人おり，傷害致死178人，殺人49人，強盗致死29人，危険運転致死20人，保護責任者遺棄致死2人であり，この約4分の3が共犯の事案の「集団型」ということであった。また，家庭裁判所の審判結果は，上記278人のうち，4人が年齢超過による検察官送致，138人（49.6％）が刑事処分相当による検察官送致，136人（48.9％）が保護処分とされた。原則逆送少年は，236人で135人（57.2％）が検察官送致とされ，101人（42.8％）が保護処分とされた。このうち，交通型（危険運転致死）は，ほとんどが検察官送致であり，集団型は，主導者であったかどうか，被害者にどの程度の致命傷となる暴力を振るったかなどの要因で結果が分かれたということである。検察官送致とされた原則逆送少年139人（年齢超過による4人を含む。）は，地方裁判所に起訴され（殺人22人，承諾殺人1人，強盗致死16人，傷害致死82人，危険運転致死18人），平成17年8月31日までに，第一審で133人が終局裁判を受け，このうち，裁判時少年であった108人の裁判結果は，無期懲役が5人，10年以上の定期刑が4人，不定期刑が86人，執行猶予付き定期刑が3人，家庭裁判所への移送が10人であったということである。
149）平成19年改正により追加された少年法26条の4（平成20年6月更生保護法の改正に伴い改正）では，遵守事項を遵守しなかった保護観察処分少年に対し，更生保護法67条1項により保護観察所長が警告を発し，なお遵守事項が守られない場合には，家庭裁判所において少年院送致等の決定をしなければならないこととされた。したがって，この場合，保護処分と事件の一対一の対応関係はなくなっているので，前歴として取り扱うには注意が必要である。
150）少年法は，少年審判などを非公開とするなど少年を保護すると共に，同法60条1項は，「少年のとき犯した罪により刑に処せられてその執行を受け終わり，又は執行の免除を受けた者は，人の資格に関する法令の適用については，将来に向かって刑の言渡を受けなかったものとみなす」とするなど，成人以後も少年時代の犯罪で受けた刑の執行よる不利益を受けないようにする規定を置いている。そこで，「人の資格に関する法令の適用については」という限定の意義が問題になったが，最高裁は，刑法56条以下の累犯加重規定はこれにあたらないとして，上記刑の執行を終えた者に累犯加重すべきであるとした（最二小決昭33.3.12刑集12巻3号520頁）。判例は，刑罰が科せられた場合であり，保護処分がなされた場合ではないが，少年法60条が「人の資格に関する法令の適用については」と限定していることは，保護処分歴を考慮してはならないことを意味しないということになる。

第5　前科，前歴の認定

最大決昭33.2.26刑集12巻2号316頁は，累犯前科を認定する証拠書類に

つき，刑訴法305条による取調が必要かについて，「被告人の前科調書は，いずれも，原審において，刑訴305条2項による取調がなされていないことは，所論のとおりである。思うに，累犯加重の理由となる前科は，刑訴335条にいわゆる『罪となるべき事実』ではないが，かかる前科の事実は，刑の法定加重の理由となる事実であつて，実質において犯罪構成事実に準ずるものであるから[151]，これを認定するには，証拠によらなければならないことは勿論，これが証拠書類は刑訴305条による取調をなすことを要するものと解すべきである。」とし，厳格な証明によるべきであるとした。これに対し，最三小判昭23.3.30刑集2巻3号277頁は，「原審公判調書によると被告人の前科調書につき証拠調が施行されなかつたことは所論の通りであるが，同被告人が公判廷に於て自分の前科につき詳細供述していることも明瞭である。そして前科の事実は刑事訴訟法第360条第1項の『罪トナルベキ事実』ではないのであるから必しも公判廷で証拠調を経た証拠によりこれを認定するを要しない」としていた。

通常の前科や前歴は，一般情状に属する事情であるから，原則として自由な証明で足りるとする考えにも理由はあるが，前科については，加重要素とされ定型的に処理可能なものであるから，累犯前科と同様に解する余地がある。

151) このような発想からすると，累犯加重規定は，法定刑の修正規定というようにとらえることも可能になってくる。しかし，この観点からしても，再犯者と多重累犯者あるいは危険性の高い再犯者と偶発的な再犯者がいずれも長期が2倍という画一的加重は，相当でないことには代わりはなく，単に裁判官による裁量の範囲が広がったという程度にとどめるべきではないかと思われる。

第6　おわりに——行刑の実情

平成16年の『犯罪白書』によれば，平成12年に既決収容率は100％に達し，平成15年には116.6％に達している。平成17年の『犯罪白書』によってもこの傾向は進行した。その後，新刑務所の開設等や事件数の減少もあって，全体の収容率は100％を切っているが，平成19年時点でも，既決囚の収容率は104.4％である。また，検挙件数は前科者が増加しているのに，受刑者の方は再犯者（再入者）よりも新受刑者が増えている。このような過程で，施設内での殺傷，暴行による懲罰事案も増加している。また，収容率が増加すると，受刑者に通常の8時間労働を課すことや実質的な仕事を確保す

ること，十分な技能を獲得させることが困難な状況になるともいわれている。このような状況を改善する一つの実験的な施設として，民間資金等の活用による公共施設等の整備等の促進に関する法律に基づき，PFI手法[152]による刑務所の新設が計画され，平成19年4月から最初の施設の運営が開始され，同年10月からはさらに2施設が，20年10月からは1施設が運営が開始している（平成20年『犯罪白書』58頁）。

薬物犯罪などの犯罪類型については，懲役の時短と教育へ実質の一部が変化している。また，性犯罪者の再犯予防目的の特別な予防プログラムも実施されている。

受刑者の増加に寄与しているのが宣告刑の長期化であるが，そのうち，複数再犯者が増えていた覚せい剤自己使用事犯の刑の長期化もかなり寄与していることは想像に難くない。特に前科の加重の問題は裁判官の裁量にゆだねられている分量が大きい分野であって，きめ細かい量刑理論や量刑実務が要請されているといえる。その意味で前記の佐藤元判事の「刑の感銘力と行刑による教化改善というのは単なる仮説ではないかという疑問である。しかし，現在の刑事政策にかわる次善の策が見出されるまでは，われわれは，右の仮説を一応肯定し，それが実際にも仮説でなくなるように努力を積み重ねる以外に方法はあるまい。ここで重要なことは，右の仮説を実証ずみのものと扱ったり，これに過度のウエイトを置いたりしないことであろう。ここに累犯者に対する量刑の難しさがあり，もしそれが適切に行われれば，裁判所が累犯者のための刑事政策に寄与できる場面は決して小さくないということが許されるであろう。」という言葉は含蓄がある。

---

152) Private Finance Initiative：プライベート・ファイナンス・イニシアティブの略語，公共施設等の建設，維持管理，運営等を民間の資金，経営能力及び技術的能力を活用して行う手法。

コメント

髙山佳奈子

1　前科・前歴による刑の加重の可否

　初めに，前科・前歴を量刑の要素とすることの理論的意義に触れておきたい。実務では，前科・前歴の有無や内容が，量刑上被告人に有利な方向にも不利な方向にも作用することが一般に認められていると思われる。ところが，学説においては，そうした一身専属的（主観的）事情が刑を重くする方向で考慮されることに反対する見解も有力である。責任は刑を軽減する方向でのみ考慮することが許され，責任による刑の加重は許されない，という表現がなされることもある。しかし，このような反対説は，理論的あるいは実際的な困難に突き当たらざるをえないように思われる。

　第1に，この見解は基本的に，実現された客観的事実に対応する「責任刑」が決まった範囲で存在しているという前提に立ち，そこから主観的事情によって刑量を減らしていこうとするものだと理解される。だが，「明らかに責任刑から外れる」，と多くの者が感じるような極端な刑量があるとはいえようが，何が「責任刑」に相当するかはアプリオリに決まっているわけではない。1人に対する殺人に対応する「責任刑」，10万円の窃盗に対応する「責任刑」とは何なのか。その実質的な説明が与えられなければならない。

　刑に定量を与えうるものとしては，「目には目を」の同害報復が考えられるが，現行法に合っておらず内容的にも不当である。また，「一般人が正当だと思う刑」を基準とする積極的一般予防論も，一般人の判断が合理的な根拠に基づいて行われる保障を欠く点で問題である[1]。刑罰の量は，一言で示せば「害悪を与えて非難することで犯人の再社会化を目指すのに適切な金額・期間」ということであり，実務でもおおむねこの線が重視されているように思われる。そうだとすれば，その判断に必要な主観的事情は，広く量刑要素として正面から考慮すべきであろう。

　第2に，説明の方法として，「あらゆる観点から量刑諸因子が最悪であるケース」の刑を「責任刑」の上限とし，「それよりはましな事情」に従って刑を減少させていくのか，それとも，「中間的な類型」を「標準」として上下に刑を量定していくのか，あるいは，「無過失」の場合を「責任ゼロ」としてそこから他の事情によって刑を加重していくという説明を行うのかは，言葉の問題にすぎないように思われる。重要なのは，個別の事情のうち何を

どのような方向で考慮の対象とすべきなのかに尽きる。

　第3に，もし，「責任」は刑を引き下げる方向にしかはたらかないという前提に立つのであれば，「違法性」の中に性質の異なる種々の要素を含ませて[2]「心情刑法」を含む理論的に問題のある状況に至るか，そうでなければ，形式的・画一的な量刑という実際上不都合な結論に至るかになってしまうように思われる。たとえば，「自動車で人をひきずって死なせた」という外形的事実が実現されたときに，行為者の主観が「無過失」，「軽過失」，「重過失」，「未必の殺意」，「確定的殺意」のいずれであったのかは，量刑に影響を及ぼしうる要素だと考えられるが，そうだとすれば，被害や危険の大きさに全く結びつかない純粋に内的な心情によっても，量刑に差が生じうることを認めざるをえない。もしこれを否定するのであれば，心情そのものを「違法性」の内容であるとして処罰することになるか[3]，心情の違いを無視して一律の刑を科すかのいずれかになってしまうであろう。

　したがって，他の主観的事情と並んで，前科・前歴も，刑を重くする方向で作用しうる要素として認めるべきである。以下ではこの立場から，特に理論的に問題のある点，および，研究会において議論のあった点のいくつかをとり上げる。難波論文の全般にわたる検討ができていないことをあらかじめお断りする。

2　「前科，前歴等の意義」について

　難波論文が整理するとおり，「前科」と「前歴」とは異なって定義されるが，「前科」も広い意味での「前歴」の一種だと考えれば，それが量刑に及ぼす影響にも「前歴」の場合と重なり合うものがある。

　ただし，盗犯等防止法3条における常習累犯窃盗の前提前科のように，法律上，「前科」が一定の効果と結びつけられている場合には，これに該当しない「前歴」を実質的に「前科」と同じだとして同一の効果を認めたのでは，罪刑法定主義に反することになろう。研究会の席上では，「10年以内に3回以上6月以上の懲役刑の執行を受け，またはその執行の免除を受けた者が，常習として窃盗等を犯した場合」という要件に関して，連続して犯罪を行っているものの前刑が長期であったために「10年で3回」を満たさないという場合につき，責任は重いから実質的に3回の場合に近く評価するか，それとも，社会には2回しか被害を及ぼしていないから軽くするかの点で，意見の相違が見られた。3回の場合と完全に同等に評価することは，以前の回まで含めたのと同じなので，認めるべきではないが，後出の「段階的量刑」の観点から

は，以前の処罰より大幅に軽くなるのも不合理であり，難しい問題である。

なお，立法論としては[4]，累犯加重規定の廃止も有力に主張されているが，これは，保安処分などの他の制裁との関係も含め，犯罪を繰り返す者に対処する制度全体の設計にかかわる問題であり，単にこの規定を削除すべきだという議論は不十分だと考える[5]。難波論文も，薬物依存者について，「特別予防プログラムを実施するためには，それなりの刑期があった方がよいとなるのか，それとも，刑そのものとは別の形を模索するのかという問題になる」と指摘するところである。

また，たとえ累犯加重の条文がなかったとしても，前科一般を広義の「前歴」として量刑上考慮することまで否定する立場は，1で述べたとおり，支持しえないと思われる。

3 「加重の根拠」について

累犯加重の根拠としては，すでに処罰を受けたにもかかわらず，これを受け付けずに再度犯罪を行ったことに対する非難が高まるという「警告理論」が，学説上有力に唱えられている。ある見解によれば，「累犯は，有罪の言渡のみならず刑の執行という国家の司法作用を受けているにもかかわらずふたたび規範に対する侵害を行っているという意味で，併合罪の場合よりもさらに規範的な非難の度合いが高い。そこで，刑法は，所定の要件を満たした場合，累犯に対し併合罪の場合よりも重い刑の加重を認めることとした。」[6]。

この議論は直観的な理解に合致するように見えるが，しかし，その内実は「国家に対する反逆」を重い処罰の根拠とするものにほかならない。本来，刑罰によって非難されるべきなのは，司法制度や行刑制度に敵対する態度ではなく，「法益」に敵対する態度のはずである。また，累犯などでは，過去に受けた処罰から，自己の行為の違法性を熟知している反面，規範意識が鈍麻し，反対動機の形成とそれに従った行動の制御が困難になっているケースも少なくないと思われる。ここにいう「規範的な非難の度合い」の点からだけでは，加重根拠の説明として不十分である[7]。もし「法秩序あるいは司法制度に対する挑戦」を根拠にするとすれば，どのような罪種の再犯でも，違法性の意識をもって行われたものである限り，一律に加重根拠とすべきことになろう。だが，そうではなく，異種よりも同種の再犯がより重視されるのだとすれば，それは「法益に対する態度」を問題とすべきだからである。

ここでも，1で述べた「害悪を与えて非難することで犯人の再社会化を目指すのに適切な金額・期間」という観点から，累犯については刑罰によるは

たらきかけの必要性が大きいことを加重の根拠とすべきである。

このような理解に対しては,「行為責任」主義に反する,との批判が考えられる。だが,論理的には,行為時に存在した事情はすべて「行為」の属性としても理解できる。たとえば,上述の「自動車による引きずり」の際に,行為者の主観的事情が故意であったか過失であったかが「行為」の属性であるならば,これが「初回の犯行」であったか「X度目の犯行」であったかもまた,「行為」の属性だといいうるであろう[8]。当該犯行が,行為者の人格によって裏打ちされている度合いが高ければ高いほど,責任非難も大きい。過失よりも故意の場合,初犯よりも再犯の場合に,この程度は高くなる(実質的行為責任論)[9]。

ただし,再犯は,前の刑罰が犯人を立ち直らせるのに失敗した(不十分あるいは不適切であった)ことを示すものにすぎない。再犯の事実が直ちに加重処罰を正当化するわけではない点も看過されてはならない。責任に見合った刑罰という意味での「責任主義」も,「比例原則」の1つの特別類型だとすれば,犯罪が社会にもたらす害と,犯人の自由・権利の剥奪とのバランスが失われてはならない。

いずれにしても,難波論文が指摘するとおり,「累犯加重の根拠と一般の前科による加重処罰の根拠」の「根底にあるものは,同じであると考えられる」。

4 「加重の程度」について

被告人が同種の犯罪を何度も繰り返しているとき,「段階的量刑」によっても刑の加重に一定の上限があると考えるべきだろうか。覚せい剤の自己使用罪のような場合に問題となる。「警告理論」を採用した場合には,非難可能性が無限に高まりうると思われるが,難波論文が指摘するように,際限なく刑を重くしていくことは「隔離に重点を置いた量刑となってしま」う。刑罰を科すことによる社会復帰を考える立場からは,前の刑に効果がなかったことが示されたという事実も考慮する必要がある。ある程度以上繰り返す者については保安処分に切り替えてしまうという制度も考えられるが,刑罰制度の枠内で考えるときは,「なお受刑による立ち直りに期待する」という前提に立ちつつその限界づけを図る必要があろう。社会に対する害が比較的小さい犯罪を繰り返すおそれのある者に対して,あまりに長期の刑で臨むことは,刑罰を科すことで避けようとする害の大きさと対象者の人権剥奪の程度とが均衡を失する結果となる[10]。たとえば,放置しても少額の財産的被害しか生じない場合には,自由剥奪を限定する利益をより重視すべきだと思わ

れる[11]。難波論文の「長期間の服役によって更生が困難になることが予想され，この点から減軽を考慮する必要がある」との指摘も重要である。

特に執行猶予中の再犯については，先の猶予が取り消されて収容されると刑期が「飛躍的に」高まってしまう場合のあることが論じられた[12]。難波論文では，「猶予の恩典を受け，規範意識をより高めるべきであったのに，再犯に及んだことを責任非難の根拠とすることも不可能とまではいえない」とされているが，「警告理論」一般の問題をここでも指摘できるように思われる。執行猶予にした判断が誤りだったという見方もできるであろう。

実務では，初めに執行猶予付きの有罪判決を言い渡す際に，「次にやったら重く処罰される」ことを予告し，威嚇効果をもたせる趣旨の運用も行われているように見える。不幸にして再犯に至った場合には，予告どおりに処罰しないと，別のケースに対する威嚇効果が失われるので，そのとおり処罰し，必要に応じて後の刑を軽くすることで全体の処罰が調整されていると理解される。しかし，実際には執行されるべきでない「威嚇のための刑」が含まれていたという説明は適切でない。そのとおりに処罰されないことが周知になってしまえば意味がないからである。「見かけ倒し」の刑の宣告を認めるべきでない。この点は，「再教育のための刑が初めから予定されていた」と理解するか，または，執行猶予が取り消された場合に重すぎることとなるような刑の言渡しを避ける方向での解決が図られるべきではないだろうか。

仮釈放中の再犯も，基本的には同じ考え方から理解されるべきである。再犯は，仮釈放にした判断が間違いであったことを示しただけともいえ，それを「警告理論」によって被告人の不利益に帰すべきではないように思われる。

判決確定後・保釈中・裁判中の再犯等は，確定的な違法性の意識があった場合にはその限りで責任非難が軽くないといえるが，刑を一般的に重くする事情と考えるべきではないのではないか。特に，確定前は，無罪となる可能性すら残されている（犯人性を争っているような場合もありうる）。そうでないときも，単に反省の色がないという以上に，これらの事情を不利に扱うべきではないと考えられる。

少年時代の保護処分歴の評価は，研究会において意見の分かれた問題であった。成人に達した際に，前歴としての評価を一旦ゼロに戻して，再スタートへの期待をかけることとするか，それとも，前科と同じく犯罪的傾向を示すものと評価すべきだろうか。これにも，2で言及した常習累犯窃盗における「10年で3回」と類似の問題がある。ここでも，法律上，前科と同一の扱いは認められないが，全く評価せずに刑を量定すると，被告人の処遇にと

って望ましくない場合もあろう。前科より低い程度で前歴の1つとして考慮しうるとすべきではないか。

1) 拙著『故意と違法性の意識』（有斐閣，平成11年）108頁以下。
2) 小池・消極的責任主義320頁が指摘するとおり，この立場の具体的な帰結は，何を違法性の内容とするかに依存する。同論文は，「たとえば，『残忍・執拗な行為態様』を，行為の違法性を加重する要素として位置づけることができるのであれば，それを，量刑を重くする方向で考慮することは可能」だとしている。
3) これに関し，佐伯仁志「故意・錯誤論」山口厚ほか『理論刑法学の最前線』（岩波書店，平成13年）102頁および井田良「コメント②」同書133頁の論争を参照。
4) 累犯加重の歴史につき，中島広樹『累犯加重の研究』（信山社出版，平成17年）参照。
5) ドイツでは，刑法旧48条に累犯加重に関する一般的規定があったが，1986年に削除され，その後の1998年改正で，児童の性的虐待について累犯加重が176a条で一部復活している（過去5年以内に同じ犯罪類型で有罪判決が確定した場合に，刑の下限が原則1年の自由刑となる）。学説では限定解釈を要するとの意見も有力である (Schönke/Schröder, Strafgesetzbuch, Kommentar, 28. Aufl., Beck, 2010, § 176a Rn. 3. [*Perron/Eisele*])。しかし，ドイツには，責任能力者に対する保安処分も存在しており，こうした改正の意義も，保安処分制度との関係において分析されるべきであろう。
6) 西原・下巻498頁。
7) 社会的責任論の中には，「違法性の意識」をも「行為者の危険性の要素」だとする説明があったが，これも「国家の法秩序に敵対する認識」と「法益に対する危険性」とを混同するものであって支持できない。拙著・前掲注1) 254頁。
8) 拙著・前掲注1) 122頁。小池・消極的責任主義304頁注 (333) は私見に対し，未遂を既遂と同等に処罰しなければならなくなるとの批判を向ける。私見を理論的に一貫させれば，未遂については，用いられた手段の危険性が低いなど，行為に示された行為者の犯罪性が相対的に低い場合には刑を軽くし，反対に，既遂結果の不発生が全くの幸運による場合には，既遂よりも刑を軽くする理由がないことになろう。
9) 学説の中には，損害賠償などの行為後の事情まで「行為責任」に含める立場もあるが，タイムマシンで死者が生き返ったり傷が消滅したりするわけではないので，このような説明には疑問がある（初めから治療費と慰謝料を渡しながら傷害を行った場合とも同一には論じられない）。法益に対する態度が後で改まっているかどうかが重要なのである。
10) 拙稿「責任能力について」刑法45巻（平成17年）12頁。刑罰については，あえて害悪を加えることをその内容とする点で，保安処分とは別の考慮も必要である。
11) 髙山・現代的課題4頁。
12) なお，ドイツでは，執行猶予が2年までの自由刑にしかつけられない（期間は2年から5年まで）ので，「飛躍的」な刑の問題は日本より生じにくいといえる。

被告人の属性と量刑

米山正明

第1 被告人の属性は量刑上どのような意味を持つか——総論1／79
 1 被告人の属性の位置付け
  (1) 量刑因子の分類と被告人の属性／(2) 属性に関する規定
 2 属性の意義と性質
  (1) 属性の獲得時期及び有責性／(2) 属性の変化／(3) 外面的属性と内面的属性
 3 属性と量刑因子との関係
 4 属性に関する量刑理論上の問題
  (1) 属性の考慮と量刑の個別化／(2) 量刑の個別化による特別予防と行為責任の関係／(3) 特別予防の考慮方向／(4) 個別化と平等原則／(5) 刑（量刑・行刑）の個別化と科学的合理主義／(6) 刑事政策的知見及び行刑理論
第2 被告人の属性についての審理——総論2／91
 1 個別情状事実の審理の在り方
 2 具体的な立証方法
第3 被告人の年齢／96
 1 少年，若年
  (1) 被告人が少年又は若年成人であることの量刑への影響／(2) 裁判例／(3) 少年又は若年の被告人に関する量刑資料の収集
 2 高齢
  (1) 被告人が高齢であることの量刑への影響／(2) 裁判例
第4 被告人の性別／106
 1 被告人が女性であることの量刑への影響
 2 女性犯罪の特色
 3 女性の量刑差の原因
 4 女性犯罪の変化など
 5 結論
第5 被告人の職業，社会的地位／111
 1 学説
 2 検討
 3 裁判例——量刑事情のうち被告人の地位，職業に関する判示部分
第6 被告人の暴力団所属／118
 1 被告人が暴力団員であることの量刑への影響
 2 立証上の問題点
第7 被告人の国籍／121
 1 被告人の人種・国籍と量刑上の問題
 2 幾つかの具体的な問題
  (1) 不法残留中の就労や生活状況と量刑／(2) 差別的量刑か／(3) 外国人処遇上の問題点を量刑に当たって考慮するか／(4) 外国人の一般情状の審理
 3 今後の強制退去や過去の強制退去歴が量刑に及ぼす影響
第8 被告人の労働の習慣・意欲／127
第9 被告人の家庭環境／128
第10 被告人の経済状態等／130

第1　被告人の属性は量刑上どのような意味を持つか──総論1

第11　被告人の健康状態・嗜癖／131
　1　健康状態
　2　薬物嗜癖
第12　被告人の生育環境／135
　1　被告人の生育歴等の量刑への影響
　2　最高裁判決の考察
　3　立証上の問題
第13　被告人の負因──身体的知的障害等／138
　1　被告人の負因の量刑への影響
　2　処遇方法の選択と立証の問題
　3　裁判例
第14　被告人の性格／141
　1　性格の量刑における位置付け
　2　実務の現状
　3　問題となる性格の具体例
　4　評価の方向に関する問題
　5　裁判例
第15　情状鑑定／148
　1　判決前調査制度（presentence investigation）の導入論
　　(1)　制度の構想／(2)　賛成論と消極論
　2　情状鑑定
　　(1)　実施の経緯／(2)　その意義／(3)　その内容／(4)　積極論／(5)　消極論／(6)　検討／(7)　結論／(8)　情状鑑定に関する主な裁判例／(9)　研究会の議論
第16　終わりに／163

第1　被告人の属性は量刑上どのような意味を持つか──総論1

1　被告人の属性の位置付け

(1)　量刑因子の分類と被告人の属性

　被告人の属性は，量刑事情のうち，一身上の事情ないし行為者関係的事情といわれるものの一部である。一般に，量刑因子は，①犯罪そのものの情状，②犯人の属性，③犯罪後の情況の3種類に分けられるとされている[1]。①は犯情であり，「犯罪の動機，方法，結果及び社会的影響」であって，主として犯人の責任と一般予防の見地から重要となる事実，②と③は狭義の情状であり，②は「犯人の年齢，性格，経歴及び環境」，③は「犯罪後における犯人の態度」であって，これらは犯人の社会的危険性又は改善可能性を判断するための事実であり，主として特別予防の観点から重要となる事実であるが，③は責任の評価と刑事政策的考慮の両面にまたがる事実であると説明される[2][3]。本稿は，狭義の情状ないし一身上の事情のうち，別稿で取り上げられる前科や反省状況等を除き，②犯人の属性を取り扱うことになる。

(2) 属性に関する規定

行為者の属性に関する規定として，刑訴法248条（起訴便宜主義）は，起訴猶予処分の際の考慮要素として「犯人の性格，年齢及び境遇[4]，犯罪の軽重及び情状並びに犯罪後の情況」を挙げている。また，改正刑法草案（昭和49年）48条2項は，「刑の適用にあたっては，犯人の年齢，性格，経歴及び環境，犯罪の動機，方法，結果及び社会的影響，犯罪後における犯人の態度その他の事情を考慮し，犯罪の抑制及び犯人の改善更生に役立つことを目的としなければならない。」と定める。このうち「犯人の年齢，性格，経歴及び環境」については，「主として犯人の危険性あるいは改善可能性に関する判断の基礎となる要素であるが，同時に，犯人の責任を評価するうえでも考慮される」と説明されている[5]。なお，ドイツ刑法では，刑の量定に当たり考慮する事情として，「行為者の前歴，その一身的及び経済的状態」を規定している（46条2項5号）。

2 属性の意義と性質

(1) 属性の獲得時期及び有責性

「属性」という用語は，広辞苑では「事物の有する特徴・性質」とされているが，多義的に使われる。社会学的には，後天的に獲得した性質でなく，性別・年齢等の先天的に帰属している性質を指すこともあるが[6]，「常習性は行為そのものの属性ではなく行為者の属性である」[7]というように，後天的な性質を指す場合もある。

属性の獲得時期と量刑の関係について見ると，先天的属性（たとえば，遺伝的負因）については，本人に帰責し得ない事由であるから，（社会防衛論等に立たない限り）被告人に不利な方向で考慮することはできないことになる（有利な方向は可能）。後天的属性については，本人の帰責性が明らかであれば（たとえば，暴力団加入），被告人に不利な方向で考慮することができる。属性が先天的か後天的か，また，属性の獲得時期や固定化について本人の帰責性があるかどうか及びその帰責の程度は，必ずしも明瞭でない場合がある（たとえば，異常性格の形成）。

(2) 属性の変化

次に，属性には，変化するものとしないものがある。第1に，人種，性別，国籍，生い立ち等は，全く又は通常は変化しない属性である。第2に，生活居住環境，職業（定職の有無，職種），暴力団所属，労働習慣，経済状態，

家庭環境（配偶者，扶養家族の有無など），健康状態等は，変化することが多い属性である[8]。第3に，知的精神的障害や性格等は，負因といえる場合であっても終生不変とはいえず，変化することがある属性である。

裁判時に認められる被告人の属性が変化し得る性質のものである場合は，変化の蓋然性（その時期と内容）の予測と，変化した場合の改善効果，更生環境への影響などを考慮しておくことが必要になる。たとえば，勤労習慣の改善や就職が見込めるか，破産手続や返済計画を通じた借財整理により経済状態が好転するか，暴力団組織からの脱退が確実か等の事情がそれに該当する。改善が早期に確実に見込まれるかどうかは，将来にわたる特別予防の必要性の程度という観点から重要になろう。また，病気の治癒又は悪化の見込み等の事情も，受刑による苦痛の程度や治療の配慮に関する事由として考慮してよい。

川崎一夫教授は，一身的事由について，責任領域では行為時が，予防領域では公判時が判断の基準時であるとされる[9]。変化の見込みが裁判の時点で不確実であれば，仮釈放の審査等の時点で考慮されることになろう。

以下においては，「属性」について，行為者の一身的事情である地位又は状態と広く理解し，その獲得時期を問わず，また，継続性や帰責性のあるものに限定せずに，考察していく。

(3) 外面的属性と内面的属性

被告人の属性は多岐にわたっている。①年齢，性別など，被告人がその属性を有するかどうかが通常は[10]明らかな，いわば外面的な属性がある一方，②知的精神的負因，性格など，被告人の内面に関わる属性もあり，これについては，被告人がその属性を有するかどうかの認定自体が容易とはいえない上，その属性の犯行への影響，責任や予防との関連性について，その有無と程度が争われる場合があり，その判断資料の収集のために情状鑑定を含めた特別の立証が必要になることもある。立証方法や認定の難易度に差があるので，そのような観点からの分類には実務上の意味があろう。主要な属性として考えられるもののうち，前者（外面的属性）としては，年齢，性別，職業，暴力団所属，外国人，労働習慣，現在の家庭環境，経済状態，健康状態が，後者（内面的属性）としては，過去の生育環境，身体的精神的負因，性格・性癖が挙げられる。もとより，両者が明確に区分できるわけではないが[11]，各論においては，便宜上，この順序で取り上げることにする。

なお，一人の被告人が上記のような属性のうち複数のものを持つことは，

通常といってよい。たとえば、若年者が、生育環境の影響を受けやすく、シンナー嗜癖や知的負因も影響して、性格の偏りが形成されるという例などが考えられる。このように属性要素が併存的又は重層的に認められる場合、それぞれの要素の影響度や相互関係を検討する必要がある。実務ではそのような総合判断を行っているのであるが、本稿では、便宜上、第3から第14まで合計12の属性に分けて個別に検討する。

3 属性と量刑因子との関係

　被告人の属性は、それ自体が直ちに量刑因子となるわけではなく、それが①行為の違法性や有責性を強め又は弱める事情を伴うと認められる場合、及び②特別予防（ないし一般予防）に関する事由になると認められる場合に、刑を加重又は軽減する因子となる。したがって、属性は、そのような量刑事由を推知するための徴表となる。ただし、推知させる度合いには強弱があるし、量刑事由を直ちに認定させるまでの機能を持たないことが多い。たとえば、「若年」という属性が「可塑性・未熟性」の徴表となり、「やくざ」という属性が「反社会的思考・行動」の徴表となることが多いとしても、その有無及び程度は被告人個人によって異なる（前者の属性が認められても、後者の量刑上意味のある事実が存在するとみなされるわけではない。）。また、それらの加重又は軽減要素が今回の犯行にどのように影響したかも問題になる（少年が未熟ではあっても周到に敢行したり、暴力団員であっても反社会的思考によらず従属的に関与したに過ぎない場合がある。）。そのため、個人差や行為事情を考慮した上で、属性と犯行との具体的な関係を認定する作業が必要になる。ある種の属性（たとえば、ホームレス、外国人、知的障害など）から特別予防の必要を導く場合、これを肯定する十分な根拠がなければならず、根拠が希薄であれば、偏見に基づく差別的で違法な考慮とみなされる。さらに、属性因子が認められても、それが量刑上どの程度の意味を持つかは、罪種等によって異なる（たとえば、殺傷犯か、財産犯か、薬物犯かによって、責任及び特別予防の判断に大きく関係する因子が異なるであろう。各論で適宜触れる。）。

　属性因子が徴表となって推知される情状事実は、他の量刑因子によるそれと重なり合う場合がある。たとえば、嗜癖・依存、粗暴的性格、暴力団所属などは、再犯可能性や改善処遇など特別予防に関する事由と関係するが、これらの事由は、常習性や動機態様などの犯情に関する事実、あるいは前科などによっても認められることがある。この場合、通常は後者のほうがより明確に認定できるから、これを優先するのが実務といえるが、重なり合いが不

明又は微妙な場合もあり（例として，今回の薬物使用では常習性が認め難く，同種前科も古いが，薬物依存傾向が強く発現している場合），属性によって補充し認定することになろう。

さらに，ある属性が二面的評価をもたらすことがある（高齢，負債を抱えた経済状態，人格態度など）。これらの属性事由は，行為の自由を実質的に制限したり抑制力を低下させるという意味で非難可能性を弱める方向に働くことがあるが，その一方で，他行為の期待可能性を基礎付けたり（高齢者の分別や社会経験），その事由（遊興による負債，粗暴な人格傾向）を形成した責任などが非難可能性を強めたり，特別予防の必要性を強めることがある。

鈴木義男教授は，「被告人のもつさまざまな個人的特徴や属性」を考慮することは，「犯罪行為の意味に光を当ててその軽重を測るのに役立ち，被告人の人格を理解してその改善可能性や社会的危険性を識別する徴表となる限り，それらが重要な量刑要素となる」のは当然のことと考えられてきたとし，問題となる被告人の特性が「刑罰あるいは量刑の目的からみていかなる意味をもつかという関連性の問題」の検討が必要となろうと指摘する[12]。

被告人の属性に関わる事情，たとえば被告人の人格特性（性格，物の考え方，行動傾向）は，まず，上記①の責任要素（動機の形成や犯行態様などについての違法有責性）に関係する。同じ行為環境でも，個々の行為者の特性（例：性的倒錯傾向）によって異なる行動に出るのであるから，非難可能性の程度も異なってくる。さらに，被告人の特性は，上記②の予防に関する基礎事情として意味を持つ。どのような人的属性がどのような量刑因子とどの程度の関係を持つか。これが本稿の各論（第3以下）で検討すべき課題である。

4 属性に関する量刑理論上の問題

(1) 属性の考慮と量刑の個別化

被告人の属性という一身上の個別事情を量刑に反映させた場合，量刑責任は個別化される。個別事情をどの程度の重要な量刑因子として位置付け，その収集と取調べをするか。量刑の個別化をどのように考えるかによって決まる問題である。

松本時夫元判事[13]によれば，現在の量刑判断は，司法判断（規範的な刑量判断）を基本とし，これに合目的的裁量判断（更生目的のために最も適当な処遇を選択する判断であって，再犯可能性に最大の考慮が払われ，行為環境や素質的負因なども考慮に入れる。）の融合したものであり，また，刑の執行過程での指導理念が犯人の更生にある以上，これが刑の決定過程に何らかの形で反映してくるの

も当然であって，刑の個別化という理念が現代の量刑に相当の影響を及ぼしていることは明らかであるが，他方で，行動諸科学等の専門家を活用した科学的合理主義の導入については，アメリカでは失敗であったとする評価がされていることも指摘されている。

量刑の個別化に関する問題点としては，①客観的行為責任と人的事情を考慮した裁量判断の関係，②特別予防主義・改善重視主義に傾くおそれ，③平等原則との関係，④量刑及び行刑における科学的合理主義の導入とその限界などが議論されている。これらは，被告人の属性に固有の問題とはいえないものの，属性に関して大きく問題になる。属性を量刑因子としてどの程度考慮するか，また，考慮する際の量刑評価方向や限界をどう見るか，属性に関する事実の証拠調べをどこまで行うか等の問題として，各論の考察をするための前提になるので，ここで概観しておくことにする。

(2) 量刑の個別化による特別予防と行為責任の関係

川崎教授は，特別予防的観点を徹底させて刑量を決定しようとするならば，行為者的要素を偏重した量刑（行為者量刑）が行われることになってしまい，責任主義による人権保障機能が無視されることになると論じている[14]。

松尾浩也教授によれば，特別予防主義は，刑罰内容の改善と刑罰個別化の理念との関係で長所があるが，量刑の際に特別予防を強調すると，①「危険な犯罪人」が選別され，著しく重い刑の対象となるという実体的問題と，②量刑のため立ち入った調査が行われ，訴訟構造を職権主義化するという手続的問題があると指摘されている[15]。井田良教授も，①特別予防の強調は，犯罪の重さと均衡を失する不平等な処罰をもたらすおそれがあり，②特別予防を量刑原理とすると，徹底した人格調査・環境調査により人権やプライバシーへの過度の干渉をまねくおそれがあると論じている[16]。岡田雄一判事は，被告人に特殊な人的属性（人格環境）を除く，類型化の可能な客観的側面（行為環境）が量刑の基礎となる事情であり，予防的考慮を中心に据えると，量刑が犯罪の重さと均衡を失するおそれがあること等を理由に，行為責任に応じた刑の枠内において，予防的考慮を加味して行うという謙抑的姿勢で量刑に臨むのが相当とする[17]が，同趣旨であろう。

行為者の特性を考慮し過ぎると，行為者責任と教育刑を中心とする刑罰になり，改善重視主義になる。そこでは，行為責任中心の量刑から離れ，行為者側の事情によって，刑を加重する方向にも減軽する方向にも進んでいくことが避け難い。少年の健全育成を目的とし保護主義を理念とする少年法52

条は，少年の可塑性と教育効果に鑑みて相対的不定期刑を採用しているが，成人に対してはそのような制度は採用されていない[18]。量刑において被告人の改善の効果を余りに重視すると，不定期刑の制度に対する批判の一部（責任主義に反しないか，所期の改善効果が挙がるのか等）と同様の批判を招くことにもなろう。

(3) 特別予防の考慮方向

量刑の際に，属性等を理由とした特別予防的考慮をする場合，それによって責任刑を上回ることが許されるか，逆に下回ることができるのか，後者のみの片面的考慮を認めるのかについては，学説が分かれている[19]。ここでは，主として，特別予防の評価方向について検討する。

浅田和茂教授は，改正刑法草案48条2項の「犯人の年齢，性格，経歴及び環境」について，個別責任を超える事情であり，これらを刑罰加重的に顧慮することは，性格責任ないし行状責任に繋がるから，可罰的責任に関する事項として，刑罰軽減的に顧慮すべきであるとする[20]。城下裕二教授も，量刑における消極的行為責任主義の立場から，「行為責任と無関係な要素を資料として予防判断を行った場合，それを刑罰加重的・減軽阻止的に考慮すべきではな」く，「刑罰を減軽する方向でのみ考慮されうる」とする[21]。

以上のような片面的構成を採る見解に対して，鈴木茂嗣教授は，「特別予防に関連する事情は，その事情の性質に従って，行為者に有利にも不利にも考慮しうると解すべきであって，その結果，最終的に判断された必要刑すなわち目的刑が，責任刑を制限する方向でのみ考慮されるというにすぎない」という[22]。さらに，井田教授は，「応報を基本とし，予防により修正する」という枠組みの下で，「はっきりとした予防的必要性のあるときには」責任刑の「上下に少し修正を加えることを許す」ことが妥当であるとし[23]，責任刑を下回ることも許されてよいとしつつ，（アルコールや薬物による心神耗弱の状態で犯罪を行った中毒者や，常習累犯者など）特別予防の必要性が明白に認められる場合に限り，例外的に，責任の程度を上回る刑を科すことが許されるとする[24]。小林充教授は，「再犯の可能性がある場合，責任刑より重くなっていい場合もあるが，行為責任的要素ではなく，刑事政策的要素であるから，おのずから重くなる限度がある」「責任刑の幅の上下に多少刑事政策的観点を考慮して動く」と説明する[25]が，このような見解に賛成する実務家は少なくないと思われる。

まず，責任刑を上回るか下回るかという議論は，理論的には重要であると

しても，実務的には特別予防的考慮と責任刑との関係は明確に区分されず，一体として判断していると思われる。原田國男元判事も，実際に量刑する場面で「ここまでは責任，その次はこの中で予防を考えますというような分析的な見方はしていない」とする[26]。この点，城下教授は，原審の懲役18年の刑が控訴審で無期懲役に変更された事例について，原判決は「責任相応刑として懲役18年より重い刑を想定した上，特別予防事情などを考慮して減軽したのか」「無期懲役及び懲役18年を含む幅の中で，特別予防事情などを考慮して懲役18年を選択したのか」という問題の設定をしているが[27]，控訴審もその原審にしても，いずれも行為責任と特別予防などを総合した判断をしたと考えられ，（性倒錯傾向の矯正可能性の程度など）特別予防に関する事情の見方の差が量刑結果の差となったのであろう。

次に，特別予防的考慮の方向についての片面的構成論は，特別予防的考慮が過度にわたることを防止することを目的とすると思われ，それ自体は正当であるが，加重方向に考慮することも相応な範囲にとどまる限りは許されてよいであろうし，また，本来，犯人の再社会化を理念とする場合，それに必要な刑の量定としては加重と減軽の両方向があると考えられる。さらに，実務的問題として，属性等に関して情状鑑定を含む審理をしながら，その証拠は片面的にしか利用できないという心証ないし量刑判断上の拘束を裁判官に課することは無理があり[28]，また，反対当事者（検察官）の反発を招くことも必至であろう。

(4) 個別化と平等原則

原田元判事は，被告人の年齢という因子に触れて，「同じ犯行を行った場合，高年齢者とそれ以下の者とで，責任の量が違うのか。」「その際，量刑の個別化と刑の平等という2つの要請をどう考慮するべきか。年齢に限らず，被告人の一身的な情状は，多かれ少なかれこのような問題を内在している。」と問題提起している[29]。川崎教授も，「法の世界においては平等の取扱が原則とされるため，一身的関係による量刑責任の個別化がどこまで許容されるのかが問われなければならない。」としつつ，「平等取扱原則に反しない範囲において」「個々の具体的な場合において一身的関係を正確に評価し，それによって量刑責任を個別化することは必要ですらある。」とする[30]。ドイツの教科書では，行為者の職業などに関して，「行為者の特定の人格的属性を根拠に，法的に忠実な態度への義務が重く，したがって，犯罪行為の遂行の責任がいっそう重いと推論するのであれば，それは平等原則（GG3条）に違

反する。」という記述もされている[31]。

　このような問題について，井田教授は，「平等原則を強調すれば，ほぼ同等の非難に値する違法な行為をしたのに，ある者は再犯の可能性がないということで軽く処罰され，他の者は再犯の蓋然性を理由に重く処罰されることに対しては疑問が感じられるかもしれない」としながら，明らかに再犯のおそれがないなどの場合に「最低限の刑量にまで引き下げることは，法的安定性と（形式的）平等の要請を害するものだとしても，許されてよい場合があるように思われる（広範に起訴猶予を認めながら，量刑で法的安定性と平等を強調するのは矛盾でさえある）。」とする[32]。

　個別の事情を重視した量刑をすると，同じ行為であっても行為者の一身上の事由によって刑の重さ（執行猶予か実刑か，実刑の場合の刑期の長さ）にかなりの差を生じることになり，被告人の間で，更には国民の側からも，不平等な量刑だという批判が出ることは避けられない。しかも，それは行為責任刑を軽視した結果であるという非難を同時に伴うことになる。他方，責任非難や再犯可能性などについて明らかな差があるのに，個別事情であることを理由に量刑事情から排除した場合，具体的事情の差異を無視する画一的量刑であり，かえって実質的に不平等な結果になるとの批判を招くであろう。結局のところ，合理性のある事情によって，かつ，行為責任の軽重の程度を軽視しない限りでの科刑の個別化を図るのであれば，平等原則に違反しないというべきである。

(5) 刑（量刑・行刑）の個別化と科学的合理主義

　前記(1)のとおり，犯人の更生という行刑上の指導理念を量刑に反映させるべきであるとする立場がある。これに関して，神田宏教授は，刑は行為者に関連づけて量定されるべきであり，個別化原則は処遇以前の量刑の段階で既に充足されていなければならず，行為者の再社会化の可能性を高める考量が必要であるとする[33]。藤本哲也教授も，保護観察の問題点として，「我が国では判決前調査の制度がないために，対象者の特性に応じた処遇の個別化が図りにくい。」とする[34]。個別処遇の理念を量刑に反映させる場合には，一身上の属性など個別事情をできるだけ把握する必要があるため，科学的合理主義を導入した量刑因子の調査が行われることになりやすい。これに対しては，予防効果の判定は容易ではなく，科学的手法も確立しているわけではない，行動諸科学等の専門家を活用した調査制度の効果について，アメリカでは失敗であったとする評価がされている等の批判も加えられている。

このような批判に対して，藤本教授は，アメリカにおいて，犯罪の激増と過剰収容に直面して，1975年以降の犯罪者処遇モデルは，効率重視の「医療モデル」medical modelから公平重視の「公正モデル」justice modelへ変遷したが，公正モデルの台頭をもたらしたアメリカの行刑事情と我が国の事情とでは大きな相違があり，我が国の犯罪者処遇の基本理念は「社会復帰」であるべきこと，また，我が国では教育改善よりも応報を刑罰目的と考える客観主義刑法が多数説であり，行刑の指導理念と違っていた点で，諸外国の事情とは異なることを説く[35]。

　刑の目的をどう考えるかという本質的問題に帰着し，また，調査結果の利用の仕方や個別化の方向（社会復帰の可能性だけでなく再犯危険性の認定に関する資料としても扱うか，片面的かどうか等）にもよるが，基本的に行為責任中心主義，(相対的)応報主義に立脚した上で，行動科学的知見を取り入れた資料収集とその利用を合理的な範囲で行うのであれば，特別予防主義に傾く量刑につながることもなく，公平さを損なうことにもならないと思われる。多田元判事も，「行為責任主義のもとで可能な範囲における処遇の個別化およびそのための科学的調査の必要性」は否定されるべきでないとする[36]。また，行刑資料[37]に役立つことも視野に入れて被告人の属性等に関する量刑資料の充実に努力することもあってよいであろう。行動諸科学の利用に関する具体的な諸問題は，最後に，情状鑑定論の項において触れることにする。

　なお，アメリカの連邦量刑ガイドラインにおいては，量刑上考慮が禁止される個別事情が定められている。刑期の決定及び刑種の選択に当たって考慮することが禁止される事情として，「犯人の人種，性別，出身国，信仰，社会的・経済的地位，年齢，精神状態，身体の状況（中毒を含む），家族・地域社会との結びつき」などが挙げられているが，年齢以下の事情はプロベイションに条件を付するに当たっては考慮することができるという[38]。量刑ガイドライン自体が罪刑の均衡，公平で予測可能な量刑など量刑の個別化を規制する理念に基づくものであるが，上記の禁止事項は，少数者保護など別の政策的観点も含んでいるといえる。これについて，鈴木義男教授は，アメリカの連邦量刑改革法が量刑上考慮することを禁止又は制限した被告人の特性のうちには，被告人の改善可能性あるいは再犯の危険性を評定する上でかなり重要な要素もあるとして，「少しでも疑義のある事項は排除するというような考え方をとると，極めて限られた事情だけを基にして量刑せざるをえなくなってしまう」と問題提起し，ただし，「仮に刑罰目的と関連性があるにしても，それを考慮することが，言論・集会の自由，法の下の平等，プライ

ヴァシーの尊重などの憲法上の原則と矛盾することにならないかという面の検討」も必要であるとする[39]。上記のようにアメリカと事情を異にする我が国においても，刑の個別化と平等原則などの問題を考える上で示唆に富む指摘である。

(6) 刑事政策的知見及び行刑理論

犯罪学ないし刑事学において，犯罪原因につき，犯罪者個人の性格ないし素質（生理的・精神的な内面的特質）を重視する立場と犯罪者を取り巻く環境を重視する立場があり，精神医学的・生物学的原因論，心理学的原因論，社会学的原因論の3つに分類する理論などが紹介されている[40]。これらの理論は，量刑の際，被告人の一身上の事情が責任非難において持つ意味，特別予防上期待できる事情などを判定する上で参考になると考えられる。

すなわち，ある属性を持つ犯罪者（たとえば，高齢者）について，一定の犯罪傾向や特質（家族や社会からの孤立，経済的心理的不安定等）又は処遇上の問題（医療的配慮等）のあることが指摘されている場合，その属性を持つ被告人に対する量刑に当たって，そのような犯罪傾向や特質は，責任判断において，被告人に対する非難可能性を強めたり弱める事情になることがあり，予防判断において，再犯予測や処遇効果などを判定する際の事情になることがある。そのような犯罪論上又は矯正論上の問題に関する刑事政策上の知見は，犯罪現象やその統計の分析に基づく仮説であるなど，実証されているとはいえないものも含まれるが，経験科学的手法に基づくものであって，行為者（被告人）の属性が量刑因子として持つ意味を多角的に考察する上で有益であることは否定できない。また，ある属性又は属性相互間の関係（たとえば個人の性格と生育環境）が持つ意味を理解するに当たって，行動諸科学の知見が有益な場合もある。

さらに，矯正及び更生保護の処遇面を見ると，矯正施設内又は社会内の保護・援助プログラムの中には，対象者の資質や環境を調査した結果に基づき，従来の分類処遇に加えて，上記のような行動科学的知見や治療的モデルを採用したといえるものもある（薬物依存離脱指導プログラム，後記第11。性犯罪者処遇プログラム，後記第14。暴力防止プログラム）。被告人の特性に基づく特別予防と社会復帰の目的を考慮した量刑・処遇選択をする上で，これら行刑における個別処遇の最近の実情を知ることは有益であろう。

被告人の属性を量刑上考慮する際，判断者の主観に基づく恣意的ラベリングに陥らないためには，以上のような行動諸科学の知見や処遇の実情を踏ま

えて説明可能なものにしていく努力が必要であろう。本稿の各論においては，適宜これらの知見や実情を参照しながら考察していく。

1) 松尾浩也「刑の量定」宮澤浩一ほか『刑事政策講座(1)』(成文堂，昭和46年) 337頁。
2) 大谷實『刑事政策講義〔第4版〕』(弘文堂，平成8年) 201頁。
3) これに対して，量刑事情を6つに分類した上，「行為者の年齢・経歴・環境・経済状態」などについて，「犯罪の要素たる量刑事情」のうちの「非難可能性に影響する事情（責任関係事実）」に入れ，「行為者の年齢・性格・社会的地位・経歴・環境」などについて，刑事政策的要請に基づく量刑事情としての「特別予防の考慮にあたり参考とすべき事情」に入れる見解がある（井田・量刑理論と量刑事情39頁）。責任概念を純化するとともに，量刑要素の比重と評価方向を明確にする前提として提唱されているものと思われる。しかし，本稿では，簡潔な分類に従い，ある事情が「主として特別予防に関係するが，責任非難に関係することもある」などと分析することにする。
4) **ゴシック**は筆者，以下同じ。
5) 法務省刑事局『改正刑法草案の解説』(大蔵省印刷局，昭和50年) 95頁。
6) 犯罪学研究会編『犯罪学辞典』(成文堂，昭和57年) 90頁「帰属的地位」の項を参照。
7) 団藤138頁。
8) 「被告人の環境」（家庭事情，居住環境，交友関係など）を「被告人の一身上的事情」（年齢，人種，職業，経歴，身体的特徴，精神的特徴など）と区別して行った研究もある（鬼塚賢太郎『刑の量定の実証的研究（強姦罪）』司法研究報告書17輯3号〔昭和42年〕6頁）。
9) 行為時における窮乏状態は，責任軽減的に作用する。行為後に生じた（公判時の）窮乏状態は，刑罰の行為者に対する効果及び刑罰の家族に与える影響を考慮するに当たって（すなわち予防領域で）重要性を有する。川崎・体系的量刑論231頁。
10) 記憶喪失により本籍・生年月日が不詳の被告人や性同一性障害の被告人の事例も筆者は担当したことがあるが，稀であるから，本稿では触れない。
11) 薬物嗜癖を例にとると，現在の健康状態に着目すれば外面的属性といえるが，その原因や改善予測の観点からは内面的属性といえよう。なお，過去の生育環境は，人格形成への影響ないし環境の負因として問題になるので，内面的属性であるが，現在の家庭環境は，立証の困難さはなく，特別予防等に関わる外面的属性といえる。
12) 鈴木義男「被告人および被害者の特性と量刑」ひろば45巻12号（平成4年) 76頁。
13) 松本・量刑の手続64頁及び松本・刑の量定161頁。
14) 川崎・体系的量刑論177頁。
15) 松尾・前掲注1) 350頁。
16) 井田・覚書296頁，300頁。
17) 岡田・量刑483頁以下。
18) もっとも，改正刑法草案59条は，常習累犯者に対する相対的不定期刑を採用している。
19) 遠藤邦彦「量刑判断過程の総論的検討」本書第1巻参照。

20) 浅田・量刑基準 40 頁。
21) 城下・研究 242 頁，同・判評 495 号（平成 12 年）55 頁（判時 1703 号 233 頁）。
22) 鈴木茂嗣「犯罪と量刑論」前野ほか・総合的検討 15 頁。
23) 井田・理論と実務 215 頁。
24) 井田・量刑理論と量刑事情 37 頁，井田・覚書 299 頁。
25) 小林ほか・座談会 71 頁，74 頁。前田・量刑論 1 頁，16 頁も，予防的考慮を加味して責任刑の上下幅が拡がるものとして量刑実務の枠組みを説明する。原田・量刑をめぐる諸問題 76 頁。
26) 小林ほか・座談会 74 頁。
27) 名古屋高判平 10.3.16 判時 1671 号 150 頁（各論の第 14「被告人の性格」の裁判例①として後出）の評釈（城下裕二・判評 495 号 56 頁）。
28) 前記のように二面的評価をもたらす属性もあるが，責任要素としての考慮は許しながら，予防要素としての考慮は許さないという場合を認めるのは，実際上は困難であろう。
29) 原田國男「犯罪白書を読んで」ひろば 45 巻 1 号（平成 4 年）15 頁。
30) 川崎・体系的量刑論 231 頁。
31) イェシェック＝ヴァイゲント・ドイツ刑法総論 706 頁。
32) 井田・覚書 300 頁。
33) 神田・量刑と予防 20 頁。
34) 藤本哲也『刑事政策概論〔全訂第 6 版〕』（青林書院，平成 20 年）308 頁。
35) 藤本・前掲注 34）219 頁以下。同旨，萩原太郎「情状鑑定について」日本法学 60 巻 3 号（平成 6 年）221 頁（後出第 15 の 2）（我が国では，犯罪者に対する社会復帰は依然として刑罰制度の重要な理念の一つとして理解されており，この基本理念に見切りをつけるのは早すぎるとする。）。
36) 多田元「情状鑑定論——裁判官の立場から」上野正吉ほか編『刑事鑑定の理論と実務——情状鑑定の科学化をめざして』（成文堂，昭和 52 年）307 頁。
37) 行刑では，受刑者の処遇は「その者の資質及び環境に応じ」行うことが明記されている（刑事施設法 14 条）。
38) 鈴木＝岡上・量刑委員会制度 67 頁。なお，最近の論文として松原・連邦量刑ガイドライン 71 頁がある。
39) 鈴木・前掲注 12）76 頁。
40) 藤本・前掲注 34）51 頁以下。

第 2　被告人の属性についての審理——総論 2

　属性など一身上の事情に関する総論的分析に続いて，その証拠調べの範囲や立証方法についても，問題となる点を概観しておく。

1 個別情状事実の審理の在り方

　守屋克彦教授は,「教育的量刑審理モデル」(刑事裁判の教育的機能及び量刑の個別的妥当性を追求し, 特別予防の観点を重視する審理方法) の下では, 情状鑑定やカウンセリング等も活用されることになると説明し, これに対しては, 細かい個別事情は的確な把握が困難であり, 適性妥当な量刑と結びつくわけではなく, 客観的な公平に反することになるという批判があることを紹介している[41]。

　また, 百瀬武雄元検事は,「日本の裁判は, 犯行の動機を追及し, 犯人の生活歴をあまりに細かく調べ上げるが故に, 寛刑化をもたらしている」という指摘を紹介した上で, 最二小判昭58.7.8刑集37巻6号609頁 (いわゆる連続ピストル射殺事件の第1次上告審判決) について, 動機や犯人の年齢とともに, 被害感情や社会的影響などを考慮することにより, 被告人側に極端に偏せず, 客観的かつ全体的な情状を立証することによって, 適切な量刑が行うべき原則を宣言したものであると論じている[42]。後段は正当と思われる。既に検討したとおり, 一身上の事情及び特別予防の考慮に傾き過ぎると, 行為責任 (及び一般予防) の比重が相対的に低下する結果を招くからである。

　これに対して, 神山啓史弁護士は, 量刑相場に従った画一化, 硬直化した量刑が行われていると批判し, 被告人の個別的事情を考慮した審理をすることが裁判に対する納得と信頼を生み, 刑事裁判の形骸化を防ぐとして,「個人的事情について弁護側から活発な立証をさせることが不可欠」であり,「犯行の動機や被告人の性格などに理解し難いものが見られる場合などには, 積極的に情状鑑定などをするべきである」と主張する[43]。また, 更田義彦弁護士は, 情状弁護活動は, 犯情に関する事情のほか, 被告人に特殊な人的属性, 人格環境の主張立証に向けられ, また, 犯行当時の心理状態, 精神状態は重要な情状であって, 心神耗弱の程度に達しない者についても, その程度に応じ情状として考慮されるから, 捜査段階において十分に検討されているとは思われない場合には積極的に調査すべきであるとする[44]。

　ところで, 安原浩元判事は,「責任と予防の折衷的見解」に対して疑問を投げかけ,「予防的考慮はあくまで将来予測や裁判官の主観的判断, 個人差を含み可視的ではない。そのような要素が量刑に大きく取り込まれた場合, 当事者, 特に被告人と被害者の不公平感, 不透明感は募るであろう。」と述べて, 実際には量刑は「動機, 態様, 結果, 被害回復の程度, 前科といった比較的証拠により認定しやすい客観的因子を主体になされている」と説明し,「予防, 更生の観点は矯正ないし刑事政策という行政の分野に任せると

いう，謙抑的な応報主義」によって支えられているといってよいとする。そして，このような理論は，「被告人の反省や将来の監督状況に関する立証に終始していた従前の情状立証に致命的無力感を与えるものである」ことを認めた上で，刑罰の機能を，更生の可能性でなく，（被害感情，社会の非難感情，被告人の贖罪意識をなだめる措置を重視する）「犯罪の心理的事後処理」と考える立場が妥当であると主張する[45]。その理論的根拠及びその立場では謝罪，ボランティア及び贖罪寄附などが重視されることになることの当否については異論があろう。それはさておき，立証上の観点から犯情や前科という客観的因子を第一に考慮することは理由があるとしても，それ以外の予防，更生に関する因子を軽視するのであれば相当でなく，かえって被告人間の事情の差を考慮しないことで実質的不公平を生むことにもなり，量刑実務の現状を説明しているとも思われない[46]。特別予防的考慮は，被告人の特性に応じた処遇の個別妥当性を追求するものであり，主に弁護人側の努力によって的確な被告人像を明らかにし，社会内処遇の可能性等に関する情状事実を立証することは，量刑資料の充実という観点から望ましいといえる。

　以上の諸見解について，研究会の議論においては，予防及び更生可能性の観点を量刑上軽視することは相当でないとする意見が大勢であった。もっとも，特別予防要素の重要度は事案によって変わり，強盗殺人など結果が重大な事案では，その犯情及びこれに対する応報が中心になるが，死刑，無期を含めて量刑の幅が広いため，特別予防が大きく問題になる場合もある。反対に，無免許運転事案などでは，量刑の幅が狭いため，特別予防の要素が刑に影響する度合いは小さくならざるを得ない。また，執行猶予（及び保護観察）を付するかどうかの判断においては，再犯可能性など予防的事情が大きく考慮されることが多い。このように，事案によって，特別予防要素の量刑における比重を判断し，それに応じた証拠調べをすべきことになろう。また，量刑に影響する度合いとは別に，個別の情状立証を通じて，被告人に自己の問題点を自覚させ，審理の感銘力による再犯防止を図るという観点も軽視されるべきではないという意見も多かった。

　たしかに，被告人の特性については認定が容易といえないものも含まれ，また，再犯予測が科学的に行えないことは否定できないが，懐疑論に陥ることなく，予防的要素及び更生可能性を被告人ごとの特性や事情に即して多角的に検討する努力を傾けることは必要というべきである。本稿の各論において，各属性に関する考慮要素を検討するが，そのような考慮が量刑判断の前提に置かれるべきである。また，同時に行為責任等との均衡を図る必要があ

ることは既に論じたとおりである。

2 具体的な立証方法

　昭和41年当時の文献[47]によれば，家族関係，交友関係，労働の習慣の各因子については，被告人及びその関係者（親族，知人，友人）の供述や供述調書によって認定することが多いが，不十分であり，しかも，被告人に有利な事情は多く顕出されるが，不利な事情は検察官の訴訟活動によっても十分引き出せないのが実情であると記されている。しかし，現在では，身上調書に家族関係のほか職歴や転職理由などが具体的に記載されていることも多く，事情はやや異なってきているといえよう（もっとも，身上調書に被告人に有利な事情が記載されていない可能性はある。）。

　被告人の性格，生育歴，職歴や稼働状況，収入や借金などの経済状況，家族状況などの一身的事由を立証する方法としては，被告人の公判供述，供述書，被告人の供述調書，親族，知人，雇主等の情状証人の証言，これらの者の供述調書，診断書，捜査報告書，金融機関などの回答書，公務所や公私の団体に対する照会（刑訴法279条，弁護士法23条の2）の回答書などがある。

　情状事実，特に被告人の一身上の事情は広範囲にわたっており，一般情状に何らかの関連を持つ事実はほとんど無限に存在するから，関連性や趣旨を明確にする必要性が高い。出生時からの生育歴，詳細な職歴，家族構成及び経済状況などを情状証人や被告人に質問する例を見かけるが，そのような詳しい立証が必要な事件は限られる。被告人の性格論なども，事件の罪質や特別予防との関連において，情状として意味のある場合もあるが，乏しいと思われる場合も多い。被告人の生活歴や善良な性格などについて，その立証が被告人の更生可能性の大きさや被告人に対する非難可能性の減少にどれほど関連するのか，意識的検討がされないまま行われる場合もあるのが実情であろう。一身上の情状の持つ意味が明らかになるような立証であれば，裁判所も関心を持って聴くはずである。一般情状の立証に当たっては，その事実が量刑上持つ意味，すなわち，責任を減少又は加重させる事由，再犯可能性の有無や程度を推認させる事由，処遇選択（刑種，刑量）の際に参考となる事由として考慮されるべきことを明確に示す形で厳選すべきであり，時間がかかる割りに効果の乏しい漫然とした立証は避けなければならない。とりわけ裁判員裁判では量刑事情のうち量刑判断に必要な事項を選別した上で，その意味と位置付けが理解されやすい最も有効な立証方法を採用することが徹底されなければならない。その観点からすると，身上経歴など一般情状事実が簡

潔に要領よくまとめられた供述調書がある場合，これを取り調べた上で被告人質問を実施することは裁判員裁判においても有効であろう。

　様々な意味合いのある事実の一面だけが強調されるような立証も見受けられる。他人には粗暴な事件を繰り返す被告人について，家族から見る限り善良な性格であると証言されても，更生可能性の立証にはあまり役立たないであろう。また，監督の意思が述べられるが，監督の実効性（能力）が不明確で具体性に欠けるような場合も，立証効果は限られたものになる。

　他方，被告人の悪性格の立証も行われるが，特別予防の観点から再犯のおそれ等を立証するものとして，一応の関連性は認められるとしても，他面，立証の範囲があいまいで広がり過ぎるおそれもある[48]。悪性格，反省の欠如，違法意識の低さなどの立証については，立証趣旨，立証事実との関連性，立証の必要性，有効な立証方法の選択など，様々な問題がある。必要性や有効性が吟味されないまま請求し，採用することがあってはならない。反省がなかったこと等を立証するとして，前回の事件における公判での被告人質問調書だけでなく，被告人の警察官調書や検察官調書まで請求される場合も散見される。必要があれば，それら前件資料に基づく弾劾を被告人質問で行えば足りよう[49]。特に裁判員裁判では，これら性格の善悪，あるいは前歴を含む経歴，生育環境，家庭環境など属性を詳細に立証し，裁判員の感情に過剰に訴えかけるような方法は，裁判員に対する不当な影響を避けるという要請も加わって，制約されることになろう。

　裁判員裁判では公判前整理手続が前置されるが，その中で検察官と弁護人が証明予定事実として重要な情状事実を提示し，量刑上の意味と立証の必要性を明らかにした上，冒頭陳述や論告弁論でその趣旨や見方の違いを裁判員に説明することが求められる。被告人の属性や一身上の事情は，そのような意味付けができるものに絞って立証されるべきである。

　判決書について，原田元判事は，「個々の量刑事情の位置付けや性格付けさらに評価方向の確定などはっきり明示すべき」「丼勘定的，総花的判示は望ましくない」とする[50]。量刑の理由の項で，不利な情状として，被告人の不良な交友関係や生活態度，勤労意欲の乏しさ，定職の有無，粗暴な性格，常習性，有利な情状として，持病等の健康状態，家族の存在などが指摘されることが多い。これらの属性事実は，特別予防や再犯のおそれに関する因子として記載されるのであるが，実際に刑を重くする因子として考慮している場合と，事案や被告人の特性として記述したが，刑を重くする因子としては実際にはほとんど考慮していない場合もあると思われる。しかし，後者

の場合であっても，量刑の理由として記載することによって，当事者の反発を受けることがある。特に被告人の属性については，被告人が自覚していない場合があり，客観的な資料が多くないこともあって，そのおそれが大きいといえる。ある項目が量刑因子としてどれほどの有意性を持つかは，事案によって，被告人によって，様々であるが，有意度の高い因子とそうではない因子とを書き分けて説示する努力が今後一層求められよう[51)][52)]。

41) 守屋克彦「裁判官と量刑」前野ほか・総合的検討329頁以下。
42) 百瀬・殺人罪における量刑227頁。
43) 神山・量刑495頁。
44) 松尾浩也編『刑事訴訟法Ⅱ』（有斐閣，平成4年）134頁。
45) 安原・量刑の実務407頁。安原・選別化615頁も同旨（予測的，将来的要素は量刑を左右しない，ただし生活歴，家庭の状態，年齢など被告人の個人的事情は重要な評価対象になるとする。）。
46) 原田・実際210頁も同旨。
47) 中利太郎＝香城敏麿『量刑の実証的研究』司法研究報告書15輯1号（昭和41年）34頁，91頁。
48) 原田・実際35頁。
49) 原田・実際35頁は，重大事件でもないのに，前刑の記録における被告人の供述を持ち出して改めて追及する被告人質問は，場合によっては過剰立証になろうとする。この種の情状証拠が裁判員に与える影響について，原田・立証415頁。
50) 前者は小林ほか・座談会67頁以下，75頁〔原田発言〕。後者は原田・実際363頁。
51) 量刑理由の説示について，量刑上重要度の高いものから順に記載し，量刑判断に実際は影響しないような量刑因子は記載しない又は最後に一括して記載する方法を提言するものとして，植村立郎『実践的刑事事実認定と情況証拠〔再訂版〕』（立花書房，平成20年）31頁。
52) なお，「罪質」を指摘する記述を量刑事情に含めることは二重評価の禁止の関係で疑問があるとする指摘（城下・意義と限界30頁）もある。犯情に関する事実を確認する意味で摘示したのか（これは必要である。），加重事由として掲げたのかを区別できればそれが望ましいであろう。

第3 被告人の年齢

1 少年，若年

(1) 被告人が少年又は若年成人であることの量刑への影響

少年など若年者は，人格が未熟であり，耐性が弱く，交友関係など環境の

影響により犯罪に急傾斜しやすい一方，可塑性に富み，立ち直りも早い（教育可能性が大きい）ことが多い。また，低年齢層に対しては，短期自由刑の弊害を回避しようという配慮が働くこと，執行猶予によって改善の機会を与えようとする配慮が働きやすいことが指摘されている[53]。少年や若年成人に対しては，（猶予中の再犯は必ず実刑になるという負担はあるが）改善更生に役立たせる趣旨で保護観察を付することが比較的多い[54]。このように，若年であることは，改善可能性の高さなど特別予防の点で，有利に考慮されることが多い。また，人格成長の途上の未熟な身であって（仲間からの誘いや雰囲気に対する抵抗力も含め）反対動機を形成する力がいまだ弱いことによる責任非難の減弱が認められる場合もあろう[55]。

　法務総合研究所の研究によると，昭和58年7月から平成6年9月までの間における殺人罪等による死刑又は無期懲役刑確定者449人のうち，犯行時20歳未満の者で死刑が2人，無期懲役が8人であり，ほとんどの判決において未成年であることが有利な事情として掲げられている[56]。

　このように従来の裁判実務では刑を引き下げる方向の因子として扱われてきた「若年」について，裁判員裁判では変化する可能性を示唆する見解が出てきている。国民と裁判官を対象としたアンケートでは，被告人の年齢が10歳台（未成年者）であることが刑罰を軽くする理由になることは90％の裁判官が肯定し，逆に重くする理由になるという見方は裁判官ではゼロであるが一般国民では25％あるという調査結果が発表されている[57]。また，模擬裁判の評議においても，「若ければ許されるのか」「未熟さが刑を軽くする事情になるのか」などの疑問が裁判員役から提起されているという紹介もある[58]。たしかに，「少年時から罪を犯す者は再犯の危険が高い」などとして重罰が必要とする見方もあろうが，国民の中に見られる「若いから刑期を終えてからでもやり直しがきく」「可塑性があるうちにショック療法で臨むべきだ」という発想[59]は，成人よりも更に重くすることに直結しないはずである。上記乖離については，「重くする」量刑因子という意味の解釈の違い（成人よりも更に重くするという意見のほかに，若年や未熟さを理由に軽くすることに反発する意見が含まれている可能性）も考えられるのではないか。従来の専門家による量刑因子の位置付けや方向性が今後も維持されるかどうかは分からないが，少年法の趣旨を始めとする合理的で実質的な根拠を弁護人や裁判官が説明し，国民各層の経験に基づく率直な見方を採り入れて，妥当な位置付けを行うべきであろう[60]。

　若年であることが有利な因子になるとしても，その作用の仕方は単純では

ない。若年でも犯罪性が深化していて再犯可能性が高い者も稀ではないし，少年法の保護主義と成人刑事事件の応報主義との基本的違いを無視することはできない。もっとも，少年法における特則規定の趣旨は，少年，若年者に対する量刑に当たって考慮されてよい。同法51条1項（犯行時18歳未満の者に対する死刑の不適用）の趣旨を年長少年に対しても及ぼすべきかという問題については，犯行当時19歳の年長少年であった被告人による連続ピストル射殺事件についての最二小判昭58.7.8が「被告人の精神成熟度が18歳未満の少年と同視しうることなどの証拠上明らかではない事実を前提として本件に少年法51条の精神を及ぼすべきであるとする原判断は首肯し難い」と判示している。これを踏まえ，「解釈上，成熟度による科刑制限を設定することは困難であり，精神的未熟性が被告人に有利な情状の要素として斟酌されるに止まるというべきであろう」とされている[61]。(2)の「裁判例」や後記第12の「生育環境」の項でも触れる。

平成17年版の『犯罪白書』(331頁以下) は，重大事犯少年について，非行類型を集団型，単独型，家族型及び交通型に分けて，集団型（傷害致死罪が多い。）は，不良仲間との交友や不良集団への所属から重大事犯に至っていること，単独型は，早期から粗暴傾向が顕著であったり，精神面での障害が疑われる者が含まれること，家族型（殺人罪が半数を占める。）は，父親など家庭の側にも問題がある場合が目立ち，保護処分とされる比率が高く，交通型（危険運転致死罪）は，交通規範面の問題以外には，家族内及び生活上の問題がない者が多いことなどを分析している。

少年など若年者が人格ないし行動傾向の形成に当たって，家庭や社会の影響を強く受けることは，広く論じられているが，上記のような類型化による非行少年の特性，素質，非行原因等の把握は，少年や若年成人に対する非難可能性の判断や再犯予測，処遇の選択など量刑に当たって，参考になろう。

(2) 裁判例

東京高判平3.7.12 高刑44巻2号123頁，判タ769号256頁（女子高生コンクリート詰め殺人事件）は，犯行時少年であった被告人4名中3名（犯行時18歳，17歳，16歳）について，原判決を破棄し，第一審よりも重い刑を言い渡した事例である。少年に対する刑事処罰の在り方について，「当該少年の特性を配慮しつつ，事案にふさわしく社会感情にも適合した量刑がなされ，その執行を進める中で，少年に自己の罪責に対する反省と社会の一員としての自覚を促し，改善更生に務めさせることは，広く少年法の理念に沿う所以で

もある」「少年の未熟性，可塑性などその特性にも適切な配慮を加えつつ，事案の程度，内容等と均衡のとれた科刑がなされるよう特段の配慮がなされるべきである」と判示した上，「被告人らが，犯行時いずれも少年であり，その資質，生育歴，家庭環境等から，成熟度において劣るものがあったこと（中略）などが認められるけれども，これらを理由として，その罪責を大幅に軽減するのが相当であるとは認め難い」としている（原判決である東京地判平2.7.19 判タ 769 号 270 頁は，脳の器質性の欠陥や両親から受容されない家庭などの各被告人の要因が偏りのある未熟な人格の形成に影響していること等の個別事情，及び犯行態様が大人顔負けの残虐性を有するに至った経緯や背景などを斟酌すべき事情として挙げていた。）。

この判決について，荒木伸怡教授は，少年刑事事件の量刑も行動諸科学上の調査結果等に基づいて行われるべきであるから，第一審の量刑判断の方法に誤りはないが，特別抑止の比重を大きくし過ぎたきらいがあり，控訴審判決の量刑は，少し一般抑止に傾き過ぎていると評釈している[62]。また，前田忠弘教授も，「少年刑事事件において刑罰が言い渡される以上，刑法の基本原則である責任主義から逸脱することは許されない」と認めた上で，「一般予防的考慮ではなく，行動科学の知見に裏打ちされた矯正可能性という意味での特別予防的考慮が量刑の基本に据えられるべきであろう」と論じている[63]。

さらに，最三小判平 18.6.20 判タ 1213 号 89 頁（山口県光市母子殺害事件）は，「被告人が犯行当時 18 歳になって間もない少年であり，その可塑性から，改善更生の可能性が否定されていない」ことについて，少年法 51 条の趣旨に徴すれば「死刑を選択するかどうかの判断に当たって相応の考慮を払うべき事情ではあるが，死刑を回避すべき決定的な事情であるとまではいえず，本件犯行の罪質，動機，態様，結果の重大性及び遺族の被害感情等と対比・総合して判断する上で考慮すべき一事情にとどまる」と判示した（破棄差戻し）。

少年法 51 条，52 条の特則はあるが，少年刑事事件の量刑基準は基本的に成人のそれと同等であると理解するかどうか。少年刑事事件の量刑において応報刑的行為責任と教育刑的特別予防の問題をどのように考えるか。これらは難しい問題であるが[64]，特に殺人等の重大な事案において，行為責任を中心として，どの程度教育刑的考慮を入れるかという調和のとれた適切な量刑判断が求められている。

(3) 少年又は若年の被告人に関する量刑資料の収集

少年に対する刑事事件の審理については，少年，保護者又は関係人の行

状，経歴，素質，環境等について，専門的知識を活用して調査すべきことを定めた少年法9条の趣旨に従って行うものとされ（少年法50条），家裁の取り調べた証拠をなるべく取り調べるようにすべきことが規定されている（刑訴規277条）。「家裁の取り調べた証拠」とは，主として少年調査記録を指している。では，若年成人被告人に対する刑事事件の審理において，少年調査記録を利用することはできるか。少年，若年成人の量刑上の特質（可塑性，精神的未熟性，環境の影響など）をどのようにして取り調べて考慮するかという問題の一つである。

仲家暢彦元判事は，第1に，その有用性について，人格の発達の程度，犯罪の内容や背景が少年非行と同じ質を持つ場合，重大犯罪事件で，少年時代にも同種の非行歴があり，被告人の人的属性をより深く把握すべき場合や，精神鑑定や情状鑑定を実施するか否かの判断を迫られる場合などについて，被告人の性格，資質，家族友人らとの関係，犯罪の背景等を把握する上で貴重な資料になるとし，第2に，その取扱いについて，成人事件では少年調査記録の取り寄せ嘱託に関する法令上の要請がない上，少年調査記録中の本来秘密であるべき情報の開示等に関する取扱いの規制がないという問題があるが，被告人や関係者の秘密の保持，家裁の調査に対する信頼の保持という利益を保護するため，書記官在席の場で閲覧するにとどめるという取扱いについて検察官及び弁護人の理解が得られた場合に限って，取り寄せし取り調べるという運用を提言している。また，少年調査記録中の取調べが被告人の不利益に作用するのではないかという危惧が弁護人にあるが，被告人の表面的な悪性格，悪行状の背景にある真の問題が判明することにより，更生への展望が開けることも多いとする[65]。

被告人や家族などのプライバシー（知能程度や精神的身体的疾患，遺伝的負因，家庭内の秘密事項など）をどこまで審理の資料とするか，また，非行歴とその原因となる資質，環境に関する詳しい資料が被告人の刑を加重する方向で利用されることへの弁護人の危惧など，後に検討する情状鑑定と同様の問題がある。研究会で挙げられた実施例としては，成人直後の再犯，少年院仮退院中の再犯などの場合のほか，若年成人被告人に少年と共通する未熟な傾向が認められる場合，少年時から同種犯罪を繰り返し，資質に問題があるとうかがわれる場合などがあった。保護観察付き社会内処遇の当否などについて，処遇決定上特に必要がある場合には，調査記録を取り寄せて量刑資料を充実させる要請が働くが，少年審判の保護主義や社会記録の秘密性と公判審理の公開原則との相違があるため，その取扱いには上記のような慎重な配慮を求

めることが必要である。

裁判員裁判における社会記録の取扱いに関しては，少年法55条の保護処分相当性の判断をすべき場合でも，証拠の厳選及び少年その他の関係者のプライバシー配慮の要請から，公判に顕出する必要性が問われるべきであり，証拠調べする場合は朗読すべきことになるが，調査官意見はこれに相応しい形で記載されることが求められ，弾劾としては他の部分を抜粋し証拠化すべきであるとする見解が発表されている[66]。

それ以外の方法として，前記東京地判平2.7.19は，被告人の少年らに特に精神障害はないのに，陰湿酸鼻な経過に見合うほどの動機や緊張感がないことなど，常識では理解し難い重大な問題性を胚胎していることなどに鑑み，少年調査記録の取調べに加えて，「犯罪精神医学から見た，本件一連の犯行に至った心理機制」についての鑑定と同鑑定人に対する証人尋問を実施している（後記第15の2「情状鑑定」参照）。特に重大事件で，異常性や少年特有の問題性がうかがわれる場合の証拠収集の在り方として参考になろう。

2 高 齢

(1) 被告人が高齢であることの量刑への影響

高齢の被告人については，①自覚して規範意識を十分持つべき年齢であるのに犯行に走ったという点及び常習化の傾向がある点で，責任非難を加重する面があり，②老人を保護すべきであるという特別予防の点では，被告人に有利な情状となるとされる[67]。罪種による差もあるようであり，窃盗罪について，高年齢層の犯行は，責任が重く，常習化の傾向も強いとされ，傷害罪についても，社会的非難が厳しく，前科者の占める割合も高くなるとされているが[68]，殺人罪については，軽い性質の類型において年齢の高い被告人が多いとして，「体力も衰え思慮も増し，激情に身を委せることが少なくなる年令段階にありながら，なお殺人という重い罪を犯すに至った事情には酌量すべきものがみいだされ易いからでもあろう」と論じられている[69]。

高齢者に限らず，分別を身に付けているべき年齢の者の犯罪である点は，低年齢層のように未熟を理由に非難が軽減されることがないだけであって，非難が強まる場合は多くないと思われる。高齢者については，加齢による現象として判断能力の低下が認められる場合があり，その程度に応じて責任非難が軽減される（認知症などの診断を受けている場合には，障害の因子として軽減事由になる。）。常習性についても，年齢が高くなるほど累犯者の割合は高くなるが，高齢という因子自体の問題ではなく，常習累犯者の処遇という形で問

題にすべきであろう。累犯者以外の高齢者については，罪種にもよるが，体力の低下などを理由に再犯のおそれが低減する場合がある。

ところで，犯罪の高齢化現象がいわれて久しいが，その原因としては，我が国において特に顕著な人口構成の高齢化だけではない。高齢犯罪者の増加率は，高齢者人口の増加率をはるかに上回っているからである[70]。他の原因として，老親に対する子の扶養能力の低下や高齢者の家族及び社会からの孤立化なども挙げられ，経済的心理的に不安定な老年期の生活関係が犯罪への圧力を強めるという分析もされている[71]。また，高齢犯罪者の犯行の背景について，①経済的不安，②健康不安，③問題の抱え込み，④頑固・偏狭な態度，⑤疎外感・被差別感，⑥自尊心・プライド，⑦開き直り・甘え，⑧あきらめ・ホームレス志向の8項目を設定し，有罪判決又は略式命令を受けた368人について調査した結果がある。前科前歴のない初犯者では④⑥などの突発的原因により，受刑歴のある者では①⑦⑧などの生活経済基盤の破綻や規範意識の低下により犯罪に至る傾向があると分析されている[72]。高齢者属性と犯罪の結びつき方は様々であるが，高齢者であることを反映した社会的環境要因や心理的要因などがあり，帰責性の程度の違いもある。これらの高齢被告人の犯行の責任及び処遇を考える上で有益な視点を提供するものといえよう。

急速に増加している高齢の累犯受刑者[73]について，鮎川潤教授は，社会よりも刑務所で暮らすことを選択させるほどに高齢受刑者にとって社会復帰が難しく，社会で困難な生活を強いられるよりも食事や寝場所などが保障される刑務所の生活にむしろ安堵し，また，長期間の収容生活によって刑務所社会での適応的な行動様式を身に付けており，再社会化が困難になっていると分析する[74]。高齢者に限られないが，高齢化の進展や不況の長期化とともに，累犯者や無職者で刑務所志願ないし社会から孤立した被告人が目立つようになっており，そのような被告人に対する処遇については困難な問題がある。特に高齢者の場合，就職や自立を求めることが難しい上，定まった住居がないと生活保護の受給手続を進めることも実際には容易でないなど，社会内処遇による更生環境が整っていない場合も少なくない。中高年者の求職の難易度を含む経済状況や社会福祉的な施策の充実度など，彼らを受け入れる社会の態勢とも関係するが，社会復帰の意欲が乏しい被告人が存在することも事実であり，高齢累犯者の処遇として刑罰の矯正効果には一定の限界がある。また，処遇の長期化により刑務所が老人ホームや福祉施設の役割を果たすことにならないように留意すべきであろう[75]。高齢累犯者の社会復帰

と再犯防止のためには，刑事司法と社会福祉，地域協力など社会全体が連携して，対象者の心身の状態や生活環境に応じた緊急更生保護，就労支援，医療，生活保護などの総合的受入れ対策を講じることが必要である。最近では，釈放後の関係期間・団体との連携，調整のため一部の刑事施設では精神保健福祉士や社会福祉士が配置され，助言指導や福祉施設への受入れ調整等を行ったり，保護観察中の補導援護のほか仮釈放前の生活環境の調整も行われている[76]。さらに，厚生労働省は，平成21年度から，矯正施設における処遇と地域における福祉をつなぐ役割を担う「地域生活定着支援センター」を各都道府県に設置し，矯正施設出所後，高齢又は障害により自立した生活を営むことが困難な者に対して，保護観察所と連携して，福祉サービス等の利用支援を行うことになり，その運用が始まっている。受入先のない高齢者等が出所後の生活に困窮して再犯を繰り返す悪循環を防止するとともに，本来必要な福祉サービスを受けやすくするものであり，その事業が充実していけば，定着支援を受けられる見込みと本人の自立意欲による更生可能性を量刑上考慮することができよう[77]。

老齢者の保護という点については，刑訴482条2号が年齢70年以上であることを刑の裁量的執行停止事由としていることが考慮されるべきである。もっとも，高齢化現象が進行する現在において，70歳という年齢が持つ意味は，以前よりも変わっているというべきであろう。高齢は受刑の苦痛を増大させると一般的にいえるが，体力や健康状態にはかなり個人差がある上，前記のような受入れ態勢や社会復帰意欲の有無によっても刑の苦痛や感銘力に大きな違いが生じることは否定できない。老衰現象や身体虚弱等により特別な処遇が必要と認められる者については，刑務作業の軽減や医療的配慮などの措置が採られている[78][79]ことも考慮に入れた上で量刑することになろう。

なお，ドイツの教科書には，「行為者が余命幾ばくもない場合」自由刑が不測の結果を伴う「人生の終末」を意味することにもなるとして，「行為者個人の刑罰感銘性」を考慮し，特別予防的配慮が求められるとするものがある[80][81]。80歳程度又はそれ以上の被告人について出所時の年齢や刑務所内での死亡の可能性を量刑に当たって考慮するかどうかについては，将来の不確実な事情であって個人差もあることから，研究会で様々な意見が出され，一致しなかった。

(2) **裁判例**

95歳の被告人（女）に執行猶予が付された裁判例として，名古屋高判平

10.10.1 判タ989号299頁（重度の知的障害を持つ63歳の四男の将来を案じて無理心中を図った事案）がある。「被告人が犯行当時95歳の高齢であり，持病の心臓病が徐々に悪化していた」ことなどから，「本件の経緯，動機において，被告人には同情すべき点が多い」として，第一審の実刑判決（懲役3年）を破棄し，懲役3年（執行猶予4年間）を言い渡した。

92歳の被告人（男）が懲役3年の実刑に処せられた裁判例として，高知地判平5.10.13判タ834号227頁（折り合いの悪かった同居中の次男の妻を斧で撲殺した事案）がある。「被告人は92歳と高齢であり，比較的健康体ではあるものの，刑務所内における処遇に多少の不安が残る」とした上で，「しかしながら，高齢のために処遇上の不安が生じた場合は，むしろ刑の執行停止（刑事訴訟法482条2号）の方法により対応するのが筋であ」ると判示している。

この2つの裁判例を見ると，犯行の動機，態様において差があるほか，被告人の年齢（ないし余命）に加えて，高齢に伴う持病や健康状態（服役による影響）も重要な量刑因子になっているといえる。

53) 中＝香城・前掲注47）56頁，18頁。
54) 原田・実際49頁。
55) 名古屋高判平8.12.16判時1595号38頁（アベック殺人事件判決）は，「被害者らに与える損害及びその重大性を，必ずしも十分に認識し得ない精神的に未成熟な少年ら」の「無軌道で，場当たり的な，一連の集団犯罪」であることを斟酌すべき情状に挙げている。この事件の弁護人による論稿として，内河恵一＝雑賀正浩「名古屋市大高緑地アベック殺人事件（特集・死刑を考える）」刑弁37号（平成16年）73頁がある。
56) 柳俊夫＝古江頼隆＝安田潔「凶悪重大事犯の実態及び量刑に関する研究」法務総合研究所研究部紀要39号（平成8年）79頁。
57) 前田雅英ほか『量刑に関する国民と裁判官の意識についての研究――殺人罪の事案を素材として』司法研究報告書57輯1号（平成19年）。この乖離の原因として，可塑性や少年法の趣旨の理解の差，マスコミ報道の影響が挙げられ（同書128頁，187頁），髙山佳奈子「『国民感情』と刑事責任」棚瀬孝雄編『市民社会と責任』（有斐閣，平成19年）109頁は，少年犯罪者に対する一部国民の偏見の存在を指摘する。
58) 神山＝岡・量刑判断41頁以下。法律実務家とは異なる新鮮な視点から問題の考え直しを迫るものととらえると同時に，異なる価値観相互のコミュニケーションを実現する量刑評議の課題をも指摘する。これについて，小池・量刑評議654頁は，価値観・人生観の違いで平行線をたどることのないように裁判官が評価の基準を示し，それを前提に議論すべきことを指摘する。原田・裁判員裁判67頁も，少年の健全育成などの法理念を尊重した評議が行われるべきで，裁判官が裁判員に法理念を理解してもらうことが裁判員との真の協働作業になると説く。
59) 波床昌則「裁判員裁判における自白事件の審理の在り方」原田國男判事退官記念

『新しい時代の刑事裁判』（判例タイムズ社，平成22年）111頁などで紹介されている。
60) 年少であること等の事実について，これまで法律家は，それが当然に刑を軽くする方向の情状と思いこんでいた面があるが，何故そうなのかを一般国民に分かるように説明する努力が求められていると指摘するものとして，上冨敏伸ほか「座談会・本格始動した裁判員裁判と見えてきた課題」ひろば2010年1月号24頁〔酒巻匡発言〕。
61) 田宮裕＝廣瀬健二編『注釈少年法〔改訂版〕』（有斐閣，平成13年）411頁。
62) 荒木伸怡・判評399号（平成4年）43頁（判時1412号189頁）以下。
63) 前田忠弘「少年刑事事件の量刑」前野ほか・総合的検討305頁。
64) 城下裕二・判評512号（平成13年）59頁（判時1755号229頁）及び荒木・前掲注62) 45頁。
65) 仲家暢彦「若年被告人の刑事裁判における量刑手続――少年調査記録の取扱いを中心として」中山善房判事退官記念『刑事裁判の理論と実務』（成文堂，平成10年）329頁。八木正一「少年の刑事処分に関する立法論的覚書」判タ1191号（平成17年）69頁（『小林充先生＝佐藤文哉先生古稀祝賀刑事裁判論集(上)』〔判例タイムズ社，平成18年〕632頁所収）。
66) 佐伯仁志＝酒巻匡ほか『難解な法律概念と裁判員裁判』司法研究報告書61輯1号（平成21年）59頁。杉田宗久「量刑事実の証明と量刑審理」本書第4巻参照。
67) 原田・実際9頁。
68) 中＝香城・前掲注47) 18頁，56頁。
69) 高橋・実証的研究196頁。
70) 我が国の65歳以上の高齢者人口は，平成17年に総人口の2割を超えた。そして，昭和63年から平成19年までの20年間で，65歳以上の高齢者人口は約2倍に増加したが，高齢者の一般刑法犯起訴人員は約7.4倍に増加し，起訴人員中の高齢者比も1％から6.4％に急増している（法務省法務総合研究所編『平成20年版犯罪白書――高齢犯罪者の実態と処遇』217頁，234頁。なお，犯罪白書では60歳以上を高齢者としていたが，平成20年版から65歳以上としている。）。
71) 大塚仁編『新刑事政策入門』（青林書院，平成7年）113頁〔前田忠弘〕。
72) 『平成20年版犯罪白書』282頁。
73) 『平成16年版犯罪白書』290頁以下によれば，60歳以上の受刑者は，11％にも達しており（昭和48年には1.3％であった。），このうち入所6度以上が約4割を占めている。罪名では，窃盗と詐欺が多く，再入者の約6割にのぼっている。
74) 鮎川潤「平成16年版犯罪白書を読んで――矯正施設の過剰収容と高齢受刑者の問題を中心に」ひろば58巻1号（平成17年）4頁。
75) 『平成16年版犯罪白書』296頁参照。
76) 『平成20年版犯罪白書』312頁，322頁以下。
77) 更生保護2009年10月号の特集「高齢・障害のある対象者の自立支援」がこの支援事業の解説を掲載している。高齢（概ね65歳以上）又は障害を有する矯正施設入所者のうち，適当な引受人や帰住予定地のない特別調整者を主な対象として，センター

又は委託された民間団体が保護観察所と協働して，受入先の社会福祉施設等を確保したり福祉サービスの申請支援等を行うものとされ，多くの地域で事業が開始されている。

78) 大塚編・前掲注71) 381頁〔花井哲也〕。
79) 『平成16年版犯罪白書』294頁以下によれば，加齢に伴う身体機能や知的能力の衰退，疾病等がある場合に，P級（身体上の疾患又は障害のある者），T級（専門的治療処遇を必要とする者），S級（特別な養護的処遇を必要とする者）の判定を受けることがある。また，同書295頁には，バリアフリー設備の刑務所が紹介されている。『平成20年版犯罪白書』312頁。
80) イェシェック＝ヴァイゲント・ドイツ刑法総論707頁。
81) なお，刑の執行によって，生命を保つことのできないおそれがあることは，刑の裁量的執行停止事由になっている（刑訴法482条1号）。

第4　被告人の性別

1　被告人が女性であることの量刑への影響

　性別それ自体は加重・軽減事由にならない。女性が妊娠中や出産直後であるときに刑の任意的執行停止事由となる（刑訴法482条3号・4号）のは別として，また，後記「家庭環境」の項で触れるように，女性が養育に携わることが多いなどの実情から，結果的に性別が関係してくることはあっても，女性であること自体を量刑上考慮することは，憲法14条に違反する（24条の趣旨に照らしても許されない）であろう。なお，被告人の多数が男性であるため，実際上，女性についてだけ問題になる。

　原田元判事によれば，人種や性別は，本来それ自体ニュートラルな量刑要素であるが，人種や性別による偏見（バイアス）が量刑を不当に重く又は軽くするおそれがある。世間の常識という形で主張されることがあり，無意識のうちにそれにとらわれて事実認定や量刑を歪めるおそれもあり，裁判員制度において重要な問題であるとされる[82]。

　ところで，ポラック（O. Pollak）は，女性犯罪の潜在的性格を指摘し，被害者や法執行者による女性への「騎士道精神 chivalry」「温情主義 paternalism」で説明した[83]。ポラックの「騎士道精神理論」については，「男性の警察官や裁判官が非行少女や女性犯罪者に対して父親的な保護的態度をとるのは，彼らが女性のことを援助と助言と指導を必要とする未成年の子供と判断しているからである」として紹介されている[84]。

また，鈴木義男教授も，女性に対する起訴率，実刑率，実刑の刑期のいずれにおいても男性より低いという平成4年度の『犯罪白書』の調査結果について，「女性の犯罪は一般に犯情が軽いからなのか，女性に対して甘い処分をするという裏返しの差別意識が残っているためなのかは，まだ十分に解明されていない。」と問題を提起している[85]。

ここで引用された平成4年版の『犯罪白書』は，「女子と犯罪」を特集しており，検挙人員，起訴人員，新受刑者の男女比の統計に基づいて，「検挙，起訴，公判手続における判決と刑事手続が進むにつれ，女子比が低くなる傾向」，すなわち「女子は男子より軽い処分を受ける傾向」があることを実証している。①業過を除く刑法犯の起訴猶予率（昭和41年から平成3年）は，女子が70％前後で，男子の30％台よりもはるかに高い。②窃盗の公判請求率（昭和54年から平成3年）は，女子が20％以下で，男子の60％台に比べ，非常に低く，実刑率（昭和54年から平成2年）も，女子が20％強で，男子の40％強よりも低い。③詐欺の公判請求率（昭和54年から平成3年）は，女子が60％前後で，男子の70％前後に比べ，やや低く，実刑率（昭和54年から平成2年）は，女子が30％台で，男子の60％前後よりも低い。④覚せい剤取締法違反の公判請求率（昭和54年から平成3年）は，女子が90％前後で，男子の93から95％前後に比べ，わずかに低い程度であるが，実刑率（昭和54年から平成2年）は，女子が20から37％で，男子の52から65％よりも低い[86]。

なお，最近の統計を見ると，平成16年における起訴猶予率（交通関係業過及び道交法違反を除く。）は，女子54.0％（男子33.4％）である[87]。

このような数字は，何を物語るのであろうか。

2 女性犯罪の特色

ここで，女性犯罪の特色を見ると，これまでは次のような点が指摘されてきた。

(1) 業務上過失傷害罪を除くと，主要な罪名は窃盗，しかもその6割が万引である。

(2) 女性比の高い犯罪として，嬰児殺，遺棄，過失致死傷，失火などは家庭生活に密着した家事，育児や人間関係に関連しており，殺人の動機では人間関係のもつれによる嫉妬，怨恨，憎悪などが多く，殺人の被害者は夫，愛人，子供などが多い[88]。

(3) 女性の犯罪は遅発型が多く，短期間に犯罪が繰り返されるなど，生理的心理的関係がある。

(4) 万引の動機については，生理中による気分の不安定や，欲求不満の解消などが特徴的であるという調査結果が紹介されている[89]。

(5) 累犯者や知能が低い者が比較的多いとする分析もある[90]。

このように，女性犯罪の動機背景には，女性の身体的心理的特性と生活条件が大きく関わっているといえる[91]。

また，男性被告人と比べて初犯者が多いことも統計上明らかである（男女別の統計が載っている平成10年の司法統計年報〔刑事編第39表〕によると，刑法犯通常第一審事件の有罪総人員のうち，女性の初犯者は72.6％であり，男性の初犯者は39.9％にとどまっている。）。

3 女性の量刑差の原因

そうすると，女性犯罪者は刑事司法上寛大に扱われることが多く，起訴猶予率や執行猶予率が高い結果になっているからといって，それには理由があるといえそうである。女性犯罪の特質や傾向について，万引など軽微な事件が多く，予後の見通しも良い場合が多いこと，殺人等の事件でも被害者に問題のある家庭内事件が多いなど，犯情の差があり，また，女子を拘禁すると家庭崩壊を招くなどの事情も考慮されていると分析されている[92]。また，女性の関与する共犯事件では，男子の計画実行する犯罪に女性が手助けをする形が多いとする指摘もある[93]。そのような犯情などの差があれば，その結果として寛大に扱われることになっても合理的な理由があり，女性に対する寛大な騎士道精神の表れと見ることはできないであろう。

むしろ，寛大さの内実として，伝統的女性犯罪を犯した女性には温情をもって扱うが，暴力犯罪を犯した女性には厳しい量刑がされている傾向にあり，期待されている性的役割から逸脱している度合いの大小によって判決の厳しさが変わるというアメリカの論文を引用し，女性の性的役割と矛盾しない限り女性の犯罪を大目に見ようという性差別思想を反映した傾向であるとする厳しい批判[94]がされている。また，前記のような女性共犯事件の処理について，妻が夫に従って協力していたという状況にある限り，夫のみが責任を問われれば足りると考えるのがいまだに社会通念であるとした上で，男女間における女性の役割に対する社会の見方が変化すれば，犯罪に消極的に加担した女性に対する処理も変わる可能性があると論じられている[95]。

4 女性犯罪の変化など

さらに，女性犯罪についての量的質的変化が生じていないかも検討される

べきである。

　量的変化については，女性犯罪は増加し，女性比も上昇しており[96]，刑事司法による取扱いも変化せざるを得ない。なお，女性犯罪の増加現象は女性の社会的進出とは相関関係にあるとはされていない[97]。

　次に，女性犯罪の質的変化について，万引などでは動機や属性に関して差異が見られたが，性役割の分業が変化するのに伴い，今後は男女別の差異も減少すると予想されるほか，特に財産犯においては女性の生物学的要因よりも社会的経済的諸条件の影響を受けることが多く，女性の特殊性が強調されるべきではないとされる[98]。遅発型が多い，あるいは知能程度に問題が多いという点も，罪種（たとえば売春防止法違反）や社会条件（たとえば女子進学率の向上）によって異なってくると思われる。

　また，罪種による司法の対応の違いもある。上記平成4年版の『犯罪白書』の統計調査からうかがわれるように，覚せい剤事犯に対しては，男性と同様厳しい事件処理がなされており，起訴猶予率はわずかである。これは，同罪の処分において個別事情よりも薬物濫用の防止という取締り目的が優先するからであろう。なお，覚せい剤事犯において，女性の場合には性との関連が少なくないとの指摘もあり，女子の覚せい剤使用者の多くは，周囲の者，特に男子の使用者に誘われて使用した末端使用者であるともいわれる[99]。萩原玉味教授は，女子覚せい剤事犯者には欠損家庭や機能不全家庭に生育した者が多く，愛情飢餓感から安易に暴力団関係者など行状不良な男性に依存していく傾向があり，この依存性のため再犯率が高いと分析している[100]。このように，異性関係を通じて覚せい剤依存に陥り，出所後も別の異性（覚せい剤の密売人や常用者）との関係で覚せい剤を入手し続けて覚せい剤依存が継続するといった事例は実務上かなり見られる。このような女子被告人の場合，不良な異性関係の清算ができないと，覚せい剤を断ちきることは容易でない。他方，女子の覚せい剤使用の態様は受動的であることも多く，初回の入手方法は夫や情交相手からの無償事例が大半であり，さらには，薬物を強制されたり暴力団関係者の資金稼ぎの犠牲となるなど被害者性も認められるという指摘もされているが[101]，これらの点があれば，情状として無視できない。前者（異性関係を通じた再犯のおそれ）は，予防的要素であり，後者（受動的使用）は，主として責任減弱要素である。このように，女性による覚せい剤犯罪と異性関係には関連性が認められる場合が少なくないため，動機，依存の程度，特別予防の必要性などの判断において，この点を考慮せざるを得ない場合がある。なお，その考慮の際，前記のような「性的逸脱に関する道徳の二

重基準」(性的逸脱を伴う事件を起こした女性には厳しく臨むやり方) に基づいた差別的取扱い[102]をしていると誤解されないように留意すべきである。

5 結 論

以上のように，量刑判断をする上で性差に関係すると思われる問題に直面する場合があるが，性別自体から直ちに量刑に差をつけることは許容されない。ただし，男女間の身体的心理的特性と生活条件の違いなど，性差に由来するが実体のある情状事実が認められる場合には，動機の酌量の程度や社会内更生の可能性などの評価に当たって考慮してよいことになる。実務も，そのような責任及び特別予防の事情における差を正当に評価した処理をしているといってよいと思われる。それと同時に，偏見からくる厳格もしくは寛大な評価が混入しないように (そのような評価をしているとの誤解を与えないように) 心がけることが肝要である。人的属性要素の中でも特にジェンダーの問題については，意識や価値観の変化が大きい分野であり，判断者の個人的感覚が投影されかねない。性差に関して量刑判断や説示をするに当たっては，その点に慎重な配慮を要する。「女性でありながら暴力行為に及んだ」などという説示は，社会的性差や性的役割を固定化する偏見に基づいて男性の同種粗暴行為よりも加重した非難を加えていると受け取られかねないから，不当であろう。

立証の在り方に関して，角田由紀子弁護士は，司法機関の構成員の男性比率が極めて高く，女性差別の契機を含んでいる可能性が大きい[103]とした上，裁判官の同情を買うのではなく，その女性の生活状況，生育史などに女性であるがゆえに性差別社会で必然的に被っていた被害はないのかを検討し，女性に対するステレオタイプの見方を捨て，間違った同情心で事件を見ないようにする必要があると論じている[104]。

82) 原田・実際 358 頁。
83) 中谷瑾子編『女性犯罪』(立花書房，昭和 62 年) 98 頁〔萩原玉味〕。
84) 萩原玉味「女子と薬物犯罪」佐藤司先生古稀祝賀『日本刑事法の理論と展望(上)』(信山社出版，平成 14 年) 512 頁。
85) 鈴木・前掲注 12) 78 頁。
86) 『平成 4 年版犯罪白書』278 頁以下。
87) 『平成 17 年版犯罪白書』150 頁。
88) 藤岡淳子「女性と犯罪」犯罪と非行 138 号 (平成 15 年) 17 頁は，女性の殺人の大半は，家族内における「関係性」ゆえの犯行であり，売春や薬物事犯も「関係性」の

希求が動機となっている場合があるという。
89) 中谷編・前掲注83) 143頁〔細井洋子ほか〕。生理・産褥期等の身体的心理的状態により抑制力が低下していれば，非難が減弱することになるが，個人差も大きく，その影響度については慎重な認定を要することになる。
90) 大塚編・前掲注71) 90頁〔虫明満〕参照。知能面の男女差は減少しているとされる。柏原智子「女子犯罪と成人矯正」犯罪と非行138号（平成15年）53頁によれば，女子新受刑者の知能指数は上昇しており，平成9年以降は男女ともに80台が最も多く，男女差がなくなっている。なお，無職者の割合は年々増加の傾向にある。
91) 藤本・前掲注34) 366頁以下。
92) 中谷・前掲注83) 93頁〔岩井宜子〕及び97頁〔萩原玉味〕。
93) 渡辺咲子「女子犯罪者と検察」ひろば46巻1号（平成5年）12頁。
94) 中谷・前掲注83) 99頁〔萩原玉味〕。
95) 渡辺・前掲注93) 12頁。
96) 交通業過を除く刑法犯検挙人員に関する統計については，藤本・前掲注34) 367頁。
97) 女性の社会進出後も，女子成人の犯罪は，経済，家庭，異性関係等の環境上の負因を背負ってなされる伝統的な犯罪類型に属している（佐藤典子「最近の女子犯罪の動向と特質」ひろば46巻1号〔平成5年〕9頁），女性の社会進出という社会の正常な変化があっても，職業的常習的な犯罪社会に影響したり巻き込まれることが起こりにくい（渡辺・前掲注93) 14頁）などと説明されている。
98) 中谷編・前掲注83) 144頁，152頁〔細井洋子ほか〕。
99) 藤本・前掲注34) 369頁，後藤真理子「女子と裁判」ひろば46巻1号（平成5年）16頁。
100) 萩原・前掲注84) 504頁。
101) 萩原・前掲注84) 503頁，510頁。
102) 中谷編・前掲注83) 100頁，102頁〔萩原玉味〕参照。
103) もっとも，司法修習生の修習修了者における女性の比率を10年ごとに見ると，第58期（平成17年終了）が23.7％，第48期が20.3％，第38期が9.8％，第28期が4.5％であり，増加傾向にあるため，法曹に関しては事情が変わりつつあるといえよう。
104) 角田由紀子「女性の被疑者・被告人の弁護はどのように行うか」竹澤哲夫ほか編『刑事弁護の技術(下)』（第一法規出版，平成6年）414頁以下。

第5　被告人の職業，社会的地位

被告人の職業の種類や社会的地位が量刑の加重・軽減事由になるかについては，場合分けをして考察する必要がある。

1　学　説

岡上雅美准教授は，「（社会的地位や職業などを）人格要素が個別行為責任と

は無関係であるという理由からただちに,責任刑としてはすべて考慮しないとすれば,それはあまりに短絡的であって」,「被告人の職業・地位や犯罪行為との間に何らかの類型性を作りだし,刑罰の加重を合理的に説明しようとする試みがなされている」として,この点に関するドイツの判例及び学説(フリシュ,ブルンス)を紹介している[105]。同准教授によれば,「職業上の義務と行為との間に内的関連がある場合」に刑罰を加重するというのがドイツの判例の立場である。一方,学説では,「社会的に高い地位や専門的な資格のある者には,通常人よりも法律を正しく尊重することが要求されるとする刑法の在り方」を警戒し,「行為者が侵害法益に対して保証人的義務を持つ場合」(この場合,不法性が高い)や「一定の地位にある者が,一般人よりも結果についての高度の知識を持っていて,より具体的かつ現実的にこの危険を意識していた場合」(この場合,行為者の結果回避能力が高い)には,特に強い義務違反が肯定でき,刑罰加重を認めてよいと論じられている。

そして,【設例1 警察官がパトロール中に窃盗】【設例2 税関吏が密輸に加担】【設例3 交通担当の警察官が交通事故を起こす】【設例4 国会議員が偽証】【設例5 被告人は裁判官】について,設例1から3につき,被告人の身分を刑罰加重的に考慮してよく,設例4,5については,刑罰加重を根拠付けられないとする(フリシュ)。

同様に,川崎教授も,職業や社会的地位による量刑責任の個別化は,平等取扱原則に反しない範囲において許容され,「行為者がそのような地位にあることによって被害法益を侵害しないようにすべき高い義務を負担していると考えられる場合」に限って,社会的地位が刑罰加重的に作用することが認められるとする[106]。また,ドイツの教科書では,「行為者の特定の人格的属性を根拠に,法的に忠実な態度への義務が重く,したがって,犯罪行為の遂行の責任がいっそう重いと推論するのであれば,それは平等原則に違反する。」「(たとえば,政治家または裁判官といった)『名士』についてもまた,犯罪がその周知の活動となんら関係のない場合には少なくとも,加重して処罰することは許されない。」「酩酊運転において,自動車教習所教官として職業上運転した場合は刑罰加重的に考慮されるが,これに対して,弁護士として運転した場合は刑罰加重的に考慮することはできない。」[107]などと記述されている。

さらに,フリードリクス教授は,その著書において,裁判官が企業の人間に対して厳しい量刑をすることに消極的な場合が多いとし,その理由として,刑事手続に巻き込まれるという不名誉自体がそのような犯罪者の多くにとって刑罰に値すること,組織のスケープゴートと考えられる場合もあるこ

となどを挙げる。逆に，社会的に尊敬され信用されている地位にある人々は，より多くの期待をされているため，ホワイトカラー犯罪者を伝統的犯罪者よりも，より有責性が高いと考える裁判官もいるとする。また，社会的地位の高い者が刑事裁判を受けることは極めて稀であり，その犯罪が重大で世間から注目される度合いが非常に大きいために，厳しい量刑を受けやすいことも指摘している[108]。

2　検　討

　以上の学説を参考にして，考察する。被告人の地位職業と当該犯罪との関連性によって，以下のように①②③に区別できよう。

　①　職務に関係する犯罪の場合，被告人の職業に内在する高度の抑止義務に違反している点で，強く非難される。職務上の知識や立場を悪用したような場合，特に違法性が強いといえる。ただし，身分犯については，（身分のない者が関与する場合は別として）その身分のある者が犯罪の主体になること自体を法が規定しており，これによる違法性や非難可能性も法が織り込み済みである。したがって，たとえば刑法193条違反罪について，「公務員である被告人による本件犯行によって，公務員の行う職務の公正に対する社会の信頼が害された」こと自体は，侵害された法益及び一般予防の必要性などの確認にとどまる限りでは問題ない[109]が，それ以上に悪質な情状として考慮するようなことがあれば，二重評価の禁止の原則に抵触するといえよう[110] [111]。

　②　職務との関連性がない犯罪の場合，抑止義務は通常人と変わらないといえるから，原則としては，職業による責任の加重は認められないことになる。

　③　ただし，職務との関連性がなくても，公的地位にある者や法の適用・執行等の職業に携わる者，あるいはその分野について専門的知識を持つ者による犯罪の場合，責任加重があり得るか。上記フリシュの設例やドイツの教科書によれば，職務活動と関係がないから，加重されないとされている。公的地位等にある者が，職務や地位に関係なく一私人として犯罪を行った場合，犯罪の態様など行為の違法性を基礎付ける事情（犯情）は一般と変わらないが，行為者が一般市民よりも処罰結果について高度の知識を持ち，犯罪を行わないことが強く期待されながら，そのような抑止義務にあえて違反した点で非難の程度が強いといえよう[112]。同時に，その公的地位等に対する信用を失墜させた点に対する非難，あるいは，一般予防の観点から，そのような地位にある者が犯罪に及んだことで，国民の衝撃や法軽視の風潮を招きかねないという社会的影響，また，同種の地位にある者に対する予防効果も

量刑上考慮に入れてよい[113] [114]。原田元判事も，裁判官の犯罪等について，「犯罪にかかわらないという社会の高度の信頼を裏切った場合」として，責任非難を加重する要素になることを肯定する[115]。

ただし，③の場合，責任加重事由になる公的地位や専門的職業の範囲をどう捉えるか，考慮する程度等について，実際には更に留意を要する問題がある。社会的に高い地位にあって模範となるべき立場の人が世間から寄せられる信頼を裏切るような行動をすれば強く非難されるべきであるという見方が伝統的なものであろうが，社会のリーダー，公務員，著名人というだけで大きく責任加重される合理的理由はない。第1に，生徒を指導すべき教師，法の遵守を国民に求める立場の司法関係者や立法担当者（政治家）等については，職種によって均一ではないが，違法行為をしない特に高い職業倫理及び義務を負い，これを自覚すべきであるから，違法行為（特に故意犯）があれば，あえて義務に違反したという点において若干の責任加重がされてもやむを得ず，地位利用行為であれば更に悪質として一層強い非難を受けることになろう。ただし，純然たる個人の犯罪であれば，義務違反や影響を過大視すべきでなく，行為責任を大きく超えた過度の刑罰にならないようにすることが求められる。第2に，上記以外の公的地位にある者や専門家，著名人については，その地位にあることが当該犯罪を起こしたことの違法性又は有責性を強める事情にならない場合が多いであろう。通常の職業倫理やモラルに違反したことによる非難と法規違反による刑事責任とは峻別されるべきである。また，一般人の処罰感情を直接的に持ち込むと，根拠と合理性を欠く不平等な量刑になるおそれがある。井田教授は，生の一般予防的考慮を刑量にダイレクトに反映させることは「社会の側の非合理的な処罰感情，とくにマスコミによる選択的・偶然的な報道等に影響された『世論』の反応に左右されることになるおそれが大きい」とするが[116]，公務員や専門家，著名人の犯罪については，マスコミの過剰報道がされる場合も多く，この警告は，公的地位等にある者の犯罪に対する量刑の場面でも当てはまるといえよう。

いくつかの具体例で検討する。(1)教師がその生徒に対してわいせつ行為等に及んだ場合，職務に伴う義務に違反し，かつ，その地位を利用して当該犯罪を行ったのであるから，違法性も非難可能性も大きく，責任が加重される[117]。教え子でない児童に対する行為であれば，地位利用による加重はないが，教育者の職務に伴う義務や信頼を失墜させたことについての一定の非難は避けられないと思われる。(2)国会議員，知事，警察官，検事あるいは裁判官が，たとえば痴漢行為や覚せい剤使用などに及んだ場合はどうか。職業

上の知識や立場を利用した場合は，違法性が強いことが明らかである。問題は，純然たる私人の立場による犯罪の場合であるが，とりわけ裁判官，検事，警察官など犯罪抑止を含め法の適用・執行に関わる職業の場合は，法を知悉し，かつ，法を自ら遵守することを強く求められる立場にあるから，それにもかかわらず刑罰法令に触れる行為に出た点で，一般国民よりも強い非難を受けることは免れないであろう。後記裁判例の①と④では，裁判官による破廉恥罪に関して，地位利用や職務関連性があったかどうかによって責任非難の程度を区別した考慮がされており，正当であろう。次に，国会議員，知事などについても，法を遵守すべき高度の信頼を受ける立場にあるから，上記職業に準じた非難を受けることになろう。(3)職業運転手（たとえばバスやタクシーの運転手）であることを理由に刑を加重することが認められるか[118]。職業運転手は，その資格及び知識・能力において，交通法規を遵守し安全運転に務めることが一般運転者以上に要請されているから，職業運転手が業務中に飲酒運転や信号無視をすれば，違法性・危険性が高いと認められることは当然であるが，私生活上で飲酒運転等をした場合でも，職業に伴う交通法規遵守義務にあえて違反した点について非難可能性が高まるという考え方がある。他方，専門家としての高度の知識や能力ではなく業務上の高度の交通法規遵守義務が肯定されるだけであって，業務外では一般運転者と同等の責任しか負わないという考え方もある。この点につき，研究会では，意見が分かれた。職業として従事する以上，一般人以上に交通法規遵守義務の強い自覚が求められ，違反に対してより大きい非難を受けることは肯定されてよいと思われるが，職業運転手といってもその実態は多様であり（車種，人輸送か物輸送か，安全運転教育の内容など），多くの国民が生活や仕事で運転している実情も考慮すると，直ちに強い非難を受けるわけではなく，加重する実質的根拠が認められる場合に，それに応じた程度に限られるべきであろう。

3　裁判例──量刑事情のうち被告人の地位，職業に関する判示部分

　地位・職務と犯罪との関係，義務違反の程度が考慮され，また，被告人の地位に伴う社会的影響の大きさや，社会的制裁を受けたことなどが指摘されている。

　① **福岡高判昭 58.9.2 判タ 531 号 233 頁**（裁判官による公務員職権濫用，収賄。担当する事件の女性被告人と情交したという極めて特異な事案）

「簡易裁判所判事の地位にありながら，裁判官としての自覚を欠き」「司法

関係者はもとより，他の一般人でさえ信じかねるような，まさに前代未聞の，裁判官としてあるまじき悪行を重ねた事案」「国民の信頼を必要不可欠とする司法の場に拭い去ることのできない一大汚点を残した」として，懲役1年の実刑に処した原判決を維持した。

② **大阪地判平5.3.25判タ831号246頁**（警察官2名がシンナーを所持している少女をパトカー内に連れ込み，所持品検査を装ってわいせつ行為に及んだ事案）

制服警察官による，被害者の弱みに付け込んだ計画的な犯行であり，「一般市民の警察に対する信頼を損ない，日夜精勤する多くの警察官の士気にも影響を及ぼしたと思われる」ことも実刑の理由に挙げられている。職務中の警察官であったことにより背信性及び社会的影響が大きいとしたものである。

③ **大阪地判平12.8.10**（公刊物未登載。知事による強制わいせつ事件）

被告人が犯行当時現職の知事であったことで，それ自体が本件被害者に対する犯行を容易にしており，また，背信性・背倫理性も顕著であって，厳しい非難を免れないとしたが，知事の職を自ら辞し，公人として社会に復帰できる可能性はほぼ絶たれたことなどの事情も考慮して，懲役1年6月，執行猶予3年間を言い渡した。

④ **東京地判平13.8.27**（公刊物未登載。裁判官による児童買春・児童ポルノ処罰法違反事件）

ジュリ1209号29頁，1210号11頁の記事によれば，判決の要旨は，「裁判官に対する国民の信頼を踏みにじり」「裁判官の職にあり，法の番人であることを自覚していたはずなのに」とした上，「裁判官の職務とは無関係の行為であることも考えると，現職の裁判官であるという一事をもって実刑にするのは刑の均衡を欠き，酷に過ぎる面がある」として，懲役2年，執行猶予5年間を言い渡したとされている。

⑤ **東京地判昭58.10.12判時1103号3頁及び東京高判平12.9.28判タ1044号300頁**

国会議員の犯罪については，職業上求められている高度の倫理性，廉潔性に違反したという責任非難及び社会的影響が指摘されている。ロッキード事件丸紅ルート事件第一審判決（東京地判昭58.10.12）は，内閣総理大臣在職中に5億円を受け取り受託収賄罪を犯した被告人に対し「その公務員としての最高の地位，権限に対して要求される職務執行の公正さの程度が極めて高く，したがって国民の信頼を甚だしく失墜し，社会に及ぼした病理的影響の大きさにははかり知れないものがある」としている。元代議士受託収賄等控訴審判決（東京高判平12.9.28）は，「国民全体の奉仕者である公務員，就中，国権

の最高機関かつ国の唯一の立法機関の構成員として求められる高度の倫理性，廉潔性にかんがみて，国民に対する背信性の高い事案」としている。

105) 岡上・問題点（2・完）17 頁。
106) 川崎・体系的量刑論 231 頁。
107) イェシェック＝ヴァイゲント・ドイツ刑法総論 706 頁。
108) D. O. フリードリクス（藤本哲也監訳）『ホワイトカラー犯罪の法律学』（シュプリンガー・フェアラーク東京，平成 11 年）492 頁以下。
109) 城下・意義と限界 30 頁は，「収賄罪の量刑に際して，行為者が公務員であることを加重事由とすることは認められない。」として，ある罪に該当する行為一般に共通した事情を量刑事情に含めることには疑問があるとする。しかし，量刑理由に記載されていても，同論文がいう「罪質」を確認する意味での言及にとどまり，あるいは公務に対する信頼保護という法益が侵害された程度を考慮する際の前提に過ぎず，公務員であること自体が加重事由とされているわけではないと思われる。後記の裁判例を参照。
110) 川崎・体系的量刑論 233 頁は，公務員としての身分が刑罰の根拠又は加重的な法定刑の根拠とされている場合（真正又は不真正身分犯），責任加重的に評価することは，二重評価禁止の原則に抵触するとしている。ドイツ刑法 46 条 3 項「すでに法律上の構成要件の要素となっている事情は，これを考慮してはならない。」
111) イタリア刑法 61 条 9 号は，「公務若しくは公の業務又は聖職者の資格に伴う権限を濫用し又は義務に違反して行為を行ったこと」（ただし，当該事情が犯罪要素であるとき，又は特別な加重事情であるときを除く。）を加重情状としている（松田岳士「コメント（量刑判断過程の総論的検討）」本書第 1 巻参照）。
112) 違法評価の基礎を行為の規範違反性に求めるか（行為無価値論），あるいは非難可能性を判断する基準をどこに求めるか等の理論も関係すると思われる。適法行為の期待可能性が乏しい場合は責任非難が減少するのと反対に，その可能性が特に高い場合は反対動機形成が特に容易であるとして，より強い非難に値するといえるのではないか。
113) 専門家の犯罪の社会的影響には，2 つあろう。外部的には，その者の属する職種や構成員に対する社会的信用の失墜（一般社会への影響，積極的一般予防の見解に通じる。），内部的には，その職種に属する人々の士気の低下を招く（集団内への影響）。専門家の仕事は国民の信用の上に成り立つから，信用を失い，それに伴って士気も低下すれば，影響は大きい。
114) 犯罪の社会的影響についての当研究会水島報告（「犯罪の社会的影響と量刑」本書第 2 巻）も，ほぼ同旨の結論である。
115) 原田・実際 10 頁。
116) 井田・量刑理論と量刑事情 37 頁。
117) 同旨，原田・実際 10 頁。
118) 川崎・体系的量刑論 232 頁は，交通事犯においては行為者の社会的地位は原則として問題とはされないが，職業運転手としての資格は顧慮されるとする。

第6　被告人の暴力団所属

1　被告人が暴力団員であることの量刑への影響

　暴力団員[119]というだけで直ちに責任が加重されるわけではないが，以下に論じるように，量刑に影響を及ぼすことが多い属性因子である。なお，団体への所属それ自体を量刑上不利な事実として扱うのであれば，原則として憲法14条（法の下の平等）及び21条（結社等の自由）に違反することになろう。しかし，破壊活動防止法は暴力主義的破壊活動等を，暴力団員による不当な行為の防止等に関する法律は暴力的不法行為等を規制しているところであり，それと同様に，所属している事実自体でなく所属から生じる事情を捉えて，所属する団体の実態及び被告人の関わりの程度などから被告人に対する特別予防の必要性などを判断し，量刑上不利な事実として扱うことは許されるというべきである。

　暴力団組員であること自体が本人の反社会的な思考及び行動傾向の徴表となり，犯罪的集団との親和性，遵法精神の低さが認められることが多い。宗像紀夫元検事は，犯罪者集団ともいうべき組織暴力団に属していることは，それだけで，被告人に反社会的性格があることを物語っているといえるし，常習性犯罪者と見られる場合も多く，再犯のおそれも極めて強いとする[120]。典型的な暴力団犯罪としては，組織間の対立抗争や組織内の統制確保をめぐる殺人，傷害，銃砲刀剣類所持等取締法違反等，そして資金獲得のための恐喝，覚せい剤取締法違反，売春防止法違反等が挙げられるが，組織の規律統制や勢力・資金源の維持などの目的のためには手段を選ばず，かつ，絶対的な上命下服であり指示命令に従わないことが許されないことが特徴であり，命令されれば犯罪行為であってもためらわず実行し，いわば法よりも組織の掟を優先する傾向がある。暴力団の世界に身を置く以上，構成員は，そのような暴力団特有の反規範的論理によって行動することになり，そのような傾向は，犯罪の違法性及び責任を強める。そして，被告人が今後も暴力団員として活動していくと見込まれる場合（とりわけ公判で言明している場合）には，組織間の抗争，組の資金の獲得を目的として，あるいは組織関係者との不良交遊等を原因として，再犯に及ぶおそれが認められる。

　暴力団犯罪の特徴を別の視点から見ると，複数の構成員によって行われる集団犯罪が比較的多く，資金源活動の対象や幅を拡大し，銃による武装化と

所持が日常化しているなどの点が挙げられ，また，構成員に関する特徴として，その約半数が1年に1度は犯罪を行い，暴力団員としての経歴を重ねるにつれて犯罪を繰り返し，それによって組織内の地位が上昇するなどの点が挙げられている[121]。さらに，矯正処遇の場面においても，暴力団員は，独自の副次文化に基づく価値観を持ち，組織集団への帰属性が強いため，受刑による改善が困難であり，所属集団からの離脱が更生のための絶対条件であるとされている[122]。したがって，暴力団を真に脱退し，将来にわたって復帰しないこと及び健全な市民社会の価値観に転換し，正業に就いて勤労する見込みがあることが，量刑上重要な特別予防要素となるといえよう[123]。

ただし，暴力団員である事実から直ちに責任が加重されることはなく，被告人の暴力団員としての特性が犯罪に関連するかどうかを考慮すべきである。ここでも3つの場合に分けて論じる。第1に，暴力団への帰属意識やその集団独自の論理などによって犯罪を起こした場合，集団犯罪としての動機や態様の悪質さによる違法性の増大に加えて，暴力団員という属性からくる被告人自身の反社会的行動傾向が強く表れているのであり，その傾向の矯正が必要であるから，特別予防の必要性も高くなるであろう。第2に，暴力団員であることが直接には関係しない犯罪であっても，属性を考慮した加重が許される場合がある。恐喝や暴行などの場合は，暴力団員であることが被告人の粗暴性や同種事犯の再犯可能性の徴表になる。車上狙いや覚せい剤使用なども，暴力団員としての生活交遊環境の中で行われた場合は，行為者属性と犯罪との結びつきが認められるから，特別予防目的による刑の加重が認められよう。第3に，被告人が暴力団員であるか一般市民であるかが関係しない犯罪については，加重する根拠が乏しいことになる[124]。たとえば，過失犯や一般の交通犯罪などでは，暴力団員だから義務違反をしたり交通法規を無視したと認められる事案は多くないと思われる[125]。もっとも，被告人の属性と犯罪との結びつきが認められない場合であっても，属性に伴う法規範軽視の傾向（反社会集団への親和性）など一般的事由を考慮できる場合はあろうが，過度の特別予防に傾いたり差別的な量刑にならないように，加重の程度については慎重な判断を要する[126]。

次に，暴力団に所属しているといっても，その実態は様々であるから，これに即した考慮が必要である。被告人が所属する暴力団の実態に関しては，抗争を頻繁に繰り返したり犯罪的手段による資金獲得（しのぎ）を行うなど，犯罪性が顕著であるかどうか，さらに，被告人と暴力団との関わり方に関しては，加入歴の長短，幹部か準構成員かといった地位の高低などにより，深

く関与しているかどうか,また,完全に絶縁できるかどうかが問題となる。これらも加重の程度を考慮する際の因子となろう。

2 立証上の問題点

立証について,検察官側は,被告人が暴力団に加入した動機,組織内の地位なども考慮し,暴力団組織図などの警察資料を提出しようとしても弁護人が同意しないなど,暴力団員であることの立証は容易でないとする[127]。

弁護人側からは,被告人質問により脱退する旨を語らせたり,絶縁状を提出するだけでは不十分であり,家族などの真摯な協力の意思を明らかにする立証も必要であるとする[128]。なお,暴力団脱退の可能性は重要な情状事項であり,破門,絶縁等の事実があれば忘れず立証する必要があるとしながら,暴力団に入ったから犯罪を犯すようになるわけではなく,暴力団から脱却すれば,なおいっそう犯罪を反復するする可能性のある者もいるという反論がある[129]。しかし,犯罪傾向の乏しい若者が暴力団に憧れて反社会性を身に付けたり,それまでの犯罪傾向をより強固にする事例が多いことは明らかというべきである[130]。

なお,破門,絶縁等が行われ,暴力団を脱退したという主張立証が行われるが,建前とは違って復帰する場合もあるようであり,その評価は慎重を要するとされている[131]。

被告人が組幹部であるのか,組を脱退したのかなど,暴力団属性に関する立証については争いになる場合もある。どこまでの証拠調べを行うかについては,それが特別予防事由等として量刑上どの程度の重さを持つと考えるかによるが,上記のような犯罪との結びつきの強弱や執行猶予の可能性なども考慮して決めることになろう。

---

119) 本稿では暴力団を代表として取り上げるが,暴走族や組織的に暴力的活動・詐欺・恐喝等を繰り返す団体など他の反社会的集団に所属している場合についても,その集団の犯罪性や構成員の帰属意識,構成員間の紐帯の強弱など実情の違いを考慮した上で,暴力団に準じて扱うべき場合があろう。
120) 宗像・情状と量刑43頁。
121) 星野周弘『犯罪社会学原論』(立花書房,昭和56年) 451頁。
122) 藤本・前掲注34) 436頁以下。
123) 離脱が比較的容易な者の属性として,組員歴が短く,参加した理由が一般社会への不適応や疎外でなく,非合法活動や集団の副次的文化に積極的に同調しておらず,合法的な収入を得ていたことなどが挙げられる。そして,就職の斡旋や社会的承認の

回復など，援助や受入れ態勢が確保されることが社会復帰を促進する要因となり得る。星野・前掲注121) 497頁。
124) 原田・実際10頁も，暴力団組員であることが何ら関係しないような事案（業務上過失傷害罪など）で，これを悪い情状として強調するのは，問題であろうとする。
125) 暴力団員による無免許飲酒運転や事務所付近での常習的路上駐車などの事案では，第2の類型に当たる場合もあろう。
126) 暴力団員であることが規範意識の乏しさや再犯可能性の徴表としてどれ程の意味を持つかについて，研究会では意見が分かれた。暴力団員を今後も続けることを明言しているような被告人については，執行猶予に適さないと考えるべきであるという意見も有力であった。なお，暴力団経歴の長い者は労働意欲が乏しいことが多いが，その点は，別の属性（第8）の問題として論じる。
127) 宗像・情状と量刑43頁。
128) 柳沼八郎＝渡部保夫「情状立証はどのように行うか」竹澤哲夫ほか編『刑事弁護の技術(上)』(第一法規出版，平成6年) 654頁。
129) 若松芳也「暴力団事件の弁護はどのように行うか」竹澤ほか・前掲注104) 401頁以下。
130) なお，暴力団員による不当な行為の防止等に関する法律2条2号において「暴力団」とは「その団体の構成員が集団的に又は常習的に暴力的不法行為等を行うことを助長するおそれがある団体」と定義されているところであり，暴力団と犯罪との関係は明らかである。
131) 原田・実際10頁。

第7 被告人の国籍

1 被告人の人種・国籍と量刑上の問題

被告人が外国人であることは，それ自体で加重・軽減事由になることはない。川崎教授によれば，外国人は日本の国内事情に精通せず，日本の法律について貧しい知識しか持ち合わせていない者も多く，違法性の錯誤が，その外国人の基準に基づけば回避困難性が認められる場合，その錯誤は責任軽減的に作用するという[132]。この点は，国籍だけでなく，定住する外国人か非定住（来日）外国人かで事情が異なる。来日外国人の犯罪が増加しており[133]，文化的摩擦の問題が無視できなくなっているが，犯罪の種類（たとえば行政犯）などによっては違法性の意識の可能性が問題になる場合もあることは否定できない。外国人であっても行為地の法に従うことが原則であるが，反対動機の形成が容易ではなかったといえる事情が認められれば，犯罪

論のほか，量刑論においても，責任を減少させる事由等として考慮することになろう。

この違法性の意識という論点について，奈良俊夫教授は，「受け容れ側の法規範と新来者の行動規範の緊張関係」が生ずる場合に，「行為者の行動を規制している文化的背景を，その者の刑事責任を判断する際に，どこまで考慮すべきか」が問題になるが，従来の「法の不知は許さず」の原則の適用や錯誤論に対する見直しが必要になってきているとして，アメリカでは「文化的背景を理由とする抗弁（cultural defense）」が提唱されているが，反対論も多いことを紹介した上で，我が国においても，違法性の意識を欠くに至った相当性の具体的判断基準として，「行為者の属する文化の独自性とそれを遵守しようとする行為者の態度」「行為者の滞在期間とその滞在環境」「行為者の年齢・教育程度」「犯罪の重大性（特に被害者の存否）」を挙げている[134]。原田元判事も，文化習慣の違いがあるから，行為背景の理解に慎重さが求められ，違法性の意識の点で考慮すべき場合があると指摘する[135]。

これに関しては，検察官の論考もある。来日外国人犯罪の種々の特色を挙げた上，関係者が我が国の風俗・習慣，文化，法制度等になじんでいないこと，犯罪の動機となる事象が被疑者・被害者の本国における特異事情にあることなどにより，外国にある証拠を収集しなければ適切な事件処理を期し難い場合があること，などの点が指摘されている[136]。また，外国人被疑者特有の否認の理由として，退去強制の不安，本国での報復への不安などのほか，自国での経験に基づく警察への不信，自国の法制度の影響，法律の不知，ひとまず自己に有利な主張をする国民性なども指摘されている[137]。違法の意識の程度についてだけでなく，否認や応訴態度を情状事実として考慮する際にも，その外国人の文化的社会的背景に配慮する一定の寛容さが求められよう。

2 幾つかの具体的な問題

(1) 不法残留中の就労や生活状況と量刑

平成9年中に退去強制手続を執られた不法入国者の約44％が3年を超えて我が国に不法在留していた旨供述しており，不法在留期間が長期化する傾向にあるが，その原因として，不況による収入の低下のほか，密航ブローカーに支払った高額な手数料の埋め合わせをするため，不法就労が長期化していることを分析する文献がある[138]。そこでは，不法就労活動による弊害として，我が国の国内労働者の労働条件の向上の障害，低賃金労働市場の固定

化による労働市場の階層化，雇用機会が不足している高齢者等の雇用の圧迫など，労働政策上看過し難い事態が生じていることを挙げて，その対策の一環として，平成元年に不法就労助長罪が新設されたことが論じられている。

　もっとも，不法残留中の就労に対する情状評価としては，両面があると指摘されている。原田元判事は，不法残留という違法行為により多額の利益を得ていたという面はあるが，いわゆる3Kの仕事に従事し，まじめに働き，祖国の家族に送金していたなどの実態は，被告人に有利に評価してよいであろうという[139]。奥林潔元判事も，不法残留が長期化した者ほど，日本の社会にうまく溶け込んだ出稼ぎ労働者で，日本人から嫌われる劣悪な労働に従事し，日本の経済活動の底辺を担っていたこと，他方，なじんだ本邦に舞い戻って再犯に及ぶおそれがあると指摘する[140]。

(2)　差別的量刑か

　来日外国人に対する起訴及び量刑について，「日本人よりも重い処分をして差別している」との批判がされたことがあり[141]，これに対して，来日外国人で窃盗罪により実刑に処せられた者の割合は日本人の場合よりも高いが，その特徴として，犯罪目的で来日，手口がすりなど悪質，共犯者あり，否認・弁解などの量刑因子の該当率が高いことを挙げて分析し，反論した文献がある[142]。犯情や再犯可能性など，量刑要素となる実態が異なれば，量刑結果に差が生じたとしても合理的理由があり，不当な差別ではない。しかし，上記の批判は別にしても，異国で裁判を受けることで不安や不信感を募らせている被告人は多いと思われるから，実刑にする場合はその理由を彼らに分かりやすく具体的に説明する努力をすべきであろう。なお，本項は来日外国人を中心に取り上げているが，在日外国人に対しても，人種や国籍について偏見に基づく差別的量刑をしたと誤解されないように，その点を意識した審理と評議が求められる。

(3)　外国人処遇上の問題点を量刑に当たって考慮するか

　前記のように，外国人，特に来日外国人の犯罪は増加が著しい（来日外国人の刑法犯検挙人員に限っても，昭和57年に1000人台になった後も増加を続け，平成15年には8725人に達しており，外国人犯罪における来日外国人の占める割合も1割から6割に激増している）[143]。「矯正及び更生保護の国際化」の必要性が指摘されて久しいが，意思疎通を図る手段としての言葉の問題や生活習慣の違いによるトラブルも多く，矯正の現場における課題となっていることが報告されてい

る[144)]。外国人受刑者にとってストレス等受刑の苦痛が日本人よりも大きいと思われ，執行猶予を付するかどうかなど量刑の際に多少は考慮し得るであろう（もっとも，外国人受刑者の処遇は更に改善されていくことが期待できるし，また，作業賞与金が本国での収入より高額になることもあり，日本語の習得や職業訓練が受けられるメリットもあるという指摘もある）。次に，保護観察の場面では，言葉の壁の問題，生活習慣や規範意識の差，職場の開拓の困難，福祉・医療の援助の問題などが指摘されている[145)]。これら処遇上の実態や問題点については，巡視（刑事施設法11条），見学や各種文献等を通じて知識を持っておき，量刑手続にも反映させることが望まれる。

(4) 外国人の一般情状の審理

公判における情状関係の立証において，職業，生育歴，学歴，家族構成とその生活状況などが問題になるが，特に本国における事項は客観的に確認することが容易ではなく，判断に迷うこともある（極端な事例として，来日外国人の妻が本国から情状証人として出廷したが，実は妻になりすました別人であることが後に判明した場合も筆者は体験している。）[146)]。違法性の認識をめぐって，本国の薬物流通状況や風俗習慣等が問題になる場合も同様である。来日後の生活状況や反省，弁償の努力などについて，明確で確認しやすい立証の方法が工夫されるべきであろう[147)]。

3 今後の強制退去や過去の強制退去歴が量刑に及ぼす影響

田中康郎元判事は，刑事手続に関与する外国人には①通訳を要する属性②被退去強制者の地位を併有する属性があると論じている[148)]。ここでは，後者を取り上げる。退去強制事由は，入管法24条に定められている。不法入国者，不法上陸者，資格外活動者，不法残留者，一定の刑罰法令違反者などは，退去強制の対象となり，収容令書によって収容され（同法39条），退去強制令書の執行として送還され又は自費出国許可により退去させられる（同法52条）。退去強制手続と刑事手続が競合する場合の調整規定として入管法63条があり，刑事手続により退去強制事由該当者の身柄が拘束されている場合には，退去強制手続における収容令書及び退去強制令書の執行が制限される[149)]。執行猶予判決の場合はその判決の確定を待たずに，また，実刑判決の場合は仮出獄後であればその刑期の満了を待たずに強制送還が行われているのが入管実務の運用とされている[150)]。

これを前提に考えると，退去強制事由該当者に対しては，執行猶予を言い

渡すと国外送還されるため，執行猶予の威嚇力（執行猶予の取消と収監による心理強制）は事実上効果を持たないし，本国で刑事手続に付されるかどうかも不明であることが多いから，制裁としての実効性や特別予防効果が乏しい。国外退去になるなら，再犯可能性を考慮しなくてよいといえそうであるが，実際には，国外退去後に他人名義の旅券を使用するなどの方法で不法に再入国する場合も稀ではなく，そのような再犯のおそれが認められる場合もあろう。被告人に強制退去歴がある場合，特に不法入国や不法残留などを理由とする退去強制から短期間で再入国しているようなときは，我が国の出入国管理法その他の法令を遵守しない態度が認められるから，同種再犯のおそれがあり，特別予防の必要が高いと判断する事情となろう。退去強制は行政上の処分であるが，慎重な手続に則って行われる不利益処分であり，その処分歴があることは，刑を加重する事由として考慮し得る。ただし，刑事手続に比較すれば，処分を受ける者の遵法精神を強め警告を発するという効果が低いことは否定できないから，前科と同視できる事由とはいえないであろう。

　秋山敬判事は，外国人被告人が日本に在住することが予定されている場合は我が国の社会の一員として復帰することを念頭において量刑を考えるが，本国に帰国し又は送還される被告人に対しても本国での更生（社会復帰）のことまで考えるべきかという問題を投げかけている[151]。なお，平成14年6月に国際受刑者移送法が成立しており，犯罪者の母国における刑の執行は異国での執行よりも社会復帰に効果的であり，また，それによって，裁判所が外国人に実刑判決を言い渡すことをためらう等の事態を避け得ることにもなると論じられている[152]。

132) 川崎・体系的量刑論232頁。
133) 『平成17年版犯罪白書』56頁によると，来日外国人による一般刑法犯の検挙件数は，直近5年間で39.8％も増加した。『平成20年版犯罪白書』95頁によると，平成17年に過去最多となった後，減少に転じている。
134) 奈良俊夫「刑事責任論の新断面——外国人の違法性の意識」『西原春夫先生古稀祝賀論文集(2)』（成文堂，平成10年）263頁。髙山佳奈子「文化葛藤と刑罰目的論」刑法46巻2号（平成19年）247頁。
135) 原田・実際10頁。
136) 東條伸一郎ほか編『国際・外国人犯罪（シリーズ捜査実務全書(15)）〔2訂版〕』（東京法令出版，平成13年）29頁〔三浦正晴〕。
137) 東條ほか編・前掲注136) 116頁〔勝丸充啓〕。
138) 東條ほか編・前掲注136) 383頁〔森本宏〕。
139) 原田・実際10頁, 69頁。

140) 奥林・量刑の実情40頁。
141) 最近でも,「裁判所は,初犯であっても実刑に処すという傾向が強い。総じて,外国人被疑者・被告人は,日本人に比べて,差別されていると思われる。」という批判がされている。梓澤和幸「外国人事件と捜査──弁護の立場から」三井誠ほか編『新刑事手続Ⅰ』(悠々社,平成14年) 473頁。
142) 法務総合研究所の調査研究報告として,倉田靖司「いわゆる来日外国人による窃盗事犯の研究」法務総合研究所研究部紀要35号(平成4年) がある。その調査結果を基にした論文として,倉田靖司「外国人被疑者・被告人に対する刑事処分の実情──窃盗事犯を中心として」ひろば46巻7号(平成5年) 35頁。
143) 藤本・前掲注34) 352頁。なお,前掲注133) 参照。
144) F級受刑者の処遇の実情について,竹中樹「外国人被収容者の処遇上の問題等について」犯罪と非行141号(平成16年) 50頁。
145) 藤本・前掲注34) 362頁。
146) 東條ほか編・前掲注136) 118頁〔勝丸充啓〕は,「取調べ時に,片言の日本語で,旅券はなくしてしまったと供述していた被疑者が,入管収容施設に送られるや否や,流暢な日本語で旅券の所在を述べ,早々と強制送還されるというのはよくある例である」とする。
147) 適切な証人のほか,犯行前の家族からの手紙,被告人の出納メモ,勤務先の出勤カード,雇主からの聴取報告書などを挙げるものとして,大出良知ほか編『刑事弁護』(日本評論社,平成5年) 160頁。
148) 松尾浩也＝井上正仁編『刑事訴訟法の争点〔第3版〕』(有斐閣,平成14年) 38頁。
149) 制限適用説。坂中英徳ほか『出入国管理及び難民認定法逐条解説〔全訂版〕』(日本加除出版,平成12年) 798頁。
150) 三好幹夫「外国人の被告人について,保釈の許否を判断するに当たり考慮すべき事項」新関雅夫ほか『増補令状基本問題(下)』(一粒社,平成9年) 37頁,大島隆明「外国人被告人の保釈」平野龍一＝松尾浩也編『新実例刑事訴訟法Ⅱ』(青林書院,平成10年) 164頁。
151) 秋山敬「刑事裁判の現場から──裁判官の視点」渡辺修＝長尾ひろみ編『外国人と刑事手続──適正な通訳のために』(成文堂,平成10年) 282頁。
152) 藤本・前掲注34) 362頁。なお,『平成16年版犯罪白書』327頁以下によれば,この移送制度は,言語,習慣等の相違等に由来する受刑生活上の困難を除去し,改善更生及び円滑な社会復帰を促すための施策として導入され,母国における本来の文化的・社会的環境の中で処遇を受ける機会を与えるものであるが,F級受刑者の出身国の大半は受刑者移送条約に加入していないため,移送の対象にならないという現状にある。発効後の運用状況等については,「国際受刑者移送の現状」ひろば59巻6号(平成18年) 2頁(なお,中国人受刑者についても,その大半は,可能であれば本国で服役したいと考えており,その理由として,家族との連絡や言葉・文化の相違を挙げているという)。

第8　被告人の労働の習慣・意欲

　前記の実証的研究によれば，労働の習慣の有無は，窃盗罪の被告人に対する量刑因子として顕著な有意性が認められており，被告人の生活歴を通して労働の意思がうかがわれる者には執行猶予を通じた立ち直りが期待できるが，労働の習慣が不良（正業以外の方法で生計を維持し，もしくは専ら寄食など）の者は独力での立ち直りを期待することが困難で再犯のおそれが大きいからであろうとされている。また，労働の習慣が不良の者は保護観察に付される率が高いとされている[153]。傷害罪の被告人についても，労働意欲は，その被告人の人格の徴表（持続性等の性格特性）として，また，社会的予後を予測するためにも，重要な因子とされる。さらに，傷害罪の被告人については，交友関係の良否が顕著な有意性を示す因子であるが，家庭環境や労働の習慣の良否などが作用し，相関性があると分析されている[154]。

　これに対しては，労働の習慣の有無は，無職の定着などと関わり，動機の安易性や規範意識の欠如に影響する因子であって，再犯予測に直結しないという異論もあるが[155]，他の因子と相関関係にあったり責任要素でもあるとしても，再犯のおそれの有無を判断する際の因子であることは否定できない。

　十分な労働能力があり就労が困難ではないのに，労働意欲が乏しく，求職活動をせずに怠惰で不安定な生活（遊興，住居不定，路上生活など）をしていた者については，自堕落な生活態度が改善される見通しがない限り，再び同様の生活に陥ることが予測でき，その結果として生活手段を得るため窃盗など再犯に及ぶおそれを認定できる場合があろう。

　裁判時に失業中であっても就職の意思や見込みがあれば，労働を通じた生活の安定が期待できるから，更生可能性が高まる。なお，労働市場や雇用形態が流動化して派遣労働や非正規雇用等が拡大している今日，定職についているか，いわゆるフリーターか等で区別すべきではなく，頻繁に転職を繰り返していても勤労意欲及び自活能力が認められれば，更生に当たっての障害にはならないといえよう。

---

153) 中＝香城・前掲注47) 18頁，210頁。労働の習慣・意欲は就労に結びつくが，保護観察者の再犯と就労状況に関する最近のデータが発表されている。保護観察付き執行猶予者の取消再処分率は，有職者が21.8％，無職者が62.4％と大きな差がある（『平成21年版犯罪白書』224頁）。労働の従事を内容とする特別遵守事項について，

後掲注166）参照。
154) 中＝香城・前掲注47) 68頁, 71頁。
155) 安原・量刑の実務410頁。

第9 被告人の家庭環境

　刑訴法248条は, 起訴猶予処分の際の考慮要素として「犯人の性格, 年齢及び境遇」等を規定している。「境遇」とは, 本人の置かれた身上をいうが, 家庭状況, 居住環境, 生活環境, 職業, 職場環境, 交友関係などが含まれる。両親その他監督保護者がいるか, 定まった住居があるか, 定職についているか, 家族の生活状態はどうかなどが重要であると説明されている[156]。
　刑訴法482条6号・7号は, 70歳以上又は重病等の祖父母・父母, 幼年の子・孫を保護する必要がある場合を刑の任意的執行停止事由としている。受刑者の家族を保護する趣旨のこれら規定は, 国家の刑罰権の実現より, 国の基本である家庭の保護を優先させたもので, 刑事司法の基本的な謙抑的姿勢を示すものとされ[157], また, 行刑実務上は, 更に受刑者本人の改心を促すように運用することも行われているという[158]。量刑に当たっても, これらの規定の趣旨を考慮し, 刑の執行が本人だけでなく家族に与える苦痛や悪影響についても参酌してよい。裁判の時点で家庭環境に関する事情が不確実であったり変動が予想される場合には, 仮釈放の場面での考慮に譲ることになろう[159]。
　被告人の現在の家庭環境, 特に, 養育すべき子供など扶養家族がいること, 監督者がいること等の事情は, 量刑上どのような意味を持つか。
　川崎教授は, 家庭生活の状態は予防の観点から非常に重要であり, 「家庭生活の健全性が認められる場合, 行為者を執行猶予にして保護観察に付すことが再社会化のための理想的な方法であると考えられる。」という[160]。また, 前記の実証的研究によれば, 「扶養家族の存在は, 一般に家族に対する責任感, 連帯感が紐帯となって, 再犯への予防効果を期待できる」とされている[161]。
　親や配偶者がいる場合, 同居しての受入れ, 監督, 就労先の確保などが期待できれば, 本人の更生のための人的資源及び生活環境として役立ち, 心理面でも生活面でも安定することで再犯のおそれが減少するといえるから, 特別予防刑の必要度を減少させることになる。
　子の養育や配偶者の生活確保の必要性が執行猶予や寛刑を求める理由として弁護人から主張されることが多いが, 近年では, 高齢化社会の進展と相まって, 老親（あるいは障害のある家族）を介護する必要性が主張されることも多

くなっている。被介護者の要介護状態の程度，及び被告人による介護の必要性（これまでの介護の実績，他の方法による介護の困難性など）の程度によっては，被告人の受刑による家族の苦痛を軽減するという福祉政策的事由として，また，被告人の更生意欲を強める事情として，量刑上考慮することが妥当である。もっとも，実際には，犯行当時及び逮捕まで，重病，寝たきり又は高齢で障害のある親の介護をせずにいながら，今後は介護をする必要があるという事情が主張されることも見受けられる。その場合，介護の必要に関する事情の変更や被告人の真摯な態度が認定されることが量刑上考慮するための条件になろう。なお，養育すべき又は介護すべき家族がいる立場にありながら，それをわきまえず，勾留や服役につながる犯罪を犯したことは（特に故意犯の場合），非難に値し，有利な考慮の必要を減殺する要素になり得る[162]。

また，被告人自身による介護が必要かどうかの判断に当たっては，生活保護など公的扶助の可能性や，保健医療サービス及び福祉サービス（介護保険法40条）等による代替方法がないかどうかも考慮されるべきであろう。

弁護人による情状立証のチェックポイントのうち，「刑の執行により被告人または家族に与える影響」として，被告人がいなければ一家の支柱を失う（多感な子供に悪影響を及ぼす，家族の養育・看護等に支障をきたす，妻〔被告人〕が妊娠中である），勤め先の業務遂行に支障をきたす，被告人は病弱（老齢）である等がリストに挙げられている[163]。

監督・更生協力や扶養介護については，単に扶養家族がいる又は監督を約束するというだけの表面的な立証では不十分であり，被告人と家族の絆が強いか，親や配偶者に実効的な保護監督をする能力があるか，被告人がそれに従うことが期待できるかなど，具体的な実情の立証があって初めて，再犯抑止効果や刑の感銘性など量刑上の意味が認められる[164]。なお，家庭環境の劣悪さ，家族間の葛藤などは，良好な保護・受入れ環境がないこと以外にも，被告人の人格形成に悪影響を与える因子として問題になり得るが，「生育環境」の項で後述する。

156) 吉田・大コンメ刑訴法第4巻60頁。
157) 渡辺・前掲注93) 13頁。
158) 平場安治ほか『注解刑事訴訟法(下)〔全訂新版〕』（青林書院新社，昭和58年）455頁。
159) 犯罪者予防更生法30条1項は，仮釈放の審理における調査事項中に「家族関係」を規定していた。更生保護法82条は，収容中の者の家族等を訪問して協力を求める等の方法による釈放後の住居，就業先その他の生活環境の調整について規定し，これを仮釈放の審理において実施できることとした（37条2項）。

160) 川崎・体系的量刑論204頁。
161) 中＝香城・前掲注47) 60頁（傷害罪の項）。
162) 実刑になると家族が経済的に困ることを自覚すべきであるのに犯行に走ったという動機の安易さが認められる（原田・実際11頁）。
163) 大出ほか編・前掲注147) 140頁。
164) 被告人が日頃は良き家庭人であったことの立証をする場合，そのような被告人が何故犯罪に走ったのかを押さえないと更生に役立つポイントは見えてこない（原田・実際37頁）とされるのも同旨であろう。

第10　被告人の経済状態等

　被告人の環境に関する因子のうち，被告人が貧困であったり多額の借金を抱えている事情は，量刑上どのような意味を持つか。
　これについては，責任事由及び特別予防事由の両方の観点から考慮されることになろう。川崎教授によれば，①行為者の行為時における経済状態が行為動機の形成に関わる場合，たとえば，厳しい貧困に悩んでいた者が窃盗行為をする場合，責任軽減事由になり得るが，これに対して，②公判時に存在する窮乏状態は，刑罰の行為者に対する効果及び家族生活に与える影響を考慮する際に重要になることがあり，③「刑罰感銘性は，行為者の公判時における経済的関係によって影響され得る」から，罰金額の決定に当たっては，行為者の公判時における経済的関係を基礎として判断される刑罰感銘性を考慮すべきであるとされる[165]。
　責任要素としての判断場面（上記①）では，困窮し経済的に追われていた理由が問題になる。通常の生活を送っていて生じた困窮であれば，酌量すべき動機として有利に考慮できる場合もあるが，ギャンブル等の遊興浪費や無計画な借金など自ら招いた不良な生活態度が原因である場合は，責任非難がむしろ強くなることもあろう。
　予防要素としての判断場面（上記②）では，被告人の服役が家族の経済的困窮をもたらすことがあり，上記の「家庭環境」の項で検討したところと同様に，その改善に向けた更生意欲の保持が期待できるとして，刑の軽減事由になり得る。事業経営者等についても，その服役による事業の存続や従業員の生活への影響を考慮すべき場合があろうが，大きく考慮すると事業経営者を有利に扱う結果をもたらして不平等な量刑になりかねない。
　特別予防の観点については，犯行の原因ないしは背景となった経済状態が将来も続くと予想される場合，それに基づく再犯のおそれは否定し難いこと

になるが，反対に，浪費をやめることを真摯に約束し，家計の計画を立てたり経済観念を持つことの重要性を自覚するに至った場合，さらには，親族の協力を得て借財を返済したり，破産宣告を受けるなどして清算したような場合，その限りでは再犯のおそれが減少したといえるであろう[166]。

経済状態の因子は，労働の習慣・意欲の因子（第8）とも関わることが多い。就労することによる経済状態の改善の見込みは，特に財産犯について再犯のおそれを減少させる。知人の下で働く予定になっていると被告人や親が述べるだけでなく，雇用の確実性や具体的雇用条件を雇用先代表者等から明らかにさせることが望ましい。住居不定無職者については，収入や就労先及び居住先が今後確保されるかどうかが更生可能性を判断する上で重要であるが，中高年者等の場合，不景気下では稼働先が比較的乏しく就職が容易でないことがあり，生活の安定化を予想し難い場合も多いのが現実である。**第3「年齢」の項で高齢の累犯受刑者について論じた問題と共通するが，生活保護や更生保護など公的援助が受けられる見通しがあるか等も考慮して，判断すべきであろう。**

165) 川崎・体系的量刑論231頁，233頁。
166) 保護観察付き執行猶予の判決を言い渡す際，従来の実務では，特別遵守事項に関する裁判所の意見として，「浪費により，新たな借金をしない」「家計の計画を立てる」「借金を返済する」等の指示を付することもあった。更生保護法の下では，単なる生活指針・努力目標的な事項ではなく改善更生のために特に必要と認められる範囲内で具体的に定められることになるが，遊興による浪費の禁止（ギャンブルが行われる場所への出入りの禁止等）や労働に従事すること（就労・就職活動の実行・継続等）などが特別遵守事項の標準設定項目とされ，裁判所の意見を聴取して定める（同法51条2項，52条4項）。不良措置の制裁を必要としないものは，生活行動指針として定められる（同法56条）。小新井友厚「更生保護法の概要」ひろば2007年8号20頁。藤本・前掲注34) 305頁。

第11 被告人の健康状態・嗜癖

1 健康状態

被告人の犯行当時の精神疾患が動機・原因等に関係する場合があることは周知のとおりであるが，精神疾患以外の一般疾患や体調不良についても，慢性疾患による消耗，内分泌疾患による精神機能の亢進，月経前症候群による

抑うつ・不機嫌，頭部外傷による記憶喪失など，犯罪の動機・原因に関係する場合があり[167]，被告人の当時の健康状態と犯罪との関係を明らかにすることで，責任非難の程度を的確に判断できるようになる場合がある。

　裁判時における被告人の病気や健康状態は，一身上の属性因子の典型であり，受刑の際の苦痛を増大させる事由，治療への配慮を要する事由などとして，特別予防要素又は刑の感銘性など刑事政策的要素に当たることになる。脳梗塞後遺症，心臓病，肝炎，糖尿病などに罹患している被告人にとっては，服役生活自体による苦痛が健常者よりも大きいほか，主治医によるインターフェロン療法，眼底検査等の専門的治療が受けられないことの不安が大きいと主張されることがある。病状の程度，受刑の影響により病状が悪化するかどうか，必要な治療の内容，一般刑務所又は医療刑務所内の治療態勢（被告人が選択する社会内の治療態勢との比較）などを把握した上，刑期や執行猶予の当否に関して量刑上配慮すべき場合があろう。なお，刑訴法482条1号は，「著しく健康を害するとき」等を刑の裁量的執行停止事由としている。

　主治医の証言，診断書，拘置所医務課の回答書（必要があれば，医療刑務所等の治療態勢についての回答書）などによって判断することになる。

2　薬物嗜癖

　ここでは，被告人が薬物と身体的又は精神的に強固な結びつきを有する状態・属性という意味で薬物嗜癖という用語を使うが，厳密には，「ある種の薬物を継続して又は断続して摂取するうち，その薬物を止めようと思っても止められなくなり（強迫的使用），使用量を増加しないと当初の効果が得られず（耐性），その薬物の摂取を止めたり減量したりすると精神的・身体的苦痛に襲われるようになる（退薬症状）」ことを「薬物嗜癖」と呼び，「薬物依存」は，この3要件のうち強迫的使用形成のみを要件とする概念とされている[168]。次に，薬物と犯罪の結びつきについて，概観しておく。①シンナー（有機溶剤）は身近にあり安価であるため，その中毒者は少年など若年者に多く，陶酔・幻覚から異常犯罪を起こしやすい。②覚せい剤は中枢神経の興奮作用を示し，過剰覚せいによる興奮，使用しないときの倦怠感が起こり，精神的依存性が強く，連続使用や長期使用によって幻覚・妄想等の中毒症状から殺人等の犯罪を起こす。残遺性の精神病性障害も認められる。覚せい剤入手のために犯罪に及ぶことも多い。③その他に，大麻，LSD，ヘロイン等の麻薬類薬物があり，精神的依存性や身体的依存性がある。④最近では，向精神薬等の依存症が問題になってきており，抗うつ剤又は睡眠薬等[169]を大量

服用ないし常用して精神状態が不安定になり，犯罪に及ぶことがある。性格や生活環境に問題がある場合も多い。⑤アルコールについても，酩酊による急性中毒としての発揚状態や意識障害により犯罪を引き起こすほか，依存症状群，精神病性障害などにより幻聴を生じたり，粗暴な犯罪を起こすようになると報告されている170)。

　行為当時における薬物使用や飲酒酩酊の事実は，行為の違法性を強め又は弱めるほか，行為者に関する責任要素として刑の加重（常習性，危険な傾向）又は軽減（判断抑制力の低下）の方向に作用することがある171)。行為当時における一過性の影響が認められるにとどまらず，行為者が薬物濫用者やアルコール依存者と認められる場合（精神的又は身体的依存性があり，属性というべき根強い症状及び傾向を示すに至っている場合）は，特別予防的考慮が問題になる。

　前掲のドイツの教科書によれば，「従来の生活にすでに現れており，犯罪遂行に関わるような著しい欠点（たとえば，アルコール中毒，薬物中毒または放蕩癖）は，行為者の社会復帰を困難にしうる。量刑の際には，これらもまた考慮されなければならない。」，ただし，「刑罰加重事由として容易に用いられてはならず，制裁は可能な限り，犯罪性を助長する人格的性向や習慣を矯正するように決められなければならない。」とされている172)。なお，「アルコールや薬物による心神耗弱の状態で犯罪を行った中毒者」等には例外的に責任刑を上回ることが許されるとする見解もある（第1の4(3)）。

　行為者属性としての依存性については，薬物の摂取歴，摂取頻度，幻聴幻覚などの体験の有無，入通院歴などによって認定することになる。同種薬物前科の存在や常習性を理由とする犯罪傾向や再犯可能性などの判断と重なる場合も多いが，同種前科がなくても，また，今回は常習性が認定し難い場合でも，幻聴の発現や入院歴などから薬物依存傾向が強く認められる場合があるので，やはり独立の量刑因子というべきである。薬物使用を繰り返す動機として，家族等の対人関係や仕事のストレスなど周囲の環境や状況的要因を被告人が挙げる場合も多いが，薬物の作用に耽溺し，断つことができない背景には，直面する現実の問題から逃避する行為者の性格的偏りや弱さ等の資質的要因がある場合も少なくないと思われる。

　薬物嗜癖を有する者が薬物の影響によって又は薬物を入手するために犯罪を行った場合，刑罰と治療（薬物嗜癖の改善又は除去）との関係をどう考えるかは，処遇決定に当たって重要な問題である。自己の性格的問題点に向き合い，環境を改善する必要性の自覚とともに，依存症に達している場合には治療を受ける必要性の自覚も求められよう。乱用者や依存者が自ら治療を受け

る必要を理解したとしても，それを実行し継続することは更に容易でなく，医師のカウンセリング，断酒会やダルクなどの自助グループへの参加などのほか，症状に応じた施設内又は在宅の治療が必要になる[173]。行刑施設においても薬物依存離脱指導プログラムが実施されている[174]。薬理作用と害悪についての講義，自己の問題点の分析や断薬実行のための課題についてのグループワークや個別面談などからなる。薬物嗜癖ないし依存程度が相当深刻である場合，上記プログラムを含む施設内処遇を行い，これを補完又はこれに代替するものとして，社会復帰後の治療態勢を確保しておくことが有効である。本人にこれらの処遇や治療の必要性を自覚させておくことは，矯正効果を上げ，再社会化を促進するために必要であろう。髙野隆弁護士も，弁護側の立証の在り方として，薬物依存者については「もうやめます」と誓わせる「反省弁護」は無意味であって，治療的アプローチが必要であるとし，まず，被告人が薬物依存に至った経緯を明らかにして，その内容を分析し，被告人に自覚させるべきで，情状鑑定の活用も有効であり，また，具体的な治療的処遇の方法を提示する立証が求められるとする[175]。

なお，本稿では，嗜癖の代表として薬物嗜癖を取り上げたが，パチンコで生活が破綻したり，借金やカードによる浪費で破産しながら，その後もやめられずに繰り返す現象は，社会問題になっており，犯行の背景や動機になっている事例も実務において数多く見られる。このような現象について，依存には，物質に対する依存のほか，ギャンブルや買い物などの行動に対する依存もあり，現代の社会には嗜癖行動を産みやすい土壌があると指摘されている[176]。嗜癖行動の傾向が顕著で再犯につながる可能性がある場合，原因に対する本人の自覚と家族の協力及びカウンセリング，環境を変える努力などを通じて，衝動統制力を回復することができるかどうかが重要であり，その点に向けた効果的な立証が求められよう。

167) 上野佐「健康」上野ほか編・前掲注36) 219頁。
168) 澤登俊雄ほか編『新・刑事政策』（日本評論社，平成5年) 406頁〔逸見武光〕。
169) 市販の鎮咳薬の長期使用による幻覚妄想（エフェドリン中毒）から犯罪を起こした事例を紹介し，依存症の治療や処遇上の困難さを指摘するものとして，風祭元ほか『司法精神鑑定例（精神科ケースライブラリーX）』（中山書店，平成11年) 175頁以下〔岡田幸之〕。
170) 以上について，上野佐「嗜癖」上野ほか編・前掲注36) 234頁，山下格『精神医学ハンドブック〔第5版〕』（日本評論社，平成16年) 164頁以下及び183頁以下など。
171) 浅見健次郎「飲酒酩酊・薬物中毒下における犯罪と量刑」及び髙山佳奈子「コメ

ント（飲酒酩酊・薬物中毒下における犯罪と量刑）」本書第2巻参照。
172) イェシェック＝ヴァイゲント・ドイツ刑法総論708頁。
173) 澤登ほか編・前掲注168) 418頁〔逸見武光〕は，薬物依存者の自我が未熟でもろいことを指摘した上，精神療法（集団法や内観法など）よりも薬物教育が有効とする見解を紹介している。
174) 名執雅子「刑事施設及び受刑者の処遇等に関する法律における改善指導等の充実について」ひろば58巻8号（平成17年）28頁。最近の状況について，小島まな美「刑事施設における薬物事犯受刑者処遇の実情」ジュリ1416号（平成23年）30頁によれば，薬物依存離脱指導は，刑事施設76庁で実施され，グループワークの充実や民間自助団体との連携による処遇が図られており，平成22年からは新たに薬物依存回復プログラムの試行も始まっている。なお，平成20年に覚せい剤取締法違反で再入所した受刑者のうち，前刑も同一罪名であった者の割合は72.2％に上っており（『平成21年版犯罪白書』），同種再犯傾向が顕著である。
175) 髙野隆「薬物事件の弁護はどのように行うか」竹澤ほか編・前掲注104) 348頁。
176) 仙波純一＝石丸昌彦編『精神医学』（放送大学教育振興会，平成18年）153頁によれば，行動依存においても，強迫的な反復の欲求，耐性形成，中断の試みに伴う不安や抑うつなどが見られ，物質依存に準じて考えてよく，これら嗜癖・依存の機序の解明や有効な対策の確立が重要な課題であると解説されている。なお，ICD-10には病的賭博を含む「F63習慣及び衝動の障害」の項目がある（融道男ほか監訳『ICD-10』〔医学書院，平成5年〕219頁）。

第12　被告人の生育環境

1　被告人の生育歴等の量刑への影響

　被告人の生育歴，生育環境（不遇な生い立ち等）は，量刑上どのような意味を持つか。犯罪の原因のうち犯罪者の人格形成については，第一次環境としての家庭環境が重要であり，①家庭の経済状態や両親の欠損などの物理的環境と②家族構成員間の人間関係などの心理的環境が問題になる。貧困家庭や欠損家庭の者が非行や犯罪に陥りやすいと従来いわれてきたが，近年は中流家庭や両親のそろっている家庭の少年の非行も多くなっていることからすると，心理的環境が非行や犯罪の原因として重視されつつある。そこでは親の人格的負因や両親間の葛藤などが重要な事情と考えられてきており，人格形成期における親子関係については，発達段階や性別によっても意味合いは異なるが，乳幼児期における母親の安定した愛情や児童期以後の成長過程における父親との同一化を通じた価値観や行動様式の形成などの条件が満たされ

ない場合，子の人格形成に大きく影響するとされている[177]。

犯罪的な思考や行為が支配する家庭は「犯罪家庭」と称され，子が犯罪的行為を学習し，犯罪者として成長する可能性が高いといわれる。また，家族に対する暴力を振るう親によって養育された子が成長して自らも家族等に暴力を振るうようになるという「暴力の世代間連鎖」の理論があり，同様に，虐待されて育った子が虐待する側に陥る「虐待の世代間連鎖」の理論がある。行為の心理的背景を考察する際，家庭生育環境による影響も十分視野に入れる必要があろう[178]。ただし，そのような不良な家庭に育っても犯罪者にならない者が多いことも同時に明らかであって[179]，生育環境という因子と被告人の現在の性格，規範意識や犯行への影響については，多角的に検討される必要がある（属性は徴表であり，環境による影響には個人差があることは，総論でも触れた。）。

不良な家庭環境等によって強い犯罪的傾向が形成されたと考えられる場合，責任非難を軽減する事情になり，他方で，抑止の面からカウンセリング等の各種処遇を含む特別予防的考慮を必要とする事情にもなろう。

2　最高裁判決の考察

連続ピストル射殺事件について，最高裁判決[180]は，「被告人が犯行時少年であったこと，その家庭環境が極めて不遇で生育歴に同情すべき点が多々あること」を取り上げ，「確かに，被告人が幼少時から母の手一つで兄弟多数と共に赤貧洗うがごとき窮乏状態の下で育てられ，肉親の愛情に飢えながら成長したことは誠に同情すべきであって，このような環境的負因が被告人の精神の健全な成長を阻害した面があることは推認できないではない。原判決が本件犯行を精神的に未熟な実質的には18歳未満相当の少年の犯した一過性の犯行とみて少年法51条の精神を及ぼすべきであると判示しているのは，右の環境的負因による影響を重視したためであろう。しかしながら，被告人同様の環境的負因を負う他の兄弟らが必ずしも被告人のような軌跡をたどることなく立派に成人していることを考え併せると，環境的負因を特に重視することは疑問がある」「被告人の精神成熟度が18歳未満の少年と同視しうることなどの証拠上明らかではない事実を前提として本件に少年法51条の精神を及ぼすべきであるとする原判断は首肯し難いものであると言わなければならないし，国家，社会の福祉政策を直接本件犯行に関連づけることも妥当とは思われない。被告人は，本件犯行の原因として責められるべきは被告人自身ではなく，被告人の親兄弟，社会，国家等の被告人の周囲の者であ

るとして，自己の責任を外的要因に転化する態度を公判廷でも獄中の手記でも一貫して維持しているが，被告人の右のような態度には問題がある」と判示している。

　不遇な生い立ちが生育環境上の負因として精神的成長，人格形成を阻害し，健全な社会的価値観や違法精神の涵養に悪影響を及ぼしたことは，犯罪に対する反対動機の形成を困難にする要因として，責任非難を弱める事情と考えられるが[181]，上記判決も指摘するように，同様の環境にあっても，環境に支配されず本人の努力によって成長をすることが可能であったという面が認められる限りは，その限度で，上記責任減弱方向の評価は減殺されることが避けられない。また，評価に当たって，生育環境という個別属性因子は，行為自体の重さと罪刑の均衡，一般予防など他の量刑因子を総合考慮する際の一部として，適切な位置付けが行われていなければならない。中山研一教授は，この上告審判決を「犯人の精神的な成熟度や生育歴などの主観的な環境要因の過大評価をいましめる立場」として総括している[182]。

3　立証上の問題

　環境的負因が被告人の人格形成にもたらした影響については，被告人の身上経歴調書，被告人本人，家族，教師などの供述，少年調査記録その他の資料によることになるが，情状鑑定による必要がある場合も考えられる。十数年間にもわたる生い立ちを立証する場合，その必要性や証拠方法と立証事実との関連性が問題になる場合もあり，また，生い立ちが現在の被告人の人格や価値観などにどの程度の影響を及ぼしたか，強固な制約として作用したか等の判断は必ずしも容易でない。そうすると，環境的負因の強い影響がうかがわれ，責任及び予防の判断を相当程度に左右する可能性があると思われる事案について，尋問や鑑定を含む最も有効な方法による立証が行われるべきである。なお，成長過程における社会的差別の影響について，証人尋問等を通じて被告人の更生の決意と保護環境の立証をした実践例の紹介がされている[183]。

---

177)　石井宏幸「家族関係」上野ほか編・前掲注36) 240頁による。
178)　岩城正光「ケース・スタディ(3)——虐待事件」刑弁30号（平成14年）69頁参照。
179)　大塚編・前掲注72) 135頁〔船山泰範〕。
180)　最二小判昭58.7.8刑集37巻6号609頁（第1次上告審判決）。
181)　団藤261頁は，行為責任の背後に人格形成の責任を認めるべきであるとして，人格形成過程は，責任を強める方向でも弱める方向でも意味を持ち，「素質・環境が人格形成を必然的に制約する面においては，非難を軽減・排除する方向に働く。」と論

じている。なお，井田・責任論の基礎90頁は，「社会的地位・立場および身体的・生理的条件については行為者のそれを基準にしなければならない」とし，「本人の責めに帰し得ない事情から，とくに不良な生育環境に育ったというような『人格環境の異常性』は責任を軽減する方向で考慮されなければならない」「この限度で，行為責任論に立脚しながら，人格形成責任論の趣旨を活かすことは可能」とする。

182) 中山研一「破棄差戻し後の死刑判決の確定——連続射殺事件第2次最高裁判決をめぐって」ジュリ960号（平成2年）74頁。
183) 北山六郎監『実務刑事弁護』（三省堂，平成3年）185頁〔高野嘉雄〕。

第13　被告人の負因——身体的知的障害等

1　被告人の負因の量刑への影響

　上記の生育歴の負因と同様に，身体的又は精神的知的負因（ハンディキャップ）も量刑に影響を及ぼし得る因子である。負因が先天的か成長してから生じたかによっても異なるが，身体的又は知的な負因が行動領域を制約し，社会性の発達を阻害する方向に作用し，性格の偏り等を形成することがあり得る。本人の責めに帰し得ない事情が，規範意識や社会適応性の形成に悪影響を及ぼし，判断及び制御能力を低下させて，犯罪動機の形成など犯行の遠因ないし背景となっていると認められる場合，その限りで，本人に対する非難可能性が弱まることになる。

　なお，評価の在り方に関して，川崎教授は，「行為者が十分な教育を受けていないという事情は，責任領域における評価方向としては原則的に責任減少的に作用するが，予防領域における評価方向としては，再社会化の必要性を増大せしめるように作用する場合もあるであろう。」と論じている（量刑要因の背反的な評価方向の例)[184]。

　具体例として，知的障害者のうち精神遅滞者と犯罪との関係及び処遇の問題を取り上げる。精神遅滞者は，一般に，衝動や情動に対する耐性が低く，自己の行動のもたらす結果について合理的な判断をする能力が低いため，些細で単純な動機から放火などの重大な犯罪や報復行為に出たり，児童に対する性犯罪を行うなどの傾向があるとされる。また，通常の意味での治療は効果がないが，必要な保護を与え，能力に応じた職業指導をすることが要請されると説明されている[185]。いうまでもなく，上記の点は，属性と犯罪との関連及び犯罪についての特徴的傾向が一般的に認められるという刑事学的知見であって，精神遅滞者の大部分は犯罪との親和性がない。したがって，精

神遅滞の被告人が犯罪を行った場合の動機や抑制力などとの関連については，個別の事案ごとに検討されなければならないが，負因による影響が認められる場合，非難可能性が減弱するとともに，上記のような社会化のための教育的処遇も必要になろう。精神遅滞者は，状況適応力や自己表現力に乏しいため，法廷での弁明や態度からは反省の有無について誤解されることが少なくないので，注意を要する。人種や性別に対する偏見については既に論じたが，ここでも，各種の負因に対する偏見を排除した認定と処遇判断が求められることになる。

2　処遇方法の選択と立証の問題

　精神遅滞を伴う被告人の処遇については，精神遅滞の程度，刑罰感受性の程度，再教育や訓練を行える施設の有無，親族の保護監督能力などが考慮されることになる。「地域社会において，矯正，福祉，医療，教育などの諸機関がきわめて密接な連携をとりながら，このような精神遅滞者を支えていくことが必須条件である。」しかし，「このような体制が十分整えられているとは考えられない。」のが現状であると論じられている[186]。知的障害者等について，親族のほか，福祉事務所のケースワーカー等の努力によって，生活面での受入れ態勢の整備とともに，被告人の能力適性に応じた就労先，授産施設，作業所が確保され[187]，社会適応力の増進が見込まれれば，再犯のおそれが減少し，社会内処遇の可能性が増すことになる。このような場合，教育的後見的処遇モデルが有効であるといえよう。

　万引や自転車窃盗などを繰り返す被告人で認知症の診断を受けている場合，判断力が減退していることは行為責任を軽減させる事由になり得るが（「高齢」の項でも触れた。），抑止力が低下しているため同種再犯のおそれも否定できない。同時に，短期記憶の障害も伴っているため，刑罰感銘力も薄いことになる。このような場合も，医療や福祉の連携，そして任意成年後見制度の利用などにより，社会内受入れ態勢の確保による早期社会復帰の可能性が考慮されるべきであろう[188]。

　聴覚障害者の被告人に関する情状立証として，失聴年齢や適切な学校教育の有無（言語の発達と関係），職歴や交友（社会生活経験と関係），周囲との意思疎通手段の有無などの事情によってハンディと被告人に問える責任の程度を明らかにし，また，刑務所では聴覚障害者の更生という教育・特別予防効果が十分期待できないと指摘すべきであるとする論考もある[189]。

　弁護人による情状立証のチェックポイントのうち，「心身等のハンディ」

として，知能が低い，心神耗弱，身体障害，生理による情緒不安定，社会的弱者，被差別者がリストに挙げられている[190]。

3 裁判例

負因が先天的又は幼少期からのものである場合，生育環境と結びついて精神的成長を阻害する要因になる場合がある。次の事例では，人格形成過程における身体障害の影響が量刑上考慮されている[191]。強盗殺人を犯した被告人に対して，刑法40条（平成7年法律第91号により削除）の「瘖唖者」に当たらないとする一方，量刑判断において，被告人は幼児期から高度の聴覚障害という重荷を背負って成長し，この障害が「幼児性ないし社会性の未発達という性格的特徴の形成に直接間接の影響を及ぼしていることは否定し難い」とし，さらに，親との接触の機会が持てないまま思春期を過ごしたことが上記性格を強めたことを挙げ，「犯行動機の背景となる被告人の性格，感情及び思考態度などの全人格的形成の面に影響を及ぼした前記の事情は量刑上考慮するのが相当」とし，酌量減軽して懲役15年を言い渡した。

184) 川崎・体系的量刑論216頁。
185) 大塚編・前掲注71) 88頁〔虫明満〕。
186) 風祭ほか・前掲注169) 228頁〔佐藤親次＝伊藤晋二＝小畠秀悟〕。
187) 知的障害者福祉法は，居宅介護・デイサービス・更生施設・授産施設等による支援を定めている。身体障害者福祉法，社会福祉法，老人福祉法等にも類似の事業が定められている。
188) 認知症は，記憶と判断力の障害を基本とする症候群であり，記憶障害，見当識障害，失語，失行などの症状が見られ，「アルツハイマー病の前期では包括的判断能力に障害が生じている可能性があるが，個別の領域的判断能力については保たれている可能性が十分にある」とされる（新井誠＝赤沼康弘＝大貫正男編『成年後見制度——法の理論と実務』〔有斐閣，平成18年〕394頁〔五十嵐禎人〕）。また，社会福祉協議会が実施主体となる地域福祉権利擁護事業の福祉サービスや金銭管理の援助等の概要について，同書327頁〔中山二基子〕。
189) 松本晶行ほか編『聴覚障害者と刑事手続——公正な手話通訳と刑事弁護のために』（ぎょうせい，平成9年）198頁〔桂充弘〕。
190) 大出ほか編・前掲注147) 139頁。
191) 東京高判平3.12.2判時1442号153頁。

第14　被告人の性格

1　性格の量刑における位置付け

　刑訴法 248 条は，起訴猶予処分の際の考慮要素として，また，改正刑法草案 48 条 2 項も，量刑の際に考慮する事情として，犯人の性格を挙げている。刑訴法 248 条にいう「性格」とは，「生来の素質を基礎としつつ，環境との接触による体験によって影響され，形成される人格であり，各個人に特有の，ある程度持続的な行動の様式をいう。具体的には，性質，素行，遺伝，習慣，学歴，知識程度，経歴，前科前歴の有無，常習性の有無などがこの範疇に入る。性格に関してみると，性格的に犯罪性の強い者が弱い者に比して訴追の必要性が大きくなると一般的にいえるであろう。」とされている[192]。

　量刑において，被告人の性格はどのような意味を持ち，どのように扱われるか。

　行為者の性格ないし人格と責任の関係は，責任観の根本に関わる問題として議論されてきた。個別行為責任論においては，性格や人格そのものは処罰の対象となることはなく，責任の基礎は個別行為に対する非難可能性であるとされる。行為に表れた限度で行為者の人格ないし環境を考慮して責任を考えるとする実質的行為責任論も主張されている。さらに，行為の背後における人格も対象とし，その形成を制約する素質や環境と主体的な人格態度を考慮する人格形成責任論も唱えられてきたところである[193]。

　たとえば，大谷實教授は，異常な人格環境は責任を軽減することを認めるべきであるとした上で，潜在的人格ではなく犯罪行為に直結する過去の人格形成は考慮すべきであり，犯罪が性格の異常性に基因して反覆される常習累犯者等について，責任が加重されると説明する[194]。平野龍一教授は，「行為者の人格を問題とする場合にも，その行為と明らかに実質的な関連があり，しかも刑罰によって干渉することが妥当であり，有効である限度でしか人格を考慮すべきでない」と主張する[195]。さらに，阿部純二教授は，改正刑法草案 48 条 2 項が掲げる犯人の「性格，経歴及び環境」について，「行為責任主義の立場では，行為者人格は，それが行為にあらわれた限りで責任にとって意味を持ちうる。従って，上記の事情は，原則として予防（とくに特別予防）の見地から考慮されることになる。」とする[196]。

　次に，実務家の論考を見ると，熊谷弘元判事は，常習的，職業的な犯罪に

ついては，個々の犯罪行為の動機原因に大した意味がなく，その人間の人格的な素質が重要な意味を持っているから，その点の解明が大切になってくると論じ[197]，また，小田健司元判事も，「犯罪が被告人の性格に由来するものであると認められる場合には，量刑上当然考慮されよう。」[198]とする。原田元判事は，「被告人の性格は，性格責任論や人格責任論では，責任の領域においても，考慮の対象となり，責任刑を加重する事情となるが，行為責任論では，性格故に行為責任を加重することは困難であろう。しかし，実務では，常習性は責任を加重する事情になっているのではないかと推測される。」「被告人の性格（反社会性，常習性，犯罪傾向性，粗暴性，精神的未熟性等）が，特別予防の領域において重要な量刑事情になることは争いない。」とする[199]。このように，性格や人格が一定の限度で量刑要素となることは，ほぼ肯定されているといってよい。

実務では，行為責任を基本としながらも，予防的事情も考慮して刑を量定していることは，既に論じた。行為責任の程度及び特別予防を考慮する際の事情の中には，人格の規範意識や反社会性の程度，それについて非難すべき事情（逆に同情の余地），反社会性ないし危険性除去の難易度と再犯可能性の判断に関わる事情が含まれるというべきである。ただし，行為の背後の人格や素質，それらの形成環境をすべて理解することは，不可能であるし必要でもなく，また，これを重要な量刑因子とすることは，特別予防偏重主義（前記第1の4(2)参照）に傾きかねないから，不当でもあろう[200][201]。

2 実務の現状

では，被告人の性格は，どのような場合に，どの範囲で審理の対象として採り上げ，どの程度考慮されるべきか。一般的にいえば，行為の特徴（動機，態様，反復性など）から見て，行為者の素質，性格や行動傾向が強く影響しているとうかがわれる場合に，行為の特徴を理解するために必要な範囲で行為者の性格等についての証拠調べを行い，特に必要があれば，それらの形成に影響を与えた事情も審理の対象に入れ，以上の資料に基づいて，基本となる行為責任に，特別予防の観点を加味して，量刑することになる。犯罪が一過性で，行為者の性格と直接の結びつきがなく，犯罪的傾向の乏しい性格の場合，行為者の社会復帰は一般に容易であるが，犯罪と親近性の顕著な性格[202]の場合，特別予防の観点から刑の一定の加重が導かれる（ないしは減軽阻止的に働く）ことになろう。そして，この場合の特別予防的観点とは，常習性・粗暴性など犯罪の反覆につながる性格傾向を改善することを目的とし，

行刑施設内の矯正処遇のほか,保護観察プログラムやカウンセリングなどを含む社会内処遇も考慮されることになる。

　実務では,「性格」を直接に又は独立しては採り上げないことのほうが多いと思われる。その理由として,①そもそも「性格」の中には種々の要素が含まれ,犯罪との結びつきも様々であるから,性格それ自体を採り上げて善悪を判定しても意味がない。性格鑑定をしても,量刑資料としての効果が十分には期待できないことが多い。②普通の場合は,犯情や前科などの資料から,「犯行態様が著しく執拗である」「常習的に粗暴な行為に及ぶ傾向が認められる」「規範を無視する態度が根強い」などとして,動機や再犯可能性,矯正可能性に関する判断をする中で,それら特徴的な犯行態様や行動傾向の徴表として,背後の性格を考慮するにとどめており,また,それで足りると思われる。検察官による被告人の悪「性格」立証も,資料や関連性の範囲は上記の程度にとどまり,それ以上は認められないことが多いであろう。他方,善良な性格であることの立証についても,今回の犯罪が性格と結びつかない場合には,関連性が希薄なため,有利な情状としての意義は乏しいことが多い（たとえば,交通過失事犯において,被告人の勤勉で真面目な性格を積極的に立証しても,あまり効果はない。）。③なお,情状証人の尋問や被告人質問などの審理を通じて,被告人の性格のうち犯罪に結びつきやすい部分を被告人自身に自覚させることができれば,犯罪傾向の改善と被告人の再社会化にとって有効である。多くの場合における「性格」の位置付けは以上のようなものになろう。しかし,④動機・態様に異常さが認められたり,性格傾向が犯罪に影響した程度,性格傾向が形成された事情（素因,環境等）などが大きく問題になる場合には,これらを専門的知見に基づいて解明するため,精神鑑定や情状鑑定を行うこともある。鑑定などによって,性格の特異性及びそれと犯行の結びつきの強さなどの事情が明らかになれば,犯罪傾向や矯正可能性を測る事情として考慮することになる。

3　問題となる性格の具体例

　上記④のように性格が大きく問題となる例のうち,主なものを取り上げる。
　既に第11の2でも論じた薬物濫用やアルコール依存については,犯罪と結びつきやすい性格傾向が認定される場合が少なくないであろう。酩酊の上で粗暴行為を繰り返す性癖が前科等の資料を総合して認定できる場合,行為責任の加重又は減弱とともに,断酒プログラムを含む処遇など特別予防の必要性も基礎付けられることになる。

次に、性犯罪については、一般型ないし攻撃型（性的衝動が性的抑制機能を圧倒して、直接性対象に反応する）と異常型ないし倒錯型（性的対象に対する倒錯と性的行為に対する倒錯）に分類することができるが、両者は犯人の性格的特質が異なる。性的倒錯者を性的精神病質と呼ぶこともあるが、反対論もある[203]。性犯罪者の心理特性については、①強い敵意又は攻撃的感情の表出を伴う情動の変調がみられる者、②情緒の発達が不全で心的未熟性が顕著な者、③劣等感や罪悪感を伴った神経症的傾向を持ち社会との接触感を欠いた者の3類型があるとする研究があり、また、性的に未熟な少年の場合と成人の場合とでは、性犯罪にいたる機制に差があること、単独犯と集団犯とでも性的問題性の程度が異なることなどが指摘されている[204]。一過性の場合と異なり、性犯罪累行者に対する処遇は困難な問題を含むが、犯行の心理機制など個々の犯罪者の特質に応じた処遇が必要であり、最近では認知行動療法を基礎とした処遇プログラムも実施されることとなった[205]。

さらに、異常性格等については、古くから議論がされてきており、概念の定義も一致していない。古くはシュナイダーの精神病質論（10類型）が著名であるが[206]、近年は、「性格のかたより」の類型として、ICD-10に基づき、統合失調症病質（統合失調症病質性人格障害）、妄想性格（妄想性人格障害）、不安性格（不安性・回避性人格障害）、依存性格（依存性人格障害）、強迫性格（強迫性人格障害）、自己顕示性格（演技性人格障害）、境界例及び爆発性格（情緒不安定性人格障害）、非社会性人格障害が挙げられている[207]。司法研究報告によれば、精神病質又は性格異常の量刑因子としての意義は単一ではあり得ず、「易激性・爆発性」等の異常性格は危険で厳罰を必要とする因子とされるが、「空想性・偏執性・妄想性」等は心神耗弱と認められる場合も多く、「軽薄性・意思不定性」等は受動的追随性犯罪に傾くため、量刑を軽くする因子と見られるとされている[208]。精神病質や人格障害については、判定基準が必ずしも明確ではなく、犯罪との結びつきが乏しいものも少なくないが、著しく異常な性格が存在し、治療を必要とするものがあることは承認されている[209]。これらの一部については、精神的負因として考慮されるべきものもある。実務では、責任能力が争われて精神鑑定が行われた結果、精神病質や人格障害と判定されても、責任能力の限定が認められる事例は少ないが、責任能力と量刑の2つの領域にまたがる問題として考慮の対象になる。精神病質ないし人格障害については、その内容にもよるが、一般に治療効果を上げることは容易でないとされており[210]、処遇の選択に当たって困難な問題をはらんでいる。なお、最近では、広汎性発達障害と犯罪の関係が主張され、

責任能力や処遇の在り方が問題とされた事例も目立っている[211]。

4　評価の方向に関する問題

　法律上刑の減軽をする限定責任能力の場合であっても，完全責任能力の場合であっても，被告人の精神状態や責任能力の程度は，量刑要素になり得る。川崎教授は，心神耗弱について，責任評価に関する限りは，減軽的に評価されるが，予防の範囲においては，再社会化の必要性や保安の必要性を高める要素として評価されるであろうとする[212]。責任及び予防における二重評価及び予防要素の考慮方向として，総論でも触れた。これについて，村井敏邦教授は，「性格異常あるいは精神病質は，刑を軽くする事情とされることもあるが，人格形成過程における被告人の責任や治癒不能を理由として，むしろ悪情状とされることもある。」として，病的異常性欲に支配されて殺人を犯した被告人に死刑を言い渡した事例に対し，刑事政策的考慮に傾き過ぎていると批判する[213]。同様に，城下教授も，人格障害について，量刑において責任軽減的に作用しうる反面で，特別予防的考慮からは刑罰加重的（減軽阻止的）に作用する可能性があるとし，「責任と刑罰目的のアンチノミー」の問題とする[214]。

　なお，井田教授は，「個別行為にはあらわれなかった犯人の性格」（窃盗罪の量刑における犯人の粗暴性）を考慮することができるかという問題を提示し，責任の幅の枠内で特別予防の考慮を認める以上，禁止する理論的根拠はないとしている[215]。基本的には，第1（総論）の3で論じたように，属性に伴う加重・減軽要素は，行為との関係で評価されるべきであり，今回の行為と結びつかない被告人の犯罪親和的傾向は，前科によって認定できる場合に実際上限られ，遵法精神の低さが今回の再犯によって強く認められる場合に，特別予防要素になり得るが，異種前科による加重以外の性格考慮による加重の程度は，あってもわずかであろう。

5　裁判例

　性格の偏り，人格障害が（責任能力のほか）量刑上問題とされた事例は多数にのぼるが，そのうち幾つかを紹介する。
①　名古屋高判平10.3.16判時1671号150頁
　　　（7歳の女児に対する強制わいせつ，殺人等事件）

　原判決が「（被告人の）人格の偏りや未熟さは，被告人自身の生活態度に根ざすものではあるが，その背景として家族関係に葛藤のある家庭環境，両親

の養育態度等の問題があったことも否定できないのであって、このような被告人の生育歴には酌量の余地がある」「O鑑定は被告人の矯正可能性を認めている」などと判示した上、懲役18年を言い渡したのに対し、控訴審は、破棄自判し、被告人の人格形成に対する家庭環境の影響は認めたが、「(社会性を欠く生活を続ける中で)次第に、性倒錯の傾向と分裂病型人格障害の度を深めていったもので」「ゆがみが大きく、小児性愛という危険な傾向を有するその人格を矯正するには著しい困難が伴い、再犯のおそれは極めて高い」と判示して、無期懲役を言い渡した。人格の矯正可能性、生育環境及びその後の生活歴による影響と帰責性など、特別予防の必要性の程度に関する事情について、判断が分かれた事例である[216]。

② **名古屋地岡崎支判平12.5.15判タ1092号300頁**
(17歳の少年によるストーカー殺人事件)

犯行に見られる被告人の自己中心的で情感に乏しい人格が形成されるについて、母親に暴力を振るう父親や、精神的に安定しない母親の存在など家庭環境の影響も大きく、人格が未熟であり、矯正教育による改善の余地があること、鑑定書によれば、被告人は分裂病型人格障害であって、精神医学的治療ないし心理療法等の重要性が指摘されており、仮出獄の時期については、矯正効果の慎重な判断が必要であることを量刑理由中に付記している。

③ **大阪地判平15.8.28判時1837号13頁** (附属池田小児童殺傷事件)

犯行状況等並びに捜査段階及び公判段階の各精神鑑定を検討した結果、被告人の人格障害の程度は非常に大きいが、人格の偏りが疾患を原因とするものではなく、常人には理不尽で突飛な犯行動機も被告人の人格の延長上にあるとして、「本件凶行は、被告人の本来の人格の所産というべく、精神分裂病等の精神疾患がもたらしたものではない」と認定し、完全責任能力を肯定した上、量刑判断において、被告人の人格障害は素因の影響が大きいものの、その人格形成過程を見ると、被告人自身が矯正等の努力もせずに主体的に築いたものであり、本件被告人の人格障害及びそれによる行動制御能力の低下を情状として有利に斟酌すべきともいい難いと判示し、被告人は死刑を免れないとした。

④ **山口地下関支判平14.9.20判時1824号140頁** (下関駅通り魔事件)

被告人は精神分裂病に罹患したり妄想性障害の状態にはなく、人格障害あるいは神経症の段階にとまるものであるとして、完全責任能力を肯定した上、量刑判断において、被告人が長年にわたって対人恐怖症等のため、仕事や家族生活に恵まれなかったこと等の事情を斟酌しても、死刑はやむを得な

いとした。

192) 吉田・大コンメ刑訴法第4巻60頁。
193) 城下・研究113頁以下など。遠藤邦彦「量刑判断過程の総論的検討」本書第1巻は，学説状況を概観した上，人格的側面の考慮に関する量刑実務の側からの分析が必要であるとする。本稿は，その観点から若干の検討を試みたものである。
194) 大谷・行為責任と人格責任215頁。
195) 平野龍一「人格責任と行為責任」日本刑法学会編『刑法講座(3)』（有斐閣，昭和38年）12頁。
196) 阿部・現状と展望8頁。
197) 熊谷弘「刑事裁判の量刑」自正29巻6号（昭和53年）29頁。
198) 小田健司「裁判所からみた情状と量刑」自正29巻6号（昭和53年）37頁。
199) 原田・実際9頁。
200) 川崎・体系的量刑論187頁は，「予防関係性を有するかぎりにおいて行為者の全人格の一断面が顧慮されるべきである。」とする。
201) ただし，死刑や無期刑が問題になる事案では，被告人の性格などを通じて被告人の矯正可能性の有無が判断されている。
202) 阿部謙一「性格」上野ほか編・前掲注36）205頁は，①自己本位の性格，②攻撃的な性格，③残忍な，情性を欠いた性格，④自律性を欠き，状況に流される性格を挙げている。
203) 大塚編・前掲注71）101頁〔虫明満〕，363頁〔安里全勝〕。
204) 澤登ほか編・前掲注168）401頁〔大川力〕。
205) 実施対象は，性犯罪のほか，犯罪の原因・動機が性的欲求に基づくものも含まれる。自己の認知の歪みに気付かせ，その変容を図り，感情統制等の問題再発防止スキルを身に付けさせるなどの科目で構成される。刑事施設内と保護観察所の両方で実施されるが，前者については，刑事収容施設法103条（旧刑事施設法51条2項9号）によって，後者については，更生保護法51条2項4号により特別遵守事項に組み込まれることによって，いずれも受講が義務付けられる。名執雅子＝鈴木美香子「性犯罪者処遇プログラムの成立経緯とその概要」ひろば59巻6号（平成18年）4頁，25頁。
206) 福島章『精神鑑定』（有斐閣，昭和60年）259頁，藤本・前掲注34）419頁など。
207) 山下・前掲注170）227頁，作田明「異常性格」風祭元＝山上皓編『司法精神医学・精神鑑定（臨床精神医学講座(19)）』（中山書店，平成10年）209頁。
208) 高橋・実証的研究201頁。
209) 大塚編・前掲注71）98頁以下〔虫明満〕。なお，福島章『犯罪心理学研究Ⅰ』（金剛出版，昭和52年）234頁には，窃盗累犯者に対する調査研究の結果（意思欠如型の精神病質が多い）が報告されている。
210) 作田・前掲注207）214頁は，中核精神病質に対しては精神療法は無力とする見解に賛同した上，一部の人格障害については精神療法が適用されること及び家族療法が重要であることを論じている。

211) 下級審の裁判例では広汎性発達障害が主張された事案が続出しており，文献も多いが，本稿では量刑因子の整理と素描という目的から，以下の説明にとどめる。①東京地判平16.11.26（浅草女子大生殺害事件，広汎性発達障害による情動反応であることを理由とした心神喪失又は心神耗弱の主張が排斥された事例，下級裁主要判決情報ホームページ）。②大阪地判平18.10.19（寝屋川教職員殺傷事件，犯行時17歳の被告人の広汎性発達障害を考慮し，少年刑務所における療育的処遇相当の意見を付した事例）。③奈良地判平21.11.13（判例秘書）（17歳の少年がサバイバルナイフで実父を殺害した事件，特定不能の広汎性発達障害が動機形成や犯行態様，犯行後の態度等に強く影響したことを考慮しても，不定期刑の上限を引き下げるのは相当でないとした事例）。④杉山登志郎「高機能広汎性発達障害にみられる行為障害と犯罪」そだちの科学1号（平成15年）42頁，藤川洋子「非行と広汎性発達障害」こころの科学94号（平成12年）76頁。⑤十一元三「司法領域における広汎性発達障害の問題」家月58巻12号（平成18年）1頁によれば，広汎性発達障害の中核症状は「対人相互的反応性の障害」と「強迫的で限局された精神活動や行動様式」の二つであり，臨床的問題として同一の事柄への強迫的固執，混乱・葛藤からの短絡的行動などが見られ，被害関係念慮を伴う場合は行動内容が攻撃的・他害的になりやすく，事件発覚後の態度や行動において反省の意識が乏しく冷淡と誤解されることもあること，加害者が広汎性発達障害と診断される事案では，事件の経緯や動機の理解に困難を伴うことが多いこと等の点が指摘されている。

212) 川崎・体系的量刑論97頁。
213) 村井敏邦「責任能力」上野ほか編・前掲注36）176頁。
214) 城下裕二・判評563号（平成18年）35頁（判時1909号197頁）（下記の大阪地判平15.8.28の評釈）。
215) 井田・量刑理論と量刑事情40頁。
216) 城下裕二・判評495号56頁。

第15　情状鑑定

情状鑑定は，情状に関係する資料を専門的な手法で収集する方法であるが，同様のものとして，判決前調査制度の導入が検討されたことがあった。その意義と問題点を振り返ることは，情状鑑定について考える上で有益である。

1　判決前調査制度（presentence investigation）の導入論

(1)　制度の構想

昭和25年8月に第12回国際刑法及び監獄会議において判決前調査制度の採用を促進すべきことを要請する決議が採択され，同年11月にアダルト・プロベーション制度調査委員会が最高裁に非公式に設けられ，昭和26年5

月に法制審議会が刑の執行猶予に伴う保護観察制度の採用について答申する際に判決前調査制度の研究について附言し，さらに，昭和33年売春防止法に補導処分が設けられるに当たって判決前調査制度の法制化を検討すべき旨の両院法務委員会による附帯決議がなされ，昭和34年3月に最高裁の判決前調査制度協議会が同制度要綱を採択し，法務省及び日弁連も調査検討を行ったが，結局，同制度は実現されることがなかった[217]。

上記の判決前調査制度要綱では，「刑の量定に参考となるべき情状の調査をさせる」（第1条）ものとされ，「被告人の素質，経歴，性行，経済状態，家庭その他の環境等について，なるべく，医学，心理学，社会学その他の専門知識を活用して」（第3条）調査するとされていた。

西村法元判事は，判決前調査制度について，次のように説明している。

①調査の目的は，広く量刑一般の参考となるべき情状に関する資料について調査することであり，②対象事件としては，全部自白事件及びそれ以外の事件で被告人に異議のないものに限定し，有罪の蓋然性が認められるときに調査を命ずることとし，③利用については，調査報告書は犯罪事実についての証拠とすることができないという制限を設け，当事者に閲覧の機会を与える，④当事者の立証活動を何ら排除するものでなく，当事者の提出資料とあわせて量刑判断資料とする，⑤調査担当者は，対象者の人権を保障し，かつ，公正不偏の調査を行うために，捜査機関や行政機関から独立した裁判所専属の調査官とする[218]。

(2) 賛成論と消極論

この構想に対しては，賛成する意見も有力であったが，消極論も多かった。①の趣旨目的に対しては，調査の結果分かった事情によってどういう処遇をすべきかが明らかになるわけではないとして，調査の有用性に対する疑問が出され，また，科学主義から刑や処遇が決められるべきではなく，犯罪の軽重も考慮し，検察官及び弁護人の弁論を検討して量刑すべきである[219]，犯罪予測を的確に行えるほど研究は進んでいない[220]との意見が主張された。②③については，事実認定と量刑の手続が分離されておらず，後から出てきた量刑事情が事実認定に絶対に影響しないという保証がない[221]，④に対して，職権主義に復帰するおそれがあり，裁判官が直接証人等の証拠調べをして裁判すべきである[222]，⑤について，独立した機関がよい，社会調査であれば保護関係者も適任である[223]などの主張がされた。また，証拠調べ終了後に実施すると，審理の遅延を招く[224]という懸念も表明

された。

　他方，大久保太郎元判事は，量刑の適正化及び被告人の保護のために，「再犯のおそれの有無ないし程度，保護観察の要否ないし適否等を知るため被告人の性格，経歴，環境等に関して調査を必要とすると認められる事件について」判決前調査を導入すべきであるとし，検察官からの「主として被告人の人格的事情の調査を目的とする判決前調査が行われると，犯罪の客観的情状が軽視され，主観的情状に重きを置いた量刑が行われる」という批判は，運用に対する警告として傾聴すべきであり，弁護人の「科学的な調査の名のもとに職権主義的な量刑審査が行われ，被告人側の自己に有利な情状立証が封じられることになりかねない」との危惧については，判決前調査が必要な事件は限られるから，問題はないとする[225]。また，松本元判事も，判決前調査制度が機能するのは量刑の枠内での個別化のための量刑判断の場においてであり，量刑が調査結果のみに依拠してなされるという批判は当たらないとする[226]。

　また，鈴木茂嗣教授は，判決前調査制度について，アメリカではプロベーションとの関連で発達したが，処遇一般のための調査という機能も果たすようになっていること，我が国では人格調査・社会的調査を統括し処遇意見をも提示する鑑定人的調査官制度を基本として考えるべきであるとし，「科学的な処遇決定という観点からは欠くべからざるもの」であり「科学的な改善予測という視点から調査官が専門知識を利用して処遇効果についての意見を述べることは，処遇決定の科学化という視点から」望ましいと評価しながら，一方で，「判決前調査によって明らかにされる被告人の危険性あるいは改善可能性の予測が，現段階において，はたしてどれほど正確なものかという疑問がある」「調査は必然的に個人のプライバシー侵害の危険性を伴う」から「判決前調査の採用にあたっても，一種の謙抑主義が考慮されねばならない」とし，なお，判決前調査が訴訟の職権化につながるとの批判に対しては，デュー・プロセスの立場から，特段の事情のない限り被告人に報告書を開示し，反証提出の機会を与えるべきであるとして，基本的には制度の導入に積極的見解を述べている[227]。

　このように，判決前調査制度の導入については，量刑や処遇のための有益な資料を専門家によって収集するという意義を肯定しながらも，調査の主体となる機関をどこに置くか，行動科学の観点による調査はどこまで有効か，関係者のプライバシーへの侵害を生まないか，量刑への影響が大きくなり過ぎないか，当事者の立証努力が軽視される結果につながらないか，罪体事実

の認定への影響を防止するため，事実認定手続と量刑手続を二分する必要がないか，直接主義・口頭主義に反しないか，審理の遅延を招かないか等の問題や疑問点が出され，結局，実施されるに至らなかった。

2 情状鑑定

(1) 実施の経緯
判決前調査制度は，専門の調査担当者が調査を実施するものとして構想されており，裁判所から独立した機関とするかどうかの議論があったため，まずその点で，導入するには問題があった。情状鑑定は，判決前調査制度に代わるものとして実施されるようになったといわれている。昭和44年に刑事部裁判官有志と家裁調査官有志の間で，情状鑑定に関する協議が行われたことを契機に，調査官に対する鑑定命令が増加したとされ[228]，昭和60年ころから，退職した家裁調査官の知識経験を社会に還元し情状鑑定に活用しようという機運が生まれ，徐々に実施されるようになったとされている[229]。

(2) その意義
情状鑑定とは，「訴因事実以外の情状を対象とし，裁判所が刑の量定，すなわち被告人に対する処遇方法を決定するために必要な知識の提供を目的とする鑑定」，あるいは「心理学，社会学などの専門知識に基づく人格調査，環境調査を主な内容とする量刑資料の収集と専門家の意見聴取」などと定義されている[230]。

(3) その内容
萩原太郎氏（元判事）の上記論文には，平成元年以降平成6年ころまでの31事例に基づき，情状鑑定の運用の概観が報告されており（下記アからウ），更に情状鑑定の有用性や留意点が論じられている（下記エ，オ）。

ア 鑑定事項
次の5つに分類される。

①被告人の知能，性格（人格調査），②被告人の生育歴，家庭環境等，被告人の人格形成に影響を及ぼしたと思われる諸要因（環境調査），③心理学，社会学等の観点から見た本件犯行の動機，原因（動機鑑定），④被告人の社会的予後（再犯予測ないし予後判定），⑤その他処遇上留意すべき事項（刑務所や保護観察所に対する処遇勧告の内容等を含む処遇意見）[231]

①②③は独立して鑑定事項となるが，④⑤も付随することがある。最も多

い形は,「1. 被告人の知能,性格,環境,2. その予後及び処遇上留意すべき点」である。

　イ　鑑定対象事件

事件及び被告人について,次のような特徴がある。

　a　事件罪名としては,性犯罪が突出して多く (31例中12例),各種性倒錯型が多いが,一般型の強姦等でも異常な要素が疑われる場合には付されている。

　b　対象者としては,精神薄弱者 (知能検査,性格検査等を実施) 又は精神病質者と判定された者が約半数 (31例中16例) になり,同種犯罪の累行者も多い (31例中16例)。

　ウ　鑑定の方法等

家裁調査官経験者が命じられることが多く,訴訟記録閲覧,被告人面接 (数回),心理テスト,家族面接,関係者照会などの作業を通じて,普通は30日から70日前後で鑑定する。

　エ　有用性

再犯予測や改善更生予測については,科学的信頼性があるかという批判があるが,法律実務家の行う直感的予測方法は,体系化されておらず,個人的バイアスの介入が不可避であるのに対して,臨床的予測方法は,調査やテスト,診断等を行い,多角的な資料収集と体系的な情報処理を目指すもので,少なくとも直感的方法を支え,訂正し,又は共同して予測を決定するには賢明な方法である。

　オ　実施されるべき事件

実施には時間や費用もかかることから,裁判所の裁量によって必要度の高い事件を選別することになるが,①精神薄弱の疑われるもの,②目立った性格の偏りや奇異な行動が見受けられるもの,③社会的適応性に特別の問題をはらむものなど,裁判官が特殊な「異常さ」を感知し,あるいはそのために処遇方法の選択に困難を感じるケースについて,情状鑑定を実施するべきである。

以上の萩原論文に加え,平成5年に設立された社団法人家庭問題情報センター (FPIC) が同年から平成12年までに150件の情状鑑定を受任したことが紹介されている[232]。鑑定人については,FPICのほか,家裁調査官,保護観察官,少年鑑別所技官,さらに,社会心理学者,臨床心理学者,犯罪心理学者,精神医学者などが挙げられている[233]。

上記のような情状鑑定の方法によれば,判決前調査制度の問題点のうち,実施主体の問題及び量刑手続の職権化の問題がほぼ解決されるといってよいであろう。

(4) 積極論

守屋教授は，若年成人はもちろん，高齢や常習の犯罪者についても，資質的・人格的負因，あるいは環境的負因が認められることは珍しくなく，これらの負因が責任の量とどう結びつくのか，被告人に真に責任がある範囲を情状鑑定によって明らかにすることができれば，裁判の説得力も生まれ，被告人の更生に役立つことになるかもしれないと評価している[234]。「犯罪の原因が常識をもってしては理解しがたい事件」[235] や「被告人が薬物依存にいたった原因，薬物依存から脱却する方策」を明らかにしたい事件[236]を例に挙げて，情状鑑定を活用すべきであるとする論者もある。

(5) 消極論

前記の佐藤學論文では，法律実務家からの様々な消極論がまとめられている。①裁判官サイドからの消極論として，(ア)情状鑑定の信頼性に対する疑問があり，心理検査等を用いる領域は別として，法律実務家は刑事学等にも通じているべきで，特に処遇問題については，資料さえ与えられれば自分たちこそ専門家である，(イ)情状鑑定が行われる事件はわずかであり，被告人にとって不公平が生じるおそれがある，(ウ)鑑定人の専門分野により精神医学，心理学あるいは社会学のいずれか一つに力点が置かれたものになる場合があり，等質の鑑定結果が出される制度的保障がない，(エ)情状鑑定をして動機が理解できたとしても，量刑が軽くなるとは限らず，量刑判断で占める割合は小さい，(オ)個別的な事情を重視して量刑すると，裁判官によってばらばらの量刑になるおそれがある，(カ)かなりの費用と時日を要する，以上に加えて，②検察官サイドからの消極論[237]として，動機や犯行時の心理状態等は犯罪事実の内容ないし密接に関連する事項であるから，裁判官の認定に委ねるべきである，③弁護人サイドからの消極論[238]として，(ア)当事者主義からいって，情状事実の立証は被告人質問や証人によるべきであり，第三者の判断に委ねるべきではない，(イ)中途半端な心理鑑定は，かえって被告人像を歪める危険性がある，(ウ)情状鑑定をすると，むしろ逆に刑が重く作用することが多い，などが列挙されている。

(6) 検　討

総論1及び2において，人的属性という個別的事情についての審理及び量刑考慮の在り方を論じたが，個別化の意義とその限界（行為責任重視による量刑の公平化の要請との関係，特別予防重視主義の弊害），科学主義の有用性とその限

界（科学的処遇決定や再犯予測可能性の判断）という問題は，情状鑑定の長所及び短所として，いわば凝縮された形で登場する。さらに，時間，費用等がかかるという問題もある。

　A　まず，情状鑑定を実施すべき事件とは，どのようなものか。

　素質的・人格的負因や環境的負因を解明して，被告人に真に責任が帰せられる範囲を明らかにすることは必要である。しかし，医学的精神鑑定を必要とする事案は別として，通常の訴訟資料を収集し検討してもなお理解しにくい負因は決して多くないといってよい。生物学的要素の記述的判断は科学者の専門的判断を必要とするが，心理学的要素の評価的規範的判断は法律家にも可能な部分が多いといえよう。

　一例を挙げると，筆者が担当した殺人被告事件で，被告人が溺愛していた子供と無理心中を決意するほど精神的に追い込まれていた原因を解明する必要があるという理由で，犯罪心理学者を鑑定人とする情状鑑定の請求が弁護人からなされたが，裁判所は，被告人に特段の精神的異常を疑わせる事情（ないしは精神病の兆候）がなく，動機についても，取調べ済みの証拠によれば夫に内緒の多額の借金や離婚問題などによる悩みがあり，これに基づく短絡的犯行と認められ，了解困難とはいえないことを理由に，請求を採用しなかった。

　精神鑑定までは必要がないが被告人の精神的な異常性の有無を知りたい場合に利用されるという見方もある[239]。ただし，動機などに理解困難な点があり，精神異常も疑われるような事案では，責任能力が争われることが多く，そのような事例において，精神鑑定を実施すれば，責任能力を認めることになったときでも，精神鑑定の結果を情状資料として利用できるが，他方，情状鑑定を実施した場合は，その結果を責任能力の事実認定資料として利用し心神耗弱等を認定することはできないと思われる[240][241]。このような制約を考えると，精神的な異常が疑われるような場合の鑑定としては，情状鑑定でなく精神鑑定を優先して実施することになろう。

　そうすると，責任能力に問題がないと思われる事案で，動機や態様に異常な要素があり，被告人の性格などを含む原因やその犯行への影響度などを解明しないと，非難可能性の判断や処遇決定が的確に行えないと考える場合について，情状鑑定を採用することになろう。具体的には，資質的人格の要因として，狭義の精神的疾患や精神遅滞のほか，各種の人格障害，発達障害，依存性症候群，更には内分泌腺の異常などの身体的疾患などは情状鑑定の対象になり得るし，特殊な環境における行為者の異常な心理（マインドコントロールなど）なども専門家の分析結果を資料とすることが望ましい場合があろ

う（後記の裁判例を参照）。生育歴や家庭環境等の環境的要因による影響などについても調査が有効な場合があり得る。

B　次に，関連する幾つかの問題について検討しておく。

裁判官を含む法律家は，（検査等の必要がある場合は別として）犯罪の動機や心理を理解する能力があり，特に処遇判断は裁判官の責任において行うことが求められるのであって，調査鑑定結果に影響されるべきではないという意見がある。これに対しては，量刑判断において求められる心理学，社会学等の人間行動諸科学や処遇選択の行政的判断について，裁判官は専門的体系的教育を受けていないから，主観性や非科学性を免れ難いとする見方もある[242]。先に論じたように，情状鑑定をしなければ理解が困難な事案というのは少ないといってよいし，鑑定人の専門分野が精神医学，心理学，社会学等に分かれているため，各アプローチごとに重視される事由が異なるという問題もあり[243]，さらにいえば，行動諸科学の現状は，人間の性格や心理を十分に解明し，行動を予測できる段階にまで到達していないことはほぼ異論がない。そのため，事例によっては，互いに両立し得ない何通りか想定される仮説のうちの１つが提示されるに過ぎない場合もあろう。したがって，情状鑑定を実施すれば確実に動機や心理など犯行の原因が判明して社会的予後も判定できると期待するのは過大評価ということになる。しかし，上記のような問題は精神鑑定についても指摘され得るところであって，行動科学的知見の限界を強調する余りその有用性を否定して不可知論に陥るべきではないことも明らかであろう。情状鑑定では鑑定事項に適切な専門分野の鑑定人を選任することが特に重要になってくるが，それが満たされれば，有益な資料を提供してくれることが期待できる。特に，動機や態様において異常ないし不可解な点を含む事案，あるいは再犯予測や処遇選択が容易でない事案については，効果的であろう。また，重大事件では，被告人の心理的特性や行動傾向などが犯行に強く影響している場合も少なくないため，その有無及び原因などを多角的かつ慎重に検討する必要があり，また，長期の処遇が予想されるので，特別予防の必要性や処遇効果を十分考慮すべきである。重大事件であれば，費用や時間（身柄拘束を含む審理の長期化）もあまり問題にならないし[244]，人格・環境調査による個人のプライバシーへの干渉という側面への批判（第１の４(2)参照）も受けにくいであろう。なお，裁判員裁判では，実施時期をいつにするか及び決定のための判断資料をどのように収集するかという問題が加わる[245]。

次に，情状鑑定の結果の利用に関する問題がある。情状鑑定を行って動機

等が理解ができたからといって，量刑結果が変わらないことも多い（すぐ刑が軽くなるとは限らない）[246]ため，情状鑑定の効果に疑問が残ることは確かである。情状鑑定活用論者は，被告人に有利になることを期待する向きが多いようであるが，高野弁護士は，情状鑑定は刑を軽くするためと考えると危険であり，被告人が事件を起こしてしまった理由を理解する（理解させる）という視点がなければならない[247]とし，原田元判事も，「裁判所が被告人に有利にのみ考慮すべきであるという拘束を受けるわけではない」とする[248]。これに対して，多田元判事は，情状鑑定について，「刑罰の謙抑主義の見地から，いわば被告人に有利な方向に処遇の個別化を図るために利用すべきであり，刑罰の加重のために利用すべきではないという拘束を受ける」とするが[249]，科学性と公平性の見地からすると，賛成できない。しかも，ある事情は両面性を持っている場合があるから，片面的拘束は不合理であろう。この点は，特別予防考慮方向の片面的構成の問題として論じたところである。もっとも，情状鑑定の結果，被告人の素質的環境的負因と同時に非難可能性ないし反対動機形成可能性などを裏付ける問題点が浮かび上がって，それらが重要な量刑資料になることもあり，また，鑑定人から被告人に対する有効な処遇方法の助言がされる場合もある。さらに，鑑定の過程で，被告人が自己の問題点に気付いて内省を深めたり，裁判手続に対する納得を深める場合も報告されており（後記(8)⑩），これらの効果も無視できないであろう。

　行為の動機や背景，被告人の資質，性格，各種の負因，生育歴，家庭環境その他の事実に関する審理の在り方としては，まず当事者が資料を収集することが大事であり，通常の事件では量刑に必要な事情は，検察官及び弁護人の収集した資料によって判断できるといってよい。親族や主治医等の証言，起訴前の簡易精神診断書（ただし，開示の問題がある。），経歴，通院歴などに関する捜査報告書，少年調査記録などのほか，弁護士法23条の2による照会や公務所等照会の方法もある。カルテ取寄せは本人情報開示保護の問題もあろう。さらに，本稿でも引用したような各種専門分野の研究論文を参照して，人間の心理・行動や処遇方策などに関する一般的知見を補充しておくことも有益である[250]。

　そのような当事者及び裁判官の努力の上で，より本格的な資料の収集を必要としたり，専門的判定が必要となった場合に，情状鑑定の要否を検討することになろう。

(7) 結　論

　法律実務家は，経験と研さんによって人間的事象に対する洞察力及び一定の行動科学的知見を備えているべきであり，直感的判断をしているようでも実務経験の裏付けがある場合も多く，恣意的なものとはいえない。しかも判決理由によってその判断の合理性を示すことが求められていることも考えると，多くの事件においては，当事者の提出した資料及びその意見に基づいて，被告人の資質，心理，環境など必要な限りの個別事情を考慮した適切な判断をすることができるというべきであろう。しかし，事案によっては，更に多くの資料を収集することが必要であるのに容易でない場合もあり，また，その資料も専門的で複雑であったり多義的であったりして，的確な理解が容易でないことがある。個別事情を中心に量刑資料の充実と合理化（科学化，可視化）を図り，法律家の知見を補うことは必要であり，審理の活性化と被告人の納得にもつながる。しかし，その結果として，個別化に傾き過ぎて客観的公平な量刑から外れ，行為責任の軽視と受け止められることがないように留意すべきであり，審理の不当な長期化も避けなければならない。これらの観点を総合して，必要な事件及び被告人を選別して適切な鑑定人を選んで鑑定に付することが求められる。

　多田元判事は，調査の科学性に対する懐疑，刑事裁判の時間的制約，苦痛である刑罰による教育的効果の限界などの指摘には理由があり，量刑の基本は行為責任主義であって，罪刑均衡の原則が重要であるが，しかし，行為責任主義のもとで可能な範囲における処遇の個別化及びそのための科学的調査の必要性まで否定されないとする[251]。正当であろう。

(8) 情状鑑定に関する主な裁判例

① **東京地判平 2.7.19 判タ 769 号 270 頁**（女子高生コンクリート詰め殺人事件）

　殺人事件の被告人の少年らに特に精神障害はないのに動機などに常識では理解し難い問題性があることなどに鑑み，「犯罪精神医学から見た，本件一連の犯行に至った心理機制」についての鑑定及び同鑑定人（精神科医）に対する証人尋問を実施している。この判決につき，第3の1(2)参照。

② **東京地判平 11.5.27 判時 1686 号 156 頁**（強姦致傷等の被害者が警察に申告したことを逆恨みして，出所後に同女を殺害した事件）（控訴審は東京高判平 12.2.28 判タ 1027 号 284 頁）

　情状鑑定が被告人の心理状態につき被害者に対する殺意と恋慕の情が拮抗していたとする点に対して，被告人の事前の行動に殺害に対する逡巡が認められると

している点で，鑑定の前提となる事実の評価に明らかな誤りがあると批判し，当初から確定的殺意を有していたことを覆すに足りないと判示している。

③ **東京地判平12.6.6 判タ1091号127頁及び東京地判平12.7.17 判タ1091号181頁**（オウム真理教幹部による地下鉄サリン事件）

マインドコントロールの有無が争われた事案で，弁護人が援用する社会心理学者や精神医学者の証言又はその論文を検討した上，弁護人の主張する責任能力の著しい減退や期待可能性の不存在を否定し，被告人の置かれていた状況及び心理状態を量刑事情として考慮した。

④ **さいたま地判平13.6.28 判タ1073号230頁**（荒川女性バラバラ殺人事件）（強盗殺人罪により無期懲役に処せられた被告人が，その仮出獄中に殺人と死体損壊等に及んだ事件）

量刑事情として，精神鑑定中の「被告人には，典型的な凶悪犯・重大犯罪の累犯者などに多い情性欠如の兆候は余り認められず，治療者と治療環境に恵まれれば，将来は性格の矯正も不可能ではない」等の部分を引用しており，精神鑑定の結果が情状資料として使われている（無期懲役刑を言渡し。ただし，東京高判平14.9.30 高刑速平成14年86頁により破棄され，死刑が言い渡された）。

⑤ **岡山地判平15.5.21**（判例秘書）（2件の殺人罪等により無期懲役に処せられ，その仮出獄中に殺人等に及んだ事件）

職権により情状鑑定を実施した結果，被告人は非社会的人格障害に該当し，衝動を抑制することは可能であったのに，更生の機会を生かすことなく本件犯行に及んでいることなどから，人格を変容し，犯罪傾向を改善する見込みがあるとは到底いえないと判示し，死刑を選択した。

⑥ **広島高判平16.4.23**（判例秘書，高刑速平成16年185頁）（三原市内老女強殺事件）（強盗殺人罪により無期懲役に処せられた被告人が，その仮出獄中に強盗殺人に及んだ事件。死刑言渡し）

最二小判平11.12.10刑集53巻9号1160頁による破棄差戻し後の控訴審で，被告人の矯正可能性の有無を明らかにするため実施され，鑑定事項は，1. 被告人の性格及びその形成原因，2. 心理学的，社会学的見地から見た本件犯行の動機，原因，3. 量刑上特に考慮すべき事項とされた。鑑定人医師が，記録のほか，被告人との面接，心理療法士による各種心理検査の結果などを基礎資料として鑑定した結果，1については，非社会的人格障害，自己愛型人格障害及び病的賭博と診断され，2については，借金の返済という経済的な理由によるもので，犯行状況に不可解な点は特になく，3については，内省が表面的で，刑罰による学習効果はあまり期待できず，一般社会では逸脱行動は押さえられないなどと判定された。これら

を前提に，裁判所は，被告人の犯罪性について，人格障害の点を含めて，矯正が全く不可能であるとまでは断定できないが，著しく困難であると考えられると判示している。

⑦ **京都地判平 18.1.23**（判例秘書）（病院の看護助手が入院患者 6 名に 10 回にわたり傷害を負わせた事件）

弁護人による心神耗弱の主張に対し，「被告人は精神発達遅滞者であり，それが軽度か中等度かの判定は微妙」という情状鑑定の結果及び鑑定人の証言について，同鑑定は情状鑑定であるとはいえ，その見解には重みがあるとした上で，被告人は境界知能か軽度の精神発達遅滞にとどまると認定して，弁護人の上記主張を排斥するとともに，軽度の精神発達遅滞及びストレスの蓄積によって能力がある程度減退していたことを有利な情状事実として考慮した。

⑧ **大津地判平 20.1.17 判タ 1261 号 349 頁**（電車内で乗客女性 3 名を強姦した事件）

器質的原因に関する情状鑑定の事例である。弁護人が被告人の抑制力低下の原因として交通事故による頭部外傷の影響を主張し，情状鑑定が実施されたが，その脳損傷によって抑制力が低下したとはいえないとされた。

⑨ **東京高判平 22.4.14**（判例秘書）（書店で出刃包丁を用いて女性客に対する殺人未遂と女店員に対する殺人に及んだ事件）

完全責任能力を認めた原判決の判断は相当であるが，精神遅滞によって衝動抑制力がある程度障害されていた事実は，生育歴の一環として考慮すれば足りるものではなく，責任非難の減少要素として酌むべき事情に当たると判示した（なお，弁護人が公判前整理手続において精神鑑定の請求をする際，責任能力の有無のみならず，情状鑑定を含めての請求であることを明らかにしており，精神鑑定の結果を量刑上の資料とすることは想定されていた旨も判示している。）。

⑩ **宮尾耕二「情状鑑定」刑弁 6 号**（平成 8 年）**116 頁**

上記論文には，粗暴犯の前科のある 41 歳の被告人が強盗致傷，強盗強姦等の事件を起こしたが，動機が薄弱であって被告人の性格や犯行時の心理状態等を把握する必要があるとして，弁護人が情状鑑定を請求し，FPIC の推薦する鑑定人が選任された事例が紹介されている。約 4 か月後の鑑定結果によれば，差別や偏見を受けて二つの分化した自己概念が形成され，主観的な即行性によって凶悪事件を引き起こすと分析された。求刑は懲役 15 年で判決は懲役 13 年であったが，被告人は今回の裁判手続を高く評価して控訴しなかったという。

(9) 研究会の議論

　研究会では，会員が経験した実施例が相当数紹介された。死刑求刑が予想された事件については，動機が分かりにくく，被告人は若年だが家裁係属歴がないため少年社会記録がなかった事例，女性を殺害した前科がある被告人が再び女性を殺害し，動機や性格の特異性が認められた事例などがあった。それ以外の事件では，少年や若年成人について数例があり，強盗殺人を犯した少年で知能が低い事例，執行猶予中の再犯の若年成人で劣悪な家庭環境の影響があると思われた事例，特異な性格傾向の若年成人で予後の不安が大きく感じられた事例などがあった。さらに，火に対する執着の強い被告人について再犯予測と処遇意見を求めた事例，知恵遅れの我が子を殺害した被告人がどの程度精神的に追い詰められていたかが問題になった事例，少女のころ父親にレイプされた体験を持つ被告人が児童虐待をした事例，ごく普通の主婦が常習累犯窃盗として万引を繰り返す原因が問われた事例などがあった。

　実施した効果などについては，死刑や無期懲役の判決を言い渡す前提として動機や資質の理解を深めることができたという感想，特異な犯罪傾向に対する社会内の処遇方法が提示され量刑選択の参考になったという感想，少年事件の社会調査と同等の効果が得られるという意見[252]，量刑に影響はなくても処遇決定及び行刑段階の資料になるから有益であるという意見が出された。

　また，弁護人が請求した場合もあるが，裁判所が職権で決定した事例も相当数あったことは注目される。

　情状鑑定に対する考え方は様々であり，前記のような積極論と消極論がある。動機背景をどこまで精密に解明すべきかという審理の在り方についても，また，行刑段階における調査との役割分担の在り方[253]についても，多様な意見があろう。既に述べたように，情状鑑定や科学的調査の長所と問題点を踏まえ，当事者による立証の程度や量刑判断への影響の見込みなども考慮し，事案の解明や処遇選択にとって必要度の高い事件を選別して実施すべきであるというのが筆者の意見である。

217) 西村法「刑の量定の手続について——判決前調査制度を中心として」刑法12巻2・3・4号（昭和37年）300頁，鈴木茂嗣「判決前調査制度」宮澤ほか編・前掲注1) 357頁。
218) 西村・前掲注217) 309頁。
219) 長島敦「判決前調査制度の問題点について」刑法12巻2・3・4号（昭和37年）323頁，326頁。
220) 大竹武七郎「判決前調査制度について」刑法12巻2・3・4号（昭和37年）334頁。
221) 長島・前掲注219) 327頁。なお，この点については，「論議の大勢は，判決前調

査制度と二分制度との間には必然的な結びつきはない，したがって，調査の開始時期，調査報告書の取調時期等に手だてを加えれば，一段階手続の下でもこれを採用することは可能である，というところにあった。」とされている（岩瀬徹「手続『二分』論」熊谷弘ほか編『公判法大系Ⅱ』〔日本評論社，昭和50年〕142頁）。
222) 大竹・前掲注220) 333頁，341頁。
223) 長島・前掲注219) 326頁，325頁。
224) 長島・前掲注219) 328頁。
225) 大久保太郎「量刑に関する二問題――量刑資料としての余罪・判決前調査について」『司法研修所創立20周年記念論文集(3)』（昭和42年）619頁。
226) 松本・量刑の手続68頁。
227) 鈴木・前掲注217) 361頁。田宮裕「刑事政策の担い手とその役割㈠法曹」宮澤ほか・前掲注1) 194頁，大谷・前掲注2) 203頁もほぼ同旨。垣花豊順「手続二分論」松尾浩也＝井上正仁編『刑事訴訟法の争点〔新版〕』（有斐閣，平成3年）も，判決前調査制度について概観している。
228) 兼頭吉市「刑の量定と鑑定――情状鑑定の法理」上野ほか編・前掲注36) 120頁。
229) 萩原・前掲注35) 201頁，202頁。
230) 兼頭・前掲注228) 114頁，守屋克彦「情状鑑定について」刑弁30号（平成14年）41頁。
231) 処遇に関する鑑定意見の例として，「自己評価を高めさせ，自信を持たせる生活指導が不可欠であり，保護観察の活用が望まれる。」「精神衛生に配慮して医療措置がとれるようカウンセリング等の技術のある保護観察官等の指導がほしい。」「持続した精神療法が期待できる施設が望ましい。」（萩原・前掲注35) 223頁）。
232) 守屋・前掲注230) 41頁。
233) 佐藤學「情状立証と情状鑑定――弁護活動についての若干の感想等」日本弁護士連合会編『現代法律実務の諸問題・平成14年版（日弁連研修叢書）』（第一法規出版，平成15年）94頁。
234) 守屋・前掲注230) 44頁。
235) 柳沼＝渡部・前掲注128) 654頁。
236) 髙野隆「薬物事件の弁護はどのように行うか」竹澤ほか編・前掲注104) 352頁。
237) 三井誠ほか編『刑事手続(下)』（筑摩書房，昭和63年）710頁〔土屋眞一〕。ただし，知能・性格の判定にかかる心理学的検査等は鑑定に適するとされている。
238) イ及びウは，三井ほか編・前掲注237) 700頁〔田原睦夫〕。「弁護側からは原則として情状鑑定を申請すべきではない。」とされている。
239) 松本・量刑の手続70頁。
240) これについて研究会では，動機や精神状態という立証事項は共通であるといえるから，責任能力の判断資料としてよいという意見もあったが，情状鑑定と明示している場合には，情状証拠を罪体事実（責任能力に関する事実のほか，犯罪事実の認定と密接不可分な事実である動機も含む。）の証拠として直ちに使用することは問題があり，立証趣旨を拡張する手続をとっておくことが望ましいであろう。後記裁判例⑦は

情状鑑定の結果を責任能力の判断に用いている。弁論で初めて責任能力に関する主張が行われた事例のように思われるが，審理経過に照らして不意打ちにならない場合は，資料を流用しても特に問題にならないであろう。後記裁判例⑨の事案では，精神鑑定の請求の際，情状鑑定を含めての請求である趣旨を弁護人が釈明しており，明確な措置といえる。

241) 村井敏邦「責任能力」上野ほか編・前掲注36) 178頁も，情状鑑定によって精神鑑定を代替することはできないとする。なお，判決前調査制度に対する消極論の理由として，量刑手続の事実認定への影響が挙げられていたことも想起すべきであろう。
242) 仲家・前掲注65) 335頁。なお，ここでの議論は専門家としての裁判官に関するものであるが，裁判員が加わることによって情状鑑定の必要性が直ちに増大するという結論にはならないと思われる。裁判官の知識経験と裁判員の常識を総合して当該犯罪の動機や被告人の心理などが理解できるかどうかが問題だからである。
243) 松本・量刑の手続69頁。
244) 佐藤・前掲注233) 95頁は，特に異常性のある事件，少年時代に犯した重大事件で死刑や無期懲役が予想される事件が裁判所に最も受け入れられやすいとするのも，この趣旨であろう。
245) 杉田宗久「量刑事実の証明と量刑審理」本書第4巻は，裁判員法50条を活用して第1回公判前の鑑定に移行せざるを得ないとする。精神鑑定におけるのと同様の問題があり，情状鑑定の実施はより少なくなるという予測もされている（植村立郎「裁判員裁判における事実認定に関する若干の考察」木谷明編『刑事事実認定の基本問題〔第2版〕』〔成文堂，平成22年〕462頁）。公判前整理手続等において鑑定の要否について協議し，採否のための十分な資料を収集して，必要性が強く認められる事案に絞って採用すべきであり，カンファレンス，口頭鑑定なども含めた実施上の種々の配慮も必要になる。
246) 浅田和茂ほか「座談会・どんな情状が量刑に影響するのか」刑弁30号（平成14年）45頁以下，54頁〔安原浩〕。
247) 浅田ほか・前掲注246) 54頁〔高野嘉雄〕。
248) 原田・実際39頁。
249) 多田・前掲注36) 313頁。
250) 情状に関する一般的知見であり，裁判官が本来備えるべき知識ないし経験則と考えてよい場合が多いと思われるが，必ずしも公知あるいは顕著といえない知見の場合，あるいは情状事実の認定の重要な資料として扱うなどの場合，公判に顕出して当事者に意見を述べる機会を与えることが必要になろう。
251) 多田・前掲注36) 307頁。
252) 若年成人の少年調査記録の取り寄せについては，第3の1で触れた。
253) 第1の4(5)で論じた。最近の論考として上野正雄「情状鑑定」菊田ほか編『社会のなかの刑事司法と犯罪者』（日本評論社，平成19年）367頁は，情状鑑定によって得た行為者情報を判決に反映させるとともに行刑機関にも提供し，当該被告人の具体的な改善更生に向けた指針を提示すべきことを提唱する。

第16 終わりに

　今後の刑事裁判は，犯罪事実及び情状事実について，事実認定及び量刑判断に真に必要な核心部分を中心に，これに即した審理を行うことが要請されている。情状に関係する事実のうち，特に被告人の属性ないし一身上の事由は，非常に広範囲にわたっているため，関連性や価値が乏しく量刑上あまり意味のない事柄を漫然と取り調べることになるおそれがないとはいえない。属性に関する証拠調べに当たっては，それによってどのような情状事実を証明するのかを明確にし，関連性及び立証の必要性を十分検討した上，最良の立証方法が選択されるべきである。

　また，被告人の属性と犯罪行為との関連及び属性に配慮した処遇の在り方については，医学・心理学・社会学・犯罪学・刑事政策などの研究と実践が進んできており，裁判官は，これらの成果も取り入れて，より客観的で実証的な判断を行い，説明することが求められよう。

　さらに，現代の社会においては，被告人を取り巻く諸々の環境が大きく変動してきており，属性に関する人々の意識ないし価値判断も大きく変化している。従来からの固定観念や偏見にとらわれて，恣意的で不合理な量刑に陥らないように留意する必要がある。裁判員裁判の施行を迎えた現在では，裁判官だけでなく，裁判員についても，被告人（や被害者）の属性に対する理解や感覚が問われることになる[254]。

　また，従来は裁判官の間で当然のように考えられてきた属性因子の見方や扱いについて，裁判員から，なぜそのような見方になるのかを質問され，説明すべき場合もあろう。個々の属性についての見方や属性と事件の具体的関わりの理解，そして評価の方向と程度は，多様であり得る。たとえば高齢者特有の又は高齢者の特徴が反映された犯行原因の理解の仕方，帰責性の程度の見方，それを踏まえた処遇の在り方への影響などについて，論告や弁論の指摘を参考にして裁判官と裁判員が多様な意見を述べ合うことになる。その前提として，量刑事情に関係する法の規定等（たとえば少年法の趣旨），行刑や保護観察制度とその実情のほか，量刑事情全体における人的属性要素の基本的な位置付けとバランス（行為責任中心主義と刑の個別化の限界）についても，裁判官が必要に応じて説明することになろうし，裁判員と評議をする中で位置付けの見直しもあり得よう。「量刑判断を透明化し合理化しておく必要」[255]は，一身上の事由について，とりわけ当てはまるように思われる。

本稿は，以上のような問題意識に基づき，情状事実のうち従来理論的に十分検討されてきたとはいい難い被告人の属性ないし一身上の事由について，それが量刑判断において持つ意味（量刑因子としての働きとその合理的な位置付け）をあらためて検討し，ある属性を持つことが行為の違法性や有責性を強め又は弱める事情として，あるいは特別予防の観点から改善可能性や処遇内容に関わる事情として，刑量の決定や処遇方法の選択の際に問題になることを分析した。そして，行為責任と特別予防の均衡を念頭に置いた上での重要度に応じた情状事実の証拠調べの在り方についても検討したものである。

254）裁判員裁判では，その事件の犯情及び一般情状の判断に当たり被告人の属性がどのような意味を持つかについて，裁判官と裁判員が率直に述べ合うことを通じて妥当な結論を出すことが求められるのであり，属性についての偏見が予想されるからという理由で，選任手続の段階で属性に関する見方を質問し，必ずしも有意的とは言い難い情報に基づき候補者を選別していくような運用は，広く国民の感覚を反映させる裁判員裁判の趣旨に反するであろう。

255）原田・実際353頁以下は，裁判員に対する説明責任を果たす上で透明化と合理化が重要であり，責任主義など量刑判断のルール化も必要になるとする。更に人種性別等のバイアスの問題に触れ，裁判員の素朴な正義感情に基づく過剰な量刑考慮を避けるように裁判官が合理的な説明をする必要性を指摘している。小池・量刑評議624頁は，量刑の一般的原理などの趣旨を裁判官が裁判員に説明した上で量刑事情の評価（協働的判断）を行うべきことを指摘する。遠藤邦彦「量刑判断過程の総論的検討」本書第1巻参照。

コメント

安田拓人

　本コメントでは，研究会において裁判官の方々が多大の関心を寄せられたが，従来わが国ではあまり理論的検討がなされてこなかった2つのテーマ，すなわち，被告人の職業・社会的地位ならびに性格が量刑に及ぼす影響につき，ドイツの議論を多少なりとも参照しながら，簡単な分析を行うことにより，責めを塞ぐこととさせて頂き，米山判事が冒頭でなされている総論的検討については，その中で可能な限り言及するにとどめることをお許し頂きたい。

1　被告人の職業・社会的地位と量刑

　被告人の職業・社会的地位はどのように量刑上考慮されるのか。米山判事は，問題となる状況を，被告人の地位職業と当該犯罪の関連性に着目して3分類して検討されているが，ここで特に問題となるのは，第2・3の職務に関連する犯罪ではない場合である。ドイツの判例は，犯行が「私的な生活領域」においてなされた場合に，それにもかかわらず職業・社会的地位が刑罰加重的に考慮されることを認めている。すなわち，「刑の量定に際しては，行為の不法内容のみならず，行為者の人格全体が評価されなければなら」ず，「この枠内で，行為者の社会的地位もまた，彼に，彼の職業的任務およびそれに結びつく一般社会に対する義務のために，高められた答責意識が期待されうる場合には，許容される量刑事情となりうる」が，「その際，職業的な義務の範囲と犯罪行為との間には最小限の内部的連関が存在していなければならない」というのである[1]。

　このように被告人の職業・社会的地位が刑罰加重的に考慮される根拠を，米山判事は，a「処罰効果について高度の知識を持ち，犯罪を行わないことが強く期待されながら，そのような抑止義務にあえて違反した点で非難の程度が強い」こと，b「公的地位等に対する信用を失墜させた点に対する非難」がなされること，さらに，c「一般予防の観点から」「国民の衝撃や法軽視の風潮を招きかねないという社会的影響，また，同種の地位にある者に対する予防効果」を図る必要があることでもって説明されている。

　まず，aにつき，米山判事の見解と同様のものとして，フリッシュは，一定の職業関係者，一定の地位にある者，あるいは，特別な準備教育を受けた者が，しばしば，一定の犯罪行為と結びつく危険とそのありうる影響につい

て一層高度の認識をもっていて、こうした危険が彼には他の人よりもずっと具象的・現実的に認識されることは、争いがたい事実であり、このことから、一層高度の回避可能性を肯定することができるとする。そして、それにもかかわらず犯行に及んだ場合には、回避可能性が高いがゆえの重い責任が認められるだけでなく、（フリッシュの見解によればおそらく行為反価値に関わる）規範の妥当を特別に危うくする、特別に激しい決断が認められるのだとしている[2]。これに対し、ドイツの判例には、「刑法は、不法の認識が欠如する場合に、刑を減軽する可能性など（17条）を認めているが、行為者が法を知っていたことの帰結として、刑を加重する可能性を認めてはいない。」として、処罰効果等の高度の認識を理由に刑を加重することに否定的なものもみられる[3]が、当該行為を規制する法を熟知していた場合に、そうでない場合に比べて高度の非難が向けられることは、当然であろう。また、行為反価値論の立場からは、フリッシュが言うように、反規範的決断の程度に応じて行為反価値が増大することも、当然に認められてよい。

　以上の限りでは、被告人の属性・社会的地位は、行為の違法性・有責性を高める事情に還元されているが、こうした形での加重が認められるために、当該職業・社会的地位と犯罪行為との関連性が必要かは、1個の問題となろう。ドイツの判例には、「脱税に際して、高い知能があり、税法につき基本的知識があることは、ただちには刑罰加重的に考慮されてはならず、犯罪行為との内部的連関があり、責任の量が高められる場合に限られる。」とするものがある[4]が、a の内容は、「自らの行為の違法性を強く認識している者の責任は重い」という一般論の枠内で説明可能であり、それにもかかわらず、この場合に固有の限定的要件を立てる必要はないように思われる。

　こうして、むしろ bc において「職業と社会的地位」に固有の問題状況が登場することになる。米山判事は、b を念頭に置いて、「社会的に高い地位にあって模範となるべき立場の人が世間か寄せられる高い信頼を裏切る行動をすれば強く非難されるべきであるという見方が伝統的なものであろう」とされた上で、「生徒を指導すべき教師、法の遵守を国民に求める立場の司法関係者や立法担当者（政治家）等」は「違法行為をしない特に高い職業倫理及び義務を負い、これを自覚すべきであるから、違法行為（特に故意犯）があれば、あえて義務に違反したという点において若干の責任加重がされてもやむを得ず、地位利用行為であれば更に悪質として一層強い非難を受けることになろう」とされている。

　それでは、こうした義務違反を違法性のレベルで考慮することは可能であ

ろうか。フリッシュは，行為の外部的経過は同じで，行為反価値も結果反価値も高まらないから，不法を重くする理由づけとしては，唯一，「行為者に対する特別に強い義務拘束の存在」「行為者によって侵害された法益に対する保障人的義務の存在」のみが考慮されうるとし，たとえば，警察官がパトロール中に盗みをはたらいた場合，税関職員が密輸に関与した場合，交通警察官が担当区域で障害をもたらし，あるいは，酩酊運転で他者を危殆化した場合には，刑が加重されうるとする5)。また，シュトレーも，一定の法益の維持のために特別な注意を払わなければならない義務がある者が，こうした法益を侵害した場合には，職業的地位から，加重処罰の正当化が帰結されるとしている6)。そして，ドイツの裁判例では，交通犯罪に関して，警察官，交通事犯裁判官（Verkehrsrichter），自動車教習所教師7)に，また，酩酊運転に関して，タクシー運転手8)，刑事9)，医師10)に，そうした義務が認められる一方で，医師による放火や職務と関係なく実行された傷害致死については，他者の健康を守るという宣誓による義務づけにもかかわらず，そうした義務が否定されている11) 12)。

　もっとも，こうした加重を，フリッシュのように，不法の枠内で説明することが妥当かには，疑問の余地がありえよう。そうした義務は当該構成要件において規定されていないものであるがゆえに，その義務の違反は構成要件該当の不法を構成しないはずだからである。こうした理論構成は，当該職業・社会的地位にある者につき，保障人的義務を根拠にして，現行法には存在しない不真正身分犯的な加重構成要件を作り出すものであって，実質的にみて罪刑法定主義に反しているように思われる。

　こうして特殊な義務違反による不法の加重を認める方向が妥当でないとすれば，米山判事が主張されるように，端的に「信用の失墜」「国民の衝撃」といった事情に着目する方が無理がないであろう。刑罰目的論との関わりでみると，このような加重をもっとも説明しやすいのは，積極的一般予防論である。この見解は，刑罰目的を，当該犯罪によって生じた規範妥当に対する一般社会の動揺を鎮め，規範妥当の安定を回復することに求めているから，高度の職業・社会的地位にある者による犯行であるために，規範妥当に対する動揺が大きいのであれば，規範妥当を回復するために必要な刑の量が多くなることが，無理なく導かれるのである。また，応報刑論による場合でも，社会に生じた公憤を適切に宥和することは，刑罰の不可欠の機能として肯定されるはずであり，そうした観点から，「信用の失墜」「国民の衝撃」を考慮することは可能であろう。確かに，「犯罪の社会的影響と量刑」のコメント

で述べたように，実際に生じた社会的反響を量刑においてダイレクトに考慮することは，個別の量刑が偶然の事情に左右される結果を招きかねず，望ましくないように思われるが，職業・社会的地位のいかんにより類型的に予想されるべき国民の信用の失墜・失望・衝撃の大きさの違いを考慮することは，十分に可能だと思われる。これに対し，米山判事が，cに関して「国民の……法軽視の風潮を招きかねない」こと，「同種の地位にある者に対する予防効果」をストレートに考慮されることには，そこで述べた疑問がそのまま妥当するように思われる。

　もっとも，他方で，こうした高い職業・社会的地位にある者は，犯罪に及んだことにより失うものも大きいことには十分な配慮が必要であろう。とりわけ，公務員については，禁錮以上の刑に処せられることは職業を失うことを意味する[13]し，そうでなくても，その地位・職業により集めていた世間の尊敬を失うことは，相当の痛手となろう。トイネは，責任の清算の観点（ないし特別予防の観点）のもとでは，特別な職業的ないし社会的地位は，行為者に，行為により，刑罰のみならず，懲戒などの追加的な帰結をもたらすために，しばしば減軽的に働くと述べている[14]。こうして，「被告人の職業・社会的地位」を量刑上考慮するに際しては，それが加重的に働く側面に着目するのみならず，忘れられがちである減軽的に働く側面にも着目される必要があるように思われる。

2　被告人の性格と量刑

　米山判事は，犯罪と性格の関連性いかんにより，特別予防の観点から刑の加重がなされることを肯定されている。「犯罪が一過性で，行為者の性格と直接の結びつきがなく，犯罪的傾向の乏しい性格の場合，行為者の社会復帰は一般に容易であるが，犯罪と親近性の顕著な性格の場合，特別予防の観点から刑の一定の加重が導かれる（ないしは減軽阻止的に働く）ことになろう」というのである。

　実務上は，「特別予防的考慮と責任刑との関係は明確に区分されず，一体として判断している」ようであるが，性格を刑に加重する方向で考慮する場合に，責任の大きさを左右するものとされているのか，責任には関わらず特別予防の必要性に関わるものとされているのかは，重要な問題である。

　責任がある人に対して我々が向ける非難である以上，非難の程度が行為者ごとに異なるのはその本質上当然だと考えれば[15]，行為者の性格は責任の程度に関わることとなろう。そして，日頃から暴力的な夫が妻をついに死に

至らしめた場合と，温厚な紳士が妻の浮気とその愛人による侮辱に激昂して殺害に及んだ場合を比べれば，同じ殺人既遂でありながら前者の刑が重く量定されることには，感覚的にはなんらの問題もないであろう。

　しかし，「日頃から暴力的である」という性格が，どうして「責任」を重くするのかの説明は実は困難である。こうした性格は確かに「けしからぬ」ものではあるが，そうした非難は道徳的なものにすぎず，法的なものにまで高められ，量刑上意味をもつものだとは必ずしもいえないから，性格の善し悪しそれ自体を責任非難の対象とすることは困難であろう。また，確かに，こうした性格の持ち主の犯罪へのエネルギーは大きいであろうが，そのことによって「責任」が重くなる理由ははっきりしない。もとより，犯罪へのエネルギーが大きい者に対して刑を加重するという対応はごく自然なものであるが，シュトラーテンヴェルトもいうように，こうした対応は，責任とはなんら関係がなく，その背景にあるのは，一般予防ないし特別予防上の動機であるように思われる[16]。さらに，その「性格」に対して「責任」を問おうとすれば，行為者が自ら有責に形成した部分とそうでない部分を切り分け，前者に基づく部分についてのみ責任を加重するという行き方をとらざるをえないであろう。それゆえ，こうした考え方は，結論的に，行状責任論・人格責任論と同様の困難に至ることになるのである。

　そこで，「性格」を量刑上考慮するとすれば，米山判事が指摘されるように，端的に特別予防の観点のもとに位置づけるのが妥当であろう。ここで理論上問題となるのは，特別予防的考慮により責任刑を上回ることが許されるかという問題であるが，米山判事は，「実務的には特別予防的考慮と責任刑との関係は明確に区分されず，一体として判断されている」として，この問題設定の実務上の重要性を否定されたうえ，特別予防の必要性を「加重方向で考慮することも相応な範囲にとどまる限りは許されてよい」とされる。もっとも，同時に，個別の事情を重視した量刑が行きすぎると，行為責任刑から離れ，平等原則に反するおそれがあるとされ，「合理性のある事情によって，かつ，行為責任の軽重の程度を軽視しない限りでの科刑の個別化を図るのであれば，平等原則に違反しない」ものとされており，特別予防的考慮による刑の加減の程度は限定的なものとされている。

　ここで最初にまず確認しておくべきことは，特別予防的考慮という名のもとで何が意味されているのかである。それが，犯罪親和的な性格のゆえの矯正の困難さをいうのだとすれば，同じ責任刑に対する制裁であるにもかかわらず，個別の事情により刑の重さが大きく変わることには，疑問がありう

る。こうしたことを，刑事裁判に必要な確実さでもって証明したうえ，現在の刑事政策の知見および行刑実務の現状を基礎にして，どれだけの刑が必要なのかを算定することには，大きな困難が伴うように思われるほか，矯正実務の矯正能力が高まれば刑が減軽されるという結論は，「行為責任中心主義，(相対的) 応報主義に立脚」されたうえ，「公平さを損なう」特別予防的考慮を慎重に回避しようとされている米山判事の基本的スタンスとは整合的でないように思われる。

それゆえ，ここで意味されているのは「再犯の可能性」への対応ということであろう。ドイツ刑法 1925 年草案は，犯行が性格に対応していればいるほど責任が重くなることを認めていたが，そこでは，行為がその者の内部的本性，性格に合致する場合には，彼は，自らのうちに当該衝動を保持しており，同様の行為に及ぶために些細な契機で十分であるため，当該犯罪を反復する蓋然性が大きいということが理由とされていた。こうした「再犯の可能性」を考慮して刑を加重することが可能かという問題は，「常習性」に関して最も問題となるが，そこで述べたように，刑罰を多元的なものと理解し，常習性を理由として刑を加重すべき場合には，応報的非難としての刑罰に，再犯の可能性に対処した自由剥奪が付加されているのだと考えることは不可能ではないし，こうした自由剥奪は責任刑と並列的なものであるから，特別予防的考慮により「責任刑を上回るから妥当でない」といった批判も妥当しないであろう[17]。

もっとも，こうした形で考慮されうる性格は，例えば，「常習的に粗暴な行為に及ぶ傾向が認められる」として再犯可能性に関する判断をする中で考慮される場合には，「常習性」の問題に帰着するのであり，単に「性格」の問題として扱われることになる部分がどれだけ残っているのは，必ずしも明らかではないように思われる。

なお，責任刑を下回る方向については，一般に，特別予防の必要性が低いことを考慮してよいと考えられている。しかし，こうした事情を刑の減軽という形で考慮することが，刑罰のそれ以外の重要な機能，たとえば，報復感情宥和機能や一般予防機能などを損ねることにならないかについては慎重な検討が必要であろう。この点，米山判事は，特別予防的考慮による刑の加重を念頭に置いてであるが，行為責任主義，(相対的) 応報主義を重視され，過度の特別予防的考慮による刑の個別化，それに伴う不平等を回避すべきことを強調されており，このことは減軽方向についても妥当すべきものと思われる。

1) BGH MDR 1966, 24. その上で，たとえば，被告人の犯行が，一般社会における連邦国防軍の威信を損ね，兵士としての彼の任務が必要とする尊敬ないし信頼に値しないことを示した場合には，そうした連関が認められるのに対し，部下との関係が損なわれる可能性が想定されるだけでは足りないと判示している。
2) Wolfgang Frisch, Gegenwärtiger Stand und Zukunftsperspentiven der Strafzumessungsdogmatik, ZStW 99（1987）, S. 765.
3) BGH NStZ 1988, 175.
4) BGH NStE 71. vgl., Adolf Schönke/Horst Schröder/Walter Stree u. Jörg Kinzig, Strafgesetzbuch Kommentar, 28. Aufl., 2010, §46, Rn. 35.
5) Frisch, a. a. O., S. 764.
6) Stree u. Kinzig, a. a. O., §46, Rn. 35.
7) OLG Hamm NJW 57, 1449.
8) OLG Oldenburg NJW 64, 1333（シュトレーらは疑問だとしている）.
9) OLG Braunschweig NJW 60, 1073.
10) OLG Frankfurt NJW 72, 1524（シュトレーらは疑問だとしている）.
11) 順に BGH NJW 96, 2089, BGH StV 98, 469.
12) 薬剤師についても同様だとされている。BGH StV 02, 540.
13) このことを考慮して罰金刑を選択した例として大阪高判昭61.6.5判夕620号212頁，大阪高判昭61.12.24判夕630号221頁，仙台高判平14.3.25（LEX/DB28075201）など。
14) Werner Theune, LK-StGB, 12. Aufl., 2006, §46, Rn. 185.; auch Günter Gribbohm, LK-StGB, 11. Auf., 2003, §46, Rn. 177.
15) Hermann Ehrhardt, Ungeklärte Fragen der Strafzumessungslehre, 1965, S. 13.
16) Günther Stratenwerth, Tatschuld und Strafzumessung, 1972, S. 17ff.
17) 以上の限度で拙稿「コメント」判夕1225号47頁以下の見解を改める。

被告人の反省態度等と量刑

川合昌幸

第1　はじめに／172
第2　量刑における犯行後の態度／175
　1　犯行後の態度に関係する法令
　2　裁判実務における犯行後の態度の取扱い
第3　量刑理論における犯行後の態度の位置づけ／180
　1　学説の概観
　2　私　見
第4　犯行後の態度各論／188
　1　被害弁償・示談
　2　自白・否認・黙秘・法廷での態度

　(1)　自白・否認・黙秘／(2)　法廷での態度
　3　自　首
　(1)　法律上の減軽事由としての自首の位置づけ／(2)　裁判例／(3)　私見
　4　罪証隠滅工作
　5　犯行後の善行
　(1)　犯行後の善行一般について／(2)　被告人が審理中に社会奉仕活動を行ったことと量刑
第5　最後に／208

第1　はじめに

　犯行後の態度とりわけ反省の有無を量刑上重視すること（あるいは，無視ないし軽視しているようには取り扱わないこと）は，実務家にとってなかば当然のことのように思われる。そして，それは，裁判官[1)2)]にとってのみならず，検察官その他の捜査官[3)]にとっても，また，弁護人[4)]にとっても同様である。
　弁護人までもが被告人の反省を重視することについては，弁護人の役割論との関係で，弁護士の間において批判がないわけではない。しかし，少なくとも自白事件の場合，弁護人が被告人に反省を求め，ときには法廷で説教すらすること[5)]を，一概に古臭いとして排斥することはできないように思われる。刑事手続の窮極の目的が犯罪の抑止にあるとするならば，刑事手続の最も重要な過程である刑事裁判において，当該被告人の再犯防止のため，その内心に働きかけて悔悛を促すことには，重要な意義があると考えられるか

らである[6)][7)][8)]。

以上のような実情認識を前提として，被告人の反省態度，さらに，犯行後の態度一般が量刑に及ぼす影響について検討してみようというのが本稿の課題である[9)][10)]。ただ，問題の大きさに比し，筆者の力量不足と検討時間不足などの制約から，本稿では，学説判例の紹介分析よりも，筆者なりの試論を提示することを主眼にした。しかも，それについても，問題点を指摘するにとどめた箇所が少なくない。御批判御叱正をいただき，さらに検討を深めたいと思う。

1) 量刑理由中において被告人の反省の有無に言及している判決は文字どおり枚挙に暇がない。なお，最高裁判所事務総局刑事局監修『刑事判決書に関する執務資料——分かりやすい裁判をめざして』(司法協会，平成5年) 所収の東京地裁・大阪地裁刑事判決書検討グループ「刑事判決書の見直しについて（提言）」に掲げられている判決書例10例中，量刑理由を記載しているのは8例であり，そのうち5例が被告人の反省に言及している。また，一般国民多数と刑事裁判官全員とにアンケート調査を行うという方法により，量刑に関する意識の実証的調査を行った前田ほか・司法研究においても，一般国民も刑事裁判官も反省（及び謝罪と賠償）を量刑上重要視していることが明らかにされている。もっとも，裁判員裁判実施前に全国各地の裁判所で多数回行われた模擬裁判では，裁判員役の方々から，しばしば，「反省するのは当然であり，反省したからといって刑を軽くするのは納得がいかない」という意見が述べられている。

2) 本文第2の2参照。

3) 例えば，宗像・情状と量刑42頁は，求刑に際して考慮される情状の種類のうち「被告人自身に関する事項」として「改悟・反省・改悛の情」をあげ，また，本江威憙「取調べの録音・録画記録制度と我が国の刑事司法」判時1922号（平成18年）11頁は，取調べの機能のひとつとして「犯人に真の反省悔悟を促し（中略）といった刑事政策的な目的」の実現をあげている。捜査官経験者の回顧談で同様のことが述べられている例は多い。

4) 例えば，丹治初彦ほか編『実務刑事弁護』（三省堂，平成3年）は，一般論として「事件に対する反省，更生への意欲などは，主に被告人自身の供述によって立証しなければならない。（中略）裁判所にとっては被告人の表面的な反省などはいわば当たり前のことなのである。必要なのは反省の念が顕著であることを立証することである」(184頁）と述べ，家族による情状立証での立証ポイントのひとつとして「親族の苦しみ・嘆きを証言してもらい，これを被告人に突きつけて反省を迫り，その気持ちを陳述させる」(189頁）ことをあげ，否認事件での情状立証の在り方のひとつとして「有罪となった場合に，被告人が反省の念を示していないこと等のため実刑の可能性が高いと判断される場合，道義的責任という形での反省の念を示し」(191頁〔以上，高野嘉雄弁護士執筆〕）とし，弁論における情状論でとり上げるべき点として

「被告人の反省の態度（法廷における態度も重要である）」（362頁〔下村忠利弁護士執筆〕）を指摘する。なお，『刑事弁護ビギナーズ』季刊刑事弁護増刊（平成19年）も，情状弁護の章で，「被告人の反省」をとり上げている（同書143頁以下）。

5) 検察官，裁判官までもが説教に近い被告人質問を行う例もままみかける。
6) 古口章「情状弁護について」『司法研修所論集創立50周年記念特集号(3)刑事篇』（平成9年）253頁は，「公判廷でいたずらに被告人を叱責することは，被告人を戸惑わせるだけで適切ではない。しかし，毅然とした態度による弁護人の叱責が，接見や事前の打合せで十分な時間をかけて被告人の問題点をえぐり出す等の周到な準備のもとに，法廷をも被告人にとって感銘力ある反省の場とする意図でなされているのであれば，そのことが被告人や家族の今後にとって重要な意味を持つことも多いであろう」（266頁）と指摘する。なお，佐藤博史弁護士も，同『刑事弁護の技術と倫理――刑事弁護の心・技・体』（有斐閣，平成19年）の「情状弁護」の項（同書259頁以下）で，古口・前掲を引用するとともに，「刑事法廷が被告人に感銘を与え，更生のきっかけになれば，それはそれで弁護士冥利に尽きると言うべきである」（260頁）とされる。
7) このように刑事裁判実務が反省を重視することの背景には，日本人の国民性があるという見方もできるであろう。自首，自白，改心について日本人の国民性という見地から検討するものとして，青柳文雄「日本人と和合の心情――刑事訴訟法との関連で」曹時30巻6号（昭和53年）1頁（後に同『刑事裁判と国民性〔総括篇〕』〔有斐閣，昭和54年〕84頁所収）がある。また，同『日本人の犯罪意識』（中公文庫，昭和61年）は，「結局日本人にとっては，周囲との和解が大切なのである」（60頁）という（前掲注1）に掲げた模擬裁判の裁判員役の方々の「反省するのは当然であり，反省したからといって刑を軽くするのは納得がいかない」という意見も，裁判員役の方々が反省を軽視していたということを示すものではなく，むしろ，本文第4, 1, (2), ウに記したように，多くの者がしていること〔あるいは，すべきであると期待されていること〕をしたからといって量刑上有利にはならない〔むしろ，それをしなければ量刑上不利益になる。〕，という考え方のひとつのあらわれであって，裁判員役の方々も，罪を犯した者が行うべきこととして，反省を重視していたことを示すものというべきであろう。）。もっとも，各国の刑法典においても，反省悔悟やそれに基づく自白を量刑上有利に扱うこととされているものが多数みられるようである。城下・研究189頁以下参照。
8) ただ，反省の促し方には一考を要する事例が多いように思われる。被告人質問の場面で頭ごなしに叱責したり，被告人を見下すような態度で説教をするだけでは，被告人の内心にはたらきかけて悔悛を促すことなどおよそ困難であろう。誤解を招きやすい点であるので，敢えて付け加えておくと，語調口調が厳しいことや被告人の問題性を容赦なく指摘することがいけないといっているわけではない。立場の違いこそあれ，対等の人間として被告人の人格を尊重するという姿勢が重要であることを指摘しておきたいのである。古口・前掲注6)の指摘は，弁護人のみならず，裁判官も検察官も参考とすべきものと思われる。

9) 本文中にも書いたとおり，筆者は，刑事裁判実務では，反省が，量刑上，というよりも手続全般にわたって，重視されているという印象を持っている。そして，そのこと自体は決して不当なことではないと思っている。しかし，反省そのものをそのまま認識し，あるいは認定することはきわめて困難なことであるというのも実感である。重要であることと認識認定の困難さ，これが実務における「反省」の特性であろう。ただ，反省それ自体を直接に認識認定することは困難であるとしても，「反省」の存在あるいは不存在の外部的徴表とみてよいものは，いろいろとあるように思われる。すなわち，自白・否認，法廷での態度，自首，社会奉仕活動，罪証隠滅工作等々がこれである。ただ，これらは，必ずしも「反省」の徴表という側面からでなければ説明できないというものでもない。そこで，本稿では，テーマをやや広げて，「犯行後の態度と量刑」一般についても検討することとした。

10) 本稿が取り扱う「犯行後の態度と量刑」の問題について広汎な検討を行った業績として，城下・研究がある。その中でも，特に，第4章「当為としての量刑事情──『犯罪後の態度』を中心に」は，この問題を検討するについて，その論旨に賛成するにせよ反対するにせよ，きわめて重要な文献である。本稿も同書から多くの示唆を受けた。

第2　量刑における犯行後の態度

1　犯行後の態度に関係する法令

(1)　まずはじめに，犯人の刑事処分や処断刑・宣告刑の形成に関し，犯行後の態度を考慮に入れることを定める実定法規をみてみたい。

　ア　例えば，実体法の分野においては，次のような例がある。

(ｱ)　刑法典においては，犯行後の一定の態度により，必要的にあるいは任意的に刑を減軽しあるいは免除することを定めている規定がある。

すなわち，総則においては，42条が自首一般についてこれを任意的減軽事由とし，43条後段が中止未遂を必要的減免事由としているほか，各則では，80条（内乱予備陰謀罪等の自首─必要的免除），93条ただし書（私戦予備陰謀罪の自首─必要的免除），170条（偽証の自白─任意的減免），171条（虚偽鑑定等の自白─任意的減免），173条（虚偽告訴等の自白─任意的減免），228条の2（身の代金目的略取罪等の被略取者等解放─必要的減軽），228条の3ただし書（身の代金目的略取等予備罪の自首─必要的減免）などに減免規定が置かれている[11]。

(ｲ)　特別刑法においても，銃刀法31条の5（提出自首─必要的減免），31条の10（前同），31条の12ただし書（けん銃等輸入予備罪の自首─必要的減免）などに減免規定がみられ，実務でもその解釈適用がしばしば問題となっている[12]。

(ｳ)　これらは，それぞれ立法趣旨が異なり，あるものは政策的理由により

刑が減免され，あるものは違法性ないしは責任が減少するがゆえに刑が減免されると解されている。これらの規定の解釈あるいは適用（特に任意的減免規定の適用）に当たっては，立法趣旨をどのように理解するかが重要である。

　イ　また，訴訟法の分野においては，次のような例がある。
　(ｱ)　刑訴法248条は「……犯罪後の情況により訴追を必要としないときは，公訴を提起しないことができる」と定めて，犯人の犯行後の態度を含む「犯罪後の情況」いかんによっては刑事罰を科さないことを認めている。
　(ｲ)　さらに，いわゆる2項破棄に関する刑訴法397条2項（393条2項）は，第一審判決後（したがって当然に犯行後）の情状により原判決の量刑がこれを破棄しなければ明らかに正義に反することとなるに至った場合を破棄事由としており，その解釈運用次第では，一定限度で犯人の犯行後の態度も刑の量定に影響を及ぼしうることを認める規定となっている[13]。
　(ｳ)　このように，訴訟法の分野においても，犯行後の事由が犯人の刑事処分に影響を及ぼしうることを認めた立法がなされている。
　ウ　自分の刑事事件に関する証拠の隠滅は不可罰とされ，また，不可罰的（共罰的）事後行為の理論により，構成要件に該当する行為でありながら刑事処罰の対象とされないものもある（共罰的事後行為の理論については，ここでは深入りしない。）。これらは，ある特殊な場面を問題とし，かつ，犯罪の成否のみを問題とするものではあるが，犯人の犯行後の態度を犯人の不利益に考慮するにも限界のあることを示すものともいえよう。
　エ　量刑とは場面を異にするが，独占禁止法[14]は，カルテル等不当な取引制限違反により課徴金を納付すべき事業者について，違反行為開始後早期にこれをやめた場合には課徴金の算定率を軽減する[15]ほか，公正取引委員会に対し自発的に違反行為の報告等を行った場合，1番目の報告事業者には課徴金を全額，2番目には50％，3番目等には30％減額する等の規定を設けている[16]。政策的理由により法的制裁を減免するものとして，自首に類似する制度ということができよう[17]）。

　(2)　なお，改正刑法草案48条は，その第1項において「刑は，犯人の責任に応じて量定されなければならない」と定めつつ，その第2項において「刑の適用にあたっては，犯人の年齢，性格，経歴及び環境，犯罪の動機，方法，結果及び社会的影響，犯罪後における犯人の態度その他の事情を考慮し，犯罪の抑制及び犯人の改善更生に役立つことを目的としなければならない」と定める[18) 19)]。

2　裁判実務における犯行後の態度の取扱い

(1)　量刑に関する一般原理を判示した最大判昭 23.10.6 刑集 2 巻 11 号 1275 頁は,「(前略) 犯人の処罰は,(中略) 特別予防及び一般予防の要請に基いて各犯罪各犯人毎に妥当な処置を講ずるのであるから, その処遇の異ることのあるべきは当然である。事実審たる裁判所は, 犯人の性格, 年齢及び境遇並に犯罪の情状及び犯罪後の情況等を審査してその犯人に適切妥当な刑罰を量定するのである」と判示し, また, 最二小判昭 58.7.8 刑集 37 巻 6 号 609 頁, 判タ 506 号 73 頁は, 死刑選択の基準として「犯行の罪質, 動機, 態様ことに殺害の手段方法の執拗性・残虐性, 結果の重大性ことに殺害された被害者の数, 遺族の被害感情, 社会的影響, 犯人の年齢, 前科, 犯行後の情状等各般の情状」をあげている (いずれも傍点は筆者による。)。

(2)　また, 鬼塚賢太郎「量刑不当による最高裁破棄事例の研究」植松正博士還暦祝賀『刑法と科学 法律編』(有斐閣, 昭和 46 年) 777 頁によれば, 最高裁発足後昭和 45 年 1 月末までの最高裁の量刑不当を理由とする破棄判決 14 件のうち 7 件 (同論文の②④⑦⑨⑩⑫⑭の事件) において,「犯行後の改悛」「被告人が反省, 謹慎の日を送りつつあること」「犯罪後の状況」「犯行後被告人は実害発生防止のため誠実に努力した」「犯行後の事情特に示談が成立し家屋を担保に供している点」など犯行後の態度が, 原判決の刑を軽く変更する理由のひとつとされていることが明らかとなっている。また, 同論文以後平成 13 年 11 月までの最高裁の量刑不当を理由とする破棄判決 9 件を分析した原田國男「上告審の量刑審査と量刑破棄事例の研究」実際 264 頁によれば, 9 件のうち 4 件 (同論文の⑮⑯⑳㉑) において,「被害品はすべて被害者に返還されていること」「犯行後の状況」「示談が成立しており, 遺族においては被告人に対する厳罰を臨んでいないこと」「その反省の情は特に顕著であって,(中略) 小学校教諭の職を辞し (中略) 保険金のほかに自ら相当額を出捐して遺族との間に示談を成立させており, 被害者の夫からは被告人につき寛大な処分を希望する旨の嘆願書が寄せられていること」など犯行後の態度が, 原判決の刑を軽く変更する理由のひとつとされていることが明らかとなっている[20)][21)][22)]。

---

11) やや特殊な規定であるが, 229 条は, 略取誘拐人身売買等の罪のうち親告罪とされるものにつき, 犯行後被略取者等が犯人と婚姻した場合には, 婚姻無効等の裁判が確

定した後でなければ告訴の効力はないとしている。これも，犯行後の婚姻という事実が刑事処分に影響を与えることを認めた規定ということができよう。

12) その他の例については，植村立郎「自首(1)(2)」龍岡資晃編『現代裁判法大系(30)刑法・刑事訴訟法』（新日本法規出版，平成11年）165頁，平谷正弘「自首についての若干の検討」中山善房判事退官記念『刑事裁判の理論と実務』（成文堂，平成10年）461頁など参照。

13) 最一小判昭52.12.22刑集31巻7号1147頁，判タ363号199頁は，刑訴法393条2項，397条2項の各規定が上告審に準用がないと判示し，「弁護人としては，控訴審に係属中に情状に関する立証活動を，十分にすべきであり，控訴裁判所としても，このことに思いをいたし事案に応じて適切な審理をすべきものである」と説いている。

14) 私的独占の禁止及び公正取引の確保に関する法律。

15) 7条の2第6項。

16) 7条の2第10項～12項等。

17) 不当な取引制限は刑事罰の対象ともされている（独占禁止法89条以下）が，公正取引委員会の運用指針では，1番目の減免申請者及びその役職員については，刑事告発（訴訟条件である。同法96条）をしないこととされているという。これらの点につき，「特集・改正独占禁止法の施行を前に」ひろば58巻12号（平成17年）所収の諸論文，特に徳力徹也「改正独占禁止法及び関連政令・規則の概要」同4頁，また，岩城博夫「平成17年改正独占禁止法について」刑事法ジャーナル4号（平成18年）39頁など参照。

18) これにつき，立案当局者は，「責任に応じた刑を第一次的なものとして第1項に規定し，刑事政策的な要請を補充的なものとして第2項に規定することとなった」，「『犯罪後における犯人の態度』は，改心したかどうか，被害の回復に努力したかどうかなどの事情を指す」と説明する（法務省『刑法改正資料(六)法制審議会改正刑法草案・附同説明書』〔法務省，昭和49年〕132頁）。これに対しては，「草案の『責任』概念は非常にわかりにくい内容のものとなっている」，「『犯罪後における犯人の態度』は，説明書によると，責任評価の要素ではないとされているから，犯人が改心したり被害の回復に努力しても，その場合の量刑は責任の枠内で考慮されるにとどまり，枠を下った量刑は許されないことになる」との批判がなされている（沢登俊雄「刑の適用」平場安治ほか編『刑法改正の研究(1)』〔東京大学出版会，昭和47年〕250頁）。

19) ドイツ刑法典46条2項は次のように定める（法務省大臣官房司法法制部編『ドイツ刑法典』〔法曹会，平成19年〕による。）。「刑の量定に当たり，裁判所は，行為者にとって有利な事情及び不利な事情を相互に比較衡量する。その際に，特に，(中略) 犯行後の行為者の態度，特に，損害を回復するための努力，及び被害者との和解を達成するための行為者の努力を考慮する。」。これについて，イェシェック＝ヴァイゲント・ドイツ刑法総論712頁は，「犯行から生じた物的または非物的損害結果を軽減するということは，なるほど行為責任を軽減させるものではないが，この事情はさまざまな理由から処罰の必要性を軽減させる。まず第一に，予防上の要罰性が減少する。すなわち，行為者は，自らの損害回復の努力を通じて，その責任（中略）を承認した

ということを明らかにしたのであり，したがって規範の妥当性を確証するための刑罰は必要がない。さらに，損害回復が任意で行われたということから，また，行為者の再犯予防目的のために，行為者へ継続的な作用を及ぼす必要がなくなることもある。そのほかに，行為者は，被害者を満足させるために，物的損害を被った被害者に損害賠償を給付することにより（中略），処罰の一部にすでに服している。したがって，損害回復の努力を通じてさまざまな刑罰目的がすでに果たされているために，（中略）制裁を軽減することができる」（岡上雅美訳）と説く。

　また，岡上・問題点（2・完）48頁，城下・研究190頁によれば，オーストリア刑法典34条は，特別の減軽事由として，行為後の事情に関して，「⑭より重大な損害を加える機会があったにもかかわらず任意にこれを抑制した場合，又は損害が行為者又は行為者に代わる第三者によって賠償された場合，⑮惹起した損害を賠償し又はその他の不利益な結果を阻止するために真摯に努力した場合，⑯容易に逃走することができたにもかかわらず又は恐らく発見されずにすむ状態にあったにもかかわらず自ら自首した場合，⑰悔悛の情ある自白をなし又はその供述によって真実発見のために重要な寄与をした場合，⑱所為をすでにかなり以前になしたものであり且つその後善行を保持した場合」と規定している由である。

20）同論文の⑱事件は，永山事件についての最二小判昭58.7.8刑集37巻6号609頁，判タ506号73頁であり，原判決を破棄するに際し，犯行後の状況に関する原審の評価をも誤りとしている。また，同論文の㉑事件については，担当調査官であった永井敏雄判事による「上告審における量刑不当破棄の一事例」原田國男判事退官記念『新しい時代の刑事裁判』（判例タイムズ社，平成22年）615頁がある。

21）その後，最一小判平18.10.12判タ1225号227頁，判時1950号173頁は，祖父母による未成年者誘拐事件につき，懲役10月の実刑に処した一審判決を維持した控訴審判決を破棄して執行猶予を付すに当たり，犯行後における被告人両名の原状回復（違法状態の解消）に向けた態度等を詳細に判示した上，「原判決は，（中略）被告人両名の原審段階における姿勢を必ずしも正当に評価せず（後略）」と判示している。また，最三小判平18.6.20判タ1213号89頁，判時1941号38頁は，犯行当時18歳の被告人による殺人，強姦致死等事件につき，無期懲役とした一審判決を維持した控訴審判決を破棄して原審に差し戻すに際し，「被告人は，捜査のごく初期を除き，基本的に犯罪事実を認めているものの，少年審判段階を含む原判決までの言動，態度等を見る限り，本件の罪の深刻さと向き合って内省を深め得ていると認めることは困難であり，被告人の反省の程度は，原判決も不十分であると評しているところである」と判示している。

22）本文掲記の2論文のほか，城下裕二「犯行後の態度と量刑」前野ほか・総合的検討131頁にも，量刑理由中に「犯行後の態度」に触れている裁判例が多数掲げられている。なお，安原・選別化参照。

第3 量刑理論における犯行後の態度の位置づけ

1 学説の概観

　先にみたように，現在の量刑実務は，反省態度を含む被告人の犯行後の態度にかなりの重要性を認めているようにみえる。

　それでは，「犯行後の犯人の態度」は，量刑理論においてはどのように位置づけられるのであろうか。この点について，研究者の見解をごく簡略に概観してみよう[23]。

　(1)　阿部純二教授は，責任量が刑の大枠を決め，その大枠の中で具体的刑を定める要素として，予防が二次的に考慮されるという見解に基本的に賛成し，さらに，ドイツの判例学説（いわゆる徴表説——犯罪後の態度を，行為者の行為時の責任の程度を評価するための独立的な評価資料〔徴表〕として考慮する。）を批判して，「犯罪後の態度は基本的には，予防的に考慮されるべき事情と考えられる。自白を拒否したこと，和解や損害賠償の努力が行為責任に影響を与えないことは当然である。これらは予防（特に特別予防）の見地から量刑事情として考慮されることになる」，「一般予防的考慮は刑を重くする方向のみならず軽くする方向にもはたらくから，一概にこれを排斥することはできないが，少なくとも刑を重くする方向にはたらかせることは妥当でないであろう」と説かれる[24]。

　(2)　城下裕二教授は，「量刑においては，当該犯罪行為に対する『行為責任』の量（程度）を『上限』として，行為者の規範意識を確認・強化するという意味での特別予防（再社会化）の必要性に応じて最終刑が決定される」[25]という基本的立場を前提に，「量刑事情としての『犯罪後の態度』は量刑基準における責任判断の対象とはならない」[26]，「『犯罪後の態度』は，予防判断にあたって『行為者に対する規範意識の確認・強化』の必要性を確定するための一資料となるうる（ママ）が故に，またその限度で考慮することが許される」[27]とした上で，「量刑において消極的行為責任主義を維持するためには，行為責任とは無関係な要素を資料として予防判断を行った場合，それを刑罰加重的・減軽阻止的に考慮すべきではないことになる。換言すれば行為責任とは無関係な要素に基づく予防判断は，刑罰を減軽する方向でのみ考慮

されうるのである」[28] [29] とされる。

(3) 岡上雅美准教授は，いわゆる点の理論を支持した上，責任刑における責任とは個別的行為責任をいい，犯罪後の事情は原則として考慮の対象にはならないとの立場に立ちつつ，「(可罰的) 責任刑」という概念を導入し，「被害者との和解」等の事情を (それが刑罰軽減的にはたらく限り) 責任刑自体を減ずる事情となるとされる[30]。

(4) 井田良教授は，「量刑事情を『責任』に関係する事情と『予防』に関係する事情との2つに分配するというのは不当な単純化であ (る)」として，量刑事情を6つのグループに分けて整理する考え方を提示し，そのうち「刑の及ぼす特別予防効果を考慮するに当たり参考となる事情」のひとつとして「犯罪後の態度」をあげ，「行為者に有利な方向で酌量するのが原則である」とし，また，量刑事情のうち「刑事政策的合目的性の見地から，もっぱら刑を軽くする方向で量刑上考慮しうる事情」というカテゴリーを認め，「犯罪直後に，被害の拡大や重い結果の発生を回避すべく努力したとか，事後に損害賠償金・慰謝料を支払ったという事情，謝罪や示談により被害者側が宥恕の情を示しているという事情」をあげられる[31]。

2 私 見

(1) 筆者の能力をもってしては，これらの学説について的確な評価批判ができるわけではない。しかし，岡上准教授の見解は，同准教授がいわゆる点の理論を採用しておられる関係もあってか，犯罪後の態度のうち特別予防の観点から量刑上考慮するのが適切と思われるものを，すべて責任刑の決定に関係する事情としておられる点については，理論的にすっきりしないものを感じるし[32]，また，城下教授が，犯罪後の態度を「行為者に対する規範意識の確認・強化」という観点，すなわち特別予防の観点のみから理解するとされる点[33]については，犯罪後の態度の中には，特別予防とは無関係としかいいようがないが量刑上考慮するのが適切なものもあるのではないか，むしろ違法評価・責任評価と結びつけて考える方が適切なものがあるのではないかという疑問を抱かざるを得ない。そして，なによりも，各論者が犯行後の態度を刑罰軽減的・加重阻止的にのみ評価するとしている点には，実務家の率直な感覚として疑問を提起せざるを得ない[34]。多数の事件を取り扱う中で，例えば，被害弁償について，この事件は適切な弁償がなされている

ので同種事件の中では比較的軽いグループに属するという判断のほかに，この事件は被害弁償の努力すらなされていないので，金額の折り合いがつかずに被害弁償ができなかったという事件よりも重い処罰はやむを得ない，という判断も，実務家であれば日常的に行っていることであり（もちろん，たったひとつの要素で量刑を決するわけではないが。），犯行後の事情は責任刑の枠の中で刑を軽減する方向にしか考慮してはならないとするのは，いかにも実務感覚にそぐわないし，そもそもそれでは，ひとつとして同じものはない様々なバリエーションを有する具体的事件の，事案に応じた適切公平な量刑ができないのではないかと考えられるところである。

(2) 筆者は，「犯行後の態度」は，量刑上の考慮という観点からは，次の3種に分けることができると考える。

ア　まず1番目に，犯罪事実そのものに関係する犯行後の態度がある。これに属するものとしては，①中止未遂，②犯罪が既遂に達した後の被害拡大の防止（被拐取者の解放，放火後の消火活動など），③犯罪によって得た利益の処分（使途）の如何，④被害弁償・示談，⑤被害者に対する謝罪あるいは逆にお礼参り，⑥不可罰的（共罰的）事後行為などが考えられよう。また，⑦構成要件的結果以外の被害結果（被害者に生じたいわゆる二次被害など）[35] を発生させあるいは拡大する行為も，これに分類することができると思われる。

イ　2番目に，犯罪事実そのものには直接関係しないが，捜査公判等当該犯罪行為に関する刑事手続に関連する犯行後の態度がある。これに属するものとしては，⑧自首，⑨罪証隠滅工作・証人威迫，⑩捜査への積極的協力[36]，⑪応訴態度（自白，否認，黙秘），⑫法廷での態度（真摯な態度，不遜な態度，審理妨害など），⑬保釈中逃亡などがあげられよう。

ウ　さらに，3番目に，犯罪事実や刑事手続には直接関係しない一般的な犯行後の態度がある。これに属するものとしては，⑭贖罪寄附，⑮その他の犯行後の善行（社会奉仕活動など），⑯生活態度一般（暴力団からの脱退，同脱退の拒否，就職，進学，その他真面目な生活態度あるいは無為徒食，犯罪累行）などがあげられよう。さらに，分類にやや疑問もないわけではないが，⑰再犯防止策（例えば，酩酊犯罪常習者の断酒会入会，薬物常習者の薬物依存症回復施設への入所，無免許運転常習者の保有車両処分，父母等の監督者との同居など）もこれに属するものと考えられよう。

なお，例えば，上記⑭⑮なども，犯罪とはまったく関係のないもの（例えば，一般の慈善団体への寄附）もあれば，犯罪との関連性がないとはいえないも

の（例えば，道路交通法違反被告人による交通遺児育英基金への寄附など），あるいは犯罪で得た利益の贖罪寄附[37]）のように犯罪と直接の関連が認められるものもある。また，生活態度一般（⑯）についても，暴力団特有の犯罪を行った者が暴力団から脱退したとすれば，それが犯罪とまったく関係がないとはいえないであろう。このように，この分類に属するものにも，犯罪事実にほとんど関係しないものから，犯罪事実と間接的にせよ何らかの関係を有するとも考えられるものまで，犯罪事実との関連性の有無については濃淡がありうると思われる。

(3)　本研究会において大方の支持を得ている量刑理論によれば，犯行それ自体に関する違法有責の程度により，法定刑（ないし処断刑）の範囲内で，ある一定の刑の幅（責任刑）[38]が定まり，その範囲内で，特別予防的考慮や一般予防的考慮，政策的考慮により具体的量刑が定まる。そして，例外的に予防的考慮や政策的考慮が大きくはたらく場合には，責任刑の範囲を逸脱（特に下回る方向に）することも許される，とされている。報告者もこの見解に賛同するものである。

ところで，量刑判断の過程をこのように考えるとき，責任刑の範囲を決定するメルクマールは当該犯罪行為そのものであり（個別的行為責任説），そうである以上，犯行後の事情は，犯罪終了後の事情であるので，原則的には，責任刑の範囲（幅）決定には関係しないと考えられる。しかし，犯罪行為処罰の根拠が，その行為が法益を違法に侵害するものであること，あるいは，法秩序を紊乱するものであることに求められるのであるとすれば，犯人の犯行後のある行為・態度が，侵害された法益や攪乱された法秩序の回復に資するものである場合などには，事後的にせよ，犯人の犯行後の行為・態度を，過去の犯罪行為の違法あるいは責任の程度を減少せしめるもの，あるいは，減少せしめるのと同等の価値を有するものとして取り扱ってもいいのではなかろうか[39]。そして，責任刑が原則的には犯罪行為それ自体によって定まるという個別的行為責任説を前提とすると，犯罪行為の違法有責の程度に影響を与える力は，犯行後の行為・態度の中でも，犯罪行為それ自体に直接関わりを有するものが最も強く，犯罪行為との関わりが薄くなればなるほど弱くなる，すなわち，比喩的にいえば，犯罪行為との距離によって異なりうるのではないか。そのような問題意識から，筆者は，犯行後の事情を，犯罪行為との遠近という観点から，前述のように3つに分類するのが適切ではないかと考えてみた[40]。

もとより，犯行後の態度は，違法有責の程度に影響する（またはそれと同様に取り扱う）ということのゆえのみをもって量刑に影響するわけではなく，予防的観点から，あるいは政策的観点からも量刑に影響しうると考えられるので，犯行後の態度のそれぞれが量刑に及ぼす影響の程度，あるいはその根拠を考えるに当たっては，前述のような違法有責に及ぼす影響の有無程度という観点からのみ論じるのは正当ではない。また，具体的事件の量刑判断に当たっては，複数の要素が複雑に絡み合い，前述の分類からは逸脱するような例外的事象のあることも認めなければならない。しかし，それでも，筆者は，前述の分類は，おおまかには，犯行後の事情が量刑に及ぼす影響の多寡とその根拠とを説明しうるのではないかと考える。

　(4)　次に，筆者は，個別的行為責任によって形成される責任刑に関し，その幅がきわめて狭い種類の犯罪があるのではないかと考える。どのような犯罪がこれに当たるのかを一般的抽象的に述べることは困難であるが，段階的量刑（いささか語弊があるが。）がなされているような犯罪がこれに当たると思われる。例えば，無免許運転，酒気帯び運転等の道路交通法違反事件，覚せい剤の自己使用事件などは，多くの場合，前者であれば，罰金刑数回→執行猶予付き懲役刑→（保護観察付き執行猶予）→実刑，後者であれば，執行猶予付き懲役刑→実刑というような段階的な量刑がなされ，また，初回の執行猶予付き懲役刑の場合には刑期は大体この程度，初回の実刑はこの程度，といった「相場」がかなり強固に形成されているように思われる（ただし，1～2回の実刑判決を経てもなお犯行を繰り返す場合の量刑相場はさほど強固なものでもないので，このあたりでは段階的量刑とはいえなくなってくる。）[41] [42]。このような種類の事件[43]では，責任刑の幅がきわめて狭いのではなかろうか。したがって，そのような事件では責任刑の中での上限刑と下限刑との差があまりないのであるから，犯罪後の態度その他犯罪行為そのもの以外の事情によってつく宣告刑の差はごく僅か，場合によっては無いに等しい。このように筆者は考えている[44]。

　(5)　以上の筆者の見解によれば，責任刑の幅が狭いとはいえない犯罪においては，犯行後の態度は（その他犯罪行為そのもの以外の事情とともに）量刑にかなりの程度の影響を及ぼすと考えられるが，その影響力は，犯罪行為との関係の濃淡によって異なり，犯罪行為と直接あるいは密接に関連する事情は量刑にも相当程度の影響を及ぼすが，犯罪行為との関係が希薄になればなる

ほど量刑に及ぼす影響は小さくなる，ということになる。そして，責任刑の幅が狭い犯罪においては，犯罪後の態度は（その他犯罪行為そのもの以外の事情と同様に）量刑に及ぼす影響は小さく，とりわけ，犯行後の態度のうち犯罪行為と直接の関連がないものが量刑に及ぼす影響はほとんどない[45]，ということになる。

このように考えることは，数ある量刑事情のそれぞれが具体的量刑に及ぼす影響を考える上でのひとつの視点を提供するものであるとともに，量刑に関する審理においても，量刑への影響力（定型的な影響力）の有無程度という観点から，重点を置いて審理すべきものと，余り拘泥すべきではないものとの仕分けの視点をも提供するものということができよう[46]。

東京高判昭 27.2.9 判特 29 号 30 頁は，「刑の量定に当たつては単に犯罪の内容を検討するだけでなく，被告人の性格，年齢，境遇，犯罪後の状況等諸般の事情を考慮すべきであることも亦所論のとおりである。しかし被告人の教育程度，経歴，家庭，資産，生活情況等は被告人の智能，性格，境遇等を知る手がかりとなる事項であるが，如何なる種類の被告事件でも必ずこれらを一々詳細に取り調べなければ情状を判断することはできないというものではない。本件のような公職選挙法違反被告事件においては，犯罪の情状の外に，被告人の年齢，職業，選挙権の有無，前科の有無等を調査すればこれによつて自ら被告人の智能，性格，境遇等も大体推知できるから被告人の情状に関する調査として相当である」と判示している。この裁判例も（具体的量刑要素の摘示にはやや疑問もあるが。），事案によって量刑事情の重みが異なること，そして，量刑事情が定型的に有する重みの程度如何によって，審理の場面でも慎重丁寧に取調べを行うべき事項とそこまでの必要がない事項とがあることを示しているものとみることができよう。

23) この点については，本研究会における研究成果，特に，遠藤邦彦「量刑判断過程の総論的検討」本書第 1 巻を参照されたい。
24) 阿部・現状と展望。
25) 城下・研究 143 頁。
26) 城下・研究 225 頁。
27) 城下・研究 240 頁。
28) 城下・研究 242 頁。
29) なお，城下・意義と限界 31 頁は，「特別予防判断において，犯罪前の事情（前科・前歴），犯罪後の態度などの行為責任とは関連しない『行為者関連的』事情を判断基底とする場合には，それを刑罰加重的（ないしは減軽阻止的）に考慮すべきではない

と解される」という。
30) 岡上・問題点(1)(2・完)。
31) 井田・量刑理論と量刑事情39頁。なお，井田・理論と実務参照。
32) 井田良教授は，「責任概念は輪郭を失ったルーズな概念になってしまうであろう」と批判される（井田・量刑理論と量刑事情41頁）。
33) 城下教授は，規範意識の確認強化という観点から，被害弁償等について，量刑上考慮するためには自発性任意性が必要であると解し，また，第三者による損害賠償は量刑上考慮しないとされる（城下・研究243頁）。
34) 余談ながら，何にせよ，裁判実務家は片面的考慮という理論構成には違和感を持つことが多いのではないか。これは，刑事訴訟手続は，その全体が「疑わしきは被告人の利益に」という原則で動いているので，個々の論点において片面的構成をとらなくても，被告人の正当な利益を損なうことはないという考慮がはたらいているのであろう。なお，石井一正『刑事控訴審の理論と実務』（判例タイムズ社，平成22年）423頁参照。
35) これについては，伊藤寿「構成要件的結果以外の実質的被害の発生と量刑」本書第2巻を参照されたい。
36) これについては，長瀬敬昭「被告人の真実解明への積極的協力と量刑」本書第3巻を参照されたい。
37) これについては，本文の③（犯罪によって得た利益の処分〔使途〕の如何）と同視するという見解もありうるとは思われるが，犯行発覚前の，犯人がいわば自由に使途を決定しうる時点における利益処分状況と，犯行発覚（あるいは検挙）後の，刑事処分に有利になるようにという動機がはたらきうる時点における利益処分状況とでは，量刑に与える影響はかなり様相を異にするように思われる。
38) 筆者は，この「幅」は，主刑の刑量のみを意味するのではなく，実刑か執行猶予かという点も含めた，また，執行猶予については刑期と猶予期間の組み合わせも含めた，「幅」であると考えている。もっとも，本研究会の会員の中では，この「幅」は主刑の刑量のみを意味するとの見解が強いように窺えた。筆者は，この点は，量刑に当たって，まず主刑を決め，続いて実刑にするか執行猶予にするかを決めるという思考態度をとるのか，それとも，主刑の量と執行猶予にするかどうか（さらには執行猶予期間も）を一括して決めるという思考態度をとるのか，という点に関わってくる問題ではないかと考えている。原田國男「法定刑の変更と量刑について」刑法46巻1号（平成18年）32頁の注19（同42頁）で紹介されている松尾教授の発言は，この点を考える上においても示唆に富む。なお，岡上・法秩序の防衛(5)45頁参照。
39) この点については，岡上准教授の見解（前掲注30））から示唆を受けた。
40) なお，筆者は，研究会における当初の報告では，犯罪事実そのものに関係する犯行後の態度に関し，疑問をとどめつつも「犯罪行為に対する反省そのものも，他の事情に還元できない場合には，これに分類することができよう」としていたところ，研究会の席上では，この点に関し，賛意を表する意見も多く述べられたが，特に実務家会員から，「反省それ自体は内心そのものであるのに対し，その余の列挙された事情は

反省の有無を推認させる事情という性格を有するものであり，これらを並列させるのは体系的にみておかしい」，「反省そのものは，ア，イ，ウのそれぞれについて，付加的な要素として考えられる事情である」等の批判が集中した。筆者としては，これらの批判には相応の理由があると考えるに至ったので，本稿においては，「反省」を「犯罪事実そのものに関する犯行後の態度」に分類すること自体は撤回することとした。ただ，「反省」それ自体の認定はかなりの困難を伴うので外部にあらわれた態度等から反省を推認するのが適切とは思われる（本文第4の2(1)イ(イ)）ものの，実務上は，ときに，他の態度や事情に還元できず，「反省」そのものとして取り上げるほかないような事態に直面することがある。この「反省」を先の3分類ではどこに位置づけるべきか，筆者はいまだ決めかねているというのが実際である。なお，「反省」の量刑実務上の意義に関する私見は，本文第4の2「自白・否認・黙秘・法廷での態度」(1)イ(イ)に記したとおりである。

41) 「段階的量刑」の合理性についてはなお検討を要するが，実務上は確固とした取扱いとして確立しているように思われる。

42) このように「段階的量刑」がなされることの理由として，本研究会の会員からは，「被害者がいない犯罪が大半であり，1回あたりの犯行の違法性や責任の量がほぼ固まっていて，後にこれをゼロに戻す手段が乏しい」「犯罪後に情状を劇的に回復することが難しい性質を有している」等の傾聴すべき意見が寄せられた。

43) 他に，届出義務違反のような形式的行政犯も，これに含まれようか。

44) 逆に責任刑の幅が特に広い犯罪もあるのかどうかについては，いまだ考えがまとまっていない。

45) なお，この点については，本稿の原案となった報告原稿を読んだ本研究会OBから，大要，「責任刑の幅が狭い犯罪というのは，『安全』『健康』等抽象度の高い利益を保護法益とする，被害者のない犯罪，実害犯ではなく抽象的危険犯，結果犯ではなく挙動犯，あるいは未遂処罰規定がないといった犯罪類型である。そもそもこのような犯罪類型の場合，①結果（構成要件的結果以外の実害も含む）の大小による責任刑の幅というのはあまり考えられない，②犯罪の性質上，動機による責任刑の幅というのもあまり大きくない，③中止未遂や被害弁償といった，犯罪後の態度の中でも行為の実質的違法性との関わりが深くその意味で情状としての重みが大きいものが，犯罪それ自体の性質から出番がない，ということがいえる。つまり，責任刑の幅が小さいことと，犯罪後の態度の情状としてのウエイトが大きくないこととは，ニワトリとタマゴのような関係にある」という傾聴すべき指摘が寄せられた。さらに，松田岳士准教授からも，「このこと（段階的量刑がなされていること：引用者注）は，かならずしもこれらの犯罪類型の『責任刑の幅が狭い』ことを意味するわけではなく，むしろ，この場合には，『予防的観点』から，量刑『相場』上，同種前科前歴にほとんど決定的に重要な意義が認められているために，それ以外の事情が考慮に入れられる余地が相対的に小さいにすぎないのではないかとの理解もありうるところであろう」との鋭い指摘がされている（本稿に対するコメントの2, (4)）。

46) 本文に記したような3分類の考え方は，ある特定の理論をまずうち立てて，それか

ら演繹的に分類を導き，それからさらに演繹的にそれに属する個別的具体的な犯行後の態度を導いたというわけではなく，筆者の乏しい経験の中から，犯行後の態度としてどのようなものを量刑上考慮しているだろうかということを考え，それを自分なりに性質によって分類するという帰納的な方法によったものである。したがって，筆者の個人的な経験というバイアスがかかっていることは率直に認めなければならない（なお，岡上・問題点（2・完）56頁以下の叙述からも大きな示唆を受けた。）。もちろん，筆者としても，必ずしもこれですべてが説明できるとは考えていないし，この3つの分類を絶対的なものと考えているわけではない。また，このいずれに属するかによって量刑に与える影響の強弱が自動的に決定されると考えているわけではなく，現実の事件では多々例外的事象のあることも承認しなければならないと考えている。ただ，このような視点により，種々雑多な犯行後の態度・犯行後の事情を少しは体系立てて分類整理することができるのではないかと考えているし，そのことによって，量刑上重視すべきでないものを過度に重視したり，あるいは重視すべきものを不当に軽視したりすることを，いくらかでも避けることができるのではないかと考えるし，また，審理においても，量刑事情としての軽重に応じてメリハリのきいた審理に役立てることができるのではないかとも考えている。以上は，犯行後の態度という量刑事情を分類するという視点での検討であったが，筆者はさらに，犯罪類型によっても，犯行後の態度その他犯罪事実そのものではない事情が量刑に及ぼす影響は定型的に異なるのではないかという印象を持っており（本研究会においても，量刑に関する諸問題の研究の一環として，犯罪類型別の量刑要素の研究が追加されることになった。本書第5巻参照。），本稿では，その典型的な場合として，「責任刑の幅が特に狭い類型」として段階的量刑が行われるような犯罪というものを提示してみた。以上のとおり，筆者は，犯行後の態度が量刑に及ぼす影響は，犯行後の態度の類型分けという視点と，犯罪そのものの類型分けという視点のふたつの視点から考えてみるべきではないかという問題意識を持っている（なお，後者の視点も，突きつめて考えてみると，ある量刑因子が量刑に及ぼす影響の大小はその因子と犯罪行為そのものとの遠近による，という考えに帰着するのであって〔本文第4，1，(2)，ア参照〕，結局のところ，ふたつの視点とはいっても，実は同じ事柄を異なる側面から見ているに過ぎないともいえよう。）。

第4　犯行後の態度各論

以下，犯行後の態度のうちいくつかのものについて，量刑上どのような意味を有するかについて検討したい。

1　被害弁償・示談[47]

(1)　犯罪によって被害者の何らかの法益が侵害された場合には，その法

益侵害による被害を弁償したという事実は，違法状態の回復という側面あるいは被害感情の慰撫という側面を有し，事後的にせよ，違法性が減少したのと同様に取り扱う余地があろう。また，そのような違法状態回復を行ったという点において，犯人の有責性[48]が減少したとみる余地もある。そのような意味において，責任刑の幅それ自体が，被害弁償をしない場合に比べて，より低い位置に移動するという見方も可能であろう。

さらには，そのような被害弁償に努める犯人は，以後同様の犯罪を行うことはないであろうという予測をすることができ，特別予防の必要性が減少し，責任刑の幅の中でもより低いランクの刑を科することで足りるという説明をすることもできる。

いずれにせよ，被害弁償が量刑上犯人に有利に作用することは間違いないし，それは，被害回復を推奨するという見地からも，妥当なことであるといってよい。

(2) もっとも，被害弁償を量刑上考慮するに当たっても，いくつか考えておかなければならないことはある。

ア 罪種による差

被害弁償が量刑上有利に考慮されるとはいっても，その考慮の程度は，犯罪の種類によってかなり異なるのではないかと考えられる。

財産犯であれば，その被害を全額弁償した場合には，違法状態がほぼ完全に回復されたとみることができる事案も少なくないであろう。そのような事案では，被害弁償が量刑に及ぼす影響には大きなものがある。他方，殺人罪においては，もともと金銭賠償によってその被害を完全に回復することなど不可能なのであるから，たとえ遺族の要求金額全額を即時に支払ったとしても，財産犯におけるほどには量刑に決定的な影響は及ぼさないと思われる。

このように，被害弁償が量刑に及ぼす影響は罪種によって異なり，一般的にいえば，財産犯においては決定的な重みを持つこともあり，身体殺傷犯においてはそこまで決定的な重みを持つには至らないことも多いということができよう。もちろん，財産犯であればどのようなものでも金銭賠償によって違法性が回復したと評価しうるとは限らず，例えば，貴重な文化財を窃取したような事案であれば，窃取品そのものを返還すればともかく，時価相当額を賠償したからといって，量刑に決定的な影響を及ぼすとは限らないように思われる。同じように損害賠償という言葉で呼ばれても，それが違法性の回復ひいては量刑に及ぼす影響は個々の事件ごとに慎重に判断しなければなら

ない。この点は，先述の，犯罪行為そのものとの遠近によって量刑に及ぼす影響は異なりうるという仮説と同一の思考基盤に立つものである（なお，いささか蛇足ながら，犯罪行為と量刑要素との遠近を的確に把握することの前提として，当該犯罪行為それ自体について，その罪名・被害品目・被害金額・負傷部位・加療日数等々のいわば形式面だけではなく，事件の社会的意味合い，被害者その他の関係者に与えた影響等々のいわばその事件の本質を，証拠から的確に理解することが重要であることを指摘しておきたい。そのような理解があって初めて，ある量刑要素が当該事件でどのような重みを持つかを，正しく把握することができると思われるのである。もとより，量刑要素それ自体についても，その表面上の意義のみにとらわれない的確な理解が必要である。その点に関する筆者の見解の一端は，本稿の各論において示したとおりである。）。

　イ　損害賠償等の動機をどの程度考慮するか

　被害弁償等をもっぱら特別予防の見地からのみ量刑上考慮するという見解によれば，損害賠償それ自体に量刑事情として意味があるわけではなく，損害賠償をしたという事実から行為者の規範意識の確認・強化の必要性が少ないという事実が窺知できるか否かに意味があることになる。そして，この見解によれば，損害賠償が自発的な意思によって行われたか否かが重要で，損害が完全に賠償されても，刑が軽くなることを期待して行ったり，他人に説得されてやむを得ず行ったりした場合には，損害賠償の事実を量刑上考慮することはできないとされる[49]。

　しかし，果たしてこれは妥当な見解であろうか。なるほど，打算的な動機により損害賠償をした場合には，犯人の規範意識が覚醒したとまではいえない場合もあろうけれども，少なくとも，自己の犯罪行為により生じた損害を賠償しなければならないとの認識は有するに至ったわけであるから，特別予防に資するところがまったくないとはいえないであろうし，なによりも，このような損害賠償を量刑上まったく考慮しないというのでは，被害者の救済がなされない危険性が高くなる。政策的な見地からも，このような損害賠償であっても，量刑上考慮するのが適切であろう[50]。

　なお，筆者のような見地に立てば，損害賠償の動機を刑事訴訟上詮索すること（その真の動機を解明するために証拠調べを行うこと）も余り必要はないということになる。

　ウ　損害賠償をしないことが特に不利益な事情として重視されることはあるか

　損害賠償は量刑上有利な事情として考慮される。その反面として，損害賠償をしない場合には，損害賠償をした場合に比べれば，相対的には量刑上不利益に扱われることになる。そのことはほぼ異論がないであろう[51]。その

ような相対的な有利・不利を超えて，損害賠償をしないことが量刑上特に不利益な事情として取り扱われる場合もある。自動車運転過失致死傷事案においては，当該自動車等に付された強制保険・任意保険により合理的な賠償がなされるのが通例であるから，それをしない場合，すなわち，任意保険を，場合によっては強制保険をも付していないために損害賠償ができない場合には，量刑上特に不利益に扱われることになる。これについては，損害を賠償しない，すなわち，違法状態の回復をしないということに加えて，他人に危害を及ぼす可能性がある自動車を運転する以上，万一の損害賠償に備えておくべきは当然であり[52]，それをしないのは自己の行為の危険性や他人の被害に無頓着であって，非難可能性が高いとの評価をされる，との説明が可能であろう[53]。

犯罪により被害者に損害を与えた場合には，その回復に努めるのが当然であり，経済的損失に対しては損害賠償がなされるべきである。ただ，そうはいっても，現実社会では，損害賠償をしない加害者も少なくない。そうであってみれば，損害賠償を実行した者に対しては，損害賠償をしない他の（多くの）加害者に対するものよりは有利な取扱いをすべきである。これが，損害賠償を量刑上有利な事情として考慮する考えの根底にある思考であろう。そうすると，多くの加害者が損害賠償を実行している分野では，損害賠償をするのが普通なのであって，それを実行した加害者に特別の恩典を与える必要はない。そのような分野においては，損害賠償を実行しない者がいれば，むしろその者は損害賠償をする他の（多くの）加害者に対するものよりは不利益な取扱いを受けてもやむを得ないのである[54] [55]。

エ　示　談

被害者のある犯罪においては，被害者と犯人との間に示談が成立することも少なくない。示談は，犯罪を契機として生じた民事的な紛争の解決の合意であり，犯罪がもたらした混乱状態が終息したものとして，量刑上も有利に考慮しうる場合が少なくない。もとより，示談は，損害賠償をすべて終了した上でなされるものや，損害賠償義務のあることを認めるにとどまり，その履行はあげて将来に委ねているものなど種々のものがあり，これを一律に取り扱ったり，あるいは損害賠償義務を果たし終えたものと同様に扱ったりするのは問題であり，その内容に即して量刑判断上の意義を判断する必要があるが，いずれにしろ，示談が成立したという事実そのものは，前述のとおり，被告人が犯した犯罪を契機として生じた民事的な紛争について解決の合意が成立した，被告人がそのための努力をした，という限度では，量刑上有

利にはたらきうる事情というべきであろう[56][57]。

2 自白・否認・黙秘・法廷での態度

(1) 自白・否認・黙秘

ア 被告人が自白した事実を量刑上有利に考慮することは学説上も肯定的な見解が有力なようである[58][59][60]。これに対し，否認を量刑上考慮することには，学説上批判が強く，黙秘については，黙秘していること自体を量刑上不利益な事情とすることはもとより，自白した者を黙秘している者より有利に扱うことも，結局，黙秘権の侵害になるので許されない，という見解が強い。

ただ，松尾浩也教授は，オーストリア刑法の規定を紹介した上で，「自白が悔悟の念に発したものであるかどうかの判断は必ずしも容易でないし，また，自白を有利な情状とみること自体が黙秘権の実質的な束縛になるおそれもある」とし，さらに，黙秘権保障に熱心なアメリカでアレインメント手続における有罪の答弁が事実上広汎に軽減事由として量刑に作用していることを紹介して「わが国にはアレインメント手続も取引現象もないので，アメリカ合衆国で発生した『必要悪』的な要因をとりこむ必要はない」としつつ，「わが刑法では，自首・首服・自白を重視し，減軽，または免除の可能性を与えていることにも注意しなければならない。その政策的な意義を肯定するかぎり，訴訟中の自白にも意味を認めるべきであろう。その自白が自発的なものであり，黙秘権侵害の疑問を生じない場合にかぎることは，いうまでもない。また，悔悟との関係では，悔悟に基く自白をとりあげるのではなく，自白その他の証拠に示された悔悟を量刑因子とみるべきであろう」とされる[61]。

イ 私 見

(ｱ) 自白は，ある場合には犯行に対する反省悔悟からなされ，ある場合には刑罰を軽くしようとの打算からなされ，また，ある場合には捜査官からの厳しい追及に負けてなされることもある。自白に至る動機には様々なものがある。しかし，どのような動機によるものであれ，自白が存することにより，捜査公判が速やかに進展することは事実である。そのことにより国家の人的物的資源が他の犯罪の捜査公判に有効に投入できるという効果がもたらされることは間違いないし，当該犯罪の被害者に対する関係でも，一般社会に対する関係でも，早期に事件が解決したことによる安心感を与えるという効果もある。そうであるならば，少なくとも，一般予防ないし政策的考慮という観点からみて，自白をした被告人について，その自白を量刑上有利に考慮することには相当の理由があるというべきであろう。まして，その自白が

反省悔悟からなされたものであるならば，特別予防という観点からも，自白を量刑上有利に扱うことには相当な理由があるというべきであろう。いずれにしろ，自白は量刑上有利な事情として扱われるべきである。

これに対し，否認は，自己の犯罪事実について服罪するつもりがないとの意思の表明であり，そこには，反省心が認められないことはもとより，事案によっては，再犯のおそれの徴表ともなりうるものとも考えられる。そうであるとするならば，それは，原則として，量刑上不利益な事情として取り扱われてもやむを得ないものというべきであろう。なお，ひとくちに否認といっても，実際の事件においては，その態様は様々である。単に犯行関与を否定するにとどまるもの，被害者の人格を貶めて罪を免れようとするもの[62]，共犯者とされている者に罪をなすりつけようとするもの等々があるし，また，否認の対象も，犯罪事実そのものの否認，違法阻却事由・責任阻却事由の主張，独自の見解に基づく行為の正当性の主張，特定の量刑事情の存否についての主張など種々のものがありうる。さらに，否認の動機も，単に罪を免れたいというもののほか，記憶を喪失しているもの，第三者に対する恩讐などの利害関係から否認するものなど様々である。否認を量刑上不利益に取り扱うといっても，このような具体的事情に即して，その悪質性や特別予防の必要性などの程度に応じた取扱いをすべきは当然というべきであろう。

(イ) 便宜上，ここで，「反省悔悟」について私見を述べると，反省悔悟そのものを量刑に当たって重視すること自体は誤っていないと思われる。刑事裁判は捜査公判から矯正・保護へと続く刑事手続の中の一過程であり，刑事司法の窮極の目的がこの社会から犯罪をなくすことにあるとするならば，刑事裁判においても，応報のみならず予防という観点も重視せざるを得ないのであって，特に刑事裁判においては，当該被告人についての特別予防の観点を無視することはできない。特別予防の核心は，やはり，当該被告人に衷心からの反省を求め，そのことによって再犯の防止を図るということであろう。そのような観点から，刑事裁判においても，反省悔悟というものを重視せざるを得ない。

ただ，反省それ自体を量刑因子とすることは，それが人の内心の問題であるがゆえにきわめて困難である。裁判官であれば誰しも，審理中反省の言葉を述べていた被告人が判決宣告後豹変した事例，反省の言葉を信じて執行猶予とした被告人が間もなく同種の罪を犯し執行猶予が取り消された事例，反省の言葉をうまく語れない被告人が重い刑に潔く服罪した事例などを経験しているであろうし，二度三度と同じ被告人の――しかも毎回反省の言葉を口

にする被告人の——事件を担当した経験，暴力団離脱を述べていた被告人の判決宣告当日組員多数が傍聴し，収監される被告人に激励の言葉をかけるのを目の当たりにした経験などもあるのではなかろうか。反省それ自体を証明すること，認定することは，きわめて難しいというのが実感ではなかろうか。もとより，裁判官たるもの心眼を研ぎ澄まして被告人の内心に肉薄すべし，ということはできようけれども，それは常人には困難なことであるし，直感による事実認定・量刑は必ずしも国民や被告人の理解を得られないであろう。反省を重視すべきとはいっても，やはり，それが外部にあらわれた徴表として，犯行後の態度をまず重視するのが順序であろうと思われる。むろん，そのような徴表としてはあらわれない反省を感じ取ることがありうることは否定しないし，それを感じ取った場合，それを量刑事情として考慮することも否定はしないが，できうる限り，外部的な態度・行動にあらわれたものから反省の有無を認定する努力をするのが適切と思われる[63]。

(ウ) なお，自白を量刑上考慮するに当たって，自白の動機を詮索し，反省悔悟からなされたものであるのか，打算によってなされたものであるのかを解明することは，それ自体をとらえれば，被告人の反省悔悟の情の有無を探るものとして，量刑上も意味がないわけではない。しかし，前述のとおり，ことが人の内心に関する事柄であるだけに，証拠上この点を解明するには自ずと限界がある。したがって，もっぱらこの点を解明するためにのみ詳細な証拠調べをする必要はないであろう。自白の動機が取り調べた証拠上分明でないにしても，多くの場合，自白の背景になにがしかの反省心が存することは否定し難いであろうし，いずれにせよ自白の存在によって捜査公判が順調に進んだという事情はあると考えられるから，その点を量刑上被告人に有利に考慮することは正当であると考えられる[64]。

(エ) 黙秘については，黙秘したこと自体を量刑上不利益な事情とみることも，否認と同様に反省心がないことの徴表とみることも，憲法上許されないものというべきである。しかし，黙秘したため，通常は自白の中にあらわれるような量刑上有利な事情（例えば，深い悔悟の念や特に斟酌すべき犯行動機）が訴訟にあらわれないことはありうるのであって，このような場合，裁判所としては，量刑に当たって，そのような量刑要素の存在を前提とすることはできず，結果的に，自白した者に比して不利益な量刑判断がなされることがありうる。これは，要するに，量刑もまた訴訟上認定できる事実を基礎として行われるという当然の事理のあらわれに過ぎないのであって，黙秘権の侵害にはならないものと解される[65]。

(2) 法廷での態度

ア　被告人が法廷で不遜な態度をとったこと，あるいは，殊勝な態度に終始したことを量刑上考慮してよいかについても，学説は概して否定的であるといってよいと思われる。ただ，松本時夫元判事は，「可罰性の度合の評価の幅の中での裁量が，どのような観点からどのような事情を考慮して行われるべきかについては，実務上も必ずしも明確となっていない。裁判官によってかなりのばらつきもある」として，被害感情の宥和など一般に情状としてあげられているものを指摘した上で，「被告人の法廷内での態度……も全く影響しないとはいえない」とされる[66)][67)]。

イ　私　見

被告人の法廷での態度は，まず，被告人の反省悔悟の情の有無を推し量る資料となるものと考えられる。さらに，法廷での態度は，被告人の法秩序全般に対する対処の仕方を推認する資料ともなるというべきであろう。その意味において，被告人が法廷で通例ではみられないような不遜な態度をとっている場合，あるいは，審理を妨害するような挙に出た場合には，被告人が犯行を反省悔悟していないこと，あるいは，法秩序を軽視していることが推認され，特別予防の必要性が高いとして量刑上不利益に扱われる場合があるのはやむを得ないというべきであろう[68)]。

3　自　首

(1) 法律上の減軽事由としての自首の位置づけ[69)]

自首減軽の理論的根拠として政策説と責任減少説の対立があることは周知のとおりである。前者は，犯罪捜査及び犯人処罰を容易にして国家の刑罰権発動に要する人的物的浪費を省き，無辜の処罰を防ぐことをその理由とすると解するのに対し，後者は，犯人の改心により非難が減少することがその理由であると解するものであり，現在では，前者を主たる根拠としつつ後者も副次的な根拠となるとするのが一般であるとされる。

ところで，自首は任意的減軽事由とされている。そのため，実務上は，減軽をしない場合の処断刑を下回る刑をもって臨む場合にのみ自首減軽をするのが通例とされている[70)]。

本稿が問題とするのは，どのような場合に自首減軽をするのが相当か，自首減軽をしないまでも，自首があったことを量刑上考慮しうるのはどのような場合か，ということである。

(2) 裁判例

　ア　自首減軽の有無が特に大きな差異を生んだのは，オウム真理教関係の事件であった。ここでその判示を詳しくみてみることとする。

　㋐　東京地判平 10.5.26 判タ 985 号 104 頁，判時 1648 号 38 頁は，地下鉄サリン事件等に関与した被告人について，被告人が自首を決意した事情，自首後の供述状況，被告人の自首や供述が捜査の進展にもたらした影響，被告人の反省の念などについて，「被告人は，自首を決意したきっかけについて，次のとおり供述している。すなわち，自分達の卑劣な行為によって生命を奪われた被害者，その遺族，未だに心や身体に傷を負っている被害者に辛い苦しみを与えたことに思いを致し，中でも，乗客の安全や電車の正常な運行の確保という強い使命感から，文字どおり身を挺して殉じた地下鉄職員の崇高な行動と，本来医師として人の生命や健康を守るべき使命を与えられていたはずの自分が引き起こしたおぞましい無差別殺人行為とを比べ，あまりの落差の大きさに雷に打たれたような強い衝撃を受け，その結果，Xのまやかしに気付き，自らのとった行動が誤っていたと確信し，この取り返しの付かない大きな過ちは，自分の生命を懸けても償えるものではないと胸が張り裂けるような思いがし，せめて自分にできることは，教団の犯罪行為がすべて明らかになるように，何よりもXを始め逃走している信徒らが早く逮捕されるように，また，教団による悲惨な事件がこれ以上発生しないように，自分の知る限りを明確に述べることであると考えて，自首することとした旨供述している。そして，被告人の供述状況をみると，その言葉どおり，地下鉄サリン事件について自首したのを皮切りに，その後も，捜査，公判を通じ，一貫して，被告人の関与した犯罪のみならず，教団の行った他の犯罪，教団の組織形態，活動内容等に関し，自己の知る限りを詳細に供述し，教団の行った犯罪の解明に多大な貢献をしている。加えて，被告人の供述が突破口となって，Xを始め教団上層部の検挙につながったことが窺われ，このことは，教団の組織解体と教団による将来の凶悪犯罪の未然防止に貢献したと評価することができる。殊に，教団の武装化が相当程度進展していた当時の状況に照らせば，その意義は決して小さくない。被告人の供述を更に子細にみると，被告人は，捜査段階から公判に至るまで，記憶違い等による若干の変遷を除いては，一貫して，自己の記憶に従い，ありのままに供述していることが認められる。被告人は，極刑が予想される中，何ら臆することなく供述を続け，しかも，その内容は被告人にとって決定的に不利な事項にまで及んでいるのであり，包み隠さず，すべてを供述しようとする姿勢は，被告人の

反省，悔悟の念の深さを示している。また，真実を明らかにすることだけが自分に課せられた最後の使命であり，かつ，人間として当然の責任であるとし，自らの公判や共犯者の法廷において，真実を語り続け，悔悟，改悛の念，Xを盲信して犯行に及んでしまった悔しさ，情けなさ，さらには，被害者や遺族に対する申し訳なさから，嗚咽しながら供述し，時には号泣する被告人の姿に胸に迫るものを感じた者も少なくないであろう。『私は……やっぱり生きていちゃいけないと……思います。』という被告人の言葉には，自己の刑責を軽減してもらおうなどという自己保身の意図は一片も窺われないのであって，まさに極刑を覚悟した上での胸中の吐露であって，被告人の反省，悔悟の情は顕著である。」と詳細に認定をした上，「この自首は，被告人の真摯な反省，悔悟の念に基づくものと認められる。」との評価を加え，結論として，「被告人の行った犯罪自体に着目するならば，極刑以外の結論はあろうはずがないが，他方，被告人の真摯な反省の態度，地下鉄サリン事件に関する自首，その後の供述態度，供述内容，教団の行った犯罪の解明に対する貢献，教団による将来の犯罪の防止に対する貢献その他叙上の諸事情が存在し，これらの事情に鑑みると，死刑だけが本件における正当な結論とはいい難く，無期懲役刑をもって臨むことも刑事司法の一つのあり方として許されないわけではない」として，自首減軽の上，被告人を無期懲役に処している[71)][72)]。

　(イ)　他方，東京高判平13.12.13判タ1081号155頁は，坂本弁護士一家殺害等事件について，自首減軽をせず死刑を言い渡した原判決（東京地判平10.10.23判タ1008号107頁，判時1660号25頁）を是認し，「被告人の自首が，坂本一家殺害事件の事案解明に大きく貢献したこと，田口殺害事件については，闇に葬られていた状態の同事件の犯罪事実を明るみに出し，その解決に寄与したことは所論指摘のとおりである。しかしながら，被告人が自首したのは，坂本一家殺害事件から実に5年5か月余り経た平成7年4月である上，その間，被告人は，平成2年2月に教団を脱会した後学習塾を開くなどして子供達を教えながら通常の生活を送る一方，原判決が認定するとおり，坂本弁護士らの家族，同僚弁護士等を中心とした坂本一家に対する救出等の活動が全国的に展開され，遺族らの悲痛な姿を報道等を通じて知っていたのである。被告人に自首の時点においては反省，悔悟の情が認められるとはいえ，このような長期間，しかも遺族らの悲痛な姿に関する報道に接しながら，自首に至らなかったとの事実は改悛による責任を減少させ若しくは被告人に対する非難を減少させるにほど遠い事情といわなければならない。のみならず，被告人は，平成2年9月捜査機関から坂本一家殺害事件に関して事

情聴取を受けた際，坂本龍彦の遺体遺棄場所を図示した匿名の投書の事実を認めながら，捜査攪乱目的の投書であるなどと欺き，同事件当日は独房修行中であったなどとアリバイを主張した。その後も，被告人は，1ないし3か月に1回程度，警察と電話等で連絡を取り合っていたが，同事件への関与については，自らはもちろん教団のそれも否定し続けていたものである。このような態度は，本件のような重大犯罪にかんがみると，強い非難に値するというべきである。所論は，自首を遅らせた原因として被告人に勇気がなかったこと，悪夢を思い起こしたくなかったこと，Xとの深刻な心理的な葛藤等の存在が背景に存したことなどを挙げて原判決の自首減軽をしない理由に関する説示を論難するが，前二者は自己保身や自分の気持ちの平穏を優先させるというに過ぎず，後者についても，前述のとおり，被告人が自ら望んで築いたXや教団との関係に由来するものであるから，これらは特段評価するに足りる事情とはいえない。してみると，以上のような自首に至る経緯等に本件各犯行の罪質，態様を併せ考えると，事案解明への貢献という自首制度の政策的な側面を十分考慮しても，被告人に対し，自首減軽を行うのは相当でないと考えられる。したがって，所論は採用できず，自首減軽をしなかった原判決に誤りはない」と判示した（なお，本判決に対する上告は，最一小判平17.4.7判タ1181号187頁により棄却されている。）。

イ 総合考慮を余儀なくされるという量刑判断の性質上，詳しく判文を引用した。これらのほか，平成になって以降の裁判例のうち，自首の成立を認めたものにおいて，どのような量刑（または量刑理由の判示）がなされているかをみても，やはり，自首減軽（あるいは自首を理由とする刑の軽減）の要否・当否について判断を示した裁判例においては，自首の動機・経緯，自首によって捜査がどのように進展したか等が減軽をするか否かの判断要素となっているように窺われる。興味深いのは，自首の成否に関する法律解釈としては真摯な反省悔悟を要件とする考え方は実務上とられていないのに，自首減軽（あるいは刑の軽減）をするに当たっては，自首の動機や自首に至る経緯などに真摯な反省悔悟が含まれているかどうかを問題としているように読める裁判例が多いことである[73]。もっとも，自首を刑の軽減事情として考慮した裁判例においても，当然ながら，自首が実際にどの程度刑を軽減する作用を果たしたかは判別が困難である[74]。

(3) 私 見

ア 自首を量刑上有利に考慮するか，するとして，どの程度考慮するかの

判断要素としては，前掲の裁判例が示すように，自首の動機，自首に至る経緯，自首後の供述状況，自首によって捜査がどのように進展したか（自首がなければどのようになっていたと推測されるか）等々の事情を考慮すべきものと思われる。この点は，自首の立法理由として考えられている，政策的考慮，責任減少のいずれの観点からしても妥当なものと考えられる。したがって，叙上の事情において酌量すべきものがある事案においては，自首減軽に至らないまでも，自首の事実を刑軽減的に考慮するのは適切なことと思われる。のみならず，法律上自首の要件を欠くような自発的出頭・自発的自白であっても，その動機，経緯，その後の供述状況，捜査進展への寄与などの事情によっては，自首と同様に刑軽減的に考慮することがあってもよいのではないかと思われる。

　なお，これとは逆に自首しなかったことを量刑上特に不利益に扱うことは，原則として行うべきではなかろう。自首を推奨するのはよいとしても，それをしなかったことを咎めるような量刑は，人情に反する観があり，相当ではない（前記(2)ｱ(ｲ)の東京高判平13.12.13も，ある時期まで被告人が自首しなかったことそれ自体を論難しているわけではなく，その後行った自首について量刑上の評価をするに際し，その自首に至る経緯には控訴趣意が主張するほどには酌量すべき事情がなく，むしろ非難に値する行為があったことを指摘しているものであることに留意すべきであろう。)。

　イ　なお，法定刑（処断刑）の下限を下回る場合に限って自首減軽を行うという実務を前提とする限り，前記の各事情を考慮した結果適切と考える量刑が法定刑（処断刑）内で行えない場合に限って自首減軽を行うということになり，現実問題として，自首減軽が重大な意味を持ってくるのは，法定刑の下限が重い犯罪に限られよう。これに限らず，任意的減軽事由については，必要的減軽事由と異なり，まず，その事由をも加味した上で適切と考える宣告刑を導き出し，それが処断刑の範囲内にない場合に限って減軽を行うという操作をすることとなる。したがって，当然ながら，減軽はしないが量刑上有利には考慮している，という場合がありうる。

　任意的減軽事由の主張がなされても，それに対する判断を判決書に記載することは必要的ではない。もとより，減軽事由の存在を認めて減軽をする場合には，判断を示すこととなるが，上述のとおり，そのような事例は稀であろう。したがって，多くの事件では，任意的減軽事由が主張されても，それに対する判断を示さないまま判決をしても違法ではない。しかし，被告人・弁護人にとって，量刑がきわめて重要な関心事項であることは当然のことであり，特に，自首等の減軽事由の存在を主張している場合，被告人・弁護人は，その主張が容れられたのか，量刑に反映したのかについて，重大な関心

を抱いていることと思われる[75]。そうであってみれば，このような主張がなされた場合，法律上の減軽事由の存在が認められるか否か，法律上の減軽事由（例えば，自首）としては認められないにしても量刑上有利にはたらく要素（例えば，先述の自発的出頭等）の存在は認められるのか否か，その事由を量刑上どのように考慮したのかについて，どのような形でもよいから（判断項目を起こしてもよいだろうし，量刑理由中で触れてもいいだろう。），判決書において判断を示しておくことが相当な事案も多いのではないかと思われる。

4　罪証隠滅工作[76]

(1)　罪証隠滅工作は，真実発見を妨げ刑事司法を誤らせる行為として，前に検討した否認以上に，被告人の反省悔悟の乏しさによる特別予防の必要性を推認させる事情であるし，一般予防ないし政策的見地からも防遏の必要性が高い行為というべきである。したがって，量刑上不利益に扱われてもやむを得ないものというべきであろう。

(2)　ところで，刑法104条は，犯人自身の刑事事件に関する証拠の隠滅を不可罰としている。罪証隠滅工作を量刑上不利益に扱うことは，この刑法104条の規定に抵触しないであろうか。

この点につき，筆者は，抵触はしないと考える。量刑上不利益に扱うという趣旨は，もとより罪証隠滅工作それ自体を独立して処罰する趣旨ではなく，あくまでも，それに先立つ犯罪行為の量刑に当たって，その責任刑の範囲内での調整要素のひとつである反省悔悟の有無程度等の推認根拠とするという趣旨にとどまるのである。刑法104条の立法趣旨，すなわち，犯人自身の刑事事件に関する証拠隠滅行為が処罰されない理由は，一般に，期待可能性が乏しく，刑事政策上処罰が適当でないという点に見出され[77]，そのような証拠隠滅行為に違法性がないと考えられているわけではないのであるから，罪証隠滅工作を量刑上不利益に扱うこととしても，刑法104条の立法趣旨に抵触するということにはならないと考えられる[78]。

(3)　とはいうものの，量刑の場面においても，人に不可能なことを求めたり，人情に反するような判断をすることは，やはり避けるべきであろう。罪証隠滅工作を量刑上不利益に考慮するとはいっても，自ずと限度はあるのであって，ごく普通の人間が罪を犯したときについしてしまいがちな程度の罪証隠滅行為であれば，それに目くじらを立てて量刑上特に不利益に扱うま

でもないと考えられる[79]。

5 犯行後の善行

(1) 犯行後の善行一般について

　一般論としていえば，犯人が社会的に意義のある行いまたは社会貢献をしたこと自体は，量刑上は，被告人の反社会性の減少すなわち特別予防の必要性の減少を示すものとして，考慮の対象になるということができよう[80]。

　ただ，ここで留意すべきは，量刑は基本的には個別的行為責任を中心原理として行われるべきものであり，特別予防，一般予防ないし政策的考慮による刑の軽減あるいは加重は，それを補完するに過ぎないということである。そして，前述のとおり，特別予防等々に関わる事由が量刑に影響を及ぼす程度は，責任刑の幅の広狭，その事由と犯罪事実との関連性の程度に大きく左右されるものである，ということである。

　責任刑の幅が広い事件であれば，犯行後の善行も（特にそれが当該犯罪と何らかの関係を有する善行であれば）宣告刑の決定において一定の役割を果たしうるであろうが，責任刑の幅が狭い事件においては，もともと犯行後の態度が量刑に及ぼす影響は少ないのであって，その中でもとりわけ違法有責との関係が乏しい善行などは，量刑に及ぼす影響は微々たるものであってしかるべきということになると思われる。

(2) 被告人が審理中に社会奉仕活動を行ったことと量刑

　犯行後の善行と量刑の関係について考察を迫るものとして注目されたのが，大阪高判平9.5.27判タ979号243頁，判時1604号154頁（原審は神戸地姫路支判平8.10.11判時1589号161頁）と東京高判平10.4.6判時1661号160頁である。これらについては，すでに賛否両論が発表されているので[81]，事案に即した検討はこれらに譲るが，筆者は，これらの原審の措置の最大の問題点は，それぞれの事案（いずれも道路交通法違反）は，もともと責任刑の幅がさほど広くない種類の事件であって，犯行後の事情を量刑上考慮するにしてもかなりの制約があったこと，とりわけ，それぞれの事件で問題とされた犯行後の社会奉仕活動は，犯罪事実とも刑事手続とも直接間接の関連性がない事項であるため，犯行後の事情の中でも考慮するのにふさわしくない事情であったことにあると考えている。要するに，もともと，量刑事情とはなりにくいものを，量刑事情，それも実刑か執行猶予（それも再度の執行猶予）かという大きな差異を生む量刑事情として位置づけようとしたことに問題があるの

である。しかも，そのように本来量刑事情とはなりにくいものを審理対象とするために，数か月間審理を待ったというのであって，それが妥当を欠くことは明らかといえよう。

　ただ，筆者は，犯行後の社会奉仕活動を量刑上重視することのすべてが不適切であるとまでは考えない。事案によっては，これを量刑上考慮することも許されるのではないかと考えている。その適切な事案としては，責任刑の幅が比較的広い罪種で，かつ，被告人の非社会的な性格や未熟さが犯罪に至る原因となったような事件で，被告人の再犯可能性が相当程度減ずれば執行猶予とすることも可能だと思われるような事件がその適例ではないかと考えている。再犯可能性は将来予測に関わることであり，認定は不確実なものにならざるを得ないが，それでも，認定に資する資料が多ければ多いほど，その不確実性は減じることが考えられる。そこで，犯行後の善行を，再犯可能性が減じるか否かの一認定資料とすることが考えられるのである（とりわけ，その社会奉仕活動が，犯罪事実と間接的にせよ関係のある分野において行われたものであるならば，量刑要素として取り込むことの抵抗感は相当程度少なくなるものと思われる。)[82]。

47) 被害回復や示談・被害弁償が量刑に及ぼす影響については，横田信之「被害者と量刑」本書第 2 巻を参照されたい。
48) ここでいう有責性とは，日常用語でいう「刑事責任」や「犯罪の責任」というものに近く，犯罪成立の場面における講学上の用語である有責性とは異なる。なお，井田良「量刑をめぐる最近の諸問題」研修 702 号（平成 18 年）3 頁参照。
49) 城下・研究 243 頁。
50) 井田・覚書（特にその 304 頁）も同旨である。なお，損害賠償ができない場合でも，それに向けた努力をしている場合には，それをまったくしない場合に比べれば，幾分かは（もちろん，損害賠償ができている場合と同様に考えることはできないが。)量刑上有利に考慮することができるのではないか。これは，理論的には，特別予防の必要性がある程度減じているからと説明されることになろう。要するに，損害賠償の量刑への影響を，特別予防，政策的考慮のいずれかのみによって説明してしまおうとするのは無理があるのである。なお，損害賠償への努力をしているが，手許不如意その他の事情により損害賠償ができない場合，実刑にすれば当面賠償が実現しないのは確実であるが，猶予にすれば就労して賠償も可能になる，というようなケースで，損害賠償実現のため猶予にするという判断ができるかもひとつの問題である（平野龍一「刑事制裁と民事賠償」『刑法の機能的考察』〔有斐閣，昭和 59 年〕213 頁参照）。
51) 犯行後の事情を刑罰軽減的にのみ考慮するという見解においても，損害賠償をしなかった者が，それをした者との比較において，結果的に不利な量刑をされることは認めざるを得ないであろう。
52) 自動車事故に関しては賠償責任保険のシステムが完備しているという社会事情が，

このような判断を後押しするといってよいであろう。
53）強制保険をも付していない場合には自動車損害賠償保障法違反に問擬されることになるので，場合によっては余罪処罰の問題等もでてくるが，ここではその点については深入りしない。
54）これと似た事例として，脱税事件における本税・附帯税等の納付があげられる。租税ほ脱事犯においては，修正申告の上，本税・附帯税・地方税を納付し，それを重要な情状事実として立証するのが一般であり，これは損害賠償に類似する側面を有するところ，多くの事件では結審までにそれが実行されているのが通例である（この種犯罪はもともと資力のある者によって犯されるという性質があるからであろう。）がゆえに，例外的にそのような納付がなされていない場合には，不利益な事情として取り扱われることになるのである。
55）川崎・体系的量刑論236頁は，「行為者が損害の賠償・回復のための努力をしなかった場合，そのような単なる不作為は刑罰加重的に評価されてはならないだろう。いずれにしても行為者に対しては損害の全範囲についての責任が負担させられるのであるから，単なる不作為はその範囲を増大せしめるものではないのである」とするが，少なくとも，弁償資力のある被告人が損害回復のための努力をまったくしなかった場合には，量刑上不利益に考慮されてもやむを得ないのではないかと思われる。
56）示談が成立したことが直ちに被害感情の宥和を意味するものでないことには留意する必要がある。損害賠償が全額なされ，示談が成立しても，なお被害感情が厳しく，示談書に宥恕条項が付されない事件も珍しくない。なお，城祐一郎「被告人は被害者との間で交わした示談を履行しているのだろうか？──被害者保護を真に充実したものにするために」研修723号（平成20年）31頁参照。
57）損害賠償についても同様に問題になりうることであるが（前掲注33）参照），示談を第三者がした，という場合に，それをどの程度考慮しうるかは問題である。もちろんまったく無関係の第三者が示談をするということは想定できないが，被告人の身柄拘束中に，その家族や弁護人が（被告人の代理人として）示談をまとめるということは実務上しばしばあることである。もちろん，示談の民事上の法律効果は被告人に及ぶのであるが，被告人自身の努力が何もなかった場合に，量刑上被告人自身が行ったのと同視してよいかはひとつの問題であろう。
58）城下・研究248頁の注190，注191に賛否両説が整理されている。
59）もっとも，ここでも，自白が刑罰軽減的にはたらくには，その自白が反省悔悟等により自発的になされたものであることが必要であるという見解がある（城下・研究245頁，川崎・体系的量刑論238頁）。
60）井田良教授は，これに反対し，「自白を有利な方向で考慮することは，反面において，認められた防禦方法であり，手続上の権利行使でもある黙秘・否認（故意や犯罪阻却事由の存否などを争う一部否認も含む）という事情を，被告人に不利益な方向で斟酌することにほかならない」，「自白事件が90パーセント近くを占める現在において，それは，自白した者に対する特別の恩典でなく，否認した者に対する不利な取り扱い以外のものではあり得ないであろう。やはり，自白・否認の別それ自体を量刑で

考慮すべきではないように思われる」とされる。井田・量刑理論と量刑事情42頁。
61) 松尾浩也「刑の量定」宮沢浩一ほか編『刑事政策講座(1)』(成文堂, 昭和46年) 337頁。
62) これは, むしろ, 前述の犯行後の態度の3分類では, ⑦に属するとみることができよう。
63) なにも, 表面的な反省態度 (または一見無反省な態度) をそのまま重視すべきというのではない。本文でも述べたとおり, あたかも反省しているようにみえる態度が実は真摯な反省のあらわれではなく, 一見すると反省態度が窺われない被告人が実は深く悔悟しているという事例が, 実務では決して稀ではない。外面にあらわれた「反省態度」が有する意味の探求, 表面的な態度の奥にある真実に迫る努力と人間性への深い理解 (それは日々の研さんによってもたらされるものであろう。) が必要であることは当然である。
64) もっとも, 取調べた証拠上, 自白の動機が解明できるのであれば, それを考慮するのは差し支えないと考えられる。連続企業爆破事件の控訴審判決である東京高判昭57.10.29判時1062号30頁は, 「被告人○○は, 捜査段階でも反日武装闘争は正しいと信じて, この闘争を受け継いでいく人達のためにも真相を明らかにする必要があると考えて自白したことが認められ」と判示し, 原判決の「再犯のおそれも極めて大であり, その更生は甚だ困難と考えられる」との判示を是認している。
65) なお, 量刑要素となる事実が訴訟上不分明な場合に, 証拠上想定しうるいくつかの事実の中で被告人に最も有利と考えられる事実が存在するものとして量刑をすることがある。その例として, 共犯が存在するのか単独犯であるのかが不分明な場合に, 当該事案においてはより犯情が軽く被告人に利益と認められる事実を基礎に量刑すべきであるとした東京高判平4.10.14高刑45巻3号66頁, 判タ811号243頁, 捜査段階の自白中の犯行動機は信用し難いとしつつ, 量刑に当たっては, 考えうる種々の動機のうち, 上記自白にある動機が被告人に最も有利であると解されるから, それを前提に量刑するとした東京地判昭60.3.13判時1154号28頁 (なお, その控訴審判決である東京高判昭62.5.19判時1239号22頁はこの点については触れていない。) がある。これらに関しては, 木山暢郎「共犯事件と量刑」本書第1巻及び杉田宗久「量刑事実の証明と量刑審理」本書第4巻を参照されたい。本文に述べたところは, これらの, 証拠上想定しうる——そして互いに排斥し合う関係に立つ——数個の事実のうちいずれを採るべきかという問題とは, 異なる局面に関するものであることに留意が必要である。
66) 松本・量刑の実務13頁。石丸俊彦ほか『刑事訴訟の実務(下)〔新版〕』(新日本法規出版, 平成17年) 12頁〔石丸俊彦〕も, 「被告人の訴訟に対する姿勢や態度, 法廷での言動などもまた, 量刑上参考となる事柄である」とする。
67) 前掲注64) 東京高判昭57.10.29は, 原審の量刑を維持するに当たり, 「同被告人は原審公判廷において, 他の被告人らと同調して, 再三出廷を拒否し, 裁判長の訴訟指揮に従わず再三退廷させられたり, 監置の制裁を科せられるなど, 激しい法廷闘争を続けてきたものであること」と判示している。
68) もっとも, 川崎・体系的量刑論239頁の「被告人は, 慣れない状況に置かれて, 通常, 心理的にも肉体的にも疲労しており, そのために誤った対応をしがちであるとい

うことが考慮されなければならない」との指摘は，本文とは異なった文脈においてのものではあるが，被告人の態度から反省心の有無等を推認するに当たり，忘れてはならない視点であろう。

69) 植村・前掲注12) 165頁，平谷・前掲注12) 461頁参照。なお，自首と量刑をめぐる問題については，丹治初彦「自首と量刑——実務の現場から」前野ほか・総合的検討317頁があるが，われわれの問題意識とは若干異なる問題を扱う。

70) 司法研修所編『刑事判決書起案の手引〔平成19年版〕』（法曹会，平成19年）62頁［356］。このことを明言する裁判例として，大阪高判平9.10.8判時1633号146頁（同旨，東京高判平2.4.11東高刑時報41巻1～4号19頁，高検速報平成2年93頁）。もちろん，自首減軽をした上で，自首減軽をしない場合の処断刑の範囲内の量刑をすることも違法ではない。そのことを明言する裁判例として，東京高判昭35.2.24高刑13巻1号117頁，判タ102号39頁。なお，井田・覚書309頁は，本文に記したような実務の取扱いに批判的である。

71) 本件は，検察官の求刑も無期懲役である。

72) 本件は法定刑中に無期懲役刑がある事案であるので，前述の実務の通例によれば，そもそも自首減軽をする必要のない事件であるとの見方もできるが，事案の重大性に鑑み，刑種選択の段階で無期懲役刑を選択することが不適切と考えられたのであろう。

73) ごく大雑把にいえば，「……自首していることなどを考慮しても……の刑をもって臨むほかはない」型の，自首を刑の軽減事情とはしていないように読める判示と，「自首していることなどを考慮すれば……の刑をもって臨むのが相当」型の，自首を刑の軽減事情としているように読める判示に分かれ，後者では，自首が真摯な反省悔悟に基づくものであることが詳細に認定されているものが多い。

74) 量刑は，少なくとも現状においては，各量刑要素ごとにポイントをつけてその合計で刑を決めるような性質のものではなく，加えて，判決書に書かれていない量刑理由の存在というものも考える必要があるところ，自首が認められるような事案では，自首を度外視しても真摯な反省その他の有利な情状が多々認められるケースが多く，自首のみの加功度合など判別のしようがない。

75) 丹治・前掲注69) 参照。同論文の刑訴法335条2項の解釈には賛同し得ないが，同論文が裁判所の判断（自首等の任意的減軽事由の主張に対する判断，ひいては量刑理由）を示すべきであると強く主張する心情は，十分に理解できる。もっとも，同論文以前から，量刑理由を付している判決書——合議事件はもとより単独事件においても——が多くなっているというのが筆者の実感である（調書判決に量刑理由が付されているのを目にすることもある。）。なお，裁判員裁判の判決書には，これまでのところ，すべて量刑理由が付されているようである。

76) その反対の真相解明への積極的協力については，長瀬敬昭「被告人の真実解明への積極的協力と量刑」本書第3巻参照。

77) 大判昭10.9.28刑集14巻17号997頁は「人情に悖り……刑事政策上之に可罰性を認めざるもの」と判示する。

78) なお，近時，証拠隠滅罪等は犯人を庇護することを本質とする犯罪であり，犯人に

対する事後的な協力行為（庇護行為）による犯人処罰の妨害を処罰することによって犯罪一般を予防しようというところにその立法趣旨ないし保護法益があるから、その保護法益は犯人（真犯人）を庇護する側の者しか侵害できない、とする注目すべき見解があらわれている（安田拓人「司法に対する罪」法教305号〔平成18年〕71頁）。この見解によれば、本文において量刑上不利益に扱うことの当否を問題としている犯人自身の罪証隠滅工作と刑法104条が対象とする証拠隠滅工作（犯人庇護行為＝犯人自身はそもそも犯しようがない。）とは、もともと重なり合うものではないから、抵触問題は生じないということになろう。

79) もっとも、何が「ごく普通の人間が罪を犯したときについしてしまいがちな程度の罪証隠滅行為」であるかという判断はなかなか難しいとは思われる。ここでは、裁判官の基本的な心構えについて論じたつもりである。

80) 贖罪寄附も、一種の善行であり、反省心の発露として、反社会性の減少を示すものということができよう。もっとも、贖罪寄附については、同一の金額であっても、貧者の一灯と富者のそれとでは、自ずと考慮に違いが出て来ることは否めない。生活に余裕のない中から我が身を削るようにして捻出した金員と月々の小遣いの中からゆとりを持って出した金員とが、金額が同一だからといってまったく同じ評価を受けるというのが不当であることは、ほぼ異論のないところであろう（もちろん、金額をまったく度外視せよというのではないが。）。ただ、いずれにしろ、贖罪寄附については、その刑事責任に見合った刑罰を金銭の支払いで免れたという誤解の生じないような慎重な取扱いが必要である。なお、前掲注37）参照。

81) これらは、いずれも、道交法違反による懲役刑の執行猶予期間中の被告人が、執行猶予に係る事件と同種の道交法違反を犯したという事案であり、いずれの一審も、被告人が一審係属中に社会奉仕活動を行ったことを理由のひとつとして、再度の執行猶予を言い渡したものである（そのうち、大阪高判の事案は、原審裁判官が社会奉仕活動を指示したもので、東京高判の事案は、原審弁護人がこれを勧めたもののようである。）。これに対し、大阪高裁は、「無免許運転が処罰される趣旨は、それが一般に交通の安全を害し、交通の危険を発生させるおそれが大きいので、これを防止するためであり、被告人のように運転免許を取り消された者も、交通の危険性が高いがゆえにその処分を受けたものであるところ、原審が被告人に指示したようなボランティア活動に従事することによっては、右の危険性が除去され、あるいはこれが減少するものとは到底いえないところである。にもかかわらず、原判決のように無免許運転を単なるルール違反であるかのように捉えて、交通の危険性の除去ないし減少とは何ら関係のないボランティア活動をしたことをもって、被告人に対する社会的非難が減弱したと評価することは、無免許運転罪の罪質にそぐわず失当というべきである。まして右活動が原審裁判官の指示によるものであり、しかも被告人を右活動に従事させるために、ことさら被告人の最終陳述の終了後に、公判期日を重ねて指定し、迅速な裁判の要請にも反する本件のような事案において、右活動をしたことを再度の執行猶予の根拠とすることは不当である」とし（なお、控訴審判決によれば、被告人は、原判決の7日前及び3日後にも無免許運転をして、原判決の約4か月後に懲役刑の実刑に処せ

られ，これが本件控訴審判決前に確定している。），また，東京高裁は，「被告人の社会奉仕活動は，今回，弁護人らの勧めにより贖罪のために始めたものというのであるから，見方によっては一種の公判対策といえなくはない。もとより，そのような動機で始めたものであっても，被告人はその活動を現在もなお続けているから，その点は十分評価できる。しかし，刑の量定は，あくまでも犯罪行為に対する評価を中心としてなされるべきが原則であり，そのことによって各行為者に対する刑罰の公平さもある程度保たれるのである。社会奉仕活動を通じての貢献などの事情は，犯行後の被告人の態度の一つとして考慮されてよいが，その考慮にはおのずから限界があることを忘れてはならない。原審裁判所が右の事情を量刑上取り上げたいあまり，通常考えられる審理期間をことさら引き延ばした点は，到底公平妥当な措置とはいえず，是認できない。そうしてみると，被告人のため斟酌できる前述の諸事情を十分考慮しても，本件は，前記のとおり，酒気帯び運転の常習者である被告人が，酒気帯び運転による執行猶予期間中に，またまた同様の酒気帯び運転をしたという事案であり，これを基本として本件全体の情状を直視するときは，到底再度の執行猶予が相当の事案といえないことは明らか」として，いずれも被告人を懲役刑の実刑に処した。

　両事件の原審の措置に反対するものとして，原田國男「社会奉仕活動と量刑」実際204頁，城下裕二・判評476号（平成10年）52頁（判時1646号230頁〜234頁）。原審裁判官の立場からのものとして，安原浩「裁判官からみた情状弁護――情状弁護のあり方について」刑弁8号（平成8年）25頁及び浅田和茂ほか「座談会・どんな情状が量刑に影響するのか」刑弁30号（平成14年）45頁における同元判事の発言。

82）　そのような観点から注目すべきは，仲家暢彦元判事が提唱しておられる「試験観察保釈」という考え方である（仲家暢彦「若年被告人の刑事裁判における量刑手続」中山善房判事退官記念『刑事裁判の理論と実務』〔成文堂，平成10年〕329頁）。同元判事は，若年被告人の事件のうち，「事件の重大性などに照らすと実刑も十分に考えられるが，少年調査記録の情報を活用することにより（中略）更生への道筋がほのかにみえてくる事案」や「犯罪の内容からすると執行猶予もあり得るが，同種の非行歴があり，再犯可能性が相当程度に残っているという事案」について，事件を選択し，検察官・弁護人とも協議の上，納付可能な額で保釈し，数か月後に次回期日を指定して，弁護人にその間の生活状況を立証してもらうという方法をとることがある，というのである。これは，量刑上特別予防的考慮を重視すべき被告人について，認定の不確実性を免れない「特別予防」という事項について，犯行後の社会生活の一端を認定資料にしようとするものであり，筆者の本文における考え方と方向性においては同じものではないかと思われる。ただ，この「試験観察保釈」は，これに適した事件の選択がきわめて難しく，理想的な予後となったものについては賞賛を浴びることになろうが（古屋勇一「当番弁護士レポート6　裁判官の意外な声――覚せい剤取締法違反少年送致事件」刑弁4号〔平成7年〕122頁参照），失敗した場合には，事案によってはさらに被害者を作るなどの深刻な問題に発展するおそれがある（仲家元判事も，その危険性に言及され，「慎重の上にも慎重を期して選択する必要がある」としておられる。）。事件の選別が最も重要でかつ最も困難な課題である。同元判事もその選択基

準をいくつか示してはおられるが，これによってもなお選択はきわめて難しく，職人技的な直感による事件選別にならざるを得ないのではないか，もしそうであれば刑事裁判一般に通用する技法としては確立困難ではないかという懸念があるといわざるを得ない（なお，前記論文ではその「試験観察保釈」という名称からも明らかなように身柄事件が念頭に置かれているが，この手法を在宅事件に用いた場合には，事件の終結まで通例以上に時間を要し，被告人を長期間不安定な地位に置くという問題が特に顕著にあらわれる。）。

第5　最後に

　以上，被告人の犯行後の態度の量刑上の考慮について，若干の考察を試みてみた。いくつかの試論を提示した点もあるが，それも含め，結局のところ，他の量刑要素と同様に，犯行後の態度についても，それぞれの要素の個性と実質に着目して，具体的妥当性を失わない量刑を行うべきであるとの結論を述べたにとどまるとの反省を免れない。本研究会の目標である，量刑の透明化と合理化に資するところが余りにも少ないことに忸怩たる思いを禁じ得ない。本稿を叩き台として，より普遍的な量刑論を提示できるよう，なお考察を進めたいと思う[83]。

83) 本稿は，平成18年6月の研究会での報告原稿に，研究会での議論を参考にして修正を加え，判例タイムズ1268号（平成20年7月15日号）に掲載したものに，誤字脱字を改めるとともに，最小限度の補筆をしたものである。判例タイムズに掲載した拙稿に対しては，松田岳士准教授から御懇篤なコメントをいただいた。また，本稿と関連するテーマを扱った長瀬敬昭判事の論文「被告人の真相解明への積極的協力と量刑」（本書第3巻所収）に対する堀江慎司教授の判例タイムズ掲載コメントの中でも，拙稿に対する批判が述べられている。両教授からの御指摘に対しては，改稿しあるいは説明を補充するなどした上で，再度御批判を仰ぐべきであるが，筆者の能力不足と時間不足からそれが叶わなかった。御指摘を賜ったことに御礼を申し上げるとともに，それを十分に咀嚼した新稿をまとめ上げられなかったことについて，両教授と読者諸賢の御海容をお願いする次第である。また，これと同様の理由により，判例タイムズ発表後に接した各種論考から学ばせていただいたことも，本稿にとり入れることはできなかった。あわせて御海容をお願いする次第である。

コメント

松田岳士

1 はじめに

(1) 川合論文は,「被告人の反省態度等と量刑」の表題を掲げるが, その検討課題は, より広く,「犯行後の態度一般」に及んでいる。

実際, 同論文は, 特別予防的な観点からは,「被告人に衷心からの反省を求め, そのことによって再犯の防止を図る」ことの重要性を指摘し,「刑事裁判においても, 反省悔悟というものを重視せざるを得ない」ことは認めつつも,「反省それ自体を証明すること, 認定すること」の困難性から,「反省を重視すべきとはいっても, やはり, それが外部にあらわれた徴表として, 犯行後の態度をまず重視するのが順序であろう」とし, 具体的な「犯行後の態度」の「動機」が, かならずしも被告人の「反省悔悟」に求められない場合であっても, 量刑上, これを被告人に有利に考慮すべき場合があるか否か, あるとすればそれはいかなる理由によってかを検討しているのである。

(2) 川合論文は, この被告人の「犯行後の態度」が量刑に与える影響を検討する前提として, まず,「犯行後の態度とりわけ反省の有無を量刑上重視すること (あるいは, 無視ないし軽視しているようには取り扱わないこと) は, 実務家にとってなかば当然のことのように思われ」ている現状を指摘するとともに, このような事情が, 各種法令上も, また, 従来の裁判実務においても, 犯人に対する処罰のあり方に影響を与えるものとして扱われている事実を確認する (第1・第2)。

そのうえで, 同論文は,「犯行後の態度」の量刑理論における一般的な位置づけを論じるとともに, この問題を検討するにあたっての基本的な分析「視点」を提供し (第3), これを前提として, さらに,「被害弁償・示談」,「自白・否認・黙秘・法廷での態度」,「自首」,「罪証隠滅工作」,「犯行後の善行」という5項目について, 各論的考察を展開している (第4)。

2 「犯行後の態度」の量刑理論上の位置づけについて

(1) 川合論文は, まず, 量刑一般に関する基本的な考え方として,「犯行それ自体に関する違法有責の程度により, 法定刑 (ないし処断刑) の範囲内で, ある一定の刑の幅 (責任刑) が定まり, その範囲内で, 特別予防的考慮や一般予防的考慮, 政策的考慮により具体的量刑が定まる。そして, 例外的

に予防的考慮や政策的考慮が大きくはたらく場合には，責任刑の範囲を逸脱（特に下回る方向に）することも許される」とする，いわゆる「個別的行為責任説」の立場をとることを確認する。

そして，この立場のもとでは，「責任刑〔は〕原則的には犯罪行為それ自体によって定まる」ことになるため，「犯行後の態度」は，原則として「責任刑の範囲（幅）決定には関係しない」とする。もっとも，川合論文は，例外的には，「事後的にせよ，犯人の犯行後の行為・態度を，過去の犯罪行為の違法あるいは責任の程度を減少せしめるもの，あるいは，減少せしめるのと同等の価値を有するものとして取り扱ってもいい」場合があることも否定できないとし，それが，「犯罪行為の違法有責の程度に影響を与える力は，……犯罪行為それ自体に直接関わりを有するものが最も強く，犯罪行為との関わりが薄くなればなるほど弱くなる，すなわち，比喩的にいえば，犯罪行為との距離によって異なりうる」とする。

このような理解を前提として，川合論文は，「犯行後の態度」を，「犯罪行為との遠近」という観点から，①「犯罪事実そのものに関係する犯行後の態度」，②「犯罪事実そのものには直接関係しないが，捜査公判等当該犯罪行為に関する刑事手続に関連する犯行後の態度」および③「犯罪事実や刑事手続には直接関係しない一般的な犯行後の態度」の3つに分類し，これにより，「おおまかには，犯行後の事情が量刑に及ぼす影響の多寡とその根拠とを説明しうる」とする。

他方，川合論文は，このような「犯罪後の態度」が「犯罪行為の違法有責の程度に影響を与える力」を論じる余地は，個別的行為責任によって形成される「責任刑の幅」の広狭によって異なりうるとして，「責任刑の幅が狭い犯罪」と「責任刑の幅が狭いとはいえない犯罪」を区別する。そして，前者においては，「犯罪後の態度」の量刑への影響を論ずる余地も限定されたものとなるとする。

(2) このように，川合論文は，当該犯罪行為の違法有責の程度によって決定される「責任刑」を量刑理論の中心におき，「犯行後の態度」の量刑理論上の位置づけを検討するにあたっても，この「責任刑」との関係を重視する。もちろん，同論文においても，「犯罪後の態度」が，「違法有責の程度に影響する（またはそれと同様に取り扱う）ということのゆえのみをもって量刑に影響するわけではなく，予防的観点から，あるいは政策的観点からも量刑に影響しうる」こと，そして，「具体的事件の量刑判断に当たっては，複数の要素が複雑に絡み合い，前述の分類からは逸脱するような例外的事象のある

こと」は否定されないが，その軸足はあくまでも「個別的行為責任説」にお
かれているのである。

　このような川合論文の立場は，「本研究会において大方の支持を得ている
量刑理論」に沿ったものであると同時に，国家刑罰権が，あくまで直接的に
は，罰条が定める犯罪行為が歴史的事実として実現ないし具体化されたこと
を理由として行使されるという刑事司法作用の本質とも合致するものとし
て，基本的には支持されるべきであるように思われる。

　また，「責任刑の幅が狭い犯罪」と「責任刑の幅が狭いとはいえない犯罪」
の区別についても，とりわけ「一般情状」に属する諸事情が量刑に与える影
響を考察するにあたって，有益な視点を提供するものであるといえよう。

　(3)　もっとも，川合論文が，「個別的行為責任説」のもとでは，「犯行後
の事情は，犯罪終了後の事情であるので，原則的には，責任刑の範囲（幅）
決定には関係しない」としつつも，「犯罪行為処罰の根拠が，その行為が法
益を違法に侵害するものであること，あるいは，法秩序を紊乱するものであ
ることに求められるのであるとすれば，犯人の犯行後のある行為・態度が，
侵害された法益や攪乱された法秩序の回復に資するものである場合などに
は，事後的にせよ，犯人の犯行後の行為・態度を，過去の犯罪行為の違法あ
るいは責任の程度を減少せしめるもの，あるいは，減少せしめるのと同等の
価値を有するものとして取り扱ってもいい」とする（具体的には，たとえば，
「犯罪によって被害者の何らかの法益が侵害された場合には，その法益侵害による被害を
弁償したという事実」を，「事後的にせよ，違法性が減少したのと同様に取り扱」い，ま
た，「そのような違法状態回復を行ったという点において，犯人の有責性が減少したとみ
る余地」を認める）点については，理論的には，異論がありえないわけでは
ないように思われる。

　なぜなら，上述のように，国家刑罰権が，罰条に定められた行為が一回的
な「歴史的事実」として実現あるいは具体化されたことを根拠として行使さ
れるものであるとすれば，「犯罪行為処罰の根拠」は，一般的に，「その行為
が法益を違法に侵害するものであること，あるいは，法秩序を紊乱するもの
であること」に求められるというよりも，むしろ，「その行為が法益を違法
に侵害したこと，あるいは，法秩序を紊乱したこと」に求められるというべ
きであるようにも思われ，そうであるとすれば，理論上，「個別犯罪行為」
の違法・責任ないしそれに相応する「責任刑」に対する「犯罪後の態度」を
はじめとする事後的な事情による影響の余地を認めることは——とりわけ，
犯行後の事情によって「個別犯罪行為責任」より重い「責任刑」を認めるこ

とはとくに問題であるが（この点，いわゆる「犯罪論」が，「構成要件該当性→違法性→責任」の順番で，いいかえれば，当該「行為」に関する事情の検討を「人」に関する事情の検討に先行させて犯罪の成否を論ずるのも，「刑事責任」を，まずは個別行為責任に限定する趣旨であることを改めて想起する必要があろう。），反対に，それを軽くする方向であっても，やはり——「責任」概念を，「輪郭を失ったルーズな概念（井田良教授）」にしてしまうおそれなしとしないからである。

その意味では，理論的には，「過去の犯罪行為の違法あるいは責任の程度」それ自体は，あくまで，当該個別「犯罪行為」それ自体に関する事情，すなわち「犯情」によって評価するという立場を維持しつつ，犯行後の「侵害された法益や攪乱された法秩序の回復」に関する事情（を含むいわゆる「一般情状」）は，そのような「責任刑」の科刑の必要性（「要罰性」）に影響を与える事情として論ずるほうが，刑事責任の本質ないし刑事司法の基本的枠組とより適合的な考え方であるということができよう。

もっとも，この点，川合論文も，「当該犯罪行為そのもの」と「犯行後の事情」の区別それ自体を相対化するわけではなく，あくまでその区別を前提として，前者の違法・責任に対する後者の「影響」を認めるにすぎず，また，その「影響」として想定されているのは，基本的に，「過去の犯罪行為の違法あるいは責任の程度を減少せしめるもの，あるいは，減少せしめるのと同等の価値を有するものとして取り扱」うことであって，「責任刑」を積極的に増加せしめる方向で考慮に入れることを肯定するものではないことからすれば，仮にそのことによって「責任」概念が曖昧化されるおそれが生ずるとしても，それは，もっぱら理論的な問題にとどまるものと思われる。

(4) 他方，「責任刑の幅が狭い犯罪」と「責任刑の幅が狭いとはいえない犯罪」の区別についても，そこで問題とされているのが真に「責任刑の幅」であるのかについては，なお慎重な検討が必要であるように思われる。

実際，川合論文において，「責任刑の幅が狭い犯罪」類型として想定されているのは，無免許運転，酒気帯び運転等の道路交通法違反事件や覚せい剤の自己使用事件等のいわゆる「段階的量刑」が行われているような犯罪類型であるが，このことは，かならずしもこれらの犯罪類型の「責任刑の幅が狭い」ことを意味するわけではなく，むしろ，この場合には，「予防的観点」から，量刑「相場」上，同種前科前歴にほとんど決定的に重要な意義が認められているために，それ以外の事情が考慮に入れられる余地が相対的に小さいにすぎないのではないかとの理解もありうるところであろう。

3　各論的考察について

(1)　川合論文は，以上のような被告人の「犯行後の態度」の量刑理論上の位置づけに関する一般的・総論的考察を前提として，その第4において，とくに，被害弁償・示談，自白・否認・黙秘・法廷での態度，自首，罪証隠滅工作，犯行後の善行について，各論的考察を展開している。

同論文は，これらの各事情についても，まずはその「犯罪行為との距離」を検討し，「責任刑」に与える影響を考察すると同時に，「予防的考慮」ないし「政策的考慮」による「責任刑の幅」のなかでの量刑への影響についても綿密な検討を展開している。このうち，これらの事情が「責任刑の幅」の決定に与える影響の問題については，前項において検討したので，以下では，とりわけ，これら被告人の「犯行後の態度」に属する諸事項と「予防的考慮」ないし「政策的考慮」の関係に関する川合論文の基本的な考え方を確認・検討しておくことにしたい。

(2)　まず，被害弁償・示談，自白・法廷での態度，自首，犯行後の善行といった「犯罪後の態度」を，量刑上，被告人に有利に考慮すべき場合についての川合論文の考え方の特徴としては，被告人がこれらの態度をとった「動機」としての「規範意識の覚醒」，「反省悔悟」といった内心状態の重要性を認めつつも，これへの過度の依存には慎重な立場をとっているという点を挙げることができるように思われる。

その背景には，法廷において，「反省それ自体を証明すること，認定することは，きわめて難しい」という論者の実務経験に裏づけられた現実的認識があると同時に，これらの事情を，「政策的な見地」から，量刑上，被告人に有利な事情として考慮する余地を広く認める考え方がある。

一般に，「犯行後の態度」の量刑理論上の特別予防的な意義を強調する見解は，これを被告人に有利に考慮するための条件として，それが「反省悔悟」に基づくものであることを求めてきた。これは，特別予防の核心が，「当該被告人に衷心からの反省を求め，そのことによって再犯の防止を図る」ことにあるとすれば，当然のことであるといえようが，川合論文は，そのこと自体の妥当性についてはこれを肯定しつつも，「ことが人の内心に関する事柄であるだけに，証拠上この点を解明するには自ずと限界がある」との認識の下に，特別予防的な考慮とあわせて，被害者の救済や捜査公判の円滑な進行等の政策的考慮から，その「動機」の如何を問わずこれを有利に考慮する余地を広く認めるのである。

(3) 他方,「犯行後の態度」が, 量刑上, 被告人に不利に作用しうる場合としては, それが, ①被害弁償, 自白, 自首等が, 被告人に有利に考慮されることになる結果, これらの事情が認められない場合に, 相対的に, より重い刑の量定がなされる場合と, ②それにとどまらず, 量刑上, より積極的に被告人に不利な事情として扱われる場合とがありうるが, 一般に, ①の場合は,「犯行後の態度」が, 量刑上とくに不利益な事情として扱われたわけではないため, 問題は少ない。

これに対して, ②のようなかたちで「犯行後の態度」を, 量刑上, 被告人に不利な事情として考慮することに関しては, 川合論文は,「人に不可能なことを求めたり, 人情に反するような判断をすること」は避けるべきであるとして,「自首しなかったこと」や,「ごく普通の人間が罪を犯したときについしてしまいがちな程度の罪証隠滅行為」等の事情を不利益に扱うことには慎重な立場をとる一方で,「被告人が法廷で通例ではみられないような不遜な態度をとっている場合, あるいは, 審理を妨害するような挙に出た場合」等, 特別予防の必要性をとくに高める特殊事情が認められる場合には, これを不利益に考慮することを認める。ここには,「犯行後の態度」を, 量刑上, 積極的に不利益な事情として考慮することに対する同論文の謙抑的な態度が看取される。

(4) なお, 否認・黙秘といった被告人の応訴態度に関する事情を量刑上不利に考慮することは, 自白を間接的に強制することになりかねないという意味で問題であろう。したがって, とくに応訴態度に関する事情については, とりわけ捜査公判の円滑な進行等の利益は, 原則として, 被告人に有利な方向においてのみ片面的に考慮に入れられるべきである——すなわち, 否認・黙秘によって, 捜査公判の円滑な進行に支障が生じたとしても, そのことを積極的に量刑上不利に考慮することには慎重であるべきである——ように思われる。

4 おわりに

(1) 最後に,「被告人の反省態度等」が量刑に与える影響と裁判員制度との関係について, 簡単にコメントしておくことにしたい。

一般に, 被告人の「犯行後の態度」との関係では, とりわけ, その「反省悔悟」の有無を量刑上考慮することは, 国民一般の感覚に馴染みやすい面があることは否定できず, その意味で, 裁判員裁判においては, この要素は, ——罪種ないし事案の具体的内容, あるいは加害者と被害者の関係如何にもよるであろうが——おそらくは再犯の危険の有無という観点から, 場合によ

っては,「個別的行為責任」以上に重視される可能性も指摘されうるように思われる(とくに,川合論文においても指摘されているように,裁判員に,「反省するのは当然であり,反省したからといって刑を軽くするのは納得がいかない」との感覚があるとすれば,とくに「反省悔悟」が欠如する場合には,その事実は,刑を重くする方向で量刑に大きな影響を与えることになろう。)。

　もちろん,川合論文も正当に指摘するように,被告人の「反省悔悟」を量刑上考慮することそれ自体は,決して不当なことではない。問題は,「反省それ自体を証明すること,認定することは,きわめて難しい」ということである。とりわけ,裁判員の場合には,「表面的な態度の奥にある真実に迫る努力と人間性への深い理解」という点ではともかく,少なくとも,「審理中反省の言葉を述べていた被告人が判決宣告後豹変した事例」や,「反省の言葉を信じて執行猶予とした被告人が間もなく同種の罪を犯し執行猶予が取り消された事例」,また,反対に,「反省の言葉をうまく語れない被告人が重い刑に潔く服罪した事例」等を目の当たりにした経験量という点では,一般に,裁判官に劣ることは否定できないように思われ,その意味では,裁判員裁判においては,「反省悔悟」の重視が,「直感による事実認定・量刑」を招くおそれがより高まるとも考えられる。

　(2)　他方で,「捜査公判が速やかに進展」し,「国家の人的物的資源が他の犯罪の捜査公判に有効に投入できるという効果」や,被害者または一般社会に「早期に事件が解決したことによる安心感を与える」という効果を考慮することは,国民一般の感覚とは馴染みにくい面もあるように思われ,そうであるとすれば,被害弁償・示談,自白・否認・黙秘・法廷での態度,自首,犯行後の善行等の被告人の「犯行後の態度」を量刑上考慮するに当たって,裁判員が,具体的な事件を前にして,このような「一般予防ないし政策的考慮」をどの程度重視することになるかも疑問である。

　その意味で,裁判員裁判においては,被告人の「犯行後の態度」が,(「反省悔悟」の徴表としてではなく)それ自体として,被告人に有利な事情として考慮される余地は,あるいは狭まってくることになるかもしれない。

　(3)　かりに裁判員に以上のような傾向が認められるとすれば,刑の量定は「個別的行為責任」の範囲内で行われるべきものであること,そして,「反省悔悟」については,「ことが人の内心に関する事柄であるだけに,証拠上この点を解明するには自ずと限界がある」ことについての認識を,裁判官が裁判員と充分に共有することができるか否かが,裁判員裁判において適正な量刑を確保するための鍵となってくるものと思われる。

被告人が自己の犯罪により自ら多大の不利益を被ったことと量刑

畑山　靖

第1　はじめに／216
第2　具体例とその分類・整理／217
第3　ドイツ刑法60条について／219
第4　被告人の不利益が有利な事情として考慮される根拠／221
　1　問題の所在
　2　学説等の状況
　　(1)「責任」に属するという見解／(2)「予防」に属するという見解／(3)「責任」にも「予防」にも属さないという見解

　3　検　討
　　(1)　各見解についての検討／(2)　私　見
第5　被告人の不利益が量刑に及ぼす影響の程度ないしその限界／227
第6　被告人の不利益について量刑理由中で言及する意味／230
第7　具体的事例と当てはめ／231
　1　事例紹介
　2　分析と当てはめ
第8　まとめ／234

第1　はじめに

　本稿で検討するテーマは，例えば，交通事故による業務上過失致傷等の事案において，被告人自身も大けがを負って長期の入通院を余儀なくされたり，同乗していた妻子が死亡したりした場合のように，自己の犯罪により被告人自身も不利益を被ったこと（以下，本稿において「被告人の被った不利益」あるいは単に「被告人の不利益」という。）を量刑上どのように考慮すべきか，という問題である。
　被告人が自己の犯罪行為又はこれをきっかけとして不利益を被ったという事情が，一般に被告人に有利な方向で考慮され得ることは，異論のないところであろう。他方，被告人の不利益は，被害弁償や被告人の反省の態度等，他の有利な量刑事情と比べると，さほど重要な位置付けはされていないこと

も事実のようである（社会的制裁等の例外的場合を除く。）。そして，なぜこれが被告に有利な事情となり得るのか，また，どのような場合に有利な事情として斟酌でき，それが量刑に与える影響はどの程度なのかといった点については，これまで正面から検討されることがほとんどなかったように思われる。

そこで，本稿では，従前光の当てられることのなかった「被告人の不利益」について，これまで本研究会で議論されてきた量刑理論等を応用しながら，その中での位置付け等を検討してみたいと思う。

第2　具体例とその分類・整理

一口に被告人の被った不利益といっても様々な場合がある。具体例を挙げると，冒頭に掲げた交通事故で被告人自身や近親者が死傷した場合のほか，殺人・傷害等の事犯において，相手方から反撃されるなどして被告人自身もけがを負った場合，犯行後に被害者から脅迫や暴力等の私的な制裁（報復）を受けた場合，事件が原因となって家庭崩壊に至ったり経済的困窮に陥ったりした場合，犯行を理由に本人や家族が地域社会から疎外されたり（いわゆる村八分），中傷ビラを頒布されるなどの嫌がらせを受けたりした場合などが考えられる。また，本研究会では，それぞれ別項で検討されることになっているが，社会的制裁や違法捜査による不利益（捜査官から暴力を受けたことなど），更には，被告人が逮捕・勾留により身柄を拘束されたこと等の刑事訴追に必然的に伴う不利益も，広い意味では本稿にいう被告人の不利益に含ませることができる。さらに，例えば，銃砲や刃物等の凶器を用いた殺傷事犯において，当該凶器の使用方法を誤るなどして犯人自らも受傷した場合，放火の犯人が自ら放った火によって大やけどを負った場合，逃走の際に転倒したり，逮捕の際に激しく抵抗したりしてけがをした場合，薬物事犯において，その薬理作用の影響下で自傷行為に及んだり，重い薬物中毒に罹患したりした場合，自責の念や処罰に対する恐れから精神的に不安定な状態になったり，精神病等の病気を患ったりした場合など，一面では自業自得ともいえるような事情についても，被告人の側からは有利な事情として斟酌すべきであると主張される場合がある。また，被告人が被害弁償をしたことは，通常，被害の回復や被告人の反省の表れ，被害者の処罰意思の軽減等の文脈で考慮されるが，被告人が被害者から強く要求され過剰な賠償を余儀なくされた場合（特に，犯罪を種に被告人が恐喝されたような場合）などは，本稿で検討する被告人の不利益に含めてよいと思われる。

被告人が自己の犯罪により自ら多大の不利益を被ったことと量刑

		A	B
		当該犯罪事実又はこれと密接に関連する事実から直接生じた不利益	当該犯罪事実に起因するその他の不利益
1	被告人自身に原因のある不利益	・被告人自身の犯罪行為による受傷等 ・逃走の際の転倒や逮捕の際の抵抗による受傷	・家庭崩壊、経済的困窮等 ・薬物中毒等の後遺障害やそれによる自傷行為等 ・被告人が精神的に不安定になったり、病気に罹患したりしたこと
2	何人の責めにも帰さない不利益（法的・社会的に容認された不利益）	・被害者の正当防衛行為による受傷等	・懲戒免職、マスコミ報道等の社会的制裁 ・長期の身柄拘束、仮出所・前刑執行猶予取消しによる長期服役
3	第三者によってもたらされた不利益	・犯行の機会に第三者の行為により受傷等した場合（多重交通事故で被告人及び被害者以外の関係者にも過失のある場合等）	・村八分、嫌がらせ ・マスコミによる過剰報道 ・違法捜査による不利益（捜査官の暴力による受傷等）
4	被害者によってもたらされた不利益	・双方に過失のある交通事故や、喧嘩闘争により、被害者だけでなく被告人も受傷した場合等 ・被害者側の過剰防衛行為による受傷	・被害者による私的制裁 ・過剰な被害弁償（被告人が当該犯罪を種に恐喝された場合を含む）

　このように被告人の被った不利益には様々な場合が含まれており、当然のことながら量刑への影響の仕方についても、各場合ごとに異なってくるから、これらを一定の基準により分類・整理しておくことが望ましいと思われる。そこで、筆者は、①当該犯罪事実そのもの又はこれと密接に関連する事実から直接生じた不利益であるか、単にそれを端緒ないし契機とする不利益に過ぎないかとの視点と、②被告人自身に原因のある不利益であるか、それとも被害者又は第三者に帰責できるものであるか、あるいは何人の責めにも帰さない不利益（被告人にそれを科すことが法的ないし社会的に容認される不利益）であるかとの視点により、表のような分類・整理を試みた。この整理が持つ意味については、後記**第5**において詳論するが、大雑把にいえば、当該犯罪

事実自体に密接に関連し，かつ，被告人自身の責めに帰すべき不利益であれば，被告人の自業自得として有利な方向で考慮しにくくなり，他方，間接的な不利益で被害者又は第三者の責めに帰すべきものは，自業自得の度合いが弱まり，それだけ有利に考慮しやすくなると思われる。表は，いわばこの自業自得の度合いによる分類・整理ということができる1) 2) 3)。

1) 分類の基準としては，他に，③それが被告人に対する制裁を目的として人為的に加えられた不利益（すなわち，社会的ないし私的制裁）であるか，他の目的で加えられたもの（例えば，適正な捜査・審理のための身柄拘束）か，あるいは，そのような目的とは無関係に生じたもの（因果の経過や全くの偶然事による不利益）か，④刑事手続内又はこれに付随する不利益（長期の身柄拘束，仮出獄・前刑執行猶予取消しによる長期服役，違法捜査による不利益）であるか否か，といった視点も考えられるであろう。
2) 研究会においては，この表だけでは単純に過ぎて誤解を生じやすいのではないかといった指摘もあったが，直感的な分かりやすさという点では，おおむね賛同を得られた。この表は，あくまでも大雑把なイメージを示したものにすぎず，被告人の不利益が具体的な量刑にもたらす影響の程度については，当該不利益自体の性質・程度，被告人の犯罪事実の内容・性質（それが故意犯であるか否かを含む。）等，他の要素をも複合的に考慮しなければならないことに留意されたい。
3) 研究会ではまた，被告人の不利益が法的・社会的に容認されたものであるか否かの区別は重要であるが，それが被害者によってもたらされたか，第三者によってもたらされたかは，自業自得の度合いとしても，後記代替的救済の可能性についても差異はないのではないかという意見が強く，筆者もこれを否定しない。ただ，犯罪において被害者が特別な地位にあることや，後記のとおり，被告人の不利益が被害者によってもたらされたか否かによって応報の必要性の減少の程度が異なるとも考えるので，なおその区別は意味を有すると考える。表中3と4の間が実線で区別していないこのような趣旨である。

第3　ドイツ刑法60条について

　理論的な分析に入る前に，被告人の不利益による刑の免除を規定する立法例を紹介しておこう。
　ドイツ刑法60条は，「行為により行為者に生じた結果があまりにも過酷であるため，刑を科すことが明らかに失当であるときは，裁判所は，刑を免除する。行為者が，その行為につき1年を超える自由刑に処せられるべきときは，この限りではない」と規定する。
　この規定の趣旨について，イェシェック＝ヴァイゲント（西原春男監訳）

『ドイツ刑法総論〔第5版〕』は、「60条により裁判所が刑を免除するのは、刑の言渡しが『明らかに失当』であるといえる程に、その所為が行為者にとってすでに苛酷な重みの結果になったときである」「ここでは明らかに罪責が欠けることはなく、それはきわめて重大ですらありうる。それでも刑が免除される理由は、一方では、行為者にとって刑罰が作用したのと同様の苛酷な重みの結果によって同人の責任がすでに部分的に償われており(『天罰』)、しかも他方では、(それゆえに)もはや予防の必要が認められないことにある」と説明している[4]。

ところで、日本の刑法には、ドイツ刑法60条のように被告人の不利益を理由に刑を免除する旨の規定は存しないが、このことは、当然のことながら、ドイツ刑法が被告人の不利益を特別視しているとか、日本の刑法がこれを軽視しているとかいうことを意味しない。

両者の違いを考えるには、①ドイツ刑法は、46条で量刑の一般原則を規定するなど、量刑に関し比較的きめ細かな規定を置いており、刑の免除に関しても、被告人の不利益のほか、被害者との和解によって刑を免除し得る旨を定め(46条a)、それ以外にも不法の減少もしくは責任減少による刑の免除が広く認められている[5]のに対し、我が刑法には量刑についての一般的規定は存せず、刑の免除も極めて限定的であること、また、②ドイツでは、起訴法定主義が原則的に採用されているのに対し、我が国では、起訴便宜主義(刑訴法248条)が採用されていること、さらに、③我が国では、刑の執行猶予(刑法25条)が、法条の要件の上でも、また実際の運用上も比較的広範に認められていることを頭に入れておく必要があると思われる。すなわち、我が国においては、被告人の不利益は、まず、起訴段階において刑訴法248条の「情状並びに犯罪後の情況」の一つとして考慮の対象となるし、裁判所の量刑段階においても、刑法25条の「情状」として考慮され得ることになり、これらの適用の結果、起訴猶予処分や刑の執行を猶予された者にとっては、一事不再理の有無や再犯の可能性のある場合を度外視すれば、刑の免除を受けたのとほとんど変わらない結果となる。要するに、ドイツでは、起訴法定主義による苛酷な結果を防止するためにはドイツ刑法60条のような刑の免除に関する規定を置く必要があるが、我が国の法制では検察官による訴追裁量権の適切な行使や裁判所による刑の執行猶予規定の活用による対応が十分可能なのである。

4) イェシェック＝ヴァイゲント・ドイツ刑法総論684頁、685頁。
5) イェシェック＝ヴァイゲント・ドイツ刑法総論684頁〜689頁。

第4 被告人の不利益が有利な事情として考慮される根拠

1 問題の所在

現在通説となっている量刑判断の方法は，まず，被告人の責任に応じた量刑の大枠（「責任（相応）刑」と呼ばれるもの）を定め，その枠の中で，予防的な考慮により具体的な量刑を定める，というものである。そこで，被告人の不利益という事情は，①責任刑を定める情状に属するのか，②予防的考慮に属するのか，③「責任」にも「予防」にも属さない第3の量刑要素なのか，といった点が問題とされる。

2 学説等の状況

この問題に直接触れたものとしては，既に遠藤論文[6]において紹介された井田良教授及び城下裕二教授の論考があるが，ここでは，両教授の見解のほか，類似の問題について論じておられる岡上雅美准教授及び原田國男元判事の諸見解も併せて整理しておく。

(1) 「責任」に属するという見解

学説の多くは，責任刑とは個別行為責任であって，専ら犯罪事実を中心とする情状（「犯罪事実自体の情状」とか「狭義の情状」とかいわれるもの。また，遠藤報告では「犯情事実」の用語が使用されている。）のみを基礎として判断されるべきものと解しており，被告人の不利益を「責任」とストレートに結びつける見解は見当たらない。

ただ，岡上准教授は，責任刑の中心は個別行為責任であり，犯罪後の事情は原則として考慮の対象にはならないとの立場に立ちながら，責任刑の判断に「可罰性」の概念を取り入れ，「被害者との和解」や「手続中の国家の瑕疵」に関する事情がある場合は，個別行為責任よりも低い上限が「（可罰的）責任刑」となる，とされている[7]。この見解によれば，被告人の不利益に関する事情がある場合にも可罰性が減少し，個別行為責任よりも軽い「（可罰的）責任刑」が刑の上限となる，と説明されるかもしれない。もっとも，井田教授は，岡上准教授の上記見解を引用しながら，「このような考慮（注：被告人の不利益等により刑の必要性が減弱することを指している。）を，責任判断に還元

しようとすると，責任概念は明確な輪郭を失ってルーズな概念になってしまうであろう」[8]と批判している。

(2) 「予防」に属するという見解
ア 城下教授の見解
城下教授は，「量刑においては，当該犯罪行為に対する『行為責任』の量（程度）を『上限』として，行為者の規範意識を確認・強化するという意味での特別予防（再社会化）の必要性に応じて最終刑が決定される」[9]との基本的立場を前提に，「既に刑罰に匹敵する社会的制裁を受けていると認められる場合，例えば，自ら進んで辞職している場合など多くの減軽事情となりうるものが考えられるが，いずれも当該行為者の規範意識を確認・強化する必要性という観点から判断されるべきである」[10]とされている。

イ 批 判
この見解に対し，井田教授は，「そもそも（城下教授のように），量刑事情を『責任』に関係する事情と『予防』に関係する事情との2つに分配するというのは不当な単純化であり，犯罪の成否の判断以上に複雑な量刑の判断を，犯罪論の判断枠組み以上に単純な図式にあてはめようとすることである」[11]と批判されている。

また，原田元判事も，城下教授が違法な捜査が行われた場合について上記と同趣旨の見解を示されたのに対し，「これらの事情（注：違法な捜査ないし違法な処遇による苦痛を指している。）を特別予防として捉えることについては，やはり無理があると思われる。大雑把にいっても，これらの事情は，被告人の更生可能性には直接関係がないであろう。強いていえば，犯行後受けた苦痛を考慮しないと，宣告された刑を過酷なものと感じて，自暴自棄的な心境になり，その更生の妨げるおそれがあるので，それを考慮することで被告人の心情をその面で安定化させるという意味合いがあるかもしれない。しかし，この点は，特別予防からする量刑事情というには，間接的過ぎよう。それを言い出すと，被告人の刑を軽くする事情は多かれ少なかれこのような効果を含むから，特別予防で説明できることになりかねない」[12]と批判されている。

(3) 「責任」にも「予防」にも属さないという見解
ア 井田教授の見解
井田教授は，量刑事情を①犯罪の要素たる量刑事情，②行為の違法性・有責制の程度を具体的に推認させる資料たる事情，③犯罪の当罰性の程度に影

響する事情，④刑の及ぼす特別予防効果を考慮するにあたり参考となる事情，⑤犯罪後の事情のなかで刑事政策的合目的性の見地から考慮されるべき事情，⑥刑の必要性ないし刑に対する感応性に関する事情の６つに分類されており，被告人の被った不利益は，⑥に属するものとされ，「行為に対する一種の『制裁』を受けたことによって，応報的科刑の必要性（ないし要罰性）は明らかに減弱する」ことから，被告人に有利に斟酌されるものであるとして，この事情は，「個別行為の責任に影響する事情や予防的考慮に影響する事情とは区別するべきである」などと説明されている[13]。

　イ　原田元判事の見解

　原田元判事も，やはり違法な捜査が行われた場合についてであるが，「刑罰は被告人に対して加えられる苦痛であり，害悪である。犯行後被告人が受けた社会的制裁や違法捜査や違法処遇による苦痛等は，いわば，その刑罰の先取りである。未決勾留日数の算入も同様である。また，不注意で惹起した事故で自分の子供を失ったり，自ら大怪我をしたような場合も基本的に同じであろう。したがって，これらの事情を量刑上考慮するのは，先取られた苦痛や害悪を精算しようとするものであって，特に責任主義や目的主義とは関連しない，それ自体ニュートラルな価値中立的な調整原理にすぎないのではあるまいか」と述べられている[14]。

　ウ　批　判

　城下教授は，井田教授の上記見解に対し，「（同教授のいうところの『刑の必要性』が減少するというのは）当該行為を契機とする苦痛を受けたことによって，行為者の規範意識を確認・強化する必要性，すなわち特別予防の必要性が減少するからであり，これを責任評価及び予防的考慮とは区別された『第３の領域』に分類する積極的意義は見出し難いのではないだろうか。『応報的科刑の必要性』に関しても，そもそも応報的科刑が『責任に応じた刑罰を科すこと』を意味するのであれば，『責任判断に関連しない』事情によってその必要性が（事後的に）変化しうるとするのは疑問であろう」「量刑事情の基礎づけに関して『責任』と『予防』以外の視点を導入しようとするならば，それは刑罰の正当化根拠についても既存の刑罰理論（応報・一般予防・特別予防）と並ぶ新たな（固有の）刑罰理論を承認を意味する点に注意しなければならない」と批判ないし指摘されている[15]。

3 検討

(1) 各見解についての検討

上記の諸見解は，それぞれに傾聴に値するが，筆者としては，想定されている事例がやや限定されていたり，多面的な評価が可能な具体的事情を一つのカテゴリーの中だけで評価しようとしたりしていると思われる点を指摘したい。

すなわち，城下教授の見解は，理論的には最も一貫したものであるが，この見解では，上述のとおり，責任刑（＝行為責任）は刑の上限を画するものにすぎず，具体的な量刑は「行為者に対する規範意識の確認・強化」という特別予防の必要性によって定められるというのであるから，結局，犯罪行為以外のあらゆる量刑事情は「規範意識の確認・強化」の必要性を判断するための材料であり，かつ，これのみによって具体的な量刑が決まるということになってしまう。しかし，原田元判事も指摘するように，「規範意識の確認・強化」の必要性だけであらゆる量刑事情を説明することにはやや無理があるように思われる。

また，岡上准教授及び井田教授は，基本的には城下教授と同一の立場に立ちながら，第三者による被害弁償を有利な事情として考慮し得ることを説明するために，岡上准教授の場合は「（可罰的）責任刑」の概念を用い，井田教授は「犯罪後の事情のなかで刑事政策的合目的性の見地から考慮されるべき事情」を量刑事情の一つのカテゴリーとされているのであるが，やはり多様が場合が含まれる量刑事情を一つの概念で捉えようとする点でやや一面的な説明となっているとの感を免れない。

一方，原田元判事の上記見解は，あくまでも違法な捜査が行われた場合に関する論考の中で述べられたものであって，その事例においては説得力を持つが，被告人の不利益一般に対象を広げるならば，やはりすべての場合を一律に「先取りされた刑罰の精算」と見ることはできず，後述のように，「責任」や「予防」にかかわるものとして捉えるべき場合も少なくないのではないかと思われる。

(2) 私 見

第2で述べたとおり，一口に被告人の不利益といっても様々な場合がある上，一つの事実についても多様な面からの評価が可能であるから，これを一律に「責任」か「予防」かに振り分けるのは相当ではなく，それが「責任」

及び「予防」にどう影響するかを具体的事実に応じて個別に検討すべきではないかと思われる。

　例えば，まず，「責任」との関係では，責任（相応）刑の評価は応報原理を基礎とするものである[16]ところ，被告人が当該犯罪事実の結果と比べてはるかに大きな不利益を被ったような場合は，国家ないし社会がそれ以上に応報を加える必要性が少なくなるばかりでなく，場合によっては社会的な正義感に反する結果になるということができるし，当該不利益が被害者の故意・過失による場合（なかんずく被害者が被告人に私的制裁を加えた場合）には，国家が被害者に代わって応報を加える必要性もそれだけ減少するということができる[17]。これら応報の必要性ないし相当性の減少という要素は，量刑事情を「責任」か「予防」かに分けるとすれば「責任」に属すると考えるのが素直であろう。原田元判事のように，こういった考慮は先取りされた刑罰の精算として説明することもできるが，特に，被告人の不利益が被害者側の故意・過失に基づく場合には「ニュートラルな価値中立的な調整原理」とはいい切れないのではないかと思われる。端的に応報の必要性の減少によって責任刑の評価に影響が及ぶことを認めてはどうだろうか。

　また，「予防」との関係では，「被告人が，自分自身の被った不利益を『天罰』として受け止め，これに懲りたことによって，今後同様の犯罪行為に出ないことが期待できる」というような場合には，特別予防の必要性が減少するということができる。

　そして，一つの事実は，「責任」か「予防」かのどちらか一方だけに影響を及ぼすとは限らず，両者いずれの面からも被告人に有利に評価され得ることに注意を要する。例えば，交通事故の業務上過失致傷の事案で我が子をも死亡させたという場合について言えば，「我が子を失うという何事にも代え難い悲しみを負った被告人に対し，更に重い刑罰を科して追い打ちをかけるのは酷に過ぎ，社会的正義にも反する」という観点からは応報の必要性の減少ということになるし，「被告人は，事故の不注意が我が子の命までをも奪った結果になったことに衝撃を受け，反省悔悟の念を深めており，今後二度と同様の過ちは繰り返さないものと期待できる」という視点からは，特別予防の必要性が減少することになる。

　以上のとおり，被告人の不利益は，「責任（応報）」と「予防」の両面から考慮されなければならないが，それが被告人に有利な事情として考慮される根拠を一言で説明するとすれば，「応報及び予防によって根拠づけられる刑罰の必要性が減少する」ということになろうか。

なお，被告人の不利益が責任刑の評価にかかわることもあるという私見に対しては，責任刑はあくまでも個別行為責任であって，専ら当該犯罪事実を基礎として判断しなければならず，犯罪前の事実（前科等）や犯罪後の事実（被害弁償等）を考慮してはならないのと同様，被告人の不利益についても考慮すべきではない，という批判が考えられる。

　しかしながら，そもそも，「責任刑は個別の犯罪行為を基礎として判断される」という量刑理論は，いわゆる責任主義に基づくものであるが，これは，刑罰権の発動をできるだけ抑制しようとする自由主義・個人主義の思想から発展してきたものである[18]。この理論は，例えば，余罪や犯罪構成要件以外の結果の発生，あるいは被告人の過去の行状や悪性格などを量刑上過度に考慮することを抑制するという点では大きな意味があるといえよう。しかし，被告人の不利益は，犯罪後の損害賠償といった事情と同様に，被告人のために有利に評価されることはあっても，不利に評価されることはない事情である。そういった事情についてまで，責任刑の判断から一切除外し，予防その他の政策的要素の中だけで考慮しなければならない必然性はないのではなかろうか。少なくとも，刑罰権の発動をできる限り抑制しようとする思想に基づいて理論を構築しながら，それがために被告人に有利な事情まで限定してしまい，逆に処罰を拡大するというのでは，本末転倒となりかねない。

　ちなみに，責任刑に関する筆者の個人的な見解を付け加えるならば，私見では，責任刑は個別行為責任を基礎とするにしても，それは，法益の侵害ないしその危険性の程度という行為の客観的違法性と，規範を逸脱した行為者の主観面に対する非難とを総合して評価すべきものと考える。そして，その評価は，必ずしも当該犯罪事実だけを基礎として判断しなければならないものではなく，例えば，「被害弁償」は法益侵害の程度を減少ないし回復させる事情であって，被害が当初からそれだけ少なかったと価値的に同旨し得る場合があるし，「前科」は被告人の規範逸脱の程度を評価する上で重要な事情であるから，いずれも責任刑の基礎になると解すべきである。このように考えるならば，被告人の不利益を責任刑との関係で評価するとしても何ら矛盾は生じないことになろう[19]。

6)　遠藤邦彦「量刑判断過程の総論的検討」本書第 1 巻参照。
7)　岡上・問題点 57 頁以下。
8)　井田・覚書 305 頁。

9）城下・研究 143 頁。
10）城下・研究 246 頁。
11）井田・覚書 305 頁。
12）原田・実際 167 頁。
13）井田・覚書 301 頁以下。
14）原田・実際 167 頁。
15）城下・意義と限界 32 頁。
16）実務家の間では責任（相応）刑は応報原理に基づくものと理解されていることにつき，遠藤邦彦「量刑判断過程の総論的検討」本書第 1 巻参照。
17）筆者は，当初，「応報」には，「国家ないし社会の立場からする応報」と，「被害者の立場からする応報」とが併存しており，被害者による私的制裁が行われたような場合には，「被害者の立場からの応報」の必要性が減少すると論じたが，研究会において，国家が被害者を保護し，それに代わって応報を加えることは必ずしも「被害者の立場からの応報」を意味しないとか，そのような説明の仕方をすると，結局私的制裁を肯定することになるのではないかといった批判を受け，「被害者の立場からの応報」という考え方は撤回した。ただ，刑罰には，社会一般のみならず被害者の処罰感情を満足させることを通じて社会秩序を維持したり，被害者が私的制裁に出るのを思いと止めさせたりする目的ないし機能があることは確かであり，被告人の不利益が被害者側の故意・過失に基づくような場合には，応報の必要性がより減少することは否定できないのではないかと考える。そこで，本文のとおり，そのような場合には「国家が被害者に代わって応報を加える必要性が減少する」と論じることにした。
18）遠藤邦彦「量刑判断過程の総論的検討」本書第 1 巻参照。
19）研究会においては，前科や被害損害を個別行為責任の評価の基礎とすることはできても，被告人の不利益をこれらと同列に扱うことはできないのではないという意見が強かった。確かに，被告人の不利益と前科等とでは量刑への影響の仕方を異にしているし，実際の量刑判断の過程においても，被告人の不利益は，責任刑の大枠を決める段階というよりもその枠内での調整段階において考慮されているようでもあるので，私見にはいまだ検討の余地が残されている。ただ，責任刑の評価は応報原理を基礎としており，被告人の不利益が存する場合にその応報の必要性・相当性が減少するという考え方は捨てがたいところがあるので，なお自説を維持することとした。

第 5　被告人の不利益が量刑に及ぼす影響の程度ないしその限界

　前記のとおり，被告人の不利益は，広く被告人の応報及び予防の必要性を減少させる事情となり得るものであるが，それが実際に量刑に影響を及ぼす程度となると限定的に解さざるを得ない。
　その理由の第 1 は，いうまでもないところであるが，被告人の不利益は，

被告人が犯罪行為を行ったがために被ったものにほかならず，基本的には自業自得であるということである。

特に，犯罪事実又はそれと密接に関連する事実に起因する不利益で，それが被告人の責めに帰すべき場合（前掲表の1-A）は，よほど大きな不利益でない限り，量刑上考慮し得ないであろう。また，犯罪事実自体に直接起因しない場合（同1-B）についても，その多くは，犯罪の原因となった被告人の日頃の行状や人格態度にもかかわっており，やはり量刑上考慮できる程度には限界があるといわざるを得ない。他方，被害者による私的制裁（同4-B）や第三者が社会的に容認されている範囲を超えて被告人に不利益を加えた場合（同3-B）などは，自業自得的要素が希薄になるといえよう。このように，被告人の不利益が自業自得であるか否かは，①当該犯罪行為との結びつきの程度と②被告人への帰責事由の有無・程度によって決まるもので，イメージ的にいえば，前掲表の右下から左上にいくにしたがって，自業自得の度合いが増すということができる。

第2は，量刑はなんと言っても当該犯罪事実の内容を中心に決められるべきであって，被告人の不利益はあくまでも周辺的で補足的な情状にすぎず，これを考慮するにしても，常に犯罪事実とのバランスを考慮しなければならないことである。

例えば，被害者が死亡するなどの重大な結果が生じているのに被告人のわずかな不利益だけを理由に刑を減免するのはバランスを欠いた量刑との評価を免れない。犯罪結果が軽微なものやいわゆる被害者なき犯罪であっても，被告人の規範逸脱の程度が甚だしく厳しい非難に値する場合には同様である。前掲ドイツ刑法60条が「行為者が，その行為につき1年を超える自由刑に処せられるべきときは，この限りではない」として，ある程度重い犯罪について刑の免除を認めていないのも，その表れであろう。

第3は，被告人の不利益は，被告人の身の上に科された苦痛という点で刑罰と共通しているものの，両者を同一視することはできないということである。

すなわち，一般論としては，被告人の不利益の目的ないし効果が刑罰と共通するのであれば，両者を精算する形で被告人の量刑に反映させやすいことになろう。しかし，そもそも刑罰とは，国家が，①当該犯罪に対する制裁（応報）及び犯罪予防を目的として，②法の根拠に基づいて科されるものであるところ，被告人の不利益は，必ずしも被告人に対する制裁等を目的として科されているわけではないし，犯罪予防という効果を伴うとも限らない。また，被告人の全くの自業自得である場合や私的制裁等の被害者又は第三者の

不法行為による場合に刑罰の精算を考えるというのも一種の背理であろう。

　第4は，被告人に対する量刑に反映させなくとも，他に代替的な救済方法が存する場合があるということである。

　例えば，被害者から私的な制裁を受けた場合には，それ自体が犯罪や不法行為となるので，被害者に対し処罰を求めたり，損害賠償を請求したりすることができる。また，交通事故で被告人やその近親者が死傷した場合には，自動車保険金や生命保険金の支払があるのが通常であろう。こういった場合は，当該不利益自体が精算され，更にこれを量刑に反映させるべき必要性が減少するといえる。そして，前記のとおり，被告人の不利益の自業自得度が当該犯罪行為との結びつきの程度と被告人への帰責性の程度に比例するとすれば，代替的救済が認められるか否かは，多くの場合これらに反比例すると考えられるから，被告人の被った不利益の自業自得度が低い場合には代替的救済方法が存することが多いということができる[20]。

　以上を要するに，被告人の不利益は，被害者又は第三者の悪意によるような場合を除いては，たいていが大なり小なり自業自得的要素があり，そうでない場合であっても他に救済方法が存する場合が多いので，現実に量刑に大きな影響を及ぼす場合はかなり限られているということできる。量刑に大きな影響を与えるのは，①犯罪の結果や被告人に対する非難の程度に比して格段に大きな不利益であり，②被告人の責めに帰すべき要素が少なく，③他に代替的な救済手段がないかそれを採ることが困難であるために量刑上考慮しなければ被告人にとって酷な結果となる，といった場合に限られるであろう。

　なお，被告人の不利益の中でも，マスコミによる実名報道や懲戒解雇等の社会的制裁は，被告人に有利な事情となることが広く一般に承認されている。社会的制裁の概念自体必ずしも明確ではないが，筆者としては，「①当該犯罪行為に対する制裁を直接又は間接の目的として加えられる不利益で，②法的ないし社会的に容認されているもの」と考える（前掲表の2-B）。そして，社会的制裁が，私的制裁その他の不利益に比べ量刑に反映されやすいのは，①社会的制裁は，正に当該犯罪行為に対する制裁として被告人に科されるものであって，刑罰と目的ないし機能を共通にしているから，刑の必要性の減少ないし精算といった考慮になじみやすいことのほか，②それは法的・社会的に容認されている制裁であって，私的制裁等と違って被告人に対する不法行為等にはならないから，上記のような被告人に対する代替的救済といった考慮を容れる余地がないことに求められるように思われる。この観点からすれば，例えば，同じマスコミ報道にしても，正当な報道目的を逸脱し，興

味本位の行き過ぎた報道がなされた場合などは，通常の社会的制裁以上の不利益を被ったことにはなるが，その分については，名誉毀損等として当該マスコミに対し責任を追及できる（もっとも，このような場合の責任追及は実際上困難ではある。）し，何も被告人の刑を減ずることだけがその救済につながるわけでもないので，必ずしも量刑に反映させる必要はないということができようか（加えて，不当な報道であるか否かの判断は，表現の自由との関係で微妙とならざるを得ず，安易に量刑理由の説示の中に言及することは差し控えた方がよいようにも思われる。）。

20）研究会では，自業自得の度合いと代替的救済の可能性とが反比例関係にあるという点については，必ずしもそうとは限らず，あくまでも事例毎の判断とならざるを得ないという意見が強かった。また，被告人の不利益を量刑上考慮することはむしろ特別の場合であるので，「代替的救済」というよりは「本来的救済」と呼ぶ方がふさわしいという指摘もあった。

第6　被告人の不利益について量刑理由中で言及する意味

　上記のとおり，被告人の不利益が実際に量刑に大きく反映される場合は限られているが，それにもかかわらず，しばしば判決書の量刑理由の説示の中で被告人の不利益に言及されていることの意味を考えておきたい。

　まず，直接刑の軽減に結びつかない場合であっても，量刑判断の過程を示すという意味で，被告人の不利益について言及する必要のある場合があると考えられる。

　すなわち，量刑判断は，当事者の主張立証活動を通じて現れた量刑事情を前提に，その個々の事情の持つ意味や量刑への影響の程度等を検討しながら，必要な量刑事情を絞り込んでいくという過程をたどる。その結果，真に量刑を決する上で意味のあるものとして残る事情の範囲は限られており，様々な事情のうちの大半がスクリーニングの過程で落とされていくことになる。しかし，量刑判断の過程において，量刑事情の取捨選択の検討は重要な意味を持ち，むしろこのスクリーニングの過程こそ量刑判断の要といっていい過ぎではないと思う。そして，判決において示される量刑の理由の説示は，最終的に取捨選択された量刑事情だけを記載すれば足りるというものではなく，この取捨選択の過程をもある程度は再現することが適切ではないかと考えられる（ちなみに，かつて分かりやすい判決書を目指す試みの一環として，量刑

事情を箇条書きにする判決が現れたことがあるが，その後この運用は必ずしも定着していないようである。）。特に，被告人に有利な事情に関しては，被告人に刑罰を科することは，その人権に直結する重大な判断であるから，裁判所としては，少しでも被告人に有利にしんしゃくされる余地のある事情があれば，そのすべてを拾い上げて量刑への影響を検討しておくという慎重な姿勢が求められているのであり，量刑理由中に被告人に有利な事情を列挙することは，裁判所がそのような慎重な姿勢を常に保持していることを示すとともに，これを担保する意味合いもあると思われる。

　また，量刑理由の説示には，量刑の判断及びその過程を示すということ以外にも，判決に説得力，感銘力に付与し，被告人のみならず，社会一般や被害者の納得を得るという目的も存すると考えられるところ，被告人の不利益への言及は，この目的にも資する面があると思われる。すなわち，被告人を納得させる目的で，裁判所が被告人に有利な事情にも十分に目を向け，熟慮の上で量刑を決している姿勢を示すということである。

　以上のとおり，量刑理由の中において，被告人の不利益に言及するのは，裁判所が量刑判断の過程においてそれを考慮の対象にしたということを示すものであって，それが現実の量刑に影響していない場合であっても，単なるリップサービスではないことに留意すべきである。

第7　具体的事例と当てはめ

　最後に，筆者が大阪高裁での勤務中に実際に担当した事件の中から，被告人の不利益が量刑事情に現れた事例を若干紹介しつつ，これまで検討してきた事項を事案に当てはめて検証しておきたい。

1　事例紹介

【事例1】児童福祉法違反被告事件

①　事案の概要

　被告人が当時16歳の女子にいわゆる援助交際を強要して淫行させたという事案である。窃盗罪での執行猶予期間中の犯行であり，恐喝未遂で別に起訴された余罪もある。

②　被告人の被った不利益

　被告人は，犯行後被害女子から話を聞きつけた暴走族グループに襲撃されて袋だたきに遭い，乗っていた自動車を奪われた上に重傷を負って，数か月

間の入院を余儀なくされた。上記暴走族グループの構成員は，その後被告人に対する強盗致傷等の罪で起訴され，被告人に相当額の被害弁償をしたものの，懲役7～8年の実刑を言い渡されている。
　③　一審判決
　一審判決は，被告人を懲役1年2月の実刑に処した（求刑懲役1年6月）。判決書には量刑理由の記載がなく，上記事情をどのように考慮したかは不明である。
　④　控訴審判決
　控訴審判決は，被告人に有利な事情として「本件犯行の後，被害女子から相談を受けた暴走グループから報復として暴行を受け重症を負ったこと」を挙げたものの，結局，原判決の量刑を是認し，被告人の控訴を棄却した。

【事例2】　業務上過失致死被告事件

　①　被告人が自動二輪車を運転して交差点で右折しようとした際，対向車線を直進進行してきた被害者運転の自動二輪車に自車を衝突させて被害者を転倒させ，さらに，被害車両に後続してきた普通乗用自動車に被害者を轢過させて死亡させたという業務上過失致死の事案である。
　②　被告人は，被害車両との衝突時に路上に転倒し，いったん立ち上がりかけたところで，後続車両がはね飛ばした被害車両に直撃され，数か月間の入通院を余儀なくされる重傷を負った。
　③　一審判決は，「被告人自身も本件交通事故でかなりの傷害と負ったこと」を有利な事情として考慮しているものの，後続車両の運転者には過失がなく，上記事故の結果は被告人のみの責めに帰するなどとして，被告人を禁錮10月の実刑に処した（求刑禁錮1年2月）。
　④　控訴審判決は，一審判決には被告人の過失態様を見誤った事実誤認があるとして職権で破棄した上で，被告人を禁錮1年，3年間執行猶予に処した。そして，刑の執行を猶予した理由として，後続車両の運転者にも相当の過失があると認められること，被告人が反省しており，若年で前科もないこと，一部の被害弁償をしたことなどを挙げた上で，「更には，本件事故により被告人自身も重傷を負って長期の入院等を余儀なくされたこと」を付け加えている。

【事例3】　条例違反被告事件

　①　被告人が電車内でいわゆる痴漢行為に及んだという事案である。被告

人は同種事犯で執行猶予期間中だった。

②　被告人は，逃走しようとした際に転倒し，右足首を骨折するけがを負った。また，身柄拘束中に妻から離婚され，約17年間勤めた勤務先を解雇された。さらに，約3年前に新築した自宅のローンも支払えなくなって，これを手放さざるを得ない状況となり，別れた妻子も苦境に立たされている。

③　一審判決は，「自業自得とはいえ，本件をきっかけとして妻との離婚や当時の職場からの解雇を余儀なくされるなど被告人が失うものも小さくなかったこと」等，被告人に有利な事情を最大限考慮してもやむを得ないとして，被告人を懲役5月の実刑に処した（求刑懲役6月）。

④　控訴審判決も，「自ら招いた結果とはいえ，犯行直後の逃走時に転倒して受傷したほか，本件が原因となって職を失ったり，離婚に至ったりといった痛手をも被っていること」を被告人に有利な事情として挙げたものの，やはり一審判決の量刑を是認し，被告人の控訴を棄却している。

2　分析と当てはめ

まず，**【事例1】**は，被告人が被害者側から私的制裁を加えられ，重傷を負った事案（前掲表の4-B型）であって，被告人の被った不利益は無視できないものがある。しかし，他方，被告人の犯行も，被害女子に暴力を振るったり，暴力団の威力を装って被害女子を従わせるという陰湿で悪質なものであり，執行猶予期間中の再犯である上に余罪もあるということで，犯情がかなり悪い事案である。また，被告人に私的制裁を加えた加害者はいずれも厳しく処罰されており，被告人は相応の弁償を得ている。被告人に対する刑は，前刑の執行猶予が取り消され，余罪での処罰をも併せての服役になることを考慮すると，決して軽いものとはいえない。

この事案では，自業自得の度合いは低く，被告人の被った不利益の程度は大きいが，犯罪が悪質であることや代替的救済が行われていること等により相殺されてしまい，実際の量刑にはさほど反映されない結果となっている。控訴審判決の中で言及されているのも，量刑判断の過程を示すためと被告人の納得のために過ぎないと見るべきであろう。

次に，**【事例2】**は，いわゆる二重事故の事案で，被告人は被害車両の後続車両がはねとばしたバイクに衝突して重傷を負ったものである（同3-A型）。この事案にあっては，被害者及び後続車両の運転者の過失の有無程度が争点となり，一審と控訴審とで量刑が実刑と執行猶予に分かれた最も大きな理由も，後続車両の運転者の過失についての認定の違いにあった。被告

の受傷の点については，こういった争点に埋もれてしまった感があり，後続車両に付された保険から治療費等の支払がなされていることもあって，量刑にはさほど影響を及ぼしていないと考えられる。

　この事例においても，一審判決が被告人の不利益に言及したは専ら被告人の納得のためと思われる。一方，控訴審判決がこれに言及したのは，被害者の遺族の処罰感情がいまだ峻烈であったことから，それに配慮したという事情が存する。

　最後に，【事例3】は，痴漢事件の被告人がまさにオンパレードといえるぐらいに種々の不利益を被った事案である（同1-B型）。しかし，そのいずれをとっても被告人の自業自得の域を出るものではなく，せいぜい家族までもが苦況に立たされていることが同情心をひくといった程度である。犯情の点からしても，同種事犯による執行猶予期間中の再犯であるから，他によほどの事情のない限り実刑は免れない事案である。結局，この事例でも，被告人の納得等のために量刑理由中で触れられたに過ぎないといわざるを得ない。

　なお，本稿では，前記のとおり高裁に係属した事件の中からサンプリングしたせいもあって，結果的に量刑にさほど反映されていない事例の紹介となったが，特に被告人の不利益の程度が大きい場合など，量刑上相当程度考慮されている事例も少なくないことを付記しておく[21]。

21) 研究会においては，①【事例1】と同様に被害者側関係者から私的な報復を受けたことを量刑上相当程度考慮した事例，②死傷者多数の危険運転致死傷等の事案において，他に有利な情状の乏しい中で，「本件犯行の結果として，記憶の欠損を伴う後遺症の残る傷害を負ったこと」を考慮した事例（懲役15年の求刑に対し懲役13年），②覚せい剤取締法違反，公務執行妨害等の事案において，「自らの行為が招いた厄災とはいえ，停止のためのけん銃発砲によって半身不随の重傷を負い，一生にわたり車椅子での生活を余儀なくされる事態となり，自責，後悔の念を強く持つとともに，2度と犯罪を犯さない旨堅く誓っており，その心情はよく理解できる」旨説示して，相当程度減軽した事例（懲役3年の求刑に対し懲役1年8月）などが紹介された。

第8　まとめ

　以上のとおり，被告人の被った不利益は，応報及び予防によって根拠づけられる刑罰の必要性を減少させるという意味で，被告人に有利な事情となり得るが，具体的な量刑への影響は限定されており，判決書の量刑理由の説示の中で言及されている場合であっても，実際の量刑にはそれほど大きくは反

映されないことが少なくない。しかし，このことは，単に実務上積み重ねられてきた経験や感覚によるだけでなく，量刑理論の中での被告人の被った不利益の位置付けや判決書に量刑理由を記載する趣旨・目的等の分析結果に照らしても，首肯し得るものである。

【資　料】
【事例 1】大阪高判平 16.2.10（第 4 刑事部）

主　　　　文
　本件控訴を棄却する。
理　　　　由
　本件控訴の趣意は，弁護人甲作成の控訴趣意書に記載のとおりであるから，これを引用する。
　論旨は，原判決の量刑が重すぎる，というのである。
　そこで，記録を調査し，当審における事実取調べの結果を併せて検討すると，本件は，当時 16 歳の女子に対し，いわゆる援助交際を指示して淫行させたという児童福祉法違反の事案である。その犯行は，定職に就かず，知人が住む家に居候生活をしていた被告人が，上記被害女子に対し，電話を無視したなどと因縁を付けて呼び出した上，自己が暴走グループや暴力団に影響力があるように装ったり，暴力を振るったりして脅迫し，上記の淫行を強いたというもので，動機や態様に酌量の余地はない。しかも，被告人にあっては，平成 13 年 10 月に窃盗罪（バイク盗と万引き）で懲役 1 年，3 年間刑執行猶予（付保護観察）に処せられていたのに，その猶予期間中に本件犯行に及んでいるもので，規範意識の希薄さが認められるところである。これらの諸点に照らすと，被告人の刑事責任は軽視できない。したがって，他方で，被告人が罪を認め反省の態度を示していること，<u>本件犯行の後，被害女子から相談を受けた暴走グループから報復として暴行を受け重症を負ったこと</u>，まだ 22 歳と若年であること，服役するのは今回が初めてであるところ，本件の処罰に伴い，前記前科に係る刑や本件の後に犯した別件の刑をも併せてかなり長期の服役が見込まれること，更には，原判決後，法律扶助協会等に合計 12 万円を贖罪寄付したこと，また，臓器提供やアイバンクへの登録もしたことなど，被告人のために酌むべき事情を十分考慮しても，いまだ被告人を懲役 1 年 2 月に処した原判決の量刑が不当に重いとまではいえない（なお，原判決は，原審における未決勾留日数中 60 日をその刑に算入しているところ，記録によれば，原審における未決勾留は別件の恐喝未遂被告事件の勾留と重複しており，同事件の一審及び控訴審判決が確定した場合に算入可能となる未決勾留日数のほとんどが算入されていることになる。）。論旨は理由がない。
　よって，刑訴法 396 条により本件控訴を棄却することとし，当審における訴訟費用を被告人に負担させないことにつき同法 181 条 1 項ただし書を適用して，主文のとおり判決する。

被告人が自己の犯罪により自ら多大の不利益を被ったことと量刑

【事例2】 大阪高判平17.8.2（第4刑事部）

主　　　　　文

　原判決を破棄する。
　被告人を禁錮1年に処する。
　この裁判確定の日から3年間上記刑の執行を猶予する。

理　　　由

　本件控訴の趣意は弁護人乙作成の控訴趣意書及び同補充書に，これに対する答弁は検察官丙作成の答弁書に各記載のとおりである（なお，弁護人は，控訴趣意書中事実誤認に言及するところは，独立した控訴趣意ではなく，量刑不当の一事情として主張するものである旨釈明した。）から，これらを引用する。
　論旨は，原判決の量刑不当を主張し，被告人に対し刑の執行を猶予すべきである，というのである。

第1　職権判断

　論旨に対する判断に先立ち，職権により調査するに，原判決には，被告人の過失の態様につき事実の誤認があり，しかも，この誤認は判決に影響を及ぼすことが明らかであるので，原判決は既にこの点で破棄を免れない。
　すなわち，記録によれば，本件は，被告人が普通自動二輪車を運転し，原判示の交差点（以下「本件交差点」という。）を右折しようとした際，対向直進してきたA運転の大型自動二輪車（以下「被害車両」という。）と衝突し，同人を路上に転倒させた上，同人を後続車両に轢過させて死亡させたという業務上過失致死の事案であるところ，原判決は，その「罪となるべき事実」の項において，被告人には，「（本件交差点を右折するに際し，）対向進行してくる車両の進行を妨害することのないよう，本件交差点の右方道路の道路状況を確認すべき業務上の注意義務があるのに，これを怠り，先を急ぐあまり，右方道路が進入禁止であることを看過して漫然発進し時速約10キロメートルで右折進行した過失」があった旨認定，摘示している。
　しかしながら，関係証拠によれば，被告人が本件交差点で右折を開始した時点では，被害車両はまだ100メートル以上も前方にあり，その速度もさほど大きなものではなかったこと，それゆえ，通常であれば十分の余裕をもって先に右折することが可能であり，被告人が右方道路が進入禁止であることに気付いた後であっても，安全な場所に退避するなどの適切な対処をしていれば上記事故は容易に回避できたはずであること，そして，同事故の最も大きな原因は，被告人がそのような措置をとらず，狼狽から急停止して被害車両の進路を塞いだことにあることが明らかである。そうすると，後記のとおり，被告人には，右折を開始した後，右方道路が進入禁止であることに気付いて，狼狽から被害車両の進路上で急停止し，その進路を塞いだ点に中心的な過失があったと認定すべきであって，これと異なり，被告人の過失が右折開始時に右方道路が進入禁止であることを看過した点だけに存するかのようにいう原判決の事実認定は是認できない。そして，この事実誤認は，業務上過失致死罪の成否やその犯情に直接かかわる被告人の過失そのものを見誤ったものであるから，判決に影響を及ぼすことも明らかである。

第2　破棄自判

　そこで，量刑不当の論旨に対する判断を省略して，刑訴法397条1項，382条により原

判決を破棄することとし，同法400条ただし書により更に次のとおり判決する。
(罪となるべき事実)
　被告人は，平成14年11月22日午前零時10分ころ，業務として普通自動二輪車を運転し，大阪市生野区中川1丁目5番1号先道路を南方から北方に向かい進行してきて，同所先の信号機により交通整理の行われている交差点内で一時停止後，東方に向かい右折しようとしたが，その際，右方道路の道路状況を確認するのはもとより，北方から対向進行してくるA（当時31歳）運転の大型自動二輪車を前方約103.6メートルの地点に認めていたのであるから，同車の進行を妨害することのないよう同車との安全を確認しつつ進行すべき業務上の注意義務があるのに，これを怠り，先を急ぐあまり，右方道路が進入禁止であることを看過して漫然発進した上，時速約10キロメートルで右折進行中，同道路が進入禁止であることに気付き，狼狽から急制動して自車を上記A運転車両の進路上に停止させ，同車の進路を塞いだ過失により，同車前部に自車左側部を衝突させて，同人を車両もろとも路上に転倒させ，さらに，北方から進行してきたB運転の普通乗用自動車をして上記Aを轢過させ，よって，即時同所において，同人を背部圧挫（轢圧）損傷により死亡するに至らせたものである。
(証拠の標目)
　被告人の当審公判廷における供述を付加するほかは，原判決書の「証拠の標目」の項に記載のとおりである。
(法令の適用)
　刑の執行猶予につき刑法25条1項を適用するほかは，原判決書の「法令の適用」の項に記載のとおりである。
(量刑の理由)
　本件は，上記判示のような事故態様の業務上過失致死の事案である。
　その犯行は，被告人が対向直進してくる被害車両の存在を認識しながら，右折進行中に対向車線上で急停止し，同車の進路を塞いだことに根本的な原因があり，過失の程度が小さくないこと，これに対し，被害車両はさほど速度が出ていたわけではなく，被告人車両との衝突を回避できなかった点につき，被害者側に大きな落ち度があったとはいい難いこと，被害者は，少年時に父を亡くし，苦労の末ダイビングのインストラクターとして働き始めた矢先に，31歳にして突然生命を奪われたもので，本人の無念さや遺族の悲嘆の胸中は察するに余りあること，また，遺族である母親の処罰感情が厳しく，いまだ示談成立にも至っていないこと，加えて，被告人は任意保険に加入しておらず，その過失の大きさに見合った十分な賠償責任を果たせない状況にあることに照らすと，被告人の刑事責任は軽視できない。
　しかしながら，他方，被告人及び被害者の自動二輪車同士の衝突自体は比較的軽微なものであり，被害者が死亡した直接の原因は，被害車両の後続車両が被害者を轢過したことにあるところ，関係証拠によれば，被告人及び被害者の自動二輪車が衝突してから後続車両が被害者を轢過するまでに，10秒以上の間隔があったこと，当時深夜とはいえ，現場は見通しのよい直線道路で，周囲には街灯もあり，現に，本件交差点で信号待ちをしていた車両の運転手や付近のマンションの住人らは，被告人や被害者，自動二輪車等が転倒している様子を目撃していること，また，事故時とほぼ同一条件で衝突地点にバイクを置き，後続車両からの視認状況を再現実験したところ，衝突地点から約41.8メートル手前で

物体のあることがぼんやりと分かり，約25.2メートル手前ではバイクのあることがはっきりと分かったこと，しかるに，後続車両の運転者は，衝突地点から約14.1メートル手前に接近して初めて被害者らが転倒しているのに気付き，急制動の措置をとるなどしたが間に合わず，上記轢過に至ったことがそれぞれ認められるのであって，これら本件記録から認められる事実を前提にすれば，後続車両の運転者にもかなりの程度の過失があったと認めざるを得ず，この点は被告人の量刑上有利にしんしゃくすべきものと考えられる（なお，この点，原判決がその「量刑の事情」の項において「後続車両の運転者がいかに前をよく見ていても上記轢過が避け難かったことは，同人立会の実況見分調書により明らかであり，被害者の死亡という重大な結果は，被告人のみの責めに帰するといわざるを得ない」旨説示している点は，上記説示したところに照らし賛成できない。）。

そして，上記の点のほかにも，被告人が罪を認め反省の態度を示していること，遺族に対する謝罪に被告人なりの努力をしており，いまだ遺族側の理解を得るに至っていないものの，その間の対応に殊更不誠実ないし非常識なものがあったとまではいえないこと，まだ26歳と若年であり，これまで前科を有しないこと，資力の乏しい中から100万円を準備し，原判決後，被害者の長女にこれを支払ったこと，<u>更には，本件事故により被告人自身も重傷を負って長期の入院等を余儀なくされたこと</u>など，被告人に有利に酌むべき事情が認められる。

以上に示した有利不利一切の情状を総合考慮の上，主文のとおりの量刑が相当と判断した。

よって，主文のとおり判決する。

【事例3】大阪高判平17.10.25（第4刑事部）

主　　文

本件控訴を棄却する。

理　　由

本件控訴の趣意は，弁護人丁作成の控訴趣意書に記載のとおりであるから，これを引用する。

論旨は，原判決の量刑不当を主張し，被告人に対し刑の執行を猶予すべきである，というのである。

そこで，記録を調査し，当審における事実取調べの結果を併せて検討すると，本件は，走行中の電車内で乗客の女性（当時22歳）の大腿部を触るなどして痴漢行為に及んだという，いわゆる迷惑防止条例違反1件の事案である。原判決も「量刑の理由」の項で説示するように，その犯行は，動機や経緯に酌量の余地がないこと，態様も，相手のスカートの中にまで手を入れるなど，かなり悪質なものであること，そして，被害者の受けた精神的苦痛も小さくないこと，しかも，被告人にあっては，同種事犯の検挙歴や罰金前科を有する上，平成14年7月には，本件とほぼ同一手口による準強制わいせつの罪で懲役1年8月，3年間刑執行猶予に処せられてもいたのに，その猶予期間中にまたもや本件犯行に及んでいるもので，この種犯罪の常習性とともに，規範意識の希薄さも認められることに

照らすと，その刑事責任は軽々に看過できない。そうすると，他方で，被害者に20万円を支払って示談が成立していること，被告人が罪を認め反省の言葉も述べていること，これまで服役した経験は有しないこと，<u>自ら招いた結果とはいえ，犯行直後の逃走時に転倒して受傷したほか，本件が原因となって職を失ったり，離婚に至ったりといった痛手をも被っていること</u>，父親が被告人の監督を約束していること，更には，原判決後，上記のとおりいったんは離婚した妻が，被告人と復縁して2人の子のために再出発する決意を固めるとともに，当審公判に情状証人として出廷し，今後の被告人の更生への助力を約束したことなど，被告人のために酌むべき事情を十分考慮しても，いまだ本件は刑の執行猶予を相当とする事案とは認められず，刑期の点においても，被告人を懲役5月に処した原判決の量刑が不当に重いとまではいえない。論旨は理由がない。

よって，刑訴法396条により本件控訴を棄却することとし，主文のとおり判決する。

コメント

堀江慎司

　1　畑山論文の骨子は，「被告人の被った不利益」が量刑に影響しうるのは，それが「責任」や「予防」のいずれか一方（あるいは他の量刑因子のカテゴリーの一つ）のみに関連するからではなく，むしろそれら双方に関連するからであり，しかも，ひと口に「被告人の被った不利益」といっても多様な場合がありえ，「責任」「予防」への影響の仕方も様々であるから，個別的な検討が必要である，というところにあろう。そして，このような立場から，「被告人の被った不利益」という量刑事情を，学説がそれぞれ，「責任（刑）」，「予防」，あるいは「刑の必要性ないし刑に対する感応性に関する事情」（もしくは「応報的科刑の必要性（ないし要罰性）を減少させる事情」）といった，どれか一つのカテゴリーに押し込もうとする点を批判するのである。確かに，被告人の不利益を考慮する根拠を特別予防の必要性の点のみから説く見解には無理があり，他方で，他の諸説が，「特別予防」効果とはおよそ無関係であると断じるのだとすれば，それも問題であろう。「一つの事実は，『責任』か『予防』かのどちらか一方だけに影響を及ぼすとは限らず，両者いずれの面からも被告人に有利に評価され得る」，「〔被告人の不利益により〕応報及び予防によって根拠づけられる刑罰の必要性が減少する」（なお，責任〔刑〕の基礎は応報原理にあるという），とする畑山論文の基本的立場（第4の3(2)）は妥当であると思われる（さらに，畑山論文が，「特別予防」につき，不利益を考慮しなければ自暴自棄に陥り更生が阻害されるといった点〔原田による城下批判参照〕からではなく，衝撃・反省悔悟による再犯可能性の減少という点から説明するのも適切であると思われる）。

　もっとも，被告人の不利益が「責任」に関連しうることを根拠にこれを量刑上考慮することが，責任刑が個別行為責任に基づくべきだとされることに抵触しない理由の説明は，若干問題である。畑山論文は，この点につき，（行為）責任主義は，刑罰の謙抑性の思想から来るものであるから，専ら被告人に有利な方向でのみ評価される事情についてまで考慮外とすべきことを要請するものではない旨述べるようである。しかし，このように有利不利の観点から説明するだけでは，必ずしも十分な説得力を得られないように思われる（なお，前科や被害弁償の考慮についての議論との類比をする点も，疑問なしとしない）。むしろ端的に，行為責任そのものの判断と（それを出発点にするとはいえ）

「責任刑」判断とを明確に区別した上，被告人の不利益（を含めた「応報の必要性ないし相当性を減少させる事情」）の考慮は，前者ではなく後者の次元の判断の際に行われるものと位置づけるのが適切であり，この点に関する限り，一部の学説が説くところが妥当であるように思われる。すなわち，鈴木は，「行為責任確定段階」と「責任刑確定段階」とを区別した上で，後者の段階において，「当罰性」の判断要素として「犯罪後に当該犯罪を理由に著しい社会的負担を負うに至ったといった事実」を（「事実上刑罰代替的制裁に服したとして」）考慮しうるものとしている[1]。また井田は，社会的制裁や長期の未決勾留等の事情につき，「明らかに行為責任とは無関係」とした上で，「一種の『制裁』を受けたことによって，応報的科刑の必要性（ないし要罰性）は明らかに減弱する」とし，これを「責任」でも「予防」でもない別個の量刑事情カテゴリーに位置づけている[2]（なお，井田は，個別行為責任とは区別された「可罰的責任」の程度に影響する事情〔その例として「被害者との和解」や「手続上の国家の瑕疵」〕を「責任刑」確定の際に考慮すべきだとする岡上の見解[3]を引用している[4]）。鈴木・井田両説の間には，「責任刑」の概念の用い方（社会的負担ないし制裁等の事情を「責任刑」自体の確定段階において考慮する[5]のか，それとも「責任刑」の確定後に別途考慮するのか）の点で差異がありうるものの，少なくとも社会的負担・制裁等の事情と行為責任との関係について基本的発想を共通にしていると思われ，かつそのような発想は，理論的にも，また量刑判断過程の明確性・透明性を実現する上でも，適切・有益である。畑山論文も，このような発想を必ずしも排斥するわけではないのかもしれないが，しかしやはり，行為責任（主義）との関係の説明に些か不明確・不十分な点が残ることは否めないように思われる。行為責任との区別を明確にしないまま，「応報の必要性ないし相当性の減少という要素は，量刑事情を『責任』か『予防』かに分けるとすれば『責任』に属すると考える」と述べる（第4の3(2)）のであれば，「このような考慮を，責任判断に還元しようとすると，責任概念は明確な輪郭を失ってルーズな概念になってしまう」という井田の批判[6]が妥当するであろう。

　上記の学説は，確かに畑山論文の指摘するように，多様な「不利益」を個別的に分析せずに一括して論じ，また不利益と予防との関連性を排斥するかに見える点で問題があるが，前者の点は，量刑事情に関する総論的研究の中で触れられたにすぎないことからくる限界というべきであり，後者の点も，各説とも予防との関連性を排斥すること自体に主眼があるわけではないと読むこともできるのではないか。

2　畑山論文は，被告人の不利益は応報及び予防のための科刑の必要性を減少させる事情になりうるものの，実際に量刑に影響する程度は限定的であると述べる（第5）。その結論は肯認しうるとしても，理由として挙げる4点のうちいくつかについては，若干の検討を要するように思われる。

　第一に，被告人の不利益が基本的には「自業自得」であるという点であるが，これと「応報」ないし「予防」の必要性の問題とがどのような関係にあるのかが，必ずしも明確でない。被告人が不利益を被ったがため「応報・予防によって根拠づけられる刑罰の必要性が減少する」ことを一般的に認める以上，「自業自得」性ゆえに被告人の不利益の考慮が抑制されるべきことを論じるには，「自業自得」度と「応報」ないし「予防」の必要性とがどのように関連するのかを説明しなければならないであろう。この点は自明だとする趣旨かもしれないが，果たしてそうであろうか。

　まず，「自業自得」性は，「予防のための科刑の必要性の減少」を打ち消す方向で作用するといえるであろうか。むしろ，「予防の必要性」如何は，「自業自得」であるか否かとは無関係に判断されるべき性質のものではなかろうか（それどころか，例えば畑山論文において「自業自得」性の指標の一つとされる「当該犯罪行為との結びつき」についていえば，結びつきの弱い不利益を被った場合よりも，結びつきの強い不利益を被った場合のほうが，将来の同種犯罪に対する「予防」効果は相対的にみて大きい〔それゆえ予防のため刑罰を科す必要性はより減少する〕とさえいいうるかもしれない）。無論，だからといって，予防の必要性減少という観点から，被告人の被った不利益を量刑上大きく考慮すべきだというわけではない。そもそも，被告人が不利益を被ったことで予防の必要性はある程度減少するのだとしても，その程度はさほど大きくない（刑罰のもたらす予防効果に比して，その他の不利益のもつ予防効果は相当小さい），と論じることはできよう。しかしそれは，不利益の「自業自得」性如何とは基本的に無関係ではないか。

　もっとも，「自業自得」性が「予防」の問題とは無関係であるとしても，もし（量刑判断の中核要素たるべき）「応報」の問題との間に関連性（応報の必要性減少に対する抑制になるという関係）が認められるのであれば，「自業自得」性をもって，不利益が量刑に及ぼす影響の限定的であることの理由となすのは不当ではない。そして，そのような「応報」の問題との関連性については，畑山論文の述べるところで説明が尽くされているといえるのかもしれないが，あえて更に説明を重ねるとすれば次のようになろうか。すなわち，被告人が不利益を被った場合に「応報の必要性が減少する」理由を，不利益を被った被告人に対して応報としての刑罰を与えるのは「酷である」という点に

求める（畑山論文が，交通事故の事案で我が子をも死亡させたという場合を例にとり，「更に重い刑罰を科して追い打ちをかけるのは酷に過ぎ」ると表現するところ〔第4の3(2)〕からは，このような発想が窺われる。なお，この場合，応報の「必要性」の問題というよりも，「相当性」の問題というべきであろうか）ことを前提に，当該不利益が「自業自得」によるものである場合には「酷」とはいえないと考えるのである。このような考え方はある意味自然であり，理解しやすいものである。ただ，応報的科刑が被告人に「酷である」かどうかという問題は，これを純化して考えるならば，当該犯罪行為に由来する不利益を被った場合に固有の問題ではなく，被告人が苦境に陥っている場合全般について生じうる問題であるともいえる（そして，そうした苦境全般を含みうる形で応報的科刑の必要性ないし相当性の判断を行う中で，犯罪行為との関係が強ければ強いほど自業自得度が高く「酷」さが薄れると評価されるということであろう）。そうすると，そもそもの議論の出発点として，当該犯罪に由来する不利益をとくに取り上げ，それが応報の必要性を減少させることを論ずるのに，その理由がもし単に「酷である」ということだけだとすれば，些か不十分の感が否めない。

　そうした点からは，ここでの「応報的科刑の必要性の減少」とは，（科刑が酷かどうかということとは別に）端的に，当該犯罪行為に関して既に一定の「報い」を受けたのであるから，さらに刑罰という「報い」を与える必要性は減少するのだ，という意味合いで（少なくともかかる意味合いをも含めて）捉えるのが適切であろう。そして，畑山論文においても，上述の発想に加え，こうした発想が当然の前提とされているのかもしれない。ただ，他方で，仮にこのような意味合いのみを取り出して考えた場合，ともかくも既に一定の「報い」を受けた以上，それにより刑罰の「報い」を与える必要性が減少することは，既に受けた「報い」が「自業自得」によるものであるか否かを問わず肯定されるべきである，とする考え方も成り立ちうるように思われる。それに対し，やはりこのような意味での応報的科刑の必要性減少も，「自業自得」性がある場合には抑制（ないし否定）されると結論づけるためには，結局，犯罪との結びつきが強く，第三者に帰責されない不利益は，当然に予想される「報い」であるから，立法者が刑罰を予定した際に既に「織り込み済み」（その種の「報い」が生じうることを当然の前提として，それでもあえて刑罰という「報い」を与えることにしたという意味で）であり，また，被告人の側からしても予め当然に「覚悟しておくべき」ものである，とでも説明するほかないであろうか。

　畑山論文は，被告人の不利益が量刑に影響する程度が限定的である理由の第4点として，他に代替的な救済方法が存する場合があることを挙げてい

る。そして，そのような他の救済方法が認められるか否かは，不利益の「自業自得」度と，概して反比例の関係にあるとする。したがって，結局，不利益が「自業自得」である場合には，そのこと自体により，量刑上考慮する必要性は減少し，また，「自業自得」でない場合でも，それゆえに他の救済方法が存することにより，量刑上考慮する必要性は減殺されるというのである。しかし，そこでいう「救済方法の有無」が，「応報の必要性」の問題とどのように関わるのかは必ずしも明らかでない。ここでも，前述と同様，(議論の出発点としての)「応報的科刑の必要性(ないし相当性)の減少」の理由・意味をどのように捉えるかが問題となりうるが，それを応報的科刑が「酷である」点に求めることを前提に，被った不利益に対する他の救済方法が存すれば「酷」さは軽減されるということであろうか(ただ，現実に救済が行われていない場合にまで，その可能性のみをもって，「酷」さが軽減されるとするのであれば，それには異論もありえよう)。他方，端的に，既に「報い」を受けたという問題であるとすれば，そのような「報い」と「救済」の発想とが相容れるものか(「救済」を受け〔う〕ることによって，既に「報い」を受けたことの意味が失われるといえるか)は議論の余地があると思われる。さらに，そもそも「応報的科刑の必要性(ないし相当性)の減少」の問題とは切り離して，独立のファクターとしてこうした「救済」の観点を量刑判断において取り入れるというのであれば，そのこと自体の当否が問われなければならない。被告人が不利益を被ったことに対して「救済」の必要があるから量刑上有利に考慮する，その必要がない(別途救済できる)から量刑上考慮しない，といった発想が前面に出るのだとすれば，それは，原田の「先取りされた苦痛や害悪の精算」，「価値中立的な調整原理」という考え方にも通じる面を持ってくるように思われる。

3 上で見たように，畑山論文によれば，被告人の不利益は，たいていは「自業自得」によるものであり，またたとえ「自業自得」でない場合でも「他の救済方法」が存することが多いため，結局のところ，量刑上有利に考慮すべき場合はかなり限定されるという。とはいえ，畑山論文も，被告人の不利益がおよそ量刑上考慮されえないとするわけではなく，例えば「実名報道や懲戒解雇等の社会的制裁は，被告人に有利な事情となることが広く一般に承認されている」とし，その理由として，(法的・社会的に容認された制裁である場合)「他の救済方法」がないということのほか，「当該犯罪行為に対する制裁として被告人に科されるものであって，刑罰と目的ないし機能を共通にしているから，刑の必要性の減少ないし精算といった考慮になじみやすいこ

と」を挙げている（第5）。前者の「救済」の観点を持ち出すことの当否はさておき，後者の，「制裁」（「非難」といってもよいであろう）としての刑罰との性格の共通性という点は重要な指摘であり，この点から量刑上の考慮を根拠づけることは基本的に妥当であると思われる。

もっとも，何をもって刑罰と共通性のある「制裁」とみるか，とくに，当初から「制裁」を「目的」としたものでなければならないか，本来の目的は制裁でなくても「効果」として（事後的にでも）「制裁」の意味が認められるようなものであれば足りるかは，議論の余地があろう（なお，畑山論文が，被告人の不利益が量刑に影響する程度の限定的である理由の第3として述べる点も参照）。あるいはさらに，必ずしも「制裁」（ないし「非難」）の意味合いがなくても，ともかくも犯罪行為に対する社会の側からの「反作用」としての性格が認められるようなものであれば，同等に扱ってよいという考え方もありえよう。

いずれにしても，このように，「社会的制裁」が量刑事情となることが広く承認されていること，そしてそれを，「社会的制裁」のもつ，「制裁」ないし「反作用」としての刑罰との共通性に着目して説明することを前提にするならば，そもそもの議論の出発点である，被告人が不利益を被ったことによる「刑罰の必要性の減少」ということの意味内容も，それに応じて分析的に捉え直さなければならないであろう。すなわち，ひと口に「刑罰の必要性の減少」といっても，その意味内容は，問題とする「不利益」の種類によって様々に考えられるのであり，少なくとも，社会の側からの「制裁」や「非難」，「反作用」が既にあったと評価されうる場合と，そのような場合ではないが不利益を被ったという場合とでは，区別して議論する必要があるように思われる。とくに「応報」の問題との関係でいえば，後者の場合にも，前述の「酷である」という観点，あるいは端的に「報い」を受けたという観点から，「応報の必要性の減少」を論じることは可能であるが，前者の場合には，それらとは異なった意味での「応報の必要性の減少」を論じる余地も出てこよう。そうすると，畑山論文の冒頭で行われている具体例の分類・整理においても，そうした「制裁」性ないし「反作用」性の有無といった基準がまずは前面に出されるべきではなかったかと思われる。もっとも，この点は，本書では「社会的制裁」のテーマは別途扱われている[7]ことにもよるのであろうか（畑山論文においても，そのような「制裁」性を基準にした分類がありうることは指摘されている。同論文の注1）参照）。

なお，「社会的制裁」が量刑事情となることを肯定するとしても，それを，畑山論文のように「法的ないし社会的に容認されているもの」に限定すべき

か否かは議論になりえよう。ともかくも社会の側から「制裁」ないし「反作用」が加えられた以上，それが法的・社会的に「容認された」ものであろうとなかろうと，改めて刑罰によって「制裁」「反作用」を加える必要はない(その必要性は減少する)とする考え方もありえないではない。畑山論文が上記のように限定するのは，「他の救済方法」の有無の点によるところが大きいと思われるが，しかし，畑山論文も認めるように，「容認されていない制裁」の場合でも，実際には他の方法による救済は容易ではないであろう。また，「社会的制裁」を量刑上考慮することに対しては，刑法が社会的制裁もありうることを当然の前提としつつあえて刑罰を定めたことに留意すべきだとの議論もなされうるところ，むしろ「容認されていない制裁」についてはそのような議論は妥当しにくいという面もある。このように考えると，少なくとも，「法的・社会的に容認されていない制裁」をはじめから範疇の外としてしまうことには些か疑問が残る。

1) 鈴木茂嗣「犯罪論と量刑論」前野ほか・総合的検討3頁以下。
2) 井田・覚書305頁。
3) 岡上・問題点（2・完）57頁以下。
4) 井田・覚書316頁。
5) このような「責任刑」概念の用い方に対しては批判もある。小池・犯行均衡原理（3・完）42頁。この点につき，拙稿「コメント（被告人の真実解明への積極的協力と量刑）」本書第3巻参照。
6) 井田・覚書305頁。
7) 西﨑健児「社会的制裁・行政処分と量刑」本書第3巻参照。

社会的制裁・行政処分と量刑

西﨑健児

第1 はじめに／248
第2 総論——社会的制裁の位置付け／248
 1 学説
  (1) 原田説／(2) 平野説，所説／(3) 城下説／(4) 岡上説／(5) 井田説／(6) ドイツの学説
 2 被告人に有利な事情の1つとされる理論的根拠の検討
 3 量刑への影響を考える上での基本的な視点と留意事項の試論
  (1) 基本的な視点／(2) 留意事項
第3 行政処分が量刑に及ぼす影響／254
 1 総論
 2 租税事件について
 3 交通事件について
第4 懲戒解雇が量刑に及ぼす影響／258
 1 懲戒解雇による不利益
 2 懲戒解雇の趣旨
 3 影響の程度
 4 社会的制裁以外の観点からの考慮
第5 報道が社会的制裁として量刑に及ぼす影響／260
 1 報道による不利益
 2 報道による抑止効果について
 3 報道の趣旨
 4 影響の程度
第6 公務員の失職を回避するために量刑を配慮することについて／261
 1 公務員の失職による不利益と量刑上の問題点
 2 裁判例，学説
 3 失職の趣旨
 4 公務員の失職による不利益を特別視することについて
 5 影響の程度
第7 免許取消等の行政処分を回避するために量刑を配慮することについて／267
 1 刑事裁判の宣告刑を基準とする免許取消等の行政処分による不利益と量刑上の問題点
 2 裁判例
 3 刑事裁判の宣告刑を基準とする免許取消等の行政処分の趣旨
 4 影響の程度
第8 結びに代えて／270

第1　はじめに

　学説や裁判例において，被告人が社会的制裁を受けたことが，被告人に有利な事情の1つとして言及されることは多い。その場合，「社会的制裁」として言及されている事情の範囲は広いけれども，研究会においては，本稿の他に，「被告人が自己の犯罪により自ら多大の不利益を被ったことと量刑」「違法捜査等と量刑」「刑事訴追に必然的に伴う負担と量刑」というテーマで研究されている。

　そこで，本稿においては，「社会的制裁」として，「社会的に容認されているもの」であり，「制裁としての性質を持つもの」であって，「捜査ないし刑事訴追に伴う負担でないもの」について論ずる。

　まず，総論として，社会的制裁の位置付けにつき，学説を紹介した上で，社会的制裁を受けたことが，被告人に有利な事情の1つとされる理論的根拠，及び，社会的制裁を受けたことが量刑に及ぼす影響を検討する上での基本的な視点と留意事項について検討した後，各論として，行政処分，懲戒解雇，報道が，量刑に及ぼす影響について検討し，最後に，公務員の失職や免許取消等の行政処分を回避するために量刑を配慮することについて検討する。

第2　総論——社会的制裁の位置付け

1　学　説

(1) 原田説

　原田元判事は，「社会的制裁は，それが適法なものでも違法なものでも，それ自体，刑罰と同様の社会統制の手段であり，犯罪抑止の効果をもつから，社会的制裁を受けたことは，量刑上，被告人に有利に考慮すべき情状なのである。」として，後記平野説，所説を引用し，結論同旨の説として後記井田説を紹介される[1]。

　また，原田元判事は，その後の違法捜査と量刑に関する考察において，「刑罰は被告人に対して加えられる苦痛であり，害悪である。犯行後被告人が受けた社会的制裁や違法捜査や違法処遇による苦痛等は，いわば，その刑罰の先取りである。未決勾留日数の算入も同様である。また，不注意で惹起した事故で自分の子供を失ったり，自ら大怪我をしたような場合も基本的に

同じであろう。したがって，これらの事情を量刑上考慮するのは，先取られた苦痛や害悪を精算しようとするものであって，特に責任主義や目的主義とは関連しない，それ自体ニュートラルな価値中立的な調整原理にすぎないのではあるまいか。刑の必要性という概念による説明も可能であるが，その実質的な内容は，このようなものであると考えられる。……それでは，どの程度考慮すべきであろうか。考慮の基準は，苦痛の内容と程度である。」[2]とされる。

(2) 平野説，所説

刑罰の内容が苦痛ないし害悪であることを前提とし，これにより一般ないし特別予防の効果を上げようとするところに刑罰の正当根拠があるとする抑止刑論の立場から，平野教授は，「犯罪に対する社会的非難は，刑罰という手段によってのみ表現されるものではない。いいかえると，刑法だけが社会統制の手段なのではない。近隣の人々の評価，職業的社会における地位と信用の失墜，マス・コミュニケイションを通じての一般の人々の反応，その他の多くの『社会統制の手段』がある。その一つとして刑罰は存在するにすぎない。……刑罰の非難としての面は，他の社会統制の手段と共同して作用したとき，はじめて効果を発揮するとさえいえる。したがって，他の社会統制の手段が適切に働くときは，刑罰は必ずしも必要でないこともある。……とくに現在のようにマス・メディアが発達している場合には，逮捕や有罪判決の報道が，そのような行為に対する社会の否定的判断を人々に伝達し，それが犯罪抑止のためにも大きな効果を持つ。現実の刑罰の執行そのものによる抑止的効果も，もちろん否定はできないが，欠くべからざるものでもないこともある。ここに，刑を猶予し，あるいは刑務所内の処遇を犯人の社会復帰のために用いる余地が生じてくる。」[3]とされる。

また，抑止刑論の立場から，所教授も，「抑止刑は，その抑止効に期待して違法行為の行為者に不利益を課す。しかしその不利益は，行為者が刑罰以外に被る不利益によって，少なからず代替され，あるいは補充される。その最も重要なものは，社会的非難，つまり社会の他の成員からの非難である。人は，他の人々から非難されることを苦痛に感じる。とりわけ自分の住む社会の他の成員からの非難はそうである。社会的非難は，その意味で一種の不利益である。刑罰は，この社会的非難による不利益が大きいばあいには，その分だけ軽くて済む。場合によっては，社会的非難にすべてを委ね，処罰しないこともできる。」[4]とされる。

(3) 城下説

城下教授は，個別行為責任論[5]を前提に，「長期間にわたる被告人としての生活により既に刑罰に匹敵する社会的制裁を受けていると認められる場合，例えば，自ら進んで辞職している場合など多くの減軽事情となりうるものが考えられるが，いずれも当該行為者の規範意識を確認・強化する必要性という観点から判断されるべきである。」[6]と述べ，予防として説明される。

(4) 岡上説

岡上准教授は，社会的制裁に関する論及であるとは限らないけれども，「責任刑」に「可罰性」という概念を取り入れることで，犯罪後の事情を責任に取り込むことを検討される[7]。

(5) 井田説

井田教授は，個別行為責任論を前提とする立場に立ちながらも，そもそも，量刑事情を「責任」に関係する事情と「予防」に関係する事情との2つに分配するというのは不当な単純化であるとして，量刑事情を6つに分類し，社会的制裁や懲戒罰は，刑の必要性ないし刑に対する感応性に関する事情である，とされる。量刑事情には，「刑の必要性ないし刑に対する感応性に関する事情がある。たとえば，……被告人の地位におかれたことにより（失職するなど）かなりの社会的制裁を受けたという事情，懲戒罰などを課されたこと，多額の損害賠償金を支払ったという事情などは，行為者に有利な方向で考慮し得る。これらの事情は，個別行為の責任に影響する事情や，予防的考慮に影響する事情とは区別するべきである。そもそも，量刑事情を『責任』に関係する事情と『予防』に関係する事情との2つに分配するというのは不当な単純化であり，犯罪の成否の判断以上に複雑な量刑の判断を，犯罪論の判断枠組み以上に単純な図式にあてはめようとすることである。たとえば，既に社会的制裁を十分に受けているとか，長期にわたって未決勾留されたという事情は，明らかに行為責任とは無関係であろうし，予防の必要性の考慮にただちに影響するものでもない。しかし，行為に対する一種の『制裁』を受けたことによって，応報的科刑の必要性（ないし要罰性）は明らかに減弱する。このような考慮を，責任判断に還元しようとすると，責任概念は明確な輪郭を失ってルーズな概念になってしまうであろう。」[8]とされる。

(6) ドイツの学説

ドイツ刑法60条は，「行為により行為者に生じた結果があまりに苛酷であるため，刑を科すことが明らかに失当であるときは，裁判所は，刑を免除する。行為者がその行為につき1年を超える自由刑に処せられるべきときは，この限りでない。」と規定している。

この60条について，イェシェック＝ヴァイゲントは，「刑が免除される理由は，一方では，行為者にとって刑罰が作用したのと同様の苛酷な重みの結果によって同人の責任が既に部分的に償われており（「天罰」），しかも他方では，（それゆえに）もはや予防の必要が認められないことにある。ただし，刑法は，その所為が1年を超える自由刑にあたる程度に重大であるときは，一般予防的考慮から完全な処罰放棄は行われない，と反証の余地なく推定している。」「たとえば職場の喪失とか婚姻の破綻のような刑罰に類似する所為の結果は，（刑事手続のそれではなく）所為自体の結果である限り，60条の文言と意味に含まれる。」と解説している[9]。

なお，ドイツ刑法60条第2文の「1年を超える自由刑に処せられるべきときは」とあるうちの「1年」というのは，法定刑ではなく，仮定的に考えた宣告刑が1年を超えるときは，刑を免除できないという趣旨に解されている[10]。

2 被告人に有利な事情の1つとされる理論的根拠の検討

刑罰は，国家が，犯罪の反社会性ないし反道徳性に着目して[11]，法律の規定に従い，これに対して科す制裁であって，その具体的な刑の内容も特徴があり，他の社会的制裁とは趣旨と不利益の性格・程度が異なると考えられる。

しかしながら，一口に犯罪と言っても，反社会性ないし反道徳性の強い自然犯とその弱い行政犯があるというように，具体的な罪質には違いがある。社会的制裁についても，交通反則金制度など，刑罰に類似した国法上の制度があるなど，多様である。

そこで，社会的制裁と刑罰が別個のものであることを前提としつつ，社会的制裁により被告人が被る不利益の性格・程度と犯罪の罪質との関係等によって，どの程度，社会的制裁が量刑に影響を与えるかを個別具体的に検討することになるのではないだろうか。

視点として，①社会的制裁そのものに着目するのか，それとも，②社会的制裁により被告人が被る事実上の不利益に着目して検討するのかが問題となる。

研究会においては，本稿で論ずる社会的制裁は，社会的に容認される制裁である点において，他の種類の被告人が被った不利益と区別されるものでは

あるけれども，被告人が被る事実上の不利益に着目し，被告人が被る事実上の不利益を被告人に有利な事情として配慮するという意見が有力であったように思われる[12]。

被告人が被る事実上の不利益が量刑に及ぼす影響については，畑山判事が，「被告人が自己の犯罪により自ら多大の不利益を被ったことと量刑」[13]の研究において，社会的制裁を含めて総論的検討を行っており，「被告人の不利益は，『責任（応報）』と『予防』の両面から考慮されなければならないが，それが被告人に有利な事情として考慮される根拠を一言で説明するとすれば，『応報及び予防によって根拠づけられる刑罰の必要性が減少する』ということになろうか。」「被告人の不利益の中でも，マスコミによる実名報道や懲戒解雇等の社会的制裁は，被告人に有利な事情となることが広く一般に承認されている。社会的制裁の概念自体必ずしも明確ではないが，筆者としては，『①当該犯罪行為に対する制裁を直接又は間接の目的として加えられる不利益で，②法的ないし社会的に容認されているもの』と考える。そして，社会的制裁が，私的制裁その他の不利益に比べ量刑に反映されやすいのは，①社会的制裁は，正に当該犯罪行為に対する制裁として被告人に科されるものであって，刑罰と目的ないし機能を共通にしているから，刑の必要性の減少ないし精算といった考慮になじみやすいことのほか，②それは法的・社会的に容認されている制裁であって，私的制裁等と違って被告人に対する不法行為等にはならないから，上記のような被告人に対する代替的救済といった考慮を容れる余地がないことに求められるように思われる。」と報告されている。

3　量刑への影響を考える上での基本的な視点と留意事項の試論

(1)　基本的な視点

社会的制裁により被告人が被る事実上の不利益を，被告人に有利な事情として考慮するという観点からは，社会的制裁により被告人が被る不利益の性格・程度について，具体的事案に即して検討することが重要であると考えられる。

ところで，量刑への影響を考える上で，犯罪の罪質に着目すると，罪質が重大な犯罪においては，量刑に大きな影響を与えるほど強い不利益と非難を与える社会的制裁はあまりないのではないかと考えられる[14]。一方，軽微な交通犯罪について交通反則金の納付により訴追を免れることなどからする

と，罪質の軽い犯罪については，社会的制裁の量刑への影響が検討するに値しよう。

そうすると，社会的制裁により被告人が被る不利益の性格・程度を犯罪の罪質と対比して検討することが，社会的制裁の量刑に及ぼす影響を考える上で基本的な視点と考えられるのではないだろうか。

(2) 留意事項

社会的制裁の趣旨を，刑罰の趣旨と照らし合わせた場合に，社会的制裁が刑罰と並立する趣旨から，社会的制裁と刑罰とが二重処罰の禁止に触れない15)のみならず，社会的制裁が量刑に重要な影響を及ぼさず，社会的制裁により被告人が被る事実上の不利益についても，特別な不利益でなければ被告人が受忍ないし甘受すべきものであって，量刑に大きな影響を及ぼさないと考えられる場合があるのではないだろうか。

1) 原田・実際 19 頁。
2) 原田・実際 167 頁。
3) 平野・Ⅰ 23 頁，24 頁。
4) 所一彦「抑止刑と自由意思」『平野龍一先生古稀祝賀論文集(下)』(有斐閣，平成 3 年) 80 頁，81 頁。
5) 城下教授は，「量刑においては，当該犯罪行為に対する『行為責任』の量（程度）を『上限』として，行為者の規範意識を確認・強化するという意味での特別予防（再社会化）の必要性に応じて最終刑が決定される。」という。城下・研究 143 頁。
6) 城下・研究 246 頁。
7) 岡上・問題点 (2・完) 59 頁以下。
8) 井田・覚書 304 頁，305 頁。
9) イェシェック＝ヴァイゲント・ドイツ刑法総論 685 頁。
10) ドイツ法においては，原則として起訴法定主義が採用されており，起訴便宜主義を採用する日本法とは構造が異なっている。
11) 後記二重処罰の禁止に関する裁判例の説示を参考にした。法的責任論よりも，道義的責任論の方が，また，抑止型相対的応報刑論よりも，応報型相対的応報刑論の方が，刑罰の他の社会的制裁から独自性を強調する立場に立ちやすいと思われる。各論の定義については，遠藤邦彦「量刑判断過程の総論的検討」本書第 1 巻を参照されたい。
12) 参考に，私見として，相対的応報刑論として，応報原理に基づく責任相応刑の中で，一般予防や特別予防の観点についても配慮して，具体的量刑に至るという立場を前提に，責任に関係する観点と，予防に関係する観点に分類して，以下のように，試論的な説明をまとめてみたが，これに対しては，研究会において，予防に関係する観点は重要ではないという意見があった。

責任と関係する観点からは，社会的制裁の内容と犯罪の罪質等によっては，社会的制裁により，犯罪を犯したことに対する制裁として事実上の非難ないし不利益が与えられたものとして，事実上，被告人が責任を一部負担して果たし，あたかも応報的科刑が一部実現したように評価でき，事後的に量刑上の責任が減少する場合がある，との説明が考えられる。社会的制裁に社会的非難としての要素があれば，刑罰を受けるのに質的に近い責任を果たしたと考えやすいが，社会的非難としての要素が乏しくても，不利益を被ることで，精算的に責任を果たしたとの説明が考えられる。

　　予防に関係する観点からは，社会的制裁の内容と犯罪の罪質等によっては，抑止刑論の立場から論じられるように，社会的制裁による非難や不利益が犯罪抑止の効果を持ち，一般予防や特別予防の目的を一部達成していることから，刑の執行を猶予するなどの配慮をする余地が生じるとの説明が考えられる。

13) 畑山靖「被告人が自己の犯罪により自ら多大の不利益を被ったことと量刑」本書第3巻参照。

14) 事実上の不利益という観点からは，量的な問題が大きいけれども，刑罰が行為の反社会性ないし反道徳性に着目してこれに対する制裁として科せられるものである点において，他の社会的制裁と趣旨・性質において区別されるという観点を考慮すると，質的な問題として，罪質において反社会性ないし反道徳性が顕著な犯罪については，社会的制裁が刑事責任に影響を与える程度に限界があると考える余地があろう。

15) 独占禁止法に基づき既に罰金刑に処せられた者につき，同法に基づき課徴金を課すことが二重処罰を禁止する憲法39条に違反するかどうかについて，東京高判平9.6.6判タ951号128頁は，「課徴金は，カルテル行為の反社会性ないし反道徳性に着目し，これに対する制裁として，刑事訴訟手続によって科せられる刑事罰とは，その趣旨・目的，性質等を異にするものであるから，本件カルテル行為に関して，原告らに対し刑事罰としての罰金を科すほか，さらに，被告において，独占禁止法7条の2,54条の2等の規定に基づいて課徴金の納付を命ずるとしても，それが二重処罰を禁止する憲法39条に違反することになるものでないことは明らかといわなければならない。」などと判示しており，これに対する上告は，最三小判平10.10.13判タ991号107頁，判時1662号83頁により棄却されている。

第3　行政処分が量刑に及ぼす影響

1　総　論

　行政処分が，重加算税や課徴金など金銭的給付を求めるときは，被告人が被る事実上の不利益は，罰金を科された場合に似ている。また，免許取消等の行政処分も，被告人に少なくない事実上の不利益をもたらすことがあり得る。そこで，行政処分により被告人が被る不利益が，量刑事情の1つとし

て，裁判で言及されることがあり得よう。

　もっとも，行政処分は，多様な行政目的を達成するために加えられるものであって，法律上，刑罰と並立している。立法者は，社会的に重なり合う行為に対し，あえて，行政手続と刑事手続という判断権者等の異なる2つの独立して並立する手続で，趣旨を異にする別個の処分を科すことを法律で定めたのであるから，そのように並立する趣旨からすれば，行政処分と刑罰とが二重処罰の禁止に触れないのみならず，行政処分が量刑に大きな影響を及ぼさず，行政処分の結果被告人が被る事実上の不利益も，特別な不利益でなければ，被告人が受忍ないし甘受すべきものであって量刑に大きな影響を及ぼさない場合があると考えられるのではないだろうか。

　以下，租税事件と交通事件について検討する。

2　租税事件について

　判例としては，重加算税と刑罰とが，憲法39条の禁止する二重処罰に該当するか否かが議論されている。最二小判昭45.9.11[16]は，「国税通則法68条に規定する重加算税は，同法65条ないし67条に規定する各種の加算税を課すべき納税義務違反が課税要件事実を隠ぺいし，または仮装する方法によつて行なわれた場合に，行政機関の行政手続により違反者に課せられるもので，これによつてかかる方法による納税義務違反の発生を防止し，もつて徴税の実を挙げようとする趣旨に出た行政上の措置であり，違反者の不正行為の反社会性ないし反道徳性に着目してこれに対する制裁として科せられる刑罰とは趣旨，性質を異にするものと解すべきであつて，それゆえ，同一の租税逋脱行為について重加算税のほかに刑罰を科しても憲法39条に違反するものでないことは，当裁判所大法廷判決[17]の趣旨とするところである。」という[18]。

　重加算税と刑罰とが，趣旨，性質を異にしており，法律上独立して並立する趣旨からすると，重加算税を課す行政処分それ自体は，二重処罰の禁止に触れず，量刑事情の1つとして裁判で言及されるとしても，量刑に及ぼす影響は限定されると考えられるのではないだろうか。試論として補足すると，脱税には，軽微なものから，重大なものまで事案に幅があることから，ほ脱犯に対する刑罰は，行政処分という社会的制裁でまかないきれないような悪質な事案[19]について，違反者の不正行為の反社会性ないし反道徳性に着目し，重加算税とは別個にいわば上乗せして科されるものであるから，個々の具体的な刑事裁判においては，重加算税を課されたことを被告人に特別に有

利に配慮する必要性が乏しいと説明することが考えられる。

　上記「個々の具体的な刑事裁判においては」というのは，刑事裁判実務において，既に，一般的に，罰金が重加算税と相まって，被告人の金銭的負担が余りにも過大となることのないようにとの配慮をした上で，客観的な基準により量刑することが確立している[20]ので，重加算税を課されたことを視野に入れない訳ではないけれども，個々の具体的裁判において，あらためて，特定の被告人に対して特別に有利に配慮する必要性が乏しいという意味である。

　もっとも，被告人が，判決前に行政処分に応じ，ほ脱した本税と重加算税を納付した場合には，十分な被害回復がなされ，また，反省の態度があるなどとして量刑上考慮に値しよう。

3　交通事件について

　交通反則金については，罪質が軽微ではあるが，犯罪である違反行為（道路交通法125条）に関して反則金を納付したときには，重ねて刑事上の訴追を受けることがない（同法128条2項）とされており，行政処分による不利益（反則金）を実際に被告人が負担した場合には，行政処分による不利益をもって刑罰を代替することが法律上予定されている。

　運転免許取消等の行政処分については，被告人に事実上の不利益をもたらすことから，量刑事情の1つとして，裁判で言及されることがあり得よう。しかし，運転免許制度等の趣旨からすれば，その行政処分は，刑罰と趣旨を異にするものといえる[21]。立法者は，社会的に重なり合う行為に対し，あえて，行政手続と刑事手続という判断権者等の異なる2つの並立する手続で趣旨を異にする別個の処分を並立して科すことを法律で定めたのであるから，そのように並立する趣旨からすれば，行政処分による不利益は，量刑に大きな影響を及ぼすとまではいえないと考えられるのではないだろうか。加えて，運転免許取消等の行政処分は，起訴された被告人に対して遅かれ早かれ点数制度に従って平等になされるので，被告人相互間の公平という観点からは，個々の具体的な刑事裁判において量刑上考慮すべき必要性が乏しいであろう。

　また，運転免許取消等の行政処分の結果，自動車が運転できないために被告人が被る事実上の不利益については，多くの場合，行政処分の結果として被告人が受忍ないし甘受すべき，やむを得ない不利益であると考えられるのではないだろうか。

ただし，無免許運転以外の事案において，運転免許取消等の処分を受けたことは，運転免許取得の欠格期間の定めと相まって，免許のない期間の再犯可能性が低下するという観点から，被告人に有利な情状となる場合があり得よう。

16) 刑集 24 巻 10 号 1333 頁，判タ 254 号 216 頁。
17) 最大判昭 33.4.30 民集 12 巻 6 号 938 頁参照。昭和 25 年改正前の法人税法に関して行政処分の効力等が争われたもの。
18) 藤木教授は，「罰金は刑事罰であり，行為の反道徳性を基礎に道義的非難の意味で科せられる不利益である。これに対し，過料・課徴金あるいは重加算税は，違反行為，法律違反に対する制裁としての意味をもちつつ，道義的非難の趣旨を含まないもっぱら行政違反にみあった財産的な損失を与えるという趣旨のものだ，と一般に説かれている。……しかし他面，課徴金・重加算税・過料等も財産的な苦痛を及ぼすものであり，刑罰としての色彩をおびていることは否定できない。形式論理的には，刑事罰である罰金と，行政秩序罰である過料・反則金・課徴金・それに重加算税とは異なるとはいえるとしても，実際のところその限界は不明確である。」と述べ，諸事情を検討して，上記最高裁判決に賛成する。藤木英雄『行政刑法』（学陽書房，昭和 51 年）18 頁以下。
19) 現状は，ほとんどの脱税事件は行政処分によって処理されており，刑事事件として立件されるのは巨額の脱税で悪質のものに限られるとされている。神山俊雄『日本の経済犯罪〔新版〕』（日本評論社，平成 13 年）313 頁。
20) 東京高判平 6.3.4 判タ 844 号 62 頁以下は，資力がないことを理由にほ脱した所得税本税の一部しか納めず，重加算税を課されたがこれを納めていないほ脱犯について，原判決が，懲役刑の実刑を宣告した際に，罰金刑を併科しなかったのに対し，これを破棄して懲役刑の実刑に罰金刑を併科した際に，理由中で「……もとより，刑の量定においては，犯罪そのものに属する情状，すなわち罪質，犯行の動機，態様，被害の大小，期間，回数等のほか，犯人の性格，年齢，境遇その他の個人的事情，犯罪後の情状等を総合的に判断して決すべきものであるが，個人的事情の如何を問わず租税法規上同一の担税力を認められて同一の課税がなされた者につき，これを逋脱した場合の刑罰がその個人的事情によって極端に区々になることは，租税公平の原則を乱し，納税者の納税意欲を阻害する結果を招く虞なしとしない。……重加算税は，行政上の制裁であって，刑罰とは趣旨，性質を異にするから，重加算税が課せられたからといって罰金刑併科の必要が失われるものではなく，また，罰金刑を併科することが二重処罰（憲法 39 条）に当たるものでないことも明白である。……ここで，納税義務者自身が行為者である場合における所得税逋脱犯に対する従前の科刑の実情を通観するに，概ね逋脱額の大小に見合う懲役刑が科せられているほか，殆ど例外なく逋脱額の一定割合（平均的には 20 パーセント強であり，ここには，前記重加算税と相俟って被告人の金銭的負担が余りにも過大となることのないようにとの配慮が窺える。)

の罰金刑が併科されるという運用が確立されていることは，当裁判所に顕著な事実である。……」などと説示している。
21) 運転免許研究会編『点数制度の実務〔5訂版〕』(啓正社，平成14年) 9頁以下，12頁以下は，「運転免許に係る行政処分は，将来における道路交通上の危険を防止するという行政目的のために行われるものである。そのため，過去の違反行為に対する制裁として行われる刑事処分とは，本質的にその性格を異にするものであり，両者の関係は相互に影響を受けるものではない。したがって，運転免許にかかる行政処分は，あくまでも運転者自身の知識，技能，適性等の欠陥に由来する道路交通上の危険を防止するために行われる行政上の処分である。」「点数制度とは，運転者の過去一定期間内の違反や事故に，その行為の危険性に応じた一定の点数をつけ，その点数の多寡によって運転者の危険性を評価し，適正かつ効果的な行政措置を講ずるための制度である。」と説明している。

第4 懲戒解雇が量刑に及ぼす影響

1 懲戒解雇による不利益

懲戒解雇により被告人が被る事実上の不利益の性格と程度についてみると，懲戒解雇は，労働者に対し，職を失わせ，その職による収入を断ち，退職金の受給権を喪失させるなどの不利益を与える[22]。また，懲戒解雇は，労働者に与えられる不利益が違反行為に対する制裁であることを示し，労働者に非難を与え，社会的評価ないし名誉を低下させる。

2 懲戒解雇の趣旨

私企業における懲戒解雇の趣旨についてみると，使用者は，その事業目的を円滑に達成するために企業秩序を確保しなければならず，そのために労働者に対して様々な服務規律を課しており，懲戒は，労働者の規律違反行為に対する処罰として行使される秩序罰たる意義を有する，とされている[23]。労働者が企業の外で私生活上起こした犯罪について，懲戒解雇ができるのは，その犯罪が企業の社会的評価に相当重大な影響がある場合に限られるとする見解が有力である[24]。

そうすると，私企業における懲戒解雇の趣旨は，刑罰と異なるものであるが，裁判所が，懲戒解雇により被告人が被る事実上の不利益を考慮するのを妨げるものとはいえないであろう。

公務員に対する懲戒解雇の趣旨についてみると，公務員に対する懲戒処分

は，公務員の義務違反に対して，その使用者である国家が，公務員法上の秩序を維持するため，使用者として行う制裁である，とされている[25]。国家公務員の懲戒事由について，職務上の義務違反等の他，「国民全体の奉仕者たるにふさわしくない非行のあつた場合」等が規定されている[26]。

国家公務員法85条第2文は，「この法律による懲戒処分は，当該職員が，同一又は関連の事件に関し，重ねて刑事上の訴追を受けることを妨げない。」と規定している。民間の労働者について，懲戒解雇による不利益を量刑上考慮できるとするならば，公務員について，これを考慮できないとまではいえないだろう。この規定は，二重処罰の禁止に触れないことを確認したのみであって，量刑上，懲戒解雇がもたらす事実上の不利益を考慮できないとまでいう趣旨ではないと解されよう。

3　影響の程度

具体的事案に即して，懲戒解雇により被告人が被る不利益の性格・程度と犯罪の罪質等を検討することが重要ではないだろうか。

不利益の内容として，前記一般的に述べたほか，具体的な事案においては，労働者の勤続年数が長く，喪失する退職金が高額にのぼる場合，労働者が努力して培ってきた専門的知識や技能を活用する道が閉ざされる場合，労働者が高い社会的評価を得ていたのにこれが失墜する場合等が考えられ，不利益の性格と程度に幅があり得よう。

犯罪の罪質に着目すると，罪質が重い犯罪においては，懲戒解雇による不利益と非難が刑事責任に比して小さくて，量刑にあまり影響を与えない場合があるのではないだろうか。罪質の軽い犯罪において，懲戒解雇による不利益を，被告人に有利な事情の1つとして考慮しやすいのではないだろうか。

4　社会的制裁以外の観点からの考慮

職務上の犯罪の場合には，解雇により再犯可能性が低下するという観点から，量刑に影響を与えることが考えられる。また，被告人が懲戒解雇に先立ち辞職した際には，被告人が不利益を被ったことの他，反省の態度を示すものとして，量刑に影響を与えることが考えられる。

---

22) 公務員の場合には年金の一部も減額される（国家公務員共済組合法97条）。
23) 伊藤正己ほか編『現代法律百科大辞典(5)』（ぎょうせい，平成12年）532頁。
24) 伊藤ほか編・前掲注23) 536頁参照。最二小判昭49.3.15民集28巻2号265頁，判

タ 309 号 257 頁,最三小判昭 45.7.28 民集 24 巻 7 号 1220 頁,判タ 252 号 163 頁。もっとも,使用者は,懲戒解雇よりもゆるやかな要件で認められる普通解雇の方法で,労働者を解雇することもできる。
25) 鵜飼信成『公務員法〔新版〕』(有斐閣,昭和 55 年) 288 頁。
26) 国家公務員法 82 条 1 項。

第5　報道が社会的制裁として量刑に及ぼす影響

1　報道による不利益

マスメディアによる否定的事実の報道は,それ自体,被告人にとって,社会的非難として受け止められ,心理的打撃を受け,罪悪感が喚起されるものであり,不利益である上に,マスメディアによる報道により,否定的事実が多くの人に伝達されることにより,社会的非難が生み出され,これにより被告人に有形無形の不利益が生じる[27]。

2　報道による抑止効果について

抑止刑論の立場からは,報道に犯罪抑止の効果があり,刑の執行を猶予するなどの配慮をする余地が生じると説明されている。このような観点について,研究会においては,消極的な意見があった。

3　報道の趣旨

報道は,本来的には,事実の伝達を目的とするものであって,刑罰とは,大きく趣旨を異にしており,刑罰から独立してなされ,自然発生的なものである。

罪質が重い犯罪に関しては,そのような犯罪につき報道がなされ,社会的非難が生まれ,被告人が事実上の不利益を被るのは自然発生的であり,その不利益は被告人が本来受忍ないし甘受すべきものであると考えられる上に,報道とこれによる社会的非難自体が適正な刑事処分を求める内容となっていることから,報道よる不利益の量刑要素としての重要性が薄くなると考えられるのではないだろうか。

4　影響の程度

具体的事案に即して,報道により被告人が被る不利益の性格・程度と犯罪

の罪質等を考慮することが重要ではないだろうか。

　不利益の内容として，前記一般的に述べたほか，具体的な事案においては，都市と異なり，地方の人的結び付きの強い地域においては，実名報道が被告人に著しい不利益をもたらす場合があること，もともと社会的名声のある被告人にとって，報道による名声の失墜が大きいことなどが考えられよう。

　また，罪質が軽いのに，報道価値がある等の事情で広く報道された事案については，報道により特別な不利益を受けたものとして，報道されたことを被告人に有利な事情としやすいと考えられるのではないだろうか。例えば，罪質が軽いけれども，社会的関心の高い事件であったために報道された場合や，社会的地位のある人物が，罪質が軽い犯罪を犯して報道された場合，罪質が軽いのに地域性から報道された場合，何らかの事情で過剰な報道がなされた場合などが考えられる。

　犯罪の罪質の軽重に着目すると，罪質が重い犯罪においては，前記のとおり，報道の趣旨からして，報道による不利益の量刑要素としての重要性が薄くなる上に，報道による不利益と非難が，刑事責任に比して小さく，量刑にあまり影響を与えない場合があるのではないだろうか。どちらかといえば，報道による不利益は，罪質の軽い犯罪で，執行猶予の当否が問題となるような事案において，検討され，言及される被告人に有利な事情の1つであると考えられるのではないだろうか。

27) なお，マスコミは，第1審判決がなされるまでは，理屈の上では，疑惑や，捜査や裁判上の事実を報道しているのであって，被告人が犯罪を犯した事実を報道しているわけではない。しかしながら，有罪判決を受ける前の報道であっても，否定的事実が人々に伝達され，現実には，社会的非難と不利益を生み，被告人の責任が部分的に果たされ，また，犯罪抑止のために予防の効果が発生しているといえる。また，事件によっては，有罪判決後の報道も予測可能であるので，有罪判決後の報道を予測して酌量しても差し支えないと考えられるが，そこまで，量刑理由中で分析して説示する必要はなく，量刑の理由は概括的に記載すれば足りよう。

第6　公務員の失職を回避するために量刑を配慮することについて

1　公務員の失職による不利益と量刑上の問題点

　公務員は，禁錮以上の刑に処せられると，それが執行猶予付きの判決であ

っても，欠格事由に該当し（国家公務員法38条2号，地方公務員法16条2号），人事院規則あるいは条例に定める場合を除いて[28]，失職する（国家公務員法76条，地方公務員法28条4項）。

　失職により被告人は，職を失い，その職による収入が断たれるほか，禁錮以上の刑に処せられたことによる失職の場合には退職手当の受給権を失い[29]，年金の一部も減額される[30]などの不利益を被る。また，禁錮以上の刑に処せられたことによる失職は，被告人の社会的評価ないし名誉を低下させよう。

　そこで，裁判実務上，弁護人から，公務員である被告人に対しては，失職を回避するために罰金刑を選択されたい旨主張されることが多く，公務員の失職を回避するために量刑を配慮して罰金刑を選択することができるかが問題となる。

2　裁判例，学説

　裁判例としては，交通関係の事件において問題とされ，具体的事案に則して判断がなされており，公務員である被告人が失職するおそれについて言及しつつ，罰金刑を選択したものと，選択しなかったものとが後記学説中において紹介されている。

　高裁判決としては，失職のおそれを考慮して罰金刑を選択した原判決を破棄して，懲役刑を選択し，執行猶予を付した裁判例が公刊されている[31]。一方，禁錮刑を選択し，執行猶予を付した原判決を，失職のおそれをも考慮して，破棄して罰金刑を選択した昭和61年の大阪高裁の判決も公刊されている[32]。

　また，問題点に理論的に言及した裁判例として，昭和45年の札幌高裁判決は，「過失の態様および結果の重大性に鑑み，責任主義の立場から，罰金刑の選択は許されないと言わざるを得ない。」[33]などと説示している。

　学説は，消極説としては，「量刑のうえで，具体的事情を十分考慮していることは事実であるが，一般人に比べ，法令に通じ，これを率先して守らなければならないはずの公務員を，量刑のうえで特別扱いすることは到底許されないであろう。」[34]とするものがある。

　学説の積極説としては，「裁判官が公務員に対する量刑について特殊の考慮をすることは，かなり問題だといってよい。」としつつ，「責任刑のワクを離れて考慮することは妥当でなく，刑種選択基準上ボーダーライン・ケースと考えられるばあいに限って，かような不利益を考慮することができると解すべきである。」（大谷説）[35]とするもの[36][37][38]がある。

3 失職の趣旨

　地方公務員の失職の趣旨について，最三小判平12.12.19[39]は，「地方公務員法28条4項，16条2号は，禁錮以上の刑に処せられた者が地方公務員として公務に従事する場合には，その者の公務に対する住民の信頼が損なわれるのみならず，当該地方公共団体の公務一般に対する住民の信頼も損なわれるおそれがあるため，このような者を公務の執行から排除することにより公務に対する住民の信頼を確保することを目的としているものである。」とする。

　国家公務員の欠格事由として，禁錮以上の刑云々と定められた趣旨について，学説[40]によれば，「これらの者は重大な犯罪を犯したことにより，……全体の奉仕者としての地位にふさわしくないので現実の職務従事が不可能である場合に限らず，職員としての適格性がないとされる。」と説明されている。

　私見としては，失職制度は，刑罰を前提としながら刑罰と趣旨を異にする法律上の制度であって，宣告刑を基準として規定されていることからすれば，その趣旨は，裁判所が適正な量刑をすることを期待し，これを尊重しつつ，公務員を失職させるものであって，犯罪の罪質等によっては，失職のおそれが量刑に与える影響には限界があるのではないかと考える。もっとも，懲戒解雇により被告人が被る不利益を量刑上考慮することができるのであるから，量刑に当たって失職により被告人が被るであろう不利益について考慮することが禁じられるとはいえないであろう。

4 公務員の失職による不利益を特別視することについて

　そもそも公務員の失職規定が厳格であり，その失職規定を限界事例に適用する限りで適用違憲になる[41]という議論がある。

　確かに，公務員については，懲戒解雇の場合と同様に，失職の趣旨としても，全体の奉仕者としてふさわしいかどうかという発想が根底にあるため，現象としては，公務員に対して，私企業労働者よりも厳しい社会的制裁が加えられる実情にあることは否定できない。しかし，それのみから，公務員の失職規定等が不合理であるとはいえない。

　前記最三小判平12.12.19は，赤信号無視による業務上過失傷害の罪で禁錮以上の刑に処せられた地方公務員が，地方公共団体に対し，退職手当の支払等を求めた行政訴訟において，地方公務員の失職規定及びこれによる退職手当の支給制限には，合理性があり，地方公務員を私企業労働者に比べて不当に差別したものとはいえないとしている[42]。

かねてより，前記の大谷説は，量刑事情としての問題の立て方を，被告人が公務員である点を重視するのではなく，「失職のおそれがある場合に刑種の選択，量刑に特別の配慮を加えることは妥当か」とするのが相当である旨指摘している。

公務員が，私企業労働者に比して特別の不利益を被っていると考えるのではなく，被告人が被る不利益に着目して検討するのがよいのではないだろうか。

5　影響の程度

具体的事案に即して，失職した場合に被告人が被る不利益の性格・程度と犯罪の罪質等を考慮することが重要であるのではないだろうか[43]。

不利益の内容として，前記一般的に述べたほか，具体的な事案においては，被告人の勤続年数が長く，喪失する退職手当が高額にのぼる場合，被告人が努力して培ってきた専門的知識や技能を活用する道が閉ざされる場合，被告人が高い社会的評価を得ていたのにこれが失墜する場合等が考えられ，不利益の性格と程度に幅があり得よう。

犯罪の罪質に着目すると，罪質が重い犯罪においては，失職した場合に被告人が被る不利益が刑事責任に比して小さく，量刑にあまり影響を与えない場合があるのではないだろうか。交通関係事件等，罪質が軽い犯罪について，量刑への影響が検討され，言及されることが多いのではないだろうか。

私見をまとめてみると，失職制度の趣旨が裁判所における適正な量刑を期待していると考えること，公務員が私企業労働者に比して特別の不利益を被っているとはいえないと考えること，雇用関係の流動性が高まりつつある社会情勢にあるのではないかと考えることなどから，①公務員が失職するおそれを，殊更に特別の不利益として大きく配慮することはできないが，②罪質が軽い犯罪において，失職による事実上の不利益を考慮して，責任相当刑の枠の範囲内において量刑を配慮できる，と考えられるのではないだろうか。

研究会では，量刑への影響の程度に関して，かなり配慮しているのが実務であるという有力な意見があり，とはいうものの，検察官が禁錮以上の刑を求刑した場合について，検討したが罰金刑を選択するには至らなかった事例が紹介されるなど，事案にもより，意見にかなりの幅があったように思われた。

28) 国家公務員について，失職の除外事由を定める人事院規則は，現在設けられていない。地方公務員については，条例で失職の除外事由が定められていることがある。例えば，奈良県の「職員の分限に関する条例」（昭和26年奈良県条例第46号）11条1

項（平成5年条例第10号により追加されたもの）は，「任命権者は，公務遂行中の過失による事故又は通勤途上の過失による交通事故に係る罪により禁錮の刑に処せられその刑の執行を猶予された職員について，情状を考慮して特に必要と認めるときは，その職を失わないものとすることができる。」とする。この条例と異なる内容の条例もあり，後記学説や裁判例のコメントに紹介されている。

29) 国家公務員退職手当法8条1項2号等。
30) 国家公務員共済組合法97条等。
31) 仙台高判平15.10.9判時1870号152頁は，被告人が酒気帯び運転をし，追突事故により相手方車両の乗員3名を負傷させ，救護義務・報告義務を怠った上，その逃走中に赤信号を看過して人身事故を起こした事案である。福岡高判平10.2.17判時1644号167頁（原判決：大分地判平9.6.23判時1613号161頁）は，他の事情に加えて，「大分地方裁判所における同種事犯の量刑の実情をみると，酒気帯び運転の罪による罰金前科2犯を有する者が再度酒気帯び運転を重ねた場合には罰金刑でなく懲役刑に処せられていること」を指摘している。
32) 大阪高判昭61.12.24判タ630号221頁（ただし，刑訴法397条2項による破棄）。なお，公務員ではなく，警備業法3条2号，7条2項により，失職可能性があった警備員について，詳論の上原判決を破棄したものとして大阪高判昭61.6.6判タ620号210頁参照。
33) 札幌高判昭45.3.17判タ246号287頁は，「国家公務員が執行猶予付きとは言え，禁錮以上の刑に処せられた場合は，その罪種，犯情のいかんを問わず，一律に官職を失い，さらには，退職金や年金の受給資格すら失うことになるのであつて，このように刑罰以外の面で，あるいは刑罰以上とも言うべき著しい苦痛を受けることになる者については，その刑種選択にあたり，この観点からも，慎重な配慮が必要であることもちろんであるが，本件については，右の点を含め前記被告人に有利な情状をすべて参酌しても前記過失の態様および結果の重大性に鑑み，責任主義の立場から，罰金刑の選択は許されないと言わざるを得ない。」という。
34) 岡田良平「自動車事故による業務上過失致死傷事件の量刑事情」司研1967―Ⅱ（昭和42年）16頁。
35) 大谷実「公務員による自動車事故と量刑」判タ249号（昭和45年）80頁（前記札幌高裁判決の評釈）。
36) 永井登志彦『自動車による業務上過失致死傷事件の量刑の研究』司法研究報告書21輯1号（昭和44年）154頁以下は，裁判例を紹介して，「最近のように過失交通事犯が激増し，公務員が被告人となるケースも珍しくなくなってきている実情を考えると，禁錮刑を受けたことだけで（執行猶予の場合でも），直ちに失職という制度は再考の余地がある。本件について禁錮刑を選択すれば，執行を猶予しても，結果的にはその実刑以上に過酷な責任を負担させることになる点を考えると，罰金刑は相当であろう。もっとも，本件は禁錮刑と罰金刑とのボーダーライン・ケースともいえる事案であって，さらに犯情の重い事案についてまで，公務員である故をもって一律に罰金刑の範囲を拡げることは問題であり（憲法14条），そこにはおのずから限界がある。」という。

37) 藤野英一「交通事犯の量刑素描」ジュリ407号（昭和43年）100頁。
38) 村上保之助「大阪高裁における刑事交通事件に関する破棄判決からみた量刑の現状」判タ262号（昭和46年）197頁。
39) 判タ1053号87頁。
40) 園部逸夫監『国家公務員法・地方公務員法（注解法律学全集(5)）』（青林書院，平成9年）115頁。
41) 阿部泰隆「執行猶予付き禁錮刑による公務員の失職の適用違憲性」判タ955号（平成10年）55頁以下。
42) 同判決は，前記本文中の引用部分に続けて，「地方公務員は，全体の奉仕者として公共の利益のために勤務しなければならず（憲法15条2項，地方公務員法30条），また，その職の信用を傷つけたり，地方公務員の職全体の不名誉となるような行為をしてはならない義務がある（同法33条）など，その地位の特殊性や職務の公共性があることに加え，我が国における刑事訴追制度や刑事裁判制度の実情の下における禁錮以上の刑に処せられたことに対する一般人の感覚などに照らせば，地方公務員法28条4項，16条2号の前記目的には合理性があり，地方公務員を法律上右のような制度が設けられていない私企業労働者に比べて不当に差別したものとはいえず，右各規定は憲法13条，14条1項に違反するものではない。」「退職手当を支給しない旨を定めた条例6条1項2号は，禁錮以上の刑に処せられた者は，その者の公務のみならず当該地方公共団体の公務一般に対する住民の信頼を損なう行為をしたものであるから，勤続報償の対象となるだけの公務への貢献を行わなかったものとみなして，一般の退職手当を支給しないものとすることにより，退職手当制度の適正かつ円滑な実施を維持し，もって公務に対する住民の信頼を確保することを目的としているものである。前記のような地方公務員の地位の特殊性や職務の公共性，我が国における刑事訴追制度や刑事裁判制度の実情の下における禁錮以上の刑に処せられたことに対する一般人の感覚などに加え，条例に基づき支給される一般の退職手当が地方公務員が退職した場合にその勤続を報償する趣旨を有するものであることに照らせば，条例6条1項2号の前記目的には合理性があり，同号所定の退職手当の支給制限は右目的に照らして必要かつ合理的なものというべきであって，地方公務員を私企業労働者に比べて不当に差別したものとはいえないから，同号が憲法13条，14条1項，29条1項に違反するものでない」などと説示している。
43) ただし，被告人の失職を回避するために罰金刑を選択してしまうと，実際には失職による不利益が被告人に課されないことになり，清算すべき不利益がなく，被告人の果たすべき量刑上の責任の量は変わらないから，責任相当刑の枠が事後的に軽減されるわけではない。仮定的に，禁錮以上の刑に処した場合を想定すると，失職による不利益によりあたかも応報的科刑が一部実現した形となり，刑罰と併せると過大な不利益を課すことになるのではないか，という観点から，量刑に影響を与える事情と考えられる。公務員の失職を回避するために量刑を配慮せずに，禁錮以上の刑を選択した場合は，懲戒解雇が量刑に及ぼす影響について検討したように，失職することを量刑上有利に配慮できる。

第7 免許取消等の行政処分を回避するために量刑を配慮することについて

1 刑事裁判の宣告刑を基準とする免許取消等の行政処分による不利益と量刑上の問題点

　行政法において，その対象となる事業等の免許や認証について欠格事由を定めており，免許等を受けた者が，その法律の定める基準となる以上の刑に処せられると，行政庁において免許や認証を，①「取り消さなければならない」[44]，あるいは②取り消すことが「できる」[45] 旨規定するものが少なからずある。

　例えば，後記東京高裁判決で問題となった道路運送車両法93条，80条は，自動車分解整備事業者に対して，「1年以上の懲役又は禁錮の刑に処せられ，その執行を終わり，又は執行を受けることがなくなった日から2年を経過しない者」を認証の欠格事由と定めており，後発的に，これに該当するに至った者に対して，地方運輸局長は，自動車分解整備事業の停止を命じ，又はその認証を取り消すことが「できる」旨定めている。

　免許取消等の行政処分は，被告人に事業の廃止を余儀なくさせ，経済的，社会的に大きな不利益を与えるおそれがある。

　そこで，免許取消等の行政処分を回避するために量刑を配慮することができるかが問題となる。

2 裁判例

　東京高判平2.4.25高検速報2935号は，少年らに対してトルエン含有塗料を販売した毒物及び劇物取締法3条3項違反の罪で，懲役1年，3年間執行猶予の判決の宣告を受けた被告人が，地方運輸（陸運）局長から自動車分解整備事業の認証を受けて，その事業を経営しているところ，前記道路運送車両法93条，80条により，認証の取消しを受ける可能性が極めて高いのに，原判決が，この点に気付かなかったことから，行政処分の可能性につき何ら配慮することなく懲役1年の判決を言い渡したのは不当であるなどとして，量刑不当を理由に控訴した事件の控訴審判決において，「1年以上の懲役刑に処せられた者に対し地方陸運局長が事業の停止又は認証の取消の処分をするかどうかの決定は，専らその裁量と判断に委ねられているのであって，裁

判所が量刑に当たり、あらかじめ行政処分の有無、内容を予測し、処分を回避できるよう配慮しなければならないというものではない。」などと説示して控訴を棄却している。

3 刑事裁判の宣告刑を基準とする免許取消等の行政処分の趣旨

事業の特性と免許制度の趣旨等に照らして、免許取消等の行政処分は刑罰と異なる趣旨を有していると考えられる上に、行政法が、確定した刑事裁判の結果を前提に、その宣告刑を基準として行政処分をなす旨定めていることからすると、行政処分が刑罰と並立する趣旨は、刑事裁判において適正な量刑がなされることを前提に、刑罰と並立ないし上乗せして行政処分を課すものであって、行政処分が課されるおそれは量刑に重要な影響を及ぼさず、行政処分の結果被告人が被る事実上の不利益も、特別の不利益でなければ被告人が受忍ないし甘受すべきものであって量刑に大きな影響を及ぼさないと考えられるのではないだろうか[46]。

以下、行政法の規定の仕方に即して補足検討する。

① 行政法が、宣告刑をそのまま行政処分の基準とし、行政裁量を認めない場合について

この場合は、行政裁量がないために行政処分が名目的であって、公務員の失職を回避するために量刑を配慮することができるかどうかを検討した際の状況に似ている。とはいえ、被告人が被る不利益について、行政処分がなされることで、刑罰と異なる趣旨に基づく新たな法律上の正当化根拠が与えられる等の点において、公務員の失職のおそれよりも量刑事情としての重要性が薄まると考えられるのではないだろうか。

② 行政法が、宣告刑を基準としつつも、更に行政裁量を認めている場合について

これは、前記東京高裁判決の事案の場合であるが、立法者は、社会的に重なり合う行為に対し、刑事手続を前提として、その後になされる行政手続において、行政庁が宣告刑を参考にその裁量と判断で行政処分をすることを予定しており、刑罰に加えて行政処分を課すべき事案かどうかは、行政庁が判断すべきものであると考えられることなどから、行政処分を受けるおそれの量刑事情としての重要性が上記①よりも更に薄まると考えられるのではないだろうか。

4　影響の程度

具体的事案に即して，免許取消等の行政処分がなされた場合に被告人が被る不利益の性格・程度と犯罪の罪質等を考慮することが重要であるのではないだろうか[47]。

不利益の内容として，前記一般的に述べたほか，具体的な事案においては，被告人の経営する事業の規模や従業員数が多く，経済的，社会的損失が大きい場合，被告人が努力して培ってきた専門的知識や技能を活用する道が閉ざされる場合，被告人が高い社会的評価を得ていたのにこれが失墜する場合，事情により行政処分から通常に発生する限度を超えた特別の不利益を被る場合等が考えられ，不利益の性格と程度に幅があり得よう。

犯罪の罪質に着目すると，罪質が重い犯罪においては，免許取消等の行政処分がなされた場合に被告人が被る不利益が刑事責任に比して小さく，量刑に大きな影響を与えないと考えられる。罪質が軽い犯罪について，量刑への影響が検討に値しよう。

私見をまとめてみると，①免許取消等の行政処分を受けるおそれについて，量刑上大きく配慮することはできないが，②罪質が軽い犯罪において，これによる事実上の不利益を考慮して，責任相当刑の枠の範囲内において量刑を配慮することが許されないとまではいえない，と考えられるのではないだろうか。

44) 廃棄物の処理及び清掃に関する法律7条の4第1項1号，7条5項4号ロなど。
45) 医師法7条2項，4条など。
46) 宣告刑を基準として免許取消等を定めた行政法の規定が合理性を欠いて不当な場合や，刑罰に加えて行政処分を課したことが被告人に過大な不利益を課すことになり不当である場合には，先行して確定した刑事裁判でなく，行政処分の効力を行政訴訟等で争うことになろう。
47) ただし，行政処分を回避するために，行政法が基準とする刑を下まわる刑を宣告すると，実際には行政処分による不利益が被告人に課されないのであるから，清算すべきものがなく，被告人の果たすべき量刑上の責任の量は変わらないから，責任相当刑の枠が事後的に軽減されるわけではない点などについては，公務員の失職可能性に関して検討したとおりである。

第8 結びに代えて

　社会的制裁については，多様な趣旨，性質のものがあり，事案によって被告人が被る不利益の性質・程度にも幅があるので，具体的に考えることが大切であろう。具体的な社会的制裁の量刑への影響を考える上では，社会的制裁により被告人が被る不利益の性格・程度と犯罪の罪質の関係や，社会的制裁が刑罰と並立する趣旨等を検討することが重要ではないだろうか。

　1つの方向性として，罪質の重い犯罪については，研究会で別途発表が予定されている事情や，社会的制裁の結果被害回復がなされたなどという事情を除くと，社会的制裁が量刑に及ぼす影響には限界があり，罪質の軽い犯罪について，社会的制裁が量刑に影響を与え，刑の執行を猶予するなどの被告人に有利な事情の1つになるのではないだろうか。

コメント

宇藤　崇

1　社会的制裁が量刑判断のなかでどのように考慮されるべきかについては，比較的早い段階から高い関心を呼んでいる。たとえば，西﨑論文でも紹介されているように，1972年に公刊された平野龍一『刑法総論Ⅰ』（有斐閣）では，概説書であるにもかかわらず，抑止刑論の理論展開という文脈で断片的ながら当該事情への言及がなされている。もっとも，このような関心の高さには不釣合いなほど，手つかずの課題も多い。その原因の1つは，「社会的制裁」として念頭におかれるものが相違するため，議論がうまくかみ合わなかったということかもしれない。西﨑論文が有する意義は，考えられる社会的制裁を類型化し，それぞれの特色を踏まえながら分析を加えている点にある。

本コメントでは，まず西﨑論文が提示する思考枠組みを確認する。そのうえで，最近の見解を，とりわけ刑罰と行政的制裁の併科にかかわる点につき参照しながら，本論文の着地点の見通しがよりよくなるよう若干の整理を試みたい。

2　西﨑論文は，検討課題につき，次のように定式化して見せる。「社会的制裁と刑罰が別個のものであることを前提としつつ，社会的制裁により被告人が被る不利益の性格・程度と犯罪の罪質との関係等によって，どの程度，社会的制裁が量刑に影響を与えるかを個別具体的に検討することになるのではないだろうか」。もっとも，それに引き続き，「視点として，①社会的制裁そのものに着目するのか，それとも，②社会的制裁により被告人が被る事実上の不利益に着目して検討するのかが問題となる」とも述べている（第2, 2）。一見するところ，「被告人が被る不利益」の「性格」の位置づけが明らかでないように思われるので，その内容を整理しておく。

後者の指摘だけを見る限り，視点①と視点②は二者択一であり，これが前者の指摘をまとめたものと位置づけられている。ただし，後者の指摘にある「社会的制裁そのもの」への着目が何を意味するのかは疑問なしとはいえない。社会的制裁が実際に課される場合，当該制裁には不利益が必ず伴う。その点において，当該事情とパラレルに検討されることもある違法捜査とそれに伴う苦痛などの不利益との関係とは異なっており，不利益を伴わない制裁

という理解では意味をなさない。前者の定式において不利益の「性格」と「程度」に言及のあることに照らすと、少なくとも不利益の「程度」の問題を含みうる表現となっている視点②が、この点に触れたものであり、それに対して、視点①はもっぱら不利益の「性質」という点に触れたものと解することができるかもしれない。仮に、そうであるとすれば、前者の定式は、視点①と視点②の関係性を示し、全体として、視点②を大枠としながら、視点①にも目配りをすることが求められるということを指摘したものと理解することができるであろうか（なお、このような枠組みを支える理論的根拠については、西﨑論文の注12）を参照）。

不利益の「性格」の考慮が、このようなものであるならば、先の定式に「犯罪の罪質」が言及されている点もよく理解できるように思われる。本論文では、刑罰につき、「国家が、犯罪の反社会性ないし反道徳性に着目して、法律の規定に従い、これに対して科す制裁」であるとの性格づけが、抜きがたいものであるとしてあらかじめ確認されている（行政的制裁との併科との関係で、犯罪の反社会性ないし反道徳性が言及されているものとして、最二小判昭45.9.11刑集24巻10号1333頁、判タ254号216頁を参照。西﨑論文の注15）では、東京高判平9.6.6判タ951号128頁を参照しながら、その旨が指摘されている）。ただその一方で、その性格は一様でなく、犯罪とされる行為の性格、すなわち「罪質」に応じて濃淡があり、また社会的制裁のほうでも、同じく濃淡のあることが踏まえられるべきであるとする。その結果、刑罰と社会的制裁との性質上の隔たりが大きい場合には、不利益が同程度であったとしても量刑への影響は小さく、とりわけ、対象犯罪の反社会性等がつよい場合には、社会的制裁が考慮される余地はあまりないとされている（第2,3）。

さらに、行政的制裁との関連では、憲法39条に規定される二重処罰の禁止につき、「社会的制裁の趣旨を、刑罰の趣旨と照らし合わせた場合に、社会的制裁が刑罰と並立する趣旨」から触れることがないと指摘したうえで、考慮される場合も限定的であることが確認されている。この点も先に確認した基本的な理解から了解することができる。

3 以上のように確認された西﨑論文の枠組みについて、いくつか気づいた点を指摘しておく。その際、本論文の大枠にしたがって、行政的制裁とそれ以外という括りで見ていく。

まず、行政的制裁との関係で、本論文では、その趣旨に照らして刑罰と並立するために憲法39条に定められる二重処罰の禁止に触れないとされてい

る。その裏返しとして，法的性格が刑罰と並立しない場合には二重処罰の禁止に触れ得ることになるのであろうが，憲法39条により禁じられるか否かを，立法の趣旨に照らして判別するのは適切か。これについては，仮に，本論文で理解されたような前提に立つとすれば，そもそも立法者が別立てで行政的制裁を定めている場合，少なくとも刑罰と同様の趣旨で定められたものであると説明されることは考えられず，結局，刑罰とそれ以外の処分の併科について二重処罰の禁止が機能することはほとんどないのではないかという疑問が生ずる（佐伯仁志『制裁論』〔有斐閣，平成21年〕127頁以下，宇賀克也ほか『対話で学ぶ行政法』〔有斐閣，平成15年〕105頁〔川出敏裕〕を参照）。実際，本論文における各論での議論を見ると，そのような帰結が示されており，二重処罰の禁止により規律される場面があり得るという出発点が実質的に維持されているか明らかでない。むしろ，行政的制裁の性質を考慮するにしても，趣旨ではなく当該制裁が果たす機能からアプローチするのが適切であろう。

　もっとも，本論文では，もともと憲法39条にいう二重処罰の禁止は実際に機能していないにもかかわらず，行政的制裁が併科される場合になお量刑により制裁の総量が規律される場面のあることが指摘されている。この点を理解するためには，二重処罰の禁止が有する意義を考察した佐伯仁志の論考が示唆的であると思われる。佐伯によれば，そもそも二重処罰の禁止が機能する場面は，二重訴追の禁止という手続法の場面に限られる。たとえば，刑罰法規のなかには，ある行為に対して，懲役刑と罰金刑の併科がなし得ることを規定したものがある。この場合，1つの犯罪行為に対して2つの刑罰が科されるのであるから，立法の趣旨に着目する見解であれ，制裁効果に着目する見解であれ，二重処罰の禁止に触れるはずであるが，そのような指摘は従来ない。この点，二重処罰の禁止が手続法上の制度であるとすれば整合的に理解できるという。そして，刑罰と制裁の併科それ自体は，むしろ罪刑均衡の原則のもとで規律されるのが合理的である。むろん，この場合にも，（犯罪とされる行為自体が必ずしも反道徳的性格を有しているわけではないが）烙印づけを前提に効果を発揮する刑罰と，そのような効果を伴わない，あるいは少ない行政的制裁の併科がなされるのか，どのような形でなされるのかは，立法政策に委ねられるところではあるが，少なくとも制裁としての共通の性格を有している限りで，過剰な不利益は排除されなければならないと理解されることになる（とりわけ佐伯・前掲『制裁論』94頁以下，123頁以下を参照。なお，罪刑均衡の原則の理論的基礎については，佐伯仁志「刑法の基礎理論」法教283号〔平成16年〕43頁〔45頁〕に言及がある）。つまり，対象となる行為につき刑罰を科す

るに際し，量刑上考慮するとは，この過剰な不利益の調整であると位置づけられる（たとえば，佐伯・前掲『制裁論』21頁，135頁を参照。ここでは制裁による不利益の全体量の調整の問題として位置づけられており，その意味で量刑に限った話ではなく，行政的制裁のほうでも生じ得る）。

　西﨑論文では，必ずしも佐伯が説くような形で罪刑均衡の原則からの規律が明示されているわけではない。しかし，その実質的な着地点は，ほぼ同じ基本線上にあると思われる。もちろん，個別に論ぜられるべき点は少なくなく，そのような基本線の提示だけでは結論がでないことは確かであるが（佐伯・前掲『制裁論』96頁を参照），それでも，憲法39条との抵触を殊更に視野に入れながら検討するよりは，西﨑論文の趣旨に沿うのではなかろうか。また，とりわけ，国家による制裁のいわば総量規制という視点は，「公務員の失職を回避するために量刑を配慮することについて」（第6），また「免許取消等の行政処分を回避するために量刑を配慮することについて」（第7）の検討でも，見通しをかなりよいものにするのではないかと思われる。

　4　行政的制裁以外の社会的制裁についてはどうか。佐伯の見解の射程外であり，罪刑均衡の原則が，そのまま妥当するわけではない。また，西﨑論文の枠組みに従えば，不利益の性格・程度を踏まえながら，具体的に論ずるのが適切であり，一括りに検討することはできないということかもしれない。それでもあえてまとめて考えるならば，刑罰の感応性の低下等，刑の必要性に応じて検討するという論理は残るのであろう。民間企業による懲戒等（第4），過剰な報道（第5）等は，そこに含まれるように思われる。さらに，刑罰の感応性の過剰な低下等を防止すべき立場に国家があるという限りで，社会的制裁による不利益を無視した量刑は，罪刑均衡の原則の適用場面ではないにしても，処罰相当性が問題となる一場面と考えることも可能ではなかろうか（なお，この点と関連して，松宮孝明「量刑に対する責任，危険性および予防の意味」立命323号〔平成21年〕1頁〔15頁〕を参照）。

　5　西﨑論文の指摘は，従来の裁判例を踏まえた非常に具体性を兼ね備えたものである。もっとも，その具体性への回帰のために，目指すべき方向性につき見通しを若干複雑にしているようにも思われる。本コメントの目的はその種の複雑性の縮減に尽きる。本稿の理解が西﨑論文のねらいから外れていないことを願うばかりである。

違法捜査等と量刑

小倉哲浩

第1 はじめに／275
第2 裁判例／276
　1 裁判例の紹介
　2 各裁判例の分析
　　(1) 手続の違法を考慮する根拠／(2) 量刑への具体的な影響の有無と程度
第3 手続の違法が量刑に与える影響に関する諸見解／290
　1 各見解の内容
　2 各見解に対する批判
第4 検討及び私見／298
第5 派生する種々の問題について／308
第6 裁判員制度における留意事項／311

第1　はじめに

　周知のとおり，違法収集証拠の証拠能力に関する問題については，最一小判昭53.9.7刑集32巻6号1672頁，判タ369号125頁により，「令状主義の精神を没却するような重大な違法があり，これを証拠として許容することが，将来における違法な捜査の抑制の見地からして相当でないと認められる場合においては，その認拠能力は否定される」との判断が示されている。これにより，いわゆる相対的排除の立場から一定の範囲で証拠能力が否定される場合があることが明らかにされ，以後，下級審においても証拠排除を認める事例が出てくる一方，証拠の収集手続に違法があるとされたが，当該手続に基づき収集された証拠の証拠能力は否定されないと判断される事例もみられるところであった。

　そのような中で，後掲②の浦和地判平1.12.21が，捜査手続において証拠が排除されるには至らない程度の違法があったことを量刑に反映させたことを契機として，かかる手法の妥当性が議論されるようになった。そして，現在では，違法排除法則の適用の在り方との関係のみならず，実体法上の量刑論との関係を踏まえた様々な議論がなされているところであり，そのような裁判例や学説を検討した上で，実務上，この問題にどのように対処すべきか検討してみたい。

第2 裁判例

1 裁判例の紹介

　事件の手続過程での違法行為と量刑の問題に言及した裁判例については，公刊物あるいは裁判所ホームページに登載されたものとして以下のものがある[1]。

　① 東京地判昭46.2.18判タ260号271頁[2]
　本裁判例は，捜査の違法を量刑上考慮し得るかという問題の議論がされる以前のものであるが，捜査段階における警察官による違法行為を量刑上ドラスティックに考慮したものとして注目される。本件は，被告人が職務質問を受けた相手方の警察官等に暴行を加えたとして起訴された公務執行妨害事件であるが，現行犯逮捕されて留置されていた被告人が警察署内で暴れるなどしたことの懲罰として，看守係の警察官らにより暴行を加えられるなどして肋骨骨折等の傷害を負ったものと認定され，量刑理由において「本件の罪名は公務執行妨害であつて，国の警察権行使に対する妨害が被告人処罰の根拠となつている。その国の警察権の担当者が，その事件で拘束されている被疑者である被告人に対し前記のような不法行為をなしたということは，刑政の根本である衡平に反する。被告人に対する加害者の訴追や被告人の受けた傷害治療費の求償の途が別にあるとしても，判示程度の公務執行妨害の捜査手続中に前記程度の傷害が加えられたということは，本件刑事手続自体においても少くとも量刑上大きく考慮してよい事由である。弁護人の主張する公訴棄却という方法は，その根拠として，嫌疑のない犯罪だからという限り採用の限りではない。一般に公訴棄却という最後の途が残される余地が全くないというのではないけれども，18日の未決勾留がある本件においては，裁判官立法を敢てするまでもなく，被告人の犯罪を不問に附することをしないでしかも衡平感を維持する方途が量刑上の措置により可能である。」と判示して，被告人を懲役15日に処した上で，未決勾留日数中15日を刑に算入した[3]。

　② 浦和地判平1.12.21判タ723号257頁
　本裁判例は，前述のとおり，捜査の違法手続が量刑に及ぼす影響に関し様々な議論が行われる切っ掛けとなった裁判例である。覚せい剤不法所持の

疑いで逮捕された被告人が警察官からの求めに応じて尿を提出したものの，排尿した容器への署名指印に応じなかったことから捜索差押許可状の発付を得て強制採尿が実施された事案において，裁判所は，容器への署名指印以外にも被告人が提出した尿であることの立証が可能であったとし，強制採尿の必要性の判断を誤った結果，嫌がる被告人の抵抗を排除して採尿を強行した点で違法であるとしたが，尿の鑑定書の証拠能力を否定しなければならない程重大な違法ではないと判断した。また，採尿手続の適法性に影響を及ぼすものではないが，強制採尿の4時間以上前に被告人を取調室に連行する際，出頭を嫌がる被告人の身体を担ぎ上げるようにして数人がかりで連行した違法が存するとしている。そして，量刑判断において，「一般に，刑罰権を実現する過程で被疑者に課せられる種々の不利益（未決勾留や取調べ等）は，それが適法なものである限り，被疑者において当然これを受忍しなければならないが，被疑者に受忍を求め得るのは，あくまで刑罰権を実現する上で必要不可欠なものとして法が許容した限度に止まると解すべきであって，右不利益が，本来法の予定する以上に著しい苦痛を被疑者に与えるものであったときは，被疑者がかかる苦痛を受けた事実は，広義の『犯行後の状況』の一つとして，ある程度量刑に反映されるべきものと考える。右のような見解に対しては，刑罰の量は，犯罪の違法性及びこれに対する被告人の有責性の程度等により決せられるべく，捜査の違法を量刑に反映させるのは不当であるとの反論も考えられないではないが，法定の手続に従い，被告人（被疑者）に対し本来受忍を求め得る限度での苦痛しか与えずに科される刑罰の量と，法定の手続を逸脱し，被告人（被疑者）に対し右の限度を超える著しい苦痛を与えた上で科される刑罰の量に一切差があってはならないというような見解は，社会の常識ないし正義感情に反し，到底採用し難いところである（ちなみに，違法捜査の場合ではないが，例えば，公訴の提起自体により被告人が公職を失ったり，社会的地位を失墜した場合のように，刑事手続の遂行により，被告人・被疑者が通常の場合と比べ著しい不利益を受けるときに，かかる不利益を量刑上ある程度考慮に容れ得ることは，一般に当然のことと考えられている。）。」とした上で，刑の執行を猶予するのは相当ではないが，刑期を定めるに当たっては相当程度考慮に容れるべきとし，懲役1年6月の実刑判決を言い渡した。

③　浦和地判平3.9.26判タ797号272頁，判時1410号121頁

本裁判例は，②と同じ浦和地裁における裁判例である。被告人が，娘を入院させていた病院で騒ぎを起こしていたところ，通報を受けて駆け付けた警察官が被告人に対して覚せい剤使用の疑いを抱き，保護する旨を告げて警察

署に同行したが，被告人の求めに応じてその娘も同伴した。被告人は，保護手続中に，警察官からの再三の求めに応じて尿を提出したが，その尿から覚せい剤が検出され，覚せい剤取締法違反で起訴された。裁判所は，当該保護手続は警察官職務執行法の要件を満たさず，その保護手続を利用して行われた採尿手続も違法であるが，違法の程度は重大ではないとし，また，採尿手続自体について，そこに被告人の娘を同席させたことや，保護を解除しないまま被告人に尿提出を求めたことは厳しく非難されなければならないが，いずれについてもやむを得ない事情が認められる上，それが採尿手続の任意性に影響を及ぼしたとは認め難いとし，尿の鑑定書の証拠能力を認めた。そして量刑判断において，「本件の保護手続きが違法であり，採尿手続きにもやや強引なところが見受けられることは既に述べてきたとおりであるが，犯罪捜査のため被疑者が受忍すべき不利益は，刑罰権行使にとり必要不可欠のものとして法が許容した限度に限定されるべきであり，これを超えて捜査機関が被疑者に不利益を課すならば，それによって被疑者が苦痛を受けた事実自体（捜査の違法を明らかにする為に長期の裁判を余儀なくされた不利益も含まれる）が広い意味での『犯行後の状況』にあたり，たとえ被告人が有罪とされる場合であっても，その量刑に相応の影響を及ぼすと考えるべきである。」とし，懲役1年2月の実刑判決を言い渡した。

④ 大阪高判平 4.1.30 高刑 45 巻 1 号 1 頁

本裁判例は，任意同行先の警察署で採取された被告人の尿から覚せい剤が検出され，その後，これに基づき覚せい剤の自己使用容疑で逮捕された際に覚せい剤が見付かり，提出した尿からも覚せい剤が検出されたことから，覚せい剤自己使用2件と覚せい剤所持1件で起訴された事案である。裁判所は，当初の採尿手続につき，警察官が，拒む被告人をパトカーに押し込み警察署まで連行し，警察署においても，被告人が執ように退去させるよう求め，実際に2度にわたり帰りかけたところ実力で阻止したものと認定し，当初の採尿行為は，違法な連行に引き続き，これを直接利用したもので，違法性も重大であるとし，尿の鑑定書等の証拠能力を否定して当初の覚せい剤使用を無罪としたが，逮捕された後に提出した尿の鑑定書や発見された覚せい剤等の証拠能力は否定せず，後の覚せい剤使用及び所持については有罪とした。そして，その量刑理由において，「本件では捜査手続に違法が認められ，起訴された事実のうち一部が無罪となったこと，その他諸般の情状を斟酌しても，被告人の刑事責任を軽くみることはできず，主文の量刑が相当である。」とし，懲役1年8月の実刑とした[4]。

⑤　熊本地判平 4.3.26 判タ 804 号 182 頁

　本裁判例は，暴力団抗争に起因して行われた被告人甲，乙，丙及び丁による殺人未遂事件2件及び殺人事件1件等の事案であり，うち1件の殺人未遂事件は情勢把握のため対立する暴力団事務所を訪れた警察官を組員と思い込んでけん銃で撃ち，加療2か月間の左大腿部盲銃創等の傷害を負わせたというものであるところ，捜査段階において，警察官が被告人乙や被告人丙らに対して激しい暴行を加えた事実が認定されている。そして，裁判所は，弁護人らによる公訴棄却の主張に対して，「捜査段階で被告人乙及び同丙に対して加えられた警察官による暴行の態様は極めて峻烈であったと認められ，また，同丁や，E_4，E_{15} に対しても警察官によってかなり強度の暴行が加えられた疑いを否定できない」とした上で，「公訴棄却は，当該犯罪に対する司法的実体判断の道それ自体を閉ざしてしまうものであり，裁判所として，適正な刑罰権の発動による社会正義の実現という，刑事司法手続に課せられた重大な社会的使命を放棄するものであることに鑑みれば，捜査過程に強度の違法事由が介在したことをもって，刑事訴訟法338条4号に該当するとの判断を下すには，最高度の慎重さをもって臨むべきであるというべきである。そして，違法捜査に対するその被害者の人権擁護や，事後の違法捜査の抑制は，国家賠償訴訟の提起や，当該違法捜査に起因する相当範囲の証拠の排除等によりある程度図ることができること，また，当該違法捜査の被害者である被告人に関する限り，量刑上の適切な配慮によっても，その人権擁護にある程度資することができること等に照らせば，違法捜査の介在の故にそれに基づく起訴手続を違法と評価すべき場合は，違法事由の強度，違法捜査と公訴提起との条件関係のほか，起訴にかかる犯罪の法定刑・態様・社会的影響等をも十分勘酌した上，裁判所として，自らに課せられた適正な刑罰権の発動という職責を放棄し，前記の重大な社会的要請を完全に犠牲にしてでも，なおかつ当該犯罪に関して公訴を提起・追行すること自体を許容しえないと判断されるような極限的な場合に限られるというべきである。」として排斥した。そして，被告人乙に対しては1件の殺人と1件の殺人未遂を認定し（1件の殺人未遂及び併合審理されていた別の覚せい剤取締法違反事件については無罪），被告人丙に対しては1件の殺人未遂を認定した（1件の殺人及び1件の殺人未遂については無罪）上で，被告人乙に対する量刑理由において，「本件の捜査段階において，警察官相当数から，被告人乙に対して暴行が加えられ，これによって被告人乙が重度の傷害を負うに至ったことは，本件記録上明らかであるところ，右暴行は，現行刑事訴訟法における捜査史上，ほとんど他例をみ

ないほどの峻烈窮まりないものであり，被疑者の人権にも意を用いるべき義務を有する警察官の右義務違背の程度は，まさに前代未聞の名に値する。そして，これにより被告人乙の被った肉体的苦痛，精神的屈辱感の甚大さ，警察官の非違行為の程度の重大さに鑑みるとき，裁判所としては，右違法行為がたとえ裁判所と別個の機関によってなされたものであるとはいえ，等しく刑事司法に携わる国家機関として，刑罰権の発動を相当程度に自制すべきであるというべきである。」として懲役14年に処し，被告人丙に対しては，「捜査段階で，同被告人が警察官から峻烈な暴行を受けて重度の傷害を負うに至っており，その肉体的・精神的苦痛の大きさと警察官による違法の程度は，先に被告人乙について述べたのとほぼ同様であって，裁判所としても，刑罰権の発動をある程度自制すべきである」として，懲役8年に処した。

⑥ 東京高判平 7.8.11 判時 1567 号 146 頁

本裁判例は，強姦致傷での懲役5年の判決に対する控訴事件であるが，勾留中に被告人が拘置所職員から違法な扱いを受けたとの主張がなされた。弁護人は「被告人は，本件で勾留中に拘置所職員から，いわれのない人種差別的暴言や暴行を受け，このような暴虐行為により精神的，肉体的に多大の苦痛を受けた。このように国家機関である拘置所職員により暴虐行為がなされた以上，国家が犯人処罰の適格性を欠くに至り形式裁判により刑事手続きを打ち切らなければならないこともあり得るというべきであるが，少なくとも，国家がこのような違法行為をあえてした以上，情状事実としてこれを考慮すべき」と主張したが，裁判所は，「刑事被告人が，勾留されている間に，拘置所職員により暴行，凌虐等を受け精神的，身体的な苦痛を被ったという事情は，それが事実であれば，当該事件が原因となって被告人の心身に生じた事情として，量刑事情の一つとなることを否定することはできない。しかし，勾留中の者が，拘置所職員により暴行，凌虐を受けるなどした場合には，被害事実について告訴するなどして当該拘置所職員の非違行為を司直の手に委ねることが可能であるし，国家賠償請求訴訟の提起により，その者の被った肉体的，精神的損害の賠償を求めることもできるのである（現に被告人は，前記のように国を被告として国家賠償を求める訴訟を提起している。）。したがって，そのことが所論のいうように国の犯人処罰の適格性を欠く事由になるなどといい得ないことはもとより，刑の量定が犯人の責任を基礎とすべきものである点からみて，通常，その者が犯した犯罪についての量刑を決定的に左右するような事情になるとも思われない。」とした上で，「これを本件について見ると，前記国家賠償請求訴訟を本案とする証拠保全手続きにおいてなさ

れた被告人の身体の検証，鑑定の結果等によれば，被告人の身体に，被告人において，拘置所職員から受けたという暴行等と因果関係があると認められる顕著な傷害の痕跡等は見当たらず，少なくとも被告人が，これにより，その身体に重大な傷害を負った事実があったとは認めがたいところであり，量刑の基本となるべき本件事案の性質，態様等と対比し，それが本件において，原判決の定めた被告人の量刑を左右するものとは認められない。」とし，被告人の控訴を棄却した。

⑦ 大阪高判平11.3.5 判タ1064号297頁

本裁判例は，覚せい剤の自己使用及び所持に対する懲役1年6月の実刑判決に対する控訴事件であるが，押収された覚せい剤や尿の鑑定書が違法収集証拠であるとの主張がなされた。捜査の経過は，被告人が駐車中の車内にいたところを警察官らから職務質問され，所持品を見せるよう説得された際，興奮状態となり自傷行為に及ぼうとしたことから警察官らによって車から降ろされたが，その際に運転席のシートと背もたれの間に隠したポシェットを警察官が車内に入り持ち出し，被告人の承諾を得て中を確認したところ覚せい剤等が見付かり現行犯逮捕され，引致された警察署で任意に尿を提出したというものである。裁判所は，警察官が車内に入りポシェットを持ち出したことは違法であるが，証拠能力を否定しなければならないような重大な違法はないとし，尿の任意提出についても，重大な違法はないとした。弁護人は「違法捜査の結果収集された証拠の証拠能力が排除されない場合であっても，司法の廉潔性の確保や違法捜査の抑制などの観点から，捜査段階での違法は，量刑にあたって被告人に有利な情状として考慮されるべきである」と主張したが，裁判所は，「一般に，捜査の過程において，例えば被告人が暴行を受けたり，或いは著しい屈辱を受けたような場合には，被告人の蒙った不利益を犯行後の状況として量刑上考慮するのが相当と解されるような事例があることは否定できない。しかし，右の見地に立って，本件の所持品検査によって受けた被告人の不利益を検討しても，これらを犯行後の状況として量刑上考慮するのが相当であるとは認め難い。」とし，被告人の控訴を棄却した。

⑧ 神戸地判平16.10.28（裁判所HP）

本裁判例は，覚せい剤の自己使用の事案であるが，その捜査経過は以下のとおり認定された。ナンバープレートを付け替えた車両に乗車した被告人が警察官らから職務質問を受け，警察署まで任意同行された後，警察官らが同車を警察署まで搬送したが，その際，同車のドアポケットにけん銃様のもの

があることが確認されたことから，警察官が，本物のけん銃か否かを確認したいとして被告人の了解を得，その立会いの下で同車の確認をしたが，その際，警察官らが車両の全ドアを一斉に開け，フロアマット上に覚せい剤入りのパケがあるのを見付けた。その後，病院に行きたいという被告人の要望を拒否している間に捜索差押許可状の発付を得て前記覚せい剤を差し押さえて簡易検査をし，陽性反応が出たことから被告人を現行犯逮捕した上，捜索差押許可状に基づき強制採尿を行った。裁判所は，車両の搬送行為や見分行為については被告人の明示の同意ないし承諾がなく，適法性に疑いがあり，逮捕までの留め置きも強制的要素の濃いもので違法であって，強制採尿手続も違法としたが，その違法の程度は重大でないとして尿の鑑定書の証拠能力を認めた。そして，量刑理由において，「本件捜査手続に違法があるとする被告人の主張に一部理由があることなど被告人のために斟酌すべき事情を考慮しても，主文の刑は免れない。」として，懲役2年4月の実刑判決を言い渡した。

⑨ 大阪地判平18.9.20判時1955号172頁

本裁判例は，覚せい剤自己使用，覚せい剤営利目的所持及び大麻所持の事案であるが，弁護人が，取調べの警察官による暴行を理由に被告人の供述調書の任意性を争ったところ，裁判所は，違法な暴行があったか否かにかかわらず供述調書の任意性やその他の証拠の証拠能力は認められるとしつつ，「本件においては，捜査段階における被告人の取調べ中，C警察官が被告人に対し有形力を行使した事実は当事者間で争いがないところであり，もしこの有形力行使が違法な暴行であると判断されるのであれば，その違法の重大さ・深刻さからしても，これが被告人の量刑判断に影響を及ぼすことは避け難いところであると思われる。けだし，現在の刑事裁判実務では，刑事訴追の過程で被告人がいかなる苦痛を被ったかということも広い意味での『犯行後の状況』として量刑上考慮されるべき一事情になり得るものと解されているところであるが，捜査過程で捜査官の側が被告人に対し違法を働いたという事情もその一種として位置付けられるのであって，量刑への影響の程度が基本的に行為責任の幅の中に止まる限りは，これを量刑の際の一事情として考慮することを否定すべき理由はないように思われる。ことに，捜査官による違法捜査によって被告人が肉体的・精神的苦痛を被ったという場合は，本来であれば，実体的にも手続的にも刑事上の正義を追求し体現しなければならない刑事訴追の過程において，国家機関の一員たる捜査官が自ら手続的正義に反する振る舞いに出て，これが被告人に対し現実の苦痛を与えたというのであるから，衡平の見地からも，この点は量刑事情として軽視すべからざ

るものと考えざるを得ないのであって，その手続的正義に反する度合い，すなわち捜査官が犯した違法の程度・深刻さや，これによって被った被告人の肉体的・精神的苦痛の程度等を綜合的に考慮するとともに，他方で，この違法や苦痛を事後的にせよ消却・鎮静化させる実効的措置が既に存在し又は今後施され得る現実的可能性があるか否かの点も相関的に併せ考えた上，実体的正義実現の最終段階である量刑判断に適宜それを考慮・反映させるべきであると考える。」とし，警察官による違法な暴行の有無について検討を加え，警察官が被告人に対し一方的にその顔を殴り，更にスチール机を被告人の方へ押し出した上これを蹴って，その角の部分を被告人の左側胸部に強打させる暴行を加え，被告人に左肋軟骨骨折の傷害を負わせたと認定した上で，「上記のようなC警察官の行為は，取調室という密室状況や取調官・被疑者という圧倒的な立場の差を悪用した，それ自体犯罪を構成する可能性のある言語道断な行為であるといわざるを得ず，著しく妥当性を欠いた違法な取調べであったと認められ，これにより被告人の被った肉体的・精神的苦痛も大であったと考えられる。これに対し，それを消却・沈静化する事後的措置としては被告人が別に国家賠償訴訟を提起することも考えられはするが，それ自体負担を伴うばかりか，立証責任や本件の証拠構造からして必ずしも勝訴が確実であるとまではいえないことに照らすと，それが現実的・実効的な消却・沈静化措置であるとは言い難いのであって，結局，本件違法の重大性や被告人の苦痛の大きさを総合勘案すると，上記国家賠償訴訟において勝訴し得る可能性を考慮してもなお，本件においては，上記違法な暴行により被告人が苦痛を被った事実を，後記のとおり，量刑判断において相当程度考慮することが必要であると解される。」とし，量刑理由において，「前記のとおり被告人は捜査段階において取調官から違法な暴行を受けており，これにより相当の肉体的・精神的苦痛を被っていること，など被告人のために酌むべき事情もある」と判示し，懲役2年6月，罰金20万円の実刑判決を言い渡した。

⑩　大阪地判平20.3.24（裁判所HP）

　本裁判例は，自室に招き入れたいわゆるデリヘル嬢を殺害した事案において，被告人が，取調べの際に，警察官から，拳であごを10回ほど殴られ，髪の毛をつかまれて振り回され，頭や顔を蹴られるなどの暴行が加えられたと認め（検証調書により下唇の受傷も認められている。），当該取調べにより作成された供述調書の任意性を否定した上で，アルコールを断続的に飲酒したことによって，複雑酩酊又は複雑酩酊とほぼ同等の状態にあり，心神耗弱の状態にあったと認定し，その量刑判断においては，「前記のとおり被告人が取調

べ時に捜査官から違法な暴行を受けるなどして相当の肉体的・精神的苦痛を被ったことも量刑上一定程度考慮し得る事情ということができる。」として，懲役6年の判決を言い渡した。

2 各裁判例の分析

(1) 手続の違法を考慮する根拠

②，③，④，⑦及び⑧の各裁判例は，いずれも，覚せい剤や被告人の尿を収集した手続等の違法性が問題となった覚せい剤事案である。一方，捜査過程に関するものでも，⑤，⑨及び⑩の裁判例は，捜査段階における警察官による被告人への暴行が問題となった事案である。留置ないし勾留中の処遇に関するものとして，①は逮捕後の警察署での留置の際の警察官による暴行が問題となったもの，⑥は勾留中の拘置所職員による暴行等が問題となったものである。

そして，②や③の裁判例が違法収集証拠排除との関係で論じられていたのは前述のとおりである。しかし，その後の裁判例も含めて，違法収集証拠として証拠排除された場合には無罪となることとの比較や，重大違法として排除されないことの代替措置的な趣旨において量刑上の考慮を根拠付ける裁判例は見当たらない。各裁判例の事案をみても，①と⑥の裁判例は留置場や拘置所における処遇の場面での問題であり，証拠排除の問題とは関連しないことは明らかである。そもそも，②の裁判例も，弁護人は，その余の証拠のみによっても証明が十分であると認められるので無罪を主張する趣旨ではない旨を釈明している事案であり，また，④の裁判例も証拠排除された事件は無罪となったが，併合審理された関連事件の量刑判断において，無罪となった事件の捜査の違法が指摘されたものであり，⑤の裁判例も，判決の内容に照らすと，警察官による暴行の影響下で録取された供述調書については証拠能力を否定している事案と思われ，⑨の裁判例も捜査官による暴行が証拠能力にはそもそも影響しないとされている。⑩も，捜査官の暴行を理由として関連する供述調書の証拠能力が否定されている。したがって，証拠能力を排除すれば無罪になるが，排除するに至らない違法があったにとどまることが問題となる事案は，③，⑦及び⑧の裁判例であり，しかも，後述のとおり，⑦及び⑧の裁判例は，量刑への影響を否定するか，さほど考慮していないと思われるものである。

②や③の裁判例が違法な捜査が行われたことを量刑に影響する事情として考慮する根拠は，法が予定する以上に著しい苦痛を被疑者が受けた事実を広

義の「犯行後の状況」と位置付けることによるものである。この点は特に②の裁判例が詳論し，公訴の提起自体により被告人が公職を失ったり，社会的地位を失墜した場合のように，刑事手続の進行により，被告人・被疑者が通常の場合と比べ著しい不利益を受けた場合に量刑上考慮されることを指摘するほか，刑罰の量は犯罪の違法性及び有責性の程度等により決せられるべきとの考えに対しては，被告人に本来受忍を求め得る程度での苦痛しか与えずに科される刑罰の量と，法定の手続を逸脱し，被告人に対し限度を超える著しい苦痛を与えた上で科される刑罰の量に一切差があってはならないというような見解は，社会の常識ないしは正義感情に反するとする。被告人が受けた苦痛を犯行後の状況として考慮する考えとしては，⑥の裁判例が「刑事被告人が，勾留されている間に，拘置所職員により暴行，凌虐等を受け精神的，身体的な苦痛を被ったという事情は，それが事実であれば，当該事件が原因となって被告人の心身に生じた事情として，量刑事情の一つとなることを否定することはできない。」とし，⑦の裁判例が「一般に，捜査の過程において，例えば被告人が暴行を受けたり，或いは著しい屈辱を受けたような場合には，被告人の蒙った不利益を犯行後の状況として量刑上考慮するのが相当と解されるような事例があることは否定できない。」とし[5]，⑩の裁判例が，「被告人が取調べ時に捜査官から違法な暴行を受けるなどして相当の肉体的・精神的苦痛を被ったことも量刑上一定程度考慮し得る事情ということができる。」とするのも，基本的には同様のものであろうか。

　これと違う観点からのものとして，①の裁判例は，公務執行妨害は，国の警察権行使に対する妨害が被告人処罰の根拠となっており，その国の警察権の担当者が，その事件で拘束されている被告人に暴行を加えたことは，刑政の根本である衡平に反するとし，量刑上の措置を，「衡平感を維持する方途」と位置付ける。なお，同裁判例は，弁護人の公訴棄却の主張に対し，「一般に公訴棄却という最後の途が残される余地が全くないというのではないけれども，18日の未決勾留がある本件においては，裁判官立法を敢てするまでもなく，被告人の犯罪を不問に附することをしないでしかも衡平感を維持する方途が量刑上の措置により可能である。」としていることに照らすと，捜査の違法が公訴棄却という結果をもたらすことがあることとの関連で量刑上の考慮を考えているとも考え得る。

　⑤の裁判例は，警察官による被告人への暴行を「現行刑事訴訟法における捜査史上，ほとんど他例をみないほどの峻烈窮まりないものであり，被疑者の人権にも意を用いるべき義務を有する警察官の右義務違背の程度は，まさ

に前代未聞の名に値する。」として厳しく非難しつつ,「被告人乙の被った肉体的苦痛,精神的屈辱感の甚大さ,警察官の非違行為の程度の重大さに鑑みるとき,裁判所としては,右違法行為がたとえ裁判所と別個の機関によってなされたものであるとはいえ,等しく刑事司法に携わる国家機関として,刑罰権の発動を相当程度に自制すべきである」とした。捜査機関が被疑者に対して違法行為を行った場合,なぜに別の機関である裁判所が行うべき量刑判断に影響するのかという点について説明を加えたものとして注目される。

⑨の裁判例は,「現在の刑事裁判実務では,刑事訴追の過程で被告人がいかなる苦痛を被ったかということも広い意味での『犯行後の状況』として量刑上考慮されるべき一事情になり得るものと解されているところであるが,捜査過程で捜査官の側が被告人に対し違法を働いたという事情もその一種として位置付けられるのであって,量刑への影響の程度が基本的に行為責任の幅の中に止まる限りは,これを量刑の際の一事情として考慮することを否定すべき理由はないように思われる。」として,②等の裁判例と同様に被告人が受けた苦痛を量刑上考慮すべき「犯行後の状況」として位置付けるが,さらに,「捜査官による違法捜査によって被告人が肉体的・精神的苦痛を被ったという場合は,本来であれば,実体的にも手続的にも刑事上の正義を追求し体現しなければならない刑事訴追の過程において,国家機関の一員たる捜査官が自ら手続的正義に反する振る舞いに出て,これが被告人に対し現実の苦痛を与えたというのであるから,衡平の見地からも,この点は量刑事情として軽視すべからざるものと考えざるを得ない」とし,「衡平」の概念を用いる①の裁判例と同様の指摘,あるいは刑事司法に携わる国家機関である捜査官の違法行為を問題とする⑤の裁判例と同様の指摘もみられる。

特に量刑上考慮することの根拠を示さないものとしては,④の裁判例は,斟酌すべき事情として「本件では捜査手続に違法が認められ,起訴された事実のうち一部が無罪となったこと」を挙げ,⑧の裁判例は,被告人のために斟酌すべき事情として「本件捜査手続に違法があるとする被告人の主張に一部理由があること」を挙げるにとどまる。

このように,上記各裁判例においては,被告人が受けた苦痛を「犯行後の状況」として考慮するものが多いが,国家刑罰権の行使に関し,同じ国家の機関が違法行為をしたことから説明するもの,正義,衡平の概念を用いて説明するものなどが注目される。

次に,このような形で考慮したものが,量刑への実際の影響をどの程度のものとしているのか検討してみたい。

(2) 量刑への具体的な影響の有無と程度

　違法捜査や違法処遇がどの程度量刑に影響を及ぼしているのかについては，そのような違法がなかった場合になされるであろう量刑が必ずしも明らかではなく，比較を行うのには困難な面があるが，少なくとも①の裁判例は，最もドラスティックに量刑事情として考慮した事案であって，主刑を懲役15日とした上で，さらに，18日間あった未決勾留日数に関し，その刑に満つるまで算入している。被告人が暴行を加えた2名の警察官のうちの1名に対する公務執行妨害について共犯として起訴された被告人に対しては，懲役6月，執行猶予2年の判決が言い渡されていることからしても，被告人が受けた不利益を相当大きく考慮したことがうかがわれる。

　②の裁判例は，覚せい剤事犯の前科もある覚せい剤自己使用と約4グラムの覚せい剤所持の事案で，懲役3年の求刑に対して，懲役1年6月の実刑としており，違法捜査があったことを理由に大幅に引き下げたとの見方もあり得るが[6]，研究会においては，最終刑の執行終了時からでも7年以上経過しており，65歳と高齢であることなどからすると，刑を大きく下げているとはいえないのではないかとの意見もあった。

　③の裁判例は懲役1年2月を言い渡している。同種の覚せい剤前科が2犯あり，うち1犯は累犯関係にあることに照らすと，いささか軽いようにも思われ，「その量刑に相応の影響を及ぼすと考えるべきである。」との判決文に照らしても，ある程度刑を引き下げる要素として考慮しているのであろう。

　一方，④，⑥及び⑦の控訴審の各裁判例についてみるに，⑥は，被告人の身体に重大な傷害を負った事実があったとは認め難いとし，量刑の基本となるべき本件事案の性質，態様等と対比し，原判決が定めた量刑を左右するものとは認められないとし，⑦は，一般論としては暴行を受けるなどした場合には量刑上考慮される余地があることを認めつつ，本件の所持品検査によって受けた被告人の不利益を検討しても，犯行後の状況として量刑上考慮するのが相当であるとは認め難いとし，いずれも控訴が棄却されている。④は，証拠排除により一部無罪となったが，有罪部分では，違法捜査があり無罪になったことを挙げつつも，第1審が，2件の覚せい剤自己使用と1件の覚せい剤所持に対して懲役2年を言い渡したのに対し，覚せい剤の自己使用及び所持各1件に対し，懲役1年8月としており，量刑理由の記載に照らしても，刑を軽くする要素としてさほど考慮した様子がうかがわれない。

　⑤の裁判例は，暴力団抗争に起因する殺人等の事件で，被告人乙は，対立組織関係の組事務所にけん銃を発射した殺人未遂，入院中の対立組織の配下

組員と思われる人物を拳銃と刺身包丁で殺害した殺人が有罪と認められた上で，懲役14年の刑が言い渡され，被告人丙は，対立組織の事務所に情勢把握のため現われた警察官を組関係者と思い込んで拳銃を発射して重傷を負わせた殺人未遂が有罪と認定され，懲役8年の刑が言い渡されている。罪質や判決で認定された各被告人の関与形態等からすると，より重い刑を科すこともあり得た事案のように思われ，「刑罰権の発動を相当程度に自制すべきである」（被告人乙），「刑罰権の発動をある程度自制すべき」（被告人丙）との量刑理由の記載に照らしても，一定程度，刑を軽減する方向で影響を与えたものといえようか。

⑧の裁判例は，「本件捜査手続に違法があるとする被告人の主張に一部理由があることなど被告人のために斟酌すべき事情を考慮しても，主文の刑は免れない。」との量刑理由の記載や，多数の同種懲役前科を有するとはされているものの，累犯前科があった様子は見受けられない事案において，1件の覚せい剤自己使用で懲役2年4月を言い渡していることなどに照らすと，さほど刑を下げる要素としては考慮されていないのではないかとも思われる。

⑨の裁判例は，営利目的での4グラム余りの覚せい剤所持のほか，覚せい剤の自己使用と使用目的の大麻の所持の事案であるが，懲役4年及び罰金100万円が求刑されたのに対し，懲役2年6月及び罰金20万円が宣告されている。事案に照らすと，捜査官の暴行を考慮して大胆に刑を引き下げたとはいえないが，やや軽い刑のように思われ，判決文において「違法な暴行により被告人が苦痛を被った事実を，後記のとおり，量刑判断において相当程度考慮することが必要であると解される。」とし，量刑判断において挙げる被告人のために酌むべき事情としては，「被告人は捜査段階において取調官から違法な暴行を受けており，これにより相当の肉体的・精神的苦痛を被っていること」のほかは，反省の態度と知人が更生への助力を約束していることにとどまっていることに照らすと，一定程度考慮に入れて刑を下げる要素となっているものと思われる[7]。

⑩の裁判例は，自室に招き入れたいわゆるデリヘル嬢を酩酊の上ナイフで何度も突き刺して殺害したという殺人の事案につき，懲役15年の求刑に対し懲役6年を宣告している。事案は悪質であり，通常なら相当重い刑が言い渡されることも考えられるであろうところ，心神耗弱が認められたことが大きく影響しているであろうが（本件は平成16年法律第156号による改正前の事案であり，法律上の減軽により処断刑の上限は懲役7年6月であった。），その量刑理由の記載に照らしても[8]，捜査の違法が一定程度考慮されているものと思われ

る。以上のとおり，違法捜査が量刑に与える影響に関する議論の切っ掛けとなった②や③の裁判例は，必要性判断を誤った強制採尿やその前の取調室への連行が問題となったもの，保護の要件を満たさないにもかかわらず保護ということで被告人が任意同行に応じたものであるが，いずれも相当程度量刑上考慮していると思われる。しかし，その後の裁判例の傾向をみてみると，警察官による暴行により被告人が傷害を負った事案である①，⑤，⑨及び⑩の各裁判例は，実質的に量刑への考慮を行っていると思われるが，パトカーに乗せる際に一定の実力を行使した④の裁判例，所持品検査が問題となった⑦の裁判例，車の所持品検査や強制的色彩の濃い留め置きが問題となった⑧の裁判例は，当該事案における量刑への影響を否定するか，さほど考慮していないように思われる。なお，拘置所職員による暴行等が問題となった⑥の裁判例は量刑への影響を否定しているが，拘置所での職員による暴行という捜査手続とは異なる過程での問題である上，拘置所職員による暴行等については被告人が控訴審で主張したにとどまり，その疑いがあると認められたものではなく，また，国家賠償訴訟における証拠保全手続によれば被告人に暴行によると思われる傷害の痕跡等は認められなかったというものである。

このように，暴行を加えて傷害を負わせたなどの違法な行為により相当の肉体的苦痛等を受けた事案については量刑上ある程度考慮をしているが（ただし，①の裁判例のほかは，量刑傾向から大きく外れるような極端な考慮をしたと思われるものはない。），所持品検査等の逸脱等の被告人自身が直接的な苦痛を被るものでない場合は，実質的な考慮はほとんど行われていないようにも思われる。

1) ここで挙げたもの以外にも，研究員から違法捜査を量刑に反映させるなどした事例が紹介されており，検索漏れも含めて，他にも違法捜査や違法処遇と量刑の関係に触れた裁判例が多々あることは予想され，必ずしも網羅的なものではない。
2) 日本裁判官ネットワーク『裁判官は訴える！　私たちの大疑問』（講談社，平成11年）90頁のコラムで同裁判例と思われる事案が紹介されている。
3) 本件の留置管理係の警察官らは，特別公務員暴行陵虐致傷罪で告訴され，本判決後に主犯が起訴され，その他の警察官らが嫌疑不十分ないし起訴猶予となり，その者らに対する付審判請求は棄却されている（東京地決昭47.3.22刑月4巻3号630頁）。
4) この裁判例については，検察官の求刑や第1審判決と比較して軽い刑とする理由として一部無罪となったことを指摘する際，その一部無罪となった理由を挙げているにすぎないと読むこともできると思われるが，敢えて「本件では捜査手続に違法が認められ」と挙げていることからすると，この点をも考慮し得る事情と考えているようにも思われる。
5) 前述の裁判例の紹介のところで挙げたように，弁護人は，違法収集証拠排除につな

がる考え方により情状として考慮すべきことを主張していた。
6) 当該判決自体，量刑理由において，「この種事犯に関する近時の量刑の傾向に照らすと，本件は，通常であれば，相当長期間の懲役刑の実刑を免れ難い事案である」としている。なお，原田・実際168頁は「求刑懲役3年のところを懲役1年6月まで落としたのは，むろん，他の諸情状を総合した結果であろうが，疑問を感じる。」とする。
7) なお，当該裁判例は，量刑への影響を論じる部分（判時1955号173頁）において，「量刑への影響の程度が基本的に行為責任の幅の中に止まる限り」との留保もしている。
8) 量刑理由においても，心神耗弱であったことは「相当程度考慮せざるを得ない」とし，違法な暴行を受けたことについては，「一定程度考慮し得る事情」と評価している。

第3　手続の違法が量刑に与える影響に関する諸見解

1　各見解の内容

(1)　前記第1で触れたとおり，②の裁判例については，違法収集証拠排除の問題と関連付けて論じられることが多かった。

例えば，②の裁判例が掲載されている判例タイムズ誌のコメントは，「手続の違法を宣言するだけで，捜査機関に対し何らの不利益を負わせないのでは，捜査機関は何らの痛ようを感じないおそれがある。しかし，さりとて，違法収集を理由に証拠能力の否定まで行うことになると，有罪の犯罪者をみすみす取り逃がす結果となり，インパクトが大きすぎるため，裁判所は，証拠能力否定の判断は，どうしても慎重になり勝ちである。『捜査の違法を量刑に反映させる』という本判決の発想は，このような実務のジレンマを打開するため考案された，優れて実務的な見解と思われる。」とする。

その他，違法収集証拠排除法則との関係で論じるものとして，「違法捜査の抑制手段として証拠の排除というドラスティックなものではなく，量刑への反映という極めて実務的な一つの回答を示したものと言えよう。」[9] との指摘や，②及び③の裁判例につき「違法捜査による苦痛を『犯行後の状況』の一種として量刑上考慮したのは，宣言だけでは捜査の適正化に不十分であるとみたものであろうか。」[10] と指摘するものがある[11]。なお，⑦の裁判例における弁護人の主張も，司法の廉潔性の確保や違法捜査の抑制等の観点を指摘している。

(2)　違法収集証拠排除の議論との共通の理論的根拠付けを示唆するものとして，安原元判事は，違法収集証拠排除が問題となった判例の検討を踏ま

え，「このような判例の実情は，むしろ被疑者の人格侵害に至ったといえるような野蛮な捜査方法の被害をそのような捜査によって得られた証拠を排除することによって救済し被害回復をはかるという権利侵害救済説によって説明することのほうが適切ではないかと思われる。」とし，「17，19の判決（筆者注：②③の各裁判例）のように，証拠排除に至らない重大でない違法をも限定的救済の対象として量刑上被告人に有利に考慮するという発想にもつながり得ると考えられる。」[12] とする[13]。

(3) 訴訟法上の問題からの議論としては，違法捜査を理由とする公訴権濫用論とのつながりを指摘する見解もある。

長沼教授は，捜査過程に著しい違法があった場合には，公訴提起の効力を否定すべきこともあり得ると考えられることから，捜査機関の違法行為が検察官に訴追禁止を要求する程度にまでは至らなくても，訴追価値を著しく低減させる場合には，それが裁判所による刑罰権の程度に反映し，責任の枠を下回る量刑も可能になるとの考えを提唱する[14]。⑥の裁判例における弁護人の主張も，手続打ち切り論とのつながりで量刑としての考慮を主張している。

(4) 訴訟障害論を手掛かりにしつつ，実体法上の根拠付けを試みる見解もある。

鈴木教授は，かつて公訴権濫用論について論じた際，客観的処罰条件や処罰阻却事由等の処罰相当性の問題につき，国自体の加害者的性格というような点は，犯罪性とは別個に処罰の相当性に影響する事情であるとした上で[15]，「処罰する側，すなわち処罰主体である国家の側についても，果して被告人を処罰するにふさわしい適格性があるかどうかを，やはり問題にしなければならないのではないか。こう思うわけです。私は，これを国家の処罰適格と呼んだらどうかと考えているわけですが，処罰主体である国家は，当該被告人に対して，いわばクリーン・ハンドでなければいけない。清潔な手を持っていなければならないと思うわけです。刑事制裁というのは，非難の要素を含むわけですから，とくに非難する者の清廉潔白性が，かなり強く要求されるのではないか。清廉性を欠く国家による処罰というのは，本来正当性をもたないというべきではないか。」[16] と指摘していた。

かかる見解も踏まえ，違法捜査が行われたことが処罰の相当性に関係することを通じて量刑への影響を根拠付けるものとして，宇藤教授の見解がある。

宇藤教授は，前記の鈴木教授の見解につき，「憲法を含む現行法秩序との

規範的連関を直接反映する理論的装置として『処罰の相当性』の判断が位置づけられた意義は，高く評価されうるのではなかろうか。つまり，現行法秩序の一貫性，およびそれが侵害されたときに生じる規範安定化の不許容性の反映として，現行法秩序との規範的連関の中で，『処罰不相当』は理解されるのである。このような理解からすれば，捜査での違法によって『処罰の相当性』が影響を受ける，と理解することには，合理性があろう。」[17]と評価した上で，「処罰の相当性」が実体法領域とどのように関連するかについては，「『処罰不相当』を一律に訴訟法的領域に押し込めることが有益でないことと，公訴時効の例にならって，わが国における免訴事由が，『処罰不相当』に関わる事情として理解されうることとを考え合わせると，『処罰の相当性』の消滅の法的効果は，原則として免訴判決であるとした上で，これを実体法領域にも影響を与えうるものと理解することも十分に可能なのでなかろうか。」[18]とする。そして，捜査段階での違法を量刑事情として考慮することの当否に関する検討において，長期にわたる未決勾留，被告人の地位に置かれたことによる社会的制裁といった事情がこれまで量刑上考慮されてきており，これらを応報的責任の観点あるいは予防的考慮の観点から捉えつくすことには無理があるとし，また，不法及び責任のカテゴリーに統合することが明らかに困難な事情を捉えるためには「科刑による規範安定化の必要性」の程度に関わる諸事情が補完的に考慮されなければならないとするFrischの見解を紹介し，これらは，犯罪論体系において重要とされる「不法及び責任」の量を超えて，さらに，予防的観点のほかにも，量刑に影響を及ぼし得る事情の存在することを示唆するものと考えることができるとする。その上で，「そこでまず念頭に置かれているのは，『科刑の必要性』に関わる諸事情であり，これとは一応区別される『処罰の相当性』，つまり一般法秩序から見た，刑罰による『規範妥当損害』の除去の許容性に関する諸事情が含まれるということは，なお開きがないわけではない。しかし，逆に，それを妨げるような積極的な言明も見受けられない。…（中略）…少なくとも，狭義の情状のうち『犯行後の情況』に，『処罰の相当性』の程度に関わる諸事情を考慮することに，理論的な妨げはないように思われる。」[19]と結論付ける[20]。

(5) 違法捜査が行われたことを責任刑に影響し得る事情とみるものとして，岡上准教授の見解がある。岡上准教授は，「量刑判断は，社会的非難としての『個別的行為責任』をどの程度まで刑罰でもって対処すべきかという観点から決せられる『(可罰的)責任刑』と特別予防の必要性という二元的な

構成によるべきである。」[21]とする。そして,「責任刑」の実質原理として「法的平和の動揺の回復」という観点を挙げるFrischの見解を基本的には正しい方向にあるものとしつつ[22],「『法的平和の動揺』を回復するのが必要な理由は,国家の刑事司法が犯罪を『正しい』と感じられる方法で処理することによって,一般人が司法に対する信頼を維持し,社会を効率的に統制することにあり,ひいては犯罪を予防することにつながるからである。したがって,防御権などの法治国家の要請を十分に尊重することが,まさに一般人の『司法に対する信頼』のために必要となるからである。」とし[23],非難可能性に基づく規範的責任を前提として,「法的平和の動揺の回復」や「司法に対する信頼」という一般予防の観点から可罰性判断を経た「可罰的責任」が,「(可罰的)責任刑」の量を決定することになるとする[24]。

かかる見解を前提として,「手続上の国家の瑕疵」が量刑に与える影響につき,「刑罰という事象が形而上学的な正義を問題とするのではなく,国家と行為者(被告人)との緊張関係のもとに存在するものであることに注目すれば,国家の側が自らの瑕疵に目をつぶって,行為者の過ちを厳しく追求するのはいかにも妥当性を欠くように思われる。やはり,これらの事情は予防的考慮の以前に,刑罰の上限を確定するにあたって考慮されるべき事情として性格づけるべきである。」とし,「『手続上の国家の瑕疵』に関する『行為者の罪を問う側の適格性』の不十分さは,それ自体で必要的に刑罰を軽減するものと評価されなければならないのである。」[25]とし,「通常は手続上の瑕疵があった場合には,免訴手続や証拠排除などの措置がとられるべきことになる。しかし,極軽微な手続上の違法は,刑罰を軽減する方向での量刑の問題となろう。」[26]とする[27]。

(6) 責任刑以外の事情に関する位置付けとして,長沼教授は,前記(3)で紹介した公訴権濫用論との関係での指摘のほか,「捜査の違法は犯情とは無関係であるから,想定される一定の量刑枠に影響を与えるものではないが,なおも,被害感情,社会的な公憤や正義感に影響がないとはいえず,その意味で狭義の情状としての『犯罪後の情況』の一要素となることは否定できない。」[28]とも指摘している。

(7) 一方で,「犯行後の状況」の一つの要素としての性格について,前記裁判例においては犯行後に被告人が受けた苦痛として考慮するものが多いが,このような考慮の在り方を主張するものもある。

293

原田元判事は,「量刑上考慮され得るのは,違法捜査自体ではなく,違法捜査により受けた被告人の精神的・肉体的な苦痛である。」[29]とし,「刑罰は,被告人に対して加えられる苦痛であり,害悪である。犯行後被告人が受けた社会的制裁や違法捜査や違法処遇による苦痛等は,いわばその刑罰の先取りである。…(中略)…したがって,これらの事情を量刑上考慮するのは,先取られた苦痛や害悪を清算しようとするものなのであって,特に責任主義や目的主義とは関連しない,それ自体ニュートラルな価値中立的な調整原理にすぎないのではあるまいか。刑の必要性という概念による説明も可能であるが,その実質的な内容は,このようなものであると考えられる。この考え方の当否は別として,違法捜査や違法処遇により加えられた苦痛は,犯行後の一事情として量刑上考慮することが許されよう。」[30]とする。

刑罰の先取りと同様の考え方を用いるものとして,小池准教授の見解があり,「刑罰が,犯行に対するマイナス評価の伝達という性格と,事実上の不利益処分(「害悪の付科」)としての性格を併せ備えたものであるとするならば,そのいずれか一方にでも代替しうる性質を有しているのであれば,刑の先取りとしての充当を認めてよい。『マイナスの価値判断』という意味づけおよび害悪(不利益)の程度において,かなり刑罰に近い場合であれば大幅な『相殺』を認めてよいし,そうでない場合にも,その内容と程度に照らして相応に考慮すればよいのである。」[31]とし,捜査の違法による刑の軽減の程度について,「『非難としての性格と害悪の程度』に応ずべきことになる。」[32]とする。

(8) これらの見解に対し,そもそも違法捜査の量刑への影響を否定する見解は次のとおりである。

城下教授は,手続法的観点及び実体法的観点から検討を行った上で,「当該被告人の責任に由来する刑量を政策的考慮に基づいて緩和するとしても,それは一般予防ないし特別予防見地から導かれるべきで,反対に,それ以外の要素は加えられるべきではないであろう。かかる見地において被告人に加えられた捜査過程での不利益は何ら刑事政策的意味を有せず,むしろ社会的に『違法宣言』を鮮明にする意味をもつにすぎないといえよう。本章で取り上げた2判例(筆者注:②及び③の裁判例)は,量刑において考慮してはならない事情を情状として考慮したとの非難を免れないように思われる。また,先に示した見地以外からなされる量刑上の考慮は,刑罰の正当化根拠と関連しない要因を量刑に導入することとなり,結果として,裁量の幅が広いといわれ

る量刑判断において，その幅を不当に拡大する危険性もあろう。」[33]とする。

また，藤井判事は，実体法的問題点として，捜査手続の違法は被告人の責任の量には影響せず，犯罪に対する一種の制裁として考慮することには躊躇を覚えるとし，特別予防ないし一般予防という目的主義的観点により説明することは困難であるとする。そして，手続法的問題点として，どの程度減刑すべきかの判断には困難な面があり，捜査手続が適法になされたか否かを量刑のために審理することは，単に争点を増やす結果になるというだけでなく，公判手続の在り方としていかにも奇妙な印象を与えないであろうかとする[34]。

2 各見解に対する批判

前記1(1)で指摘した，違法収集証拠として排除できない場合に，その代替ないし補完的手段として量刑上の考慮を行うという考え方に対しては，下級裁判例の動向は必ずしも証拠排除に消極的な傾向が顕著で一般化しているとはいえないなどとした上で，本来の証拠排除ができないから量刑で考慮するという脇道をたどるのは相当ではないとの指摘がある[35]。その他にも，量刑での考慮を認めることにより証拠排除を避ける傾向に流れることを危惧する内容の批判もある[36]ほか，量刑上の考慮にとどめるのであれば，違法収集証拠排除の根拠の一つとされる違法捜査に対する抑止効が期待できないとの指摘もある[37]。

前記1(2)の安原説に対しては，権利侵害の回復の方法として量刑で考慮するというのであれば，逆に権利の内容があいまいなものになろうという批判がある[38]。

前記1(3)の訴追禁止論との関係で説明する考えに対しては，裁判所が量刑判断の場で行うのは，自らの有する司法権に基づく処罰の必要性・相当性についての判断であるはずで，検察官が訴追価値の低減した事件を起訴したことに対する評価という意味合いを直接に有するわけではなく，訴追価値の低減を理由として捜査の違法が量刑上考慮されると理解することには疑問があるとの指摘がなされている[39]。

前記1(4)の宇藤教授の見解に対しては，応報的科刑による規範安定化は積極的一般予防に属するものであり，責任と予防以外の視点に関わるものと位置付ける必要はない[40]，「規範安定化」が究極的には法益保護に資するものと解するならば，捜査手続に違法があったか否かにより「規範安定化」の許容性が変動し得るとすることは，個々の捜査官の態度によって国家が法益保護義務から部分的にであれ解放されてしまうという問題が残る[41]，量刑

に責任主義や一般予防ないし特別予防以外の領域を設けることは慎重であるべき[42]などの批判がある。

前記1(5)の岡上准教授の見解に対しては，その前提とする可罰的責任論の内容自体に対する批判[43]のほか，刑罰の上限としての「責任」の程度が，行為者関係的要素と無関係な捜査手続の違法という外在的要因によって左右されるなら，責任概念が不安定かつ流動的なものとなる危険性がある[44]，捜査手続の違法が極めて重大である場合には無罪の結論を導くことが予定されているようにも解されるが，これは「処罰阻却」としてはともかく，「(可罰的)責任阻却」の範疇にはない[45]などといった批判がある。

前記1(7)の被告人が受けた苦痛という面から考慮する見解に対しては，苦痛を刑罰に対する一種の制裁として考慮するためには，制裁とみるのに相応しい事柄であることが必要であるが，違法な捜査にはそのような側面が見出せないとの指摘がある[46]。

その他，積極説全体と消極説の間では，それぞれの根拠付けが相手に対する批判ともなっている。

9) 田宮裕「刑事訴訟法判例の動き」平2重判解165頁。
10) 三井誠「違法収集証拠の証拠能力」松尾浩也ほか編『刑事訴訟法判例百選〔第6版〕』(有斐閣，平成4年) 131頁。
11) その他，違法収集証拠排除との関係を指摘して②の裁判例を評するものとして，本田守弘「薬物事犯における捜査手続の違法と量刑」捜査研究480号 (平成3年) 21頁，22頁 (「それなりの説得力を持つように思われる。」とする。)，鯰越溢弘＝平田元「判例回顧と展望・判例回顧——刑事訴訟法」法時63巻3号 (平成3年) 154頁 (「本判決の解決方法は現実的なものともいえようか。」とする。)，田宮裕＝多田辰也『セミナー刑事手続法——証拠編』(啓正社，平成9年) 278頁，279頁 (「優れて実務的なものであるといえよう。」とする。) などがある。
12) 安原浩「裁判実務と違法収集証拠排除法則」渡辺修編『刑事手続の最前線』(三省堂，平成8年) 175頁。
13) 安原元判事は，その後，最一小判昭51.11.4刑集30巻10号1887頁，判タ344号311頁や最二小判昭37.4.13裁判集刑141号789頁，判タ138号94頁のように，宣告の間違いや長期裁判といった訴訟手続上の被告人に対する不利益も量刑事情として排除されていないものとし，「犯罪に対する責任非難 (応報) も適正な手続を経てこそ可能となるという発想の現れともいえ，捜査手続きの重大とはいえない違法を量刑に反映させるという考えに連なるものと考えられる。」としており (安原浩「量刑事実の選別化の必要性について」『鈴木茂嗣先生古稀祝賀論文集(下)』〔成文堂，平成19年〕626頁)，違った観点からの根拠付けの指摘も行っている。
14) 長沼範良ほか『演習刑事訴訟法』(有斐閣，平成17年) 330頁〔長沼範良〕。

第3　手続の違法が量刑に与える影響に関する諸見解

15) 鈴木茂嗣『続・刑事訴訟の基本構造(上)』（成文堂，平成8年）233頁〜235頁。なお，同148頁，172頁，173頁等参照。
16) 鈴木・前掲注15) 235頁，236頁（なお，同236頁では，「重い犯罪の場合には，むしろ量刑事情ということで，事実上考慮するという限度に止めるべき問題だろうと思います。」とする。）。
17) 宇藤崇「捜査手続の違法に対する事後的処理について」刑法38巻2号（平成11年）23頁。
18) 宇藤・前掲注17) 24頁，25頁。
19) 宇藤・前掲注17) 26頁，27頁。鈴木教授も，同「犯罪論と量刑論」前野ほか・総合的検討23頁において，いったん当罰性（処罰の必要性と相当性）が生じたものの事後的に当罰性が否定されるに至る場合には免訴となるが，裁判時点で当罰性が残る場合には量刑上考慮し得るということを明確にしている。
20) 以上の見解については，宇藤崇「演習刑事訴訟法」法教306号（平成18年）120頁，121頁にも簡潔にまとめられている。

　なお，本稿初出時には参照することができていなかったが，松宮孝明「量刑に対する責任，危険性および予防の意味」立命323号（平成21年）14頁は，違法捜査に基づく刑事訴追に関しては，それによって生じた手続における「行為規範」の動揺を鎮めるために，その違法性の程度に応じた刑罰権の減少・消滅がありうるとし，違法行為をすればそれが目指す犯罪者の処罰という目的を十分に達成できないという「報い」を受けるという意味で量刑で刑を引き下げる方向で考慮されるとする（「公訴権濫用」又は「正義および公平の観点から刑罰がふさわしくない場合」〔処罰不相当〕として公訴棄却をもたらすことがありうるともする。）。松宮教授の「処罰不相当」に関する考えも，前記の鈴木教授の処罰の相当性に関する見解を踏まえた上でのものではあるが，有罪判決が説得力・感銘力を有するには，当該事件の捜査・訴追が公正に行われたという印象を行為者及び一般の人々が持っていることが重要であるとして，「処罰の有効性」を要素として考慮するものである（松宮孝明「『公訴権濫用』と『処罰不相当』」立命223＝224号〔平成5年〕531頁）。
21) 岡上・問題点(1)83頁。
22) 岡上・問題点（2・完）62頁。
23) 岡上・問題点（2・完）63頁。
24) 岡上・問題点（2・完）63頁〜66頁。
25) 岡上・問題点（2・完）67頁，68頁。
26) 岡上・問題点（2・完）71頁。
27) 近時，岡上准教授は，積極的一般予防論も刑罰の正当化根拠としては不十分であり，その正当化根拠は応報刑論に求める以外にはないとし，本来的責任刑からの減刑が可能なものとして，(1)犯行後の行為者の法適合的態度（自首等），(2)他の公的制裁による相当の負担（公務員の懲戒解雇等），(3)刑罰感銘性が問題となる場合（行為者が高齢であることなど）を挙げており（岡上・量刑事実の選別32頁，36頁，37頁），見解の変化もみられる。

28) 長沼・前掲注14) 330頁。
29) 原田・実際 166頁。
30) 原田・実際 167頁。
31) 小池・犯行均衡原理（3・完) 45頁。
32) 小池・犯行均衡原理（3・完) 45頁注88)。
33) 城下・現代的課題 111頁, 112頁。
34) 藤井敏明「量刑の根拠」平野龍一ほか編『新実例刑事訴訟法Ⅲ』（青林書院，平成10年) 212頁〜216頁。
35) 原田・実際 165頁, 166頁。
36) 高田昭正「判批」法セ428号（平成2年) 121頁は，「捜査の違法を認めながら，証拠排除・無罪とはせずに，曖昧な『量刑上の考慮』にとどめるという実務的解決（救済の矮小化）を導くのではないかという疑問もある。」とし，城下・現代的課題105頁は「証拠排除の判断…（中略）…を回避しようという躊躇を生み，それは実体的真実主義への過度の傾斜に至るという懸念も生じよう。」とする。
37) 城下・現代的課題 106頁, 原田・実際 164頁。
38) 原田・実際 164頁。
39) 宇藤・前掲注17) 28頁。
40) 城下・現代的課題 124頁。
41) 城下・現代的課題 125頁。
42) 原田・実際 166頁。
43) 井田・覚書 305頁は，行為に対する一種の制裁を受けたことによって，応報的科刑の必要性が減弱するということを，責任判断に還元しようとすると，責任概念は明確な輪郭を失ってルーズな概念になってしまうとする。城下・現代的課題120頁, 121頁は，一般人の司法に対する信頼の維持による犯罪予防の必要性という展望的判断を特別予防的考慮以前に行うのは，刑罰の上限としての責任概念の本質に反するとする。
44) 城下・現代的課題 121頁。
45) 城下・現代的課題 121頁, 122頁。
46) 藤井・前掲注34) 214頁。安冨潔『刑事訴訟法』（三省堂，平成21年) 427頁も，違法捜査によって犯人が苦痛を受けたことは犯人に有利な事情というべき性質のものではなく，違法捜査による苦痛を量刑上考慮するのは疑問であるとする。城下・現代的課題108頁は，被告人が受けた不利益を主として特別予防的考慮に関連する要素として位置付け，違法捜査による苦痛という不利益には，被告人の規範意識を確認・強化する必要性の判断に資する要因が存在していないとする。

第4　検討及び私見

以上の裁判例や各学説等を踏まえ検討をするが，本稿は違法捜査の問題のみではなく，勾留中の処遇における違法行為についても対象としているとこ

ろ，まずは主として違法捜査の問題について検討し，違法処遇の点は，その派生問題として後記第5で扱うことにする。

1 まず，違法収集証拠排除法則の問題との関連で量刑への考慮を根拠付ける考えについては，やはり，訴訟法上の問題である証拠能力の問題と，実体法上の問題である量刑の問題を混同しているとの感はぬぐえない。違法収集証拠排除の問題は，違法な捜査手続により収集された証拠を訴訟手続において事実認定の用に供することができるのか否かというものである。証拠排除がされることにより無罪となることがあるのは，排除された証拠以外の証拠によって公訴事実を認定できないためであって，証拠排除の直接の効果ではない。それにもかかわらず，証拠の排除に至らない違法な手続があった場合には，実体法上の問題である量刑に直接的に影響を与えるというのであれば，量刑論からの更なる説明が必要であろう[47]。違法収集証拠排除の問題は，違法に収集した証拠の証拠能力の問題として，その理論的根拠と適用基準を検討していくべきであり，証拠排除か量刑上の考慮かというように区分することは，違法収集証拠排除の性格や基準すら不明瞭なものにしてしまう危険があるように思われる[48]。

なお，研究会では，違法収集証拠排除の問題の延長で量刑上の考慮を基礎付ける見解も有力に主張され，汚れた手で収集した証拠をそのまま使うことに対する抵抗感がその根拠として示されるなどした。裁判手続において認定される犯罪事実は，証拠により形成されるものであることに照らすと，実務家として有するかかる感覚も全く理由のないものではないであろうが，やはり，捜査の違法が量刑に影響することを量刑論の見地から根拠付ける内容とはいい難いように思われる。

2 訴追禁止論から直接的に説明する第3の1(3)の見解に対しても，違法収集証拠排除と関連付ける見解に対する疑問が同様に妥当する。公訴の提起は検察官の権限であり，訴追側である捜査機関による違法手続がその公訴提起権限に影響するというのはまだ説明しやすいように思われる[49]が，被告人に刑を科する権限は裁判所に属するものであって，かかる裁判所による刑の量定が検察官の権限によって限界付けられるものではない[50]ことに照らしても，量刑論の見地からの検討が必要となろう。

3 そこで量刑論の観点からの検討を行うこととする。

(1) 前記のとおり，量刑論からの見解についても様々なものがあるが，理論上の問題としては，責任と予防という枠の中で考慮するのか，それ以外の要素として考慮するのかという点に差異がみられ，考慮の対象要素の問題としては，被告人が苦痛を受けたということ自体を考慮するのか，それとも違法な手続が行われたということを考慮するのかという点についても考えが分かれているものといえる。

いずれの見解によるとしても，捜査機関による働きかけが犯罪形成に影響するおとり捜査等の場合を除き，原則として犯罪遂行後に行われるものである捜査手続の違法は，少なくとも個別行為責任に直接的には影響しないことは明らかであるので，その他の考え方について検討したい。

(2) 一般的には，違法捜査が行われたことによって再犯可能性が減じることになるとはいい難く，違法捜査が行われたことと特別予防を結び付けることは困難といえる。なお，研究会では，研究員が担当した事例として，犯罪事実に争いがなかった事案において，自白調書を採用した後の被告人質問で警察官から暴行を受けた旨の供述がなされたことから，その後の証拠調べの結果も踏まえて自白調書の任意性を否定して証拠排除し，他の証拠で有罪を認定した上で，その量刑理由において，被告人のために酌むべき事情として，「被告人は，公判廷において，警察官から不当な取調べを受けたけれども本件犯行を犯したことは間違いないとして事実を認め，反省の態度を示していること」を指摘した事例が紹介された。これは特別予防の観点から考慮した側面もあるが[51]，あくまでも当該事案における被告人の態度を評価したものであって，違法な捜査が行われたことの評価として一般的に妥当するものではないであろう。

また，研究員からは，捜査の違法が問題となった事案の審理の経験から，違法と認定して量刑に反映させることで被告人の不満がやわらぎ，前向きに服役するという効果が考えられるとの指摘もあった。ただ，この点は，特別予防の問題としてみるには迂遠な感は否めない[52]。被告人の納得を得るような審理を行うことは大切なことではあるが，それは被告人のあらゆる主観的不満に応えるというものではなく，あくまでも適正な納得を得るように努めるものでなければならない。したがって，この点については，量刑論の問題としては，捜査の違法を量刑上考慮することが適正であるか否かの根拠付けに帰結するものと思われる。

(3) 犯行後に被告人が受けた不利益の一つとして，違法捜査により被告人が受けた苦痛を考慮するという考えに対しては，前記のとおり多くの裁判例においても前提としており，研究会においても，そのような意味において苦痛を考慮すること自体について特段の反対意見は出なかった。

当研究会での畑山判事の論文において指摘されているとおり[53]，被告人が犯行後に不利益を受けたこと自体は，量刑上被告人に有利な要素の一つと考えられており，被告人が違法捜査を受けて苦痛を被った場合の問題は，そのバリエーションの一つと考えることができる。しかし，違法の有無を考慮せずに被告人が受けた苦痛を刑罰の先取りとして考慮するという考え方についてはいくつかの疑問がある。

まず，捜査の違法性の有無を考慮することなく被告人の苦痛を量刑上適切に考慮することができるであろうか。例えば，②の裁判例の事案において強制採尿手続が適法と判断された場合に，強制採尿により被告人が受けた苦痛を有利な事情として量刑上考慮するとは考え難い[54]。刑事手続において被告人が負った苦痛を量刑において考慮するのは，被告人が本来負うべきではない不利益を被った場合や，甘受すべきものではあっても通常は負わないような特段の不利益を被ったような場合等ではなかろうか[55]。そして，違法な捜査手続により苦痛を受けたのであれば，本来負うべきではない不利益を被ったと評価することができ，苦痛を考慮する見解においても，少なくともその限度では違法性の有無を考慮に入れざるを得ないと思われる。

そして，そのような違法な捜査手続により被告人が受けた苦痛を刑罰の先取りとみることについて，かかる苦痛と刑罰との性質の共通性の有無が問題となる。前記畑山論文に対する堀江教授のコメントにおいても，被告人が受けた不利益を量刑上考慮することについて，制裁（非難）としての刑罰との共通性という点から根拠付けることが基本的に妥当であると指摘されているが[56]，前記第3の2で紹介した苦痛を考慮する考えに対する批判[57]でも指摘されているとおり，違法捜査を受けたことによる被告人の苦痛は，広い意味での刑事手続における国の機関から受ける不利益という面では共通性を有しているものの[58]，その目的や効果において，一般予防や特別予防の性質を有しているとはいえず[59]，刑罰との共通性は必ずしも大きいものではない。違法なものであるだけに，刑罰と同様に評価するということに抵抗感を感じる面もある。そうすると，刑罰の先取りとしての考慮の観点，あるいは不利益を被ったことによる科刑の必要性の減少という観点からは，刑罰と同じように考慮するということには問題が残るように思われる。

また，違法捜査により被告人が受けた苦痛を，刑罰の先取りや科刑の必要性の減少として理解した場合には，量刑にどの程度影響することになるであろうか。前記の畑山論文においては，被告人が相当な不利益を受けたにもかかわらず量刑上ほとんど考慮されることがなかった事例が紹介されている[60]。それぞれに量刑に反映されなかった事情として苦痛の大きさ以外の要素があったにせよ，これらの事例と比較しても，違法捜査によって被告人が受けた苦痛が量刑上意味を持ち得るのは，かなり限定的な場合となるのではなかろうか。少なくとも，所持品検査や捜索手続における違法行為や，重い傷害を生じさせない一時的な有形力の行使による違法行為により受ける「苦痛」は，その苦痛の程度を評価するのみでは，刑罰の先取りとして刑の減軽に影響を与え得るものではないといってよいように思われる。

なお，違法捜査により被告人が受ける精神的苦痛は，適正に権限を行使すべき捜査機関の規範逸脱行為によるものであることから，量刑に影響を与える程度に大きなものと評価すべきとの考えもあり得ると思われる。しかしながら，捜査機関による違法行為により不利益を受けたことを意識することによる精神的苦痛は，違法行為に対する不満，憤りというものであって，違法行為を行った捜査機関に対する非難という性質を有するものであり，ここで検討すべき被告人の不利益とは性質を異にする。被告人が受けた不利益の問題の一類型としての苦痛を検討するに際しては，捜査機関に対する非難の要素を含めずに考えるべきである。ここで検討すべき被告人が被った精神的苦痛は，例えば強制採尿を行われたことに対する羞恥心，屈辱感等のようなものをいうと考えるべきであろう。

いずれにせよ，捜査機関に対する非難という面を考慮せず，被告人が受けた苦痛という側面からのみ刑罰の先取りとして考慮する考えは，ほとんどの場合は量刑への影響を否定することにつながるように思われ，実質的には否定説と同様の結果になるように思われる[61]。

(4) そこで，捜査機関が違法行為を行ったということ自体を量刑上考慮に入れることの妥当性につき検討する。

研究会においても，捜査機関が違法行為を行ったという，いわゆるアンフェアという側面を考慮することに対する肯定的な意見が少なくなかった。理論的根拠としては，前述の岡上説，宇藤説や，⑤の裁判例等にみられるように，国の機関である捜査側が違法行為を行った以上，国の機関である裁判所による刑罰権の行使に制約が加えられるという説明が可能なようにも思われる。

しかしながら，かかる理論的根拠付けは確たるものであるようには思われない。捜査及び訴追を行う行政機関としての警察や検察と，最終的な量刑判断を行う司法機関としての裁判所とは，厳然と区別されたそれぞれに独立した機関である。それぞれの権限は明確に区別され，裁判所が有する権限が，当事者主義の枠組み以外の場面において，警察や検察の権限行使の在り方によって影響を受けるということは，原則として考え難いともいえる。この点は，訴追や証拠請求という当事者主義のもとでの検察官の訴訟活動を制限する公訴権濫用論や違法収集証拠排除の問題とは性質を異にする。

　また，捜査手続に違法があった場合には理論的に刑罰権が制約されることになるという考えをとった場合，特に，その極限的な場面は免訴ないし無罪につながるとしたならば，そこに至る程度の違法性を念頭に置きつつ，捜査の違法を考慮しない場合に科すべき刑から，具体的な違法の程度に比例して刑を減じていくことになるようにも思われるが，そもそもそのような量刑上の考慮の仕方が可能であるか[62]ということのほか，個別行為責任ないし狭義の犯情を基礎とする量刑判断において，捜査の違法を過大に考慮することにならないかという疑問が生じ得る。

　なお，研究会では，研究者会員から，処罰適格や処罰の相当性という問題はあるかないかであって，何割減るという問題ではないのではないかとの意見も示された。

(5)　このように，捜査手続において違法な行為が行われたこと自体を量刑上考慮することは，理論的には必ずしも十分に説明し難い面があるように思われる。

　しかしながら一方で，前記のとおり研究会においても捜査の違法をアンフェアという観点から量刑上考慮することにつき少なくない賛成意見があり，そのような解決を図ることが正義の観念に合致するように感じられる事案があることも否定できない。①や⑨の裁判例が「衡平」を，②の裁判例が「社会の常識ないし正義感情」を，前記第3の1(6)で長沼教授が「社会的な公憤や正義感」を指摘しているのも，そのような素朴な法感情が肯定説の基礎にあることのあらわれであるように思われる。

　ただし，「正義」等の概念は，主観的な面があり，「量刑判断の透明化と合理化」を目指す当研究の趣旨からしても，量刑要素にその内実も明らかでない裸の正義論をいたずらに持ち込むことは妥当ではなく，その実質的な内容が問われなければならないであろう。

そこで，捜査機関が違法行為をしたことを量刑上評価することが正義にかなうと感じられる根拠について考えてみるに，それは，被告人に対する処罰を求める側である捜査機関に看過できない違法行為があり，それにより被告人が不利益を被っているにもかかわらず，当事者対立構造をとる刑事裁判の場において被告人の行為のみを断罪することに対する不公平感というようなものではなかろうか。特に，刑事手続は他人の規範違反を問うものであるために，その遂行に当たっては規範の遵守が要求されるが，そのような刑事司法に携わる捜査機関による違法行為であるだけに，その感を強くするものと思われる。それは，違法行為を行ったのが裁判所と同じ国家の機関であるということよりも，処罰を求める側の機関であるからという側面が強い。

それでは，捜査手続の違法を，このような観点からの「正義」，「公平」の問題としてとらえた場合，これを量刑事情として考慮することは可能ないし妥当であろうか。

まず，これまで検討した結果に照らしても，このような要素を個別行為責任や予防の観点から説明することは困難であるように思われる。あるいは，上記のような不公平感が国民一般にも受け入れられるものとした上で，社会的制裁である科刑の必要性に影響するとの考えはあり得るかもしれないが，そのような考えをとると，多様な正義感情が無限定に量刑要素として取り込まれ，量刑判断が不安定かつ恣意的なものになってしまうおそれがある。「正義」，「公平」には多面的，主観的な面があり，捜査の違法を量刑上考慮することが果たして「正義」，「公平」にかなうものであるか否かについては異なる考えがあり得ることに留意する必要があり[63]，かかる要素が直接的に科刑の必要性に影響するという考えをとることには慎重な姿勢が必要であろう。

また，捜査機関による違法行為に対しては，必ずしも量刑において対処すべき論理的必然性はなく，本来的には訴訟法上の手続的な処理，国家賠償や違法な行為をした捜査官に対する行政処分，事案によっては刑事訴追によって対処するのが筋ともいえる[64]。国家賠償による救済が必ずしも容易ではない面があるにせよ[65]，量刑での考慮による救済の面を強調することは，量刑論を不明瞭なものにしてしまう[66]とともに，本来的な救済の問題を等閑視することにもなりかねない。

しかしながら一方で，いかなる場合にも，責任や予防，あるいはその他の類型的な量刑要素から説明できなければ，「正義」，「公平」という要素を量刑に取り入れることができないとの考えにも，にわかには賛成し難い。

①や⑨の裁判例が用いる「衡平（Equity；Billigkeit）」とは，そもそもは普遍

第4　検討及び私見

的な規範の見地からの正義に対する個別的正義を意味し[67]，一般的準則の適用を制限ないし抑制する機能を有するものであった[68]。英米法における「衡平法（Equity）」も，当初は，コモンローによる救済では不十分な場合に，大法官が正義の観念や良心に基づき裁量的な救済を与えるものであったという[69]。そして，衡平法の伝統のないわが国においても，裁判官は，これまでも既存の法や理論をそのまま適用したのでは正義の実現の観点から問題となる場面においては，その裁量的権限に基づき妥当な結論を導くよう努めてきた。

また，「正義」，「公平」の観点を踏まえた上で量刑判断が行われるべきことは一般論としては異論がないであろうし[70]，量刑判断においては裁判官の裁量が大きく，個別的正義の観点からの十分な検討を行う必要もある[71]。上告審において量刑の著しい不当を理由として原判決を破棄する場合に必要な要件としても「正義」の概念が用いられているところ（刑訴法411条[72]），上告審における量刑審査において，責任や予防等に解消しきれないと思われる手続的な正義を考慮して量刑判断を是正したものもある[73]。

このように考えると，責任や予防等の観点からは取り込めない要素であっても，「正義」，「公平」の観点から量刑上考慮することができる事情というものがあり得ること自体は肯定してよいのではないかと思われる。

ただし，量刑判断は，裁判官の裁量の幅が大きいだけに，恣意的なものとならないように十分な配慮をする必要があり[74]，また，「量刑判断の透明化と合理化」を図る趣旨からしても，「正義」，「公平」という多面的，主観的な側面がある要素を量刑に取り込むことには慎重な姿勢をもって臨む必要がある。そして，前記のとおり，捜査の違法を量刑上考慮することが公平にかなうかという点については異なった考えもあり得，多くの裁判官の共通理解になっているともいい難い現状にある点をも踏まえると，捜査の違法は，その違法の程度や被告人が受けた不利益の程度，その他の諸事情に照らし，これを量刑上考慮しなければ明らかに「正義」，「公平」に反すると考えられるような事案に限って，あくまでも個別的正義の観点からの例外的な措置として，裁判官の裁量により量刑事情として考慮することができるものと理解すべきではなかろうか[75]。

47) 原田元判事は，違法収集証拠排除の法則から排除される点は量刑で考慮すればよいということがやや安易に考えられていないか，量刑領域がいわばゴミ捨て場の役割を果たしているように思われるがそれでよいのかということを指摘しているが（原田・量刑理論と量刑実務287頁，288頁），量刑論からの検討がされないまま，訴訟法上

の議論の延長から政策的考慮を行うことに対しては,かかる批判が妥当しよう。
48) 研究会では,違法捜査を量刑上考慮するという立場においても,それによって違法排除の基準を変えるということは当然のことながら否定されていた。
49) なお,最一小判昭41.7.21刑集20巻6号696頁,判タ196号150頁は,逮捕の際に警察官による暴行があったとしても公訴提起が無効となるものではない旨判示しており,この判例は最二小判昭56.6.26刑集35巻4号426頁,判タ444号55頁でも先例として引用されている。ただし,傍論において公訴権濫用論の適用の可能性を認めた最一小決昭55.12.17刑集34巻7号672頁,判タ428号69頁に照らすと,事案によっては手続打ち切りを認める余地はあるとも考えられる(木谷明・昭56最判解説(刑)176頁注15)。違法性が極度に高いおとり捜査について公訴棄却ないし免訴の可能性があることを指摘するものとして,多和田隆史・平16最判解説(刑)286頁がある。)。
50) 裁判所が検察官の科刑意見(求刑)に法律上拘束されるものではないことは明らかである(遠藤邦彦「量刑判断過程の総論的検討」本書第1巻参照)。
51) 反省悔悟からの自白を特別予防の観点から説明し得ることについて,川合昌幸「被告人の反省態度等と量刑」本書第3巻参照。
52) 原田・実際167頁は,犯行後受けた苦痛を考慮しないと自暴自棄的な心境になり,更生を妨げるおそれがあるので,考慮することで被告人の心情を安定化させるという意味合いは,特別予防からする量刑事情というには,間接的過ぎるとする。
53) 畑山靖「被告人が自己の犯罪により自ら多大の不利益を被ったことと量刑」本書第3巻参照。
54) 強制採尿手続が行われたことで,もう覚せい剤を使用しないという思いになったという場合はあるかもしれないが,それは個別事案において特別予防として考慮することができることがあるというにすぎず,ここで検討している苦痛の一般的な考慮の在り方の問題ではない。
55) 刑事訴追に伴う負担と量刑の問題を扱った和田真判事の論文でも「通常予想されるものを超えて,これを見過ごすことが公平や刑事手続の適正維持の理念にもとり,有利に扱うことが社会や被害者からも是認(あるいはやむを得ないと)されることが必要であろう。」とされている(和田真「刑事訴追に必然的に伴う負担と量刑」本書第3巻参照)。
56) 堀江慎司「コメント(被告人が自己の犯罪により自ら多大の不利益を被ったことと量刑)」本書第3巻参照。
57) 前掲注46)参照。
58) 研究会では,研究者会員から,国家の側から被告人の側に対して加える苦痛という意味での刑罰との共通性の指摘もあった。
59) ただし,警察官が事件に対する私憤から被告人に暴行を加えた場合には,その目的において制裁としての性格を有しているといえるかもしれない。
60) 畑山靖「被告人が自己の犯罪により自ら多大の不利益を被ったことと量刑」本書第3巻参照。
61) そういう意味では被告人が受けた苦痛を考慮する立場の⑥や⑦の裁判例が,被告人

が受けた苦痛を量刑上考慮される可能性を一般論としては認めつつ，当該事案においては量刑への現実的な影響を否定したのは当然であるといえる。

62) 藤井・前掲注34) 215頁は,「一般的にいって，手続の違法を量刑上考慮する場合には，通常の量刑に比してどの程度減刑すべきか，量刑判断の総合的，裁量的性格からすると，その判断には困難な面もあろう。」とし，原田・実際163頁は,「量刑という数量的判断に捜査違法の程度が相応するという対応関係は一般的にみて，考えにくいところである。」とする。

63) 藤井・前掲注34) 216頁は,「捜査段階において被疑者として本来受忍すべき限度を超えて苦痛を被ったにもかかわらず，刑が同じということでは，通常の場合に比して不公平であるとの考え方も成り立つであろう。しかし，他方で，犯した罪が同じでありながら，捜査段階で被った苦痛の程度によって，一方の刑が他方よりも軽くなるのはおかしいのであって右のような苦痛に対する救済は民事的に図られるべきであるとの考え方も同様に成り立つのではないか。いずれが社会の常識ないし正義感情に合致するか，なお検討を要するように思われる。」とし，原田・実際166頁は,「本来，被告人に責任でも予防でも関係しない事情をたまたま違法捜査があったからといって被告人に有利に考慮することは，量刑の公平性を害する。」とする。

64) 城下・現代的課題113頁は，司法による手続上の制裁，民事賠償，行政内部の監査・監察による処分での解決が期待されるとし，藤井・前掲注34) 216頁は，国家賠償による民事的な救済によるのが相当であるとし，裁判例⑥は前述のとおり，司直の手に委ねたり，国家賠償を行うことが可能であることを指摘している。

65) 裁判例⑨では，前述のとおり，国家賠償はそれ自体負担を伴うことや，立証責任等の問題から勝訴が確実とはいえないことを指摘する。城下・現代的課題90頁も，違法捜査に対する損害賠償請求が困難であることに触れている。

66) ドイツでも，法治国家原理違反が量刑上反映されるのは，一種の「慰謝料」の支払いであり，その政策的必要性は動かし難いものながら，「論理的に矛盾した妥協的解決策でしかない」との指摘もあるようである（宇藤・前掲注17) 25頁）。

67) グスターフ・ラートブルフ（田中耕太郎訳）『ラートブルフ著作集(1)法哲学』（東京大学出版会，昭和36年) 150頁，151頁。

68) 田中成明『法理学講義』（有斐閣，平成6年) 185頁，加藤新平『法哲学概論』（有斐閣，昭和51年) 456頁。

69) 望月礼二郎『英米法〔新版〕』（青林書院，平成9年) 28頁，田中英夫『英米法総論(上)』（東京大学出版会，昭和55年) 13頁。

70) 最大決昭32.2.15刑集11巻2号756頁における垂水克己裁判官の補足意見では，量刑上の考慮要素として，犯罪や犯人の悪性，犯人の再犯予防，一般予防のほか，「社会の正義公平感維持の必要性の程度」を挙げている。また，共犯者の刑との均衡を考慮することも「公平」の理念に基盤を有しているといえる（木山暢郎「共犯事件と量刑」本書第1巻参照）。

71) 団藤博士は，裁判官は一般化的正義を尊重しなければならないが，個別化的正義（衡平）にも充分の配慮を与えなければならず，刑の量定にはそのような問題が常に

内在しているとする（団藤重光『法学の基礎〔第2版〕』〔有斐閣，平成19年〕227頁，228頁）．
72) 刑訴法411条につき，「最高裁が，正義，道理，衡平という最高の観点から，個々の事件ごとに慎重に，同時に上告審と事実審とのディスタンスの問題なども考慮にいれ，ある程度弾力的に運用してよい権限規定とみてよいように思われる」との指摘もある（木谷・前掲注49）434頁，435頁）．
73) 第1審で裁判官の誤解に基づき宣告のやり直しが行われたとして，「当初に宣告した刑をもって被告人に臨むのが正義にかなう」とした最一小判昭51.11.4刑集30巻10号1887頁（なお，前掲注13）参照）．
74) 横川敏雄『刑事裁判』（判例タイムズ社，昭和39年）106頁は，「刑の量定は，裁判官の広い裁量にゆだねられるだけに，裁判官としては，その裁量が恣意的，独善的にならないように自戒すべきだともいえるだろう．」とする．
75) フランツ・シュトレング（井田良ほか訳）「ドイツにおける量刑――その概要と現代的課題」慶應法学8号（平成19年）158頁は，捜査機関の行動を理由とする刑の引下げに関し，「特に重要なのは，刑事司法の補助機関による矛盾した行動に着目することである．おとり捜査のケースに関する判例は，そのことを理由に，本来の責任に相応する刑を下回ることを明示的に承認しているが，全くもって正当である．…（中略）…国の側の矛盾した活動に目をつぶれば行為責任に見合うものの，国家機関の活動との関係では不相当に感じられる処罰を行うことと比較すれば，処罰により責任を（完全に）果たさせることを放棄することは，一般市民の法感覚を動揺させることがより少ないであろうということである．このようにして，判例により行われる，責任の幅を下回る科刑は，量刑理論の体系には整合的でないとしても例外的に，競合する法治国家的な観点から，正当なものと認められるように思われる」としており，おとり捜査を念頭に置いた議論ではあるが，刑事司法の補助機関による矛盾した行動という側面や一般市民の法感覚をも踏まえ，必ずしも量刑理論の体系と整合的でないと考える事情を例外的に考慮するものとして参考となる．

第5　派生する種々の問題について

1　研究会では，違法手続が量刑に影響を及ぼすとした場合，下記のような様々な場面に関しての議論が行われた．
(ⅰ) 量刑上考慮する場合，どの程度刑を引き下げることになるのか．
(ⅱ) 捜査手続に重大な違法があるとして証拠能力が否定されたが，他の証拠で有罪が認定される場合に，当該有罪事実の量刑判断において捜査手続の違法を考慮するか．
(ⅲ) 捜査と関係しない拘置所内での違法行為を考慮するか．
(ⅳ) 被害者がいる場合でも量刑上考慮するか．

(v) 被告人に肉体的・精神的苦痛が生じない手続上の違法の場合には考慮するか。

研究会において，第4の1で紹介した，違法収集証拠排除の議論との連続性で理解し，汚れた手で収集した証拠を用いることを問題視する立場からは，(i)は証拠排除される程度の違法に近い場合はかなり引き下げ，(ii)については，違法な手続により収集された証拠を用いない場合には量刑上考慮せず[76]，(iii)も同様に量刑上考慮せず，(iv)については量刑上考慮し，(v)についてはポケットに手を入れて証拠物を収集したような場合でも量刑上考慮するとの意見が述べられた。違法収集証拠排除により無罪とされる場合との比較で考える立場からはこのような結論が一貫していると思われる。

被告人に生じた不利益の一環としてその苦痛を考慮し，違法の程度については考慮しない立場からは，(i)は大きく引き下げることはなく，場合によっては量刑理由で触れても刑を引き下げる要素とはならないこともあり得[77]，(ii)から(iv)は原則として考慮し，(v)については考慮しないというのが理論的に一貫した結論であるように思われる。なお，(ii)について，研究会において，苦痛を考慮する立場からしても，精神的苦痛については，証拠排除という手続的なけじめをつけることで回復されるとの指摘もあった。

その他，(iv)について，国家の処罰権の一部は被害者の私的制裁を禁止して取り上げた政策的なものであり，国家の側が処罰のための手続の過程でミスをしたのは被害者の責任ではないので，被害者の存在は処罰権限の制約を妨げる事情にならないかという指摘，あるいは，公平という観点からすると，国が被害者であったり，被害者がない犯罪については不公平感が強いのに比べ，殺人や強姦等の場合は，不公平感が強くならず，量刑上考慮するとしても若干にとどまるのではないかなどといった意見が出された。

2 私見の内容は，前記のとおり，捜査手続に違法があった場合に事案によっては裁判官の裁量によって例外的にこれを量刑上考慮することができるというものである。そして，捜査の違法を量刑上考慮することが明らかに「正義」，「公平」にかなうと感じられる事案に限るべきと考えるので，捜査官が取調べにおいて相応の暴力を振るい被告人に傷害を負わせたというような，捜査手続における違法の程度や被告人が受けた不利益の程度が大きい場合に限定されることになる。

また，捜査の違法の考慮は，被告人の十分な救済を企図するものではなく，その効果が限定的なものであることや，刑の量定は犯情を基礎として責

任と予防に関連する要素を中心として判断されるべきであることなどに照らしても，原則としてそうした要素を踏まえた量刑傾向から大きくはみ出すような考慮の仕方をすべきではないであろう[78]。

そして，このような考えを前提に前記の諸問題を検討するに，(i)については，単なる苦痛として考慮するよりも有意な影響を及ぼすべきであるが，前述のとおり，その他の事情を踏まえた量刑傾向から大きくはみ出すような下げ方をすべきではないと考える[79]。特に，死刑か無期懲役刑かが問題となるような事案においては，犯情を中心とした事情に照らした公平さが重視されるものであり[80]，原則として捜査の違法がその判断に影響することはないというべきであろう[81]。また，(ii)については，あくまでも証拠排除法則とは別個の問題として考慮すべきものである上，明らかに正義に反すると考えられるような場合は証拠排除すべき重大違法と判断されるのが通常であることからして，むしろ証拠排除されるべき重大な違法とはいえないような場合には，量刑上考慮する必要性がない場合が多いことになろう。(iii)については，刑事処罰を求める側の機関が行ったことを「公平」に反する根拠として理解する私見からは，拘置所での勾留中の問題は原則として量刑において考慮する必要がないものと考える。(iv)については，裁量判断である以上，種々の事情を取り込み得るところ，被害者の立場を考慮に入れることは，「正義」，「公平」の判断に資することになるであろう。(v)については，被告人が受けた不利益が小さい場合は考慮の必要性を感じないような場合が多いと思われるが，なお，違法の程度も考慮に入れて判断することになろう。

76) ただし，実際には違法に収集された証拠と何らかの因果関係がある証拠により事実が認定される場合が多いであろうとする。
77) 現実の量刑に影響していない場合でも量刑理由で言及することについて，畑山靖「被告人が自己の犯罪により自ら多大の不利益を被ったことと量刑」本書第3巻参照。
78) かかる見解からは，量刑傾向から大きく外れる①の裁判例や，証拠排除に至らない程度の違法を考慮した②や③の裁判例は異なる立場のものとなるが，それぞれ当時の学説や判例の状況を踏まえて公訴権濫用論や違法収集証拠排除論の代替的措置として考慮した面もうかがわれ，現在とは異なった状況下での裁判例とみることもできる。
79) その意味では，⑨の裁判例が，「量刑への影響の程度が基本的に行為責任の幅の中に止まる限り」において量刑事情として考慮するのは首肯できる。
80) 最二小判平11.11.29裁判集刑276号595頁，判夕1018号219頁，判時1693号154頁は，死刑か否かの判断において事件後の行動からうかがわれる被告人の人間性等の主観的事情を過度に重視することに否定的な態度をとる。
81) 証拠排除に至らないような捜査の違法に関してではあるが，原田・実際164頁。

なお，本稿初出時において指摘できていなかった裁判例であるが，東京高判平15.5.19（LLI/DB05820497）は，「仮に，警察官による暴行があり，被告人がそれにより苦痛を受けたとしても，そのこと自体は量刑上考慮する余地があるが，死刑の選択を回避するに足りる事情とまでは到底いえない。違法捜査により被告人が苦痛を受けた場合に，そのことを全く量刑上の考慮の対象から外すことは，量刑事情の全般性や大きな意味での公正さという点からして，相当でないが，その考慮の程度は，それ相応のものであって，量刑自体を大きく左右するような事情には一般的にならないというべきである。」としている。

第6　裁判員制度における留意事項

　捜査の違法を量刑上考慮するか否かということ自体の判断については，裁判官がその裁量に基づき決すべき法的判断事項と解され，裁判員制度の下でも裁判官の専権に属することになると考えるべきではなかろうか。
　ただし，「正義」，「公平」の概念が，社会的な常識に支えられている面もあることに照らすと，審理の過程で違法捜査により被告人が不利益を被った事実があらわれたときには，これを量刑上考慮すべきか否かについては，裁判員の意見にも率直に耳を傾けた上で判断すべき場合もあろう。
　一方，公判前整理手続の段階で，捜査手続の違法が量刑のみに影響する事情として主張された場合，そのための証拠調べを行うべきであろうか。国家機関の不正行為の有無の審理にこそ，一般国民の視点を取り入れるべきであるとの立場からは，むしろ積極的に裁判員を含めた裁判体の判断に委ねるべきとの考えもあり得よう。捜査手続の適法性に関して種々の場面でのチェックが期待されている裁判官の立場からも，重大な違法行為が行われた可能性が具体的に指摘された場合には，その有無を明らかにすべきではないかとの思いに至ることもあろう。しかしながら，捜査の違法が量刑に与える影響は前記のとおり限定的なものと考えるべきである上，そのような限定的な効果しか及ぼさない捜査手続の違法性の審理が裁判員にとって大きな負担となる場合もある。さらに，量刑に大きな影響を及ぼすことがない捜査の違法に関する審理が中心となることは，裁判員らに対して量刑判断を誤らせることにもつながりかねない。こうした点を考慮すると，事案にもよるかもしれないが，裁判員制度の健全な発展のためには，量刑事情としての立証のみのために捜査手続の違法性について審理をすることは相当ではないといえ[82]，そのような場合には，違法手続に対する対処は別の方途に委ねるべきであると思われる。

82) 私見では，捜査手続の違法についての量刑上の考慮の有無自体が裁判官の裁量的判断事項と解するものであるから，審理の負担等も斟酌してこれを決することができる上，前掲注 70) の垂水裁判官の補足意見においても，量刑事情の調査の限度は終局的には裁判所に任されるとされているとおり，そもそも量刑事情に関してどこまでの立証を認めるかについては，当該事情が量刑に与える影響の程度や審理の負担等を考慮して裁判所の裁量により決することができる性質のものである。

第6 裁判員制度における留意事項

検討裁判例一覧表

番号	認定された犯罪事実	量刑	問題となった違法行為	量刑上考慮し得る根拠	証拠排除との関係	量刑への影響度の評価
①	職務質問中等の警察官2名に暴行した公務執行妨害	懲役15日（未決を刑に満つるまで算入）	逮捕翌日の警察署の警察官が、看守係の警察官が、被告人に後ろ手錠をかけ、その両手錠を背面で結び、逆のえび型に緊縛して放置し、その間に背中を蹴むなどして助骨骨折等の傷害を負わせた。	国の警察権行使に対する妨害事件で処罰根拠されている公務執行妨害事件に対し、拘束されている被告人に対し、国の警察権の担当者が不正行為をしたことは刑政の根本である衡平に反する。	証拠の証拠能力の問題とは無関係	量刑上大きく考慮してもよい事由
②	覚せい剤自己使用、覚せい剤所持	懲役1年6月	警察官が、強制採尿の必要性の判断を誤って被告人から強制的に尿を採取した。警察官が被告人を取調室に連行する際、被告人の身体を担ぎ上げるようにして連行した。	被告人が苦痛を受けた事実は、広義の犯行後の状況の一つになる。	証拠の排除に至らない違法と判断（ただし、弁護人は排除されても他の証拠から有罪となることを認めている。）	相当程度考慮に入れる必要がある。
③	覚せい剤自己使用	懲役1年2月	警察官が、被告人に対し、要件を満たさないもかかわらず、保護手続として被告人を連行して警察署まで連行し、採尿手続にやや強引なところがあった。	被告人が苦痛を受けたこと自体が広い意味での犯行後の状況にあたる。	証拠の排除に至らない違法と判断	その量刑に相応の影響力を及ぼすものと考えるべき
④	覚せい剤自己使用、覚せい剤所持	懲役1年8月（他に1件の自己使用を有罪とし懲役2年を宣告した原審を破棄し自判）	警察官が、担ぎ込みパトカーに押し込み被告人を連行し、被告人が執ように退去するよう要求し、実際に二度帰りかけたところを実力で阻止した。	（特に説明なし）	最初の覚せい剤自己使用の関係で証拠排除し無罪とした。	酌酌しても、被告人の刑事責任を軽くみることはできない。

313

違法捜査等と量刑

⑤	対立組織関係の組事務所にけん銃を発射した殺人未遂、大院中の対立組織の配下組員と思われる人物を拳銃と刺身包丁で殺害した殺人	懲役14年	被告人が、警察官相当数から暴行を加えられ、重度の傷害を負った。	暴行の影響下にある供述調書の証拠能力は否定した模様	裁判所は、違法行為を行った警察官と等しく刑事司法に携わる国家機関である。	刑罰権の発動を相当程度に自制すべき
	対立組織の事務所を情勢把握のため訪れた警察官と組関係者を思い込んで拳銃を発射して重傷を負わせた殺人未遂	懲役8年	被告人が、警察官から峻烈な暴行を受けて重度の傷害を負った。	暴行の影響下にある供述調書の証拠能力は否定した模様		刑罰権の発動をある程度自制すべき
⑥	強姦致傷 (控訴棄却)	懲役5年	被告人が、拘置所職員から人種差別的暴言や暴行を受けた。	証拠の証拠能力の問題とは無関係	精神的、身体的な苦痛を被ったという事情は、事件が原因となって被告人の心身に生じた事情として量刑事情の一つとなる。	原判決の定めた被告人を左右するものとは認められない。
⑦	覚せい剤自己使用、覚せい剤所持	懲役1年6月 (控訴棄却)	警察官が、承諾なく被告人の自動車のドアを開け、中にあったボンネットを取り出した。	証拠の排除に至らない違法と判断	捜査の過程で被告人が暴行を受けるなどしたことは、犯行後の状況として量刑上考慮するのが相当と解される。	量刑上考慮するのが相当であるとは認め難い。
⑧	覚せい剤自己使用	懲役2年4月	被告人の明示の同意なく、その車両を警察署まで搬送し、被告人の同意の範囲を超えて同車両の見分をして覚せい剤を発見した。その後、被告人が病院に行くことを要求したが、これを許さず、逮捕に至るまで6時間半にわたって取調室に止め置いた。	証拠の排除に至らない違法と判断	(特に説明なし)	斟酌すべき事情を考慮しても、主文の刑は免れない。

314

第6　裁判員制度における留意事項

⑨	覚せい剤自己使用、営利目的譲渡せい剤所持、大麻所持	懲役2年6月、罰金20万円	警察官が取調中に顔を殴り、スチール机を押し出してその角を蹴り被告人の左側胸部に強打させ、左肋軟骨骨折の傷害を負わせた。	捜査過程で捜査官の側が被告人に対し違法な意味での犯行後の状況の一種としても位置付けられる。国家機関の一員たる捜査官が手続的正義に反する振る舞いに出て、被告人に現実の苦痛を与えたことは、衡平の見地からも量刑事情として軽視できない。	暴行と供述の任意性の関係は否定	量刑判断において相当程度考慮することが必要
⑩	自室に招き入れたいわゆるデリヘル嬢をナイフで突き刺し殺害した殺人（心神耗弱）	懲役6年	警察官が取調中に拳で被告人の顔を10回ほど殴り、髪の毛をつかみ振り回し、足で頭や顔を蹴った（下唇に受傷あり）。	（特に説明なし。ただし、「相当の肉体的・精神的苦痛を被ったことをも考慮する。）」	暴行の影響下にある供述調書の証拠能力は否定	量刑上一定程度考慮し得る事情

315

コメント

宇藤　崇

　1　捜査過程での違法行為への対処方法として，判例上，違法収集証拠の排除はすでに確固としたものとなっている。現在では，理論的な可能性だけではなく，実際に排除を認めた最高裁判例も存在する。また，手続打切りも，少なくとも学説上は，理論的に検討すべき課題として一般的に取り上げられている。それに対して，小倉論文で取扱われているテーマ，すなわち，捜査上違法な手続があった場合，裁判所は当該事情を量刑上考慮すべきか，ということについては，ながらく論点としての位置づけすら定かでなかった。この問題が刑法と刑事訴訟法の狭間にあったことも，その理由の1つであろう。しかし，注目の契機となった浦和地判平1.12.21判タ723号257頁からほぼ20年がたつに至り，最近では大阪地判平18.9.20判時1955号172頁が示されるなど，本格的に考えるための手がかりも揃いつつある。本コメントの対象である小倉論文は，このような進展を踏まえ，裁判所がこの問題にどのように対処すべきかを示したものであり，現時点において，このテーマでのもっとも重要な論文であるといってよい。小倉論文の骨子となるところは，これまでの裁判例と学説の紹介とその詳細な分析，それらを基礎とした実務上の方針を含む結論の提示にある。以下では，小倉論文が示す結論と，そこに至るまでの論理展開を支えているポイントを確認したうえで，若干気づいたところを述べておく。

　2　小倉論文では，まず，違法行為の量刑的考慮の問題が，まさに量刑論のものであることが確認されている。本問題についての議論の当初，違法収集証拠の排除の問題の延長線上にあるものとして位置づけられ，量刑論との関係は必ずしも検討されてこなかったが，そのような方向性は明確に否定されている。そのうえで，次のような枠組みのもと，当該事情の量刑的考慮が許される場合があるとの指摘がなされる。①このような考慮を行うねらいは，「処罰を求める側の機関」と処罰を求められる側である被告人の不公平を拭うところにあり，量刑上の考慮は，いわば「正義」，「公平」という要素を踏まえた被告人救済のための微調整として位置づけられる。②また，これらの要素が責任主義と予防目的のいずれにも解消できないものであったとしても，その考慮は，個別事案につき適切な結論を導くという，裁判官本来の

役割に由来する裁量的権限の内である。③ただし，その反面，この権限の行使が恣意的なものにならないよう，裁判官自身十分配慮する必要があるとともに，「量刑判断の透明化と合理化」を図る趣旨等からも，ここでの考慮はあくまでも例外的な措置にとどまる（以上，第4，3(5)）。

ところで，小倉論文が先のような枠組みを導く過程で，次の点が確認されている。まず，ここで考慮される量刑事情は，違法行為そのものであるという点である。被告人が被った苦痛が考慮対象であり，違法行為そのものではないという有力な見方があるなか，小倉論文はこれを否定している。次に，違法行為の考慮をどのように量刑論に組み入れるかにつき，刑罰権そのものが制約されるわけではないという点である。とりわけ「処罰の相当性」という枠組みのもと刑罰権が制約されるとの見解を，適切ではないと批判している。いずれも先の枠組みを導くうえで重要なステップとなっているので，それぞれについて検討しておく。

3 考慮対象となるのは被告人が被った苦痛であるとする見解について。例えば，原田國男の次のような見解が代表的であろう。すなわち，（取扱いは慎重でなければならないながらも）量刑上考慮される事情のなかには，責任主義にも予防目的にも関係しないものがある。刑事手続に伴う対象者の苦痛もこれに含まれる。違法な捜査行為によってもこのような苦痛が生じることがあり，その場合には，価値中立的な調整原理のもとに，刑罰の先取りと考えられる限りで，刑罰を軽減する方向に働く。それに対して，違法行為そのものを考慮することは，「違法収集証拠排除目的と同様な違法捜査抑制の目的を量刑領域に持ち込むこと」であり，それは「責任主義を基本とする量刑において危険である。まさに，本来被告人に責任でも予防でも関係しない事情をたまたま違法捜査があったからといって被告人に有利に考慮することは，量刑の公平性を害する」，と（原田・実際166頁）。

この見解については，いくつかの疑問点がある。小倉論文では，これらが次のようにまとめられている。(イ)量刑上考慮されるべきは，刑事手続に本来伴うべき不利益を越えて，被告人が過大な苦痛を負わなければならない場合であると指摘されているが，少なくとも本来的な場合との相違を指摘する限りで，すでに違法性の有無を考慮しているのではないか。(ロ)実質的に考えても，被告人が被った苦痛と制裁としての刑罰とは，その目的や効果において必ずしも共通性を有しているとはいいがたく，苦痛を刑罰の一部先取りと見ることは容易ではない。(ハ)仮に，苦痛そのものを量刑上考慮するとしても，

苦痛の程度を評価するのみでは，どの程度の刑罰先取りがあるのかは明らかではなく，結局，どのような強度・性質の違法行為があったのかを踏まえたうえでなければ考慮し得ないのではないか（第4の3(3)）。これらの疑問は，いずれも適切であるように思われる。

　さらに言えば，仮に，被告人の直接的な苦痛を伴わないような場合でも，違法行為を量刑上考慮すべきであるような事例を想定できるならば（例えば，おとり捜査。小倉論文の注75)を参照），苦痛そのものを考慮要素として位置づけることは難しい。もちろん，苦痛の程度が，量刑上考慮すべき違法行為か否かの重要な要素であることは否定し得ないが，苦痛と違法行為の関係性は異なるように思われる。

4　処罰の相当性といった枠組みを量刑法に組み込もうとする見解について。とくに拙稿（「捜査手続の違法に対する事後的処理について」刑法38巻2号〔平成11年〕130頁）を念頭に検討がなされているが，その内容は，小倉論文に適切に整理されている。ここにいう処罰の相当性という枠組みのもとでは，個別の事案につき，一定の刑罰量を有する刑罰を科することが，憲法を含む現行法秩序のもとでなお許されるのか，ということが判断される。この見解について，「かかる理論的根拠付けは確たるものであるようには思われない」との指摘がなされている。その主たる理由は，(イ)刑罰権それ自体が制約されるという場合，極限的には刑罰量がゼロとなることも念頭におきつつ，違法のない場合の刑罰量から違法の程度に比例して刑が軽減されていくような考慮方法が想定されるように思われるが，それは可能なのか，(ロ)刑罰量は個別行為責任ないし狭義の犯情を基礎として判断されるべきであり，例外とされるべきところがあまりに強調されすぎていないか，といったところにまとめられる（第4の3(4)）。これらの指摘は適切か。

　まず，(イ)について。刑罰を軽減する方向に働く事情を実際に考慮する場合には，その事情がどの程度の強度を有しているかを見極めなければならないはずであり，それは違法行為の考慮に限ったことではない。先の批判に意味があるとすれば，刑罰量がゼロに至るような場合を考えなければならない点への懐疑であろう。しかし，これについては次のことを想起してもらいたい。例えば，違法なおとり捜査につき，処罰が回避されるべき可能性があることは，従来学説上一般に指摘されてきたところである。その一方で，近時では，おとり捜査が機会供与型の場合にも違法となり得ることが認められるに至り，違法になるとはいっても，その程度に相違があると理解される余地

があり，違法の場合すべてを一律に不処罰とすることには躊躇があるものと考えられる。仮にこのような状況を合理的に説明しようとすれば，一方の極に刑罰量ゼロとなるような場合を想定する対処法を見据えることも必要であろう。また，管見によれば，判例のなかにも，最一小決昭55.12.17刑集34巻7号672頁，判タ428号69頁のように，個別事案の特性にも着目しながら処罰相当性の欠如という観点から処罰の回避を模索しようとするものが見受けられる（拙稿・前掲22頁）。確かに，刑罰量ゼロと判断せざるを得ない場合があるにしても，特殊な事例が想定されるにとどまるが，視野には入れておかれるべきではなかろうか。

　(ロ)についても，それが批判として適切であるためには上述(イ)と関連することが見てとれる。小倉論文の結論のすぐれた点は，裁判官の裁量的権限という，いわば裁定者としての地位に内在する権限を手がかりとしているところにある。個別事案における「正義」や「公平」の実現が，実際に法を適用する裁判官の手に委ねられていることを考えれば，裁定者の権限がかかる観点からの微調整を内包しているものであることは十分に理解できるし，また，そうである以上，とくに制定法の明確な適用が害されないように，かかる微調整が「例外」と位置づけられることも理解できる。実際にどの程度の量刑を軽減するかという点についても，違法行為がなければ被告人が問われるべき犯罪に対する刑罰量，あるいは個別事案における被告人の救済の可能性等をいわばアドホックに考慮するにとどまり，あらゆる状況で一律に量刑上軽減する方向で考慮されるべきであるとの帰結が原則として回避されるべきである点も肯首できないわけではない。もっとも，このような帰結は，処罰相当性の観点から説明する場合にも，ほぼ同様であると思われる。憲法を含む現行法秩序のなかには，責任と狭義の犯情に適合した刑罰量が可能な限り科されるべきであるということも想定されるはずであり，それを大きく踏み越えることは通常適切ではないであろうからである（なお，拙稿「演習刑事訴訟法」法教306号〔平成18年〕120頁，121頁を参照）。ただ，重要な相違があるとすれば，実質的に微調整に納まらない例外的な措置が許されるか否かという判断の相違に帰され得る。この点については，先に(イ)の検討で見たとおり，一般化はできないにしても視野に納めるべきであり，これまでの判例を見る限り，かりに個別的な「正義」，「公平」という観点からアプローチしたとしても事情は変わらないように思われる。

5　論文は，派生する種々の問題（第5），裁判員制度における留意事項

(第6）が示されたうえで閉じられている。いずれについても，小倉論文の立場を前提とした場合の帰結を示すものであり，実務での運用に際して非常に示唆的であるように思われる。「正義」，「公平」の観点がどの程度の機能を果たすべきかについては，若干の疑問もあるものの，今後の議論展開の基盤となっていくことを切に願う。

刑事訴追に必然的に伴う負担と量刑

和田　真

第1　はじめに／321
第2　問題の所在／322
　1　身柄拘束に伴う不利益について
　2　被告人の立場に置かれること自体に伴う不利益について
第3　刑事訴追に伴う不利益の実務上の扱いと学説上の位置づけについて／325
　1　実務上の扱い
　2　学説について
第4　各問題点の検討／331
　1　身柄拘束に伴う不利益について
　　(1)　未決の算入の趣旨／(2)　未決勾留を量刑（狭義）上考慮すべき場合
　2　その余の訴追に伴う負担
　　(1)　被告人の立場に置かれたことを量刑上有利にとらえ得る場合はあるか／(2)　具体的な検討
第5　まとめ／344
　1　身柄拘束に伴う不利益の問題について
　2　被告人の地位に置かれることに伴う不利益の問題について

第1　はじめに

　在宅事件として処理される一部の事件を除いて，被告人の立場に置かれることに伴い生じる直接的で最も大きな不利益は，身柄拘束により自由を奪われる不利益である。同不利益は被疑者段階でも生じ得るものではあるが，起訴後のものは保釈等される場合を除いて判決宣告時まで続くことになる。その間に職場を追われる等の間接的な不利益を被ることも考えられ，審理が長期化すれば身柄拘束による直接的な不利益や，間接的な不利益はより大きなものとなるであろう。
　他方，仮に保釈等されて身柄拘束を解かれても，長期間，被告人の立場に置かれること自体から不利益を被ることも考えられる。
　本稿では，このような犯罪を犯して被告人となることに伴い生じ得る不利益のうち，適法な刑事手続の下，法的には甘受しなければならない身柄拘束あるいは被告人の立場に置かれることに伴う不利益を，量刑上どのように考

慮すべきかという点について考えていきたい。

なお，本稿はすでに判タ1269号（2008年8月1日号）で発表したものについて，その際に付された松田岳士大阪大学大学院准教授のコメントや，その後の裁判員裁判（特に量刑評議）に関する議論の深まり等を参考にして若干の手直しをしたものである。筆者の力不足のため，学説の十分な吟味等ができておらず，松田准教授の真意を十分に理解できていない可能性のある不完全なものであること，また，本稿で述べる内容は研究会における総意ではなく，問題提起を兼ねた私見にとどまるものであることを最初にお断りしておきたい。

第2　問題の所在

1　身柄拘束に伴う不利益について

（1）　身柄拘束の不利益は，第一次的には未決勾留日数の本刑算入（以下「未決の算入」という。ただし，本稿においては刑法21条によるものに限って論じる。）により解消されることが予定されている。そして，未決の算入は裁量の問題とされてはいるものの，算入が妥当といえない場合，刑の量定の不当（刑訴法381条，上告審では同法411条）に当たることは確立した判例[1]となっている。身柄拘束に伴う不利益を量刑上どのように扱うべきかを考える場合，未決の算入との関係を無視できない。

（2）　ところで，未決の算入は，広義の量刑の問題ではあるものの，刑期，罰金額の決定（以下「本刑」という。）といった本来の意味での量刑（以下「狭義の量刑」という。）の問題ではないため，両者は区別されるべきであるといわれている。しかし，本刑と未決の算入の両者が一体となって現実に服すべき刑が決まる点から，これらを一体的に扱うことも考えられないわけではない。実務においても，このような考慮が全くないとはいいがたく，後にみる調整的運用の考え方の背景には，このような発想があることも否定できない[2]。

（3）　また，裁判員制度導入に伴い審理のあり様が大幅に変わろうとする中，これまで実務で一般的に採用されてきた未決の算入の計算式（以下「基準」という。）[3]を今後もそのまま維持することがはたして妥当か，評議において身柄拘束の不利益や未決の算入をどのように議論すべきかといった点についても考えておく必要があろう。

2 被告人の立場に置かれること自体に伴う不利益について

　起訴に伴う不利益の主たるものは，既述の身柄拘束及びそれから派生する不利益であるが，必ずしもこれにとどまるものではない。訴追裁量権の逸脱の問題や，裁判の著しい遅延の問題は，いずれも被告人の立場に置かれたことに伴う負担に関するものである。訴訟法上の問題はいずれも判例上一応の決着をみたが[4]，これらの問題を量刑面で考慮できるかという問題はなお残っている。

1) 高裁段階では仙台高判昭 33.5.20 判タ 96 号 28 頁ほか多数の裁判例がある。この点を理由に破棄までした最高裁判例はないが，未だ裁量権の逸脱に当たらない等とする最一小決昭 58.11.10 判時 1100 号 160 頁や後掲注 20) の判例があり，未決の算入が裁量権を逸脱した場合，量定不当に当たるというのは確立した判例といえよう。類似の問題ともいえる公選法における公民権の不停止・停止期間の短縮が量定不当に当たることを判示したものには最二小決昭 29.6.2 刑集 8 巻 6 号 794 頁，判タ 42 号 27 頁ほか多数がある。

　　なお，未決の算入に関する法律上の諸問題については，橋爪信「未決勾留日数の算入に関する諸問題」判タ 1133 号（平成 15 年）63 頁に詳しい。

2) 藤永幸治ほか編『大コンメンタール刑事訴訟法(6)』（青林書院，平成 8 年）234 頁〔原田國男〕では，「刑の量定とは，狭い意味では，刑期又は罰金額等の決定をいうが，本条（刑訴 381 条）においては，刑罰その他の刑事処分一般を意味する（通説）」とされる。

　　渡辺修・平 14 重判解 176 頁では，「勾留により相当期間自由を拘束される状態が刑罰と同じく心理的にも社会的にも大きな負担となる事実は無視できない。運用上も被告人側の弁論で相当期間の勾留によって事実上社会的な意味での制裁を受けた点を摘示することは多い。かかる主張が裁判所の量刑判断に影響することも少なくない。そこで，刑法 21 条は，後に有罪とされた場合には事実上刑罰に関連して自由を拘束されていた点に注目し，衡平性の見地から両者を合体して一個の刑罰と扱うことを認めたと理解するのも一理ある。この場合にも犯罪に対する量刑ではないから，算入の要否およびその量は事件審理の状況のみによって決定されるべきで，犯罪の情状とは無関係でなければならない」とされる。

3) 大塚仁ほか編『大コンメンタール刑法(1)〔第 2 版〕』（青林書院，平成 16 年）468 頁〔新矢悦二〕。

　　「Ⅰ　起訴後の勾留は，第 1 回公判期日までのものと，公判期日から次の公判期日までのもの（判決宣告日も含む）とが考えられる。

　　①　第 1 回公判期日は裁判所の公判準備のみならず当事者の事前準備に必要な期間を見込まなければならないから，起訴後第 1 回公判期日までの日数は，審理に必要な期間として除外される。地方裁判所では，第 1 回公判期日は起訴後 1 月以内に開くも

のとする申し合せがあるところが多いことを考慮し，通常これを 30 日とし，その日数を除外する。

②　審理が 2 回以上の公判期日を要する場合は，継続審理の理念と次の公判の準備等に必要な日数とを考慮して週 1 回以上の開廷を理想とし，少なくとも月 2 回以上の開廷が督励されている。平均的には 10 日以内の連続開廷を通常予定される審理に必要な期間とし（結審から判決宣告公判期日までの間も同様），その日数は除外する。

③　これを数式にすると，裁定通算の対象となる未決勾留日数 −〔第 1 回公判期日までの日数 30 日〈30 日以内のときはその実数〉＋〈公判回数 − 1〉× 10 日〈次の公判期日間の日数が 10 日以内であればその実数〉〕＝算入すべき未決勾留日数

Ⅱ　地方裁判所の単独事件や簡易裁判所の事件については，第 1 回公判期日までの必要日数を 25 日以内とし，また公判期日から次の公判期日までの必要日数を 7 日までとするのが相当である場合もあり，一方，訴因数が多数であるとか事案が複雑な事件については，第 1 回公判期日までの日数が 1 か月以上を必要とし，また公判期日から次の公判期日まで 15 日程度の日数を必要とする場合もあり，事件の審理経過の状況に照らし，公平の観念にもとづき前記の数式に修正を加えていく」とされる。

なお，上記数式で採用された数字は，昭和 55 年度の東京地裁におけるアンケート結果等がもとになっているようである（小林・後掲注 8）参照）。

ところで，小林・後掲注 8）106 頁以下では，「一旦公判を開いたならば，できる限り連続開廷し継続して審理を行うのが法の趣旨とするところであるが（旧規則 179 条の 2 参照），数回以内の開廷で終結できる事件については，そのような運用も不可能ではないであろう。したがって，数回以内の開廷で終結できる事件については，連日開廷が行われていなくとも，これが行われた場合と同視し，第 1 回公判以降の審理期間は審理に必要な日数とみなさないとすること，すなわち，30 日又は現実の第 1 回公判までの日数のみを控除するとすることには相当の理由があると認められる」と指摘されている。同指摘は，平成 16 年の刑訴法の改正により連日的開廷の要請が法律上の要請（刑訴法 281 条の 6）となった現在大いに参考にされるべきではなかろうか。

4)　訴追裁量権の濫用の問題については，最一小決昭 55.12.17 刑集 34 巻 7 号 672 頁，判タ 428 号 69 頁。

裁判の著しい遅延に対する救済の問題については，最大判昭 47.12.20 刑集 26 巻 10 号 631 頁，判タ 287 号 165 頁，最一小判昭 55.2.7 刑集 34 巻 2 号 15 頁，判タ 409 号 82 頁，最二小判昭 58.5.27 刑集 37 巻 4 号 474 頁，判タ 498 号 64 頁等。

これらの解説については各年度の最高裁判所判例解説刑事篇を参照されたい。

第3 刑事訴追に伴う不利益の実務上の扱いと学説上の位置づけについて

1 実務上の扱い

　実務上，起訴されたことや身柄拘束を受けたことを有利な量刑事情として掲げることは比較的多い。

　はじめて身柄拘束や正式裁判を経験した者に対し，それぞれ「今回はじめて身柄拘束を受けて反省を深めた」，「今回はじめて正式裁判を受けることになって事態の重大さを認識し，反省する様子が見受けられる」などと身柄拘束を受けたことや起訴されたことを有利な事情として挙げることは珍しいことではない。さらに，起訴されたこと等が原因となって職を辞する等した場合には，「相応に社会的制裁も受けている」等として有利な事情として挙げられることも少なくない。

　しかし，これらの多くは，反省や社会的制裁等といった身柄拘束あるいは起訴されたことをきっかけに被告人に生じた事情を有利に評価しているのであって，起訴あるいは身柄拘束されたこと自体を真正面からとらえて有利な事情として評価しているわけではない。起訴されることに必然的に伴う負担は，犯罪を犯した以上，法律上当然甘受しなければならないものである（犯罪を犯したからこそ起訴されているのであり，起訴後の身柄拘束についても，犯罪を犯して勾留の要件・必要性があるため認められているのであるから，有罪と判断される以上，通常の審理に必要な範囲では，犯罪を犯したことに伴う当然の報いとして甘受すべきものであろう。）から，これを目に見えた形で被告人に有利な事情とするには，後に述べるとおり，その負担が刑法21条によっては清算できないものであったり，通常甘受すべき限度を超えたものであることが必要と考えているためであろう。

　そこで，多くの場合，身柄拘束や起訴されたこと自体を有利な事情として評価するのではなく，これらを契機として被告人に新たに生じた事情（事態）を有利な事情として評価しているのではないだろうか。

　ただ，通常甘受すべき負担とはいいがたい場合には，これを真正面からとらえることが必要となるであろう。どのような場合がこれに当たるのかを検討するのが本稿の目的である。

2 学説について

(1) 学説においては，起訴あるいは身柄拘束に伴う特別の負担などについて，それを責任・予防のいずれに位置づけるかはともかく，他の不利益と同様，責任・予防の枠内で論じるのが一般的なようである（この問題に明示的に触れられたものは反対する立場の下記(2)の文献を除いて見当たらない。しかし，それは時的な面や事柄の性格から，責任に位置づけることは困難ではあるが，刑の役割と関わる問題なので，必要な場合は，予防，すなわち，刑事政策的な考慮で対応〔調整〕すれば十分だと考えられているからであろう。)。

(2) もっとも，井田良教授と原田國男元判事は，これらを従来の責任・予防の枠内で論じるべきではないとされる。

ア 井田教授は，「犯罪により被告人に思わぬ過酷な結果が生じたという事情（ドイツ刑法60条[5]参照），長期にわたり未決勾留を受けたという事情，被告人の地位におかれたことにより（失職するなど）かなりの社会的制裁を受けたという事情，懲戒罰などを課されたこと，多額の損害賠償金を支払ったという事情などは，行為者に有利な方向で考慮し得る。これらの事情は，個別行為の責任に影響する事情や，予防的考慮に影響する事情とは区別すべきである。そもそも，量刑事情を『責任』に関係する事情と『予防』に関係する事情との2つに分配するというのは不当な単純化であり，犯罪の成否の判断以上に複雑な量刑の判断を，犯罪論の判断枠組み以上に単純な図式に当てはめようとすることである。たとえば，すでに社会的制裁を十分に受けているとか，長期にわたって未決勾留されたという事情は，明らかに行為責任とは無関係であろうし，予防の必要性の考慮にただちに影響するものでもない。しかし，行為に対する制裁を受けたことによって，応報的科刑の必要性（ないし要罰性）は明らかに減弱する。このような考慮を，責任判断に還元しようとすると，責任概念は輪郭を失ったルーズな概念になってしまうであろう。（中略）これら刑の必要性に関する事情は，責任刑を科すことを不必要に思わせる事情であるから，責任判断を下回る量刑を可能にし得るのは当然である」などと述べられて[6]，従前の責任・予防の枠内では評価すべきではないと指摘される。

イ 一方，原田元判事も「刑罰は被告人に対して加えられる苦痛であり，害悪である。犯行後被告人が受けた社会的制裁や違法捜査や違法処遇による苦痛等は，いわば，その刑罰の先取りである。未決勾留日数の算入も同様である。また，不注意で惹起した事故で自分の子供を失ったり，自ら大怪我を

したような場合も基本的に同じであろう。したがって、これらの事情を量刑上考慮するのは、先取られた苦痛や害悪を精算しようとするものであって、特に責任主義や目的主義とは関連しない、それ自体ニュートラルな価値中立的な調整原理にすぎないのではあるまいか。刑の必要性という概念による説明も可能であるが、その実質的な内容は、このようなものであると考えられる」旨述べられている[7]。

(3) 井田教授と原田元判事のご見解は、未決勾留等がもたらす不利益には、他の量刑要素とは異なった面があるので、このようなものを既存の行為責任等を前提にした量刑論の枠の中で論じることは妥当ではなく、別個の考慮を要するのではないかとの問題意識に基づくものと考えられる。

確かに、井田教授と原田元判事が掲げられる不利益は、犯罪行為自体とは独立した事後的なものであり、その効果も未決勾留については、事実上、刑の執行と同視されるほどの直接的で強力なものである等、他の量刑要素とは異なった性格を持つものである。

少なくとも、未決勾留については、仮に、刑法21条が存在しなければ、その負担を全て量刑において考慮するほかなく、行為責任により決まる刑罰の枠を大きく変容させる重要な量刑修正要素になっていたであろう。しかし、我が国には、刑法21条が存在するから、後に述べるとおり、未決勾留に伴う特別の負担は、本来、未決の算入により解消されることが予定されているといえる（後述のとおり実務は、身柄拘束について厳格な態度をとって無用・過大な未決勾留の発生を防止するとともに、「基準」を参考にして、発生した未決勾留について公平な精算を行っているのである。）。したがって、本刑を決定する際の量刑事情として残るものがあるとするならば、これでは解消できない不利益にとどまるはずである。もっとも、未決の算入は、算入された未決が本刑（刑期、罰金額）の執行とみなされる点において他の広義の量刑の問題といわれるものとは異なり、狭義の量刑（本刑の決定及び執行猶予を付すか否かの判断）と密接不可分の関係に立つという特殊性がある。このことは、未決の不算入は量刑不当の問題を生じるとされながらも執行猶予を付す場合には未決の算入を認めない扱いが実務上比較的広く行われているなど、その算入の有無・程度が量刑不当に当たるか否かは本刑（さらには執行猶予が付されているかということ）と密接に絡む点に端的に表れている。井田教授や原田元判事は、狭義・広義の量刑の問題を区別して論じることの曖昧さや実益の乏しさ等から、未決の算入を身柄拘束という特殊な量刑事情の特別な処理方法を定めたものと位置

づけ，後に述べる執行猶予を付す場合の身柄拘束の不利益の扱い等をも念頭に置いた上でこれらを統一的に説明することをお考えなのかもしれない。

しかし，刑事裁判の中核的なものが裁判員対象事件とされ，その刑の量定も裁判員の権限とされている（裁判員法6条1項3号）以上，量刑判断を少しでも分かりやすいものにしなければならない（刑事裁判の中核的なものに対する扱いは，その余の〔裁判員非対象〕事件にも，当然その影響が及ぶことになり，両者で扱いを異にすることはできないであろう。）。このような観点からすると，後に述べるとおり，可能な限り責任（非難可能性）・予防の枠に対応した形で量刑の問題を考えるべきではないだろうか。未決の算入も広義の刑の量定の問題として裁判員の権限となるのだから，本来（狭義）の量刑の問題と，これとは異質な未決の算入を区別して考えるのが相当で，現在の実務のように身柄拘束の負担は原則未決の算入により解消されると考えるのが簡明であろう。

それでは，井田教授や原田元判事が例として掲げられる未決勾留以外の他の特別の不利益はどうであろうか。

核心司法の要請は，事実認定面のみならず，量刑面においても考慮されるべきである。一見，量刑に影響を及ぼしそうにみえる事情であっても，本当に量刑に影響を与えるものなのか（実刑と執行猶予を分ける要素になったり，刑期をある程度下げるものか，そこまでには至らず，単に気の毒である等といった感情レベルの問題にとどまるものか，あるいは，国家賠償その他の量刑以外の方法で解決すべきものか）という区別を意識的に行う必要がある。このような観点から各事情をみた場合，これまで判決の中で被告人に有利な事情として触れられていたものであっても，被告人の更生意欲を高めるためのリップサービス的な意味にとどまり量刑上さほど意味を持っていなかったものも少なくないように思われる（かといって，裁判員裁判においては，これらを記載することが許されないなどというつもりはない。被告人の納得等のために記載を必要とする場合もあるであろうし，説諭として述べることも考えられよう。それが量刑に影響を及ぼすまでの事情か否かを見極め意識することが重要だという趣旨である。）。

たとえば，量刑に影響を及ぼすと一般にいわれている特別の不利益についても，それが本当に量刑に影響を及ぼすものなのか，及ぼすとすれば，どのような形で影響するのかについて十分に吟味する必要がある。特に裁判員と議論する場合には，量刑はどのようにして決められるべきものなのか，考慮して良いこと，悪いことを十分に意識してもらった上で議論する必要がある（この点は，遠藤邦彦「量刑判断過程の総論的検討」本書第1巻を参照されたい。）。裁判員裁判では，被告人が犯した犯罪行為に相応しい刑を科すことが量刑という

作業であることを分かってもらうため，裁判員に対し，「量刑とは，被告人が犯した犯罪に相応しい責任を問う作業である。予防的な考慮が許されるにせよ限界があり，修正要素にとどまる」などと早い段階で説明することが必要であろう。有利に考慮すべき事情についても，可能な限りこれに対応した形で（責任〔非難可能性〕と予防の観点から）議論する必要があるのではないだろうか。このような思考が困難な身柄拘束の負担については，原則として刑法21条による未決の算入により解消される問題であると説明することになる。既に述べたとおり，量刑事情として考慮できるのは，未決の算入では解消できない負担にとどまり，それはさほど大きなものにはならないはずである。仮に，それが大きな不利益になるとすれば身柄拘束自体の妥当性が問われる病理的な場面であろう。このような場面を除いて量刑面への影響は比較的小さく，仮に考慮を要する場合でも，事後的事情という特殊性があるにせよ，主として特別予防に関する一要素として考慮すれば対応できるのではないだろうか。一方，病理的な場面については，これを量刑の問題として解決しなくても，証拠能力を否定する等の本来の解決策があるから，これによる解決を図るべきである（違法捜査の問題も同様にいえるものと考える。）。責任・予防と関連づけることができるものについては格別，量刑を被告人が受けた不利益を解消するための調整弁として広く利用することは，量刑の目的を曖昧にし，裁判員を混乱させることにもなりかねず妥当とは思えない。確かに，刑罰の本質は苦痛であるから，違法捜査等のため証拠能力等を否定するに至らない場合でも苦痛を受けたと解しうる場合には量刑により精算すべきであるとの考えには魅力を感じる。しかし，このような考慮ができるのは，それが通常甘受すべき苦痛を越えているものの証拠能力等を否定するほどの重大なものではないといえることが必要である。そのためには，どこまでが許容されるのか等といった本来裁判官が行うべき法律判断を迫られることになる。そもそも適法行為との境界が問題になるようなものについては苦痛としての程度が低く，将来の違法捜査の予防等といった政策的側面が強調されることになりかねないが，既に述べたとおり，このようなものを量刑判断に持ち込むことは相当ではなかろう。量刑による解決が必要になるとすれば，一定以上の激しい苦痛が加えられた場合であろう。しかし，このような場合には，量刑に対する影響のみが問題とされる以上，身柄拘束や捜査等との関連を問題にする必要はなく，被告人が味わった（その疑念をぬぐえない）苦痛のみの量刑への影響を考えれば良いのであり，その結果，それが量刑上，無視しがたいということになる場合には，その位置づけは事後的な非難や特別予

防の必要性の減少ということになるのではないだろうか。

　違法捜査や身柄拘束以外の井田教授や原田元判事が例として挙げられているものは、被害弁償については事後的に被害の一部が回復されることにより非難が弱まる等と、その余のものについては事実上の制裁を受けたことに懲りて二度と犯罪に及ばないであろうなどと、事後的な責任非難の減少要素や特別予防（更生可能性）面での有利な事情として位置づけることが可能で、このような形で議論した方が分かりやすいのではないだろうか。

　以上のとおり、井田教授と原田元判事が指摘される要素は、被告人の犯行によって決まる責任刑の範囲の中で、これを若干被告人に有利に修正する要素とはなっても、これを大きく変える要素とはなり得ないものと考える。したがって、刑事政策的な考慮、すなわち、予防による説明で十分に対応することが可能で、それで足りるのではないだろうか。井田教授と原田元判事のご見解は、ドイツ刑法に裏付けられた誠に示唆に富むものであるがにわかに賛同できない。

5) ドイツ刑法60条は、「行為者に生じた犯罪行為の結果が、刑を科すのが明らかに誤りであるほど重大であるときは、裁判所は刑を免除する。行為者が犯罪行為について1年を超える自由刑を科せられるときは、この限りでない」旨規定している。

　なお、未決勾留の問題について、ドイツ刑法51条は、「有罪の言渡しを受けた者が、手続の対象であるか又は対象であった行為により、未決勾留その他の自由剥奪を受けたときは、それを有期自由刑及び罰金刑に算入される。ただし、算入が、有罪の言渡しを受けた者の行為後の態度を考慮して正当とされないときは、裁判所は算入の全部又は一部を行わない旨を命ずることができる」旨規定している。このようにドイツでは原則、未決が法定通算されることになっているので、未決の処理について、主文で触れられることはない。また、機会があって、私がドイツの実務家にお聞きしたところによれば、未決の方が受刑段階よりも自由制限が厳しく負担が重いため、算入しない旨命ずることは現実には考えられないとのことであった。

6) 井田・量刑理論と量刑事情40頁、41頁。

7) 原田・実際〔増補版〕166頁。原田元判事は、実際〔第3版〕（平成20年）166頁では、通説（城下裕二教授ら）と反対の立場をより明確にされ、「これらの場合に、量刑上考慮され得るのは、精神的・肉体的苦痛であり、これを特別予防からする量刑事情というには、間接的に過ぎよう。それを言い出すと、被告人の刑を軽くする事情は、多かれ少なかれこのような効果を含むから、特別予防で説明ができることになりかねない。」と述べられている。

第4　各問題点の検討

1　身柄拘束に伴う不利益について

　身柄拘束に伴う不利益の扱いを考える場合，未決の算入の意義・目的等を考えておく必要があるであろう。

(1)　未決の算入の趣旨
ア　未決の算入の通説的な考え方
　(ア)　刑法21条は，「未決勾留の日数は，その全部又は一部を本刑に算入することができる」旨定めている。
　　a　同条の趣旨について，小林充元判事は，次のように説明される[8]。
　「未決勾留は，刑の執行とは目的ないし性格を異にする。一言で言えば，刑の執行は刑罰権の実現そのものであるのに対し，未決勾留はその目的のための手続上の制度にとどまるからである。しかし，未決勾留はその形態において刑の執行に類似するばかりでなく，それが被拘束者に与える苦痛も，時として刑の執行に勝るとも劣らないものがある。したがって，それが刑罰権の適正な実現という目的のためにやむを得ないものとしても，これに対しては，何らかの補償ないし救済措置が講じられることが公平の観念から要請される（特に，被勾留者が住居不定であるとか貧困のため保釈保証金を用意できないなどの理由によって勾留を継続された場合を考えよ）。ここに，未決勾留と刑の執行の形態の類似性に着目し，未決勾留を刑に算入する，いわゆる未決算入の制度が立法上多く採用されるにいたった。わが刑法も，その21条において，この未決算入の制度を採用しているのである」。
　　b　また，刑法21条は，未決勾留日数の全部又は一部を本刑に算入することを認めているが，その算入の基準等については直接触れていない。そのため，全部算入説と一部算入説の対立があった。両説の差は，未決の算入をどのようにするのが，公平の観念に合致すると考えるかの差によるものであるが，小林元判事は，前記論文中で，この点についても概略次のように説明されている。
　「全部算入説は，前述した未決勾留の特性にかんがみ，原則としてその全部を算入すべきであり，ただ被告人の病気，審理拒否等その責任に帰すべき事由によって勾留期間が延長された場合に限りその期間を算入の対象から控

除すべきであるとするのである。他は，一部算入説で，当該事件の捜査，審理に通常必要な期間の勾留は，被告人が罪を犯したことに起因するやむを得ないものとして，これを被告人の負担に帰せしめたとしても公平の観念に反するとはいえず，これを超える期間の勾留を本刑に算入することをもって足るとするものである。(中略)前述したように刑の執行と未決勾留は目的及び性質において異なり，論理必然的に未決勾留を刑に代替し得るものではないから，未決勾留の本刑算入は実定法によってはじめて可能となるものというべく，またその内容も，公平の観念を基調としつつも結局は実定法の定めるところによるということである（現行法の下では，一部算入説がとられるべきである）」。

(イ) 現在の実務は，小林元判事の説明にあるとおり，未決勾留は，刑罰権の適正・円滑な実現のため，刑事手続上認められた制度であるから，被告人が犯罪を犯してこのような事態を招いた以上，当該事件の捜査・審理に通常必要な身柄拘束は甘受すべきであるが，仮に，これを超えるものがあれば，特別の負担としてこれを清算しなければ公平に反する。このことを定めたものが刑法21条であるとの解釈のもと未決の算入を行っている[9]。

イ　現在の実務の現状と今後の課題

(ア) このような通説的考えのもと，算入可能な未決の日数を計算する数式が先の「基準」である。司法研修所でもこれに従った指導が行われていることもあって[10]，実務上，これをもとに未決の算入を行うのが一般的な扱いである。

(イ) ただ，必ずしも厳格に「基準」に従った処理が行われているわけではなく，ある程度どんぶり勘定的な運用が行われていることも否定できないとの指摘もある[11]。

同指摘がされる背景には，未決の算入は，裁判所の裁量事項であり，「基準」は，あくまでも一応の目安にすぎないという点がある。また，本刑に算入された未決勾留日数については刑が執行されたものとみなされ，本刑と算入される未決勾留日数の両者があいまって実質的な刑（以下「実質的な刑」という。）を形成するという面も影響しているのではないだろうか。そこで，必ずしも「基準」との関係で，どの程度の差があるのか詰めなくても，実質的な刑が妥当であればよいとの発想も成り立ち得ることから，このような発想で行われているのではないかと疑われる事例があったのかもしれない[12]。しかし，実務において「基準」と大きな差を生じるのは，審理の経過等に照らして，「基準」を形式的に適用することが妥当ではないと判断される場合（未決の算入において，公平の観点から実質的な考慮がされる場合）や，これまでの慣行さらには他事件との均衡等といった制約の中で決まる本刑が，やや被告人

に過酷等と考えられる場合に，個別性が高く弾力的運用も可能な未決勾留日数を活用して，これにより本刑を調整することによって妥当な結論を導き出そうとしている場合（以下，このような場合を「未決の調整的運用」という。）がほとんどではなかろうか。

(ウ) 未決の算入は既述のとおり公平の観念から設けられており，未決勾留という特殊な負担について法が設けた解決手段であるから，その基準が不明確であれば公平の趣旨に反することにもなりかねない。客観的で明確な基準を提供するという意味において，「基準」の果たす役割は極めて大きく，当該事件の審理の経過等に照らして，「基準」に従うことが適当でない場合には，実質的な考慮から，これを修正する必要があるのは当然としても，通常よりも不利な取扱いをする場合には明確な根拠・理由が必要となる。実務上，「基準」から外れるのは，未決の調整的運用のように有利に扱う場合がほとんどである。合理的理由もなく不利益に扱う場合には，本刑等との関連次第では量刑不当の問題を生じることになるであろう。

(エ) ところで，現在，裁判員制度の導入等を契機に，これまでの審理のあり様が従前とは大きく変わってきている。このような中，これまで「当該事件の通常の捜査・審理に必要な期間」として控除の対象となってきたもの（被告人が当然負担すべきとされてきたもの）を，今後も維持してよいのか再検討する必要を生じている。未決の算入の根拠である公平の観念を実質的に図るためには，身柄拘束の妥当性・必要性を判決段階でもう一度見直す必要がある。当該事案が本当に保釈の許されない事案であったのか検討するなど[13]，これまで以上に未決の算入において個別具体的に実質的な考慮を行うとともに，計画的で適正・迅速な集中審理を目指して，連日的開廷（刑訴法281条の6）や公判前整理手続（刑訴法316条の2以下）等の制度が整備されたことを念頭に置いて，「当該事件の審理に通常必要な身柄拘束期間」を考える必要があるであろう。さらに，未決算入の基準が裁判員にとって理解しやすいものであるかという視点も無視できない。

なお，新たに裁判員対象事件について裁判員を選任する期間が加わることとなったが，充実した迅速な審理が要請される中，制度の変革のため，未決の算入の際に控除対象となる期間が実質的に増加する（被告人に不利になる）という結論は取り得ないのではないか[14]。

(オ) ところで，既述の未決の調整的運用によって，通常よりも多くの未決の算入を認める扱いは，最低でも1か月単位でしか決めようのない本刑を，実質的に刑の執行と同視できる，未決の算入という制度を便宜的に活用し，

本来算入の対象とはならない未決勾留を流用することにより，本来あるべき量刑（本刑等）を実現しようとする実務的な工夫に基づくもので合理的な根拠がある。したがって，「基準」の例外として理由のあるものといえる（更生の意欲を高めることにもなる。）。しかし，このような扱いをする場合でも，本来算入すべき未決を念頭に置いた上，「基準」では控除の対象になる（被告人の負担とされるべき）未決により本刑の調整を行うという基本的姿勢を忘れてはならないことは当然である。このことを忘れて大ざっぱな扱いをすれば，未決の算入に一定の基準を設けて，公平な扱いを図ろうとしていることと矛盾し，ひいては，身柄拘束の負担の不公平を解消するため刑法21条をもうけた趣旨にも反することとなろう。

そもそも未決の調整的運用が成り立ってきたのは，平等的扱いを理由に，ある程度「基準」を形式的に適用して，必要以上に多くの控除が行われてきた結果かもしれない。審理の迅速化や身柄拘束の必要性等に関する判断の厳格化が進んでいることや，当該事件の審理等に必要な期間をより実質的に考えることによって，調整的に利用できる未決勾留日数自体が格段に減少することも予想され，このような扱いができる前提そのものが崩れる場面も考えられよう。

しかも，裁判員が審理に加わることになれば，本刑の決定（狭義の量刑）及び未決の算入の根拠を合理的に説明して，その理解を得ることが不可欠となる（未決の算入については，基準の趣旨を説明し，そのままで良いかを評議することになるのではないか。）。元々，未決の調整的運用は効果面を重視して，根拠・性格の異なる未決の算入と本刑の決定（狭義の量刑）を一体化しているとの批判（誤解）を招きかねないもので余り望ましい扱いとはいえないものである[15]。本刑の決定及び未決の算入過程を透明化し，その内容をより合理的で分かりやすいものにするには，本刑の決定と未決の算入を区別し，従前の慣行等に縛られない，実体にかなった本刑の決定や，実質的考慮に基づいた未決の算入を行うことが，これまで以上に重要になるのではなかろうか[16]。

(2) 未決勾留を量刑（狭義）上考慮すべき場合
ア 未決勾留を量刑（狭義）上考慮できるのはどのような場合か

既述のとおり，本刑の決定と未決の算入は区別して考えるべきもので，今後は未決の調整的運用が登場する余地が乏しくなるであろうし，でき得る限りそのような運用を避けることが望ましいといえる。未決勾留に伴う過大な負担は，審理の経過等を実質的にみることによって未決の算入の中で最大限

解消されるべきである。

　しかし，刑法21条が存在しなければ，身柄拘束を受けたことは量刑上考慮するほかないのであるから，量刑上有利に評価すべき場合，すなわち，未決の算入によっては解消できない場合も当然存在するものと考えられる。以下，どのような場合に未決勾留を量刑上考慮できるのか，また，考慮すべきか，という点について場合を分けて検討する。

　イ　明らかな実刑事案の場合

　被告人が実刑に処せられる場合，身柄拘束に伴う本来甘受すべきではなかった過大な負担は，未決の算入により清算されるので，身柄拘束の事実をさらに量刑上有利に考慮できるかは，これにより救済されない不利益がなお残っているかにかかることになる。なぜなら，未決の算入を認め，さらに，身柄拘束されたこと，それ自体を量刑上別途有利に考慮すれば，実質的に同一事実を二重に有利に評価することになりかねないからである。そして，既に述べた未決の算入の趣旨からしても，これにより清算できない身柄拘束それ自体に基づく特別の負担は通常想定しがたい。

　ウ　実刑か執行猶予か微妙な場合

　(ア)　罪体及びこれと密接に絡む事情や前科関係等から実刑以外考えられない場合は別として，一応，執行猶予も考えられる事案では，量刑判断に当たり，まず，執行猶予を付すことが可能かという判断が先行するものと思われる。その際，未決勾留において受けた特別の負担を，未決の算入では解消しきれないということは[17]，事案によっては，執行猶予を付す方向へと働く有力な事情になるものと考える。そして，被害者あるいは社会一般も，被告人が身柄拘束を受けたことを事実上の処罰ととらえ，これを有利な事情とすることを比較的違和感なく受け入れているのではなかろうか[18]。また，初犯者（高齢，病気を抱える，あるいは，外国人で言葉が不自由である等の特殊事情の存在する場合も同様の思考が可能であろう。）が身柄拘束を受けることに伴い負う通常を超える負担，感銘力等（以下，これらを「属人的要素に基づく負担」という。）も，主として特別予防の観点から意味を持つことになるのではなかろうか。

　したがって，法律上の障害がなく，執行猶予を付すことが他事件との平等を害することにもならない限り，身柄拘束を受けたという事実は，執行猶予へと傾く，比較的大きな量刑事情になるものと思われる（特に，比較的短期の刑が予想される場合には，その意味は大きいであろう。）。

　この場合の量刑事情としての位置づけは，実質的に一定程度の処罰を受けたのと同視できる不利益を受けたことによって，被告人に対する非難が事後

的に和らぎ，法秩序も維持されたことで応報の趣旨が満たされ，一般予防や特別予防の目的も達し得たということになるのではなかろうか。

なお，属人的要素に基づく負担を量刑上有利に考慮するに当たり，同負担が客観的に裏付けられた合理的なものか，平等的取扱いという観点からこの点を量刑上重視することに問題がないか等についても慎重に検討することが必要となろう。

(イ)　では，これらの考慮をしても，実刑が選択される場合にはどうであろうか。この場合，他の事情とともに身柄拘束が被告人にもたらした不利益を考慮しても，なお，実刑が相当との判断に至ったことになる。

このような場合には，未決勾留に伴う特別の負担は，未決の算入によって清算可能であるので，その思考方法は既に述べた明らかな実刑事案の場合と同様になるであろう。未決の算入の問題と本刑の決定は区別されなければならず，本刑を決定する際に考慮が許されるのは，未決の算入では解消されない身柄拘束がもたらした事情・効果に限られる。しかし，既述のとおり，通常，そのようなものは考えがたい。先に述べた属人的要素に基づく負担も，実刑が選択された以上，受刑に伴う負担として量刑上考慮されることになる。実刑に処せられる場合，未決の身柄拘束の負担は，既に述べたとおり，未決の算入により解消されるものと考えられるから，身柄拘束に伴いもたらされた状況（反省等）を考慮することはあっても，それ以外に量刑上考慮すべきものは考えがたい。

　エ　通常執行猶予が予想される場合

それでは，通常執行猶予が予想される事案の場合はどうであろうか。この場合の身柄拘束に伴う不利益の考え方は，実刑も視野に入れた上で，執行猶予が選択された場合と基本的には共通する。身柄拘束を受けたことが執行猶予を付す大きな理由になった，あるいは，未決の算入によって身柄拘束に伴う特別の負担は清算されたと説明されることになるのであろう。だが，既に述べた刑法21条の趣旨からすれば，未決の算入では実質的に清算できず（ただし，この場合でも清算になるという意見が当研究会ではむしろ多数であった。），量刑上も実質的な意味を持たない無用の身柄拘束は極力避けなければならない。したがって，このような事案では，保釈を活用し，あるいは，即決裁判手続（刑訴法350条の2，3）[19]等を利用することによって，迅速な裁判を心がけることが不可欠となる。

　オ　罰金事案その他の法定刑が軽微な事案の場合

罰金事案その他の法定刑が軽微な事案においては，前記執行猶予事案以上

に問題は深刻である。このような事案においては，予想される刑と身柄拘束との間に不均衡を生じやすい。したがって，身柄拘束の必要性を厳密に検討することはもとより，身柄拘束の必要性が認められる場合でも，それが過大な負担とはならないよう審理の迅速化に格別の配慮を行うことが不可欠で，万が一，過大な負担を生じた場合には，未決の算入を行うか，量刑上の配慮を行うしかあるまい[20]。

2 その余の訴追に伴う負担

(1) 被告人の立場に置かれたことを量刑上有利にとらえ得る場合はあるか

ア 前記1で検討した身柄拘束の負担は，起訴に伴う不利益の中で最も直接的で大きなものである。しかし，被告人の立場に置かれることそれ自体からも，社会生活上，種々の不利益を生じることを否定できない。ただ，同不利益についても，犯罪を犯した以上，当然甘受すべきであるといえる部分が多く，通常，さほど有利に考慮することはできないであろう。

イ 実務上，正式裁判をはじめて経験したことを有利な事情として挙げることは少なくないが，これらは起訴に伴う被告人への感銘力（反省等）や罰金刑を超える前科がない点等を重視しているのであり，被告人の立場に置かれたことに伴う負担を有利に取り上げているわけではない。

量刑上，同不利益を実質的に有利に扱うには，それが通常予想されるものを超えて，これを見過ごすことが公平や刑事手続の適正維持の理念にもとり，有利に扱うことが社会や被害者からも是認（あるいはやむを得ないと）されることが必要であろう。

ウ このような観点から問題になり得るのは，①審理過程で表れた諸事情から，被告人の立場に置かれたことが過酷ではないかと考えられる場合や[21]，②被告人の責めに帰し得ない事情のため審理が不当に長引き過剰な負担を与えたと評価される場合ではないか。

(2) 具体的な検討

そこで，以下においては，起訴の平等が問題になる場合と審理が長期化した場合を取り上げて論じることとする。

ア 起訴されたことが不平等ではないかが問題となる場合

実務上，公訴権濫用の主張が出され，そこで，起訴が平等性を欠き，被告人が不当な扱いを受けている旨主張されることはしばしば存在する。

ところで、訴追裁量権の逸脱が問題になった既述の最高裁決定は、公訴提起が無効となる場合を限定するとともに、審判の対象とされていない他事件の公訴権の発動の当否を軽々に論じ、それとの比較で公訴提起が著しく不当であるなどということはできない旨指摘している。同決定により、公訴提起そのものが無効になる場合は事実上ほとんど考えられなくなった。
　なお、同決定は、被告人の立場に置かれていることを過酷と判断する場合、これを量刑上有利に考慮することまで否定する趣旨ではないであろう。しかし、そこで指摘されているとおり、他事件と比較して起訴を過酷と判断することは事実上困難であるし、検察官の訴追裁量が広く認められている中、量刑上のこととはいえ起訴の当否を軽々に論じることも好ましいことではない。しかも、無用に争点を広げることにもなりかねず相当ともいえまい。むしろ、被告人の立場に置かれていることを過酷な扱いと考える場合には、その前提として、犯行の動機・態様・結果、さらには関係者の処分の内容（ただし、多くの場合は外形的なもの）等に照らして、被告人の犯行の違法性や非難可能性が低く、その犯罪行為が低い量刑に値する旨の実質的な判断が先行している。これに加えて、被告人の立場に置かれていること自体の当否を論じても無益な上、同一事実の二重評価ともなりかねない。したがって、起訴されたこと、それ自体をとらえて過酷な取扱いとし、これを量刑上有利に考慮することは相当ではない[22]。

  イ　審理が長期化して被告人が疲弊している場合
　(ア)　一方、審理の長期化のため、被告人が疲弊したことを量刑上有利に考慮することは可能であろう。しかし、それには、長期化の原因が応訴態度等の被告人の責めに帰すべき事情や、事案の性格（これについても被告人の責めに帰すべきものと考える）によるものではないことが必要であろう。現在の実務においては、裁判の迅速化に関する法律や判例の集積等によって、審理期間に格別の注意が払われ、無用な差戻しや、理由もなく長期に裁判が中断する事態は事実上考えられなくなっている。そのため被告人に対する迅速裁判の保障という観点のみからみた場合、かつてのように合憲性や適法性に疑義を招く事態が生じることは通常考えられないのではなかろうか[23]。しかも、今後は、公判前整理手続を経た上、連日的開廷を行い、争点中心の計画的で充実した審理が定着していくであろうから、審理が不当に長期化するという事態は、ますます考えられなくなるものと考えられる。
　(イ)　確かに、そのような中でも、審理が通常よりも遅延し、そのため被告人が過大な負担を負うことも皆無とはいえまい。このような場合には、それ

が被告人の責めに帰すべきものでない限り，何らかの配慮・救済が行われるべきである。

　しかし，その間，身柄拘束が続いている場合には，未決の算入や身柄拘束に伴い生じた事情を量刑上考慮することによって，その負担のほとんどが解消されることになるものと考える。それでもまかないきれない不利益を生じる場合に限って，これとは別に量刑上の配慮が必要となろう。

　また，在宅事件や保釈されている事件の場合には，審理の遅延により具体的にどのような不利益が生じているかが問題となろう。

　(ウ)　このように審理の遅延が量刑にもたらす影響を考える場合，審理の遅延の原因・程度が重要な意味を持つであろう。それとともに，公訴時効（刑訴法250条）や刑の時効（刑法32条）の根拠とされる，①時の経過による犯罪の社会的影響の微弱化（被害感情や社会的応報感情の希薄化による処罰価値の低減）や，②被告人として不安定な状態に置かれたことに伴う不利益の観点を考えるべきであろう。これらの観点を検討した上，生じている不利益を，どの程度，実際に量刑に反映させるかを決するべきである。その際，重大事犯において，公訴時効の存在意義自体に疑問が呈せられ，特に，平成22年のこの関連の法改正によって，「人を死亡させた罪で禁錮以上の刑に当たるもの」については，死刑に当たるものは公訴時効期間が撤廃され，その余についても延長等されている（刑訴法250条1項参照）ことに十分に留意する必要があろう。

　(エ)　重大事案で長期の実刑に値するときには，未決の算入や身柄拘束に伴い生じた事情を量刑上考慮するほか，実質的に量刑に影響を与える事情を見いだすことは通常困難ではなかろうか。一方，法定刑が低く，比較的軽微な事案においては，時の経過により，被害感情等が和らぎやすい上，長らく被告人として不安定な立場に置かれること自体が過酷な負担といえるから，量刑上の配慮を必要とする場合が比較的多いものと思われる。

　(オ)　もっとも，現実に起こりうる遅延の原因は，被告人の責めに帰すべきものを除けば争点整理がうまくゆかず，証拠調べが不必要に広範かつ重複して行われたり，追起訴が重なり，その追起訴が予定よりも遅れる等といった事情からもたらされるものがほとんどであろう。このような場合には，身柄拘束に伴う問題に特段の配慮をしなければならないのは当然であるが，それによって不利益のほとんどが解消されて，別途量刑上考慮を要するものが残ることは通常考えられないものと思われる。仮に，何らかの特別の事情が生じている場合には，この点を別途量刑上考慮すれば足りよう。

　(カ)　なお，被告人の属人的要素，たとえば体調の不良等から審理の継続に

通常以上の負担を感じて疲弊することも考えられよう。このような場合には、仮に反省等がみられなくても、疲弊それ自体をもっぱら特別予防の観点（事実上の制裁となり、再犯の抑制になるであろうということ）から有利に考慮することも許されるのではないか。しかし、その際には、これを有利に評価して量刑に反映させることが、量刑における公平を損なうことにならないかを慎重に検討することが不可欠となろう。

8) 小林充「未決勾留日数の本刑算入の基準」岩田誠先生傘壽祝賀『刑事裁判の諸問題』（判例タイムズ社、昭和57年）98頁。
9) 研究会では、未決の身柄拘束の負担と服役の負担を比較し、前者を後者の7ないし8割とみて、起訴後の未決の7ないし8割を未決算入するという考え方も紹介された。同考えは、苦痛の清算ということを重視するという点で傾聴に値するものではある（既述のドイツの実務は同様の考えによるものである。）が、同考えを取るのなら、起訴後に限る意味が問われなければならないとの意見も強かった。
10) 司法研修所監『刑事第一審公判手続の概要（解説）〔平成13年版〕』（法曹会、平成13年）76頁、77頁。
11) 原田・実際〔増補版〕58頁。「基準の例外を細かくみてゆくと、必ずしも明確でない点があるため、ある程度どんぶり勘定で算入する実務もある。刑期との調整に未決の算入をすることもある」とされる。
　　実務上、実刑になる場合、被告人の多くは、未決の算入に強い関心を寄せるため、未決の算入を通常よりも多くして、被告人の立場に一定の配慮を示し、更生の意欲を高めようとしている面もあるのではないかと考える（私見）。
12) 荒木伸怡・判評456号（平成7年）224頁では、「未決勾留日数の本刑算入は、審理経過の状況に応じて行うべきものであり、量刑の一方法として行われるべきではないと言われている。しかし、未決勾留日数の本刑算入を行う実務の現場においては、量刑的な配慮も同時に働いているのではないかと思われる」旨の指摘がされている。
　　しかし、研究会の席では、かつては実質的な刑に着目し、どの程度被告人を服役させればよいとの考えが取られる場合があったかもしれない。しかし、現在では、本刑（量刑）と未決の算入を区別すべきであるとの考えが徹底しており、本刑及び「基準」を参考にした、あるべき未決の算入をいったん考えた上で調整的運用が行われる場合を除けば、このような考え方は取られていないということで特に異論はなかった。
13) 松本芳希「裁判員制度と保釈の運用について」ジュリ1312号（平成18年）128頁では、「被告人・弁護人の防御権を実質的に保障するためにも、保釈の要件の判断を、より具体的、実質的なものとし、保釈の積極的運用を心がけるべきである」と提言されている。
14) 本稿を執筆した当時には、下記の「研究会当時の議論」として記載したとおりの議論が行われた。
　　しかし、その後、実際に公判前整理手続や期日間整理手続を重ねてみると、何度も期日（打合わせ期日を含む）を重ねなければならないのは、争点が複雑で当事者にお

いて各期日間に証拠開示の手続を行い，開示された証拠に対する詳細な検討を必要とするもので，かなりの準備期間が不可欠であることを実感せざるを得ない。従前は，公判期日及びその期日間に，これらの作業を行っていたのである。このような点からすると，当時記載した視点を持つことは必要であろうが，特に裁判員対象事件については，公判前整理手続期日や期日間整理手続期日（打合わせ期日を含む。）を公判期日と同視し，従前の基準を用いても（要するに，末尾に記載した「実務の現状」でも）特段の差し支えがないように思われる。

なお，参考のため判タに掲載した内容を掲げると以下のとおりである。
「研究会当時の議論」
　審理のありようが大きく変わろうとする中，「基準」を見直す必要が出てくるのではないか。同「基準」は，法の予定する最低限の負担を被告人に甘受させて，その余は清算することを前提とするものである。同理念からすれば，連日的開廷が法定化された現在，以下のように考えるべきではないだろうか。

　即決裁判手続において，原則，起訴後２週間内に期日指定を行い，即日判決を行うべきものとされていることや，従前，起訴後２週間をめどに請求証拠の開示が行われてきたこと等からすると，1回結審を前提にした事件では，準備期間として認められるのはせいぜい20日，否認事件でも30日程度ではなかろうか。

　否認事件で開廷を重ねる場合でも，本来，公判前整理手続に付して争点・証拠の整理を行った上，連日的開廷により迅速に処理すべきだといえるから，今後，処理体制が整うにつれ，このことを念頭に置いて審理に必要な期間を考えるべきである。法が，公判前整理手続内で十分な争点・証拠の整理を行った上，公判期日を連日的に指定することにより，計画的で集中した審理を行うよう要請している点からすれば，前記準備期間のほか，各公判前整理手続（期日間整理手続）期日ごとに（ただし，実質的な準備を要するものに限る。また，書面で公判前整理手続をする場合には別途実質的考慮を要するであろう。）準備期間として各５日（従前の公判期日に準じて10日という考え方もあろうが，公判期日とは差を設けるべきである。）が認められるべきである。しかし，連日的開廷が法定された以上，これに加えて各公判期日ごとの準備期間は認められるべきではない。

　このほか，裁判員対象事件では，裁判員選任に必要な期間（６週間〔以上〕）も審理に不可欠な期間として控除が認められるべきである。

　また，追起訴がある場合には，同時処理の可能性がないものについては，各捜査に必要な期間を，これらに加えて控除するのが公平といえよう。審理の必要上（客観的併合事件で分離の必要を生じた場合等），別途日数を要した場合にも，審理に通常必要な期間としてこれも控除せざるを得ないのではないか。

　さらに，本来，保釈が認められるべき事案では，それが可能となって以降の未決勾留日数は，公平の観点から原則全部算入されるべきである。

　以上の私見を数式にすると，「起訴後の未決勾留日数－〔20日又は30日＋公判前整理手続期日の回数（ただし，実質的準備を要するものに限る。）×５日＋裁判員選任に要する日数＋公判期日の日数＋他に必要となった日数〕＝算入すべき未決勾留日数」となる。

人的・物的体制が整備された上で，連日的開廷が現実に定着しないと分からない面も多く，現時点での雑ぱくな思いつきにすぎないので，今後の議論・詳細な検討を待ちたい。

なお，本文で述べたとおり，少なくとも従前よりも控除される日数が実質的に増えるような結論は取り得ないから，裁判員対象事件の場合，これまでの「基準」で計算したもの（この場合，公判前整理手続期日と公判期日を合算した回数が控除の基礎となろう）と上記計算式で計算したものを比較して，算入すべき未決勾留日数が多い方を採用することになるであろう。

ところで，研究会では，①公判前整理手続に要する期間については事案ごとに考えるべきである。②もう少し多くの控除が認められるべきである。③従前の「基準」の公判期日ごとに10日の準備期間を認める扱いは，現実の開廷間隔等も考慮して決定されたものであるから，公判前整理手続がより多く行われて事案が集積されなければ，どのような数式が取られるべきか判断のしようがない。④裁判員裁判においては，控訴審の場合と同様一律60日という扱いがされるべきである等の意見があった。

もっとも，「実務の現状」は，公判前整理手続期日と公判期日を同視し，従前の基準を用いて行う例が多いようである。

裁判員の選任に要する期間が6週間（以上）と相当長期に上る点からすると，裁判員裁判においては，従前の「基準」により計算した方が被告人に有利な場合が多いようにも思われる。そうすると，先の試案は裁判員裁判においては余り意味がないかもしれない。

15) 山名京子・現刑54号（平成15年）66頁では，「実務上，未決算入が刑期調整機能を果たしている場合があり，犯情や刑事政策的観点が考慮されることもあることについて，それが適切に運用される限りにおいて肯定的に評価する見解もある。しかし，犯情や刑事政策的観点については，未決勾留日数の本刑算入においてではなく，まさに本来は通常の量刑において考慮されるべき事情である。刑法21条の規定からは算入は裁量によるものとはいえ，それが便宜的あるいは恣意的に利用されることは批判されるべきであり，そのような利用がなされるのは，量刑事情と量刑基準がいまだ明確になっているとはいえない状況がその背景にあるからだといえよう」とされる。

なお，既に注で引用した渡辺修教授も同様の見解ではないかと思われる。

16) 後掲注26)で触れるとおり，本刑の刻みをこれまでよりも細かくしてもよいのではないか。研究会では，裁判員裁判が実施されることになっても，評議の際に議論される主刑の刻みは従前と変わらないであろうから調整的運用の必要は残るであろうし，それでも裁判員から十分な理解が得られるのではないかとの意見も有力であった。

17) 研究会では，未決を量刑上考慮して執行猶予を付した場合，さらに，未決を算入することは二重評価に当たるのではないかと，その当否が論じられた。将来の服役を予定した算入では，特別の負担の現実的な清算には当たらず，二重評価に当たらないとの私見は少数説で，未決を量刑上考慮した場合には，未決の算入が許されないとの考えがむしろ多数説であった。

なお，川端ほか・裁コンメ刑法第1巻100頁〔大島隆明〕では「執行猶予の場合には，実刑の場合に比べて主刑の刑期がやや長いのが通常であり，執行猶予の言渡しを

する場合であっても，それが取り消される可能性のあることも考慮し，未決勾留の算入も含めて，その刑が全体として当該犯罪の処罰として過重にならないように刑を量定する必要がある。勾留期間が長く，未決勾留日数を算入しないと，執行猶予を取り消された場合に，当初から実刑に処せられたときと比較して著しく刑が重くなるようなときには，ある程度算入すべき義務があるといえよう。」と指摘されている。

18) 身柄拘束の不利益を量刑上考慮する場合，同不利益が未決の算入の対象となる身柄拘束から生じるものか否かを特に区別することなく考慮の俎上にのぼらせることも考えられる。しかし，実刑に処す場合，将来の受刑が前提になり，未決の身柄拘束がもたらす不利益は未決の算入により解消されることになるため，未決の身柄拘束固有の問題として考慮しなければならないものは余り考えられない。一方，執行猶予等の受刑が前提にならない場合には，考えられる不利益は，未決の身柄拘束から生じたものに限られる。その際，量刑上，最も大きな意味を持つのは，未決の算入では自由を奪われた不利益を実質的には清算できないことではなかろうか。もっとも，本文で述べたとおり研究会では，この場合にも実質的清算になるとの意見も強かった。

19) 公訴の提起と同時に検察官が書面で申立てをし，被告人の同意も必要であるため，裁判所としてはどうしようもない面もある。

20) 最二小決平14.6.5判タ1091号221頁では，まさしく，このようなケースが問題になった。第一審は，現実の罰金の支払いを被告人に履行させるという配慮から，未決勾留日数を本刑である罰金刑に算入しなかったものと思われ，本件事案の性格等（電車内での痴漢の事案で被告人が否認している。）からみて，身柄拘束が不当に長期化したという点を除けば，同判断が妥当と考えられる事案である。しかし，同決定は，原判決を破棄することまではしなかったが，「このような法定刑の軽微な（筆者注：犯行当時法定刑が5万円以下の罰金又は拘留若しくは科料）事件について，身柄拘束の不必要な長期化を避けるための配慮が十分であったとはいえない上，上記未決勾留日数のすべてが本件の審理にとって通常必要な期間であったとも認め難い。そうすると，第一審判決が未決勾留日数を本刑に全く算入しなかったのは，刑法21条の趣旨に照らして問題があり，刑の量定に関する判断を誤ったものといわざるを得ないが，（以下略）」と指摘した。

同事件では勾留の継続が不必要に長期化して過大な負担になったと判断されたのであるから，第一次的に刑法21条の問題とされたのは当然であろう。

21) 遠隔地の裁判所にたまたま起訴され保釈後遠路の出頭を余儀なくされる場合や，公判準備に忙殺されて就職等もできない場合も被告人の立場に置かれたことに伴う過大な負担として考慮する余地があるのではないかということが問題になる。後者の場合は，被告人の責めに帰すべき場合といえるから量刑上考慮することは困難であるが，前者については特別の負担として量刑上考慮してよいのではなかろうか。

22) 研究会で，公訴権濫用に絡む問題を果たして量刑上考慮してよいのかという問題提起があった。しかし，公訴権濫用の主張がされるのは，通常，①犯罪の客観的嫌疑がないのに起訴された。②起訴便宜主義を誤り，起訴猶予にすべきであるのに起訴された。③違法捜査に基づく起訴がされた，という3類型に分類される。①については量刑

上の問題は生じず，③の場合は別稿で論じられた刑事手続の瑕疵を量刑上考慮できるかという問題と重なる。本稿で問題にしたのは②の問題であり，本文で述べたとおり，単に起訴の適正の問題にとどまらず，その前提となる当該事案の実質的評価，すなわち，責任非難の評価を避けがたいため量刑上の問題が生じること自体は否定できまい。

23) なお，司法制度改革審意見書・第2，1では，「刑事裁判の実情をみると，通常の事件についてはおおむね迅速に審理がなされているものの，国民が注目する特異重大な事件にあっては，第一審の審理だけでも相当の長期を要するものが珍しくなく，こうした刑事裁判の遅延は国民の刑事司法全体に対する信頼を傷つける一因ともなっている」旨の指摘がされている。この点の改善は，刑事司法制度改革の柱の一つであり，裁判員として参加する国民に無用の負担を与えることなく，その信頼を維持していくため是非とも改めなければならない問題である。しかし，これら特異事案の審理が長引いてきた原因は，もっぱら，訴因の多さや事案の重大・複雑さ等にあるのであり，本稿で問題となっている被告人の負担という観点からは，特に論じられるべき問題を含むものではないと考える。

第5　まとめ

1　身柄拘束に伴う不利益の問題について

(1)　既述のとおり，未決の算入の問題と本刑の決定（狭義の量刑判断）の問題は，区別して考えられるべきであって，両者を混同して考えるべきではない。

(2)　身柄拘束の負担について，とりわけ慎重な配慮が要請されるのは，執行猶予が予想される場合や軽微事案の場合であって，未決の算入では身柄拘束に伴う不利益を解消できないことや，予想される刑との間に不均衡を生じやすいことなどが根拠となる。一方，実刑が選択される場合には，未決の算入により身柄拘束がもたらした不利益を解消することが可能であるから，身柄拘束から派生した事態を別途考慮する必要はあっても，身柄拘束の負担それ自体を量刑上考慮する必要性は通常考えられない。

(3)　初犯者の場合，累犯者に比べて，身柄拘束に伴う感銘力や負担・苦痛が大きいものと考えられるので，執行猶予を付すか否かを判断する場面では，その点の考慮が一定の意味を持つ。しかし，実刑が選択された以上，身柄拘束の負担の問題は，内省が深まった等の効果面が評価の対象になることはあっても，将来の負担と一体的に，本刑を決定する際に考慮されるべきも

のであって，未決の身柄拘束固有の問題としてとらえられるものではない[24]。その余の身柄拘束から派生するさまざまな間接的な不利益についても，実刑になる場合には，いずれにしても避けがたい不利益であるので，そのような前提で本刑を決定する際に考慮されるべきであろう。

(4) そして，実刑に処す場合，未決の算入のため実質的な刑が大幅に下がることがあっても，これは公平の観点から先取りされた刑執行に類似した不利益を後に清算した結果にすぎないから，応報刑の下限の引き下げ等が問題になる余地はない。

(5) なお，既述のとおり，未決の算入は，狭義の量刑の問題ではないが，算入が少なすぎる等の場合には量刑不当の問題を生じ得る。しかし，それはもっぱら実質的な刑の当・不当という形で問題化するのであり，本刑と総合考慮した結果，妥当な幅に収まっていさえすれば，量刑不当の問題は生じないのではないか[25]。

(6) 未決の算入の調整的運用は，実務的には捨てがたい魅力的なもので，妥当な結論を導き出すという観点からは必要な場面があることは否定できない。しかし，既に述べたとおり余り望ましい運用ではないから，このような扱いを認めるとしても微調整にとどめられるべきではなかろうか[26]。

2 被告人の地位に置かれることに伴う不利益の問題について

審理の長期化のため，被告人が疲弊したとしても，それが被告人の応訴態度や事案の性格等に由来する場合には，これを有利に考慮することは原則として許されないものと考える[27]。しかし，被告人の責めに帰し得ない事情から，疲弊した場合には，主として特別予防の観点から，これを量刑上有利に考慮することも許されよう。しかし，疲弊それ自体が客観的に明らかで，有利に考慮することが，量刑の平等や公平に反しないことが必要である。属人的要素に絡む場合には，疲弊だけでは，さほど量刑上有利には働かず，むしろ，疲弊の原因・理由となっているものの評価こそが量刑上重要な意味を持つのではなかろうか[28]。

24) 既述のとおり，身体が不自由であったり，日本語を解さないこと等の個別特殊事情から身柄拘束が通常よりも過大な負担をもたらす場合も同様に考えられよう。
25) 原田・実際〔増補版〕58頁。「未決勾留日数の算入が少な過ぎる場合には，量刑不当に当たるものとして控訴審で是正される場合がある」とされる。
　前記最二小決平14.6.5のコメント（判タ1091号221頁以下）でも「未決勾留日数の算入は，本刑の軽重に比べれば，その重要性は二次的であり，その過少が量刑不当の問題になり得るとしても，事件の審理に通常必要な期間を控除した期間を算入しなかったからといって，直ちに量刑不当となることはないと思われる。さらに，罰金刑に未決勾留日数を全く算入しなかった場合であっても，それが直ちに量刑不当となることはないといえよう」とされている。
26) 野崎哲哉「第一審裁判における未決勾留日数の算入の実情と問題点(下)」ひろば35巻9号（昭和57年）70頁は，「共犯者あるいは関連事件の他の被告人の刑期との調和を図るため実質上右のような刑期（筆者注：実務では余り用いられない懲役11月とか同5年6月をさす。）を相当とする場合に，未決算入制度を活用する場合もあり得るのである。未決算入が，こういった観点からも適切に運用されるならば，好ましい調整機能を果たすものと考えられる。しかしそれはあくまでもその限度においてのみ許されるべきものであって，行き過ぎて本末転倒に至ることのないように留意する必要がある」旨述べられる。
　本刑の決定（狭義の量刑）及び未決の算入の過程を明確にし，説明責任を果たすには，本刑がやや重い等と感じられる場合には従前の慣行に拘束されることなく，本刑を1か月刻み程度とすべきで，これに満たない場合等に限って未決の調整機能を認めるのが妥当ではなかろうか。
27) 本文では，被告人の疲弊を量刑上有利に考慮するには，それが責めに帰すべき事情によってもたらされたものでないことが必要であると述べた。しかし，これは通常の場合を想定したもので，責めに帰すべき事情から審理が長期化し，そのために疲弊した場合でも，疲弊の程度が余りにも著しい場合には，もっぱら特別予防の見地から，これを量刑上有利に考慮することも許されるものと考える。ただし，その場合，これが被告人の責めに帰すべき事情によりもたらされたことを割り引かざるを得ないのは当然である。
28) 東京地判平15.3.4判タ1128号92頁〔リクルート事件判決〕では，有利な事情として「本件により，（中略）14年の長きにわたって321回の公判期日が重ねられてきた間，被告人の座にあり，疲労の影が色濃く窺われるところ，審理に長期間を要したのは，被告人側の事情だけによるものではないこと」という点が挙げられている。審理経過からみて長期化したのはやむを得ない面が強く，保釈もされていたようではあるが，その審理回数等からみて，疲労することも当然とみられたのであろう。しかし，この点がどの程度実質的に有利な事情とされたかは不明である。

コメント

松田岳士

1 はじめに

被告人は，刑事訴追の対象とされることに伴い，手続上，「身柄拘束に伴う不利益」や「被告人の地位に置かれること自体に伴う不利益」等の「負担」を負うことを余儀なくされることがある。このような「負担」ないし「不利益」が生じた場合に，その事実が，当該刑事訴追の対象たる犯罪を理由として科される刑の量定において，被告人に有利な方向で考慮に入れられるべき場合があるか。

和田論文は，この問題につき，まず，「刑事訴追に伴う不利益」の量刑論上の位置づけに関する総論的な考察を行ったうえで（第3），これを，「身柄拘束に伴う不利益」と「その余の訴追に伴う負担」に分けて各論的な議論を展開している（第4）。

そこで，本稿においても，この順に従ってコメントを加えることにしたい。

2 「刑事訴追に伴う負担」の量刑論上の位置づけについて

被告人の「刑事訴追に伴う不利益」一般の量刑論上の位置づけについて，和田論文は，まず，実務上，「起訴されたことや身柄拘束を受けたこと」が，判決の量刑理由中において被告人に有利な事情として掲げられる例が少なくない現状を紹介しつつも，それは，多くの場合，「起訴あるいは身柄拘束されたこと自体を真正面からとらえて有利な事情として評価しているわけではな」く，「反省や社会的制裁等といった身柄拘束あるいは起訴されたことをきっかけに被告人に生じた事情を有利に評価している」にすぎないと指摘する。

そして，その理由を，「起訴されることに必然的に伴う負担は，犯罪を犯した以上，法律上当然甘受しなければならないものである……から，これを……被告人に有利な事情とするには，……その負担が通常甘受すべき限度を超えたものであることが必要」であることに求め，したがって，これを「真正面からとらえて有利な事情として評価」すべき場合があるとすれば，それは，当該不利益が「通常甘受すべき負担とはいいがたい場合」に限られるとする。

他方，「刑事訴追に伴う不利益」を，量刑上，被告人に有利な事情として考慮に入れることができるとすれば，その理論的な根拠はどこに求められるかという問題に関しては，和田論文は，とくに「未決勾留」について，「わが

国には，刑法21条が存在するから，……未決勾留に伴う特別の負担は，本来，未決の算入により解消されることが予定されている」とし，「本刑を決定する際の量刑事情として残るものがあるとするならば，これでは解消できない不利益にとどまるはずである」と指摘したうえで，「未決の算入も広義の刑の量定の問題として裁判員の権限となるのだから，本来（狭義）の量刑の問題と，これとは異質な未決の算入を区別して考えるのが相当で，現在の実務のように身柄拘束の負担は原則未決の算入により解消される」とする。

そして，同論文は，そのような立場から，この種の事情が量刑上考慮される理由は，「行為に対する制裁を受けたことにより，応報科刑の必要性（ないし要罰性）〔が〕減退する」ことに求められるとする井田教授の見解や，「これらの事情を量刑上考慮するのは，先取られた苦痛や害悪を精算しようとするものであって，特に責任主義や目的主義とは関連しない，それ自体ニュートラルな価値調整原理にすぎない」とする原田元判事の見解には，「にわかに賛同できない」とする。

「刑事訴追に伴う不利益」を，「起訴されることに必然的に伴う負担」と「通常甘受すべき限度を超えた」負担に分類したうえで，量刑上，被告人に有利な事情として評価されるべきは後者のみであり，とりわけ，「身柄拘束に伴う不利益」の量刑論上の位置づけを検討するに当たっても，「未決の算入の問題」と「本刑の決定」の問題を分けて扱う必要があるとの和田論文の指摘は，とりわけ量刑の客観化・透明化という観点から示唆に富むものである。もっとも，同論文の立場が理論的にも充分に根拠づけられたものであるというためには，なお検討を要する課題として，次の二点を指摘することができるように思われる。

一つは，「刑事訴追に伴う不利益」を，「起訴されることに必然的に伴う負担」と「通常甘受すべき限度を超えた」負担に区別する基準をどこに求めるかである。

和田論文は，「起訴されることに必然的に伴う負担」については，「犯罪を犯した以上，法律上当然甘受しなければならないものである」から，それ自体としては，量刑上考慮するに値しないとする。たしかに，量刑は，論理的に，公訴事実に関する有罪認定を前提とするものであるから，一般的には，被告人が当該「犯罪を犯した」との前提に立って議論することも，許されよう。そして，「刑事訴追に伴う負担」も，それ自体は，有罪認定を前提として被告人に負わされるものではないとしても，当該「負担」を生ぜしめた手続上の処分が，被告人に当該犯罪の嫌疑が認められることによって

正当化されるものである限りにおいては，結果的に，その嫌疑を生じさせた責任が被告人に認められたことになる以上，「法律上当然甘受しなければならないものである」ということも，あるいは可能であるように思われる。

もっとも，そうであるとしても，このことが，刑事訴追に伴う手続上のあらゆる負担ないし不利益に当然に妥当するかは疑問である。この観点からとくに慎重な検討を要するのは，和田論文も，「被告人の地位に置かれることに伴い生じる直接的で最も大きな不利益」として，「刑事訴追に伴う負担」の中心に位置づける「身柄拘束により自由を奪われる不利益」である。

なぜなら，この負担ないし不利益は，法律上も，被告人が，「罪を犯したと疑うに足りる相当な理由がある」ことだけでなく，「定まった住居を有しない」こと，「罪証を隠滅すると疑うに足りる相当な理由がある」こと，あるいは「逃亡し又は逃亡すると疑うに足りる相当な理由がある」ことによってはじめて，すなわち，罪証隠滅または逃亡の防止といった手続上の目的達成のために必要かつ相当な範囲でのみ正当化されるものだからである。

すなわち，「身柄拘束により自由を奪われる不利益」については，それを，被告人が「法律上当然甘受しなければならない」といえる場合がありうるとしても，その理由を，もっぱら被告人が「犯罪を犯した」こと——より正確には，「罪を犯したと疑うに足りる相当な理由」を生ぜしめたこと——にのみ求めることはできず，もう一つの「理由」である住居不定，逃亡のおそれ，罪証隠滅のおそれに関する事情も，その判断に当たって考慮に入れなければならない場合もあるように思われる。

和田論文は，「身柄拘束に伴う不利益」を「刑事訴追に必然的に伴う負担」の中心に据え，これを量刑上「被告人に有利な事情」として考慮に入れることができるか否かの判断を，それが「法律上甘受しなければならない」場合であったか否かの判断にかからしめるのであるから，この点に関する理論的検討を避けて通ることはできないように思われる。

もう一つは，「広義の量刑」と「狭義の量刑」の関係，あるいはその区別がもつ理論的意義の理解の仕方である。

和田論文は，「身柄拘束に伴う不利益」についても，「起訴されることに必然的に伴う負担」を除いた「通常甘受すべき限度を超えた」負担のみを「広義の量刑」上考慮すべきものとし，これを，さらに，未決の算入によって解消すべきものと，それ以外のものとに振り分け，後者を「狭義の量刑」の問題として扱う。したがって，同論文により「狭義の量刑」の問題として扱われるのは，未決勾留に伴って被告人が負うことになった「通常甘受すべき限

度を超えた」負担のうち，未決算入により解消される負担を差し引いたものということになるが，同論文は，そのような負担については，「事後的な非難や特別予防の必要性の減少」の観点から考慮すべきであるとする。

しかし，同じ「身柄拘束に伴う不利益」について，未決算入の制度が存在するにせよ，広狭二つの意義の量刑を区別しなければならない実質的な理由が何処にあるかは，かならずしも明らかではない。

もっとも，これらの点については，「第4」において展開される各論的考察において具体的に検討されているところでもあるので，以下に，節を改めてコメントすることにしたい。

3 「刑事訴追に伴う負担」に関する各論的考察について

① 「身柄拘束に伴う不利益」について

「身柄拘束に伴う不利益」の量刑論上の位置づけを考えるに当たっての和田論文の基本的立場は，「未決の算入の問題と本刑の決定（狭義の量刑判断）の問題は，区別して考えられるべきであって，両者を混同して考えるべきではない」とするところにある。したがって，この問題に関する各論的考察も，「広義の量刑」と「狭義の量刑」の関係をめぐって展開されることになる。

まず，未決算入の趣旨に関して，和田論文は，「被告人が犯罪を犯してこのような事態を招いた以上，当該事件の捜査・審理に通常必要な身柄拘束は甘受すべきであるが，仮に，これを超えるものがあれば，特別の負担としてこれを清算しなければ公平に反する」ことに求め，未決算入の日数計算については，当該事件の捜査・審理に通常必要な期間を超える期間を本件に算入するという，いわゆる「一部算入説」に基づく運用が一般的である旨指摘する。

同論文は，そのうえで，「審理の経過等に照らして，〔一部算入説の〕『基準』を形式的に適用することが妥当ではないと判断される場合……や，これまでの慣行さらには他事件との均衡等といった制約の中で決まる本刑が，やや被告人に過酷等と考えられる場合に，個別性が高く弾力的運用も可能な未決勾留日数を活用して，これにより本刑を調整することによって妥当な結論を導き出そう」とする，いわゆる「調整的運用」が行われる例の存在を示唆する。

和田論文は，この「調整的運用」に対して，「今後は……登場する余地が乏しくなるであろうし，でき得る限りそのような運用を避けることが望ましい」として，批判的な立場をとる。その理由は，「調整的運用は効果面を重視して，根拠・性格の異なる未決の算入と本刑の決定（狭義の量刑）を一体化しているとの批判を招きかねないもので余り望ましい扱いとはいえない」こ

とに求められる。そして，このような要請は，とりわけ裁判員制度の下では，裁判員に「本刑の決定（狭義の量刑）及び未決の算入の根拠を合理的に説明して，その理解を得る」必要があることから，重要なものとなるというのである。

このように，「未決の算入の問題と本刑の決定（狭義の量刑判断）の問題を明確に区別」する和田論文の立場は，とくに量刑理由の明確化・透明化という観点から基本的には支持されるべきであろう。もっとも，この各問題のより実質的・具体的な内容ないし両者の区別について同論文が説くところについては，次のような二つの疑問を指摘することができるように思われる。

まず，未決算入の問題について，和田論文は，基本的に，その趣旨を「公平の観念」に求める「一部算入説」をもって妥当とし，身柄拘束に伴う不利益が，「通常甘受すべき限度を超えた」負担となるか否かの判断基準は，それが，「当該事件の捜査・審理に通常必要な期間」に及んだか否かに求められるとする。そして，裁判員制度および公判前整理手続等の導入により，そのような期間の「計算式」を見直す必要を指摘する。

しかしながら，未決算入の趣旨が，「公平の観念」に求められるとすれば，算入日数の計算「基準」を，もっぱら「当該事件の捜査・審理に通常必要な期間」に求めることそれ自体の合理性についても，疑念を入れる余地がないわけではない。なぜなら，前述のように，未決勾留は，「罪を犯したと疑うに足りる相当な理由」だけでなく，逃亡ないし罪証隠滅のおそれが認められてはじめて許されるものであり，その意味で，「公平の観念」からしても，逃亡ないし罪証隠滅のおそれに関わる事情も，この「基準」に反映させる必要もあるように思われるからである（この点に関しては，和田論文が引用する小林論文も，「〔未決勾留〕が刑罰権の適正な実現という目的のためにやむを得ないものとしても，これに対しては，何らかの補償ないし救済措置が講じられることが公平の観念から要請される」場合の具体例として，「被拘束者が住居不定であるとか貧困のため保釈保証金を用意できないなどの理由によって勾留を継続された場合」を挙げていることに注意すべきであろう）。

さらに，「未決の算入の問題」と「本刑の決定（狭義の量刑判断）の問題」の区別の意義に関する和田論文の理解の仕方にも，疑問がないわけではない。

一般に，いわゆる「調整的運用」が，この二つの問題の区別を混同するものとして批判される場合には，身柄拘束に伴う不利益以外の「犯情や刑事政策的観点」からの考慮を未決の算入に混入させることが問題とされてきたように思われる。いいかえれば，そこでは，量刑事情一般の中での，身柄拘束に伴う不利益とそれ以外の情状との振り分けが問題とされてきたのである。

これに対して，和田論文においては，「未決の算入の問題」と「本刑の決定（狭義の量刑判断）の問題」の区別が，身柄拘束に伴う不利益内部の振り分けの問題——すなわち，身柄拘束に伴う不利益を，いかに，「未決算入」によって精算されるべきものとそれ以外のものとに振り分けるかという問題——に関するものとして扱われているように思われる。

このような問題関心から，和田論文は，身柄拘束に伴う不利益との関係で「狭義の量刑」が問題となるのは，「通常甘受すべき限度を超えた」負担が，未決算入によって精算することのできない場合に限られるとする。そして，一部算入説によれば，未決算入は，「公平の観念」から，まさに，この「通常甘受すべき限度を超えた」負担分を精算するための制度であるから，「実刑事案」の場合には，「狭義の量刑」の問題が生ずる余地は「通常想定しがたい」ことになる。

かくして，「狭義の量刑」の問題は，実際上，「実刑か執行猶予か微妙な場合」や「通常執行猶予が予想される場合」，「罰金事案その他の法定刑が軽微な事案の場合」等，未決算入による（現実的な）精算が行なわれない可能性がある場合にのみ議論されることになるが，和田論文は，この場合に，「身体拘束を受けたという事実は，執行猶予へと傾く，比較的大きな量刑事情となる」とし，その理由を，「実質的に一定程度の処罰を受けたのと同視できる不利益を受けたことによって，被告人に対する非難が事後的に和らぎ，法秩序も維持されたことで応報の趣旨が満たされ，一般予防や特別予防の目的も達し得た」ことに求める。

しかしながら，ここで，「狭義の量刑」上考慮に入れられるべき身柄拘束に伴う負担として，未決算入の場合と同様に，「通常甘受すべき限度を超えた」負担分が想定されているとすれば，「実刑事案」における未決算入の場合には，「公平の観念」から（広義の）量刑上考慮に入れられるべき負担が，執行猶予等の場合に限って，とくに「応報の趣旨」ないし「一般予防や特別予防の目的」に照らして考慮されることになる理由はかならずしも明らかではない。あるいは，ここでは，執行猶予や罰金刑の選択が問題となる比較的軽微な犯罪が念頭におかれていることからすれば，「当該事件の捜査・審理に通常必要な期間」であるか否かを問題とする「一部算入説」的な「公平の観念」とは異なり，犯罪の軽微性と身柄拘束に伴う手続上の負担の間の不均衡が問題とされていると解する余地もないわけではない。

いずれにせよ，ここでの「狭義の量刑」上の考慮が，「被告人が身柄拘束を受けたことを事実上の処罰ととらえ，これを有利な事情とすること」を，

「被害者あるいは社会一般も，……比較的違和感なく受け入れている」ことに基づくものであるとすれば，このことは，——そのような「事実上の処罰」を量刑上考慮に入れないことは，「公平の観念」に反することになるという意味で——未決の算入の趣旨とも合致するものであるというべきではないか。

その意味で，和田論文によって「未決勾留を量刑（狭義）上考慮すべき場合」という項目のもとで扱われている一連の問題は，むしろ，実刑が言い渡されないために，未決算入の「計算式」による精算がそのままでは機能しない場合にも，未決算入の趣旨が実質的に実現されたといえるための説明ないし条件を検討するものと位置づけるべきであるようにも思われる（和田論文自身，「刑法 21 条が存在しなければ，身柄拘束を受けたことは量刑上考慮するほかないのであるから，量刑上有利に評価すべき場合も当然存在するものと考えられる」としているのは，そのような認識を表明するものとして理解することも，あるいは可能であるように思われる）。

② 「その余の訴追に伴う負担」について

和田論文は，身柄拘束に伴う負担以外の「刑事訴追に伴う負担」に関しても，「それが通常予想されるものを超えて，これを見過ごすことが公平や刑事手続の適正維持の理念にもとり，有利に扱うことが社会や被害者からも是認（あるいはやむを得ないと）される」場合のみ，量刑上，被告人に有利に斟酌されるべきであるとする。もっとも，一般に，「刑事訴追に伴う負担」は，「犯罪を犯した以上，当然甘受すべきであるといえる部分が多」いため，上のような観点からこれを量刑上考慮に入れられなければならない場合は，実際上，ほとんど考えられないとする。

たしかに，刑事訴追が，基本的には，犯罪の嫌疑の存在によって正当化され得るものであるとすれば，有罪の認定を前提として行われる量刑においては，それに「必然的に」伴う負担を，「犯罪を犯した以上，当然甘受すべきである」とすることには，身柄拘束の場合について指摘したような問題は生じないということができよう。

もっとも，(a)犯罪の嫌疑の存在が認められるからといって，訴追の相当性が当然に肯定されるわけではないことは，かねてより，いわゆる公訴権濫用論や非典型的訴訟条件論等によって指摘されてきたところであり，また，(b)仮に訴追自体は相当であるとしても，審理の進行状況によっては，被告人に「通常甘受すべき負担とはいいがたい」手続上の負担ないし不利益が生ずる

可能性があることも否定できない。

　そこで，和田論文は，(a)の例として，「起訴されたことが不平等ではないかが問題となる場合」を，(b)の例として，「審理が長期化して被告人が疲弊している場合」を挙げ，その量刑論上の位置づけについて個別的に検討を加え，結論的には，(a)については，「これを量刑上有利に考慮することは相当ではない」とし，(b)については，「これを有利に考慮することは原則として許されない」が，「被告人の責めに帰し得ない事情から，疲弊した場合には，主として特別予防の観点から，これを量刑上有利に考慮することも許され」るとする。

　未決勾留に伴う負担について和田論文の説くところからすれば，これらの場合については，これを「精算」するための未決算入に相当する制度が存在しない以上，最初から「狭義の量刑」の問題として，「通常の責任・予防の枠内」での解決がはかられることになるものと考えられる。

　しかし，この種の「犯罪行為自体と独立した事後的な」不利益を，「通常の責任・予防の枠内で」解決することについては疑問がないわけではない。なぜなら，刑事司法の本質的特徴が，過去に犯罪行為を実現・具体化したことを理由とするその犯人の処罰に求められるとすれば，「責任・予防の枠」は，本来，当該「犯罪行為自体」を基準に決定されるべきものであって，「犯罪行為自体と独立した事後的な」事情が，応報ないし予防の観点から科刑の必要性を減ずると考えられる場合があるとしても，それは，行為責任それ自体を左右する事情とは区別して扱うべきであるように思われるからである（上記の井田教授や原田元判事の所説も，まさにこの点を重視するものであるということができよう）。

　その意味で，「刑事訴追に伴う負担」を「通常の責任・予防の枠内で……解決」することは，両者の区別を相対化することにほかならず，このことが，和田論文が志向する量刑の透明化・客観化の要請に適合するか否かには疑問を呈することも可能であるように思われる。

4　おわりに

　和田論文は，「刑事訴追に伴う負担」を，量刑上，被告人に有利に考慮すべき場合としては，基本的に，「身柄拘束に伴う不利益」や「被告人の地位に置かれることに伴う不利益」等の負担が「過大」なものとなった，すなわち，「通常甘受すべき限度を超えた」場合を想定しているように思われる。

　たしかに，一度このような「過大」な負担が生じてしまった場合には，こ

れを刑の量刑において「精算」する必要があることについては，その理由を何処に求めるかはともかく，一般に承認されるものということができよう。もっとも，これらの手続上の負担は，いうまでもなく，一定の刑事手続上の目的によってはじめて正当化され，したがって，本来的には，その目的の達成に必要最低限の範囲で，被告人（あるいは，その他の者に）に負わせることが許されるものであるから，本来的には，それ自体，最初から「過大」なものとならないよう，制度上および運用上，充分な配慮が要求されるものである。

そうであるとすれば，たとえば，「保釈を活用し，あるいは，……迅速な裁判を心がけること」は，「通常執行猶予が予想される場合」であると否とにかかわらず妥当する要請であるといわなければならない。そして，その意味で，この問題を考えるに当たっては，「刑事訴追に伴う負担」を量刑によって「精算」することは，あくまで，例外的な「事後的処置」として位置づけられるべきであり，反対に，量刑による「精算」を念頭において被告人に安易に刑事手続上の負担を負わせるようなことは，本末転倒であるということに注意する必要があろう。

他方，和田論文は，「身柄拘束に伴う不利益」や「被告人の地位に置かれることに伴う不利益」等の負担が，かならずしも「過大」なものではなく，「刑事訴追に必然的に伴う」ものであると判断される場合については，これを量刑上，被告人に有利な方向で考慮することには消極的である。

しかし，この問題についても，手続上，これらの「不利益」ないし「負担」を被告人に負わせることが許される理由の解明とあわせて，なお検討の余地がないわけではないようにも思われる。

被告人の真実解明への積極的協力と量刑

長瀬敬昭

第1　はじめに／356
第2　外国法制について／357
　1　量刑事情としての「犯罪後の態度」に関する外国立法例について
　2　アメリカ合衆国連邦量刑ガイドラインにおける被告人の真実解明への積極的協力の取扱いについて
　　(1)　はじめに／(2)　連邦量刑ガイドラインについて／(3)　手続要件／(4)　刑の軽減の実質的根拠
　3　ヨーロッパ諸国における王冠証人制度について
　　(1)　はじめに／(2)　ドイツにおける王冠証人制度／(3)　ドイツ以外の主要ヨーロッパ諸国における王冠証人制度について
第3　真実解明への積極的協力と量刑／363
　1　基本的視点
　2　裁判例
第4　司法取引的な要素を量刑に反映させることの可否について／371
　1　司法取引
　2　取引的捜査手法に対する批判及びそれに対する反論
　3　裁判例
　4　司法取引的な要素を量刑に反映させることの可否について
第5　最後に／377

第1　はじめに

　被告人が真実解明へ向けた積極的協力を行った場合，事案によっては，被告人に有利な事情として，量刑上考慮されることがあり得ると思われるが，その根拠や具体的量刑に及ぼす影響力の大小はどのように考えるべきであろうか。
　ところで，被告人が真実解明への積極的協力を行った場合といっても，大きく分けると，①自らの犯罪行為に関して自白をした場合，②他者の犯罪行為に関して供述するなどした場合が考えられるが，前者に関しては，被告人

の反省の態度等として，既に本研究会において，川合昌幸判事が報告している[1]。したがって，与えられたテーマとの関係で，後者を中心に検討することとしたい[2]。

また，被告人が真実解明への積極的な協力を行った場合の効果としては，①全面的不訴追，②訴因の縮小，一部撤回，③量刑への考慮などが考えられるが，本稿においては，③の量刑への考慮を中心に検討することとする。

まずは，被告人が真実解明への積極的協力（以下，単に「捜査協力」ともいう。）を行った場合の効果について，アメリカにおける連邦量刑ガイドライン制度，ヨーロッパにおける王冠証人の制度を中心に，外国法制について触れてみる。

1) 川合昌幸「被告人の反省態度等と量刑」本書第3巻参照。
2) したがって，以下では，単独犯ではなく，共犯事件あるいは組織的な犯行を念頭に置いて検討していくこととする。組織犯罪等において，被告人が他の犯罪者に関する捜査に協力するということは，共犯者の量刑の一場面である。共犯と量刑については，本研究会においても既に報告されている。木山暢郎「共犯事件と量刑」本書第1巻参照。特に注105）では犯行後の行動状況として，罪証隠滅行為や領得罪に係る物品の処分行為が例示されているが，後記のとおり，共犯者の犯罪行為に対する捜査・訴追に積極的に協力したことは被告人に有利に考慮され得る事情となる。

第2　外国法制について

1　量刑事情としての「犯罪後の態度」に関する外国立法例について

一般的な量刑規定の中で「犯罪後の態度」を掲げる法制[3]，さらに，その中で具体的な例示を行う法制，また，「減軽事情」という形で具体的例示を行う法制など，立法例はさまざまである[4]。特に，ロシア刑法では減軽事情として「心からの後悔又は自首，並びに犯罪摘発への積極的協力」が掲げられ，オーストリア刑法では減軽事情として「改悛の情ある自白をなし又はその供述によって真実発見のために重要な寄与をなした場合」が掲げられている。ちなみに，ドイツ刑法46条2項においては，「刑の量定に当たり，裁判所は，行為者にとって有利な事情及び不利な事情を相互に比較衡量する。その際に，特に，次のことを考慮する。」として，「行為後の行為者の態度，特に，損害を回復するための努力及び被害者と和解するための努力」を掲げて

いるが，損害回復のための努力・被害者と和解するための努力以外の行為後の行為者の態度に何が含まれるかは法定されていない[5]。イェシェック＝ヴァイゲントは，同条項につき，「裁判所が，量刑の際に，刑事手続における行為者の態度，とりわけ行為者が自白により自ら進んで犯行の解明に，それと同時にしばしば手続の短縮に寄与したことをも考慮するのは当然である。」と解説しているところ[6]，被告人が第三者の犯行に関して真実解明に協力した場合であっても，そのことを被告人に有利に斟酌し得ることは自白の場合と同様であろう。

2 アメリカ合衆国連邦量刑ガイドラインにおける被告人の真実解明への積極的協力の取扱いについて

(1) はじめに

周知のとおり，連邦量刑ガイドライン制度[7]の下での拘禁刑の量刑は，量刑表に従って行われ，裁判官は，ガイドライン・レンジと呼ばれる宣告刑の範囲の中から宣告刑を決定することが求められている[8][9]。また，薬物犯罪，銃器犯罪等一定の犯罪類型については，刑罰法規上，必要的最低刑（mandatory minimum penalty）が規定されている[10]。

ただし，捜査段階において，被告人が当局に協力したということは，実務においても，また，法律上も，刑を減軽する事由として認められてきており，一定の場合，ガイドライン・レンジからの（下方向）離脱が認められ，さらに，必要的最低刑によって設定される法定刑の下限を下回る刑の言渡しも許されることになる[11]。

なお，量刑ガイドラインに関しては，被告人が自分自身に関する捜査・訴追に協力した場合と，他の犯罪者の捜査・訴追に協力した場合とで効果は異なっているようである。すなわち，前者については，犯罪レベルに関する一般的調整規定の１つとして，責任の認容（acceptance of responsibility）があった場合，犯罪レベルが２ないし３レベル引き下げられ，刑が20％ないし30％前後軽減されることとなる（連邦量刑ガイドライン3E1.1条）[12]。

(2) 連邦量刑ガイドラインについて

他の犯罪者の捜査・訴追に協力した場合に関係する連邦量刑ガイドライン5K1.1条（ガイドライン・マニュアル第５章Ｋ部第１節１番目）の規定は以下のとおりである[13]。

「当局への相当程度の協力　他の犯罪者についての捜査又は訴追において被告人が相当程度の協力 (substantial assistance, 報告者注；重要な援助, 著しい訴追協力とも訳されている。) を行った旨の訴追側の申立てに基づき, 裁判所は, ガイドライン・レンジから離脱することができる。
　(a)　適切な刑の軽減の程度は裁判所によって決定されるものとする。裁判所は, 刑の軽減の程度についてその理由を明示しなければならない。この理由としては以下の事項についての考慮が含まれ得るが, 考慮され得る事項はこれらに限定されるわけではない。
　(1)　被告人の協力の重要性と有用性に関する, 訴追側の評価を考慮した上での, 裁判所の評価
　(2)　被告人によって提供された情報又は証言の真実性, 完全性, 信頼性
　(3)　被告人による協力の性質と程度
　(4)　被告人又はその家族がその協力の結果として被った危害又はその危険若しくは負担
　(5)　被告人による協力の適時性」
　また, 同条項の背景について, 若干長くなるが, 連邦量刑委員会の注釈から引用する[14]。
「犯罪活動の捜査において被告人が当局に協力したということは, 実務においても, また, 法律上も, 刑を軽減する事由として認められてきた。この協力の性質や程度・重要性というものは行為の様々な側面と関わり得るものであり, そしてそれは, 裁判所により個別の事案に即して評価されなければならない。それ故, 量刑裁判官には先に掲げたものを含む様々な関連要因に基づいて刑を軽減する裁量が与えられる。しかしながら, 量刑裁判官は本条の下で刑を軽減する理由を明らかにしなければならない。合衆国法典18編3553条(c)項参照。裁判所は, 被告人の安全を確保するため, 或いは進行中の捜査の密行性が害されることを避けるために, その理由を非公開の書面により非公開の手続において被告人に告げることを選択することができる。」

(3) 手続要件

　上記のとおり, ガイドライン・レンジからの離脱が認められるためには, 被告人の協力が「相当程度」のものであることが必要である。そして, 被告人が行った協力の程度・有用性を判断するのに最も適した地位にいるのは検察官であることから, 連邦量刑ガイドライン5K1.1条が適用されるためには, 検察官の申立てが要件となっている。したがって, 被告人によって何ら

かの捜査・訴追協力がなされたが，検察官がガイドライン 5K1.1 条の申立てを行わなかった場合，裁判官は，ガイドライン・レンジ内で宣告刑を選択することになる。その際，被告人の訴追協力は，裁判官が宣告刑を決定するにあたって，より軽い刑を言い渡すべき事情として考慮することは許されているようである[15]。

(4) 刑の軽減の実質的根拠

刑の軽減についての実質的な根拠については，アメリカにおいては，協力を行ったという事実を被告人の悔悟・反省心の現れとみるといったアプローチではなく，その場合に刑を軽減することの機能――訴追協力へのインセンティヴとなること――に着目した説明がなされており，被告人の協力を確保して，それによって共犯者等に対する捜査・訴追を可能ないし容易にするという政策目的の追求が刑の軽減の根拠と解されているようである[16]。

3 ヨーロッパ諸国における王冠証人制度について[17]

(1) はじめに

日本においてはあまりなじみのない「王冠証人」という言葉であるが，王冠証人とは，判決がなされるべき行為に共犯として関与し，無罪又は刑の軽減が保証されたので，他の行為への関与者に対する証言をしようとする者をいうとされている[18]。

(2) ドイツにおける王冠証人制度[19]

ドイツにおける王冠証人制度としては，まず，1982 年 1 月 1 日から施行された麻酔剤法 31 条が挙げられる[20][21]。

【麻酔剤法 31 条　刑の軽減又は刑の免除】

次の者については，裁判所は，その裁量により，その刑を軽減し（刑法 49 条 2 項），又は 29 条 1 項，2 項，4 項若しくは 6 項による処罰を免除することができる。

1 　自己の知るところを自発的に知らせることにより，自己の行為分担以上にその行為の解明を可能にすることに著しく寄与した者，又は
2 　自己がその計画を知っている 29 条 3 項，30 条 1 項の犯罪行為をなお阻止し得るような適当な時期に，その知るところを自発的に官署に知らせた者

そのほかにも，マネーロンダリング罪（刑法 261 条 10 項），テロリスト団体

の編成罪（刑法129条 a）等について王冠証人の規定の適用が認められてきた。なお，1994年12月1日から施行された犯罪対策法により，対象者が刑法129条（犯罪組織の編成）の罪及びそれと関係する1年以上の有期自由刑が法定刑として定められた犯罪に関与しているなどの場合にも，王冠証人の規定が適用されることとなったが[22]，この王冠証人の規定は，もともと時限立法として1989年6月9日の法律によって制定されたものであるところ，2度延長された後，1999年12月31日で失効している（なお，上記麻酔剤法及びマネーロンダリング罪についての王冠証人規定は効力を有しているようである。）[23]。

同規定は，
「組織的犯罪に関連して自身で罪を犯した王冠証人が，自らまたは第三者の仲介を通じて，刑事訴追機関に対して犯行に関する彼の知識を明らかにし，その知識が次のことに役立つ場合，すなわち，
——組織的犯罪を阻止するか，
——組織的犯罪を解明するか，または
——そのような犯罪の正犯もしくは共犯者の逮捕に寄与する場合，
連邦検事総長は，王冠証人に対して開始された刑事手続を打ち切ることができ（1条），または，裁判所は，後に刑を免除し，もしくは，裁量で刑を軽減することができる（2条）。」というものである[24]。

(3) ドイツ以外の主要ヨーロッパ諸国における王冠証人制度について

ドイツ以外の主要なヨーロッパ諸国における王冠証人制度についてみてみると，テロリズム，麻薬犯罪，組織的犯罪への対応策として，イタリア，スペイン，フランス等において，ドイツの王冠証人と同様の規定が制定されている。例えば，イタリアにおいては，報奨規定（premiali）として，共犯者を司法に協力させるために，テロリズム，身代金の要求を伴う人質事件，麻薬犯罪及び組織犯罪（マフィア）という4つの犯罪形態について，被疑者（被告人）が警察及び司法と協力する場合，裁判官が刑を免除又は軽減する可能性を有することとなる[25]。

---

3) なお，我が国の改正刑法草案48条2項は，「刑の適用にあたつては，犯人の年齢，性格，経歴及び環境，犯罪の動機，方法，結果及び社会的影響，犯罪後における犯人の態度その他の事情を考慮し，犯罪の抑制及び犯人の改善更生に役立つことを目的としなければならない。」と規定している。

4) 諸外国の立法例については，城下・研究187頁以下，19頁以下に詳しく記述されている。

5) ドイツ刑法の訳については，遠藤邦彦「量刑判断過程の総論的検討」資料1（本書第1巻）による。
6) イェシェック＝ヴァイゲント・ドイツ刑法総論710頁。
7) 連邦量刑ガイドラインについては，連邦量刑委員会のホームページ〈http://www.ussc.gov/〉からアクセスすることが可能である。
8) 連邦量刑ガイドラインの概要については，遠藤邦彦「量刑判断過程の総論的検討」第8（本書第1巻所収）及び同論文に掲載の各文献を参照のこと。特に，被告人の訴追協力に関しては，**第8の3，(5)**も参照のこと。
9) 以下の記述は，小川・捜査・訴追協力(1)113頁，小川・捜査・訴追協力(2)85頁，同「アメリカ連邦量刑法における被告人の『捜査・訴追協力』について」捜査研究626号（平成14年）70頁を参考にした。
10) 小川・捜査・訴追協力(1)120頁参照。
11) 合衆国法典18編3553条(e)項，28編994条(n)項。
12) 他の犯罪者についての捜査・訴追に協力した被告人は，自らに対する訴追事実についても有罪答弁していることが通常であろうから，3E1.1条（ガイドライン・マニュアル第3章E部第1節1番目）による犯罪レベルの引き下げが行われた上，前記の（下方向）離脱等が認められることとなる。小川・捜査・訴追協力(2)90頁，小川・捜査・訴追協力(1)123頁。
13) 訳は小川・捜査・訴追協力(1)137頁による。
14) 訳は小川・捜査・訴追協力(1)138頁による。
15) 小川・捜査・訴追協力(2)90頁。
16) 小川・捜査・訴追協力(2)89頁。
17) ヨーロッパにおける王冠証人制度については，ペーター・J・P・タック（山名京子訳）「ヨーロッパにおける王冠証人規定の展開と現状」志林95巻4号（平成10年）1頁以下が詳しい。また，英米法における捜査・訴追協力に関する減免的措置のメカニズムを歴史的に論じた最近の論考として，井上和治「共犯者による捜査・訴追協力と減免的措置の付与(1)～(4)」法協123巻6号（平成18年）122頁，123巻12号223頁，124巻6号（平成19年）233頁，124巻12号256頁がある。
18) エドウィン・クーベ（宮澤浩一訳）「組織犯罪——犯罪学と法学からみた予防と防止」警論54巻9号（平成13年）148頁。
19) もともと「王冠証人」制度はイギリスで発達した慣行のようである。宇川・後掲注50)「司法取引を考える(11)」判時1601号35頁。
20) 訳は古江頼隆「西ドイツにおける麻薬立法の新展開——二つの新制度を中心として」司研74号（昭和60年）77頁による。
21) 王冠証人規定の導入に対しては，王冠証人の証言はそのまますぐに信用できないことと，起訴法定主義に反することなどの理由により，厳しい反対論があった模様である。タック・前掲注17)13頁。
22) 川出敏裕「ドイツ犯罪対策法(上)」ジュリ1077号（平成7年）106頁。
23) 川出敏裕「経済犯罪と取引的捜査手法」ジュリ1228号（平成14年）136頁。

24) 訳はタック・前掲注17) 15頁による。
25) タック・前掲注17) 22頁以下参照。

第3 真実解明への積極的協力と量刑

1 基本的視点

（1） 個々の量刑事情と量刑判断の関係について，具体的な量刑判断をするに当たって大きな影響力を有するのは，犯罪行為そのもの（犯行それ自体に関する違法有責の程度）であり，犯罪事実に直接関係のある事情，いわゆる犯情事実が量刑判断の中心的事情であること[26)][27)]，被告人の犯行後の態度は，犯罪終了後の事情であることから，基本的には責任刑の幅の範囲には影響しない，言いかえると，犯罪行為そのものによって定まった責任刑の幅の範囲内で具体的量刑に影響を及ぼすに過ぎないものであること[28)]，被告人の犯行後の態度が具体的量刑判断に及ぼす影響力は，当該態度と犯罪行為との関係の濃淡に比例することなどについては，本研究会において，既に報告されているとおりであり[29)]，報告者もその点は同意見である。

この観点から捜査協力について検討すると，例えば，ある共犯事件の共犯者が，自己の犯行について自白するのみならず，他の共犯者の犯行についても捜査段階において供述した場合[30)]は犯罪行為に密接に関連しているといえるのに対し，犯罪組織に関して，自己が被告人として起訴されている犯罪事実（A罪）とは無関係に，当該犯罪組織の組織形態を供述したり，当該犯罪組織に属している他の者が犯した，自己が起訴されている犯罪事実とは関係のない犯行（B罪）を供述した場合などは犯罪行為との関係[31)]が希薄であるといえよう。この点，後記2(1)①の裁判例においては，被告人の関与した犯罪のみならず，教団の行った他の犯罪や教団の組織形態，活動内容等を詳細に供述して教団の行った犯罪の解明へ多大な貢献をしたことを被告人に有利な事情として取り上げているが，まずは被告人自身の関与した犯行について詳細に供述している点や被告人が敢行した地下鉄サリン事件自体が教団組織としての犯行に他ならないという観点からは，被告人が起訴されている犯罪事実と十分に関連性を有しているとみることができることに留意すべきである。

（2） では，被告人の捜査協力の内容がどの程度のものであれば，被告人に有利な情状として扱うことが可能であろうか。もとより，事案によって異

なり，以下の全ての要件を満たす必要まではないと思われるが，先述の連邦量刑ガイドラインや王冠証人制度などを参考に検討してみると，被告人の捜査協力が有用であったこと（訴追側からも評価される協力であったのであればなおよい。）[32]，提供された情報が信頼できるものであること，的確な時期に協力が行われたことなどの事情があれば被告人に有利に取り扱うことができるものと思われる。また，訴追側からの協力依頼に応じるという形でも有利な情状足り得るが，被告人が進んで自発的に協力したのであればなおよく，過去の犯罪の解明に役立つものであれば足りるが，被告人の捜査協力によって将来の犯罪を阻止できた場合でも有利に扱うことは可能であろう。研究会において，①捜査協力によって解明された犯罪の重大性の程度，②①の犯罪と被告人自身の犯罪の重大性の比較，③共犯事件の場合，捜査協力によって解明された共犯者の役割の程度，④共犯事件の場合，共犯者と被告人の役割の比較などに照らし，次の(3)の斟酌の度合いも念頭に置きながら総合的に判断していくという手法を提案したが，大方の了解を得られた。

(3) 捜査協力があったことを被告人に有利に斟酌できる場合，その斟酌の度合いはどの程度であろうか。

そもそも捜査協力があったことの具体的量刑に及ぼす影響力は，基本的には犯罪行為そのものによって定まった責任刑の幅の範囲内でしか及ばないのであるから（上記参照），被告人に有利に斟酌できる程度にも自ずから限界があるものと考えられる。しかしながら，捜査協力によって利益を受けるのはもっぱら訴追側（検察官）であるところ，被告人が行った捜査協力の有用性，信頼性，適時性等を一番的確に判断できるのも検察官であると思われ，（特に被告人に有利な方向で主張される場合には）その検察官が行う求刑も十分考慮に入れて具体的量刑判断を行うべき場合が多いのではないかと思われる[33][34]。検察官の求刑が具体的量刑に相当影響したと思われる裁判例につき後記2(1)①，検察官の求刑の根拠に疑問を呈しながらも求刑どおりの量刑をした裁判例につき後記第4の3(1)を参照されたい。

(4) 次に，捜査に協力したことを被告人に有利な事情とみるべきか否かに関し，反省・悔悟から行われた協力である必要はあるであろうか（逆にいうと，打算的な捜査協力であっても，被告人に有利な事情とみてもよいのであろうか。）[35]。この点についても，自白に関して，反省・悔悟から出たものであることが必要か否かについて，本研究会において既に議論されているところで

ある[36]）。この点，刑事政策的観点を強調すると，どのような動機から捜査協力を行ったのかを詮索することは不必要ということになると思われる。井田良教授は，刑事政策的合目的性の見地から，もっぱら刑を軽くする方向で量刑上考慮し得る事情の一具体例として，犯罪直後に，被害の拡大や重い結果の発生を回避すべく努力したことを掲げ（報告者注：真実解明への協力もこれと同視し得ると思われる。），被告人の反省・悔悟の情を示すものとして，特別予防の面で有利な予測を可能にする事情としても考慮できる場合があるが，被告人が軽い刑を得ようとして打算的にそうした場合であっても，刑事政策的に望ましいことは変わりがないのであるから，（犯罪の性質にもよるが）意図・動機を詮索することなしに量刑で正面から考慮してもよいと思われるとする[37]）。他方で，長沼範良教授は，被告人の供述が事件の全容解明に役立ったことを反省・悔悟の一事情として考慮するのであればともかく，重要な捜査情報を提供したこと自体を独立の量刑要素とするのには慎重な態度をとるべきであるとし[38]），川崎一夫教授も，自白・否認についてであるが，そのような態度に至る動機形成まで遡って評価の対象とすべきであり，自白に至る動機が訴訟上の駆引によって形成されたものではなく，行為者の真の悔悟によって形成されたことが必要であるとしている[39]）。城下裕二教授は，犯罪後の態度は自発的な意思に基づくことが必要であり，必ずしも道徳的な悔悟によるものであることは要求されないが，功利的・打算的な理由では充分ではないとする[40]）。

報告者としては，捜査協力には，それによって適正な処罰が実現できたという社会貢献的な側面もあり，反省・悔悟に解消できない面もあると考えられることから，捜査協力を被告人に有利に斟酌するために反省・悔悟が必ず必要であるとの見解には賛成できないが，さりとて，行為者の動機について全く無関心でよいという意見にも若干の違和感を感じる[41]）。

（5）被告人が捜査協力を拒絶した場合，被告人に不利な情状として扱ってよいだろうか。単に協力を拒絶したにとどまらず，罪証隠滅工作を行うなど捜査妨害を行ったような場合については，量刑上不利に扱われる場合があることを認めてもよいように思われる[42]）。他方で，一般的に被告人に対して捜査への協力義務が課せられるわけではないので，捜査官からの捜査協力依頼を単に拒絶した場合あるいは他の者の犯行について供述しなかったというだけでは，そのことをことさら取り上げて，被告人に不利に斟酌することは困難ではなかろうか[43]）。ただし，捜査協力を行ったという有利な事情が

ないという意味では，捜査協力を行った者に比べて相対的に重い量刑判断に至ることはあり得るところであり，被告人の犯した犯罪行為の内容や捜査協力の内容にもよるが，上記の反省・悔悟の必要性の点も加味して，あえて序列を付けるとすると，報告者としては，①反省・悔悟を伴う捜査協力，②反省・悔悟を伴わない捜査協力，③捜査協力の拒絶，④捜査妨害という順序になるのではないかと考えているが，②と③の差はそれほど大きなものではない場合が多いと思われる[44)][45)]。

2 裁判例

(1) 捜査協力が量刑に影響を及ぼした裁判例を網羅的に検索することは困難であるが，被告人による真実解明への積極的協力があったことを量刑理由で摘示した裁判例を若干取り上げてみる。

① 地下鉄サリン事件の実行犯であるオウム真理教・治療省大臣に対して東京地判平10.5.26判タ985号104頁，判時1648号38頁（一審で確定）は無期懲役刑を言い渡した。

量刑理由の一部分（下線は報告者による。）

「以上のとおりの各犯行の罪質，動機，態様，結果，なかんずく地下鉄サリン事件における残虐性，結果の重大性，遺族の処罰感情，社会的影響等からすれば，被告人の刑事責任はまことに重大であって，これを償うには極刑をもって臨むのが当然と思われる。……（中略）……そして，被告人の供述状況をみると，その言葉どおり，地下鉄サリン事件について自首したのを皮切りに，その後も，捜査，公判を通じ，一貫して，<u>被告人の関与した犯罪のみならず，教団の行った他の犯罪，教団の組織形態，活動内容等に関し，自己の知る限りを詳細に供述し，教団の行った犯罪の解明に多大な貢献をしている</u>。加えて，被告人の供述が突破口となって，Bを始め教団上層部の検挙につながったことが窺われ，このことは，教団の組織解体と教団による将来の凶悪犯罪の未然防止に貢献したと評価することができる。殊に，教団の武装化が相当程度進展していた当時の状況に照らせば，その意義は決して少なくない。……（中略）……以上要するに，本件はあまりにも重大であり，被告人の行った犯罪自体に着目するならば，極刑以外の結論はあろうはずがないが，他方，被告人の真摯な反省の態度，地下鉄サリン事件に関する自首，その後の供述態度，供述内容，<u>教団の行った犯罪の解明に対する貢献</u>，教団による将来の犯罪の防止に対する貢献その他叙上の諸事情が存在し，これらの事情に鑑みると，死刑だけが本件における正当な結論とはいい難く，無期懲

役刑をもって臨むことも刑事司法の一つのあり方として許されないわけではないと考える。」[46] [47] [48]

　②　坂本弁護士一家殺害事件等の実行犯であるオウム真理教幹部に対する東京高判平 13.12.13 判タ 1081 号 155 頁は，死刑を言い渡した原審（東京地判平 10.10.23 判タ 1008 号 107 頁，判時 1660 号 25 頁）の判断を維持した。原審と控訴審のそれぞれにつき，量刑理由のうち，真実解明について触れた部分を抜粋する。

　原審の量刑理由の一部分（下線は報告者による。）

　「他方，被告人には，次のような斟酌し得る事情が存在する。すなわち，被告人は，平成 7 年 4 月 7 日，警察官に対し本件各犯行について自首し，その後，丙川三郎の首を締め付けたことをも自白してからは，<u>捜査，公判を通じ概ね一貫して真実を語っており，本件各事案の解明に大きく貢献した</u>。また，被告人は，真実を明らかにすることが自分の使命であるとして，自らの法廷のみならず共犯者の法廷においても，積極的に供述し，時には涙を見せるなどして，<u>被告人なりに反省の態度を示している</u>。」

　控訴審の一部分（下線は報告者による。）

　「被告人のために酌むべき事情をみると，前記のように被告人は自首し，捜査，公判を通じ，進んで本件各犯行について詳細に供述し，<u>教団関係者の法廷における証言等も含め，教団の実情や関連する情報の供述を積極的に行って，本件各事案及び教団の実態等の解明に貢献し，真摯な反省の態度を示している</u>。」

　③　地下鉄サリン事件等に関与したオウム真理教・諜報省長官に対する東京高判平 16.5.28 判タ 1170 号 303 頁は，無期懲役刑を言い渡した原判決（東京地判平 12.6.6 判タ 1091 号 127 頁，判時 1740 号 109 頁）を破棄し，死刑を言い渡した。原審と控訴審のそれぞれにつき，量刑理由のうち，真実解明について触れた部分を抜粋する。

　原審の量刑理由の一部分（下線は報告者による。）

　「もとより，<u>事実について明らかにしようと努め，反省の情を示していること</u>などの被告人の主観的事情は，とりわけ被害者やその遺族の立場を考えれば，被告人のために酌むべき事情として過度に重視することは適当ではない……（中略）……殺人の被害者だけでも実に 14 名に及ぶ本件各犯行を犯し，その実行行為者あるいは犯行の主導者などとして重要な役割を果たしているのであって，各犯行の罪質，動機，態様，結果の悪質，重大性，遺族の被害感情及びこれらが我が国に及ぼした甚大な社会的影響等を全体としてみるとき，被告人の刑事責任は極めて重大というべきであり，死刑を選択すること

367

は当然に許されるべきで、むしろ、それを選択すべきであるものとすらいえる。……（中略）……そして、被告人の本件各犯行当時の心理的状況、現在までの反省、謝罪の態度、<u>自己及び他の公判廷での供述態度及びその内容</u>、それらから窺われる被告人の犯罪性、……（中略）…… などの諸事情を併せ考えると、被告人に、地下鉄サリン事件の首謀者や実行行為者と同視しうるような責任までを負わせることはできず、死刑が究極の峻厳な刑であり、その適用に当たっては、慎重かつ綿密に犯行の罪質、態様、結果等諸般の情状を検討し、真にやむを得ない場合に限って選択することが求められることからすると、被告人に対して、死刑という極刑を選択することには、なお幾分かの躊躇を感ぜざるを得ない。」

控訴審の一部分（下線は報告者による。）

「原審第1回公判では、原審弁護人が期待可能性がないことを根拠に無罪を主張したのに対し、自分は無罪とは考えていないが、自分のやった行為、背景を伝え、事実を明らかにしたいなどと陳述している。その後、<u>乙川を含む相当数の者の公判廷に出頭し、検察官側証人として事実関係を証言し、事案解明に協力している</u>。なお、被告人の供述にも一部誤りがあるが、自分の保身を図るための意図的なものであるとは考えられない。そして、捜査、原審及び当審と月日を重ねるにつれて反省の度合いを深め、自分の犯した罪の大きさに打ちひしがれ、その行為がもたらした惨状に驚き、被害者や遺族にどのように謝罪しても取り返しのつかない犯行をしたと後悔し、被害者らにわびている。……（中略）……しかしながら、量刑に当たっては、犯罪の罪質、動機、態様、結果、そして被告人の果たした役割といった行為面がその中核的な要素となるのである。これを踏まえると、上記のとおり、地下鉄サリン事件では実に悲惨な結果をもたらし、しかも被告人は少なくとも実行役と同等の刑事責任を負うべき立場にあって、それだけでも優に死刑に値するというべきであるから、このような酌むべき諸事情を最大限に考慮しても、死刑を選択するほかない。」

④　埼玉愛犬家連続殺人事件（男女4名に対する殺人事件）において、死体の処理などを手伝った被告人に対する死体損壊・遺棄事件について東京高判平8.6.7判時1590号146頁は以下のように判示している。

量刑理由の一部分（下線は報告者による。）

「そうすると、被告人を懲役3年に処した原判決の量刑は、本件各犯行の主導者がAであること、<u>被告人が本件各犯行を自白した結果、共犯者らの殺害行為を含む本件一連の犯行の全容が解明されるに至ったこと</u>、被告人の

帰りを待つ家族がいること，被告人が反省，悔悟していることなど所論指摘の被告人に有利な情状を十分考慮した上のものと認められ，重過ぎて不当であるとはいえない。」

(2) 上記裁判例のうち，①は自首減軽の有無についても影響力が大きく，また，具体的結論については，検察官の求刑が無期懲役刑だった[49]という事情も相当影響しているように思われる。②，③については，そもそもの犯行態様，発生した結果など，捜査協力の有無以外の量刑事情が具体的量刑に大きな影響力を及ぼしたケースではないかと思われる。なお，②，③（原審）は真実解明への協力を被告人の反省・悔悟の態度と関連付けて論じているが，④については判文から明らかなとおり，真実解明への協力を被告人の反省・悔悟とは別の減軽要素として判示したと思われる裁判例である。

26) 遠藤邦彦「量刑判断過程の総論的検討」本書第1巻参照。
27) 殺人などの重大犯罪と経済犯罪とを比較し，捜査協力があったとしても，被告人の免責・減刑に与える影響が罪種によって異なることを指摘するものとして，川出・前掲注23) 140頁参照。
28) 遠藤邦彦「量刑判断過程の総論的検討」本書第1巻参照。
29) 川合昌幸「被告人の反省態度等と量刑」本書第3巻参照。
30) なお，研究会の席上，当該供述者に対して有利な量刑判断を行い得るためには，公判段階においても当該供述を維持した場合に限られるのではないかとの意見が出されたが，そのとおりと考える。
31) 研究会の席上，この「犯罪行為との関係」については，罪質等の類似性に限られず，当該被告人の捜査過程における協力であればよいという意見や当該被告人の所属する組織に属する別の人物が犯した別の犯罪についての供述も含まれ得るのではないかとの意見が有力に述べられた。
32) 研究会の席上，その有用性の程度も問題になるのではないかとの意見が述べられたが，有用性の程度については，(3)の有利に斟酌する場合の斟酌の度合いに反映されるだろうとの意見が述べられた。
33) 求刑と量刑の一般論については遠藤邦彦「量刑判断過程の総論的検討」本書第1巻参照。
34) 研究会の席上，検察官の求刑との関係については，同種事案を参考に量刑を判断すればよいのであって，求刑から量刑判断がスタートするわけではないという意見，捜査協力者への配慮から証拠として提出しにくい事案の場合は低めの求刑自体から捜査協力があったことを推測せざるを得ないのではないかとの意見，捜査協力を内容とする被告人質問を踏まえた弁護側の最終弁論も参考にすべきではないかとの意見などさまざまな意見が述べられた。また，関連して，捜査協力の有無について検察側と弁護

35) このような問題を議論する前提としては，何をもって反省・悔悟とみるのか，打算的とはどのような場合をいうのかについても明らかにしておく必要があるかもしれない。
36) 川合昌幸「被告人の反省態度等と量刑」本書第3巻参照。
37) 井田・量刑理論と量刑事情40頁。
38) 長沼範良「取引的刑事司法」松尾浩也＝井上正仁編『刑事訴訟法の争点〔第3版〕』（有斐閣，平成14年）113頁。
39) 川崎・体系的量刑論238頁。
40) 城下・研究243頁。
41) 小林ほか・座談会77頁において，岡上雅美助教授（当時）と小林充教授（元裁判官）が以下のようなやりとりをしている。

　　岡上「一つ例を出してよろしいですか。自白はしている。ただ，それはあくまでも自分が助かりたいための自白である。しかし，結果的には大きく捜査の役に立って，彼の協力がなかったらとてもとても立件できなかっただろう。このように結果としては大いに貢献しているとしても，それが必ずしも反省から出ているわけではない。これは刑罰を軽くするような事情でしょうか。それとも逆に重くなってしまう事実でしょうか。」

　　小林「重くはならないと思います。破れかぶれに自白したというような場合ですね。」

　　岡上「そうです。あるいは，刑罰を軽減してもらうことを期待して仲間を売ったりとか。」

　　小林「重くはならないと思いますが，軽くなるかというと……。」

42) 川合昌幸「被告人の反省態度等と量刑」本書第3巻参照。
43) ただし，具体的事例にもよるが，共犯者の犯行状況を被告人が熟知しており，反省している被告人なら当然供述してしかるべき共犯者の犯行態様等を供述しないという態度が，反省・悔悟を欠いているとして不利に扱われることはあり得る。
44) この点，先述の連邦量刑ガイドライン5K1.2条によれば，被告人の協力拒絶について，「他の者についての捜査において被告人が当局に協力することを拒んだということを，刑の加重事由として考慮してはならない。」と規定されているところ，連邦控訴審裁判例によれば，「協力拒絶」を理由に上方向離脱を行うことを禁じたものに過ぎず，ガイドライン・レンジ内で宣告刑を決定するにあたり訴追協力を拒否したという事実を被告人に不利益な方向で考慮することを妨げるものではないと解されているようである（小川・前掲注9）捜査研究626号76頁注25））。
45) 研究会の席上では，①と④の序列に異論はなかったが，③の場合としては，反省はしているものの，諸処の事情から協力できない場合もあり得，また，②の場合もさまざまなケースが考えられるので，一概に②，③という序列にならないのではないかとの意見が述べられた。

46) 同判決を言い渡した裁判長である山室惠元判事は，刑事訴訟法50周年の座談会において，具体的な事件名は挙げないものの，「ところで，被疑者が自白する理由は，必ずしも捜査官の追及だけではない。真摯な反省から自白する場合もあり，打算から自白する場合もある。ある重大事件の被疑者は，捜査官が予想もしていなかった時点で，したがってまた，捜査官の追及が一切なかった時点で，突然，自らが実行犯であることを自白したが，これは被疑者の真摯な反省を引き出した取調官の態度によるところが大きい。」「右の事件では，この被疑者の自白がなかったならば事案の解明はおぼつかなかったという状況であったのであり，この点を考えると，被疑者の取調べの意義は決して小さくない。」と報告しており，上記治療省大臣の事件を彷彿とさせる（井上正仁ほか「座談会・刑事訴訟法の現実とその問題点」ジュリ1148号〔平成11年〕136頁）。

47) 同判決に対するコメントとして，将来の犯罪の防止に対する貢献について触れた以下のようなものもある。

「被告人を死刑ではなく無期懲役に処した理由の1つとして『教団の行った犯罪の解明に対する貢献』に加えて，『教団による将来の犯罪の防止に対する貢献』をあげている。自首，自白はすでに行われた犯罪に対する真摯な反省・悔悟，その解明への寄与という意味で被告人に有利な情状であることは間違いない。しかし，それとは別に，同判決が，将来の犯罪の防止に対する貢献を取り上げ，これを重視して死刑を選択しなかった理由の1つとしたことは，特に組織的な犯罪に関与した者に対する今後の求刑，量刑のあり方を考えるうえで参考になろう。」（勝丸・量刑493頁）。

48) 同判決の結論については，もとより自首減軽による影響も大きいものといえる。川合昌幸「被告人の反省態度等と量刑」本書第3巻参照。

49) 「司法記者の眼」ジュリ1131号（平成10年）3頁。

第4　司法取引的な要素を量刑に反映させることの可否について

1　司法取引[50)][51)]

（1）　一般的に司法取引とは，「検察官の訴追裁量権の行使が，被告人との合意に基づき，訴追協力の見返りとして取引的に行われること」[52)]あるいは「交渉に基づき，被疑者・被告人が捜査ないし訴追に協力することの見返りとして，検察官が，その者の訴追や公判での求刑にあたって一定の有利な扱いをするもの」[53)]をいい，自己の犯罪を認めることによって有利な取扱いを得るもの（自己負罪型取引）と他人の犯罪の立証に役立つ情報を提供することの見返りとして有利な取扱いを得るもの（捜査協力型取引）に二分されるが，本報告では後者を念頭に置いて検討する。すなわち，他者の犯罪行為に

関して供述するなどした事案において，被告人側が捜査官側と交渉した結果として，量刑上も，その見返りを付与するような効果をもたらしてもよいのかという問題である。司法取引は，刑事免責制度（自己負罪拒否特権に基づく証言拒否権の行使により犯罪事実の立証に必要な供述を獲得することができないという事態に対処するため，共犯等の関係にある者のうちの一部の者に対して刑事免責を付与することによって自己負罪拒否特権を失わせて供述を強制し，その供述を他の者の有罪を立証する証拠としようとする制度）[54]と比較すると，前者が当事者の合意に基づくものであるのに対し，後者は一方的な強制の手続であるという点に違いがある。

(2)　アメリカにおける司法取引において，検察官は，不起訴処分と引替えに証言その他の訴追協力を獲得することが可能であり[55]，起訴後については，検察官は以下のような譲歩をすることが可能であるとされている。すなわち，①訴因を縮小又は関連するものに変更すること，②一部の訴因を削除すること，③特定の求刑をし，又は被告人の要求する刑に反対しないこと，④特定の宣告刑に合意すること[56]である。

(3)　なお，量刑が問題となる場面ではないが，平成17年法律第35号による改正後の私的独占の禁止及び公正取引の確保に関する法律[57]によって，課徴金減免制度が導入されるとともに[58]，刑事告発等について新たな基準が設けられた。

前者は，発見・解明が困難なカルテルや入札談合等につき，違反事実を自ら報告してきた事業者に対して課徴金を減免することにより，これらの違反行為の摘発，事案の真相解明，違反行為の防止を図ることを目的としたものであり，アメリカやヨーロッパ諸国において導入されているリニエンシープログラムにならって導入されたものである。公正取引委員会が公表している年次報告によれば[59]，平成18年度中に報告が行われた件数は79件（改正法施行後の合計件数は105件），平成19年度の報告件数は74件，平成20年度及び21年度はいずれも85件とされている。

後者に関し，どのような事案について刑事処分を求めて告発を行うのかについて，従前，公正取引委員会は「独占禁止法違反に対する刑事告発に関する公正取引委員会の方針」を公表し，①国民生活に広範な影響を及ぼすと考えられる悪質かつ重大な事案，②違反を反復して行っている事業者等に係る違反行為のうち，公正取引委員会の行う行政処分によっては独占禁止法の目的が達成できないと考えられる事案について，積極的に刑事処分を求めて告

発を行う方針を明らかにしていた。前記平成 17 年の法改正によって犯則調査権限及び課徴金減免制度が導入されることに伴い，同年 10 月，公正取引委員会は「独占禁止法違反に対する刑事告発及び犯則事件の調査に関する公正取引委員会の方針」を公表した。上記①及び②の事案について積極的に告発を行う方針は変更されず，加えて，調査開始日前に最初に課徴金の免除に係る報告及び資料の提出を行った事業者並びに当該事業者の役員，従業員等であって，調査における対応等において，当該事業者と同様に評価すべき事情が認められるものについては，告発を行わない旨が明らかにされた。

　上記の報告件数に照らせば，これらの新施策は有効に機能しているものと思われる。

2　取引的捜査手法に対する批判及びそれに対する反論

　これまで，取引的捜査手法については，①刑事手続の目的は真実解明なのであるから，認定の対象となる事実や犯人に科される刑罰は客観的に定まるべきものであり，それが両当事者の交渉によって決められてはならない，②被疑者・被告人にいかなる処分を課すべきかは，その責任の程度と一般予防，特別予防の観点から決定されるべきものであるところ，捜査協力はこのいずれとも直接には関わらない（ただし，捜査協力が，その者の反省，悔悟の情を示すものと評価される場合などは，間接的に犯人の責任の程度，あるいは一般予防，特別予防に影響を与える場合の典型例とされる。），③他人の犯罪の捜査又は訴追に役立つ情報を提供することにより，情報を提供した当人は自らの処罰を免れるとか，それを軽減されるという事態を認めることは，公正ではなく，不平等なものである，④捜査協力型取引のもとで得られた供述の信用性は疑わしいことなどが指摘されていた。これらの指摘に対しては，①'刑事手続において当事者の交渉や合意による処理が一切排除されているわけではない，②'被疑者・被告人の捜査への協力をその者の訴追又は刑の決定に当たって有利に考慮することは実定法上否定されておらず，運用上も行われている，③'捜査協力によって得られた証拠に基づいて有罪とされた者に対する訴追又は量刑が合理的なもの（犯罪に見合ったもの）であるならば，捜査協力をした者が有利な取扱いを受けたからといって，不公正・不平等とはいえない[60]，④'そもそも信用性を疑わせる事情がない場合があること（捜査側から取引の条件を明示され，それによる利害得失について弁護人と十分相談した上で行った第三者の供述など）や，捜査協力者によって不利益を受ける被告人側から公判において反対尋問を受けることにより，その信用性について裁判所が吟味する機会を有

することから，捜査協力型取引のもとで得られた供述であることをもって一律に信用性が疑わしいとはいえない，などの反論が行われてきた[61]）。

3 裁判例

（1）量刑理由において，司法取引について触れた以下の裁判例がある。埼玉県本庄市の保険金殺人事件（保険金目的の殺人2件，同目的の殺人未遂1件，3億円の保険金詐欺等）の主犯に次ぐ立場にある被告人に対する判決において，さいたま地判平 14.2.28 判タ 1117 号 296 頁（一審で確定）は以下のように判示して無期懲役刑を言い渡した（検察官の求刑も無期懲役刑であった。）。

量刑理由の一部分を抜粋して紹介する（下線は報告者による。）。

「検察官は，本件の主謀者は甲山であり，被告人はこれに次ぐ立場であった上，現在，反省悔悟して全面的に自白し事案の解明に寄与したこと等被告人に特に有利な事情も斟酌しなければならないとして，無期懲役を求刑している。事件の主犯者が甲山であり，被告人はこれに次ぐ立場であったことは明らかであるが，被告人は実行行為の大半を遂行し，犯罪実現のため不可欠の役割を果たしていたものであって，その刑責は甲山に準じて重いものというべきで，実行犯中の刑の権衡を考慮するに際して，むしろ，被告人に不利な事情として斟酌すべきものとはいえても，甲山との比較において格段に刑責の差異を生じさせるような被告人に特に有利な事情とはいえない。次に，被告人が現在全面的に自白し事案の解明に寄与したことは認められるが，他方，被告人の供述全体から真摯な反省悔悟の情が認められるかについては，検討の余地がある。……（中略）……更に，被告人が本件事案の解明に寄与したとの点についても，本件は，4人の共犯者による犯行であり，被害者である丙野の供述，被害者の遺体などの物的証拠や保険金関係の情況証拠が存する上，丁田花子は，一旦は丙野事件について自白していたこと，丁田花子及び春子も乙川事件について自白していることなどの諸事情に照らすと，被告人の自白がなくても早晩本件の全貌が捜査機関により解明し得たとも解される。その点はおくとしても，<u>寄与度は，量刑判断にあたって考慮すべき一因子であって，上記判断を左右するほどの重要性をもつものではなく，殊更被告人に有利な事情として重視するのは相当とはいえない。もともと全面自白していた犯人であっても極刑に処せられることは，これまでにも多く見受けられるのであって，被告人が自白し，全容の解明に寄与したとの事情が極刑を選択しないメルクマールでないことは明らかであるからである。検察官は，無期懲役を選択した理由として，この事情を被告人に特に有利な事情と</u>

して斟酌すべきであると主張するようであるが、このような見解は我が国において禁ぜられている司法取引に実質的な一歩を踏み出すものといえ、採用できない。」「以上、検討したところから明らかなように、検察官が被告人に特に有利な事情として斟酌すべきであるとする点については、これを過大視するのは相当でない。したがって、本件各犯行の罪質、動機、態様、結果の重大性、被告人の果たした役割、被害者及び遺族の被害感情、社会的影響、犯行後の情状を総合考慮すると、被告人の罪質は誠に重大というほかなく、極刑に処すべきものとも考えられる。他方、被告人は、16歳の時に甲山の経営する飲食店に従業員として働き始め、間もなく同人と情交関係を結び、正妻のいる甲山には、春子、丁田花子など数人の情婦がいることを知りながら、その情婦の1人となり、同女らと共に甲山の店で働き続け、甲山の歓心を買い、情婦の中で一番となることに腐心するうち、甲山の言う事に全面的に服従する態度を身につけ、その倫理観を麻痺させ、本件に及んだものである。このように被告人は、年端のいかない少女時代に甲山に籠絡され、甲山との生活以外の外界の経験を全く経ることなく本件に至っており、被告人の社会経験の乏しさや特殊な生活環境が被告人に及ぼした影響を無視するのは相当ではない。漸く甲山の呪縛から逃れた被告人は、現在34歳であり、矯正可能性も認められる。」「これら被告人に有利不利な一切の事情を総合考慮すると、被告人に対しては、無期懲役刑を科し、終生その償いをさせるのが相当である。」

(2)　上記(1)の裁判例は司法取引的要素を量刑に反映させることに消極的な立場のように理解し得る。この裁判例は、犯罪行為そのものによって定まった責任刑の幅の観点からすると、死刑も十分想定できる事案であったと思われるが、前記第3の2(1)①の裁判例と同様に、無期懲役刑という検察官の求刑が相当程度量刑に影響を及ぼしたのではないだろうか（ただし、判文から明らかなとおり、反省悔悟や事案の解明への寄与の存在といった検察官が主張する無期懲役求刑の根拠、あるいは存在したとしてもそれらを被告人に有利に斟酌するという考え方自体について、裁判所としては異論があったもののようである。）。

4　司法取引的な要素を量刑に反映させることの可否について

(1)　本格的に司法取引制度を導入して、一定の場合には犯人を訴追しないという判断をすることを認めてもよいか否かという問題と、司法取引的要素を量刑上考慮してもよいか否かという問題では必ずしも論ずべき観点が同

じではないかもしれないが，上記2の取引的捜査手法の是非に関する議論を参考にすると，2①の両当事者（検察官と被告人・弁護人）の交渉の結果をストレートに量刑判断に影響させてもよいと考えるのか否かがこの問題を積極に考えるか消極に考えるのかのメルクマールになるのではなかろうか。2②の点については，（その影響力は大きなものではないかもしれないが，）刑事政策的な要素も量刑に影響し得るという説明が可能であるし，2③の不公正，不平等という点は，司法取引的な要素を量刑に反映させることは認めるとしても，その影響力の範囲を限定することで説明が可能と思われる。2④については，量刑判断を行う際には当然に供述内容の信用性判断をしているのであるから，信用できない供述であれば，被告人に有利に斟酌されないという結果になるだけであるともいい得る。

(2) 研究会の席上では，司法取引をしたこと自体を独立の量刑要素とすると，具体的な捜査協力の内容・程度を問題とすることなく検察官の行う軽い求刑（司法取引の結果）を容認することを当然の前提として，その他の要素を考慮して量刑することとなり，量刑要素の一部の判断を司法取引という形で検察官に委ねることになってしまうのではないか，検察官と被告人が行った交渉結果に裁判所が拘束される（あるいはその交渉結果を尊重する）ことの理屈付けが難しい，結局，第3で検討した，被告人の捜査協力がどの程度真実解明に役立ったのかの判断を離れて，検察官と被告人が交渉したこと自体を被告人に有利に斟酌する余地がないのではないかとの意見が大多数であり，検察官と被告人の交渉結果自体を独立の量刑要素とすべきであるとの意見はみられなかった。

50) 検察官がアメリカにおける司法取引の実情を研究した文献として，宇川春彦「司法取引を考える(1)～(17)」判時1583号（平成9年）31頁，1584号27頁，1586号23頁，1587号15頁，1590号33頁，1592号21頁，1593号20頁，1596号29頁，1598号21頁，1599号24頁，1601号34頁，1602号30頁，1604号28頁，1613号26頁，1614号28頁，1616号28頁，1627号（平成10年）36頁がある。
51) 我が国の刑事手続においても「隠れた司法取引」が行われているのではないかということを論じた文献として高田昭正ほか「司法取引とアレインメント」法セ565号（平成14年）85頁，566号88頁。
52) 宇川・前掲注50)「司法取引を考える(1)」判時1583号40頁。
53) 川出敏裕「司法取引の当否——刑事法の観点から」公取617号（平成14年）22頁。
54) 最大判平7.2.22刑集49巻2号1頁，判タ877号129頁参照。同最判は引き続いて，

「我が国の憲法が，その刑事手続等に関する諸規定に照らし，このような制度の導入を否定しているものとまでは解されないが，刑訴法は，この制度に関する規定を置いていない。この制度は，前記のような合目的的な制度として機能する反面，犯罪に関係のある者の利害に直接関係し，刑事手続上重要な事項に影響を及ぼす制度であるところからすれば，これを採用するかどうかは，これを必要とする事情の有無，公正な刑事手続の観点からの当否，国民の法感情からみて公正感に合致するかどうかなどの事情を慎重に考慮して決定されるべきものであり，これを採用するのであれば，その対象範囲，手続要件，効果等を明文をもって規定すべきものと解される。」と判示している。

55) 宇川・前掲注50)「司法取引を考える(11)」判時1601号39頁。
56) 連邦刑事手続規則11条，宇川・前掲注50)「司法取引を考える(5)」判時1590号37頁。
57) 平成18年1月4日から施行されている。改正法の内容については，岩成博夫「平成17年改正独占禁止法について」刑事法ジャーナル4号（平成18年）39頁参照。
58) 課徴金制度は，価格カルテル等価格に影響を与えるカルテルが行われている場合，公正取引委員会が，そのカルテルに加盟して，それの実行行為を行った事業者に対して，一定の算式に基づいて計算された課徴金の納付を命じる制度である。
59) 公正取引委員会のホームページ〈http://www.jftc.go.jp/〉からアクセスすることが可能である。
60) 最二小判昭56.6.26刑集35巻4号426頁，判タ444号55頁参照。
61) 取引的捜査手法に対する批判，反論については，川出・前掲注23) 139頁以下，川出・前掲注53) 22頁以下参照。

第5 最後に

　被告人の犯行後の態度の一具体例として真実解明への積極的努力について検討してみたが，報告者の能力不足のため，十分な検討ができなかった。また，司法取引制度の導入の可否など，量刑への影響に関する議論を行う前提として論じておくべき部分もあるかもしれないが，これも報告者の能力を超えるものである。不十分な論考ではあるが，今後の議論の発展の一資料となることを願うものである。

コメント

堀江慎司

1　長瀬論文は、「具体的な量刑判断をするに当たって大きな影響力を有するのは、犯罪行為そのもの（犯行それ自体に関する違法有責の程度）であり、犯罪事実に直接関係のある事情、いわゆる犯情事実が量刑判断の中心的事情であること、被告人の犯行後の態度は、犯罪終了後の事情であることから、基本的には責任刑の幅の範囲には影響しない、言いかえると、犯罪行為そのものによって定まった責任刑の幅の範囲内で具体的量刑に影響を及ぼすに過ぎないものであること、被告人の犯行後の態度が具体的量刑判断に及ぼす影響力は、当該態度と犯罪行為との関係の濃淡に比例すること」につき、基本的に本研究会における他の報告に賛同するとしている（第3の1(1)）。そこで、長瀬論文に対してコメントを付するにあたり、同論文のテーマと特に関連の深い川合論文[1]についても検討しておく。

川合論文は、「犯行それ自体に関する違法有責の程度により、法定刑（ないし処断刑）の範囲内で、ある一定の刑の幅（責任刑）が定まり、その範囲内で、特別予防的考慮や一般予防的考慮、政策的考慮により具体的量刑が定まる」という理解を前提に、「責任刑の範囲を決定するメルクマールは当該犯罪行為そのものであり（個別的行為責任説）、そうである以上、犯行後の事情は、犯罪終了後の事情であるので、原則的には、責任刑の範囲（幅）決定には関係しない」と述べつつ、「しかし、犯罪行為処罰の根拠が、その行為が法益を違法に侵害するものであること、あるいは、法秩序を紊乱するものであることに求められるのであるとすれば、犯人の犯行後のある行為・態度が、侵害された法益や攪乱された法秩序の回復に資するものである場合などには、事後的にせよ、犯人の犯行後の行為・態度を、過去の犯罪行為の違法あるいは責任の程度を減少せしめるもの、あるいは、減少せしめるのと同等の価値を有するものとして取り扱ってもいい」とする[2]。

このように川合論文は、例外的にでも、犯罪終了後の事情（ここでは犯人の犯行後の態度）が「責任刑の範囲（幅）決定」に影響する場合がありうることを示唆するのであるが、その際、かかる事情が「行為責任」そのものにも影響しうることを前提としているように思われる（「犯罪行為の違法有責の程度に影響を与える」と述べる[3]ところからはそのように解される。）。しかし、これには問題がある。筆者〔堀江〕は、畑山論文[4]に対するコメントにおいて、「行為

責任確定段階」と「責任刑確定段階」とを区別する見解[5]等を引きつつ，「行為責任そのものの判断と（それを出発点にするとはいえ）『責任刑』判断とを明確に区別した上，被告人〔が自己の犯罪により自ら被った〕不利益……の考慮は，前者ではなく後者の次元の判断の際に行われるものと位置づけるのが適切であ」ると述べた[6]。社会的制裁等の被告人の不利益は，犯罪行為それ自体に関する事情によって判断されるべき「行為責任」そのものを直接左右するものではないといわざるをえない。被告人の不利益が行為責任そのものを左右すると解することは，責任概念を「明確な輪郭を失っ〔た〕ルーズな概念」[7]にするという懸念を生むであろう。そして，同様の懸念は，被告人の犯行後の態度を行為責任そのものに影響しうるものと考える場合にも，等しく妥当するように思われる。犯行後の態度と被告人の不利益との間では，無論，量刑事情としてのその性格に違いはある。前者については，例えば被害弁償を例にとると，それが責任刑決定に影響しうる理由は，（川合論文の説明を借りれば）犯罪行為によって害された法益ないし攪乱された法秩序それ自体を回復させることに資するという点にあるのに対し，後者は，害された法益・法秩序それ自体に影響するわけではなく，法益侵害・法秩序紊乱を招来した行為者に対してもたらされた報いないし制裁として考慮されるものである（その意味で，被害弁償については，行為責任との距離はより近いといえるかもしれない。）。しかし，言うまでもなく，被害弁償（を含む犯行後の態度）は，犯罪行為によりいったん法益を侵害した・法秩序を紊乱したという事実そのものを変動させるものではない。したがって，被告人の不利益と同様，犯行後の態度もやはり，（犯罪行為それ自体に関する事情によって，それゆえ基本的に犯罪の時を基準として，判断されるべき）「行為責任」そのものを直接左右するものとはいえないであろう。被害弁償等の犯行後の態度が「責任刑の範囲（幅）決定」に影響しうるのだとしても，それは，「行為責任」そのものに影響するからではなく，かかる「行為責任」を前提に（裁判時において）行為者に対して（どの程度の）刑罰による非難を加えることが必要かつ相当かという判断（可罰的評価）を行う際に考慮されうる要素だからというべきである[8] [9]。

なお，「責任刑」の用語については，これをあくまで「行為責任の重さに応じた刑」と等値すべきだとし，上記の，（裁判時において）刑罰による非難を加えることが必要かつ相当かという判断（可罰的評価）を経て導き出される一定の刑罰量を「責任刑」と称することに対し，概念の混乱を招くとして批判する見解[10]もある。確かに，そのような混乱の懸念——それは結局，本来「行為責任」を直接左右するものではない要素が「責任刑」判断に入り込

むことにより,「行為責任」概念自体もあるべき姿から変容してしまうのではないかという懸念であろう——が生じることも理解できないではない。しかし,上記の可罰的評価は,あくまで行為責任を前提にし,それを基に行為者に対して(刑罰による)非難を加えることの当否の判断なのであり,それゆえ行為責任と無関係の判断——例えば「予防」に関する判断のように——を行うものではない。その点を明らかにするという意味で,ここで「責任刑」という用語を用いることには,むしろ積極的な意義を認めてよいように思われる。また,「責任刑」(の幅)の枠は,一般に,「予防」等の考慮を行い具体的量刑を決める際の,超えてはならない限界(少なくとも上限)を画すると理解されているところ,可罰的評価の際に考慮されるべき諸事情(被告人の不利益や犯行後の態度等)を,仮に「責任刑」とは関係しないカテゴリーに位置づけた場合には,最終的な量刑が可罰的評価を超えたものとなる可能性も,理論的には否定できなくなろう。

2 さて,長瀬論文において,その直接のテーマである「真実解明への積極的協力」(捜査協力),さらに犯行後の態度全般が,「責任刑」(の幅)の決定に影響しうるものと考えられているのか否かは,必ずしも明確ではない。川合論文は,先に見たように,例外的にではあれ犯行後の態度が責任刑の範囲(幅)決定に影響する場合がありうることを示唆し,さらに,上記引用部分に続けて,「責任刑が原則的には犯罪行為それ自体によって定まるという個別的行為責任説を前提とすると,犯罪行為の違法有責の程度に影響を与える力は,犯行後の行為・態度の中でも,犯罪行為それ自体に直接関わりを有するものが最も強く,犯罪行為との関わりが薄くなればなるほど弱くなる」と述べて[11],犯行後の態度と犯罪行為との関係の濃淡を,責任刑の範囲決定に与える影響力の強弱に結びつけているように思われる[12]。そうすると,長瀬論文が,上記の通り「犯行後の態度が具体的量刑判断に及ぼす影響力は,当該態度と犯罪行為との関係の濃淡に比例する」と述べ,また,「共犯事件の共犯者が,自己の犯行について自白するのみならず,他の共犯者の犯行についても捜査段階において供述した場合」と「犯罪組織に関して,自己が被告人として起訴されている犯罪事実……とは無関係に,当該犯罪組織の組織形態を供述したり,当該犯罪組織に属している他の者が犯した,自己が起訴されている犯罪事実とは関係のない犯行……を供述した場合」とを比較して,それぞれの場合の供述(捜査協力行為)と犯罪行為との関係の濃淡を論じている(第3の1(1))ことからすれば,同論文もまた,(捜査協力を含めた)

犯行後の態度が「責任刑」(の幅)の決定に(強弱の差はあれ)影響しうることを前提としているものと読めなくもない。そして，もしそうだとすると，捜査協力についていえば，自己の犯罪に関する捜査協力(自白した場合など)が，最もその犯罪行為との関係が濃いわけであるから，「責任刑」(の幅)の決定への影響力も最も大きいものということになるはずである(ただし，長瀬論文では，自己の犯罪に関する捜査協力〔自白〕については，川合論文で検討済みであることを理由に，検討対象外とされている〔第1〕。)。

しかしながら，長瀬論文は，上記引用の通り，「被告人の犯行後の態度は……基本的には責任刑の幅の範囲には影響しない」，「責任刑の幅の範囲内で具体的量刑に影響を及ぼすに過ぎない」と述べており，実際，捜査協力を量刑事情として考慮する際に勘案されるべき具体的要素(捜査協力の内容等)について論じた部分においても，責任刑(の幅)の決定への影響如何という観点は(少なくとも明示的には)窺われず，主として予防や政策的考慮といった関心が中心を占めているようにも思われる。さらに，川合論文においても，犯行後の態度のうち，被害弁償は別として，例えば自白については，それが量刑判断に影響する理由としては，(「少なくとも」とは述べつつも)専ら「一般予防ないし政策的考慮という観点」と「自白が反省悔悟からなされたものであるならば，特別予防という観点」とが挙げられているのみである[13](このことは，川合論文が，被害弁償について，「違法性が減少したのと同様に取り扱う余地があ」り，また「犯人の有責性が減少したとみる余地もある」から，「責任刑の幅それ自体が，被害弁償をしない場合に比べて，より低い位置に移動するという見方も可能であ」ると明言している[14]のと比べて対照的である。)。これは結局，川合論文は，上記のように，犯罪行為との関係の濃淡を犯行後の態度が責任刑の範囲決定に与える影響力の「強弱」に結びつけているものの，実質においては，かかる影響力を有するのは犯罪行為との関係の最も濃い部類に属する態度(被害弁償等)のみであって，それよりも犯罪行為との関係の薄い態度類型(捜査協力等)[15]については，責任刑の範囲決定に対しておよそ影響力が「及ばない」と考えており，長瀬論文もこれを前提としているのだということを意味するのかもしれない。ただ，仮にそうだとすると，長瀬論文が，上記のように捜査協力行為の中で犯罪行為との関係の濃淡を比較して論じている点は，(もはや責任刑決定への影響力の強弱の観点では説明できないことになるから，それ以外の)予防的観点や政策的考慮の面からのものであると考えざるをえないが，予防的観点ないし政策的考慮において犯罪行為との関係の濃淡が意味を持つということの理論的説明は，同論文においては明確にはなされていないように思われる

(なお，後述 4 も参照)。

3 翻ってみると，種々の犯行後の態度が責任刑決定に与える影響力如何を，上記のように専ら犯罪行為（犯罪事実）との関係の「濃淡」という観点のみから検討することが，そもそも妥当ではないのかもしれない。犯行後の態度のうち，例えば被害弁償と捜査協力との間の差異は，犯罪との関係の「濃淡」といった，いわば「量的」な差異にとどまるものではないように思われる。被害弁償が責任刑決定に影響しうることの説明として，犯罪行為によって侵害された法益や攪乱された法秩序の回復に資する行為を行ったからだと論じることが仮に適切であるとしても，捜査協力について同様の説明が妥当しないことは明らかであろう。単に捜査協力（例えば自白）を行ったというだけでは，自己の侵害・紊乱した法益や法秩序を回復させたとはいえないからである。そうすると，同じく犯行後の態度といえども，被害弁償と捜査協力との間には，同質の説明基盤が認められることを前提とした上でのその強弱の違いにはとどまらない，「質的」な差異が存するように思われる。そして，そのような質的差異を理由に，捜査協力については責任刑決定への影響力はないと解するのも一つの考え方である。

他方，捜査協力は，予防や政策の観点だけで捉えきれるものではなく，やはり責任刑決定にも影響力を持ちうる——その程度如何はともかく——と見ることも，感覚としてはあながち不自然ではないようにも思われる。しかし，もし結論としてかかる影響力を肯定するのであれば，理論的に，被害弁償の場合とは異なった説明が必要となるであろう。長瀬論文も川合論文もこの点について立ち入った検討を行うものではない（むしろ上述の通り，かかる影響力を否定するようにも読める）が，ここで仮に説明を試みるとすれば，次のようなものが考えられよう。まず，①当該犯罪行為による法益侵害・法秩序紊乱に対する非難としての刑罰賦課（の基礎となる真実解明）を容易にした（それに寄与した）のが，被告人自身の捜査協力行為であることから，その寄与度に応じて，被告人に対する刑罰をもってしての非難の相当性が減少する，と論じることが考えられる。また，②より広い意味で「刑事手続への貢献」をした者に対しては，刑事罰でもってのぞむことの相当性が（その貢献の度合いに応じて）減少する，③さらに広く「社会的貢献」をした者に対しては社会ないし国家の側からの非難の相当性が減少する，と説明することもできようか。他方，やや観点を変え，④捜査協力が被告人の改心（反省悔悟）に基づいている場合には，その点を捉えて非難すべき度合いが減少していると説明

することも考えられる（なお，これは被害弁償についても妥当しうる。）。

　もっとも，①ないし③については，この種の寄与ないし貢献が刑罰による非難の相当性の減少につながることの理由づけがさらに必要であるようにも思われるし（広い意味での「処罰適格」の問題と捉えることは可能であろうか。），また，こうした発想といわゆる「政策的考慮（ないし観点）」との異同[16]も問題になりそうである（もっとも，そもそも一般に「政策的考慮」といわれる場合のその意味内容自体，必ずしも明らかではない。）。④については，かかる反省悔悟を特別予防の観点から考慮するのとは別に（先行して）責任刑決定の問題として考慮することが理論的に適切か，またそうすることにどれほどの意味があるかが問われよう。いずれにせよ，これらの発想を「責任刑」判断において取り込むことができるか――「行為責任」そのものの判断においてはもとより，「可罰的評価」に基づく「責任刑」判断においても――については，実体刑法学上大いに異論もありえようが，この点の立ち入った検討は筆者〔堀江〕の手に負えるところではない。

　4　長瀬論文は，自己の犯罪に関する捜査協力については論じていないが，上で引用したように，他者の犯罪に関する捜査協力について，その協力行為と被告人自身の犯罪との関係の濃淡を問題にしている。そのような，自己の犯罪に関する捜査協力，自己の犯罪と密接に関連する他者の犯罪に関する捜査協力，自己の犯罪とは無関係の他者の犯罪に関する捜査協力，の違いは，責任刑決定への影響力の観点，予防的観点，政策的観点それぞれとの関係上，量刑判断においてどのような意味を持つであろうか。

　まず，責任刑決定の観点における上記①の（仮の）説明の下では，基本的には，自己の犯罪に関する捜査協力でなければ量刑上考慮されえず，他者の犯罪に関するそれは，自己の犯罪の解明に関係する限りで考慮されうるというべきであろう。例えば組織的犯罪における組織態様についての情報提供や他の組織メンバーの犯罪についての捜査協力は，全く考慮されえないわけではないとしても，被告人自身の犯罪との関係（その解明への寄与度）如何によって，考慮されうる程度は異なり，かつ自身の犯罪の自白等に比べると考慮されうる程度は当然小さくなろう。これに対し，上記②や③の説明の下では，自己の犯罪の捜査協力か他者の犯罪のそれか（自己の犯罪との関係の濃淡）は，少なくとも決定的な違いはもたらさず，それ自体の貢献度によって，量刑上の重みがはかられることになるのではないかと思われる。また，いわゆる「政策的観点」による場合は，「政策」の意味内容をどのようなものと捉

えるかにもよるであろうが，基本的には，政策的に見て望ましい寄与・貢献である限り，他の犯罪に関する捜査協力であっても量刑上の重みは変わらない（それ自体の貢献度によって評価される）のではなかろうか。

　上記④の説明あるいは特別予防の観点，すなわち捜査協力が反省悔悟の現れであることを重視する場合はどうか。一般的にいえば，自白が自己の犯罪についての反省悔悟の徴表となることは否定できず[17]，捜査協力が自己の犯罪と深く関係するものであればあるほど，自己の犯罪についての反省悔悟を強く推認させるといえそうである。また，自己の犯罪について自白している場合と，自己の犯罪については否認し，他者の犯罪，自己の犯罪とは無関係な犯罪については供述するという場合とを比較すれば，概して前者の場合のほうがより強く反省悔悟を推認させるであろう。もっとも，仮に捜査協力が反省悔悟に基づくものであることが明らかである場合に，その協力が自己の犯罪に関するものであるか否かの違いが必然的に量刑上の考慮の程度に差異をもたらすかといえば，そうはいえないように思われる。他の犯罪に関する捜査協力であっても，それが反省悔悟に基づくと認められる限り（自己の犯罪について捜査協力していないという事実が反省悔悟を疑わしめるということはまた別論である。），自己の犯罪に関する捜査協力の場合と同等の，あるいは場合によってはそれ以上の影響力を，量刑上持ちうるのではなかろうか。

　5　長瀬論文は，捜査協力が反省悔悟に基づくものである必要があるか否かについても論じている（第3の1(4)）。政策的観点を強調すれば，捜査協力の動機如何が重要ではないことは，同論文が指摘する通りであろう。また，上記3で述べた，責任刑決定への影響力の観点からの（仮の）説明のうち，①ないし③では，客観的な寄与ないし貢献の有無及び程度こそが重要であり，その動機如何は重視する必要がないといえるのではなかろうか。一方，上記④あるいは特別予防の観点からは，逆に動機如何が重要な意味を持つことになろう。

　もっとも，これらの観点ないし説明は，必ずしも排他的なものではなく，複合的に考慮されうるものであるから，長瀬論文が「捜査協力を被告人に有利に斟酌するために反省・悔悟が必ず必要であるとの見解には賛成できないが，さりとて，行為者の動機について全く無関心でよいという意見にも若干の違和感を感じる」と述べるのは，至極もっともなことであると思われる。

　6　長瀬論文（第3の1(2)）が，被告人に有利な情状として考慮しうる捜査

協力（他者の犯罪に関するもの）の内容（属性）として挙げる諸要素のうち，「捜査協力が有用であったこと」や「提供された情報が信頼できるものであること」，「的確な時期に協力が行われたこと」，「捜査協力によって解明された犯罪の重大性の程度」などについては，例えば上記3の②で述べた責任刑決定の観点での（仮の）説明における「貢献」の度合いに関係する重要な要素と位置づけることができよう（いわゆる「政策的観点」においても，これらが重要な要素になろう。）。しかし，上記3の④の説明あるいは特別予防の観点のように，被告人の反省悔悟を問題とする場合には，これらの要素は必ずしも重要とはいえないのではないか（ただし，協力行為の有用性や信頼性，適時性に問題があることが，その協力の真摯性をすら疑わしめる場合には，反省悔悟との関係でも意味を持ちうる。）。他方，長瀬論文が挙げるもののうち，「進んで自発的に協力した」という点は，反省悔悟との関係でこそ重視されるものであろう。

　7　長瀬論文は，最後に（第4），「司法取引的な要素を量刑に反映させることの可否」について論じている（なお，専ら，〔自己の犯罪ではなく〕他者の犯罪に関する情報を提供することとの関係での取引を念頭に検討するとしている）が，その問題意識がどこにあるのかは必ずしも明確ではない。ここでは，ⓐ被告人の行った捜査協力が，捜査訴追当局との取引に基づいたものであったこと自体が，量刑上何らかの影響力を有するのか否か，という問題と，ⓑ被告人と捜査訴追当局との間での取引に基づく合意内容（交渉結果）に，一定の（法的あるいは事実上の）拘束力を認めるべきか否か，という問題とに明確に分けて論じるのが適切であると思われる。

　まず，ⓐの問題については，上記3で（仮に）述べた責任刑決定への影響力の観点，及び予防的観点，政策的観点等との関係で，「取引が行われたこと」自体がどのような意味を持つかを検討することになろう。上記3の④の説明あるいは特別予防の観点においては，捜査協力が（自発的なものではなく）取引に基づくものであることは，反省悔悟の度合い（ないし反省悔悟を推認させる力）に影響するかもしれない[18]。これに対し，上記①ないし③の説明との関係では，客観的に見て捜査協力行為により寄与・貢献を果たしたといえることが重要なのであり，それが取引に基づくものであるか否かは，さしたる違いをもたらさないのではないか。取引による場合は提供された情報の信頼性に疑いがあるとの指摘もあるが，当該情報提供（捜査協力行為）の貢献度自体を客観的・事後的に判断すればよいだけのことであろう。政策的観点においても，基本的には，取引の有無自体は重要ではないと思われる。

次に，上記ⓑの問題については，検察官の求刑が裁判所の量刑判断の際に一定の意味をもちうるということを前提にすれば[19]，その検察官の求刑に取引に基づく合意内容（交渉結果）が反映されるという形で，いわば間接的に合意内容が裁判所の量刑に対して一定の影響力を持つという可能性はありうる。しかし，そのこととは別に，正面から，合意内容につき裁判所に対する直接的な拘束力を認めることは，少なくとも現行法制の下では，疑問があろう。

以上要するに，捜査協力が取引に基づくものであること自体が独立に量刑要素として意味を持つとは思われない（反省悔悟〔の推認〕に〔消極方向で〕影響しうる点は別として）し，取引に基づく合意内容に拘束力を認めることも疑問である。したがって，長瀬論文の末尾で述べられている，「検察官と被告人が行った交渉結果に裁判所が拘束される（あるいはその交渉結果を尊重する）ことの理屈付けが難しい」，「捜査協力がどの程度真実解明に役立ったのかの判断を離れて，検察官と被告人が交渉したこと自体を被告人に有利に斟酌する余地がないのではないか」という研究会の多数の結論には概ね賛同できる。

[補　足]

長瀬論文において言及されているアメリカ合衆国の連邦量刑ガイドラインについては，その効力に関して若干の注意を要する。連邦最高裁において，Apprendi 判決[20] 以降，Blakely 判決[21] を経て形成・展開されてきた法理が，2005 年の Booker 判決[22] によって，連邦量刑ガイドラインについても適用されたため，同ガイドラインに従って，裁判官が陪審の認定していない事実を認定して刑を加重することは，合衆国憲法修正 6 条の陪審裁判を受ける権利の保障に違反するものとされた。しかし，このような違憲状態を解消するため，Booker 判決は同時に，連邦量刑ガイドラインの強制力を定めた条項は無効であると判示した。そのため，同ガイドラインは，その全体が勧告的（advisory）なものにすぎないこととなったのである[23]。

このように連邦量刑ガイドライン全体の強制力が否定されたことが，同ガイドラインの実際上の役割に与える影響如何は，必ずしも明らかではないが，長瀬論文において言及されている 5K1.1 条についていえば，例えば，そこで手続要件として定められている訴追側の申立てがない場合でも，被告人の捜査・訴追協力を理由にガイドライン・レンジからの離脱が行われることもありえよう[24]。

1) 川合昌幸「被告人の反省態度等と量刑」本書第3巻参照。
2) 川合昌幸「被告人の反省態度等と量刑」(第3の2(3)) 本書第3巻参照。
3) 川合昌幸「被告人の反省態度等と量刑」(第3の2(3)) 本書第3巻参照。
4) 畑山靖「被告人が自己の犯罪により自ら多大の不利益を被ったことと量刑」本書第3巻参照。
5) 鈴木茂嗣「犯罪論と量刑論」前野ほか・総合的検討3頁以下。
6) 拙稿「コメント(被告人が自己の犯罪により自ら多大の不利益を被ったことと量刑)」本書第3巻参照。
7) 井田・覚書305頁参照。
8) なお、川合論文に対する松田コメントは、「『過去の犯罪行為の違法あるいは責任の程度』それ自体は、あくまで、当該個別『犯罪行為』それ自体に関する事情……によって評価するという立場を維持しつつ、犯行後の『侵害された法益や攪乱された法秩序の回復』に関する事情……は、そのような『責任刑』の科刑の必要性(「要罰性」)に影響を与える事情として論ずる」べきだと指摘している。松田岳士「コメント(被告人の反省態度等と量刑)」本書第3巻参照。
9) もっとも、鈴木・前掲注5)19頁は、被告人の不利益等と異なり、犯罪後の被害弁償の事実については、これを「目的刑関連事由」と位置づけている。ただこれが、被害弁償を「責任刑減軽事由」に(も)位置づけることを積極的に否定する趣旨を含むものか否かは明らかでない。いずれにせよ、被害弁償を含めた犯行後の態度が可罰的評価において考慮されうるものであるか否か自体、なお十分な検討の必要があろう。
10) 小池・犯行均衡原理(3・完)42頁。
11) 川合昌幸「被告人の反省態度等と量刑」(第3の2(3)) 本書第3巻参照。
12) もっとも、別の箇所では、責任刑の幅の決定後の、その幅の中での具体的量刑の場面において、犯行後の態度と犯罪行為との関係の濃淡を問題とする記述もあり(川合昌幸「被告人の反省態度等と量刑」(第3の2(5)) 本書第3巻参照)、かかる「濃淡」の関心が、責任刑自体の決定の段階とそれ以降の段階(予防的考慮等に基づく具体的量刑の段階)とのいずれにおけるものであるのか、些か不明確である。
13) 川合昌幸「被告人の反省態度等と量刑」(第4の2(1)イ(ア)) 本書第3巻参照。
14) 川合昌幸「被告人の反省態度等と量刑」(第4の1(1)) 本書第3巻参照。
15) ちなみに川合論文は、種々の犯行後の態度を、犯罪行為との関係の濃淡という観点から、それが濃い順に、(1)「犯罪事実そのものに関係する犯行後の態度」(中止未遂、既遂後の被害拡大防止、被害弁償・示談等)、(2)「犯罪事実そのものには直接関係しないが、捜査公判等当該犯罪行為に関する刑事手続に関連する犯行後の態度」(自首、罪証隠滅工作、捜査への積極的協力、応訴態度、法廷での態度等)、(3)「犯罪事実や刑事手続には直接関係しない一般的な犯行後の態度」(贖罪寄附、善行、生活態度等)の3つのカテゴリーに分類している。川合昌幸「被告人の反省態度等と量刑」(第3の2(2)) 本書第3巻参照。
16) 強いていえば、「政策的」に考慮する場合は将来の寄与・貢献の促進に主眼が置かれるという点に違いがあろうか。

17) ただし，反省悔悟はしているが何らかの事情から自白を行わないという場合や，またその逆の場合もありうることには注意を要する。
18) 取引が介在する場合には「打算」が生じる（あるいは打算的な動機から取引に応じる）可能性が高いであろう。もっとも，取引が行われる場合でも反省悔悟を伴うことはありうる。
19) なお，長瀬論文は，「捜査協力によって利益を受けるのはもっぱら訴追側（検察官）であるところ，被告人が行った捜査協力の有用性，信頼性，適時性等を一番的確に判断できるのも検察官であると思われ，……その検察官が行う求刑も十分考慮に入れて具体的量刑判断を行うべき場合が多い」と述べる（第3の1(3)）。
20) Apprendi v. New Jersey, 530 U. S. 466 (2000).
21) Blakely v. Washington, 542 U. S. 296 (2004).
22) United States v. Booker, 543 U. S. 220 (2005).
23) 以上につき，根崎修一「米国の量刑制度とアプレンディ準則」判タ1266号（平成20年）118頁等参照。
24) なお，この点につき，*see* U.S. Sentencing Commission, Final Report on the Impact of *United States v. Booker* on Federal Sentencing 110, 112‑ (2006).

犯罪後の時の経過と量刑

丸田　顕

第1　はじめに／389
　1　本稿のテーマ
　2　検討の視点
第2　時の経過それ自体と量刑——公訴時効との関係／391
　1　裁判例
　2　学説
　3　検討
　　(1)　公訴時効制度の存在理由／(2)　公訴時効制度と量刑の関係／(3)　時の経過それ自体が量刑に及ぼす影響
第3　時の経過がもたらす量刑事情／396

　1　序論
　2　犯罪の社会的影響の微弱化
　　(1)　その意味と量刑理論上の位置づけ／(2)　裁判例／(3)　社会的影響の微弱化の判断と量刑への影響
　3　時の経過が被告人自身にもたらす諸事情
　　(1)　刑事手続の長期化に伴う不利益／(2)　被告人が再犯を犯さなかったことの評価／(3)　被告人が送った歳月の重み
第4　結語／406

第1　はじめに

1　本稿のテーマ

　本稿では，犯罪が発生してから判決に至るまでの間の時の経過が，被告人の量刑にどのような影響を及ぼすかを考える。

　犯罪発生後，それが発覚し，捜査，起訴，審理を経て判決に至るまでには，いかに手続が迅速になされたとしても必ず一定の時が流れる。裁判は，本来的に，過去に起きた犯罪を振り返る所為であり，犯罪時から多かれ少なかれ時が経過することは当然の前提とされている。したがって，その間の時の経過が「通常」の範囲内のものである限り，それが量刑上格別の考慮要素とされることはない。しかし，何らかの理由により，時の経過が「通常」の範囲を超える場合がある。時の経過が量刑上の考慮要素として俎上に載るの

は，そのような「通常」の範囲を超える格別の長期間が経過した場合である。また，その場合，時の経過が被告人の刑を加重する要素となることは考えられず，刑を減軽する要素となるかどうかが検討される。

このように，時の経過の問題は，いわば刑事手続の異常事態において生ずるのであり，通常の量刑判断の枠内で対処しきれない場合の例外的な考慮要素といってよいだろう。この点が，本研究会でこれまで検討してきた他の量刑事情とやや異なる点であり，また，この論点を，仮定的，抽象的な議論になじみにくくしている。そこで，本稿では，時の経過と量刑が実際に問題となった裁判例に即していくつかの問題を提起しつつ，検討を試みたい。

2 検討の視点

時の経過と量刑の関係を考える際，従来，主として念頭に置かれていたのは，時の経過によってもたらされた処罰感情の微弱化や被告人の不利益といった具体的事実ないし状況が量刑に及ぼす影響であったと考えられる[1]。報告者も，その視点からの検討が重要であり，本稿の中心的な研究課題であると考える。

他方，そのような時の経過がもたらす具体的事実や状況とは別に，そもそも時の経過という事実そのものが量刑上何らかの影響を与えるのかどうかも検討の余地があると考えられる。刑事法上，時の経過に直接的かつ強力な法的効果を与える典型的な制度は公訴時効制度であるが，これとの関係において，近時，公訴時効の完成に近づけば近づくほど，犯人の可罰性は当然に減弱していくという考え方が提示されているからである。

そこで，本稿では，まず，公訴時効制度との関連において，時の経過そのものの量刑への影響を検討し（後述第2），その後，時の経過がもたらす具体的事実と量刑の関係について検討する（後述第3）。

1) もっとも，時の経過と量刑の関係に焦点を当てた論考は意外に少ない。報告者が接することができたのは，井戸田・後掲注2）論文のほか，中利太郎「量刑の実際とその諸問題」刑法12巻2～4号（昭和37年）183頁，新村繁文「長期にわたる時の経過を理由とする刑の減軽に関する西独判例の動向」群馬法専紀要3号（平成1年）17頁等にとどまる。

第2　時の経過それ自体と量刑——公訴時効との関係

1　裁判例

　時が経過したという事実そのものは，量刑上何らかの影響を及ぼすのか。公訴時効が完成すれば，犯人を処罰することはできなくなるが，時の経過が公訴時効の完成に近づくにしたがって，犯人の可罰性は逓減していくのか。このような問題が提起されたのが，松山地判平 11.5.31 判時 1684 号 131 頁である。

　この事件の被告人は，同僚のホステスを殺害して現金や家具などを奪い，捜査の手が自分に伸びつつあることを察知するや逃亡生活を送っていたが，犯行の 14 年 11 か月後，ついに身柄を確保され，当時の公訴時効の完成寸前に強盗殺人により起訴された。公判において，弁護人は，時の経過と共に可罰性が減少するから，公訴時効の完成に近づけば近づくほど，その時の経過は情状面で被告人に有利に斟酌されるべきである旨主張した。

　これに対して裁判所は，公訴時効に関する刑訴法の規定と，自首に関する刑法の規定を挙げた上，公訴時効制度の趣旨につき，「刑事法は，犯人が早期に自主的に処罰を受けるための行動を取ることを奨励し，『事案の真相を明らかにし，刑罰法令を適正且つ迅速に適用実現することを目的と』しているところ，時が経過することによって証拠資料が散逸し，右目的を達成することが困難になるような事態が生じることもあり得る。また，日々新たな犯罪が起きている現代社会において，国家社会の人的及び財政的制約を受けつつ，右目的を達成するためには，ある事件について，一定の期間で機械的に捜査などを打ち切る根拠を与えることも，全体的に見ればやむを得ない面がある。そこで，公訴の時効制度は，このような観点から規定されたものと理解するべきである。」としつつ，共犯の時効停止が他の共犯にも効力を有すること（刑訴 254 条 2 項），犯人が国外にいることが時効停止事由とされていること（刑訴 255 条 1 項）などを挙げ，このことからして，「一定の期間を経過した事実上の状態を尊重しつつも，単純に時が経過することによって公訴の時効が完成する建前には立っていないこと，被害者やその遺族の被害感情が，長い時が経過しても，決して癒されるものではないことは，本件の審理経過にかんがみて明らかであることからしても，公訴の時効が完成するために必要とされている期間が経過しただけでは，その犯罪の可罰性が失われるとはいえないから，公訴の時効制度は，時の経過による犯罪の可罰性の消滅

を根拠とするものではないというべきである。そして、公訴の時効制度は、刑事訴訟法255条1項の規定に照らしても、『逃げ隠れて』、刑事訴訟法の目的である『事案の真相を明らかにし、刑罰法令を適正且つ迅速に適用実現することを』妨げた犯人に恩恵を与えるための制度であるとは理解できない。」「したがって、時効完成間際に公訴を提起されたという事情自体は、被告人にとって有利な事情とはなり得ないのであって、特にこのような事情が、後記のとおり被告人が『逃げ隠れている』ために生じた本件においては、なおさらである。」「なお、公訴の時効制度の存在理由に、弁護人が主張するような可罰性の減少という側面があるとすれば、その側面は、逃走するに至った事情、逃亡中の被告人の生活状況から窺われる反省の念、被害感情や処罰感情の変化などを総合的に考慮することによって生じるものというべきである。」とし、その上で、被告人の逃亡状況について詳細な検討を加え、「被告人がやむに止まれず、長期間、逃亡したような事情は認められないから、被告人の逃亡は、非難されることはあっても、有利な事情とはなり得ない」と評価し、求刑どおり無期懲役を言い渡した。

2　学　説

　この論点について明確に論ずる学説はほとんど見あたらない中で、井戸田教授は、この判決の論旨に異を唱え、「どのような経過で逃亡しようと関係なく法定の除外事由のない限り、本件については、15年の期間が経過すれば、公訴時効が完成し、不起訴とすべきであり、もし起訴されたとすれば、免訴の裁判によって打切られることをはっきり認識すべきである。このように時の経過が刑罰を回避させる効果を持つならば、完成日に突然、変化が生ずるというのではないから、その時に近づけば近づくほど——その根拠は別として、結果としては——ゼロに近づく、すなわち刑量が少なくなるというのが常識的な結論であろう。」「かりに時効完成1日前に起訴されたとしよう。時効完成すればゼロであるが、その1日手前であれば、100であるということにはならないであろう。時の経過による法律効果は、時効に向かって、徐々にゼロに向かって、つまり処罰価値が減少すると考えるのが一般の常識であると思われる。」とし、その理論的根拠として、公訴時効制度の存在理由が「時の経過によって被告人（被疑者）に与えた不利益を法が考慮したものともいえないだろうかと思っている。時効制度は被疑者のための制度であって、国家の都合を考えた制度ではないというのである。」「犯罪後の時の経過は、被告人（被疑者）に対して、一般に、刑を受けたのに匹敵する制

裁を加えるのであろう。いつ逮捕され，刑を受けるかも知れないからである。これは，起訴後の逃亡の場合も変わりはないし，刑の時効の場合も等しく考えてよい。……時効制度を続けてきたこれまでのわが国民は，時の経過が犯罪者に与える影響については大きな考慮を払っていたといえるのである。」と主張される[2]。

この考え方は，公訴時効制度の存在理由を何に求めるかは別として，公訴時効完成の時を一つの基準とし，それとの関係において，犯罪時からの時の経過それ自体を可罰性（ひいては量刑）に直接反映させようとする点に特徴があり，松山地裁の事例において弁護人が展開した主張に通ずるものである。

3 検 討

(1) 公訴時効制度の存在理由

公訴時効制度の本質ないし存在意義については，周知のとおりの論争がある。すなわち，① 犯罪の社会的影響が時の経過と共に微弱化することにより，実体法的な刑罰権が消滅するからであるとする見解（実体法説）[3]，② 時の経過によって証拠が散逸し，公正な裁判が行えなくなるという訴訟法的理由からであるとする見解（訴訟法説）[4]，③ ①②いずれか一方で説明することは困難であり，両者の理由が競合しているのだとする見解（競合説）[5] 等が古くから唱えられ，更に，比較的最近の考え方として，④ 公訴時効制度の存在理由よりもむしろ機能面に重点を置き，犯人が一定期間訴追されないという事実状態を尊重し，国家の訴追権行使を限定して個人の地位の安定を図る制度であるとする見解（新訴訟法説）[6] 等がある[7]。

いずれの見解もそれぞれに理由があると共に問題なしともいえず，決着困難な論点であるが，時効制度の存在理由を一義的に説明することは困難であり，上記各見解の示す視点に加えて，前掲松山地裁判決も述べるとおり，捜査や訴追に充てることのできる人的又は経済的資源に限りがあるという政策的要素も総合的に考慮したものとしてこの制度を説明するほかないであろう。ただし，公訴時効期間の引上げを内容とする刑事訴訟法改正の趣旨からすると[8]，公訴時効制度は（その合理性は別として），犯罪の社会的影響の微弱化と証拠の散逸という要素を中核的な根拠としていることは否定しがたく，そのことを前提としつつ，犯人の地位の安定という副次的要素を加味して解釈を展開することは可能であるとしても，時効制度をもって，そもそも専ら犯人の利益を守るための制度であると捉えるのは一面的にすぎるというべきであろう[9]。

(2) 公訴時効制度と量刑の関係

このように，公訴時効の存在理由の一つに犯罪の社会的影響の微弱化という実体法的要素があるとすると，このことが時効完成前，とりわけ直前に起訴された被告人の量刑に影響を及ぼすと考えるべきか。前掲松山地裁判決に関して弁護人が主張したように，あるいは（公訴時効制度の理解は異なるが）井戸田教授の見解のように，公訴時効の完成に近づけば近づくほど，可罰性ないし刑量は減少しゼロに近づいていくと考えるべきなのか。

思うに，公訴時効制度の存在根拠が前記のような実体法的又は訴訟法的理由に求められるとしても，時効が完成した具体的な事件において，現実に犯罪の社会的影響が弱まっているとは限らないし，証拠が散逸しているとも限らない（証拠に関しては，捜査技術や鑑定精度の進化により時の経過が真実の発見に寄与した例すらある。）。このように，事案によって状況が異なることは余りにも当然のことであり，公訴時効を定める法もそれを前提としているはずである。すなわち，法は，時効期間の経過により，実体法的には一律に社会的影響の微弱化を，訴訟法的には証拠の散逸を特に擬制しているにすぎないと解されるのである[10]。そうであれば，時効が完成する前の段階においても，時の経過の評価に常にこのような擬制を持ち込むことが当然であるとはいえない。また，公訴時効の完成は，法定の時効期間が経過すれば必ず成立するものではなく，中断や停止事由の介在によって，実際にいつ時効が完成するかは大きく変動するのであり，もとより絶対的基準となり得るような確固たる実体があるものではない。加えて，時効が完成せず，裁判所での実体審理が可能であるならば，犯行時からの時の経過に伴う諸々の量刑事情を個別具体的に検討して量刑に反映させることが可能であり，何も公訴時効制度の設けた擬制に依拠する必要性や合理性は全くない。そうすると，時効完成前の段階で，時効完成に基準をおいて，その可罰性や刑量を測る考え方は取り得ないというべきである。

(3) 時の経過それ自体が量刑に及ぼす影響

そうすると，一定の時が経過したという事実自体が当然に刑を減軽すべき要素となると考えるべき法的根拠はない。そして，このことは，犯罪発生から公訴提起までの間の時の経過についてばかりでなく，公訴提起後，判決までに時が経過した場合についても同様にいえることであろう（起訴後には，公訴時効の枠組みもなくなり，法律上，時を区切る基準とすべきものは存在しない。）。したがって，量刑上検討されるべきは，時の経過それ自体ではなく，時の経過

によってもたらされた具体的な事実であるというべきである。むろん，そのような事実の認定や量刑事情としての評価に際しては，先に述べたような公訴時効制度の存在理由や時効期間の趣旨を斟酌することは誤りではないが，それが量刑と直接的に関係し，あるいは連動するものと考えるべきではない。

2) 井戸田侃「犯罪後の時の経過と情状事実」『田宮裕博士追悼論集(上)』（信山社出版，平成13年）219頁。なお，同「刑事訴訟におけるデュー・プロセス論の限界」中山研一先生古稀祝賀(5)『刑法の展開』（成文堂，平成9年）1頁，同「公訴時効理論の再構成――その機能と位置づけについて」『団藤重光博士古稀祝賀論文集(4)』（有斐閣，昭和60年）180頁にも，井戸田教授の公訴時効に対する考え方が詳論されている。
3) 団藤重光『新刑事訴訟法綱要〔7訂版〕』（創文社，昭和42年）375頁，高田卓爾『刑事訴訟法〔改訂版〕』（青林書院新社，昭和53年）352頁。
4) 井上正治「公訴時効の本質」『判例学説刑事訴訟法』（酒井書店，昭和33年）135頁。
5) 平野龍一『刑事訴訟法』（有斐閣，昭和33年）153頁。
6) 田宮裕『刑事訴訟法〔新版〕』（有斐閣，平成8年）223頁，佐々木史朗『刑事訴訟と訴訟指揮』（日本評論社，昭和51年）125頁。
7) 公訴時効制度の歴史的考察や，その本質論に関する学説については，道谷卓「公訴時効――歴史的考察を中心として」関法43巻5号（平成6年）72頁，原田和往「公訴時効制度の歴史的考察」早稲田法学会誌54巻（平成16年）165頁。
8) 立法担当者の解説によれば，被害者やその遺族を含む国民の平均寿命の延びや犯罪に関する情報を巡る近年の状況の中で，被害者や社会からの処罰感情等が時の経過によって希薄化する度合いが低下していること，新たな捜査技術の開発等により，犯罪発生後相当期間を経過しても，有力な証拠を得ることが可能になっていること等から，特に凶悪・重大犯罪について，最長でも15年という従来の公訴時効期間は短期に失すると考えられるため，公訴時効期間を延長したとされる（松本裕＝佐藤弘規「刑法等の一部を改正する法律について」曹時57巻4号〔平成17年〕68頁）。なお，長沼範良「公訴時効期間の見直し」刑法46巻1号（平成18年）43頁。
9) もう一つの時効制度である刑の時効に関しても，その制度趣旨に関して諸説があるが，こちらについては，犯罪に対する社会的な規範感情が緩和され，現実的な処罰を要求しないまでに至るからであるとする規範感情緩和説が通説とされている（大塚仁ほか編『大コンメンタール刑法(1)〔第2版〕』〔青林書院，平成16年〕678頁〔栗田啓二＝川畑毅〕）。ここにいう社会的な規範感情の緩和とは，公訴時効についていわれるところの犯罪の社会的影響の微弱化と基本的に同じ事柄を指すものといえよう。
10) 田宮裕「公訴時効についての二三の問題――桐生のロックアウト事件から」ジュリ206号（昭和35年）30頁（『日本の刑事訴追――刑事訴訟法研究(5)』〔有斐閣，平成10年〕192頁所収），佐々木・前掲注6) 125頁。

第3　時の経過がもたらす量刑事情

1　序　論

　時の経過がもたらす量刑事情は多様であり，極論すれば，およそ犯行後の情状にかかわる事情は全て時の経過の所産ともいい得るのであるが，本稿では，犯罪の発生から判決宣告に至るまでに長い年月が経過した場合に量刑上考慮され得る特別な事情を研究するという観点から，次の二つの論点に焦点を当てる。一つは時の経過による犯罪の社会的影響の微弱化が量刑にどのように影響するかであり，もう一つは，時の経過が被告人自身にもたらす諸事情を量刑事情としてどのように考慮するかである。

2　犯罪の社会的影響の微弱化

(1)　その意味と量刑理論上の位置づけ

　前述のとおり，時の経過に伴い犯罪の社会的影響が微弱化することが，公訴時効制度の主要な存在理由の一つであると考えられるが，これは，量刑に関しても影響を及ぼす事情となり得る。

　ここにいう「犯罪の社会的影響の微弱化」が何を指すかは，論者により若干の違いがあるが，一般的には，被害感情や社会的応報感情が希薄化することを意味するものと考えられる[11)][12)]。時の経過がもたらすこのような事情が，量刑上被告人に有利な事情となり得ることは一般に承認されていると考えられるが[13)]，量刑理論から見ると，文字通り犯罪後の事情であって，被告人の違法有責の程度を画する犯情事実（犯罪事実に直接関連する事情）とは全く関連しないことはもちろん，被告人自身の犯罪後の行為や態度とも無関係な事実であり，もっぱら処罰の必要性ないし処罰価値の逓減という刑事政策的理由に基づくものである点でやや特殊な量刑要素であると考えられる。

(2)　裁判例

　犯罪の社会的影響の微弱化を量刑の理由に挙げる例として，東京地判平9.7.11判タ960号290頁がある。同事件の被告人は，昭和43年10月に発生したいわゆる新宿騒乱事件で起訴された21人の被告人のうちの一人であり，騒擾指揮，威力業務妨害，公務執行妨害で起訴されたが，保釈後，昭和46年10月の公判以降出頭せず逃亡し，二十数年を経た平成9年3月に至り，

自主的に東京地検に出頭し，審理が再開された。裁判所は，量刑の理由について，犯行の悪質性と被告人が指導的立場にあったこと，長期間にわたって逃走したことなどを挙げて，その責任が重いことを指摘しつつも「しかし，他方，本件犯行後約29年もの歳月が経過し，本件自体が既に歴史的事実となり，社会的に見て処罰の必要性が矮小化したこと……などの有利な事情も認められる。」と判示して，懲役2年6月，執行猶予3年の言渡しをした。

また，東京地判平14.1.15判時1782号162頁は，日本赤軍のメンバーであった被告人が，昭和49年，共犯者らと共謀の上，他の赤軍メンバーを日本から出国させるため，他人名義を冒用して旅券発給申請書を偽造，行使するなどした有印私文書偽造，同行使，免状等不実記載，旅券法違反の事案であるが，被告人が起訴されたのは，犯行から約26年後のことであり，この間，被告人が国外に逃亡していたため公訴時効が停止していた。弁護人は，逮捕手続の違法や公訴権の濫用を理由に公訴棄却を求めたが，公訴権濫用の論拠の一つとして，本件が二十数年前の事件であり，しかも公訴時効がわずか5年間という罪であることが挙げられていた。裁判所は，その主張に対しては，「本件は，……決して軽微な事案とはいえず，十分に起訴価値のある犯罪である」「公訴提起までに約26年を要したのは，ひとえに，被告人が国外に逃亡し公訴時効の進行が停止していたためである」として，結論として公訴権濫用の主張を退けたが，量刑の理由においては，「……など被告人のために酌むべき事情のほか，本件犯行から既に四半世紀が経過していること……などを併せ考慮すると，被告人に対しては，懲役2年6月に処した上，5年間刑の執行を猶予することが相当」と判断した（求刑は懲役2年6月）。

大阪地判昭60.4.17判タ567号86頁は，昭和45年大阪市内で発生して多数の死傷者を出したいわゆる天六ガス爆発事故にかかる業務上過失致死傷事件の判決である。工事を請け負った建設会社の社員など11人の被告人（うち1名は公判中に死亡）につき，過失の存否を巡る複雑多岐な争点が審理され，事故発生から約15年後に判決宣告に至ったものであるが，有罪となった被告人に対する量刑理由中には，「時日の経過による加罰性の減少も否定できないこと，被告人らは長期にわたり刑事被告人の地位にあつて，それなりの社会的制裁を受けてきたと考えられること」との指摘がなされている。このうち，「時日の経過による加罰性の減少」とは，事故の社会的影響や処罰への関心が減弱していることを意味するものと考えられる。

他方，札幌地判平8.10.2（公刊物未登載）は，犯行時未成年の3人の被告人により14年前に犯された殺人事件に関する判決である。被害者の遺体が家

屋の床下に放置され，殺害されたこと自体が発覚しないまま長い年月が流れたが，共犯者の一人が自首したことにより事件が明るみに出た事案である。弁護人の「本件は社会的に風化している」旨の主張に対して，裁判所は，以下のように述べている。「本件は，人の命を奪った極めて重大な犯罪である。被害者について，長年にわたって行方不明者としての捜索願いさえも提出されなかったからといって，また，厳しい被害感情を吐露する近親者が現在しないからといって，殺人というこの重大な罪に対する社会的非難が風化してしまったとは，到底いうことはできない。被告人らの所為は今日もなお厳しい社会的非難を免れない。ひとりの貴重な生命を安易に奪ったことの重い責任は，遅ればせながらも，現在の各被告人が取らなければならないのである。」(殺人罪についての各被告人に対する宣告刑は，懲役4年，5年6月及び8年)

なお，前掲松山地裁判決では，量刑の理由において，「本件は，その後，時が経過しても全く風化することなく，かえって公訴時効の完成が迫るや，被告人を逮捕するために懸賞金がかけられたりして，再び社会の注目を大きく集めたものであり，社会に与えた影響は極めて大きい。」と判示して，時の経過による社会的影響の微弱化が認められないことを付言している。

(3) 社会的影響の微弱化の判断と量刑への影響

どのような場合に，時の経過による犯罪の社会的影響の微弱化があったと認められるかは，ことが極限的な事態を前提とするだけに，一概に説明することは困難である。時の経過の長短が大きく影響することはもちろんであるが，もとよりそれだけで判断できるものではなく，犯罪の罪質や社会的背景，長期間を要した経過なども複雑に関連する。犯罪が人の命にかかわるような重大なものである場合には，その社会的影響は容易に弱まることがないことは当然である。とりわけ，犯行態様が凶悪な場合には，社会的影響の微弱化を理由として刑を減軽する余地は極めて小さいであろう。他方，結果そのものが重大であっても，過失犯の場合には，時の経過と共に処罰に対する社会的要請が減弱する度合いが相対的に大きいように思われる。また，犯罪時の世相や社会情勢を反映した政治的思想的犯罪は，犯行当時大きな社会的影響を及ぼしていたとしても，時の経過による影響の微弱化を認めやすい面がある。更に，社会の大きな変化や法律の改廃などによって，行為時では犯罪とされたものがその後さほど違法視されなくなるような場合には，量刑への影響も相当大きいものとなろう。

なお，このような犯罪の社会的影響の微弱化をどのようにして認識するか

は難しい問題である。通常の意味での犯罪の社会的影響の認定にも難しい面があるが、「微弱化」の把握は、より一層抽象的な事情ないし状況であり、そもそも認定の対象となる「事実」といえるかの疑問すらある。強いてその認定過程を分析するとすれば、犯行後の社会情勢の変化や人々の意識の移り変わり等を「公知の事実」として前提とし、そこから「微弱化」を推認していくという説明をすることになろうか。

3 時の経過が被告人自身にもたらす諸事情

(1) 刑事手続の長期化に伴う不利益

犯人が被告人（あるいは被疑者）としての地位に置かれた状態で長い時が経過した場合、それにより被った被告人の不利益は、量刑上どのように扱われるべきか。この点に関し、当研究会では、刑事手続に伴い被告人が必然的に負う負担と量刑という観点からの研究の中で、審理の長期化に伴う被告人の疲弊を量刑上どのように扱うかについて議論がなされ、その成果については和田真判事によりすでに公にされている[14]。そこで、本稿では、そこでの議論を前提にしつつ、若干の補足を試みるにとどめる。

ア 迅速な裁判を受ける権利との関係

著名な高田事件最高裁判決[15]は、審理の著しい遅延の結果、憲法37条1項で保障される迅速な裁判を受ける権利が侵害される事態が生じた場合、その救済のため、免訴判決という方法により刑事手続を打ち切るべきであることを明らかにした。もっとも、迅速な裁判を受ける権利が侵害されているかどうかは、単に遅延の期間のみによって一律に判断されるべきではなく、遅延の原因と理由などを勘案して、その遅延がやむを得ないものと認められないかどうか、これにより上記憲法規定が守ろうとしている諸々の利益がどの程度実際に害されているかなど諸般の情況を総合的に判断して決せられるべきものとされているから、被告人が逃亡したり、審理引き延ばしを企てるなどした場合はもちろん、そうでなくても、事件が複雑であるなど遅延がやむを得ない場合は、その権利が侵害されたとは認められないことになる（その後、最高裁が、迅速な裁判の保障に関して権利侵害を認定した事例がないことは周知のとおりである。）。

しかし、迅速な裁判を受ける権利そのものは侵害されていないとしても、被告人が長期間にわたって被告人の地位に置かれることによる精神面、肉体面あるいは経済面の負担ないし打撃が重大であるときには、量刑上の考慮によってそれを救済するのが相当である場合があり得る。先に挙げたように、

天六ガス爆発事故にかかる前掲大阪地裁判決では「被告人らは長期にわたり刑事被告人の地位にあつて，それなりの社会的制裁を受けてきたと考えられること」が量刑理由として指摘されているが，まさに上記のような観点に基づくものであろう。

ただし，このような事情が量刑上被告人に有利に考慮されるのは，それらの苦痛や不利益が，いわば刑罰の先取りと同視され，その意味で量刑に当たって「精算」を要するからであると考えられる。

したがって，ここで量刑上考慮すべき要素は，あくまでも裁判の長期化によって被告人が被った具体的な不利益ないし苦痛であって，長期化を招いた司法担当者の落ち度の大小や，違法性の程度などではないと考えられる。身柄拘束を受けた被告人については，未決勾留日数の本刑算入によってもまかないきれない事情があるかどうかという観点が求められるし[16]，在宅ないし保釈中の被告人については，刑の先取りと評価すべきほどの不利益や苦痛があったかどうかが問題となろう。

以上は，主として，起訴後の訴訟手続の長期化を念頭に置いて述べたが，この趣旨は，犯行から公訴提起までに著しく長い年月を経た場合にも，同様に当てはまる。いわゆる水俣病刑事事件では，迅速な裁判の保障との関係から公訴提起の遅延が問題とされ，第一審[17]，控訴審[18]，上告審[19]いずれも公訴提起の著しい遅延はないと結論づけているが，第一審判決は，量刑に関して「業務上過失致死の点についてその結果発生のみに注目するならば，その捜査，公訴提起は著しく遅延しているとはいえないが，水俣川河口海域の魚介類を摂食したことによる水俣病患者発生については，昭和34年に被告人両名の本件過失行為による被害が発生していたことを考慮すると，被告人両名の右過失行為による本件各被害について，その実行行為終了後15年余りを経過して，その刑事責任を追及することは，余りにも歳月を経たものであつて，このように長期間を経過したこと自体については，被告人両名に格別責められる点がないことなどを考えると，本件についての可罰性が減弱することは否定し難い。」と判示する。可罰性が減弱する理由は必ずしも明確でないが，事案からして犯罪の社会的影響の微弱化が肯定されたとは考えにくく，被告人らの社会的地位なども考慮した上で，その不利益に配慮したものと考えられよう。

イ 裁判の迅速化に関する法律との関係

平成15年に成立し，施行された裁判の迅速化に関する法律においては，裁判の迅速化は，第一審の訴訟手続を2年以内のできるだけ短い期間内に終

局させ，その他の裁判手続においても，それぞれの手続においてできるだけ短い期間内にこれを終局させることを目標として，充実した手続を実施すること並びにこれを支える制度及び体制の整備を図ることにより行われるものとされ（2条1項），受訴裁判所等において手続を実施する者は，充実した手続を実施することにより，可能な限り上記の目標の実現に努めなければならないものとされている（6条）。

このように，裁判手続，とりわけ第一審訴訟手続の審理期間に具体的かつ明確な目標が掲げられたことから，刑事裁判において，この法律で定める目標が達成されなかった場合に，そのことが被告人の量刑に何らかの関連を有するかが一応問題となるところではあるが，本法の立法趣旨は，裁判の迅速化に対する国民一般の切実な期待に対して，具体的な目標を掲げた上で，それを実現していく責務の所在を明確にすることに主眼があると考えられ[20]，被告人の迅速な裁判を受ける権利の保護を図ることを直接の目的とするものではなく，同法に掲げられた迅速化の目標も，被告人の受忍し得る審理期間という観点から定められたものとは考えられない（むしろ，被告人は，裁判の迅速化の目標の実現のため，手続上の権利を誠実に行使する責務を負うものとされている一方，それが正当な権利の行使を妨げるものと解してはならないとの留保が設けられている。同法7条）ことからすると，この法律に掲げられた迅速化の目標が達成されたか否かと被告人に対する量刑との間には直接の関連性はないと考えられる。前項で述べたとおり，裁判の長期化は，それによって被告人が被った具体的な不利益ないし苦痛がある場合にそれに応じて量刑に反映されるのであり，このことは，同法施行後も基本的に変わらないというべきである[21]。

(2) 被告人が再犯を犯さなかったことの評価

犯罪から判決までの間に長期間が経過し，その間，被告人が身柄拘束を受けていなかったにもかかわらず，新たな犯罪を犯さなかった場合，その事実自体を被告人に有利な量刑事情として斟酌できるだろうか。

被告人が，現に長期間犯罪を犯さずにいた場合，とりわけ，被告人が逃走していたわけではなく，捜査や審理に長期間を要した場合には，被告人が将来も犯罪を犯さないであろうとの予測を容易にし，あるいは反社会性が消失したことの証左でもあるとして，特別予防の観点から，量刑上有利に扱われるべきであるとの考え方も成り立ち得る[22]。

罪を犯さないことは人として当たり前のことであって，それをむやみに過大評価すべきではないことは当然である。とりわけ，起訴された被告人は，

訴訟係属中，いやが上にも規範を強く意識する特殊な状況に置かれているのであるから，その間に再犯を犯さなかったとしても，その評価は相当割り引いて考えなければならないであろう。したがって，単に犯罪を犯さなかったこと自体が有利に斟酌されるケースというのはそれほどないのではないかと考えられるが，例えば，犯行時まで常習的に同種犯行（例えば薬物使用や窃盗など）を繰り返していた被告人が，その後生活状態の変化や更生意欲の高まり等により同種犯行を犯すことなく長期間を過ごしているような場合には，そのことを相応に評価する余地があるだろう。

(3) 被告人が送った歳月の重み
ア 視点
時の経過が問題となる事案において最後に問題となるのは，その間被告人が送った歳月の重みを量刑上どのように考慮するかである。とりわけ悩ましいのは，被告人（被疑者）が捜査や裁判を免れようとして逃亡した結果，長い年月を経た場合である。

逃亡は，被告人の反省悔悟の乏しさを顕著に物語る行状と見得るばかりでなく，場合によっては法規範に対する挑戦的態度の現れとして，特別予防の必要性を推認させる強い悪情状とも捉え得る[23)][24)]。しかしながら他方において，その間，長い歳月にわたって被告人が生活を営み，それにより相応の社会的立場や家庭環境を築いている事実は，それを無意味なものとして直ちに一蹴することができない重みを有している場合がある。これらを量刑上どのように評価するかは，非常に困難な問題である。

イ 裁判例
大阪地判昭50.12.11判時814号161頁は，昭和32年4月から12月にかけて，単独で，又は共犯者と共謀の上，20回にわたって衣料品の倉庫荒らし（窃盗未遂1件を含む。）をしたとの公訴事実で起訴された被告人が，保釈後逃亡し，所在不明のまま17年を経過し，昭和50年9月にようやく所在が判明して収監された事案であるが，量刑の事情として，犯行の悪質性や共犯者がいずれも懲役刑の実刑に処せられていることを指摘した上，逃亡中であった被告人に対してのみ不当な利益に浴せしめることは正義の観念に反するものといわざるを得ないとしつつも，被告人が保釈による釈放後，女性と知り合い，裁判中であることを秘して内縁関係となり，同女が妊娠したことを知るや，実刑判決を恐れて東京方面に逃亡したこと，その後，履歴書のいらない歩合制のセールスマンとして細々と生活を続ける中で，二人の子が出生した

が，入籍手続が取れず，内妻や子らに対して説明することもできないまま，1日として安閑とすることなく悶々の日を送ってきたことなどを認定し，「共犯者らが実刑に服することによって受けたと同様あるいはそれ以上の精神的苦痛を受けて来たものである」とし，また，被告人が保釈逃亡中は法に触れるような行為をしておらず，犯罪行為が昭和32年に集中していることを指摘した上で，「被告人自身の犯罪性はさほど根深いものではなく，17年に及び逃亡生活中にほぼ払拭されるに至ったものと認められる」と述べ，更に「仮りに被告人が本件による公訴提起前に逃亡するか，あるいは共犯者と同じ時期に判決を受けその執行前に逃亡したものとすれば，いずれかの時効（報告者注：公訴時効又は刑の時効を指している。）が完成し，訴追または刑の執行を受けることがないのに比べ，たまたま被告人が公判係属中に逃亡したため永久に時効が完成することなく刑の宣告を待つ身となったのは，法制上当然のこととは言え，量刑に際しては彼我の権衡を斟酌して然るべきものと考えられる」「その他諸般の事情を綜合すれば，『法の長い腕』は17年の歳月をこえて遂に被告人を連れ戻し，当公判廷に立たせるに至ったが，今ここで満53歳に達した被告人に科するに実刑を以て臨むことは必ずしも刑政の本旨に合するものとは考えられず，しばらくその執行を猶予して被告人に自力更生の道を歩ませることが相当と言うべきである。」と判示した。

また，福島地判昭60.3.5判タ554号315頁は，昭和51年12月に実施された衆議院議員選挙に際して公職選挙法違反を犯した被告人Aが，逮捕前に逃亡したが，検察官が，時効完成の直前に起訴し，以後，裁判所において起訴状の謄本が送達されないとして公訴棄却決定がされる度に検察官において公訴提起することを繰り返し，約8年間のうちに合計27回の公訴提起を経る中で，昭和59年秋に至って被告人Aの所在が判明し，勾引状が執行されると共に，被告人Aを蔵匿・隠秘していた被告人Bも逮捕，起訴された事案であるが，被告人Aに対する量刑理由において，「被告人Aは自らの身辺に捜査機関の追及の手が及ぶとみるや，いちはやく自己の罪責を免れ，累が他に及ぶことを防止するため逃走し，その後は公訴時効の完成をねらい，被告人Bの援助を受けて約8年もの長期にわたつて逃走生活を継続してきたのであつて，このように長い期間になつてしまつたことが，被告人Aの当初の予期に反するものであつたにせよ，法と社会秩序を不当に蹂躙したことは否定し得ないところであつて，その刑事責任はまことに重大であると言わざるを得ない。従つて，被告人Aが……長期間にわたる孤独と苦悩にさいなまれながら非人間的な逃亡生活の中で多大な精神的苦痛を受けてきたこ

と，またその間に家族の者らが受けた辛酸は測り知れないものがあること等を考慮してもなお被告人Aに対し実刑判決は已むを得ないところである。」（報告者注：仮名は報告者による。）と判示し，懲役1年6月を言い渡した。

14年前の殺人事件に関する前掲札幌地判平8.10.2は，前記のとおり，事件の風化についてはこれを明確に否定したものの，被告人ら全員に共通する量刑事情として，「犯行後既に14年が経過し，その間，被告人らは，それぞれに被告人らなりに本件を反省後悔し，罪の意識や発覚検挙の恐怖に苦しんできたことがうかがえる。これらの点は量刑上いささかなりとも被告人らに有利に斟酌することができると考えるのが相当である。」と指摘し，更に，一人の被告人（懲役5年6月を宣告した被告人）に関する個別的な量刑事情として，「本件後，……定職に就いて真面目に稼働し，上司の強い信頼を得，家庭を持ち，妻や幼い子供とともに堅実な家庭を築いてきたものであって，被告人3名のうちでは，犯行後の状況は最も芳しいということができる。自らの所業の故とはいえ，かかる健全な社会生活が，今回の事件の刑により，一時的にせよ崩壊することは，被告人……のために，そして，なによりもその家族のために，同情すべきことといわなければならず，この点は，量刑上も被告人……のため有利に考慮することができるというべきである。」と述べている。

　ウ　検討

逃亡生活は，少なくともその始まりにおいてはほかでもない被告人自身の判断であり，その後，それに終止符を打つこともまた被告人自身の判断でなし得ることである。また，いつ捕まるやも知れぬ逃亡生活が決して安穏としたものではないことも容易に想像できるが，服役に匹敵するほどの苦しみであるかは軽々に断じ得ないのであり，刑責を逃れて築いた生活を被告人に有利な事情として考慮することは理論的に説明することは容易ではない[25]。しかしながら，逃亡生活といういつ崩れるかわからない砂上の楼閣にしがみつきながら限りある人生の何割かを費やした事実の重みを無視し得ない場合があることは確かであり，時に量刑上相当の影響を及ぼす可能性もある。

その判断はまさにケースバイケースであり，情緒的な評価による面があることも否定できないが，判断の基礎となるのは，被告人の犯行後の生活状況に関する具体的な事実であることを看過してはならないであろう。とりわけ裁判員裁判を念頭に置いた場合，いたずらに抽象的で感情的な議論に陥ることは望ましくないのであり，公判前整理手続において，量刑上問題となる具体的な事実に関する主張と証拠の整理をすることが重要であると考えられる。

11) 田口守一『刑事訴訟法〔第5版〕』(弘文堂，平成21年) 178頁，藤永幸治ほか編『大コンメンタール刑事訴訟法(4)』(青林書院，平成7年) 101頁〔吉田博視〕。
12) 本研究会では，「犯罪の社会的影響と量刑」というテーマで研究がなされ，水島和男判事がその成果を公にされている (本書第2巻所収) が，そこで論じられた「犯罪の社会的影響」と，本稿で論ずる「犯罪の社会的影響」とは，その意味合いが幾分異なるものと考えられる。前者は，社会に与えた不安，同種犯罪の誘発，マスコミの報道等ある程度認識可能な具体的事象がその中心となるが，後者では，主として，被害者を含む社会が，それを裁判時においても犯罪による法秩序の攪乱が存在すると認識し，犯人を処罰することに関心を持っているか否かという感覚ないし評価を問題にしていると考えられる。
13) 中・前掲注1) 論文，原田・実際17頁。
14) 和田真「刑事訴追に必然的に伴う負担と量刑」本書第3巻参照。
15) 最大判昭47.12.20刑集26巻10号631頁，判タ287号165頁，判時687号18頁。
16) 和田真「刑事訴追に必然的に伴う負担と量刑」本書第3巻参照。
17) 熊本地判昭54.3.22判タ392号46頁。
18) 福岡高判昭57.9.6判タ483号167頁。
19) 最三小判昭63.2.29刑集42巻2号314頁，判タ661号59頁。なお，この判決において，伊藤正己裁判官は，迅速な裁判の保障は捜査段階の被疑者にも全面的に及ぶ旨の補足意見を付していることが注目される。
20) 笠井之彦「裁判の迅速化に関する法律について」ひろば57巻3号 (平成16年) 4頁。
21) 平成18年10月から施行された即決裁判手続 (刑訴350条の2以下，刑訴規則222条の11以下) では，第一回公判期日の指定や判決宣告等に関して時間的な制限があるが，審理がこれらの制限内になされなかった場合についても，そのことが直ちに量刑に影響するとは考えられない。
22) 西ドイツの裁判例では，このような観点から長期間の時の経過を理由として刑を減軽する事例が集積されているという。新村・前掲注1) 論文。
23) 被告人が第一審の保釈中に逃走して話題になったイトマン特別背任事件 (いわゆる絵画案件・さつま案件) 等控訴審判決 (大阪高判平14.10.31判タ1111号239頁) では，「原審の保釈中に，公判期日に出頭せずにそのまま逃亡して，公判手続すらもないがしろにし，約2年間にわたって本件審理の中断を余儀なくさせ，関係者の協力によって長期を要しながらも着実に審理を続けてきた本件の裁判を一層遅らせることによって，……関係者にも多大の迷惑を及ぼしているのであって，このような被告人の法規範を無視した挑戦的な態度は，とりわけ強い非難を免れない」と判示している。
24) なお，被告人の犯行後の態度と量刑の関係に関する当研究会の研究成果については，川合昌幸「被告人の反省態度等と量刑」本書第3巻参照。
25) 前掲松山地裁判決では，「被告人の逃亡は，非難されることはあっても，有利な事情とはなり得ない。」と判示している。

第4 結　語

　以上，裁判例も交えながら検討してきたが，報告者の能力の制約から，十分整理されたものとできなかったことをお詫びしたい。

　近時の法整備と司法関係者の努力により，裁判の迅速化には目を見張るものがあり，訴訟手続の遅延が刑事裁判において問題となることは稀有になっていくであろう[26]。

　他方，裁判の迅速化が進み，刑事手続の速度に関する常識が変われば，従来ならば全く遅延とは捉えられなかった程度の審理期間の経過が，相対的に「長期化した裁判」と評価され，とりわけ被告人の受ける苦痛や不利益という観点で量刑上の検討を要求される場面が出てくるかも知れない。また，公訴時効期間が延長されたことにより，犯罪後二十数年を経て公訴提起に至るような事例が生じ得る。その時，それまでに経過した時のもたらす諸事情について，これまで以上に悩ましい判断を求められる可能性もある。

　今後の司法の進化の中で，本稿の論点の行方を見守りたい。

[26] 和田真「刑事訴追に必然的に伴う負担と量刑」本書第3巻参照。

コメント

安田拓人

はじめに

　時の経過それ自体が，量刑に際し減軽的に考慮されることには，直観的妥当性があるように思われる。ドイツの判例も，審理の遅延などの事情とは独立に，「所為と判決の間に経過した時間の長さがすでに，刑を減軽する方向で考慮されるべきである」ことを認めており[1]，学説にもこうした趣旨を説くものがみられる[2]。もっとも，そのように扱うべき理論的根拠は必ずしも明らかではなく，わが国はもとよりドイツでも，それほど議論がなされているわけではない。本コメントでは，そうした議論も参照しながら，本問題に若干の分析を試みるものである。

1　公訴時効制度との関係

　丸田判事は，最初に，時の経過それ自体が量刑に何らかの影響を及ぼすのではないかとの問題を立てられ，公訴時効との関係に着目される[3]。確かに，公訴時効の制度が，井戸田博士の説かれるように，時の経過による法律効果が，時効に向かって「徐々にゼロに向かって」減少するのだと考える[4]ならば，例えば10年の時効期間のあるものについて，7年の経過という事実それ自体により，70％の減軽を認めるべきだということになろう。

　もっとも，この丸田判事による問題提起と公訴時効制度との対比が意味をなすには，公訴時効制度が時の経過それ自体による法的効果を，時の経過と比例的関係に立つ実質的根拠に基づいてもたらすものであること，しかも，公訴時効の制度が，時の経過に比例して刑を減じていく砂時計のようなもので，公訴時効の完成により砂がゼロになると捉える立場（＊）を必然的に前提とせざるを得ないであろう。以下では，まず，公訴時効制度の根拠について検討を行い，その後に，＊の枠組みが成り立つかの検討を行う。

　＊の枠組みと最も整合的であるのは，当該行為の可罰性が時の経過に比例して減少するとする見方であろう。そして，わが国の刑訴法250条が，公訴時効期間を法定刑の重さにより決めていること，そして，法定刑の重さが犯罪の重さに比例することからすれば，こうした見方をとることも十分に可能であろう。しかし，丸田判事も指摘されるように，中断や停止事由が存在することは，時の経過それ自体が可罰性を減少させていると考えることと，や

はり整合的ではない[5]。また，現行法上，時効完成直前に訴追された者を法定刑の上限で処罰することは可能なのであり，そのことと時効が完成すればもはや処罰できなくなることとの乖離ぶりは，可罰性の減少による説明がフィクションにすぎないことを明確に示しているように思われる[6]。

　また，可罰性そのものではないが，被害者感情ないし社会的影響の微弱化を根拠とすることも，同様の問題を含んでいる。平成20年11月30日に，全国犯罪被害者の会が大会決議を行っているが，その第3決議は「殺人事件など，重大犯罪について，公訴時効の廃止を求める。」というものであった。その理由の中では，「殺人事件など重大な事件の被害感情は，時の経過により薄くなることはなく，むしろ日に日に増していく。殺人犯等が時効により何の処罰も受けないで良いと考えるような社会的コンセンサスも存在しない。」「時効は，国家が，加害者の逃げ得を保障することになり，被害者にさらに苦しみを与え，二次被害を与えるものに他ならない。」と述べられている。また，ドイツでは，いわゆるナチス犯罪に関する時効を甘受できないものとみて，謀殺罪に関する時効を（遡及的に）延長し，ついには廃止したが，これは事案によっては，当該犯罪の社会的影響の微弱化を認めることができない（あるいは認めてはならない）ことの端的な表れであろう。そして，わが国でも，平成22年2月24日に法制審議会は，「人を死亡させた罪のうち死刑に当たるものについては，公訴時効制度の対象となる犯罪としないものとすること」など，「凶悪・重大犯罪の公訴時効の在り方等」を見直すべきことを答申し，3月12日に殺人罪の公訴時効廃止などを盛り込んだ法案が閣議決定され，今国会で成立の見通しになっているのである。それにもかかわらず，こうした被害者感情ないし社会的影響の微弱化を公訴時効制度の根拠だとすることは強弁にすぎ，一種のフィクションでもって満足するものであるすぎないであろう。

　こうして，公訴時効の制度の根拠が，可罰性などの時の経過と比例しての減少とは異なる観点から説明されるべきだとすれば，公訴時効の制度の根拠としては，訴訟法的な説明が支持されよう。ここで一般的であるのは，時の経過により証拠が散逸し公正な裁判が行えなくなるという説明である。しかし，事案によっては，最初から証拠が失われ，立証が困難なこともあるであろう[7]し，他方で，DNA鑑定など捜査手段の進歩により，時が経過してもなお確かな証拠により真犯人を訴追しうる場合も十分に考えられることからすれば，これも一種のフィクションであると言わざるをえない。そして，理論的には，証拠の散逸可能性ないし公正な裁判が行えなくなる可能性の減少

する速度は，犯罪の重さに比例して遅くなるわけではない8)ため，公訴時効制度をこうした観点からのみ説明可能だとするのは，極めて困難であろうと思われる。

　こうして残るのは，訴訟法的観点を維持しながらも，その消極的意義にではなく，その積極的意義，すなわち，捜査に投入可能な限られた資源の効率的配分の観点，そして，捜査機関の怠慢を防止するという観点に着目することでであろう9)。すなわち，捜査に投入可能な物的・人的資源には限りがあり，全ての事案をいつまでも捜査し続けることは不可能である。他方で，そうした資源に限りがあるのであれば，一定の時間を区切り，捜査機関に，その期限を超えればもはや訴追できなくなるというプレッシャーのもとで，効率的かつ集中的に捜査を行わせることは，真犯人の遺漏無き処罰のために最も有効なことであろう。公訴時効の制度を支えている実質的根拠から，フィクションにすぎないものを1つ1つ除いていくと，残るものは，この効率性の観点しかないであろうと思われる。そして，刑訴法250条が，公訴時効の期間を犯罪の重さ（法定刑の重さ）によって段階づけているのは，重大な犯罪に捜査資源を重点的に配分すべきだとの，それ自体として妥当な政策判断によるものと見ることが可能であろう。

　こうして，結論的には，前述の＊の枠組みは，成り立たないものと思われる。実体法的にみても，可罰性ないし被害者感情・社会的影響が時の経過とともに比例的に減少することは認められない。また，訴訟法的にみても，時が経過したことにより，立証が困難になり，in dubio pro reo 原則により無罪になる可能性が高まることはありえても，それが量刑上減軽的に考慮されるべき事情となることは考えられないし，本コメントのように，効率性の観点を重視する場合には，捜査機関には期限ぎりぎりまでは全力を尽くすことが求められているからである。

　また，公訴時効制度の根拠との関連づけを考慮外において一般的にみても，＊の枠組みを認めるならば，当該犯行後，次々と犯罪を犯しながら官憲の追及を逃れ，時効完成前に訴追された者について，犯行後，時が経過したというだけの理由で，量刑上減軽的に考慮せざるをえないこととなるが，これは不当な結論であろう。むしろ，公訴時効完成直前に起訴された者について最高刑を科すことは，現行法上まったく妨げられていないものと思われる。

　もっとも，以上の考察の帰結は，個々の事案において，予防の必要性の減少，行為者が一種の罰を受けたことなどを考慮して，量刑上減軽的に考慮す

べき場合があることを否定するものではない。時の経過と量刑という本テーマにおいて重要なのは、フィクションに基づく説明をベースに、時効期間を分母にとり、時の経過を比例的に考慮することではなく、個々の事案におけるそうした可能性の微弱化の有無などを慎重に見極めることなのである。

丸田判事も、公訴時効の制度が社会的影響の微弱化や証拠の散逸の擬制に基づくものであるとされ、そうであれば、こうした擬制に拘泥することなく、「犯行時からの時の経過に伴い諸々の量刑事情を個別具体的に検討して量刑に反映させる」べきだとされており、結論的に極めて妥当だと思われる。

2 犯罪の社会的影響の微弱化

(1) 水島判事のご研究との関係

そこで、丸田判事は、「時の経過による犯罪の社会的影響の微弱化」と「時の経過が被告人自身にもたらす諸事情」という個別事情の検討に向かわれている。ここで、犯罪の社会的影響として取り上げられているのは、被害感情や社会的応報感情の希薄化である。このことを時の経過に比例して減少するものと擬制することが不当としても、個別事案において、そうした事情が認められる場合に、量刑上被告人に有利に考慮することが不可能だということにはならない。

水島判事のご論考「犯罪の社会的影響と量刑」[10]に対するコメントにおいて、筆者は、社会的影響を加重的事情として考慮するべきではない旨を述べた[11]が、それは社会的影響は行為の不法内容に比例して認められるものであり、それを超えて別途考慮するまではないとする趣旨であった。それゆえ、時の経過との関係で、社会的影響の微弱化という実体が認められる限りで、減軽的に考慮すること自体は特に問題がないとすることはなお可能であると思われる。また、丸田判事が言われる内容は、水島判事が扱われた内容（社会に対する心理的影響・他の犯罪の誘発・マスメディアの報道）とは相当に異なっており、裁判時において被害者を含む社会が犯罪による法秩序の攪乱がなお存在すると考え、犯人の処罰になお関心をもっているかの問題であるから、水島判事の言われる社会的影響を考慮することに慎重な立場からもなお、丸田判事の説かれる意味での社会的影響の微弱化を考慮することには全く問題はないのである。

(2) 被害者・遺族の被害感情

では，被害感情の微弱化を減軽的に考慮しうるであろうか。この問題の答えは，刑罰目的の1つとして，被害感情の慰撫ないし報復感情の宥和の機能を認めるかにかかっていよう。学説上は，刑罰制度が行為者が被害者に与えた害悪を問題とするものではなく，法秩序の攪乱を問題とするものだとの理解から，そもそも被害感情を量刑事情として位置づけることに消極的な見解も有力である[12]。実際にも，近年，被害者・遺族の声およびそれを受けた世論による厳罰化を求める声は非常に大きくなってきているところ，被害感情の慰撫が刑罰制度として適切に位置づけられるべきものであれば，その声を考慮することは当然の帰結となる。そこで，こうした声から一定の距離を置き，冷静な量刑判断を確保するという観点から，被害感情を量刑上考慮すべきでないとすることにも，一定の政策的な意義が認められよう。

しかし，刑罰制度から，被害感情を慰撫する機能を奪うことは，その沿革に照らしても妥当でない。国家は，被害者に刑罰による威嚇まで行って復讐を禁じている以上，国家刑罰制度は，その代償措置として，被害感情を慰撫し，報復感情を宥和する役割を担わざるを得ないのである[13]。そうだとすれば，被害者や遺族の被害感情は，量刑事情としてしかるべき位置づけを与えられているのだから，逆に，これが鎮静化していけば，それに応じて量刑上減軽的に考慮しても何ら問題はないことになるであろう。もっとも，丸田判事は，被害者・遺族の被害感情の微弱化については殆ど何も述べておられないが，それが，被害感情が時と共に薄らいでいっているという実感をもたれていないことの反映だとすれば，この要因は，減軽方向においては実際の量刑上重要ではないということだと思われる。

(3) 社会的応報感情

丸田判事が社会的影響として検討対象とされているものの中心は，この社会的応報感情の微弱化の側面である。もっとも，過激派の事件でも，リンチ殺人やテロなど，いかなる背景的事情があるにせよ時代を超えて厳しく断罪されるべき罪については，丸田判事が言われる，「人の命にかかわるような重大なものである場合」として扱うのが妥当であろうから，この類型は，より限定的に捉える必要がある。

この類型を減軽的に考慮すべき根拠としては，当該犯罪が当該時代の狂騒的状態の産物であるがゆえに，社会的状況の異なる裁判時においては，もはや模倣のおそれもなく一般予防の必要性が乏しくなること，また，社会の側

においても，当該犯罪を発生させた時代的背景が理解され，もって，当該行為の現在においてもつ意味が歴史的事象に近づき，その反面において，犯罪的意義が薄らぐ結果として，非難が弱まることが考えられよう。「本件自体が既に歴史的事実とな」ったことを指摘する，東京地判平9.7.11 判タ960 号290 頁の判示は，このようにみるとき，十分理解できるものである。こうした事情が認められる限りで，減軽的考慮が社会に誤ったメッセージを発するおそれを慎重に封じながら，社会的影響の微弱化を減軽的に考慮することは，妥当なことと思われる。

もっとも，ドイツの判例には，こうした類型につき，減軽的考慮を拒絶しているものがみられる。それは，かつてのナチスドイツ時代の犯罪を巡る戦後ドイツのイギリス占領地区最高裁判所の判例である。まず，1949 年 6 月 28 日の判決[14]は，1938 年 11 月 9 日のユダヤ人に対する行動につき，当該行為がずっと昔のことになっていること (das weite Zurückliegen der Tat) を刑を減軽する方向で考慮した陪審裁判所の判断に異議を唱え，国家による処罰の必要性は，「当時の国家自体が，この時期に，不法にも，当該行為を意図的に訴追せず，現在，法治国家的状態の回復が問題となっている場合には」，時の経過によって減少しないと判示している。また，同年 10 月 10 日の判決[15]は，ユダヤ人に対する暴行の事案につき，当該犯行の性質上，刑罰が一般的な予防効果をもはやもつとは限らないとした事実審の判断に対し，それが，そうした人種的思い上がり (Rassedünkel) に由来する行為が今日一般に遠い出来事となり，実際上，誰も正当な処罰によりそうした行為の予防を抑止される必要はないという理解に基づくのだとすれば，政治的および一般的な人間の共同生活の一般的文化的化 (Humanisierung) が実現されていない現段階では，時期尚早だとし，そうした理由から一般予防効果を考慮しないのは法的誤りだと判示している。さらに，1950 年 3 月 28 日の判決[16]も，ユダヤ人に対する暴行の事案につき，「当時のドイツが人種問題につき文化的に退廃していた」ことに言及した陪審裁判所に対し，それが，現在では反復のおそれがないため刑罰の威嚇効果を考慮外に置くということなら，刑罰の威嚇目的を見誤っているのであり，支持できないと判示している。

こうした判例の立場は，犯行後 10 年程度の経過があるとはいえ，大戦中の記憶が苦く生々しく残り，国際社会に対し過去の反省を示すべき戦後ドイツの立場を色濃く反映したものと思われるが，理論的には，当該行為者による再犯のおそれに対応する特別予防の必要性，国民による模倣のおそれに対応する一般予防（消極的一般予防）の必要性が減少していても，傷つけられた

法秩序を回復し，当該行為が法により否認されるべき行為であることを示し，国民の規範意識を維持・強化する必要性（積極的一般予防の必要性）は減弱しないとするものであろう。確かに，ドイツでは，法秩序の確証の必要性が，処罰の下限を支えるものと位置づけられており，それが認められる限り処罰は肯定される[17]が，そのことによっては，特別予防ないし消極的一般予防の必要性が減少し，そのことを減軽的に考慮することは妨げられないものと思われる。そうだとすれば，丸田判事のご見解の妥当性は，こうしたドイツの判例の存在を考慮しても，なお揺るがないであろう。

これに対し，丸田判事による，「結果そのものが重大であっても，過失犯の場合には，時の経過と共に処罰に対する社会的要請が減弱する度合いが相対的に大きい」との評価については，自動車事故の被害者・遺族ないし世論の峻烈な厳罰要求を考慮すれば，過失犯だからといって一概にそう断定できないのではないかとの疑問が残ろう。おそらく，丸田判事の結論は，天六ガス爆発事件のような，社会的関心を呼んだ事案を念頭に置かれてのものであろう。こうした事案でも，個々の被害者・遺族の感情は，「犯罪が人の命にかかわるような重大なものである場合」と同様になるであろう。そして，被害者を死亡させた事案における遺族の苦しみは，故意犯におけるのと特段の違いはないものと思われる。他方，社会の関心は，火災などの事故の場合には，徐々に，当該事故の再発防止策の構築に向かっていくであろう。防火設備の整わないホテル等での火災事故に対する社会の怒りには，自分も巻き込まれて被害者となる可能性があったことに対するものが含まれているはずであるが，これは，消防署の指導などにより，防火のための対策が講じられ，そのことが広く知られるにつれ，治まっていくのではないだろうか。こうして当該事件が裁判時において社会にとってもつ意味は，ここでも歴史的事象に近づき，現在の新たな防火体制を構築するきっかけを与えたものとして再定位されていくことになる。その限りで，社会からの非難が弱まることは認められてよいであろう。こうみれば，丸田判事のご見解は，この類型についても支持されてよいものと思われる。

3　被告人自身にもたらされる事情

この事情を，丸田判事は，①刑事手続きの長期化に伴う不利益，②被告人が再犯を犯さなかったことの評価，③被告人が送った歳月の重みの3つに分けて考察されている。このうち，時の経過それ自体との関係でとりわけ注目に値するのは②と③の事情である。

丸田判事は，②の事情につき，「罪を犯さないことは人として当たり前」だから「それをむやみに過大評価すべきではないことは当然」だとされたうえ，とりわけ起訴された被告人は訴訟係属中に規範を強く意識する特殊な状況に置かれているのだから，その間に再犯を犯さなかったことは相当に割り引いて評価されるべきだとされる一方で，③の事情につき，被告人（被疑者）が捜査や裁判を免れようとして逃亡した結果，長い歳月にわたる生活により「相応の社会的立場や家庭環境を築いている事実は，それを無意味なものとして直ちに一蹴することができない重みを有している場合がある」とされている。

まず，③の事情を考慮することにつき，同判事は，「理論的に説明することは容易ではな」く，「情緒的な評価による面があることも否定できない」ことを率直に認めておられるが，そうした割り切り方には異論の余地がある。

ここでは，まず，「逃亡生活といういつ崩れるかわからない砂上の楼閣にしがみつきながら限りある人生の何割かを費やした事実の重み」が考慮されており，それは，公訴時効の根拠論において自然罰（poena naturalis）の受刑を根拠の1つとされる井戸田博士の見解を思わせるところがある。他方で，同判事は，適切にも，それが「服役に匹敵するほどの苦しみであるかは軽々に断じ得ない」とされている。

確かに，逃亡生活を維持するため，犯罪を繰り返していたような場合に，逃亡生活による時の経過をもって自然罰を受けたと評価することが困難であるのは明らかであろう。自然罰は，官憲による発見や訴追を長期にわたり恐れながらの生活を余儀なくされたことを捉えたものであるが，これは自ら招いた不利益であり，有利に考慮されるべきものとは思われない。他方，その間に，良心の呵責に苛まされ，煩悶しながら贖罪の日々を送っていたとすれば，自ずと評価は異なってこよう。ブルンスは，これと異なり，内心的に苦しまなかったことなどは，時の経過による減軽的考慮の妨げとはならないとしている[18]。しかし，ブルンスが，殺人や強姦を犯した者が，反省もなくただ時を過ごしたというだけで，減軽的考慮の対象となるとするのであれば，到底支持できない。ここでの評価の重点は，良心の呵責による煩悶・贖罪を続けたことにより自然罰を受けたと評価しうるところに置かれるべきであり，そうだとすれば，③の事情は，②の事情とあわせ，統合的な観点のもとで考慮されるべきものと考えられる。

そして，その統合的な観点とは，やはり特別予防の必要性の減少でしかな

いであろう。ドイツの判例にも，所為と判決との間に長い時間が経過した場合に減軽的考慮を行うに際して，その間に被告人が刑法にふれる新たな行為に及んでいないことを指摘するものがみられるが，このことは，新村教授が指摘されるように，「被告人による将来の犯行への否定的予測と再社会化への肯定的予測とが，所為後いわば自由な時の経過中何ら新たな犯行におよばなかったという点を根拠として，成立しうる」[19]ことによるものであろう。

確かに，再犯の可能性の予測は難しく，犯行後それほど時が経過していない通例の量刑判断においては，その可能性が低いことを減軽的に考慮することは困難な場合もあるであろう。しかし，本研究の対象となっている，犯行後長い時間が経過している事案では，そのことにより，当該犯行が1回限りの過ちであったことが確証される場合も考えられるのであり，そうした場合には，特別予防の必要性が減少していることを考慮に入れることには大きな支障はないように思われる[20]。

他方，③の事情も，特別予防の観点のもとに統合するとき，「情緒的な評価」にとどまらない意義をもちえよう。すなわち，とりわけ自由刑を念頭に置くと，少なくともその執行段階における主たる目的が対象者の再社会化にあることには疑問の余地はない。そうだとすれば，既に長期にわたり社会的に問題なく統合された形で生活をしている被告人については，自由刑がむしろ逆作用を及ぼすこともありうることには注意が必要であろう[21]。

もっとも，こうした観点からの減軽的考慮は，責任に対する応報刑としての刑罰の本質および一般予防効果などの刑罰目的の実現を損なわない限りでのみ，なしうるにすぎないものと思われるから，丸田判事が言われる，「犯罪が人の命にかかわるような重大なものである場合」を典型として，その量刑要素としての位置価はどうしても低いものとされざるをえないものと思われる。

1) BGH NStZ 1983, 167; NStZ 1986, 217 など。
2) Ulrich Franke, Münchener Kommentar zum Strafgesetzbuch, Bd. 1, 2003, §46, Rn. 60.; Werner Theune, Strafgesetzbuch Leipziger Kommentar, 12. Aufl., Bd. 2, 2006, §46, Rn. 240; Adolf Schönke/Horst Schröder/Walter Stree u. Jörg Kinzig, Strafgesetzbuch Kommentar, 28. Aufl., 2010, §46, Rn. 57; Thomas Fischer, Strafgesetzbuch und Nebengesetze, 57. Aufl., 2010, §46, Rn. 61.
3) Hans-Jürgen Bruns, Strafzumessungsrecht, 2. Aufl., 1974, S. 461.
4) 井戸田侃「犯罪後の時の経過と情状事実」『田宮裕博士追悼論集(上)』（信山社出版，平成13年）221頁以下。

5) Wolfgang Mitsch, Münchener Kommentar zum Strafgesetzbuch, Bd. 2/1, 2005, §78, Rn. 1.
6) Johann Schmid, Strafgesetzbuch Leipziger Kommentar, 12. Aufl., Bd. 3, 2008, Vor §78, Rn. 9.
7) Paul Bockelmann, Niederschriften über die Sitzungen der Grosen Strafrechtskommission, Bd. 2, Allgemeiner Teil, 1958, S. 330.
8) René Bloy, Die dogmatische Bedeutung der Strafausschließungs-und Strafaufhebungsgründe, 1976, S. 183f.
9) Mitsch, MK, §78, Rn. 4.
10) 水島和男「犯罪の社会的影響と量刑」本書第2巻。
11) 安田拓人「コメント（犯罪の社会的影響と量刑）」本書第2巻。
12) 井田・総論10頁以下，小池・犯行均衡原理(2)1頁以下など。
13) 西原・下巻487頁など。
14) OGHSt 2, 94.
15) OGHSt 2, 149.
16) OGHSt 2, 384.
17) この問題に関する詳細な研究として，岡上・法秩序の防衛(1)～(5・完) 参照。
18) Bruns, a. a. O., S. 461.
19) 新村繁文「長期にわたる時の経過を理由とする刑の減軽に関する西独判例の動向」群馬法専紀要3号（平成元年）30頁。
20) vgl., Theune, LK-StGB, §46, Rn. 240.
21) Bruns, a. a. O., S. 461.

量刑実務大系 第3巻 一般情状等に関する諸問題

2011年11月1日　第1版第1刷発行
2025年9月1日　第1版第3刷発行

編著者　　大阪刑事実務研究会

発行者　　谷口美和

発行所　　株式会社判例タイムズ社

102-0083　東京都千代田区麹町三丁目2番1号
電話　03(5210)3040
ホームページアドレス　http://www.hanta.co.jp/

印刷・製本　シナノ印刷株式会社
© 大阪刑事実務研究会　2011 Printed in Japan.
定価はカバーに表示してあります。
ISBN978-4-89186-179-7